캘리그라피 워크북 660

이산 작가의 캘리그라피 워크북

캘리그라피 워크북 660

2015년 10월 5일 초판 1쇄 발행
2024년 4월 22일 초판 9쇄 발행

저자 / 이산
발행자 / 박흥주
발행처 / 도서출판 푸른솔
편집부 / 715-2493
영업부 / 704-2571
팩스 / 3273-4649
주소 / 서울시 마포구 삼개로 20(도화동 251-1) 근신빌딩 별관 302호
등록번호 / 제 1-825

값 / 32,000원
ISBN 978-89-93596-56-4 (13640)

이산 작가의 캘리그라피 워크북

캘리그라피 워크북 660

캘리그라피 학습을 위한 자료 660컷 수록

이산 지음

푸른솔

이 책에 소개된 작품들은 필자가 〈이산글씨학교〉에서 오랫동안 캘리그라피를 강의하면서 수강생들에게 다양한 글씨의 사례를 보여주기 위해 즉석에서 써줬던 체본들이 대부분입니다. 캘리그라피를 처음 시작하거나 공부하고 있는 분들을 위한 기초 학습 자료이므로 이미 적절한 실력을 갖춘 분들에게는 더 좋은 책을 권합니다.

* 외국어 표기법상 '캘리그래피'라고 써야 하나 보편적으로 많이 사용하는 '캘리그라피'로 표기하였습니다.

캘리그라피는 한글의 외출복이다

누구나 초등학교 3학년쯤에 서예 시간을 접해보았을 것이다. 코끝에 먹물을 묻혀가며 대부분 지루하게 보냈을 추억 말이다. 서예 책에 궁체로 쓰여 있는 '대한민국'이나 '아름다운 금수강산'이라는 글귀를 잘 그려내면(?) 선생님으로부터 "참 잘했어요!"라는 칭찬을 받곤 했을 것이다.

나 역시 궁체를 잘 그려낸 실력으로 4학년 때인가 학교를 대표하여 서예대회에 출전한 적이 있다. 사실 대회에 나가기 며칠 전 담임선생님으로부터 이틀 정도 사사를 한 후 출전했음에도 꽤나 큰 상을 받았는데, 그게 계기가 되어 오늘날까지 붓과 인연을 맺고 있는지도 모르겠다. 어릴 적 좋은 체험은 한 사람의 운명을 바꾸기도 한다.

그 후 집안 제사 때가 되면 아버지의 압력으로 한자로 된 지방을 쓰는 일은 의례히 내 담당이었고 회사와 군대에서도 컴퓨터가 없던 시절이라 상관의 격려금 지급 봉투 글이나 내무반에 걸릴 '군인의 길' 등등을 수없이 붓글씨로 써댔다. 물론 언제나 배운 대로 어설프게 써왔던 궁체라는 서법을 구사하는 실력으로 말이다.

근대에 손글씨를 대신하는 타자기나 컴퓨터와 같은 문명의 기기들이 생겨나면서 사실 손글씨의 가치는 예전 같지 않게 되었지만, 글씨를 잘 쓴다는 것은 마치 출세를 보장받는 약간의 중요한 기능들 가운데 하나로 여겨지던 때가 있었다. 어떤 업종이든 대개 글씨를 잘 쓰는 사람들은 행정적인 업무를 맡게 되었는데, 이는 노동직에 비하여 다소 편한(?) 사무직이다. 그래서 글씨가 소집단의 권력 형성에 영향을 주던 때가 있었으니, 이걸 궁체의 힘이라고 해야 할까?

캘리그라피 어디까지 갈까?

이름 하여 캘리그라피calligraphy는 서구적 용어이지만 그 명칭의 가름은 선구자와 연구자들의 몫으로 두고, 21세기 첨단 문명의 시대에 다시 캘리그라피(손글씨)가 세간의 사람들을 즐겁게 한다. 텔레비전, 영화 포스터, 각종 패키지, 인쇄 홍보물, 도서 등에서 보게 되는 캘리그라피의 종횡무진은 캘리그라피가 어디까지 발전할 것인지를 예측하기 어려울 정도다.

놀라운 것은 전통서예의 궁체가 아니라 무엇에도 제약받지 않는 캘리그라피라는 것이다. 이것을 나는 '궁체로부터 해방된 캘리그라피!'라고 말하고 싶다. 물론 전통적 서예에 대한 보편적 상식에 이견을 말하려는 것은 결코 아니다. 글씨에 대한 좀 더 폭넓은 인식의 필요성과 글씨를 잘 쓰고 못 쓰는 기준의 변화를 말하려는 것이다.

그렇다면 캘리그라피는 무엇이라고 말해야 할까? 어떤 이는 손멋글씨, 어떤 이는 그림문자, 표정글씨, 붓놀이 또는 감성글씨라고 말하면서 명명조차 자유롭다. 그러나 캘리그라피에 대한 어떤 명칭보다 중요한 것은 누구나 자신만의 자유로운 글씨를 개발하고 그것을 활용하는 현상이 일반화되었다는 것이다. 일부 캘리그라퍼의 글씨는 서체 회사와 연계하여 컴퓨터에서 활용할 수 있게 되면서 한글 서체에도 활력을 불어넣었다.

거리의 간판에도 변화가 일어났다. 음식점을 내려는 점주들을 대상으로 하는 전문 컨설팅 회사들이 생겨나면서 무슨 삼겹살집이니 무슨 갈비집이니 하던 상호들을 '돼지가 고추장에 빠진 날'이라고 하든가 순대와 보쌈집을 '순愛보'라고 하든가 하는 등 위트와 함께 문장화된 상호들이 생겨나기 시작했다. 그와 더불어 그 내용에 맞는 글씨가 필요하게 되어 많은 캘리그라퍼들의 솜씨가 발휘되었고 거리는 더욱 밝아졌다.

이렇게 캘리그라피는 도시를 즐겁게 할 뿐만 아니라, 매일매일 접하는 텔레비전, 신문 등의 광고물, 그리고 쏟아져 나오는 서적의 표지 위에서 자유를 맘껏 누리고 있다. 궁서로부터 해방된 캘리그라피는 열정적으로 활동하는 많은 사람들에 의해 또 다른 표현 매체들과 만나 시대의 꽃으로 매일매일 피어나고 있다.

사람이 태어나서 글씨와 관련을 맺는 첫 번째 사건은 아마도 글씨쓰기의 도구로서 돌상에 놓인 연필이 아닐까? 어린 아기가 무엇을 집느냐에 따라 그 운명을 점치는 우리네 전통문화 속에서 단순히 실타래를 잡으면 장수하리라고, 돈을 잡으면 부자가 되리라고 예측하는 것은 원초적이다. 이와 함께 명예로운 미래를 갖게 되리라는 믿음에서 돌상에 연필을 놓는 것에서 우리 민족이 매우 교양적이라는 점을 알 수 있다. 어린 아기가 당장 무엇을 쓰지는 않겠지만 불과 얼마 지나지 않아 벽이든 방바닥이든 낙서를 시작하면서 사실 우리의 인생이 시작되는 것이다.

좀 더 나간 표현으로 말하자면 캘리그라피는 인간의 본성이다! 인류의 역사가 또한 그러하다. 선사시대 라스코 동굴이나 스페인 알타미라 동굴의 벽화에서도 보듯이 인류는 문자를 발명하기 전부터 동물의 형상이나 선, 점 등으로 그들만의 무엇인가를 남겼고 어느 시대를 막론하고 끝없는 인간의 시각적 표현으로 역사가 이어져온 것이다. 기억은 머리에 남지만 기록은 역사에 남기 때문이다.

필자는 '캘리그라피는 한글의 외출복이다'라고 말한다. 누구나 외출하려고 할 때에는 만나는 사람이나 장소에 따라서 어떤 옷을 입고 나갈까를 생각하여 결정한다. 이처럼 캘리그라피는 바로 의도적으로 꾸며 입고 나가는 외출복처럼 한글을 그 쓰임새에 맞게 글씨로 쓰는 경우를 말하고 표현에 목적성을 둔다. 어떤 내용만을 전달하기 위해 특별히 꾸밈없이 손으로 글씨를 쓴다면 그것은 그냥 손글씨라고 할 수 있다. 캘리그라피와 손글씨의 차이라면 바로 이것이다.

이 책은 필자가 캘리그라피를 가르치고 있는 〈이산글씨학교〉에서 수강생들을 위해 수업 중 즉석에서 써준 체본들이 대부분이다. 그렇다 보니 완성도 있는 글씨라 하기엔 부끄러운 부분이 많다. 그러나 캘리그라피 초보자를 위한 적절한 자료집이 필요하다는 많은 요청으로 자료를 모아 편집하여 나온 결과물이다.

캘리그라피는 다양한 표현력이 생명이다. '사랑'이라는 말과 '증오'라는 말을 같은 필체로 쓴다면 그것은 캘리그라피라고 말할 수 없다. 다양한 글씨체를 가능한 많이 보여주려 하였고 대략 몇 가지 타입으로 구별해놓았다.

아무쪼록 캘리그라피를 공부하고자 하는 분들에게 좋은 자료가 되길 바란다. 이 책을 발행해주신 푸른솔 대표님께 감사의 말씀을 드린다.

〈이산글씨학교〉 강의실에서 이산

1장 _ 캘리그라피 시작 전에 몇 마디

이 책은 캘리그라피 연습을 위한 자료집입니다.
여러 가지 타입의 글꼴을 보고 글씨를 이렇게도 쓸 수 있다는 것을 참고하여 임서를 통해 수련한 후 본래 자신의 글씨와 접목하여 새로운 글씨를 만들어낼 수 있습니다. 다음은 글씨 자료에 앞서 생각해야 할 한글 캘리그라피의 기초 상식들이며, 깊이 있는 이론이라 할 수는 없지만 캘리그라피를 공부하는 사람이라면 반드시 알아두어야 할 것들만 몇 마디 실었습니다.

손글씨 수련은 천리 길을 걷는 여행이다.

들판에서 뛰어놀며 성장한 아이와
네모난 방구석에서 장난감을 가지고 놀며 성장한 아이는
각기 다른 성향을 가지고 어른이 된다.
글씨도 마찬가지다.

공책의 추억과 손글씨

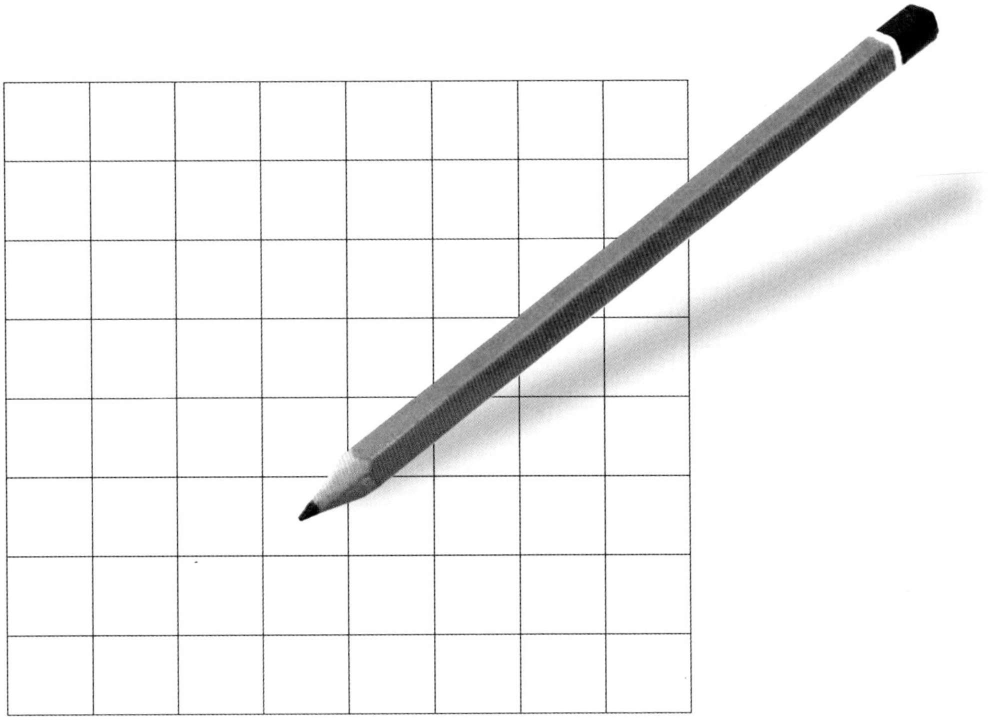

유치원이나 초등학교 때 접했던 공책空冊을 기억할 것이다. 분명히 '비어 있는 책'이라는 공책인데 거기엔 사실 네모 칸이 자리 잡고 있었다.

처음 한글을 배울 때 대개는 네모 칸 안에 글씨를 넣어서 쓴다. 어린이는 글자보다 제한된 공간, 즉 네모를 먼저 만나게 되는 것이다. 이렇게 네모 안에 글씨를 쓰다 보면 어느새 자신의 글씨가 잘 정돈되어 시간이 지나면서 네모 없이도 스스로 네모형의 글씨를 쓰게 된다. 학년이 올라가면 줄무늬 노트를 쓰게 되고 이 역시 글씨에 여러 가지 제한을 가한다. 물론 필기형의 글씨만을 쓰기 위해 당연히 격자 노트나 줄무늬 노트에 훈련하는 것은 당연하다. 그러나 이후 아무런 배경줄이 없는 백지에 무엇인가 쓰려고 하면 누구나 약간은 당황한다. 어디부터 써야지? 얼마나 크게 써야지?

캘리그라피는 탈 네모부터 시작이다. 공간의 제약으로부터 의식적으로 벗어나야 한다.

캘리그라피는 같은 글이라도 정해진 글자체가 없으니 쓰는 사람마다 다르다. 글씨체는 처음 글을 배울 때부터 길들여져 온 습관이기 때문에 쉽게 바꾸기가 어렵다. 어떤 사람은 또박또박 판본체를 쓰듯이 하고 어떤 사람은 기울여서 쓰는 습관을 가지고 있다. 캘리그라피는 이미 알려진 글씨를 모필해보는 연습 과정을 거치는데, 그러기에 앞서 자신의 습관적 글씨에 대해 생각해보자.

1. 노트정리하기에 좋은 글자체인가?
2. 선 없는 노트에도 일정하게 쓰는 편인가?
3. 글자의 크기를 일정하게 쓰는가?
4. 기울여 쓰는 편인가?
5. 네모반듯하게 혹은 평평하게 또는 길쭉하게 쓰는 편인가?
6. 필기도구에 예민한가?
7. 글자의 일부분을 간략하게 쓰는가?
8. 올바른 순서로 글씨를 쓰는가?
9. 일반적 필기도구 외에 붓펜이나 붓으로 쓰길 좋아하는가?

위에 열거한 여러 가지 중에 몇 가지쯤은 자신의 습관에 속할 것이다. 항상 어느 곳에서든 자신의 만년필을 꺼내서 메모를 하거나 사인을 하는 사람들은 대부분 필기도구에 예민한 면이 있다. 이런 사람은 볼펜이나 일반적 도구보다 잉크를 주입해서 쓰는 필기도구를 선호하고 지면에 스며드는 잉크의 느낌을 좋아한다. 어떤 이는 샤프펜을 늘 가지고 다니는데, 역시 같은 이유로 자신의 글씨를 표현하기에 샤프펜이 가장 좋다고 생각하기 때문이다.
글씨의 습관은 누구에게나 있게 마련인데, 그것을 나쁘다거나 좋다거나 하려는 것이 아니라 캘리그라피에서 요구하는 예술성과 가독성에 적합한 글씨체를 가지고 있다면 캘리를 공부하기에 좋다는 것이다.

캘리그라피는 상형(想形)문자다

서예, 피오피, 서체와의 차이

머릿속에서 생각했던 단어가 있다고 하자.
예를 들어 '사랑'이라고 한다면 캘리그라피는 생각의 결과를 시각적 형태로 나타내는 것이니, 이는 다른 의미의 상형(想形)문자인 것이다. 그렇다면 말이 아니라 시각적으로 사랑이라는 단어가 보이려면 다음과 같은 방법이 있을 것이다.

1. 컴퓨터를 통해 서체를 결정하는 방법. 예를 들어 우리나라의 대표적인 서체 회사 중 윤서체와 산돌서체 중에서 결정해야 하고, 그 다음엔 결정된 회사에서 나온 서체 중에서 결정해야 한다.

2. 서예로 표현한다면 한글의 궁서체와 판본체 중 하나로 결정해야 한다. 물론 그 외의 다른 체도 있을 것이다.

3. 피오피로 표현하는 방법. 일반적으로 피오피 서체는 나름의 형식이 있어 특별하게 개발하지 않는 한 누구나 알고 있는 바로 그 서체로 쓸 것이다.

위의 세 가지에서 공통점은 이미 나와 있는 서체나 글씨 중에서 선택하거나 그대로 쓰는 것이다. 말하자면 사용자의 주관적 결정이 매우 제한적이란 것이다.

캘리그라피의 매력

캘리그라피의 표현은 어떤가? 위의 세 가지 예와는 다르게 작가의 개성이 마음대로 적용된 글씨를 쓰는 것이다. 물론 잘 쓴다거나 못 쓴다는 판단은 별개로 생각하고 말이다. 작가의 수련 여부에 따라 그 쓰임새의 폭이 다르겠지만 캘리그라피는 정해진 필법을 답습하여 똑같이 쓴다거나 선택하여 결정하는 것이 아니다. 각자의 글씨로 세상에 하나밖에 없는 작품이 나오는 것이다.

생각한 단어를 시각적 형태로 표현할 수 있는 여러 가지 방법

서체 (fonts)

서예

피오피 (POP)

세 가지의 공통점은 사용자의 개성이 100% 적용되는 것이 아니라 이미 나와 있는 서체나 글씨 중에서 선택하거나 그대로 쓰는 것이다. 물론 각 분야별로 깊이 있는 연구 결과와 의견이 있을 수 있지만 일반적인 관점에서 보면 사용자의 주관적 결정이 매우 제한적이다.

캘리그라피

위의 세 가지 예와는 달리 작가의 개성이 절대적으로 적용된 글씨를 쓰는 것이다. 물론 잘 쓴다거나 못 쓴다는 판단은 별개로 생각하며 작가의 수련 여부에 따라 그 쓰임새의 폭이 다르겠지만, 캘리그라피는 정해진 필법을 답습하여 똑같이 쓴다거나 선택하여 결정하는 것이 아니다. 각자의 글씨로 세상에 하나밖에 없는 작품이 나오는 것이다. 캘리그라피의 매력은 바로 이것이다.

세상의 모든 글씨는 선이다

서예나 캘리그라피뿐만 아니라 미술, 건축설계, 디자인 등 어느 예술 분야든 처음엔 선긋기부터 시작한다. 초보자의 당연한 과정이다.

우리나라의 교육 환경은 초등학교 이후로 서예를 따로 공부하지 않기 때문에 일반인이 서예 붓을 만져볼 기회란 거의 없다. 그러다 보니 붓으로 쓰는 글씨는 어릴 때 실력이 거의 전부인 것이 현실이다. 우선 선긋기 연습을 하는 것은 세상의 모든 글씨가 선으로 이루어져 있기 때문이다.

붓을 사용하여 글씨를 쓰려면 우선 붓이 손에 익숙해져야 한다. 그러기 위해서는 지나치게 붓을 엄숙하게 다룰 필요가 없다. 초등학교 시절 처음 붓을 잡았을 때 대부분이 단구법, 쌍구법, 현완법, 악관법 등 서예의 바른 자세부터 배워서 그런지 누구나 붓만 잡으면 정자세를 유지하고 마치 붓은 함부로 다룰 수 없는 물건이라고 생각하듯이 경직된 자세를 취한다.

그러나 붓은 마치 모든 일을 처리하는 자신의 손처럼 생각해야 한다. 생각을 표현하는 도구이니 사람이 생각하는 온갖 다양한 감성들을 그대로 표출해야 한다. 분노가 치밀면 붓을 칼처럼 쥐고 화선지 위에 먹물이 튀어 흩어지도록 쓴다. 사랑의 감정이 솟아오르면 연인의 손을 잡은 듯 부드럽고 행복하게 획을 그어야 제대로 글씨가 쓰인다. 한마디로 붓은 요~물이 되어야 한다.

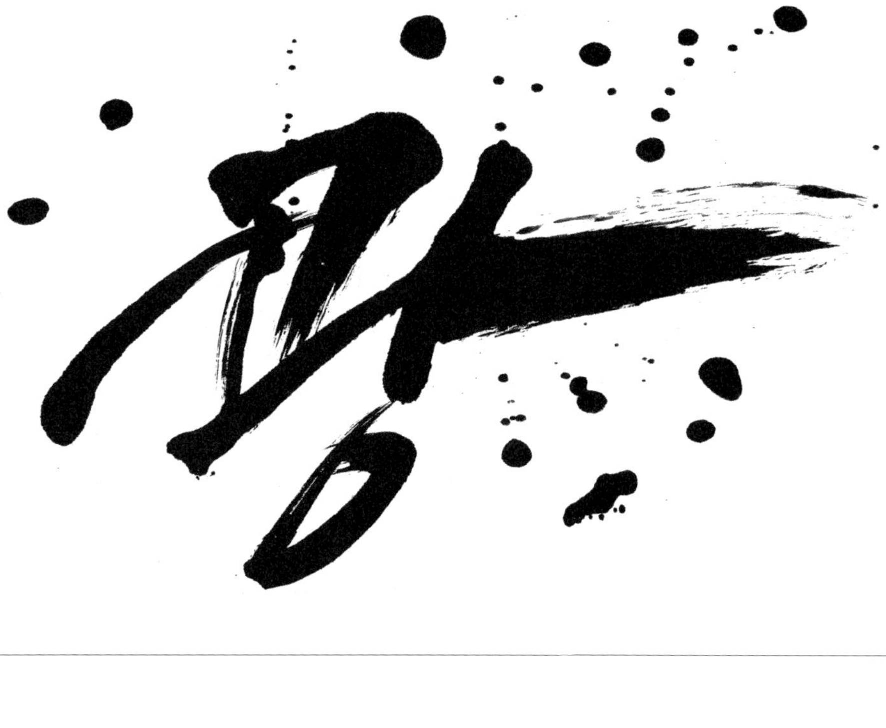

여러 가지 붓이나 도구의 특성들을

알아둔다는 것은 연기자가

다양한 캐릭터를 소화하는 것과 같다.

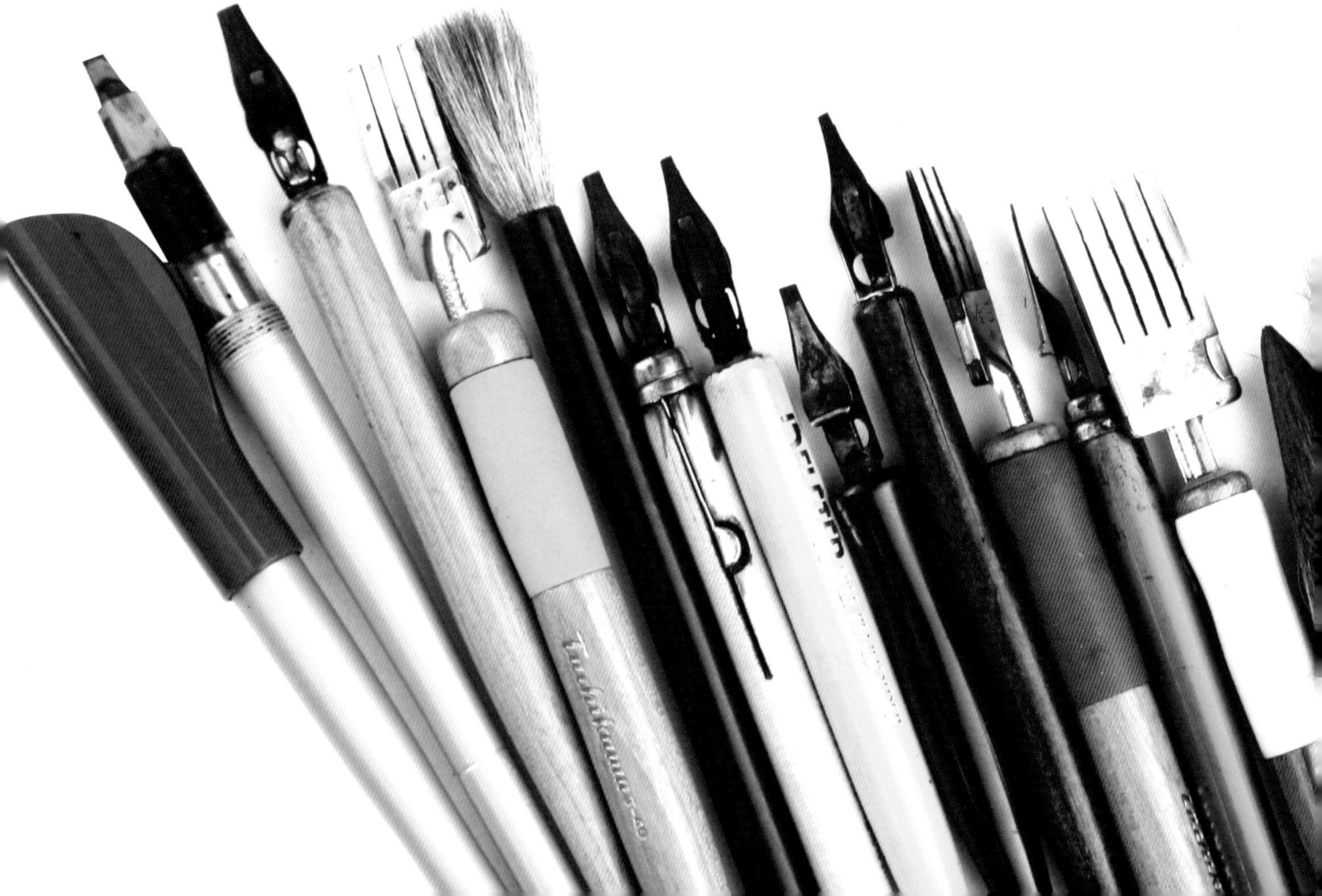

붓은 원래 살아 있던 동물의 털이었는데
죽었다 다시 붓으로 살아났으니 이를 부활이라고 할까?
살아 있을 때는 일자무식이었던 존재가
날마다 문자를 써대는 지적 생명으로 부활한 것이다.

– 이산

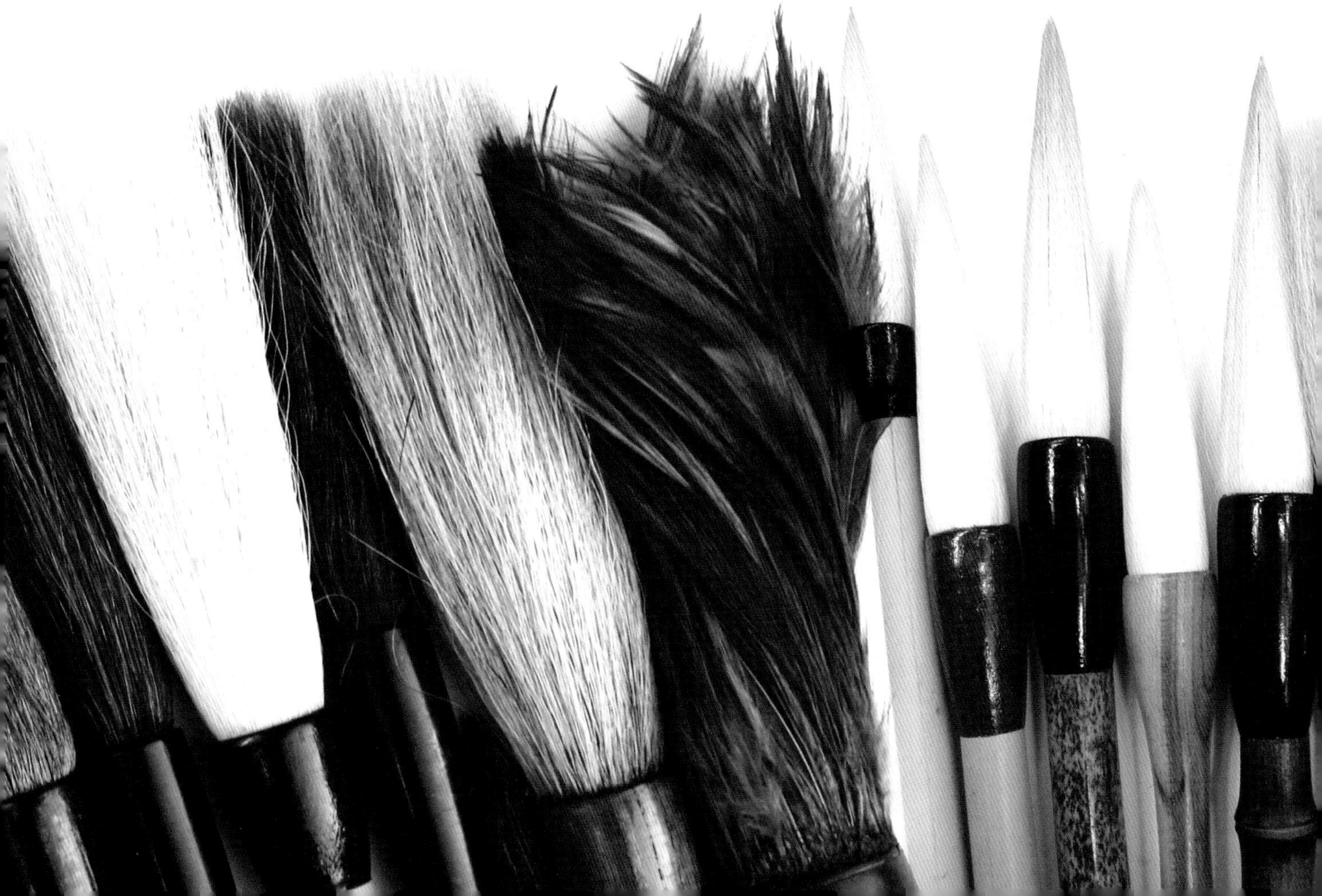

붓은 천의 얼굴을 가진 요~물!

왜 붓으로 캘리그라피를 할까?

붓 한 자루만으로도 그려낼 수 있는 선질線質은 매우 다양하다. 모든 글씨는 선으로 만들어진다. 결국은 선의 질에 따라 글씨의 표정이 달라진다. 일차원적으로 굵기의 변화는 ❼번 선처럼 가늘게 쓰기도 하고 ❾번 선처럼 붓의 길이만큼 획을 그을 수도 있다.

선의 다양함을 감성적으로 말해보자. 형태적으로는 가늘다, 굵다, 거칠다 라고 표현하지만 감성적으로 말해본다면 힘 있는 선, 여린 선, 빠른 느낌, 느린 느낌, 농담의 짙고 옅음에 따라 달라지는 느낌 등 매우 많은 표현이 나올 수 있다.

스치기 : 지면을 빠르게 스치듯이 지나간다. (20% 저항력)

긋기 : 지면을 천천히 지나간다. (50% 저항력)

그리기 : 지면을 누르듯이 지나간다. (80% 저항력)

스치기 : 글씨는 종이와 붓의 마찰이라는 물리적 관점에서 보면 종이는 붓에 대해 저항력을 20% 정도 갖는다.

긋기 : 저항력 50%

그리기 : 저항력 80%

흘리기 : 저항력 10%

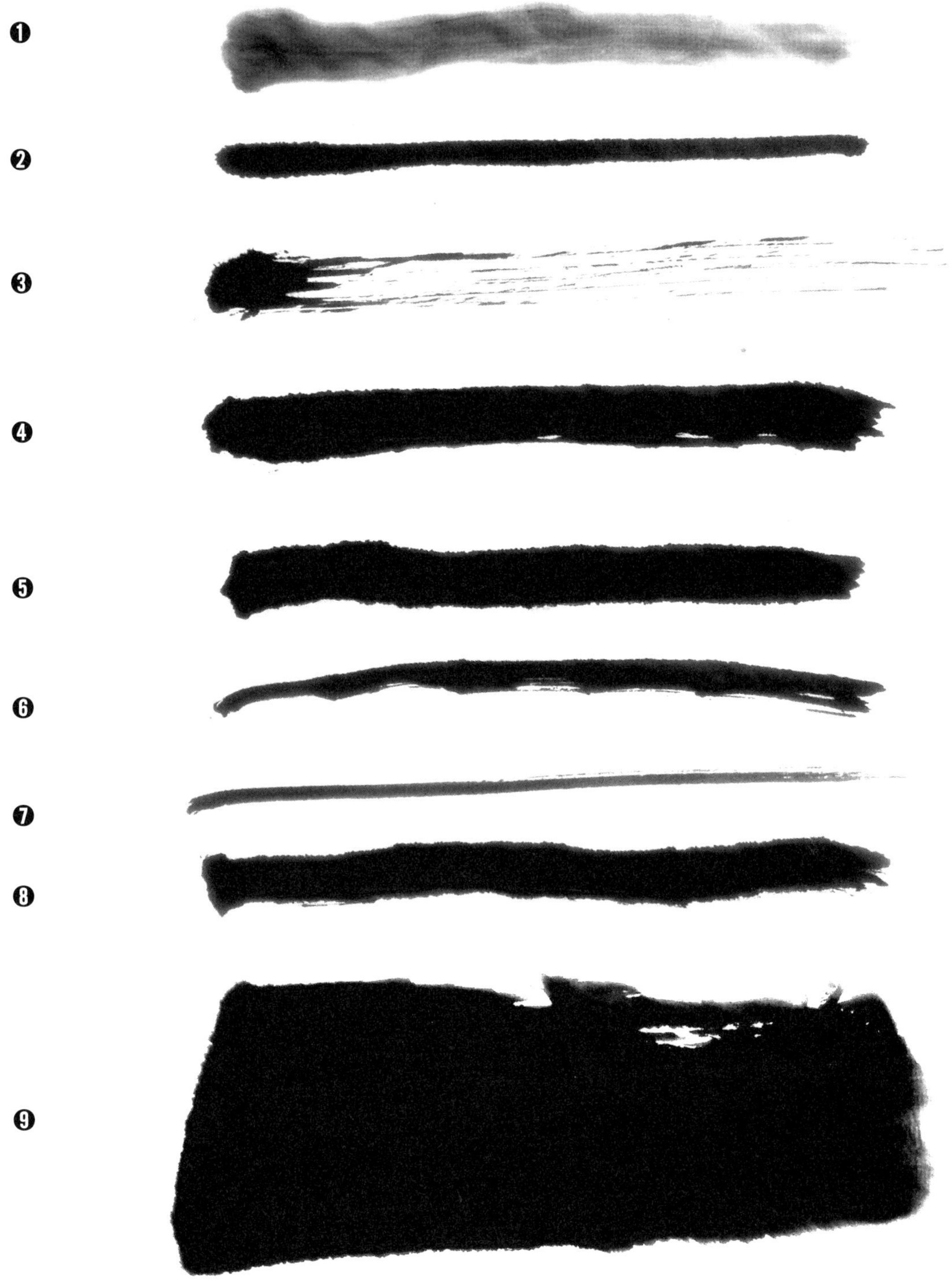

붓은 털의 종류와 길이, 두께, 탄력성, 먹물의 정도 등에 따라
수만 가지 다른 획을 표현할 수 있기 때문에 캘리그라피의 표현에 가장 적합한 도구다.

먹물을 한 번 찍어 점을 계속 그려보면서 다양한 질감을 느껴보자.

아래 두 선의 차이를 보면 위의 선(a)은 화선지에 붓을 댄 후 출발하여 끝을 삐친 것이다. 아래 선(b)은 획의 끝을 멈추고 붓을 뗀 것이다. 실제 캘리그라피 과정에서 두 단계는 각기 다른 느낌의 글씨를 나타낸다. 한글 궁서체의 끝처리와 판본체의 끝 획 간 차이를 예로 들 수 있다.

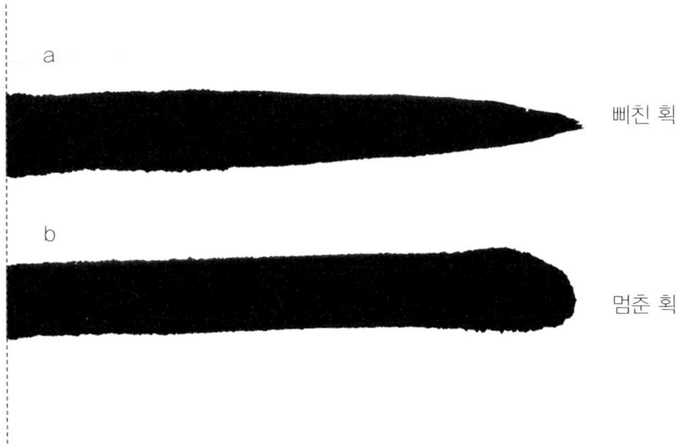

중봉과 편봉

중봉이란 붓의 중심이 정확히 획의 중심으로 지나가게 쓰는 것을 말하는데, 튼튼한 획과 무게감 있는 글씨에 어울린다. 주로 한글 판본체나 한자 예서의 획에 해당된다 할 수 있고 묵직한 필력이 느껴지는 중요한 획이다. 편봉은 붓의 중심이 획의 가장자리로 지나가게 쓰는 것을 말한다. 캘리그라피에서는 편봉의 표현이 많은 편인데, 경쾌하고 가벼운 글씨에 좋다. 중봉과 편봉의 차이를 생각하며 연습해보자.

중봉 : 획의 중심으로 붓끝이 지나간다.

편봉 : 획의 가장자리로 붓끝이 지나간다.

글씨 획의 굵기를 세 가지로 생각해보자

가는 선 Light

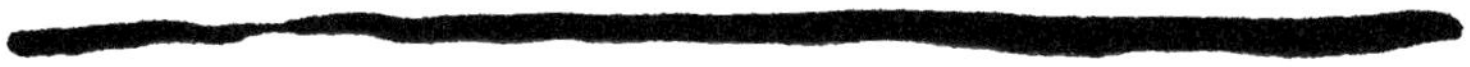

중간 선 Regular

굵은 선 Bold

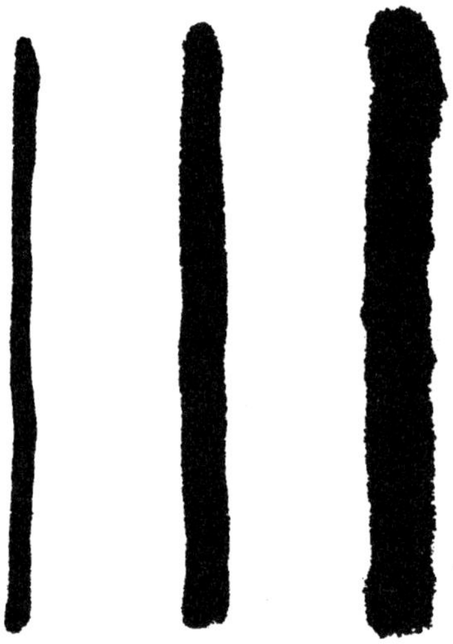

가는 선 Light　중간 선 Regular　굵은 선 Bold

붓놀림에 따라 선의 굵기는 얼마든지 다양하게 나올 수 있으나, 굵기를 세 가지 정도로 다르게 하여 글씨에 적용한다. 마치 컴퓨터에서 사용하는 폰트를 만들 때 한 가지 서체를 만들면 두께를 세 가지(light, regular, bold) 정도로 해서 하나의 묶음으로 사용하는 것처럼 의식한다. 대략 가는 선을 기준으로 두 배를 중간선, 세 배를 굵은 선으로 생각하여 글씨를 쓰는데, 처음 붓을 다루는 사람은 대개 중간선 정도로만 글씨를 쓰려고 한다. 한 글자에 한 가지 두께의 선으로 연습하는 것도 중요하지만 표현의 다양성을 연습하려면 한 글자에서도 자음은 굵은 획으로 모음은 가는 획으로 하는 방법의 수련이 필요하다. 이것을 습관적으로 쓸 수 있을 때 비로소 여러 가지 글씨가 나올 수 있다.

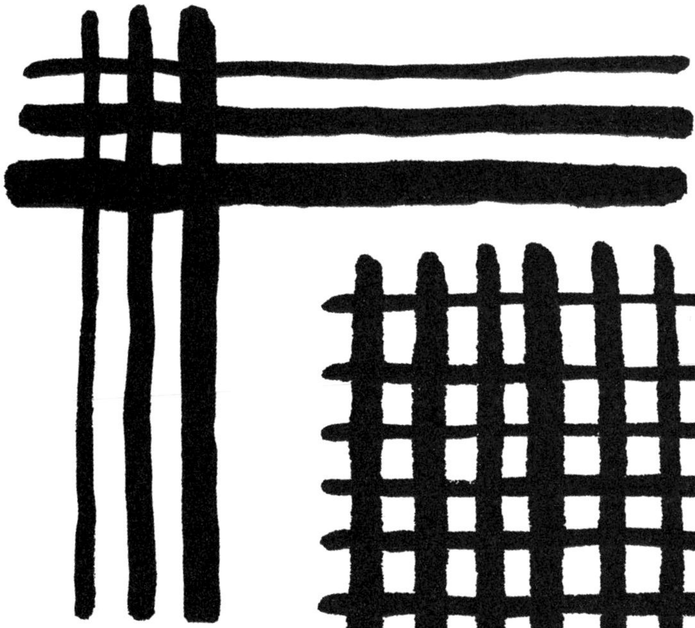

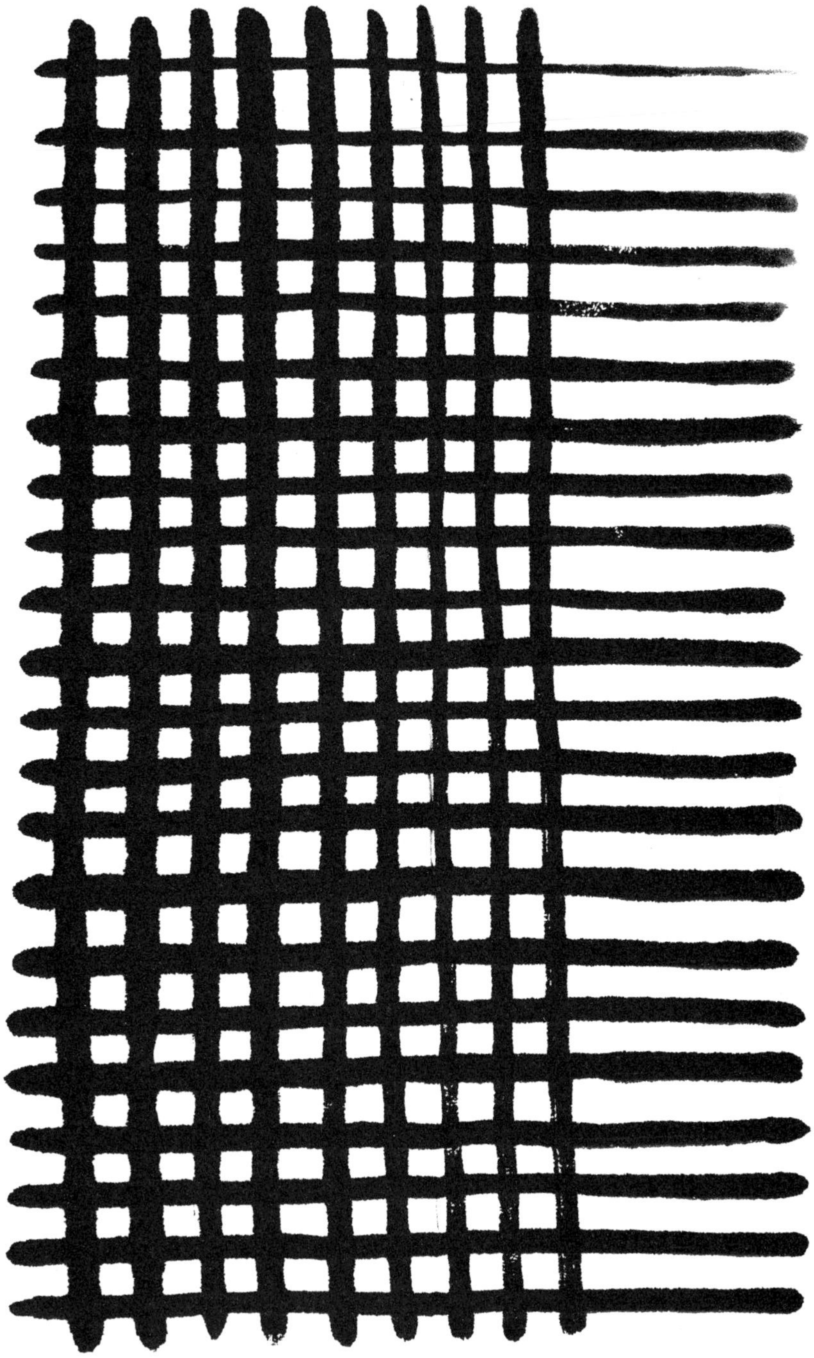

선 연습은

1. 두께의 변화
2. 질감의 차이
3. 가로획과 세로획
4. 사선과 원
5. 속도의 차이

등을 생각하며 연습한다.

한글의 첫 글씨 판본체를 살펴보자

훈민정음 판본체를 비롯한 석보상절 등 초기의 한글 책들은 대부분 대표적인 네모형 글씨다. 그것은 손으로 쓴 글씨가 아니라 판본이라고 하는 활자에 의한 글자이기 때문이다. 그래서 한글 서예에서 판본체를 처음 쓸 때 대개는 화선지를 여러 번 접어 네모 칸을 만들고 그 틀 안에 맞게 글씨를 쓴다. 획의 많고 적음에 관계없이 일정한 네모 공간 안에 획을 분할하여 쓰는 것이다.

한글 판본체는 네모 안에 획을 분할하여 글씨를 쓴다.

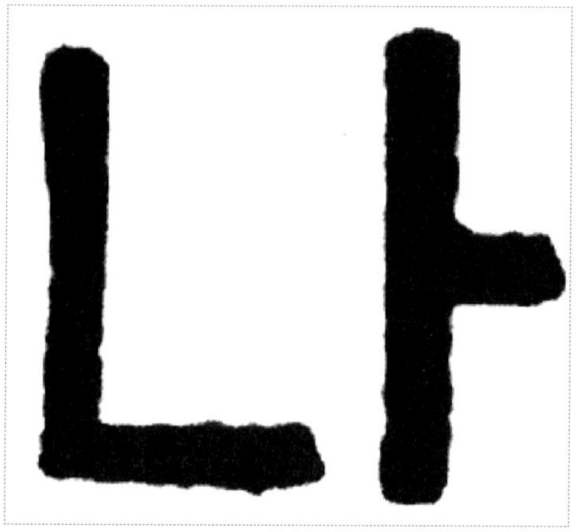

획이 적다.

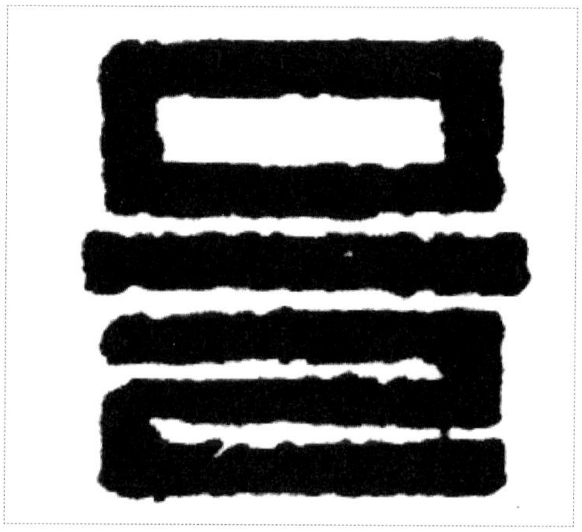

획이 많다.

네모형 글씨는 획이 많은 경우보다 적은 경우가 시각적으로 더 커 보인다.

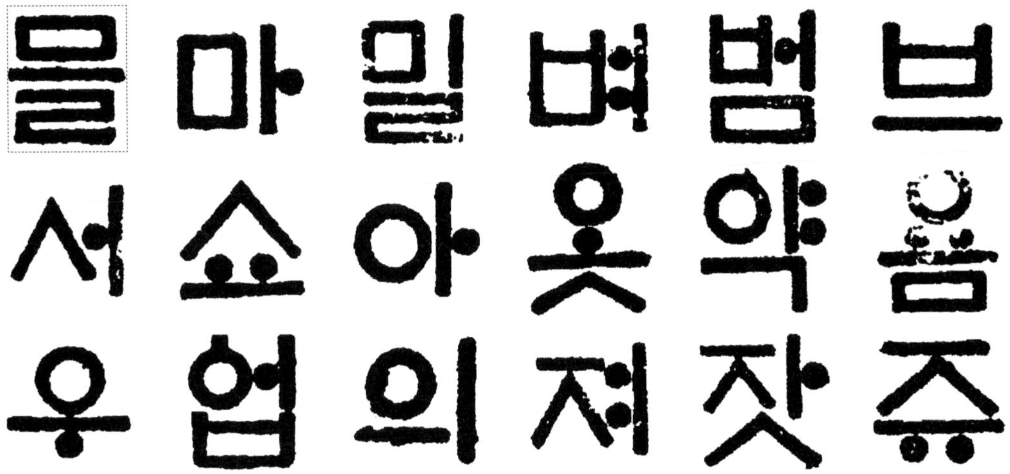

훈민정음 혜례

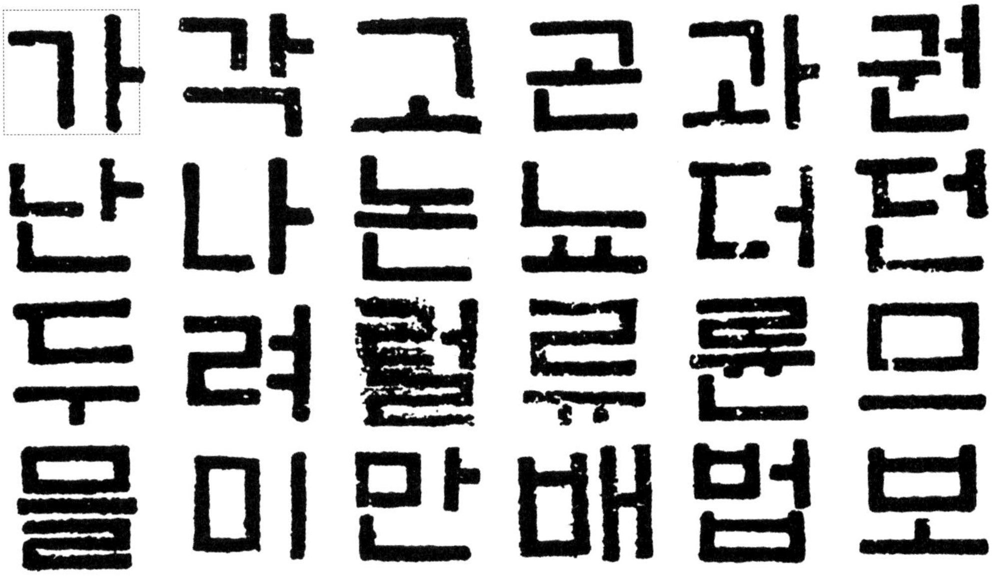

석보상절

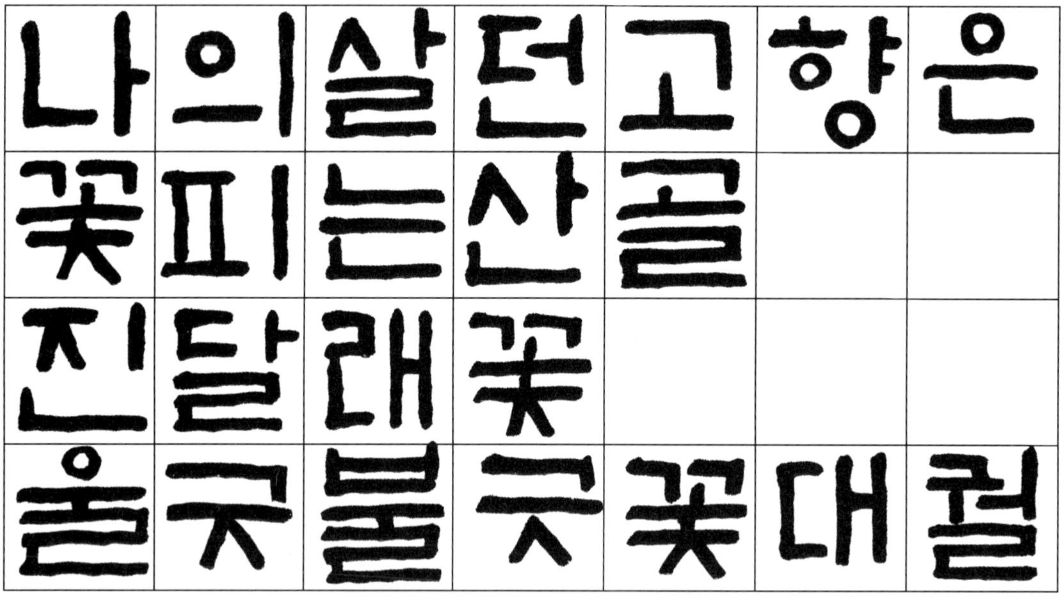

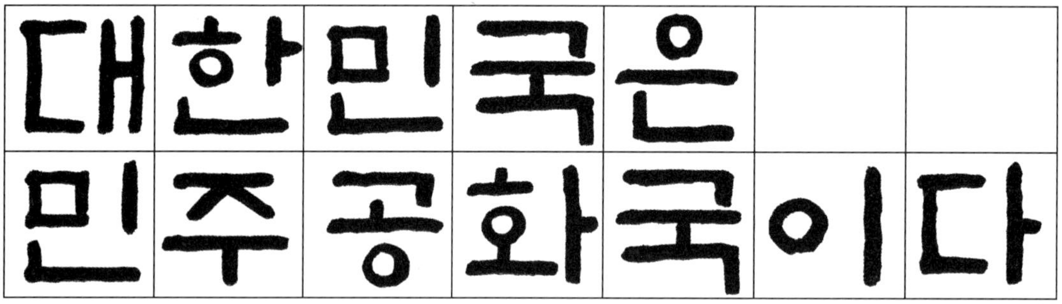

일정한 네모 칸(격자) 안에 쓰기

판본체는 대개 관공서의 이름이나 격조 있는 글씨를 써야 할 경우에 많이 활용되고 있으나, 캘리그라피에서는 기초 과정에서 잠시 연습해보는 것이 일반적이다. 하지만 이 글씨를 잘 익혀둔다면 캘리그라피의 응용된 새로운 글씨를 만들어내기에 매우 좋다. 변형된 판본체는 경직된 획을 좀 더 유연하게 하여 자유로움과 격조를 나타낼 수 있다.

대왕세종
훈민정음
역린관상
설국열차

종이를 접지 않고도 네모형 글씨를 쓸 수 있도록 연습한다.

판본체의 구조를 바꿔볼까요?

캘리그라피를 배우려한다면 지금까지의 글씨 습관에 변화를 줄 필요가 있다. 판본체와 궁서체는 한글 기초 연습에 반드시 필요하지만 머릿속에 네모 칸을 버리고 영역에 구애받지 않는 획의 자유로운 표현, 글자간의 어울림, 획의 많고 적음에 따른 크기의 변화, 획의 다양한 질감 등을 구사할 수 있다는 생각으로 바꿔보자.
수십 년을 써온 네모형 글씨로부터 자유로워져야 한다.
탈 네모! 이제 캘리그라피의 시작이다.

- 일정한 크기의 네모 틀 안에서 벗어나보자.
- 글자의 각 획 사이사이를 시각적으로 일정하게 해보자.
- 글자와 글자 사이를 약간씩 들여써보자.
- 판본체처럼 중봉과 역입 회봉을 지켜서 쓰지만 완벽한 구사보다 자연스럽게 표현해보자.

판본체와 같은 획(중봉)으로 쓰지만
외형의 네모꼴에서 벗어나
글자 내부의 공간을 일정하게
쓰는 훈련을 한다.

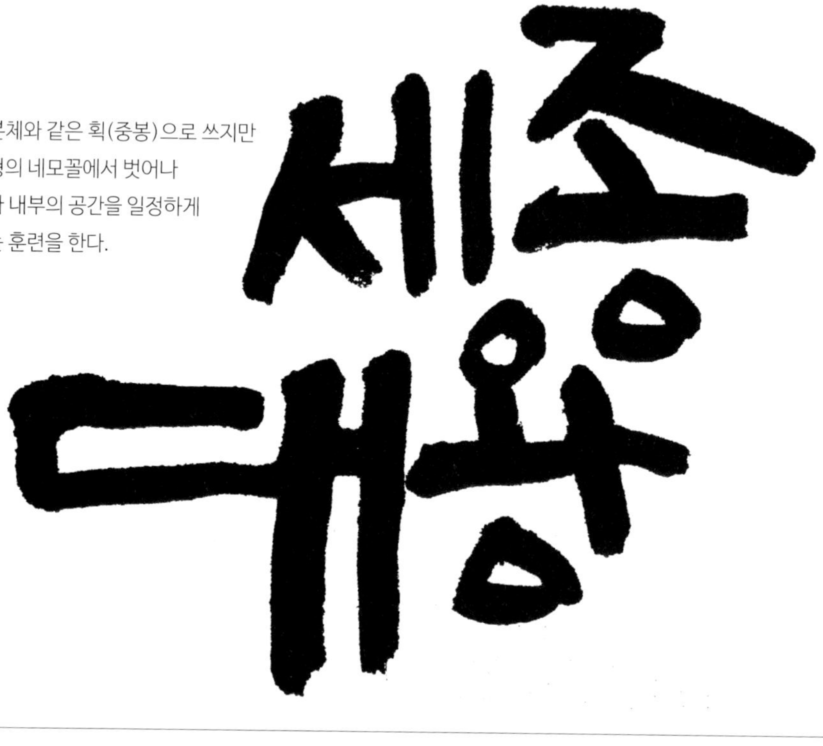

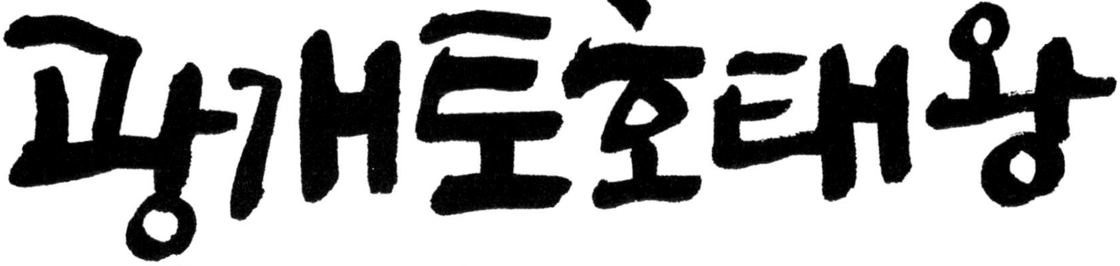

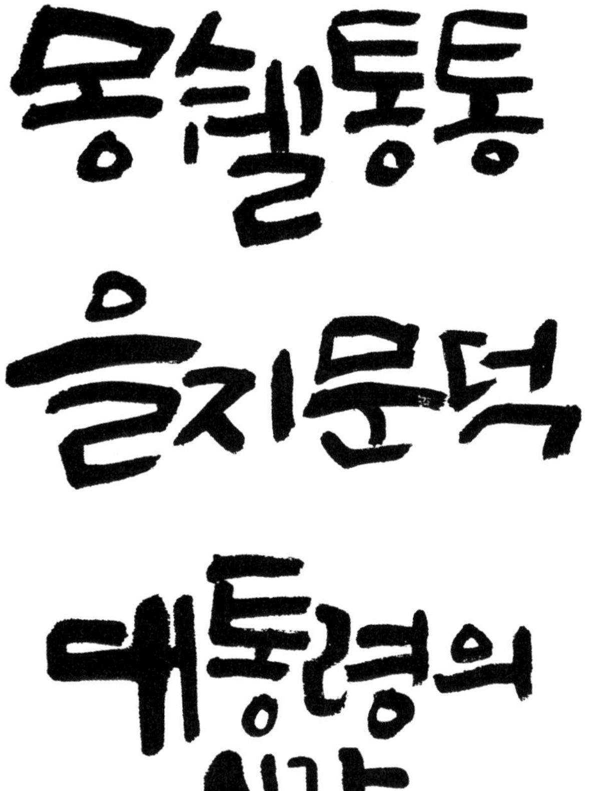

기본 획은 판본체처럼 쓰지만
네모형 글씨가 아니라 획의 많고 적음에 따라 크기를
달리한다. 내부 공간을 일정하게 하고 정확한 가로획
과 세로획이 아닌 자유스러운 획으로 글씨를 쓴다.

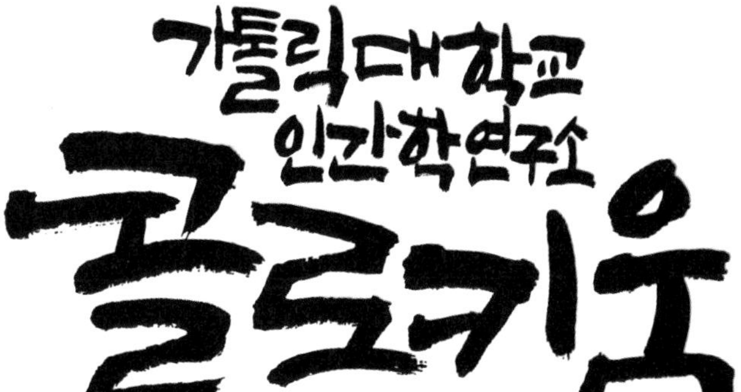

자연에서 배우는 캘리그라피

나뭇가지를 그리듯이

먹물 번짐이 심하지 않게 하고 서예에서 마치 삼절법으로 선을 긋듯이 여러 번 끊어서 획을 긋는다. 투박하지만 판본체를 변형한 글씨에 적합하다. 획의 굵기도 다양하게 쓴다면 더욱 느낌 있는 글씨를 쓸 수 있다. 나뭇가지를 모아 글씨를 만들듯이 쓴다.

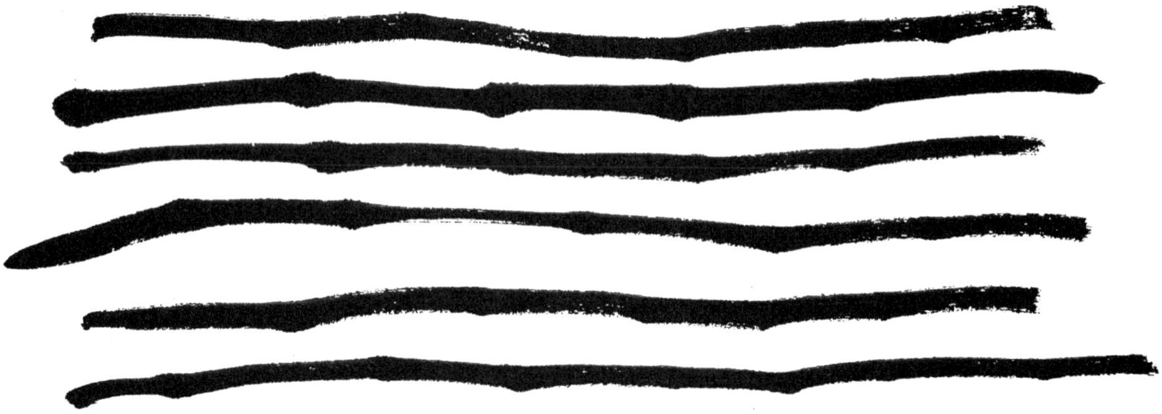

붓을 약간씩 멈추고 살짝 들었다가 다시 그으면 나뭇가지처럼 획을 그을 수 있다.

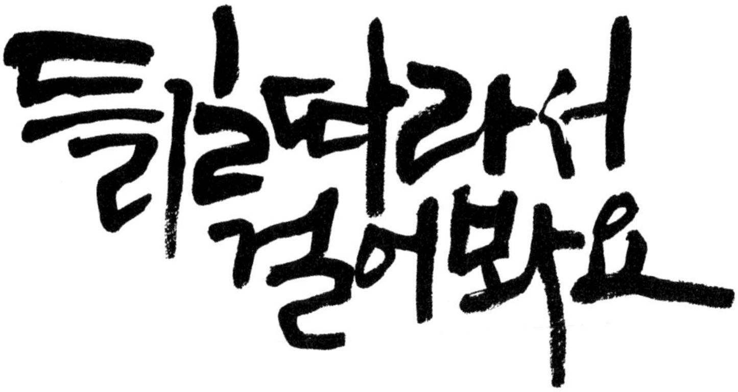

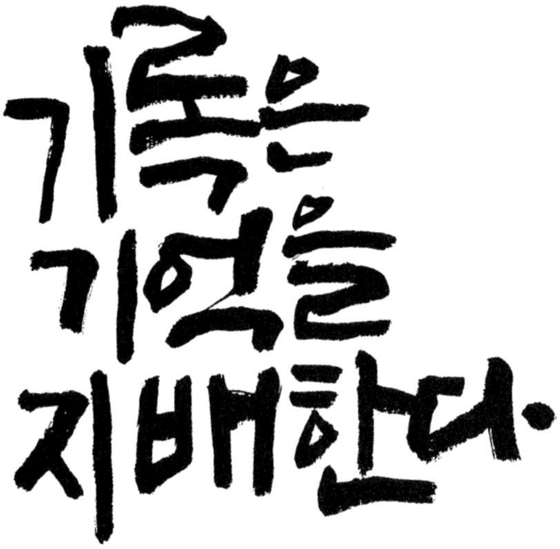

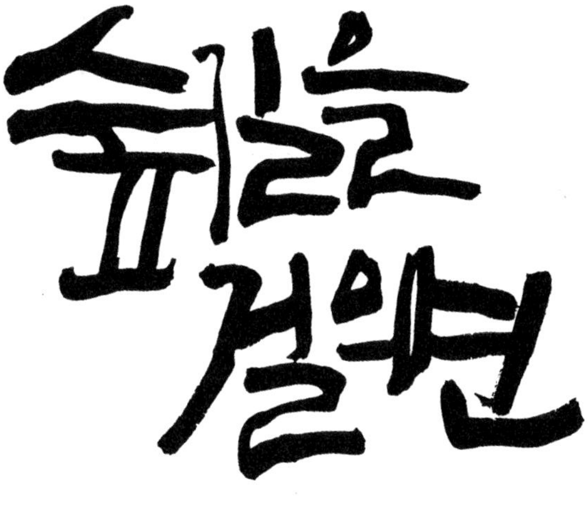

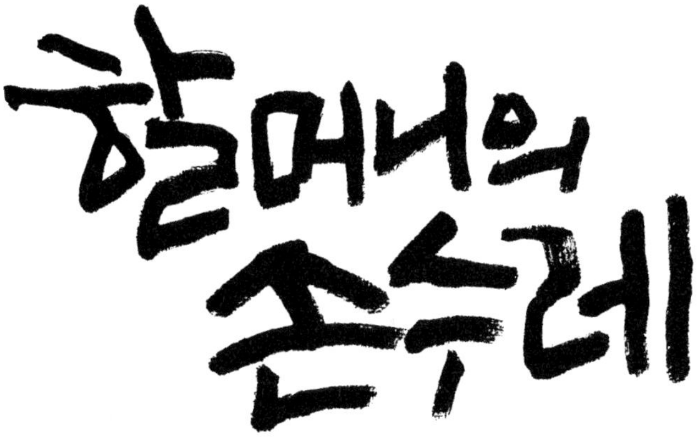

하나의 획을 그을 때 단숨에 긋지 않고
약간 끊어서 쓰면 마치 나뭇가지의
자연스러운 휘어짐이 나타난다.
너무 정직한 가로 세로획보다
유연한 느낌을 줄 수 있다.

고목을 그리듯이

고목의 울퉁불퉁한 느낌과 나무껍질의 거칠고 투박함 같은 글씨를 쓴다. 이런 표현은 공포, 전쟁, 스릴러 등의 영화 타이틀 같은 쓰임새를 갖는다. 붓으로 갈필이 많이 나타나게 하는 것이 좋다. 갈필은 붓놀림이 빨라서 나타나는 경우와 먹물이 적어서 나타나는 경우가 있다. 먹물이 적은 경우에 빠른 붓놀림에 의한 표현을 하면 더 멋진 글씨가 나온다.

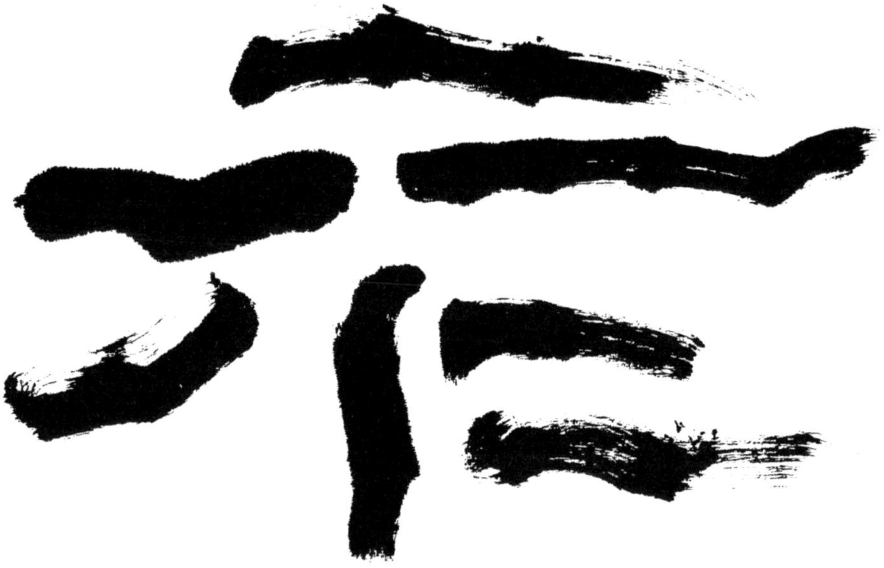

갈필은 빠른 붓놀림과 적은 먹물로
글씨를 쓰면 나타난다.

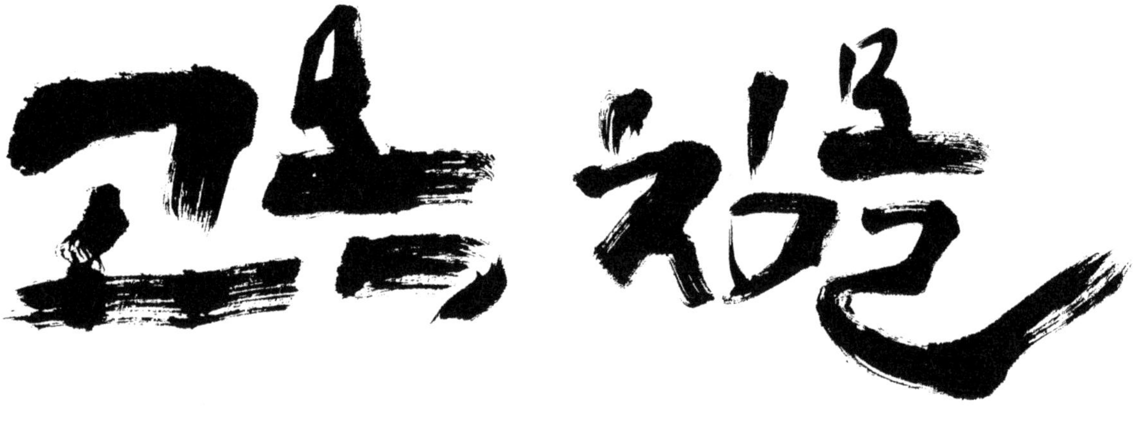

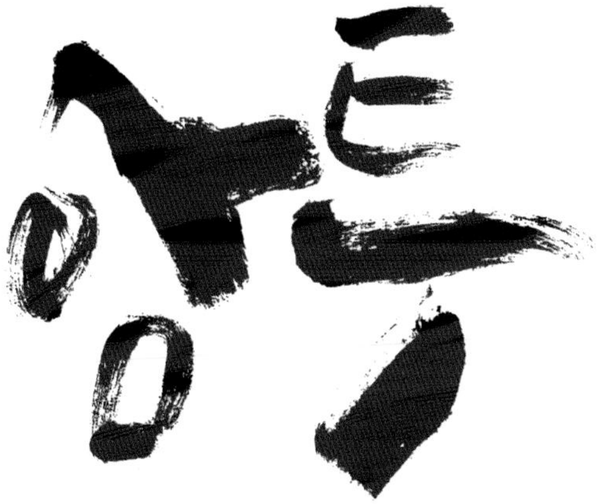

컴퓨터를 이용해 글씨에 컬러나 질감을 나타내면
더 좋은 표현을 얻을 수 있다.

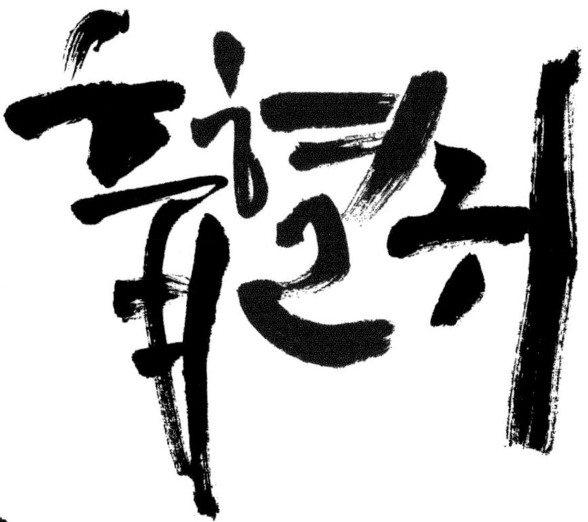

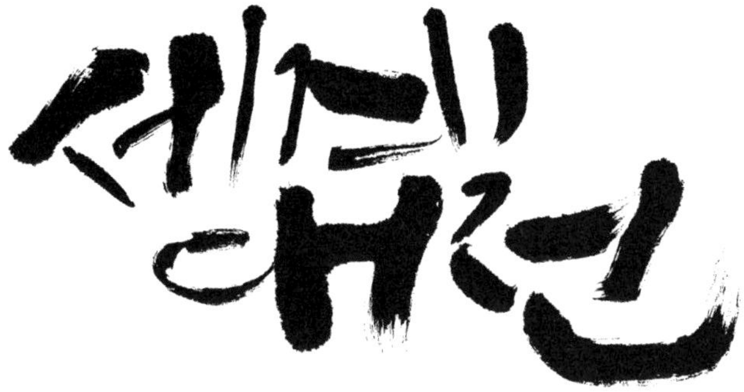

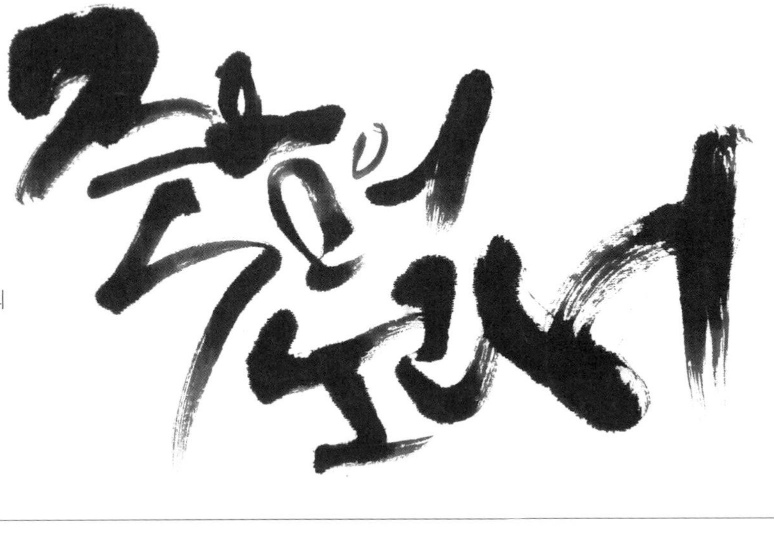

갈필과 함께 먹물의
농담을 달리해서
써보기도 한다.

바람을 그리듯이

붓질이 자유로워야 화려한 글씨쓰기에 좋다. 한문 초서를 쓰듯이 곡선과 꺾임이 유연하고 부드러우면 흘려쓰기를 잘 할 수 있는데, 마치 무엇이 바람에 날아기다가 다른 바람을 만나 방향이 바뀌듯이 붓을 움직여본다.

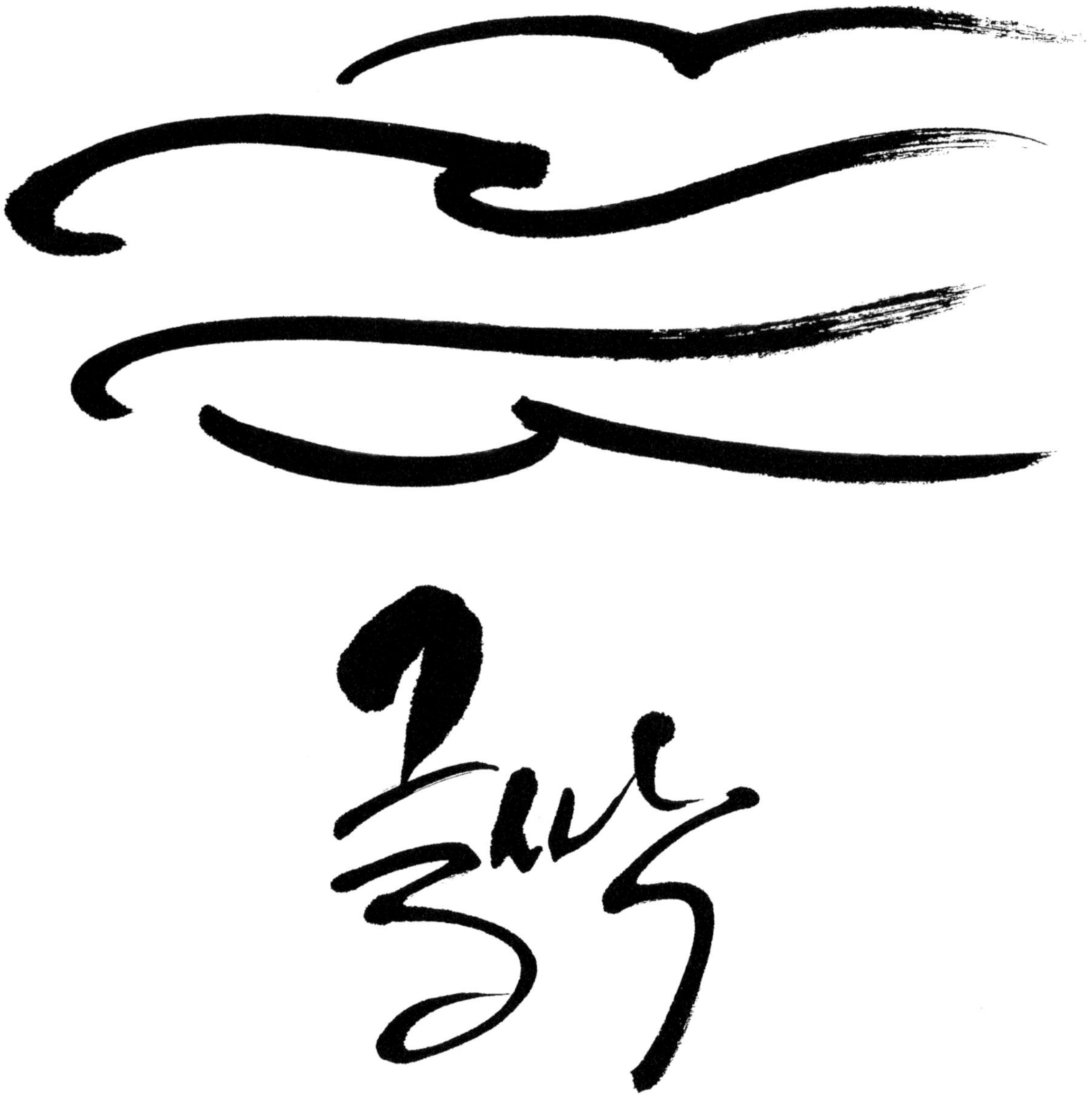

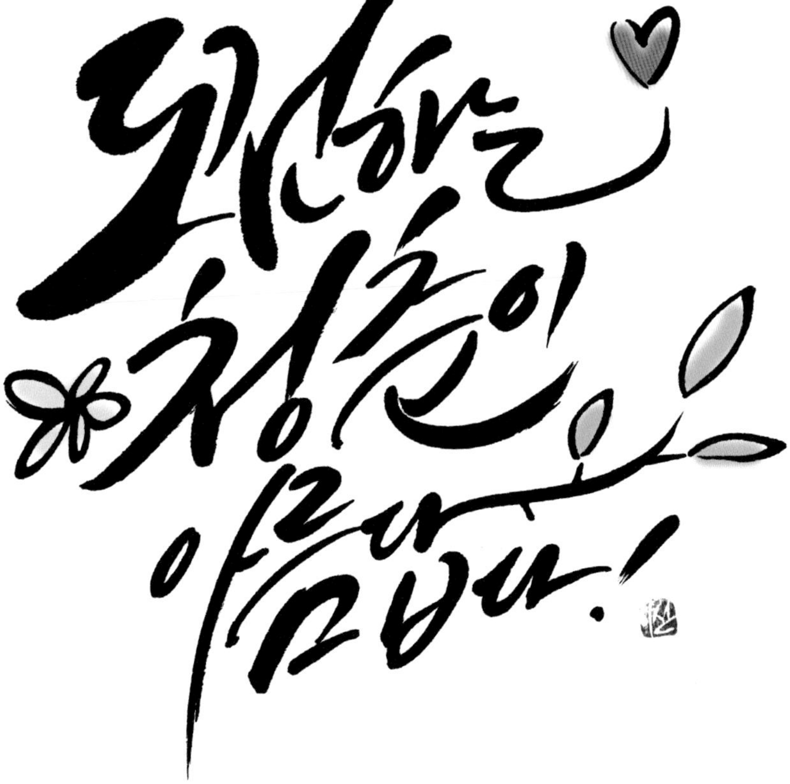

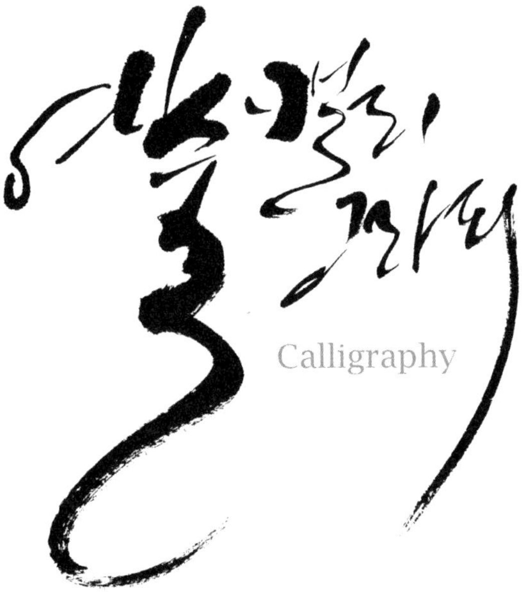
Calligraphy

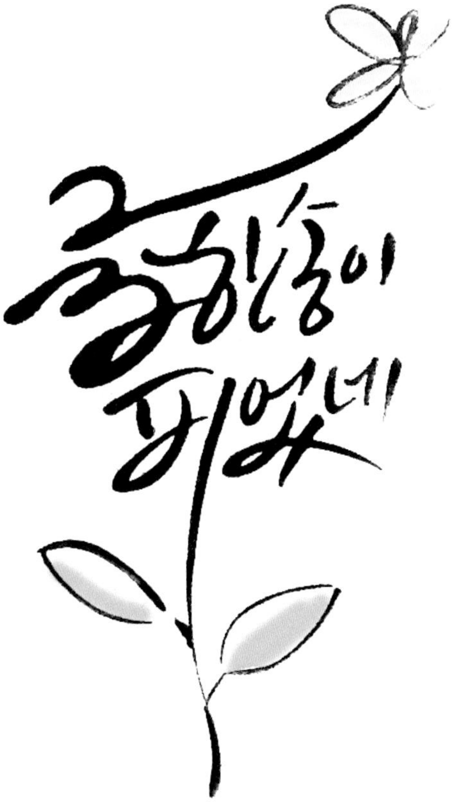

물결처럼, 파도를 그리듯이

꺾임 없이 마치 잔잔한 파도를 그리듯이 선을 긋는다. 일정한 두께로 긋기보다는 필압에 강약을 주어 변화를 준다. 가늘게 그을 때는 사용하는 붓으로 최대한 가늘게 표현해보는 것이 좋다. 처음 붓을 잡을 때 강하게 쓰는 것은 쉽지만 매우 약하게, 즉 가늘게 쓰는 것에는 익숙하지 않기 때문이다.

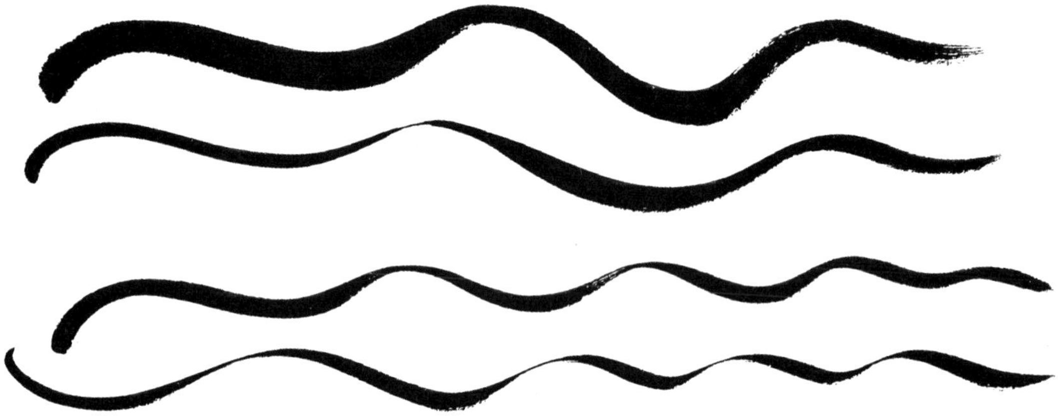

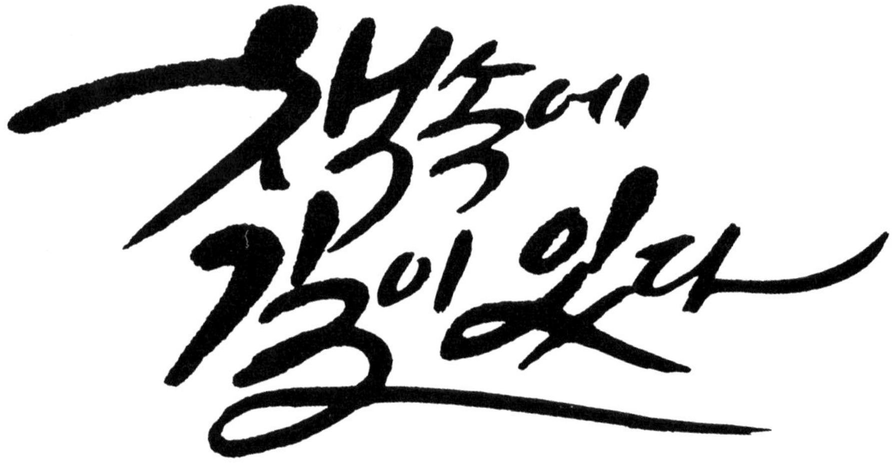

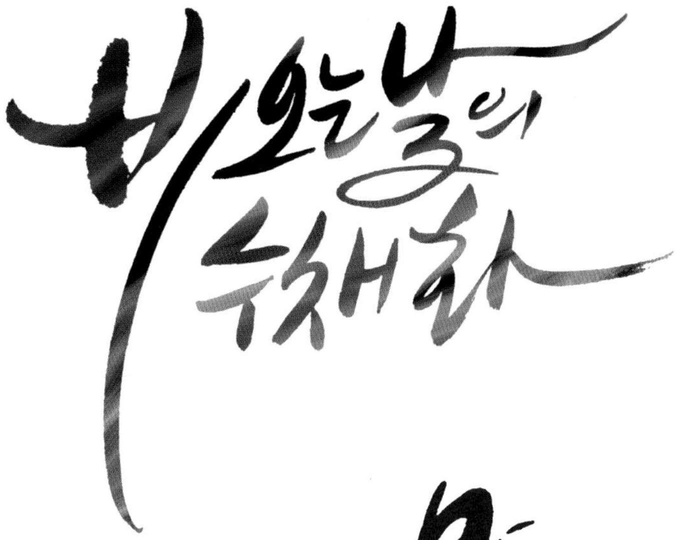
비 오는 날의 수채화

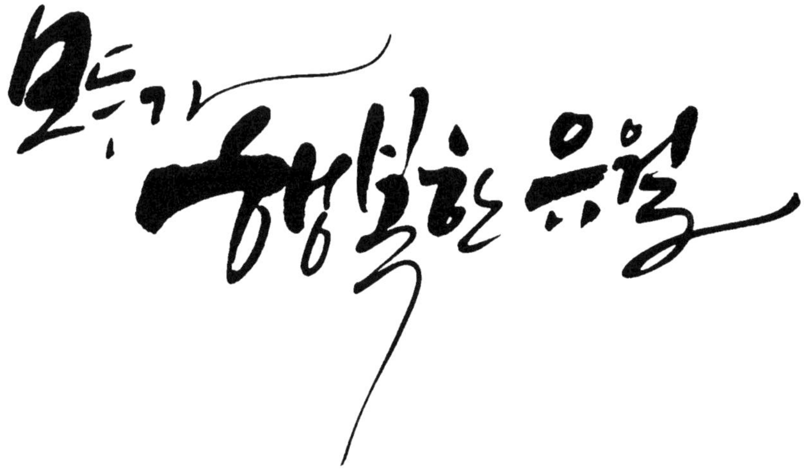
모두가 행복한 오월

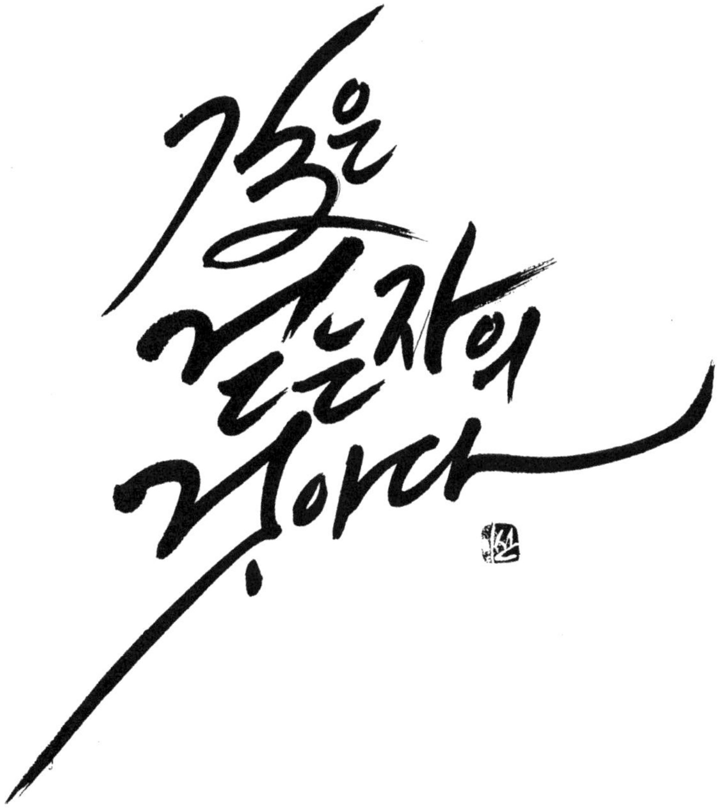
가을은 걷는 자의 것이다

버들잎을 그리듯이

버드나무 이파리처럼 짧게 긋는다. 붓의 첫머리와 끝이 뾰족하게 되도록 하는데, 처음 붓을 잡은 사람은 이 획이 만만치 않다. 대개 붓을 지면에 댄 후 출발하게 되며, 이 획은 붓이 지면에 닿기 전이나 끝날 지점의 속도가 같다. 마치 지나가면서 화선지 위를 스치듯이 긋는다. 이 획은 귀여운 글씨, 소박한 글씨에 좋다.

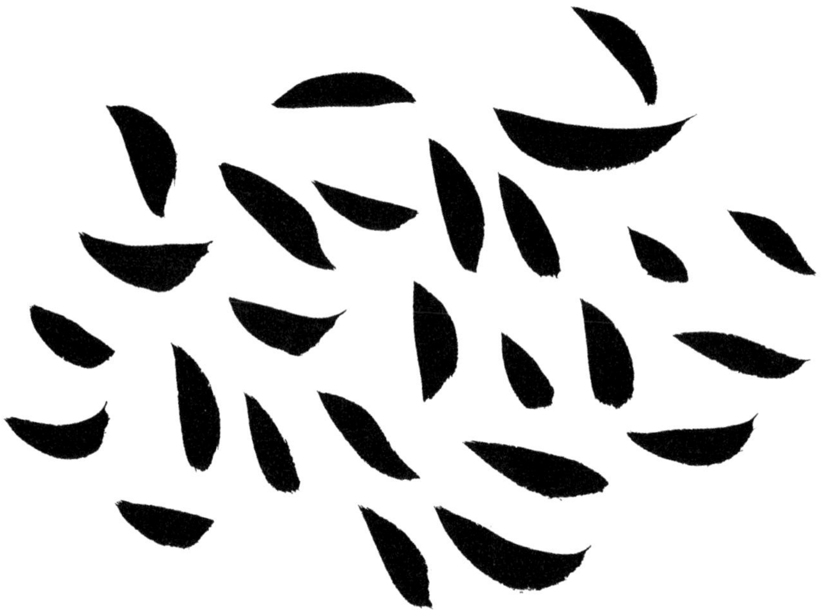

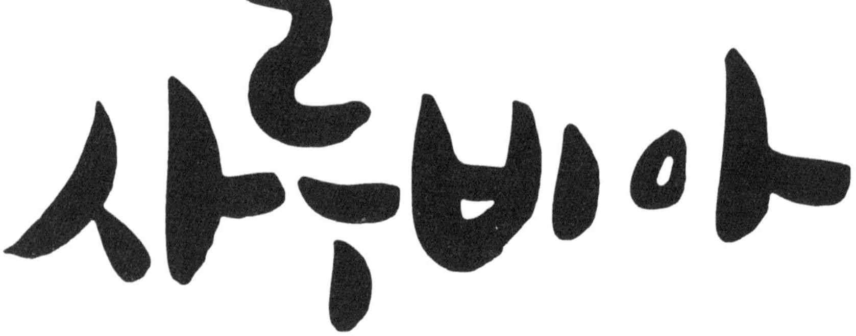

밥집아저씨

궁고또?

살아있네!
정다드림
오징어젓갈

손글씨
재밌니?

버드나무

프린봉의
즐거움

엄마손
김치

선 연습을 위한 다양한 그림을 그려본다

붓은 털의 길이와 종류, 탄력, 굵기, 무게, 먹물의 정도에 따라 다양한 획을 그려낼 수 있다. 붓끝으로 최대한 가늘게 써보기, 최대한 굵게 써보기, 거칠게 써보기, 빠르게 써보기, 느리게 써보기, 문질러보기, 내리쳐보기, 굵고 가늘게 반복하기 등의 연습을 통해 다양한 글씨를 표현할 수 있다.

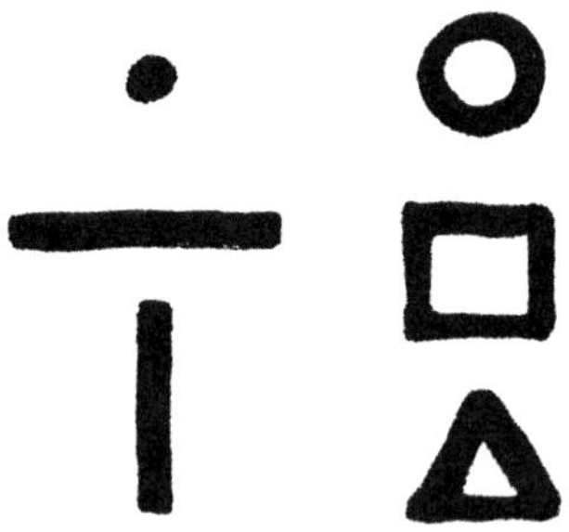

천지인원방각

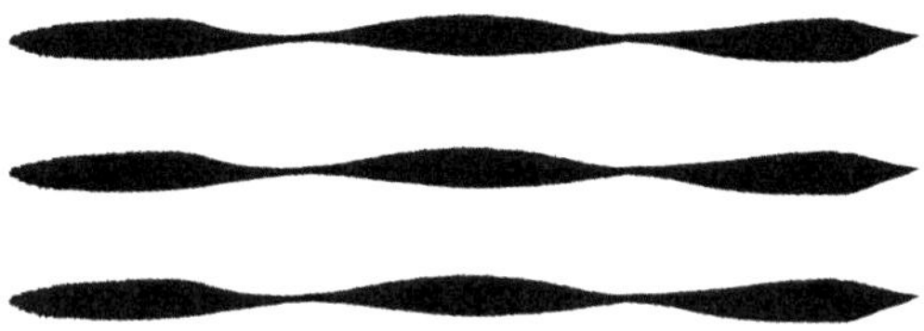

파형 그리기

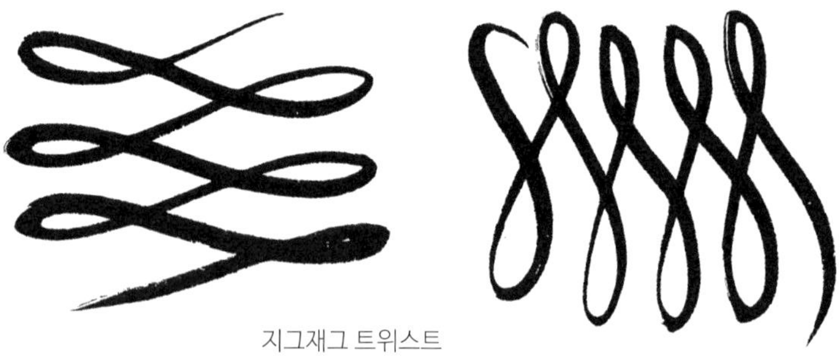

지그재그 트위스트

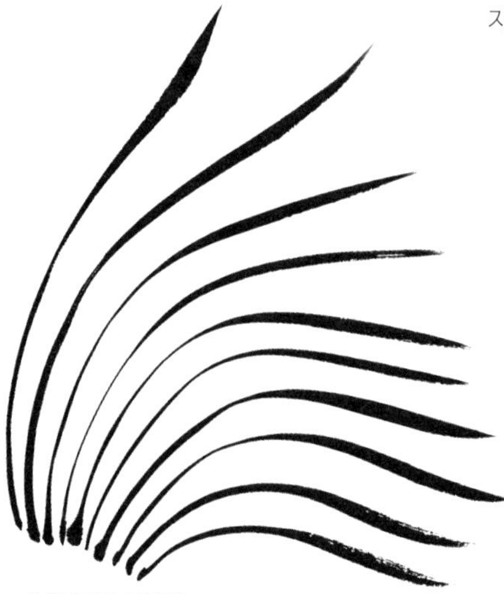

난잎처럼 그리기

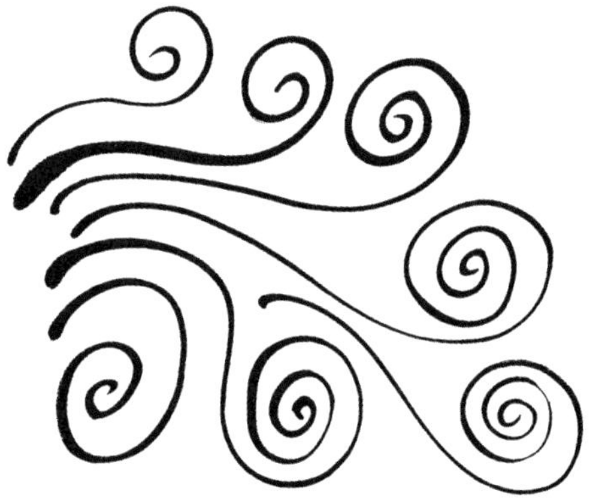

물결 문양 그리기

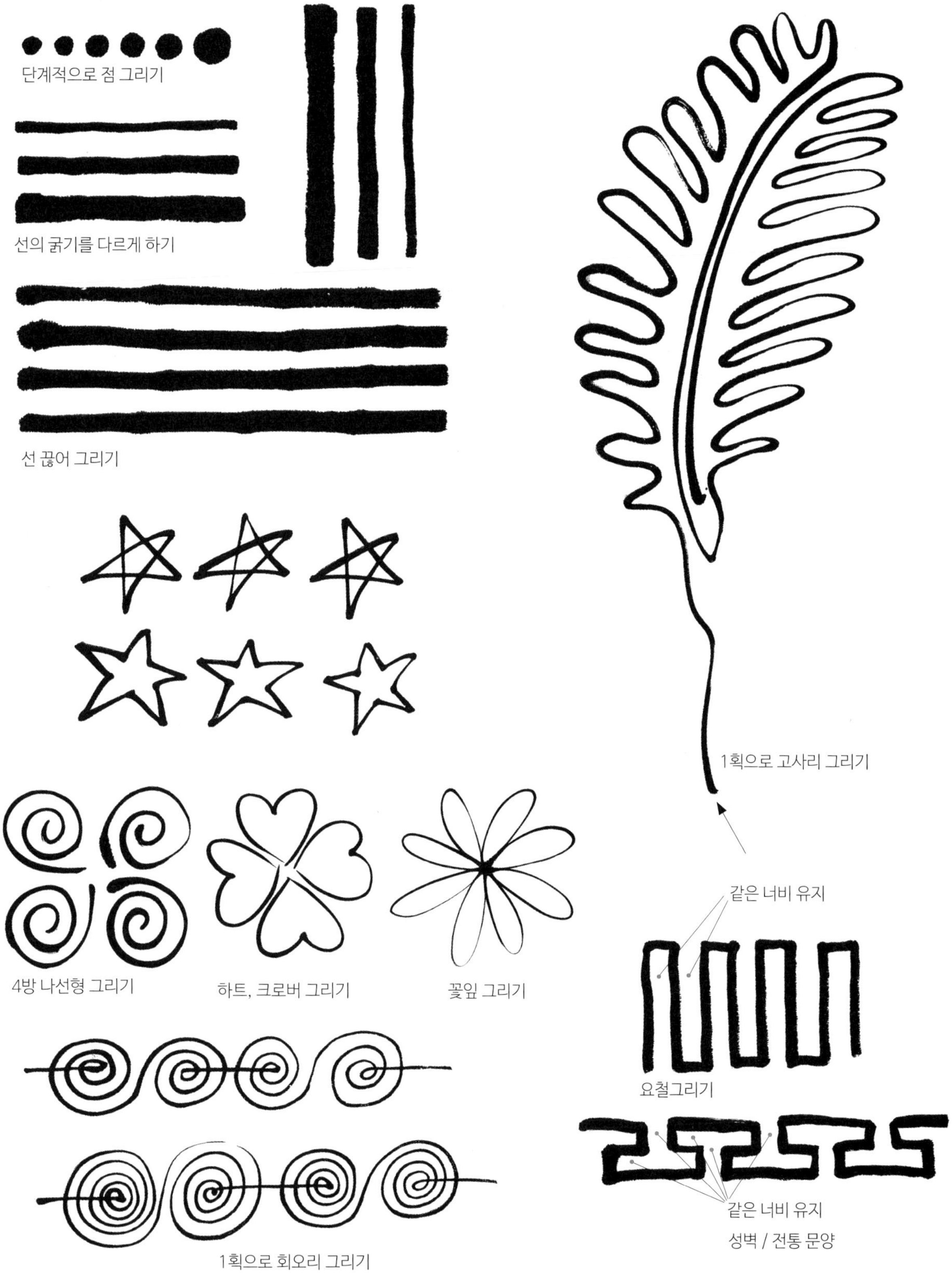
단계적으로 점 그리기
선의 굵기를 다르게 하기
선 끊어 그리기
1획으로 고사리 그리기
같은 너비 유지
4방 나선형 그리기
하트, 크로버 그리기
꽃잎 그리기
요철그리기
같은 너비 유지
성벽 / 전통 문양
1획으로 회오리 그리기

캘리그라피를 분류해보자

이렇게 분류하는 것은 어디까지나 필자의 견해이며 중첩될 수도 있다. 공부하면서 막연하게 생각하기보다 몇 가지로 분류해서 생각하면 글씨를 쓸 때 매우 도움이 된다. 더 구체적인 방법이 있을 수 있으니 독자 나름의 분류를 해보도록 한다.

서술적 캘리그라피

캠페인용 문구나 슬로건 같이 내용을 전달하기 위해 일정한 형태로 쓰는 경우를 말하며, 주로 문장 형태의 손글씨 편지, 선거용 슬로건, 계몽을 위한 선전 문구 등을 예로 들 수 있다. 도심가 큰 빌딩에 주기적으로 현판처럼 걸어놓는 캘리그라피 문장도 여기에 포함시킬 수 있다.
서술적 캘리그라피는 지나치게 글자를 왜곡하거나 변화무쌍하게 표현하기보다는 가독성을 중요시해야 하며, 전체적으로 글이 가지고 있는 감성을 나타낼 수 있는 필체를 활용하는 것이 좋다.

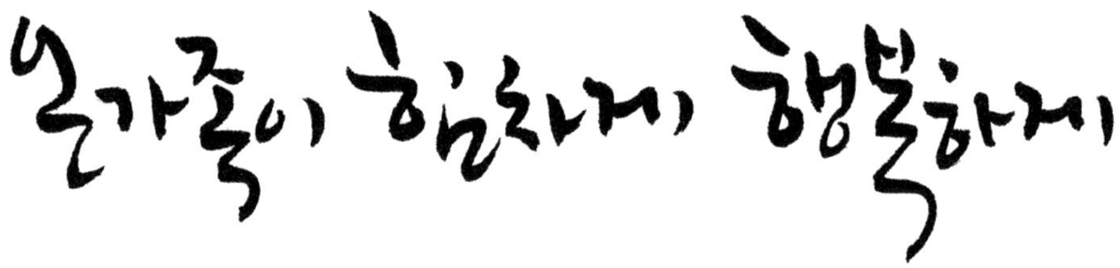

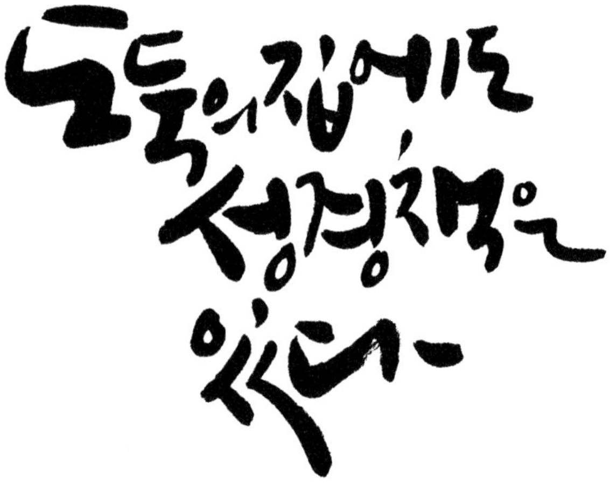

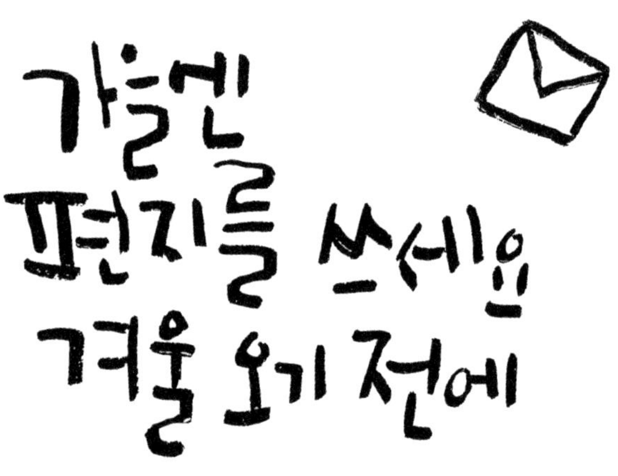

형태적 캘리그라피

글이 가지고 있는 물리적 형태가 글씨에 잘 나타나도록 쓰는 캘리그라피를 말하며, 주로 의성어와 의태어에 쉽게 표현할 수 있다. 대부분의 캘리그라피가 이 경우에 속하는데, 예를 들어 곰은 곰 같이 토끼는 토끼 같은 느낌이 나도록 형태적 자소를 찾아 표현하는 것이다. 사물의 느낌을 더 분명하게 나타낼 수 있기 때문에 제품 이름이나 유아용 학습 자료에 활용하는 것이 좋다.

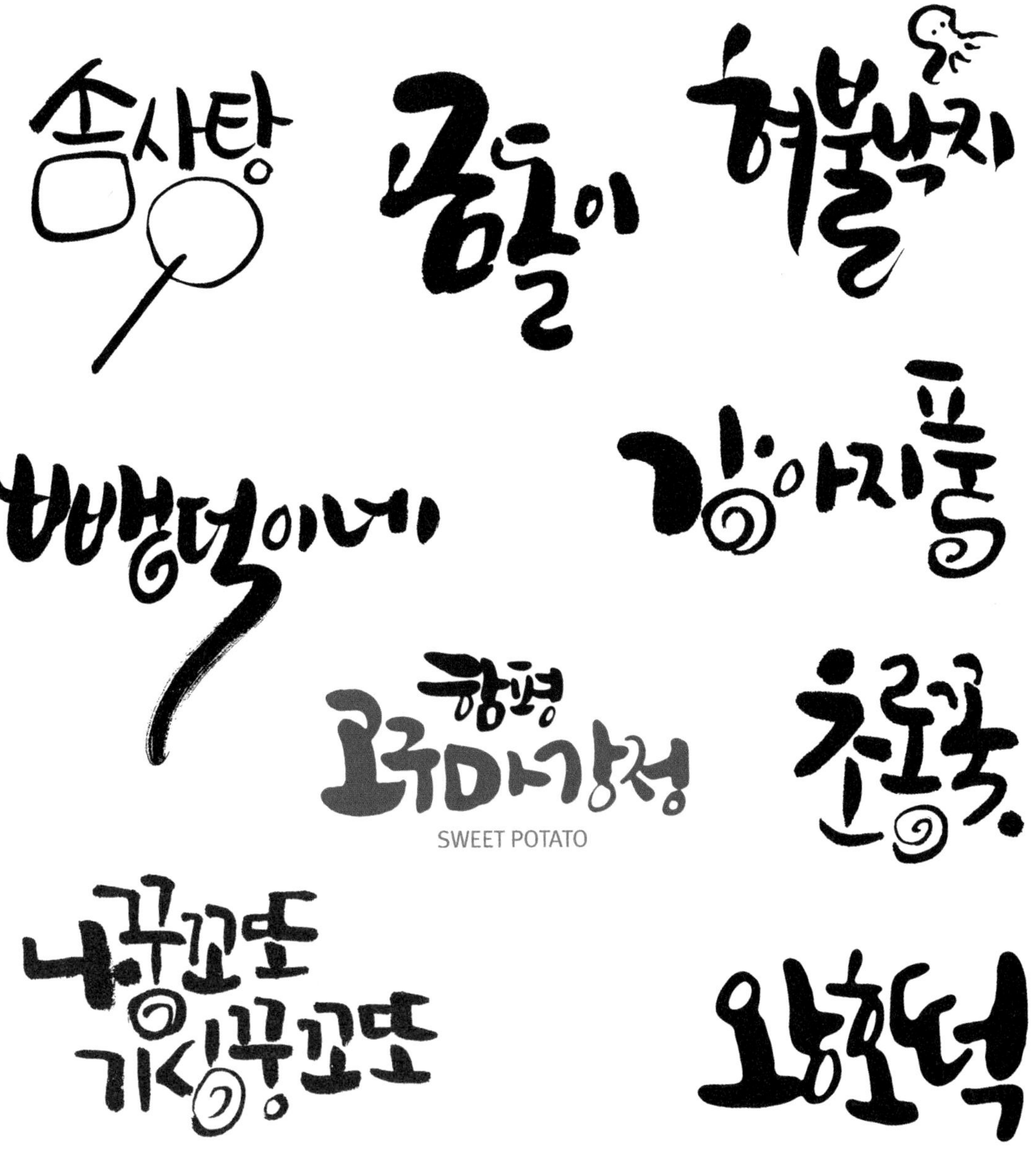

감성적 캘리그라피

사랑, 추억, 행복, 괴로움과 같이 추상적 언어를 주관적인 감성에 따라 표현하는 캘리그라피를 말하며, 글씨를 쓰는 사람에 따라 표현이 다를 수 있다.
어떤 캘리그라피든지 어느 정도의 개인적 성향이 나타나는 것이기는 하지만, 특히 감성적인 표현이 두드러지게 나타날 수 있는 분야다.

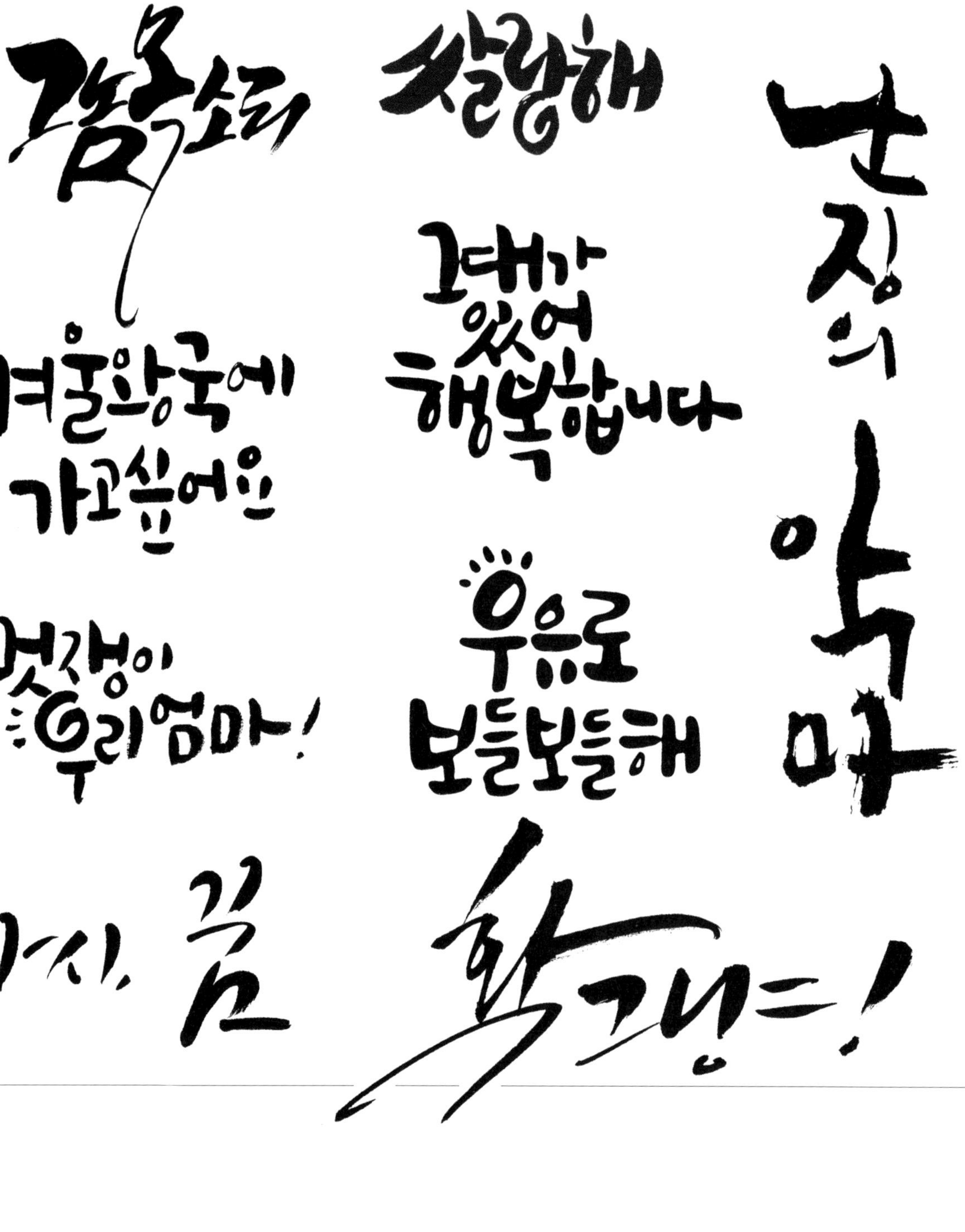

도화적 / 회화적 / 문자도 캘리그라피

그림과 글씨가 조화롭게 어울리도록 표현하는 캘리그라피로, 꽃이라는 글씨에 어느 한 부분을 실제 꽃을 그려 넣거나 사랑이라는 단어에 하트를 넣어 글씨를 쓰는 것을 말한다. 이러한 표현은 매우 직설적이고 전체적으로 회화적인 느낌이 강하다. 오랜 전통을 가진 문자도가 이에 속할 수 있으며, 능력 있는 캘리그라퍼들이 관심을 가지고 개발할 여지가 많은 분야다.

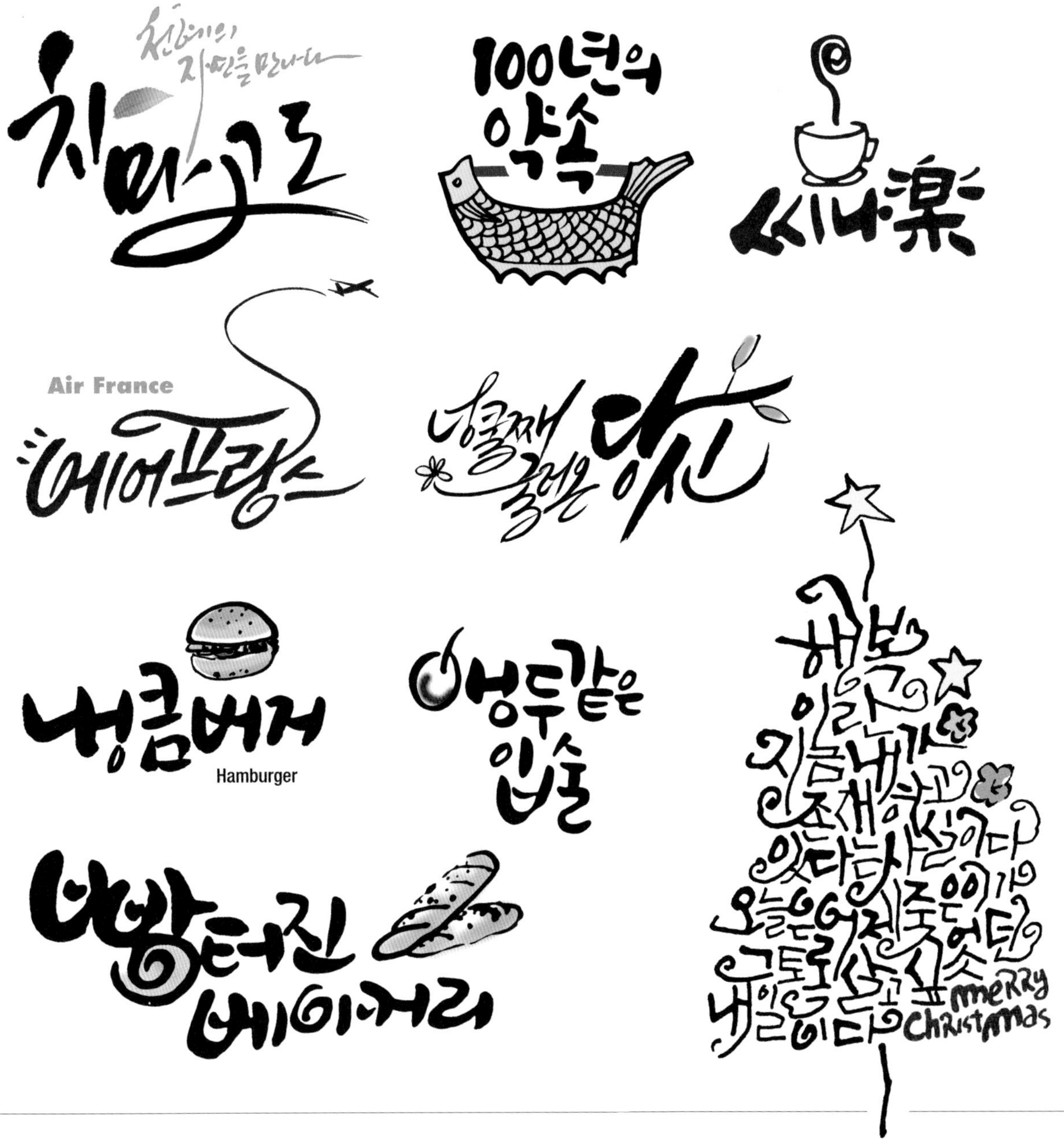

기역은 1획이 아니다

한글에서 'ㄱ'은 1획으로 배웠을 것이다.

필기도구로 한 번에 쓰게 되는 것을 1획이라고 하는데, 살펴보면 다음과 같다.

1획에 해당하는 자소는 ㄱ ㄴ ㅇ

2획에 해당하는 자소는 ㄷ ㅈ ㅅ ㅋ

3획에 해당하는 자소는 ㄹ ㅁ ㅊ ㅌ ㅎ

4획에 해당하는 자소는 ㅂ ㅍ

그러나 붓으로 하는 캘리그라피의 표현적 의미로 본다면 기역은 부분마다 각기 다른 표현 요소를 가지고 있으므로 단순히 1획이라고 말할 수 없다.

예를 들어 첫머리를 들어갈 때 역입으로 할 것인가 붓 모양이 나타나도록 그냥 시작할 것인가? 가로선의 굵기는 어떻게 할 것인가? 꺾임을 각 지게 할 것인가, 둥글게 할 것인가? 세로획의 두께는 어떻게 할 것인가? 끝부분을 삐칠 것인가, 바로 끊어 마감할 것인가? 전체적으로 선질을 매끄럽게 할 것인가, 갈필로 표현할 것인가? 가로획과 세로획의 길이는 어떻게 할 것인가? 하듯이 많은 표현의 포인트가 있다.

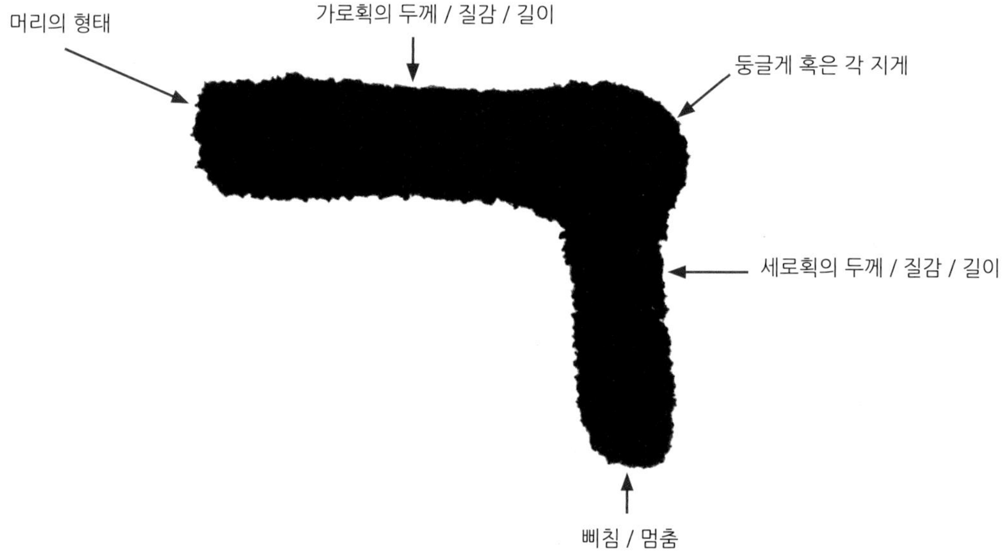

자음이나 받침의 'ㄱ'과 모음이 가로형 또는 세로형으로 조합되는 경우에 따라 표현이 달라진다.

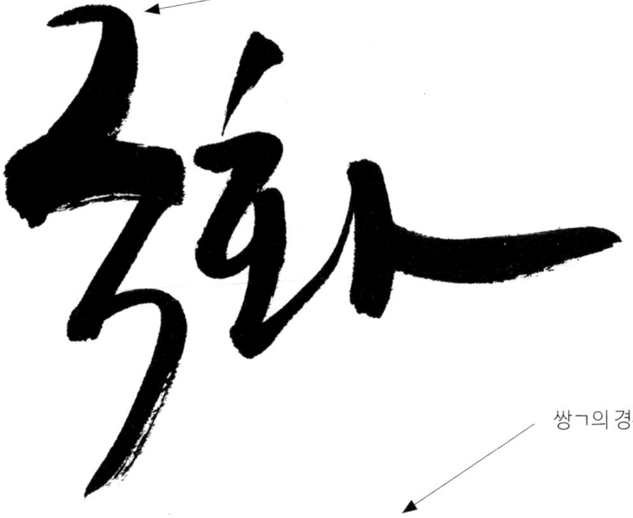

쌍ㄱ의 경우 두 개를 나란히 할 것인가 위아래 겹칠 것인에 따라 표현이 다르다.

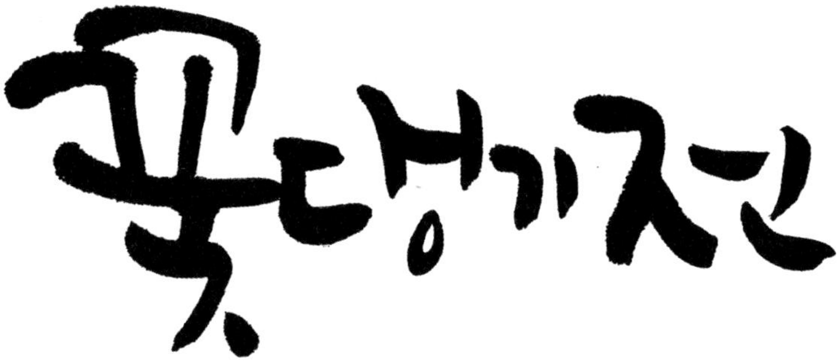

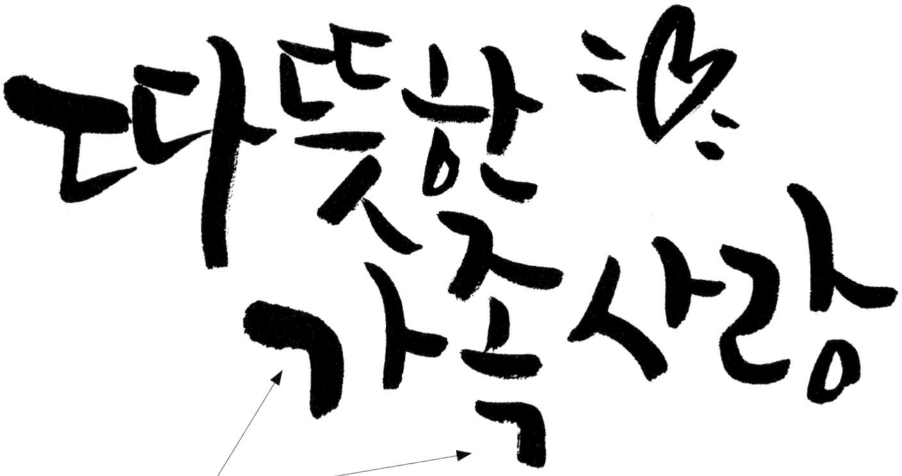

ㄱ이 초성일 경우와 종성일 경우에 형태를 다르게 표현할 수 있다.

한글이 창조적인 이유

한자는 전부 그런 것은 아니지만 가로왈(曰)과 날일(日), 끝말(末)과 아닐미(未), 선비사(士)와 흙토(土) 같이 획의 길이에 따라 음과 뜻이 달라지기 때문에 자유롭게 획을 늘이거나 줄일 수 없는 제한적인 면이 있다.

그러나 한글은 예를 들어 한글의 '가'자에서 기역의 첫 획을 길게 하거나 모음의 두 번째 획을 첫 번째 획보다 길게 한다고 해서 음과 뜻이 달라지지 않는다. 한글의 모든 획은 여러 방향으로 자유롭게 확장하거나 절제하여 사용할 수 있으니 타이포그라피나 캘리그라피, 폰트 개발에 있어서 표현 요소가 무제한적이라고 말할 수 있다.

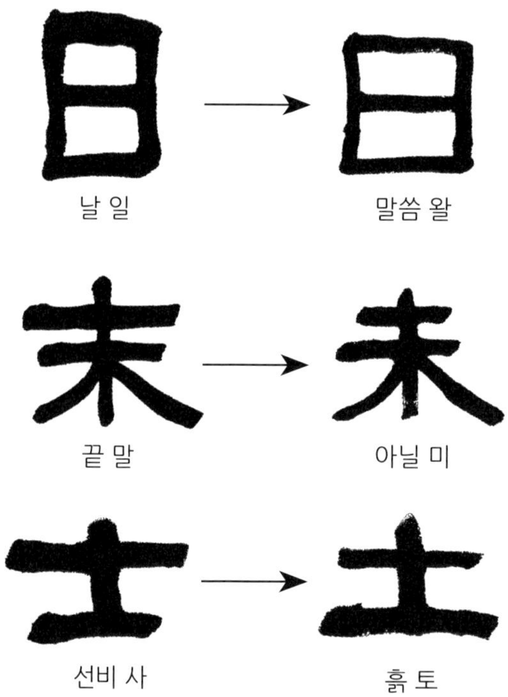

획의 길이에 따라 음과 뜻이 달라지고 두 글자는 의미상 아무런 연관성이 없다.

한글은 사방팔방 자유롭게 쓸 수 있다

예를 들어 '가'자의 획에는 영역 외로 확장할 수 있는 5개의 획이 있다. 모든 획은 길이를 늘이거나 줄여서 각기 다른 느낌의 '가'자를 표현할 수 있다. 거기에 앞서 설명한 것처럼 모든 캘리그라피적 요소를 부여하게 되면 수백 가지의 '가'자가 탄생할 수 있는 것이다. 물론 캘리그라퍼의 개인적인 창의성을 요하는 일이다.

한글의 이러한 요소를 영어 알파벳의 펜글씨 장식처럼 활용한다면 영문자보다 훨씬 더 장식적인 요소가 될 것이다. 한글은 아직까지 이러한 연구가 많지 않은데, 이 책의 말미에 있는 한글 펜글씨 자료에 필자가 연구한 몇 가지 자료를 실었다(361~399쪽 참고).

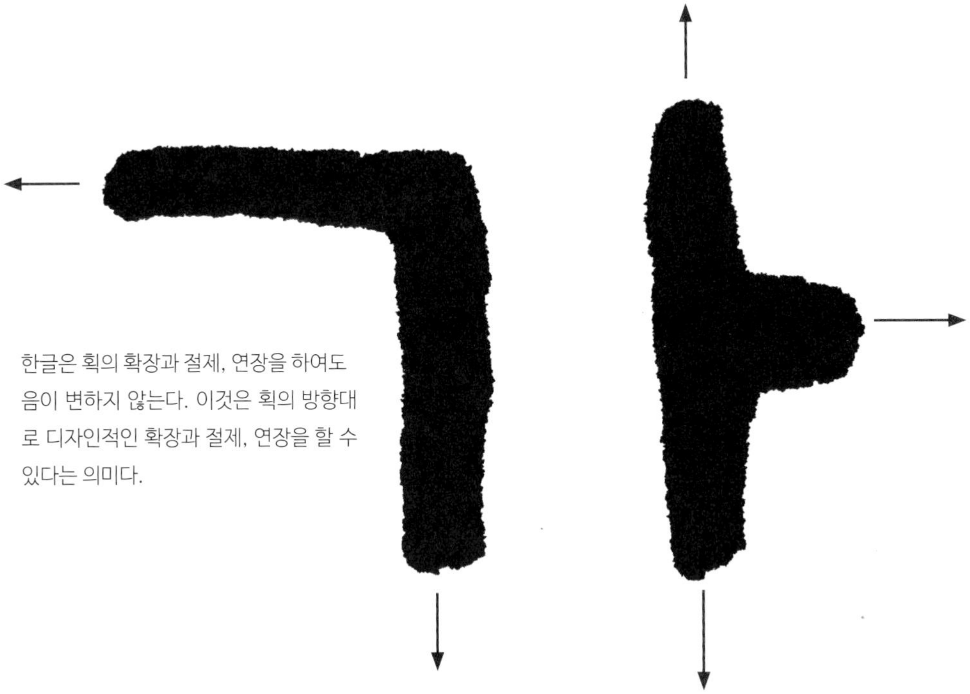

한글은 획의 확장과 절제, 연장을 하여도 음이 변하지 않는다. 이것은 획의 방향대로 디자인적인 확장과 절제, 연장을 할 수 있다는 의미다.

한글의 구조와 획의 확장, 생략, 절제

'캘'자로 배우는 캘리그라피 - '캘'자의 구성 변화

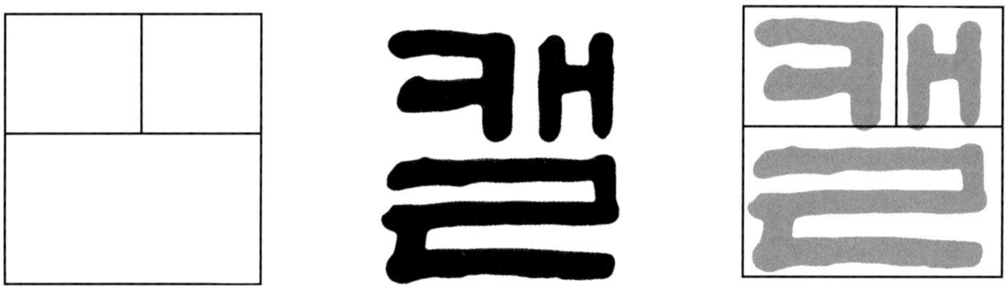

판본체의 기본 구성

1. 구도의 변경과 초성의 공간 내 획 연장

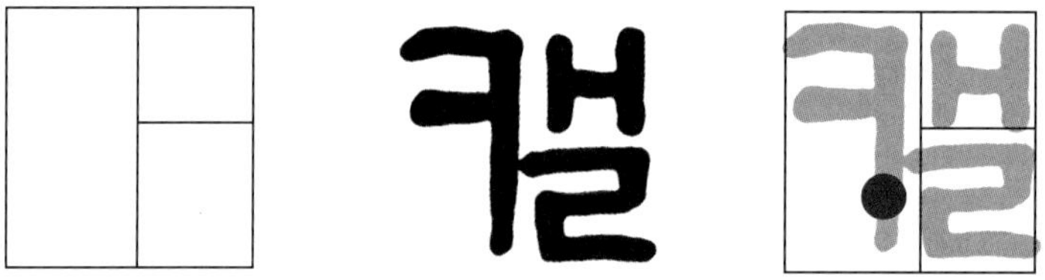

2. 종성의 공간 절제

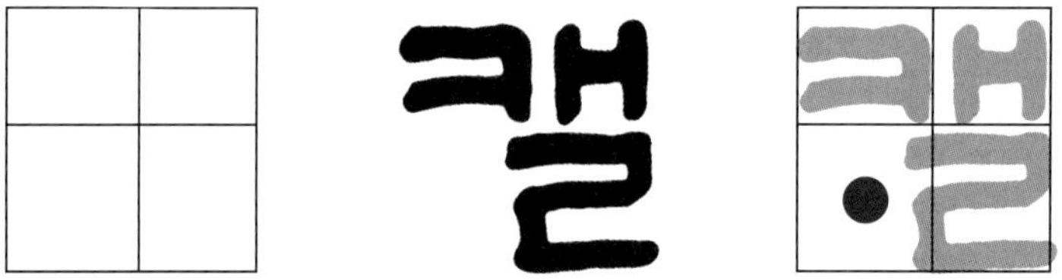

3. 초성 획의 확장

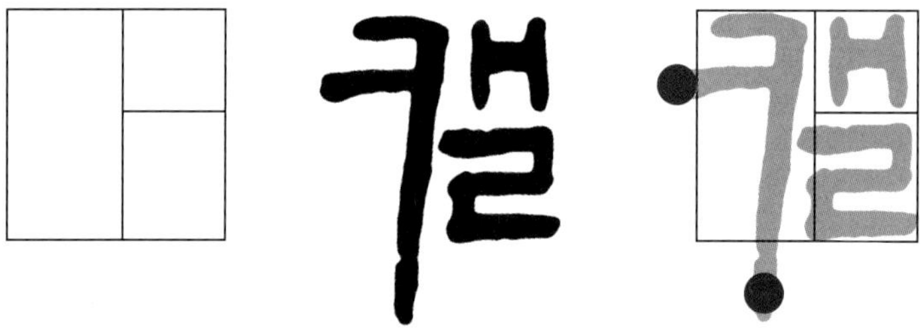

4. 종성 획의 확장

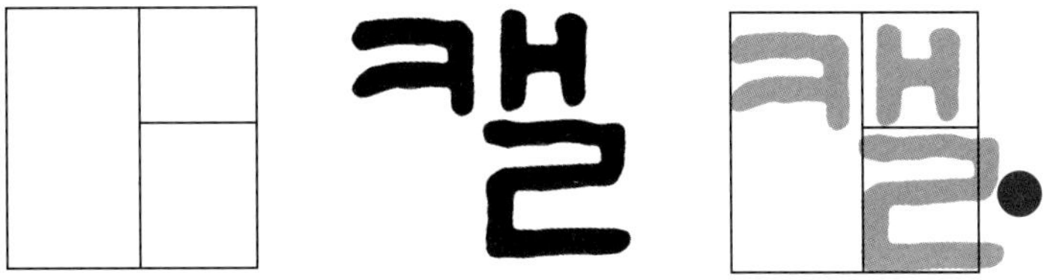

5. 중성 획의 확장

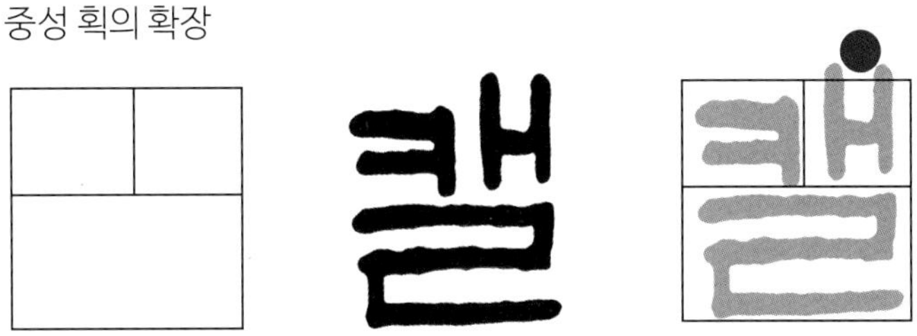

한글 쓰기 방향

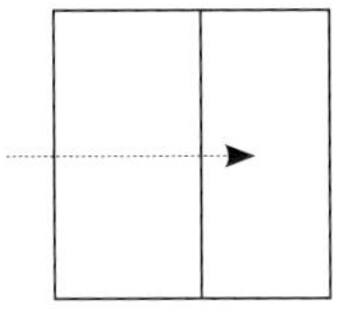

- 가로형 구조 : 가나다라마바사아

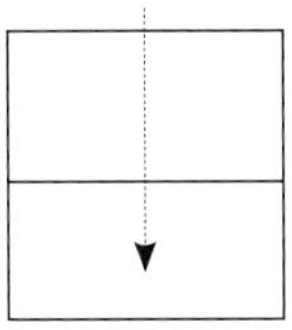

- 세로형 구조 : 구뉴두르무부슈우

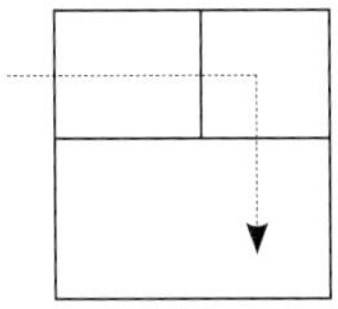

- 가로받침형 구조 : 갈남답랑만

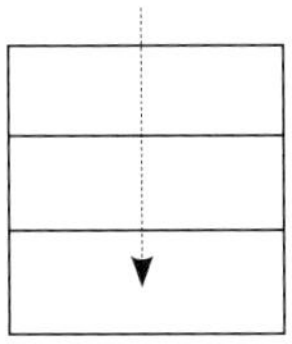

- 세로받침형 구조 : 글숩웅북춤족골

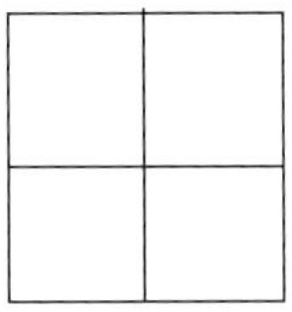

- 복합형 구조 : 웰 쉘 원 권 퀵 퇼 훨

획의 굵기를 세 가지로 글씨를 쓴다면(Light, Regular, Bold)

글씨의 굵기를 의식하고 쓰지 않으면 대개 매직펜 글씨처럼 같은 굵기로 쓰게 된다. 의식적으로 가늘게, 중간 획으로, 굵게 쓰겠다고 생각하고 쓰는 연습을 해야 하며, 이는 주어진 문장이나 단어가 지닌 감성과 의미에 맞게 획과 구성을 나타내고자 할 때 매우 중요한 요소다. 물론 굵기에 대한 판단 기준은 붓의 크기에 따라 다르겠지만, 붓끝으로 쓴 것을 가늘게 쓴것으로 전제하고 상대적으로 중간 획과 굵은 획을 표현한 것이다.

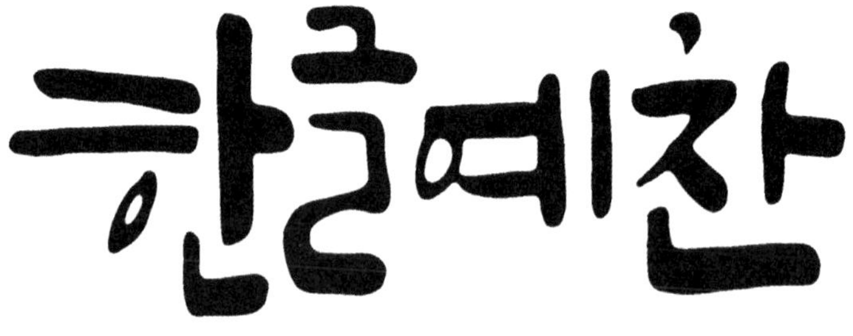

가는 선 Light

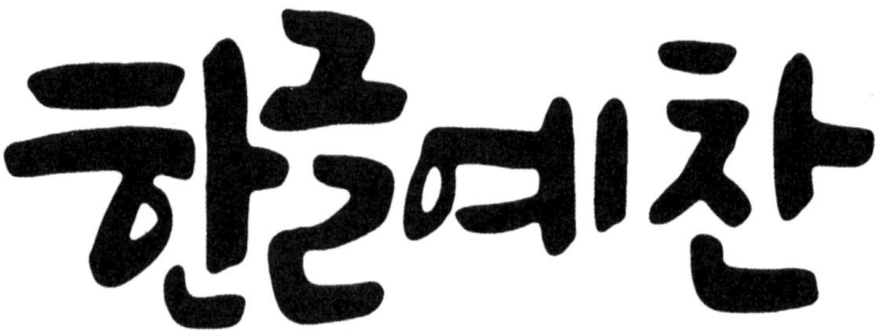

중간 선 Regular

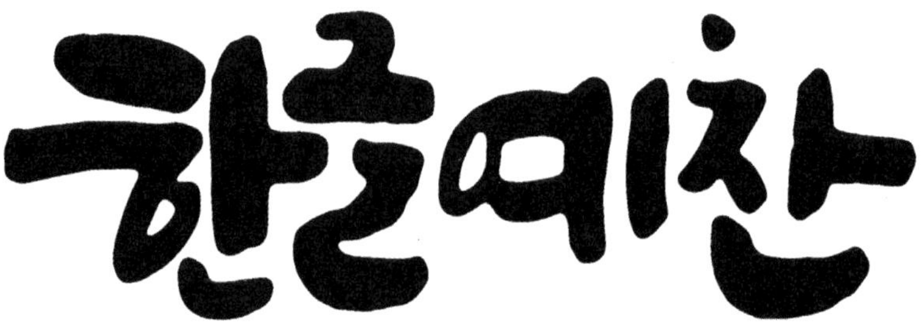

굵은 선 Bold

획의 강약, 필압을 다양하게 해보자

일반적으로 오랫동안 볼펜과 같이 필압이 필요하지 않은 도구를 써온 사람은 눌러쓰거나 붓끝으로 글씨를 쓰는 훈련이 되어 있지 않다. 그래서 붓으로 처음 글씨를 쓰는 사람들은 대개 일정한 굵기로 글씨를 쓴다. 필압을 조절하여 글씨를 쓰려면 처음엔 매우 의도적으로 눌러쓰거나 들어쓰거나 하는 훈련을 반복해야 한다. 어느 정도 익숙해지면 자연스럽게 조절하는 능력이 생긴다.

자음이 강조된 글씨

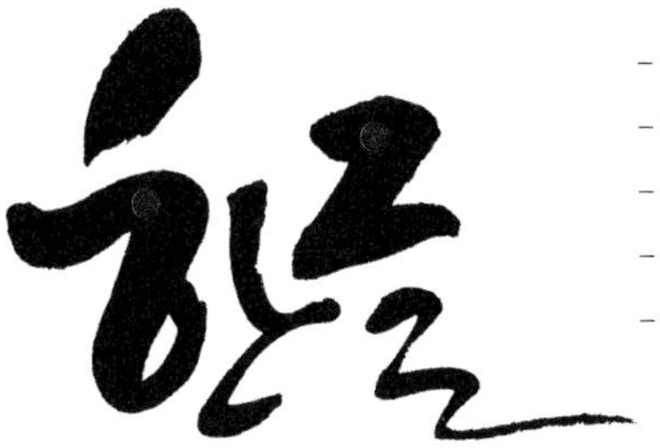

- 글머리를 자연스럽게 맞춘다.
- 획의 양에 따라 글씨의 영역이 달라지게 한다.
- 글자 내부의 공간을 일정하게 한다.
- 속도를 달리하여 쓴다.
- 필압이 다음 글자와 연속적으로 이어지지 않게 한다.

모음이 강조된 글씨

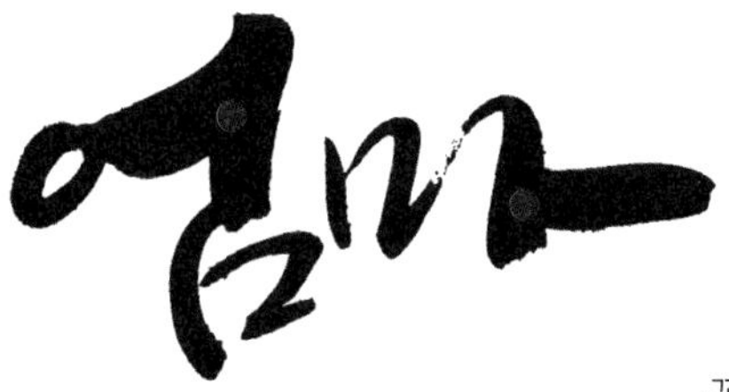

받침이 강조된 글씨

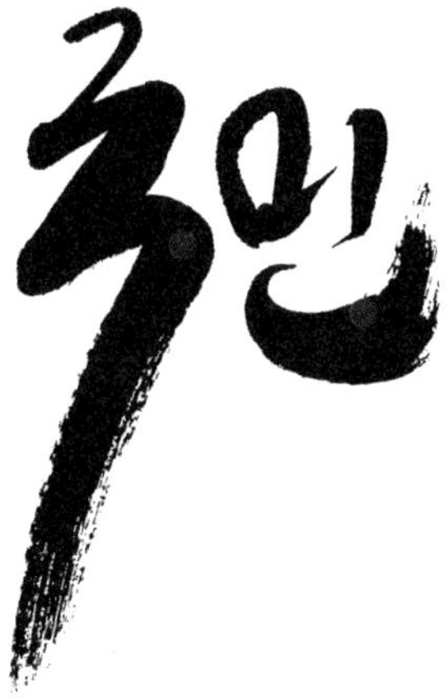

꽃 이름에 필압을 조절하여 캘리그라피로 표현해보기

장미	원추리	영산홍
다알리아	쑥부쟁이	자목련
해바라기	강아지풀	유채꽃
코스모스	패랭이꽃	팬지
할미꽃	국화	모란꽃
바람꽃	민들레	철쭉꽃
백일홍	함박꽃	히아신스
금잔화	해당화	자운영
베고니아	로즈마리	찔레꽃
메리골드	재스민	수선화
나팔꽃	라벤더	튤립
초롱꽃	벚꽃	개나리
복수초	목련	산달래

단어의 뜻이 글씨의 형태에 나타나도록 캘리그라피를 해보자

모든 단어를 의미대로 세심하게 다른 표현을 하기는 어려우나, 보편적인 감성으로 글씨 형태를 구별해서 생각하고 필압, 속도, 붓끝의 처리, 획의 기울임, 갈필 등의 표현 기법을 적용하여 표현해본다.
아래 예제에서 같은 단어의 두 가지 표현 중에서 어떤 글씨가 어울릴까?

A	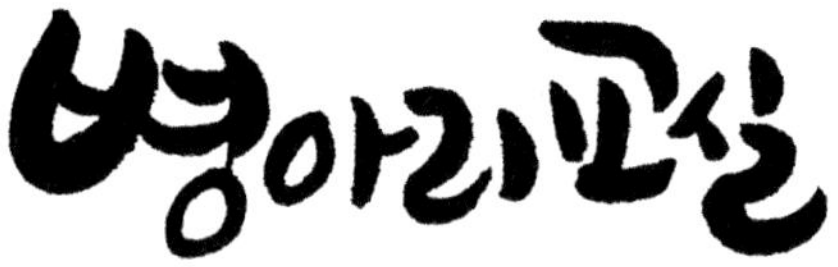	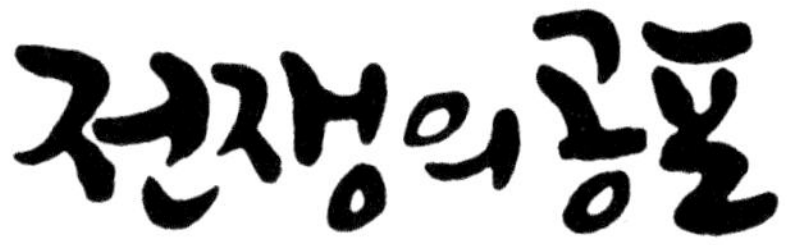
B	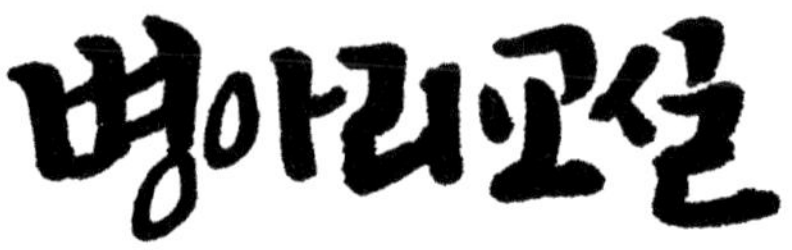	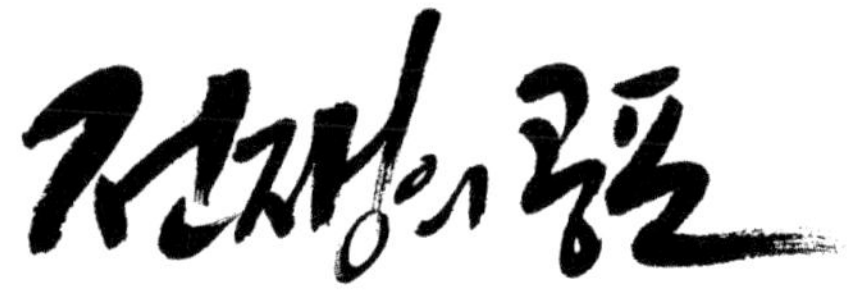

아래 단어들을 느낌에 맞게 연습하기

가벼운 느낌	뭉게구름 / 참새 / 종이비행기 / 나비의 꿈 / 아기신발 / 엽서 한장 / 나팔꽃
부드러운 느낌	아기엉덩이 / 아이스크림 / 봄바람이 살랑살랑 / 커피향기 / 연애시절
귀여운 느낌	아기의 웃음 / 고양이 하품 / 강아지꼬리 / 우유로 버블버블 해 / 땅콩잼
무거운 느낌	침묵 / 천하장사 / 핵전쟁 / 먹구름 / 고인돌 / 죽음의 노래 / 잊으면 지는 거다
투박한 느낌	고목나무 / 깨진 벽돌 / 할아버지 손 / 전쟁상처 / 폐차장 / 쓰나미 현장
거친 느낌	고슴도치 / 까실까실 / 삼베옷 / 불량청소년 / 붕괴된 도시 / 파괴자
빠른 느낌	고속도로 / 총알을 탄 사나이 / 오토바이 대회 / 빛의 속도 / 택시 드라이버
날카로운 느낌	스나이퍼 / 스케이팅 / 면도날 / 깨진 유리창 / 얼음조각 / 펜촉 / 칼잡이

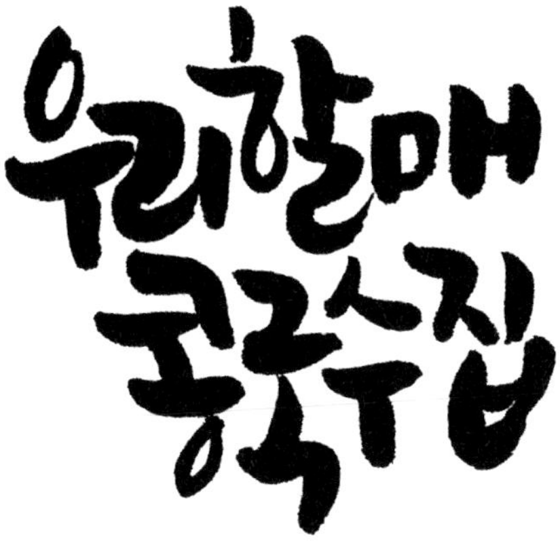
우리할매
콩국수집

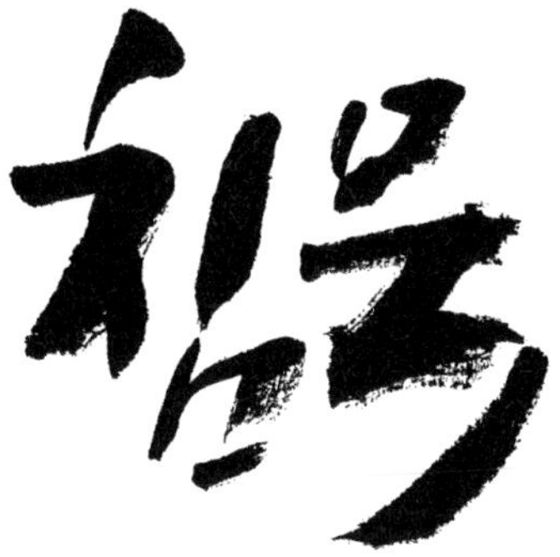
침묵

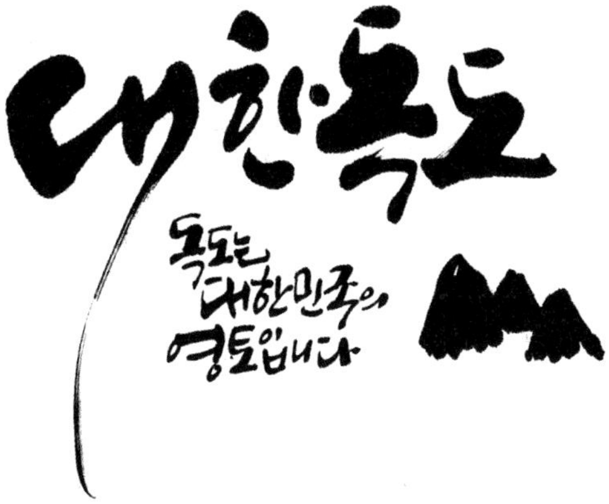
대한독도
독도는 대한민국의 영토입니다

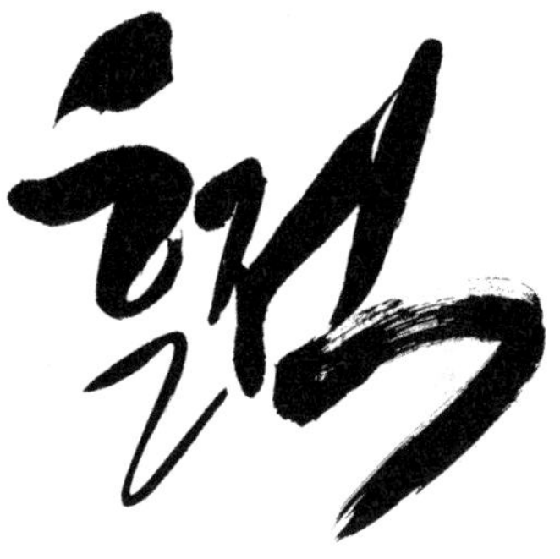

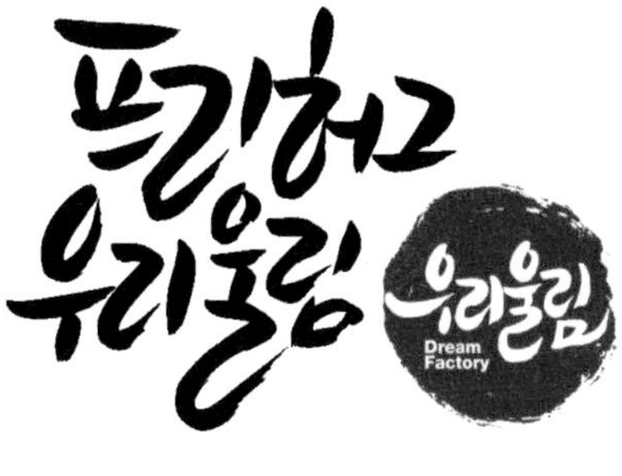
우리울림
Dream Factory

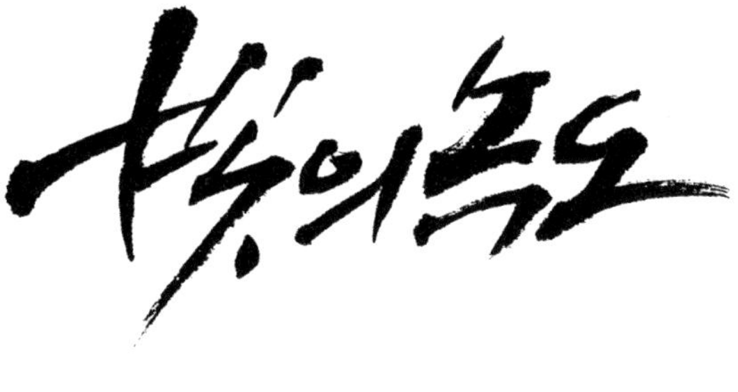

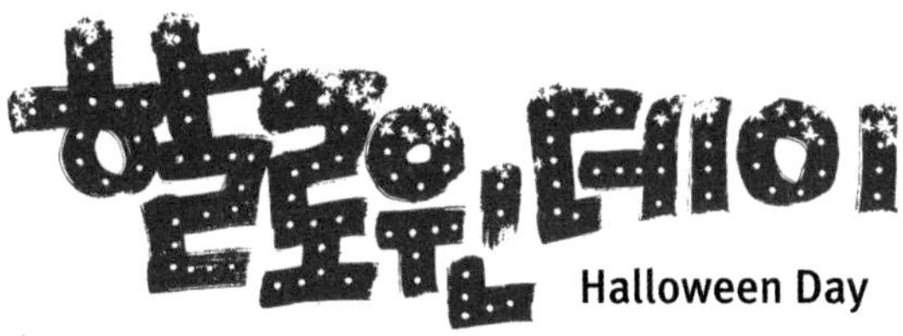
할로윈데이
Halloween Day

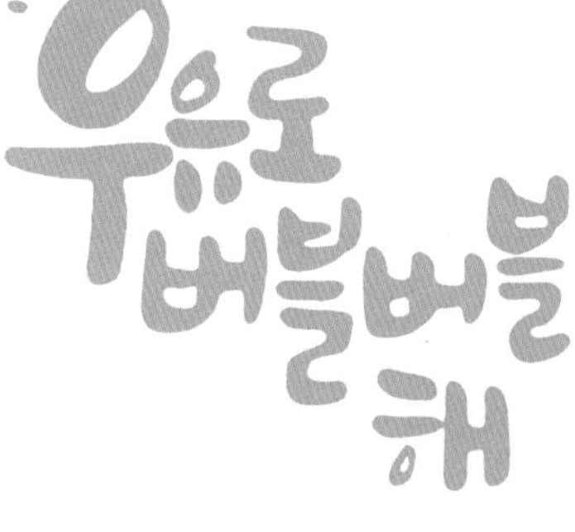
우유로 버블버블 해

단어 자간 구조의 이해

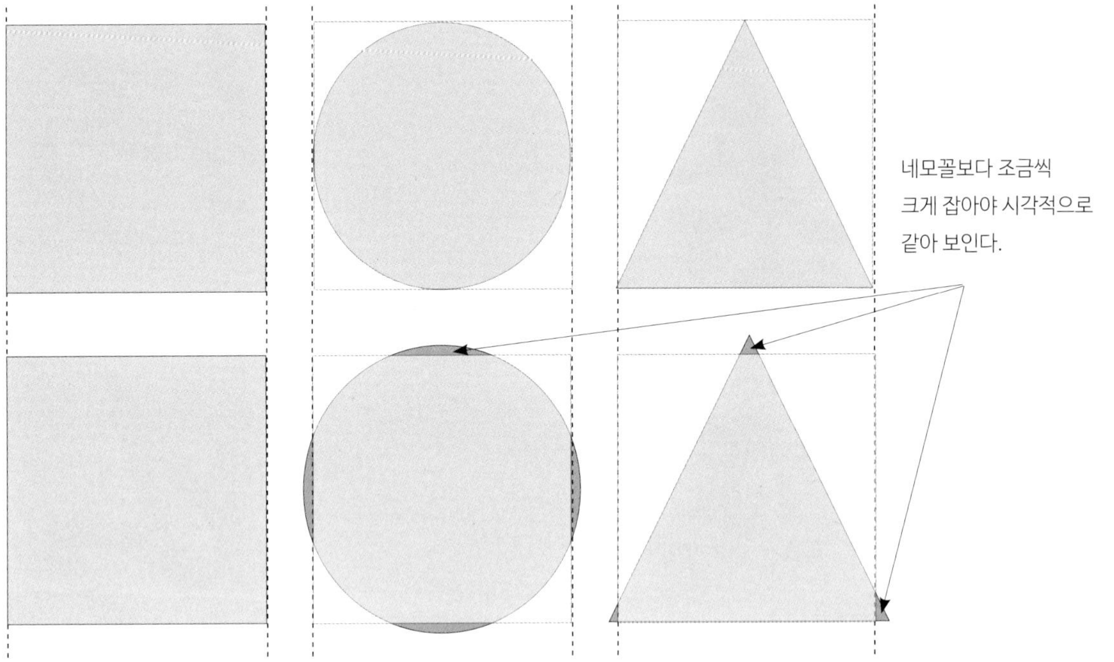

날글자는 네모꼴과 원, 세모꼴의 외형을 가지고 있다.
같은 크기의 네모 안에 글자를 넣었을 때 획이 차지하는 내부 공간과 네모꼴 내에서 남는 공간의 여부에 따라 옆 글자와의 간격을 달리한다. 예를 들어 네모꼴과 네모꼴이 이어지는 경우는 여유공간이 없어 답답하게 느껴지고 세모꼴과 세모꼴이 만나면 좌우 여백이 너무 많아 자간이 떨어져 보인다. 글자와 글자는 마치 퍼즐을 맞추어나가듯이 일정한 공간을 유지해서 쓰는 것이 좋아 보인다.

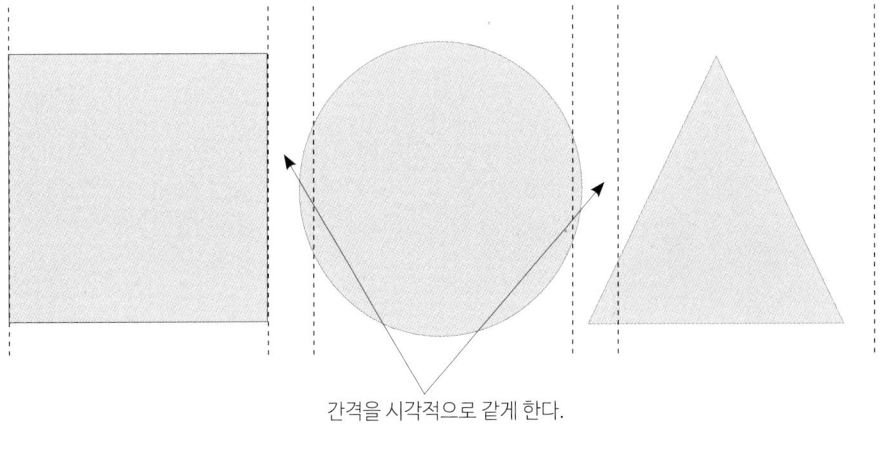

글자 내부 공간의 이해

이 획들은 무엇일까?

한글의 한 문장에서 볼 수 있는 가로획과 세로획이다. 다른 나라의 문자에 비해 유난히 같은 방향의 가로획과 세로획이 많은 것을 볼 수 있다.

'나는 빼빼로를 먹는다'라는 문장인데 같은 방향, 즉 평행선이 많은 격자형 구조에서는 두 획 사이의 공간이 매우 중요하다. 적절한 공간을 유지하여 가독성을 유지하는 것이 기본 훈련이다.

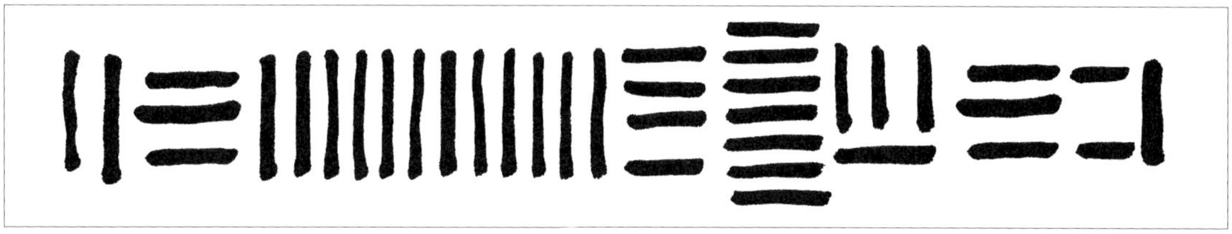

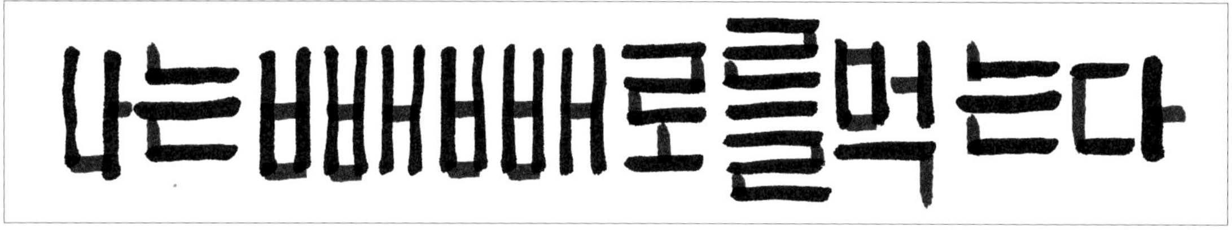

평행을 이루는 획의 한 공간을 'a'라 하면 그 a값을 두 획 사이에 동일하게 적용한다.

완벽한 적용이라기보다 시각적으로 같은 느낌을 주는 공간을 생각하며 연습한다.

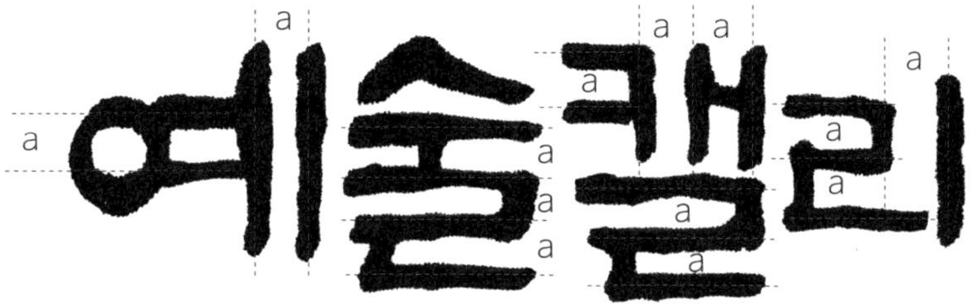

이제 일정한 공간의 평행선들이 보이는가? 한동안 일정한 공간을 유지하며 글씨 연습을 하면 글씨의 골격이 좋아지고 그 후에 여러 가지 표현을 배우게 된다.

한글과 영문 알파벳 비교

한글과 비교하는 것이 무리이시만 영문 알파벳의 가로획과 세로획은 3획을 넘지 않는다.

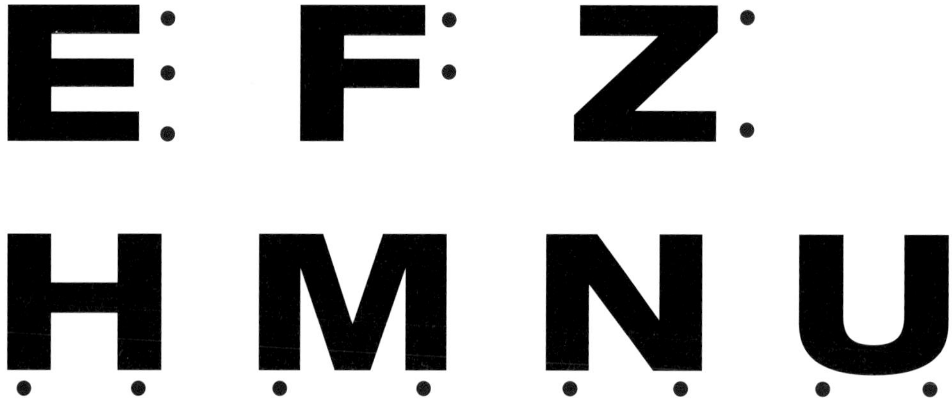

한글의 가로획과 세로획

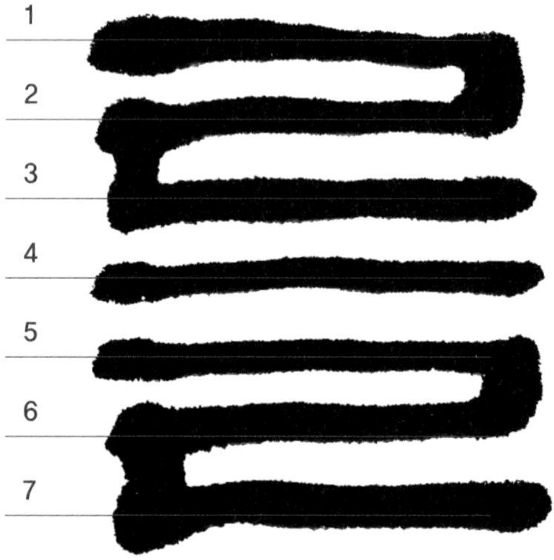

가로 7획

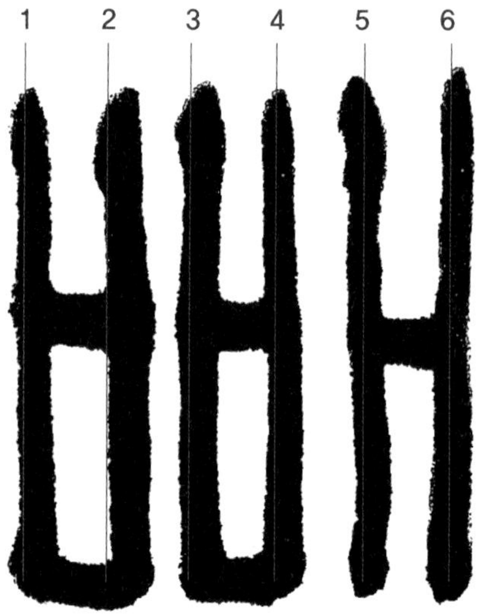

세로 6획

캘리그라피에서 사용하는 말들 몇 가지

중봉

붓을 바르게 세워서 중심이 획의 가운데를 지나가도록 긋는 것을 중봉이라 한다. 서예에서는 중봉을 매우 중요시 여기며 습관적으로 정확한 중봉 필법이 나올 수 있도록 많은 수련을 해야 한다. 캘리그라피에서도 역시 중요하긴 마찬가지다. 그러나 서예처럼 정확한 중봉보다는 어떤 표현을 하는 것인지에 중점을 두고 익히는 것이 필요하다.

역입, 회봉

중봉과 더불어 역입과 회봉 역시 중요하다. 역입은 획의 첫 획이 시작될 때 약간 반대쪽으로 붓을 꺾었다가 진행 방향으로 긋는 것을 말하며, 회봉은 획의 끝에서 붓이 왔던 방향으로 되돌아가는 듯하게 붓을 떼는 것을 말한다. 그러나 서예적 역입은 중봉에 의한 역입을 해야 하지만 캘리그라피에서는 편봉에 의한 역입도 하나의 표현 방법이다.

필압

필압은 붓에 압력을 넣어 굵은 획을 구사하는 것과 붓을 들어 가벼운 획을 나타내는 것을 말한다. 처음 붓으로 글씨를 쓰는 사람은 누구나 밋밋한 획으로 글씨를 쓴다. 같은 두께로 획을 긋는 것도 물론 중요하지만 붓으로 쓰는 이유는 바로 이 필압의 다양함에 있다. 그러나 필압을 자유자재로 표현할 수 있으려면 처음엔 의도적으로 눌러쓰고 들어쓰는 훈련이 필요하다. 오랫동안 그렇게 하다 보면 어느새 자신도 모르게 필압으로 다양한 획을 쓸 수 있게 된다.

갈필

붓을 화선지 위에 빠르게 진행시키면 당연히 거칠게 표현이 된다. 또한 먹물을 적게 해도 거칠게 나온다. 거친 표현으로 획에 여백이 생기는 것을 갈필이라고 하는데, 액션 영화 타이틀이나 드라마 제목에 많이 표현되는 필법이다.

글씨 공간

처음 손글씨를 쓰게 되면 대개 단어 위주로 연습을 한다. 단어는 글자간의 공간에 유의해야 하고 문장을 쓸 경우라면 행간도 염두에 두어야 한다. 낱글자를 쓸 때 획과 획 사이를 생각하지 않으면 획이 뭉치거나 닿거나 하는 경우가 많은데, '공간도 글씨다'라고 생각하면서 써야 한다.

구성

낱글자의 공간 수련과 더불어 전체적인 구성에 대한 공부가 필요한데, 글자간 유기적인 당김과 조화가 잘 어우러져야 하나의 덩어리로 느껴지기 때문이다. 혹여 획이 부자연스러워도 전체적으로 잘 조화가 돼 있다면 표현이 그리 어색하지 않다.

여백

문장을 하나의 묶음으로 잘 표현했다면 이제 그 주위의 지면을 어느 정도 둘 것인가를 생각해야 한다. 덩어리 글자가 지면을 전부 차지할 것인가, 그 양만큼 여백을 둘 것인가, 아니면 여백을 많이 두고 글자를 한쪽 구석으로 둘 것인가. 이것은 자신이 표현하고자 하는 여러 가지 경우에 따라 다르니 어떤 것이 좋고 어떤 것이 나쁘다고 할 수 없다. 결과적으로 내용과 잘 어우러진 여백이 답이라 할 수 있다.

농담

먹물을 주로 쓰는 서예나 캘리그라피에서는 대부분 검정색으로 그 원고를 만들지만 가끔 물을 희석하여 표현해보면 그 결과물이 입체적이고 감성적이라 매우 만족할 만한 결과를 얻을 수 있다. 다만 컴퓨터를 통해 디지털 작업을 하다 보면 농담으로 표현된 작품이 실물만큼 표현되기가 어려워 난이도가 높은 기술이 필요하다.

표현

캘리그라피는 그 의미에 맞게 자획에 시각적 표현을 나타내는 표현예술이다. 필자는 늘 "캘리그라피는 한글의 외출복이다"라고 말하는데, 한글이 누군가에게 읽히고 보이게 하려면 사람이 옷단장을 잘하고 외출하듯 그렇게 표현하라는 의미다. 글자로 만들어내는 나만의 표현법을 늘 생각해야 한다.

속도

붓놀림에서 속도는 매우 중요하다. 처음 붓을 잡으면 대부분 느리게 움직여서 먹물이 화선지에 너무 배어 번지게 되고 또 빠르게 움직이면 거칠게 된다. 그 중간 속도로 윤택하게 획이 나올 수 있도록 하려면 많은 연습이 필요하다. 그러한 연습이 되면 내가 필요로 하는 질감의 획을 언제나 얻을 수 있다.

무게감

내용의 성격에 따라 글씨에서 느껴지는 무게감을 인식해야 한다. "나비가 날아갑니다"라는 말과 "탱크가 적진으로 돌진합니다"라는 글이 어떤 느낌의 무게감으로 표현되어야 할지 아마도 잘 알 것이다.

2장 _ 다양한 글꼴 익히기

캘리그라피는 반복적 수련을 통해 손과 마음에 글씨 쓰는 행위를 익히는 것이다. 한 가지 타입을 익숙하게 구사하기 위해서는 수없이 써보는 것 말고 다른 방법이 없다. “천 번을 써야 한 글자 남는다”라는 말을 새겨두기 바란다.

캘리그라피는 想形(생각을 형태로)문자다.

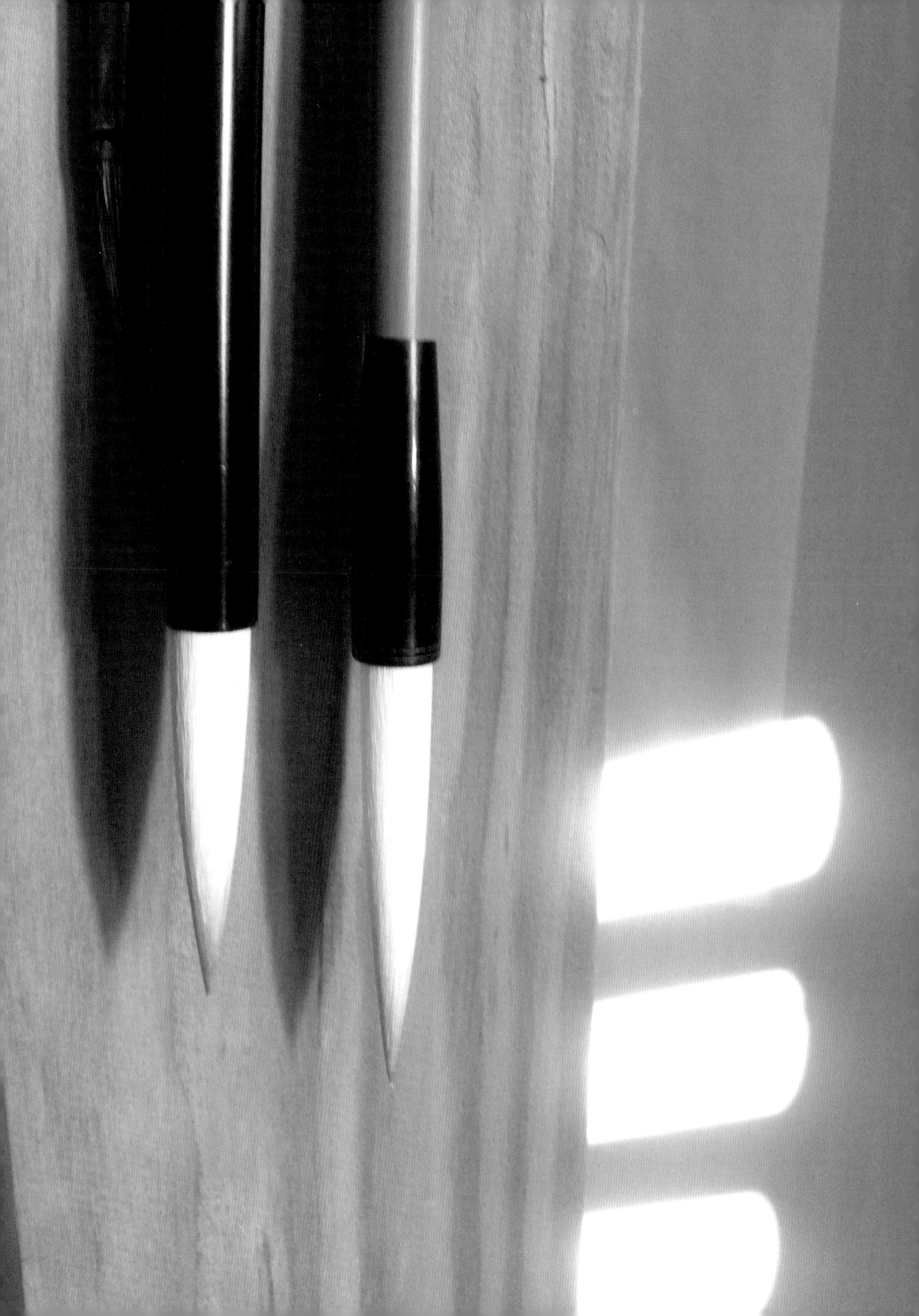

한글 기본형 임서 자료

캘리그라피를 일반적으로 자유롭게 멋대로 쓰는 손글씨라고만 생각하기 쉽다. 그러나 기본형 글씨가 튼튼하게 훈련되지 않은 채 자유롭게만 쓴다면 가독성이 떨어지거나 예술적인 아름다움이 결여된 글씨를 쓰게 되어 쓰임새를 갖지 못한다.
한글의 기본 골격을 잘 익히고 그 다음에 각각의 쓰임새에 따라 여러 가지 표현 요소를 부여함으로써 캘리그라피 작품이 되는 것이다.
다음 과정은 한글 캘리그라피의 기본 글자 형태를 익히기 위한 자료로서 지나친 표현 요소가 없다. 기본형을 익히고 조금씩 발전시켜 나가기 위한 초급 단계다.

임서 글씨를 완성도 있게 반복 연습한 후 아래 제시어를 위 글씨와 같은 구성으로 써본다.

단어 쓰기 _ 가장 기본적인 구조의 글씨를 배운다.

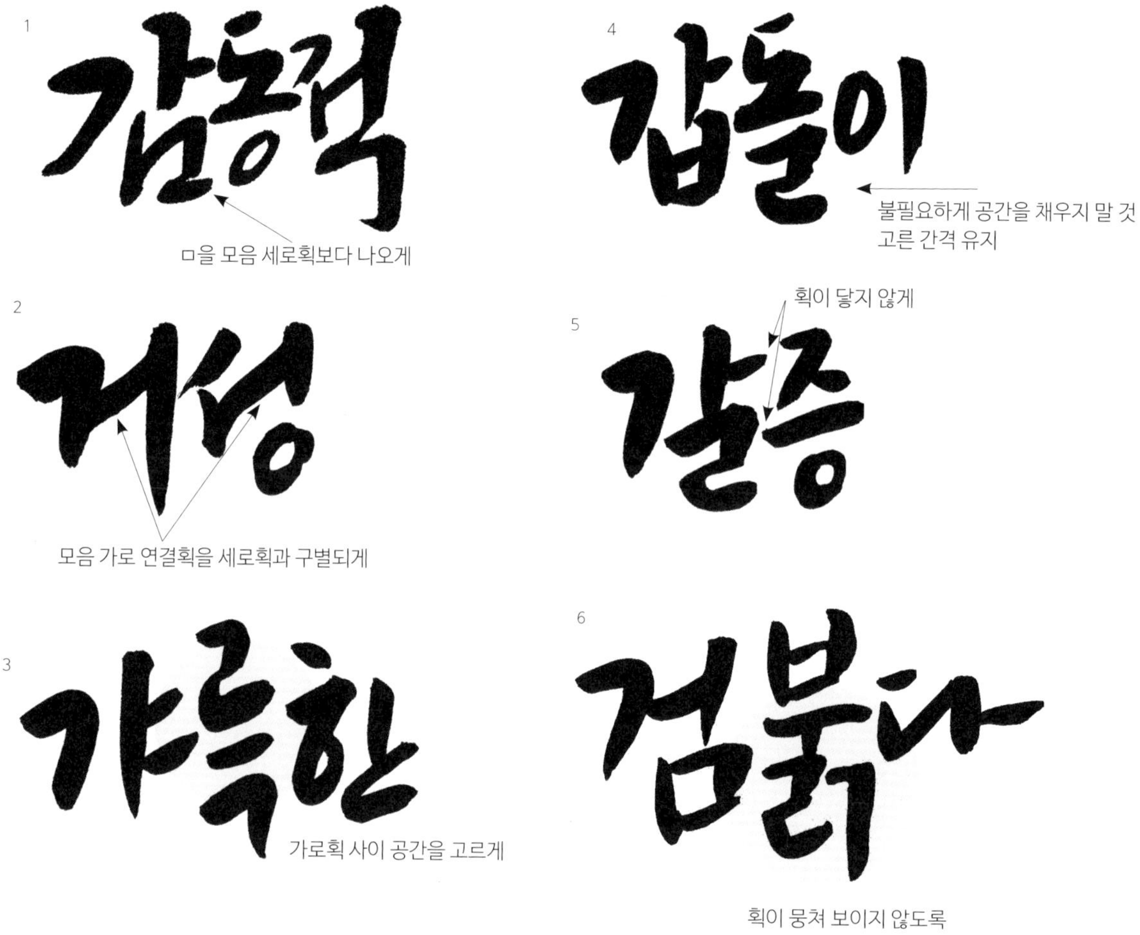

제시어를 써보세요

- 격구장
- 갑순이
- 거산
- 갈망
- 거룩한
- 축 생일
- 붉은 광장

7

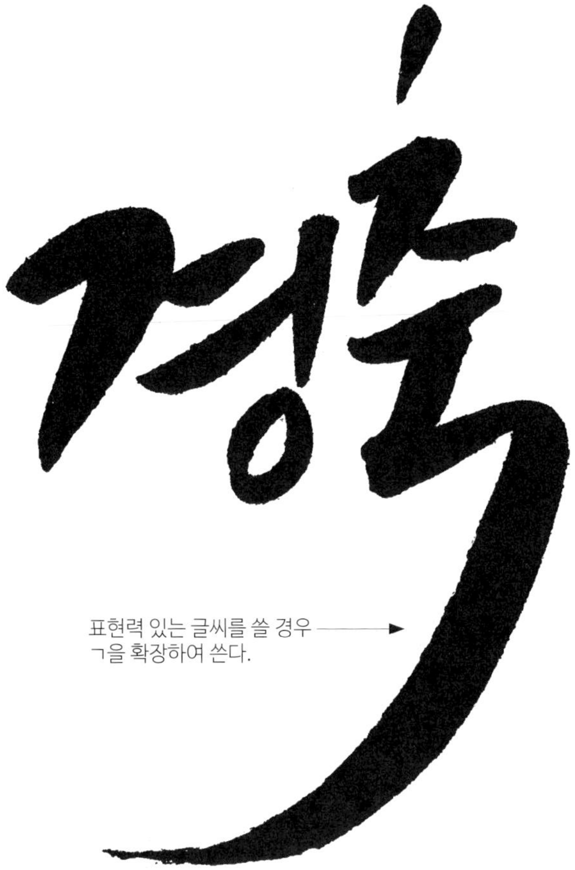

8

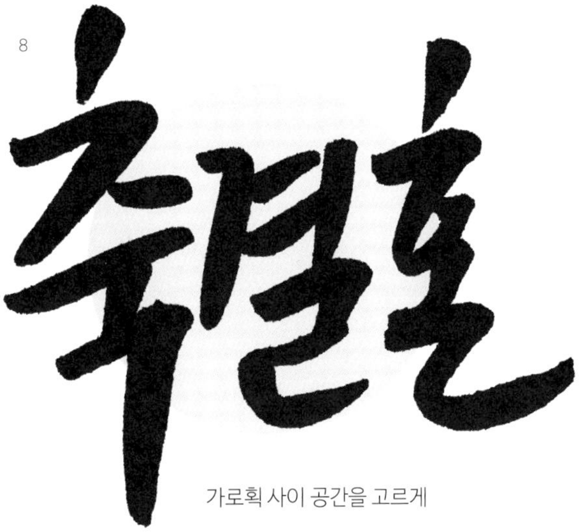

9

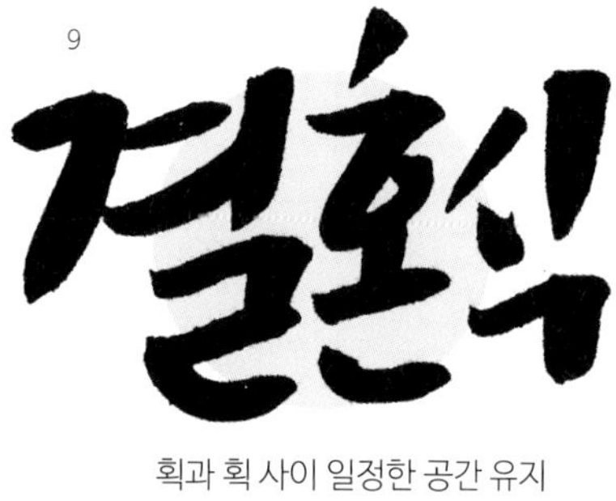

12

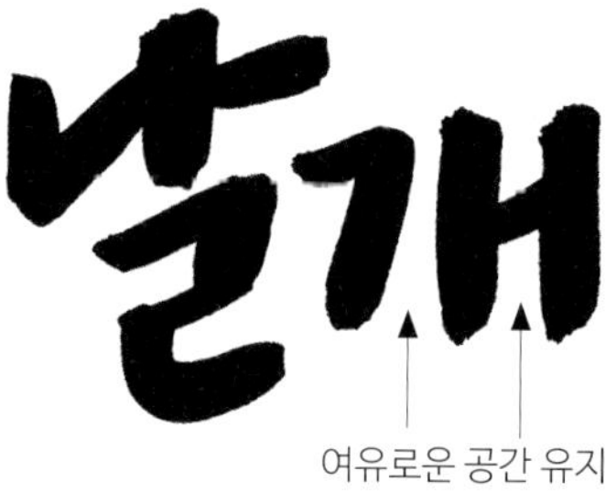

10

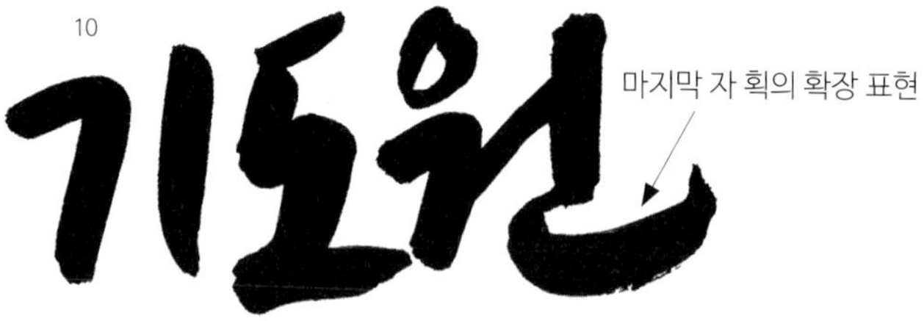

13

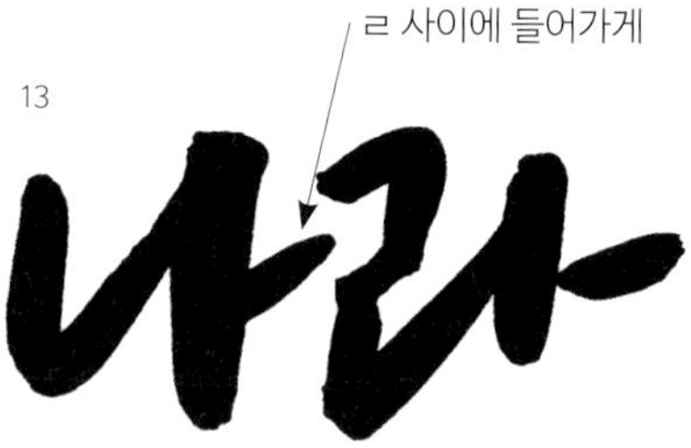

11

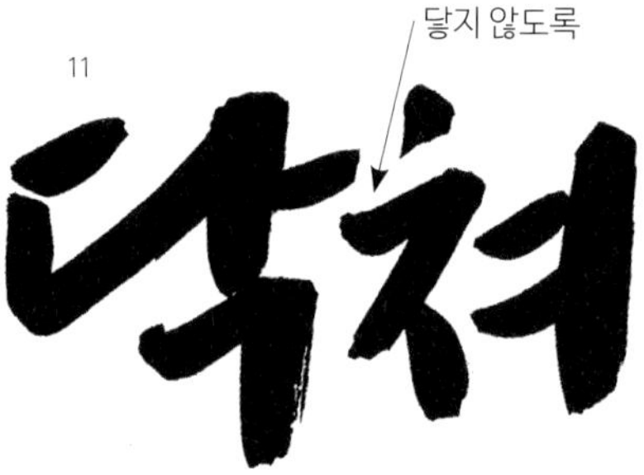

제시어를 써보세요

- 영결식
- 연수원
- 마을
- 바닥
- 경원대
- 날림

14

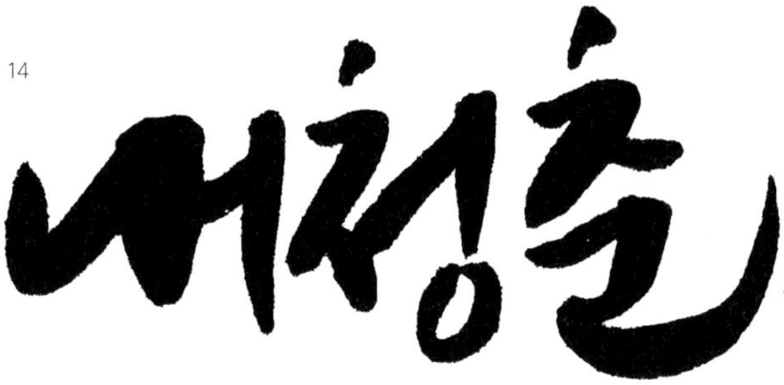

마지막 자 획의 확장 표현

15

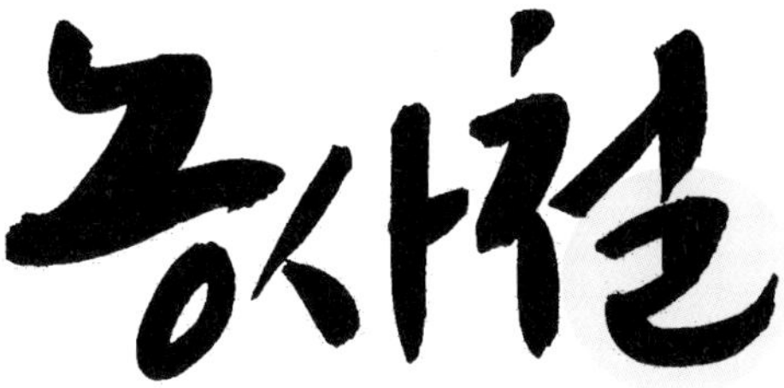

ㄹ을 자음과 모음 사이에 넣기

16

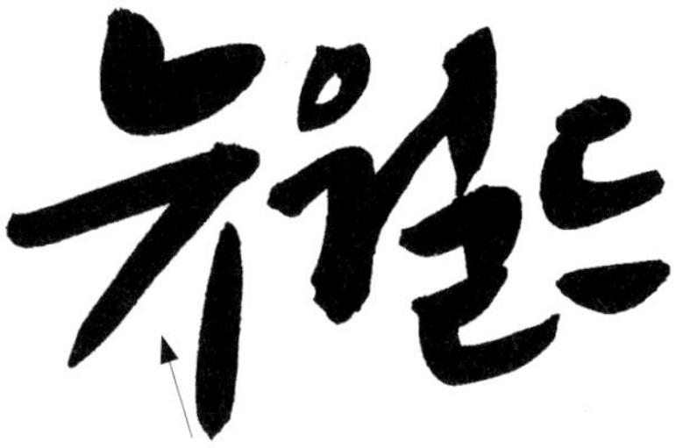

모음 ㅠ에서 획의 각도를 다르게

17

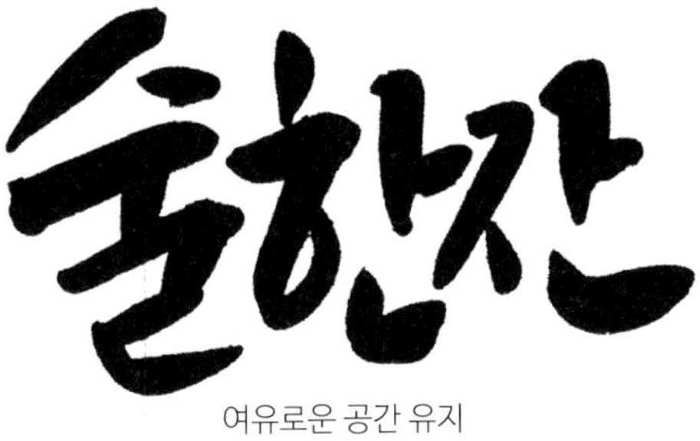

여유로운 공간 유지

제시어를 써보세요

- 청순함
- 농번기
- 월드컵
- 술 취하는 밤

18

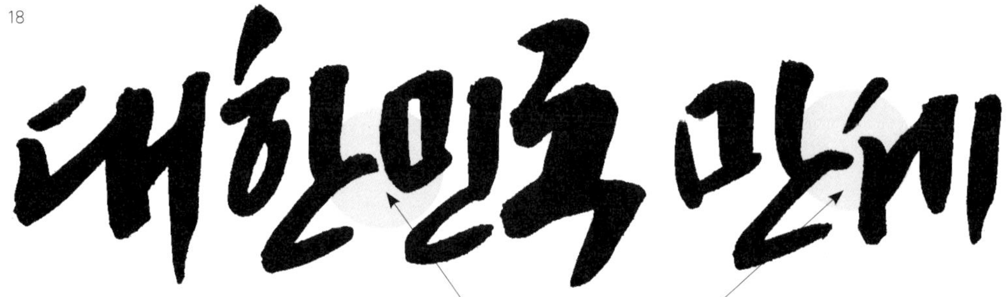

획이 닿지 않도록

19

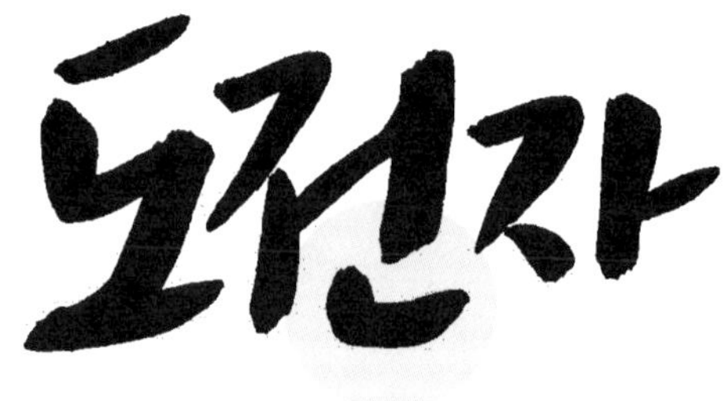

ㄴ을 자음과 모음 사이에 넣기

20

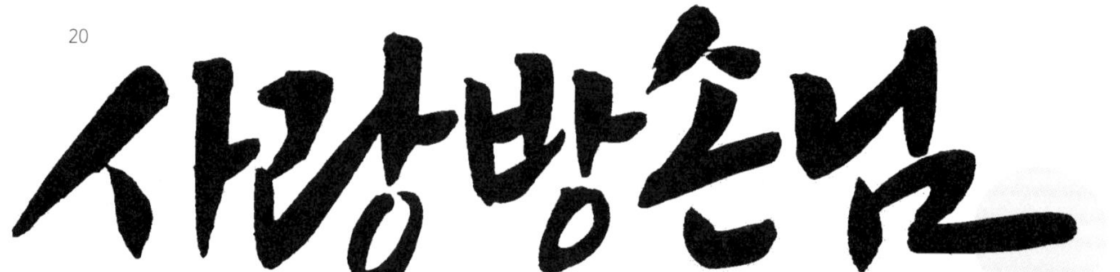

마지막 자 획의 확장 표현

제시어를 써보세요

- 검투사
- 대한독립만세
- 주인과 손님
- 사랑과 전쟁

21

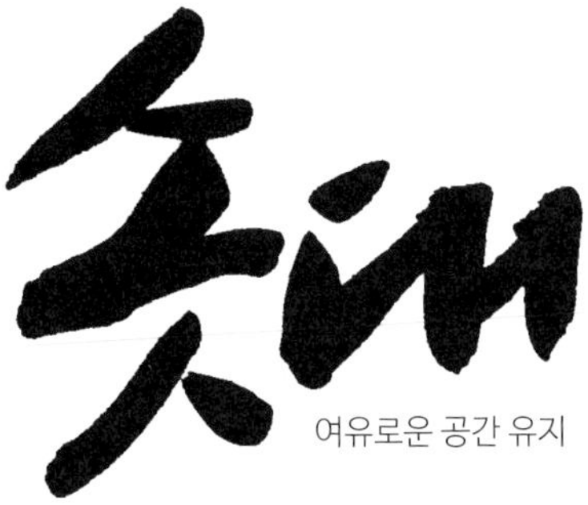

22

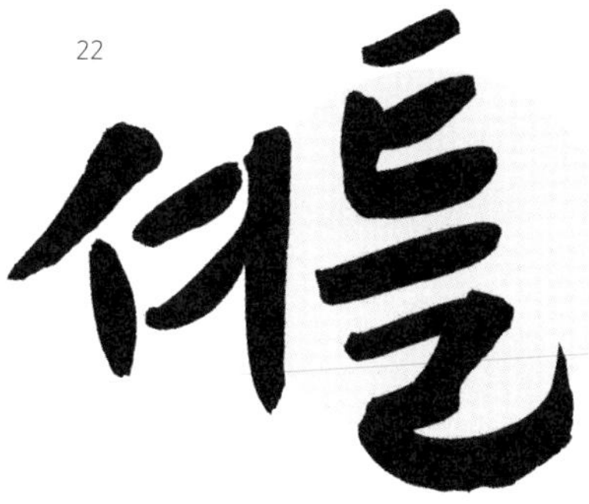

23

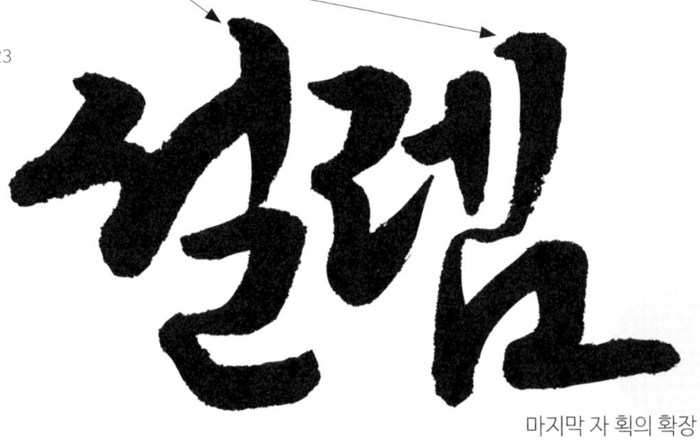

제시어를 써보세요

- 숫자놀이
- 틀림없이
- 설레발

24

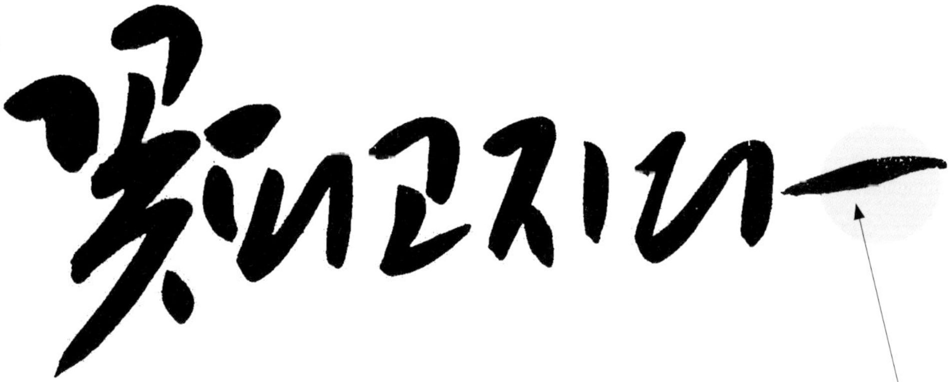

마지막 자 획의 확장 표현

25

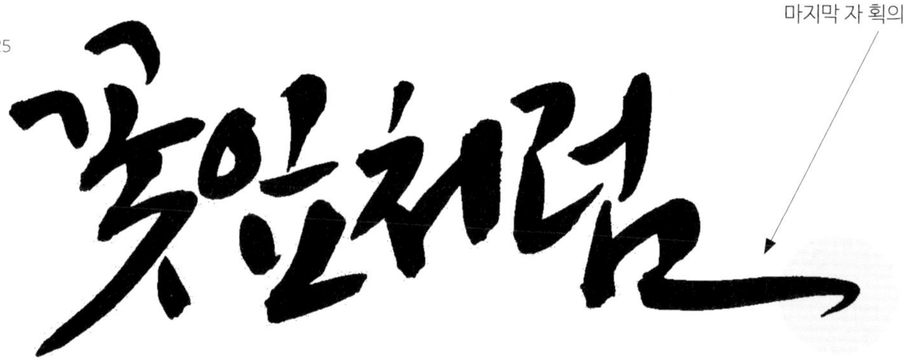

26

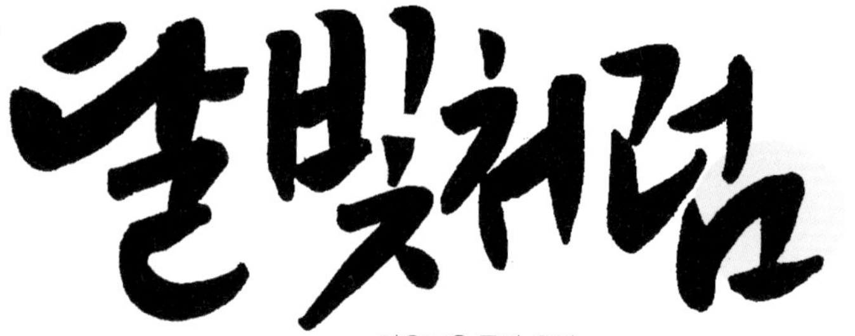

여유로운 공간 유지

제시어를 써보세요

- 산넘고 물건너
- 나뭇잎배
- 달콤하다

27

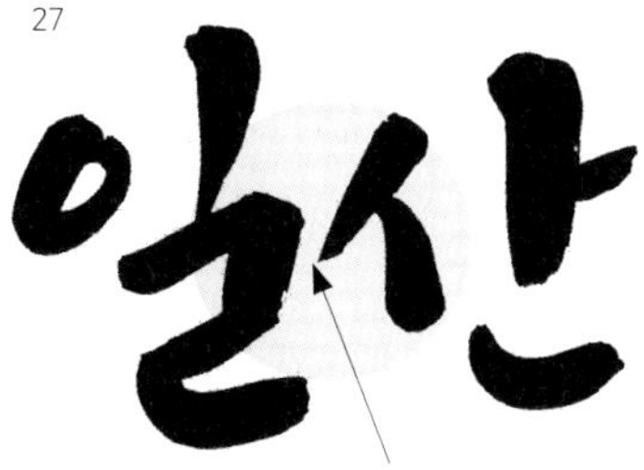

ㄹ과 ㅅ이 닿지 않게

28

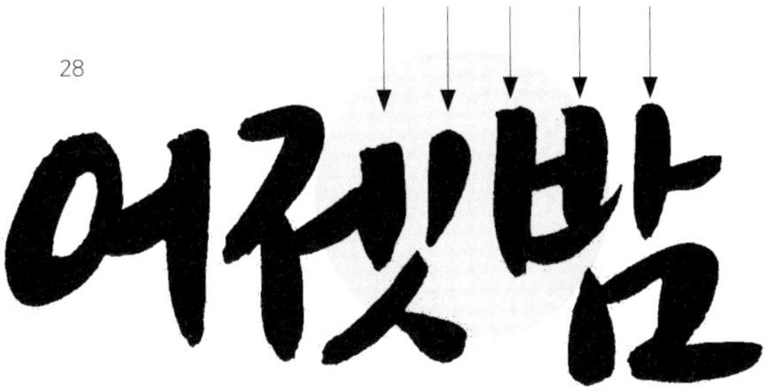

세로획의 여유로운 공간 유지

29

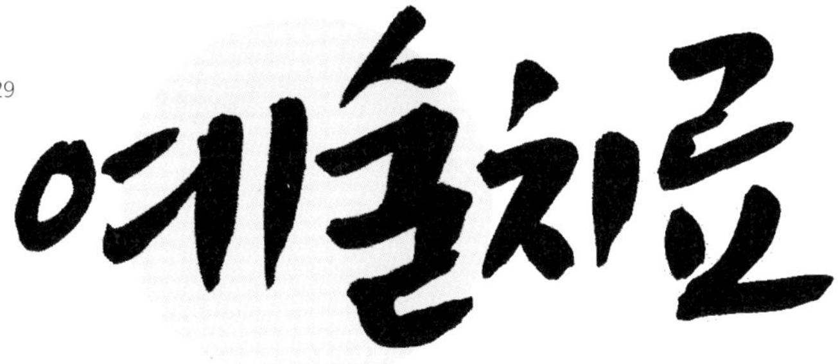

가로 세로획의 여유로운 공간 유지

30

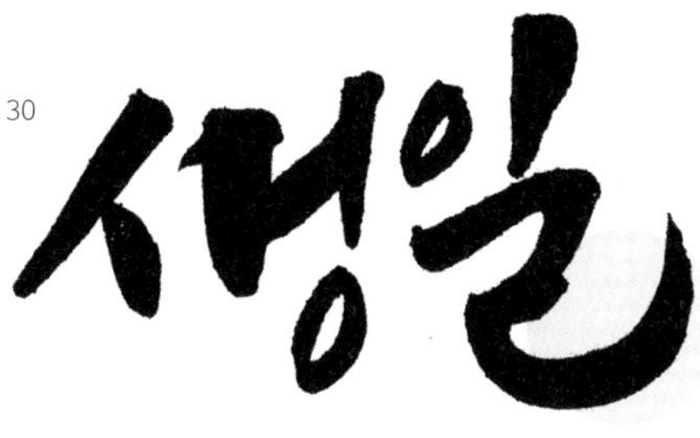

마지막 자 획의 확장 표현

제시어를 써보세요

- 서방세계의 방위전략
- 하룻밤
- 미술치료의 효과

31 색깔과 자연

가로 중심에 맞추기

마지막 자 획의 확장 표현

32 색채와 질감

가로 중심에 맞추기

33 복숭아꽃

제시어를 써보세요

- 사과나무와 햇빛
- 생명과 희망
- 성년의 날
- 복수초

34

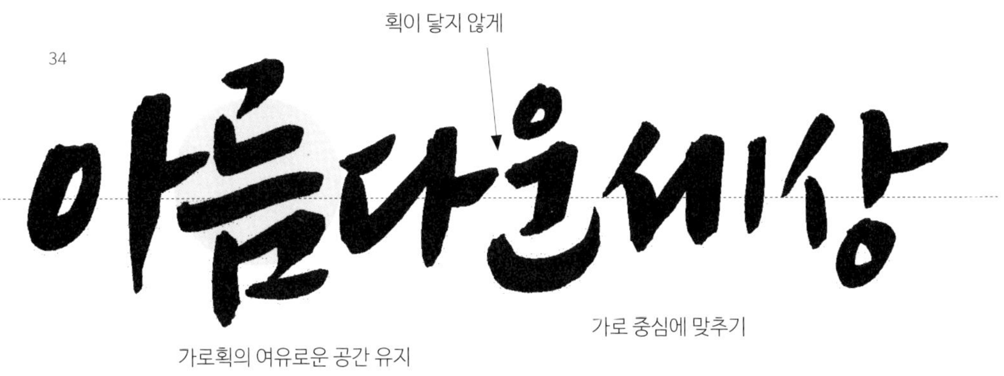

35

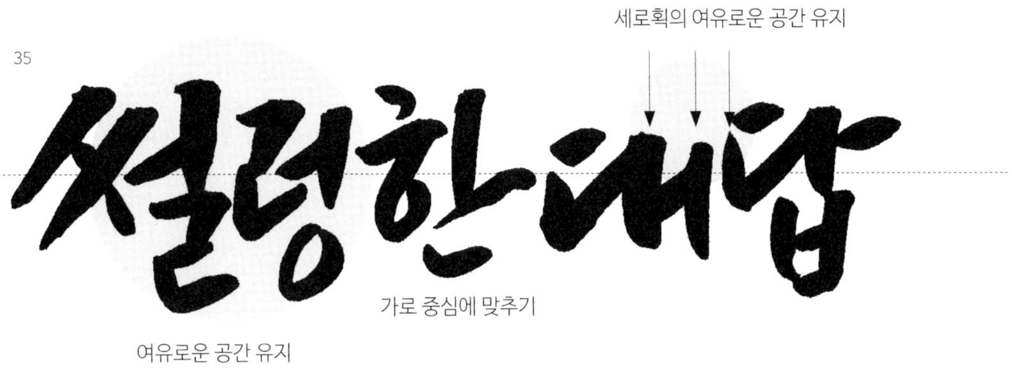

36

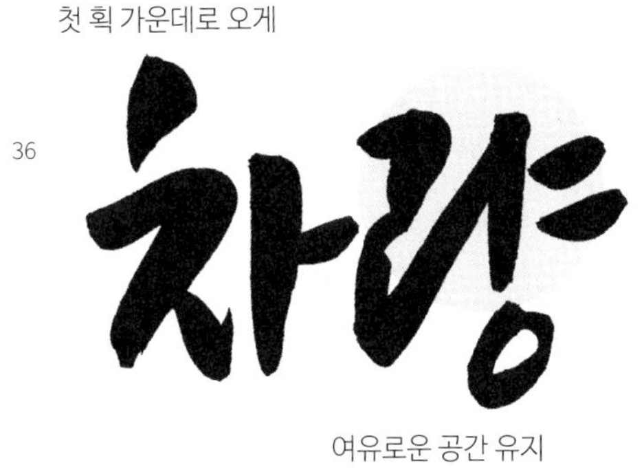

제시어를 써보세요

- 아름드리 통나무
- 질문과 대답
- 청량한 날씨

37

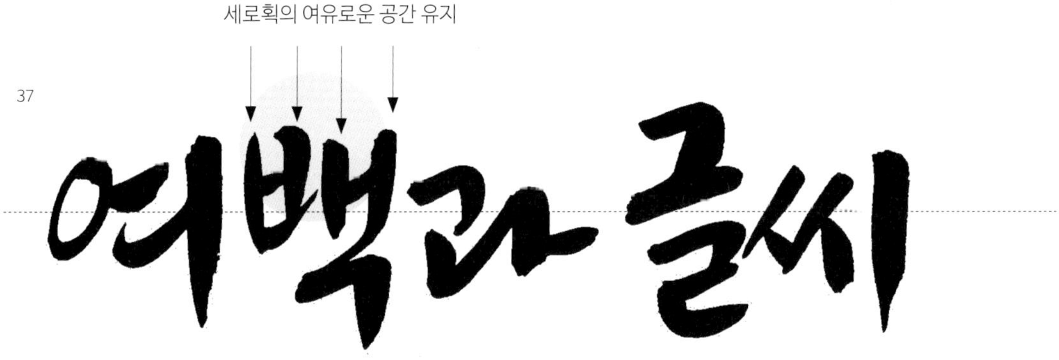

38

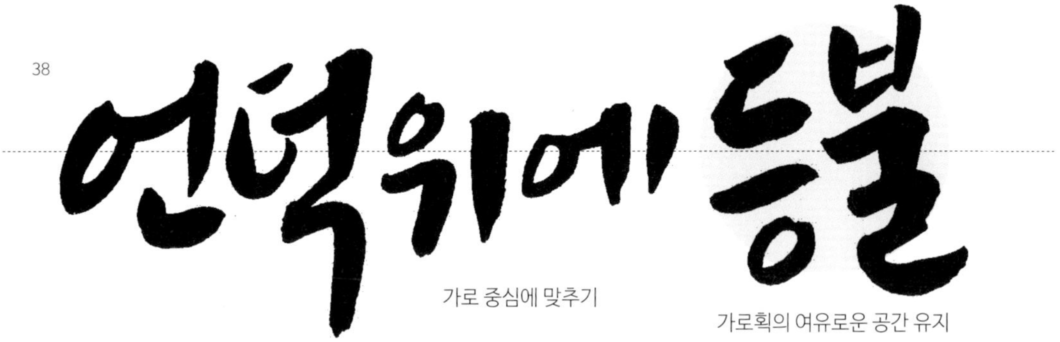

39

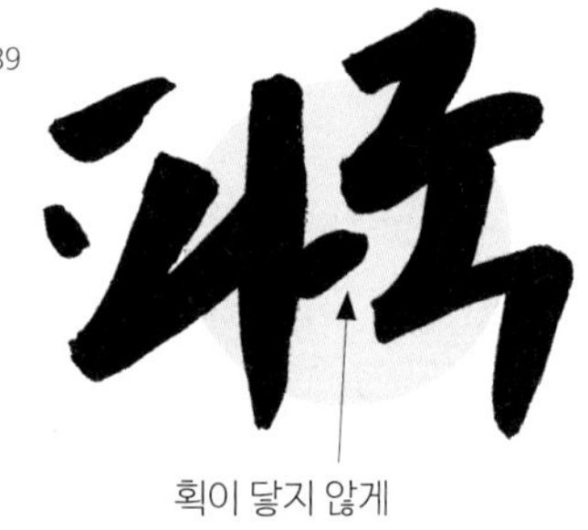

40

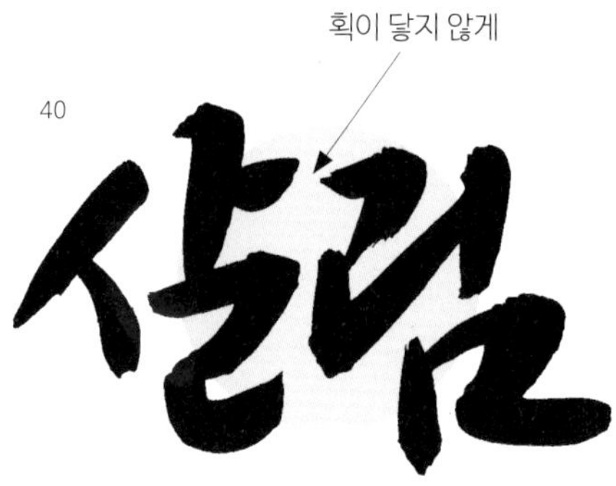

제시어를 써보세요

- 살만한 인생
- 설탕의 생산지
- 도덕상실의 시대
- 파천

41

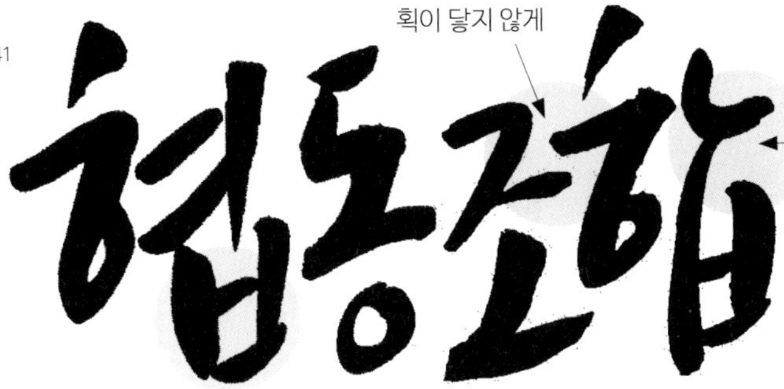

42

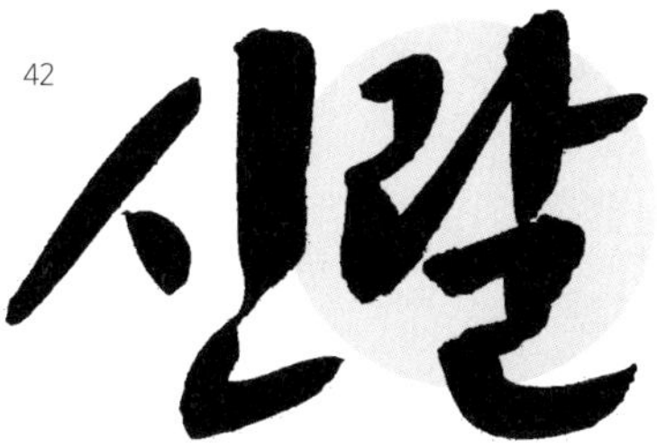

43

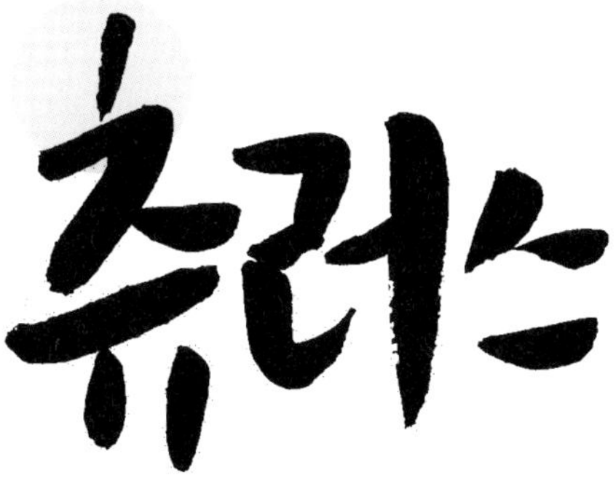

제시어를 써보세요

- 제자백가
- 선량한 백성
- 협소한 공간

44

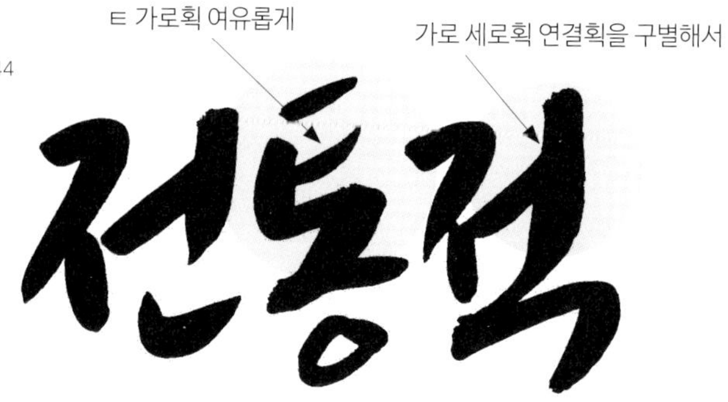

45

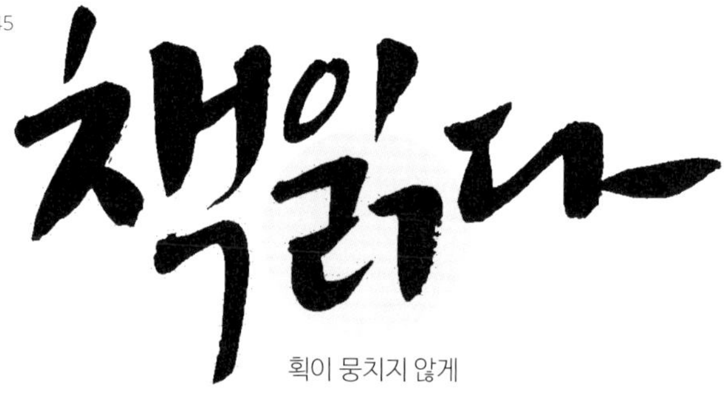

46

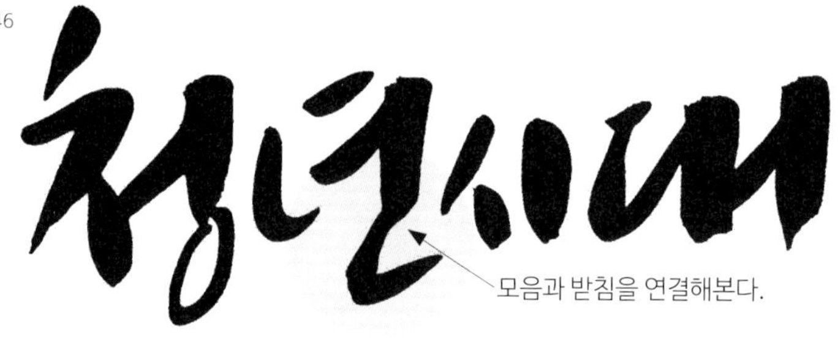

제시어를 써보세요

- 통일동산
- 책방 나들이
- 청순가련형

47

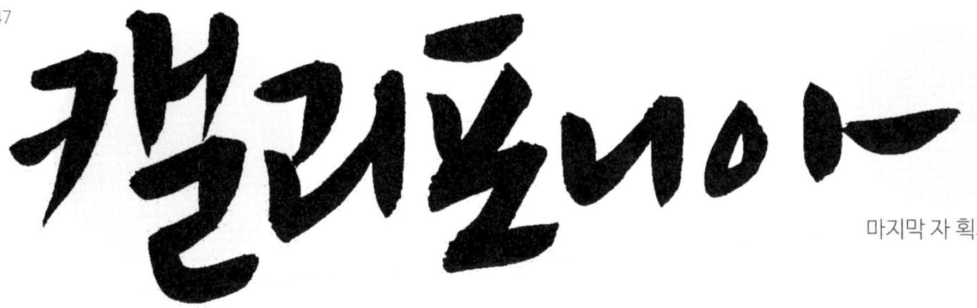

마지막 자 획의 확장 표현

공간 유지

48

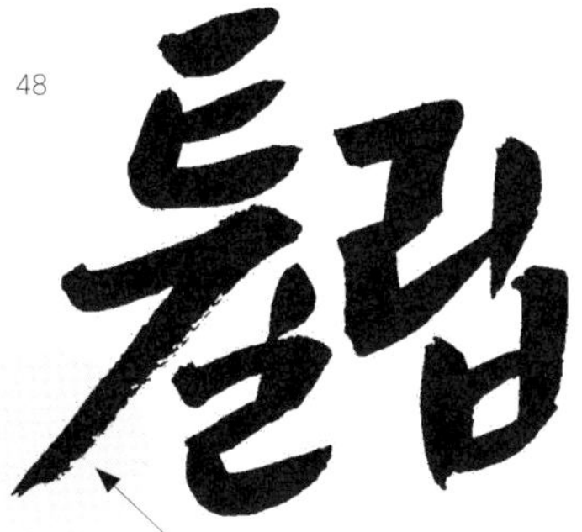

모음 세로획 한 개의 각도를 다르게 쓴다.

획이 닿지 않게

49

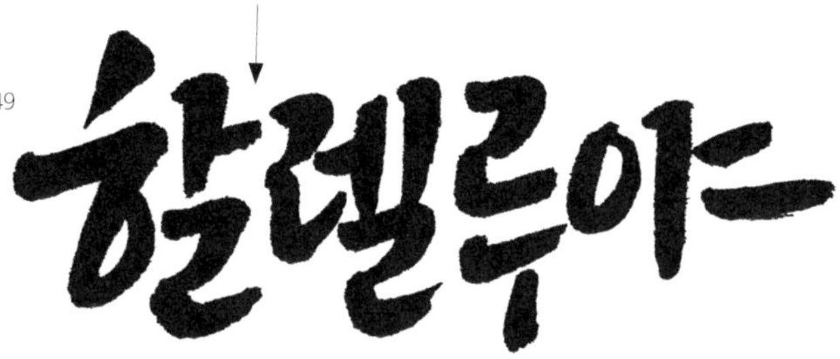

제시어를 써보세요

- 틀림없다
- 캘커타공항
- 감축드림
- 로렐라이
- 갈릴레오

50

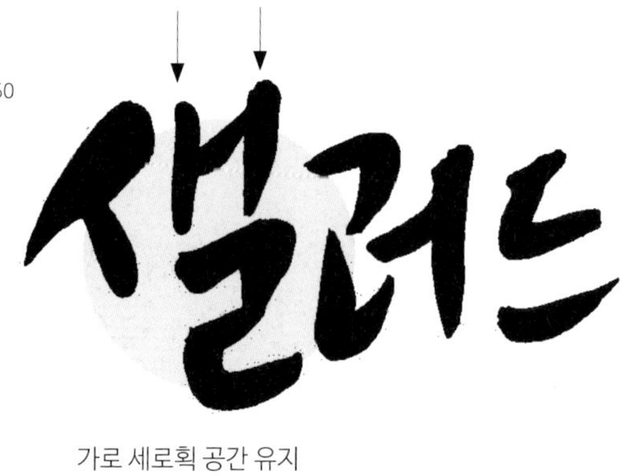

가로 세로획 공간 유지

51

세로획 공간 유지

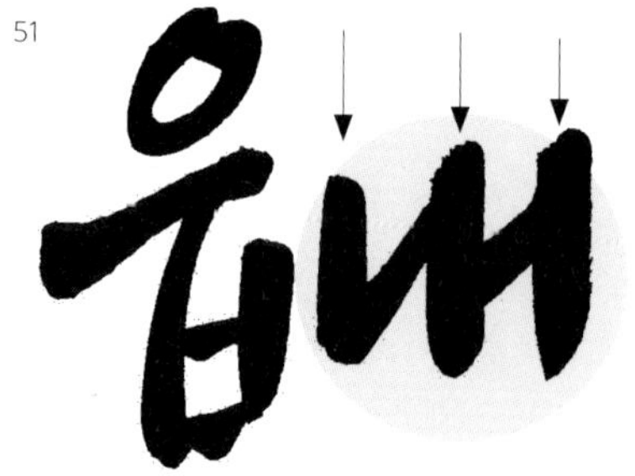

52

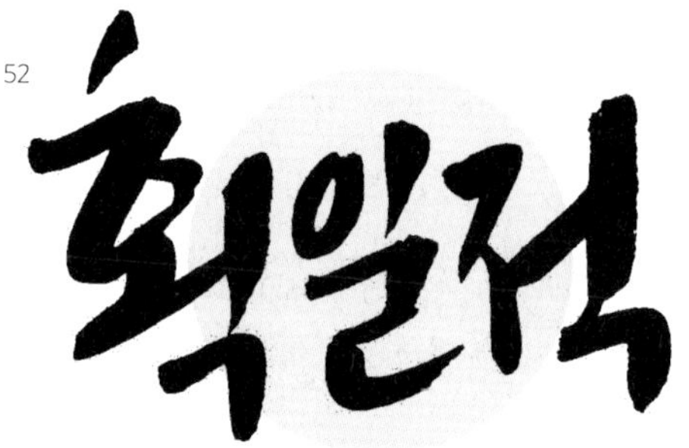

여유로운 공간 유지

53

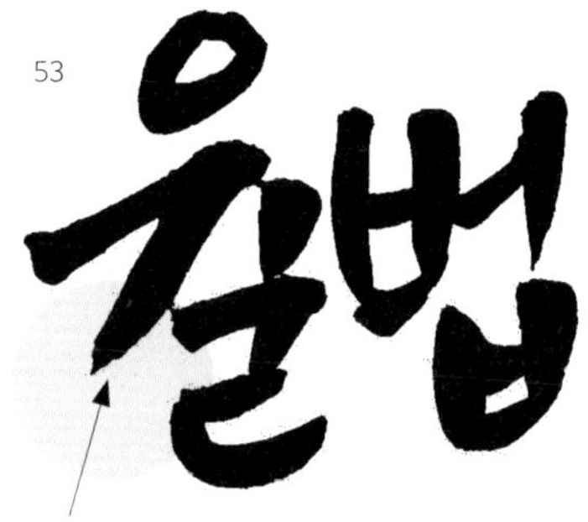

세로 모음 한 획 달리 쓰기

54

ㅌ의 안쪽 공간 유지

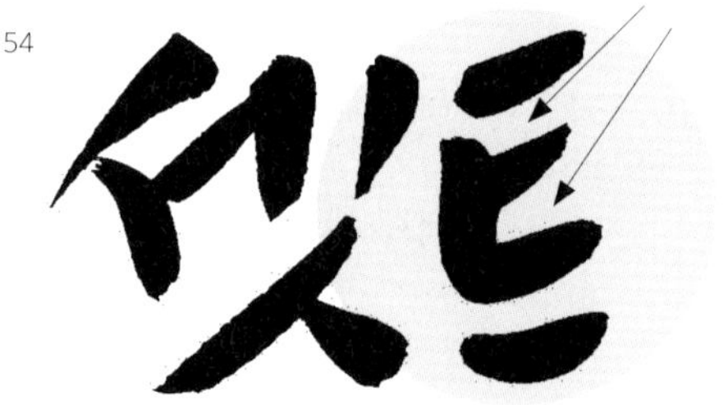

제시어를 써보세요

- 샐리의 법칙
- 획기적
- 살인의 추억
- 율동시간

55

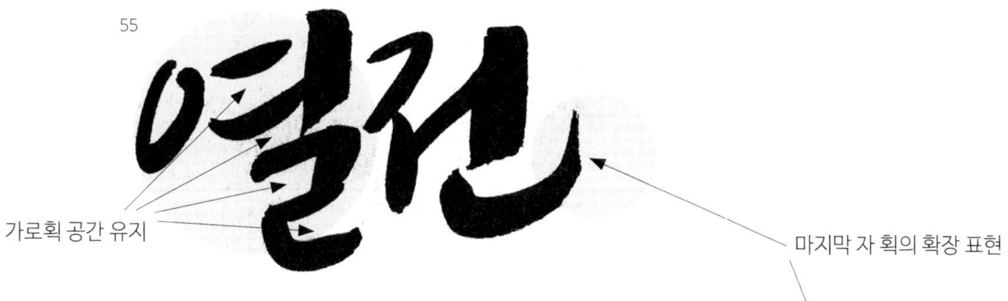

56

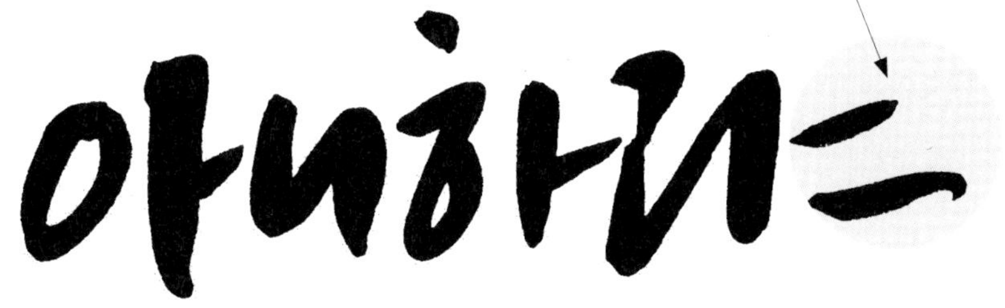

57

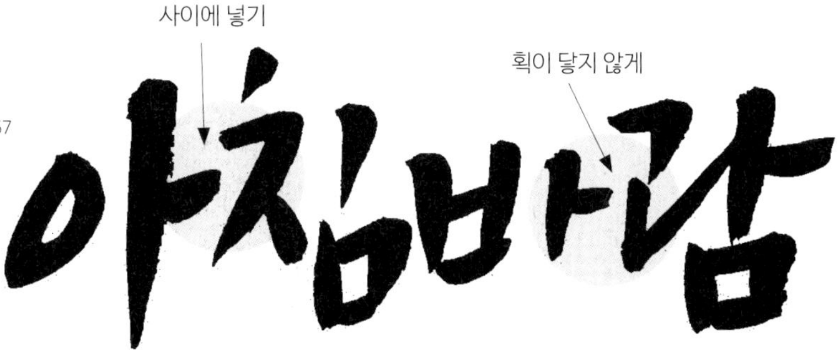

제시어를 써보세요

- 하나둘셋
- 추리닝
- 엽전열닷냥
- 어찌하여
- 아첨꾼

58

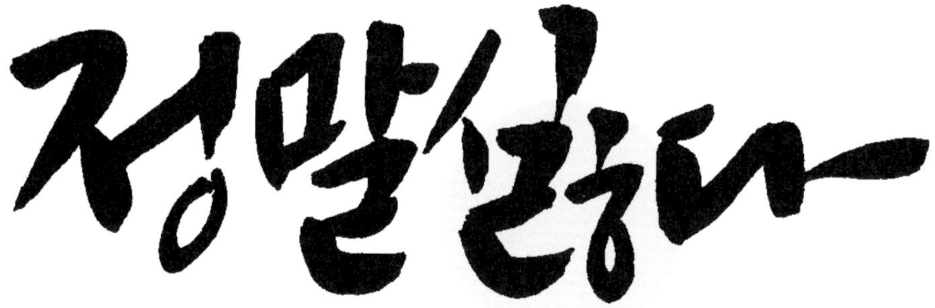

획이 뭉치지 않게

59

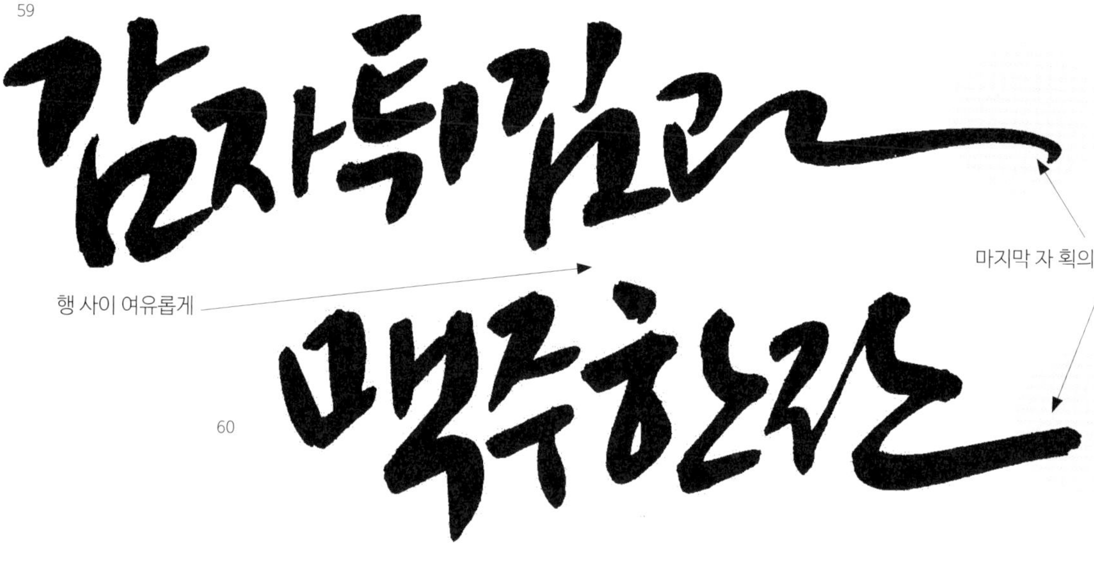

60

행 사이 여유롭게

마지막 자 획의 확장 표현

제시어를 써보세요

- 양념치킨과 막걸리
- 정을 나누는 사회

같은 글을 다른 느낌으로 쓰는 연습을 해보자. _ KBS방송 타이틀(1번 사용)

❶ 뿌리깊은미래

❷ 뿌리깊은미래

❸ 뿌리깊은미래

❹ 뿌리깊은미래

❺ 뿌리깊은미래

지나친 표현 없이 기본형의 글씨로 아래 문장을 써보자.

	제시 문장	CHECK
	천 번을 써야 한 글자 남는다	
	손글씨는 천리를 걷는 여행이다	
	캘리그라피는 한글의 외출복이다	
	기적은 열정으로만 만들어지는 법이다	
	가족은 누구에게나 인생의 첫사랑	
	하늘의 별을 보고 자란 아이가 우주인이 된다	
	캘리그라피는 상형(想形)문자다	
	도전자의 다른 이름이 청춘이다	
	자신의 삶을 감상하라	
	오늘은 당신이 살아보지 못한 첫날	
	바람이 분다 새로운 글씨를 써야겠다	

판본체와 궁서체의 변형을 연습해보자

판본체의 변형이라 함은 서예의 기본이라 할 수 있는 역입과 중봉, 회봉을 가능한 지켜서 쓰고 글씨의 크기도 획의 다수에 따라 달리 쓰는 것을 말한다. 크기가 다르니 전체적인 구성에도 변화를 주어 자간을 좁혀 쓴다거나 정직한 가로세로의 획보다는 자연스럽게 기울기가 있는 획을 사용한다.

판본체의 획일적 두께가 아니라 다양한 필압을 주어 변화 있는 획을 구사하면 정적이던 글씨가 생동감 있는 글씨로 표현된다.

BI나 CI가 판본체의 변형으로 표현된 것을 보면 매우 격조가 있으며 가독성과 시각적 효과가 뛰어난 것을 알 수 있다.

잘 쓴 한글 궁서체는 어떤 글씨보다 아름답다. 옛날 궁에서 여인들이 썼다는 글씨로 그 단아함과 고결함이 보이는 글씨라 할 수 있다.

그러나 캘리그라피에서는 특별한 경우를 제외하고 궁서체가 그리 우대받지 못하는 것이 현실이다.

궁서체의 매력은 첫 획의 돌기에 있다. 영어 알파벳에 있는 세리프(serif)라 할 수 있는데, 이것을 살려 글씨를 쓰면 새로운 글씨가 될 수 있다. 또한 자음과 모음의 크기를 변화시키거나 기본 구도를 바꾸어 쓰면 매우 젊고 발랄한 글씨로 다시 태어날 수 있다.

궁서체는 깊은 연구를 통하여 새로운 형태의 신궁서체로 만들어낼 수 있는 여지가 많은 글씨체다.

판본체의 변형된 글씨를 써보자.

61

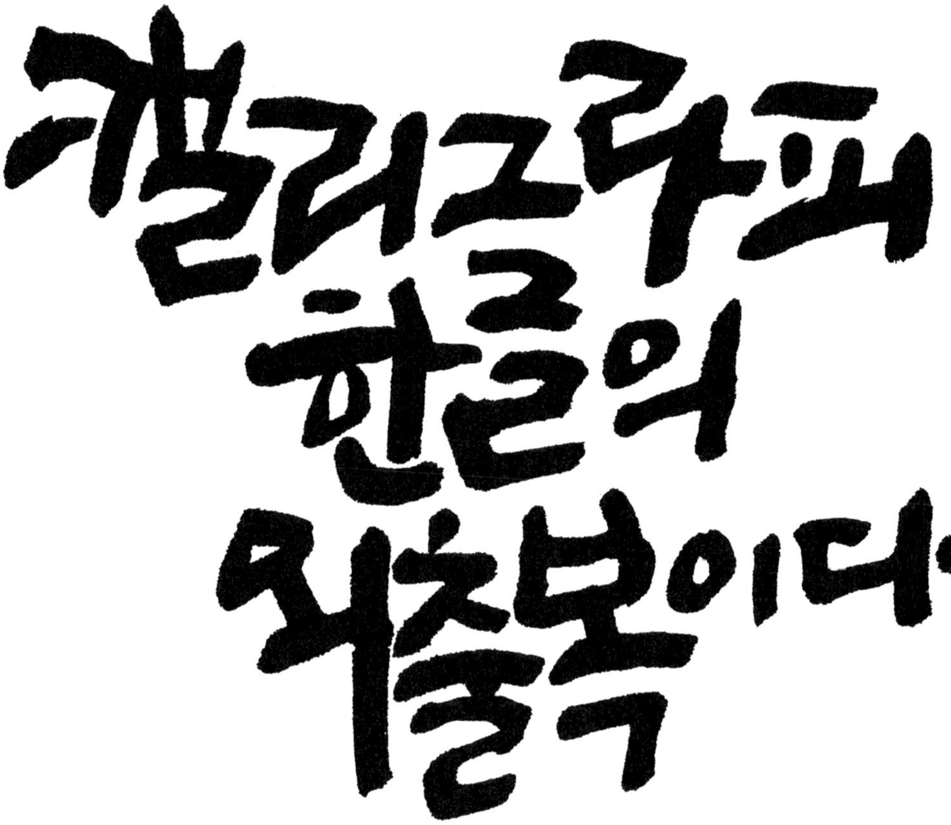

획의 다수에 따라 글씨의 크기가 달라지며
공간을 서로 침범하도록 행과 자간을 구성한다.

누구나 외출할 때는 옷을 잘 차려입고 나간다. 한글도 말하고자 하는 내용을 누군가에게 보여주려고 할 때 글씨의 모습을 어떻게 할지 고민한다. 캘리그라피는 글씨를 쓰는 사람의 마음에서 바로 나오는 표현이다. 캘리그라피는 한글을 누군가에 보여주기 위해 외출하는 것이다.

62

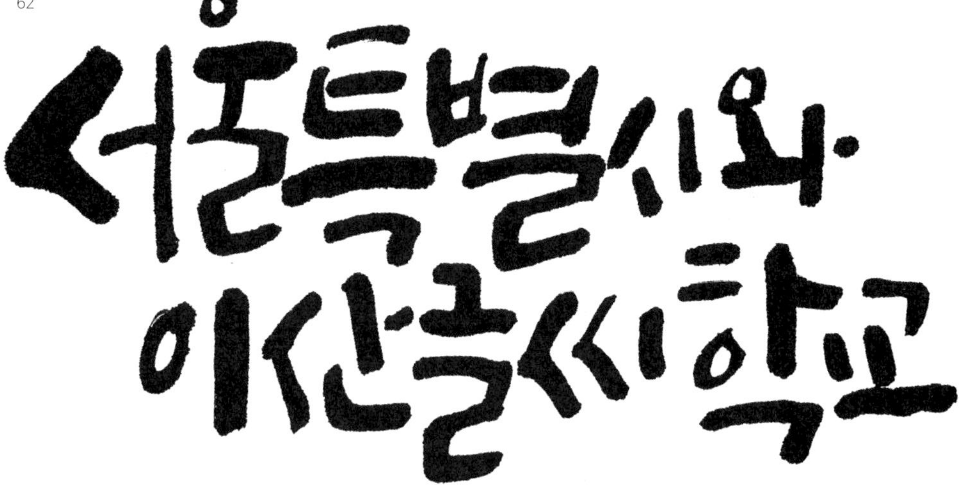

획이 많은 글자일수록 내부 공간을 일정하게 하는 게 좋다.

63

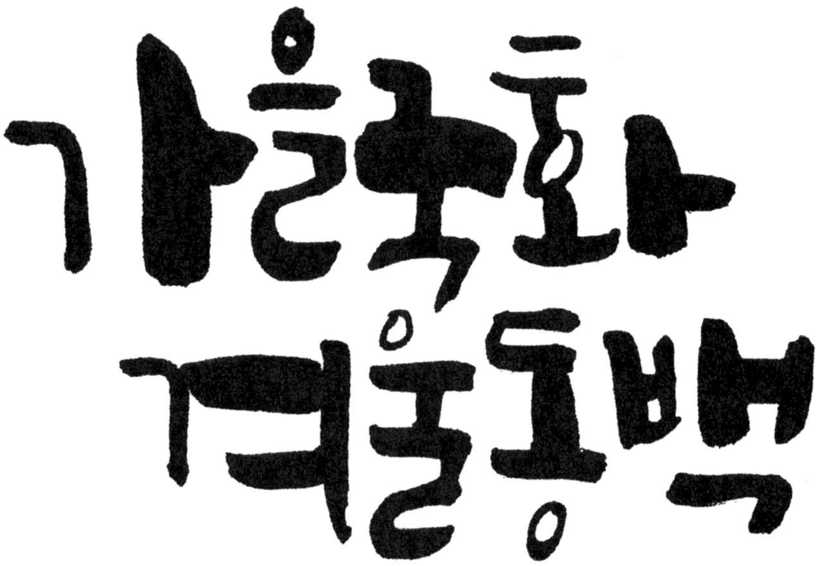

획의 굵기를 달리하여 변화를 준다.

64

웰컴투
동막골

65

우리동네
어린이도서관

66 생활의 발견

67 샨티공동체

68 청춘의 추억

69

봄이 오는
길목에서

70

여름소나기
지난 후

71

낙엽진
거리에
비는 내리고

72

민들레처럼 살아남기

73

함빡 꽃길 여름날

74

김용택 시인의 저문 강에 삽을 씻고

75

철학하는 고양이

76

한글예찬

77

무덤가의 할미꽃

78 프로야구 한국시리즈

79 홈런왕 이승엽

80 세계야구와 한국야구

81

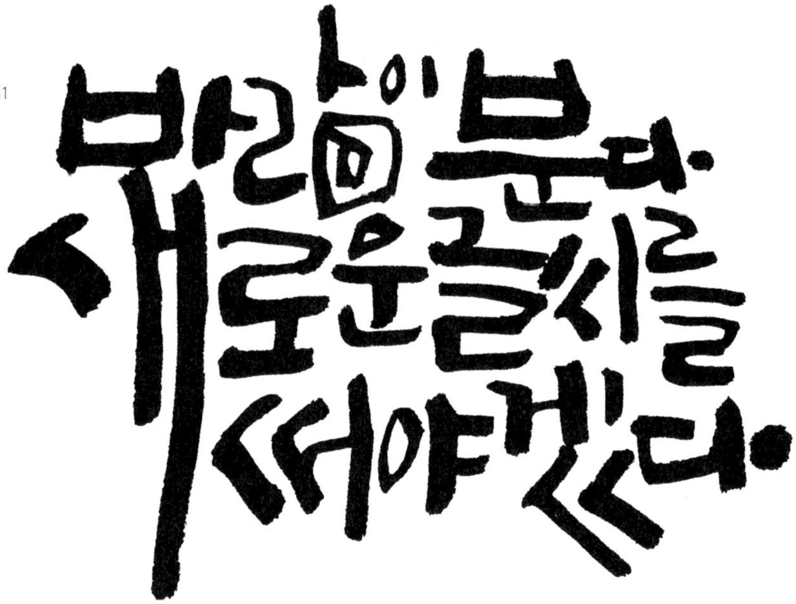

82

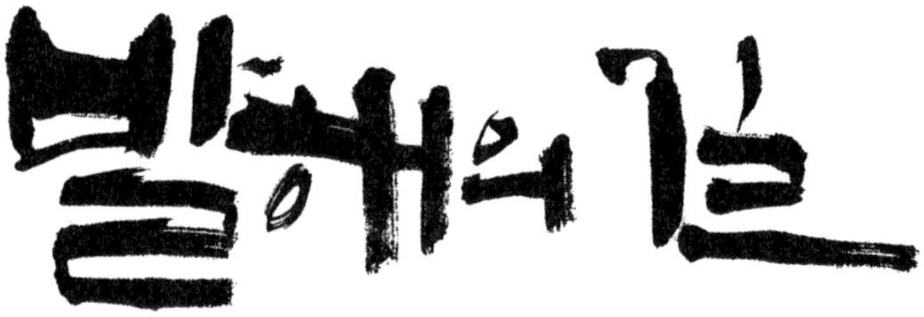

83

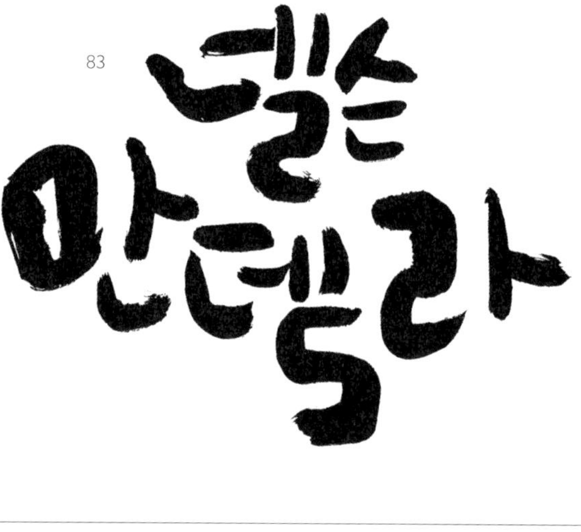

궁서체의 변형된 글씨를 써보자.

84

오늘하루 어땠나요?

돌기를 살려서 써본다.

변화를 준다.

85

우리 붕어이는 빈갑다

가벼운 흘림으로 써본다.

86

갈벗우렁

87

할머님 손맛

88
윤중로축제

끝 획 흘려쓰기

89
유채꽃제주도

끝 획 흘려쓰기

90
성공적인 삶

끝 획 흘려쓰기

91

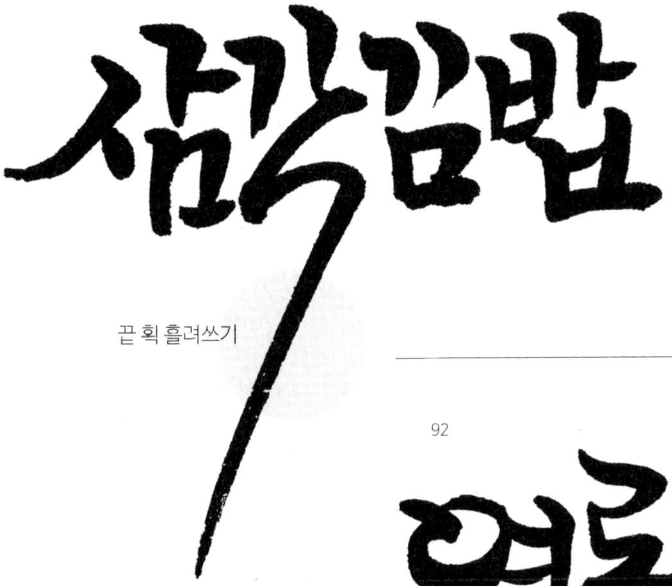

92

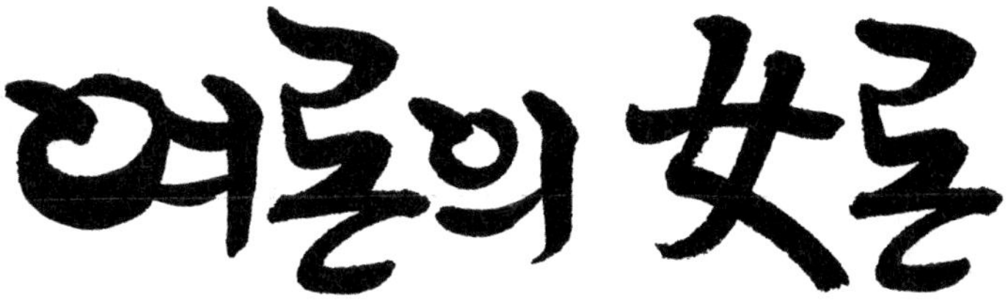

93

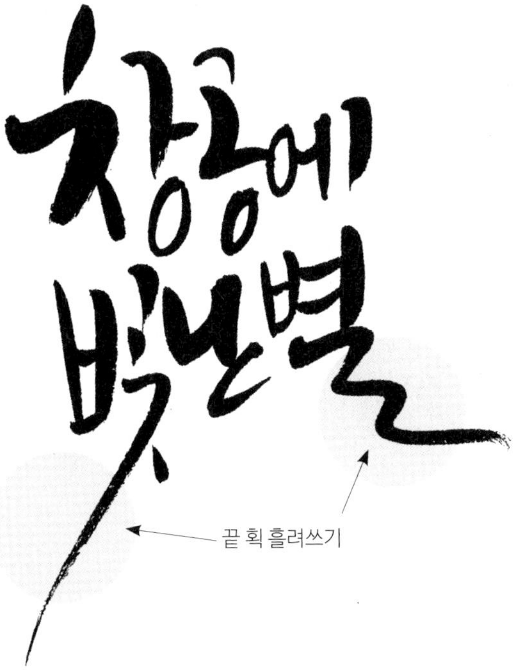

94

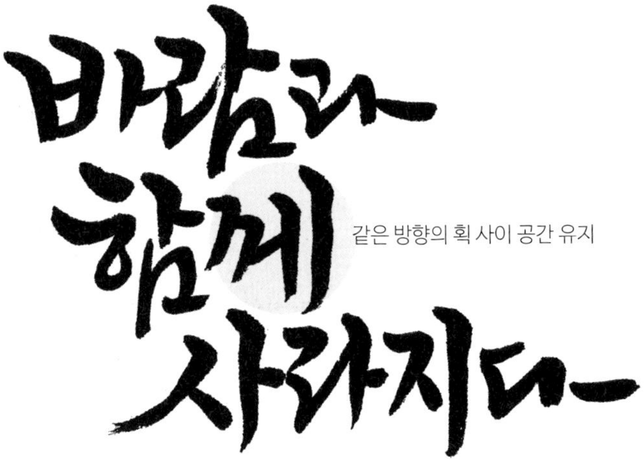

95
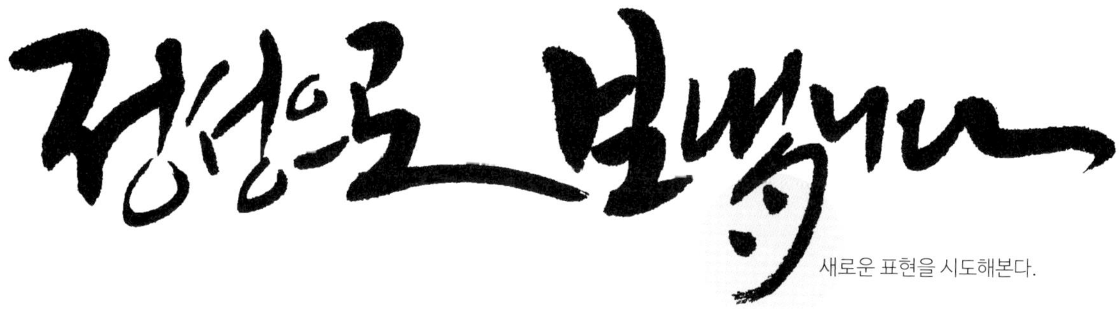

새로운 표현을 시도해본다.

96
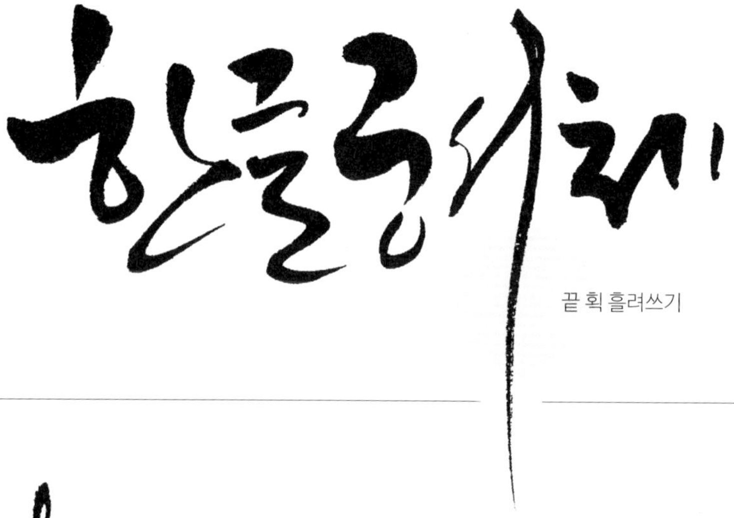

끝 획 흘려쓰기

97
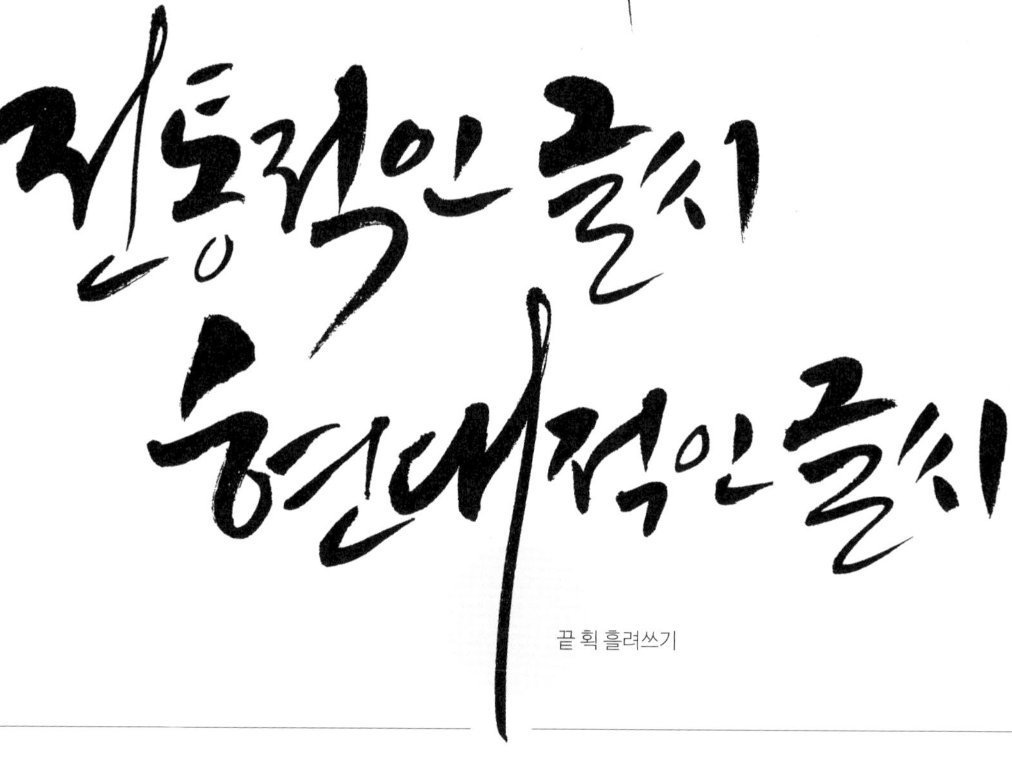

끝 획 흘려쓰기

글씨를 귀엽게 써볼까요?

캘리그라피를 처음 접하게 되는 경우 중의 하나가 어디선가 예쁜 손글씨를 발견하고 나도 저렇게 써서 누군가에게 주고 싶다는 생각을 하면서부터이다.

대개는 동글동글하다거나 자유스럽다고 하는 글씨들인데, 이런 글씨가 어떤 글씨보다고 감성적이기 때문일 것이다. 어린이 관련 용품의 이름이나 먹거리의 이름이 이런 류의 캘리그라피로 많이 표현되어 있으며, 실제로 디자인 실무에 매우 많이 쓰임새가 있는 글씨다.

학습자는 너무 기교적인 필법보다 담백하고 유연한 획으로 많이 연습한 후에 그 이름의 특징을 찾아서 약간의 멋을 부리는 것이 좋다고 생각된다.

98

동물의 왕국

99

햄스터
마을

100

토끼와
거북이

101

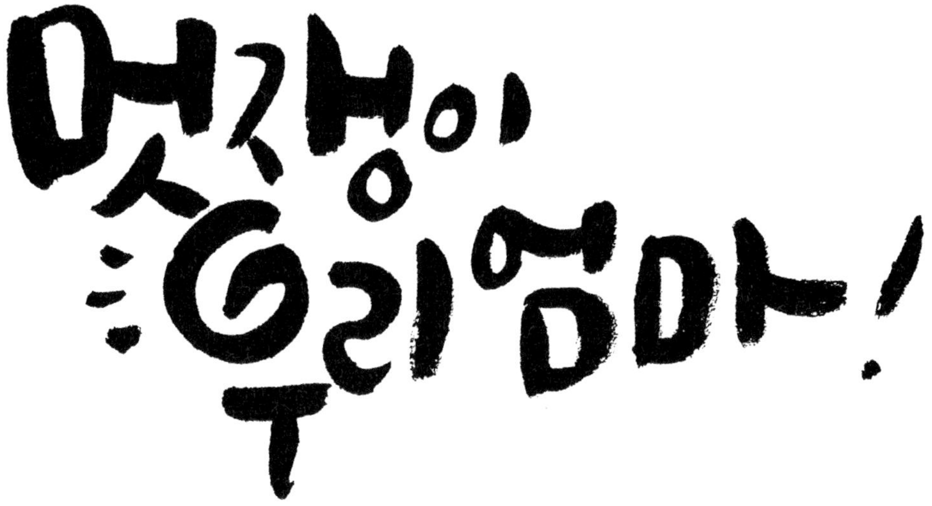

102

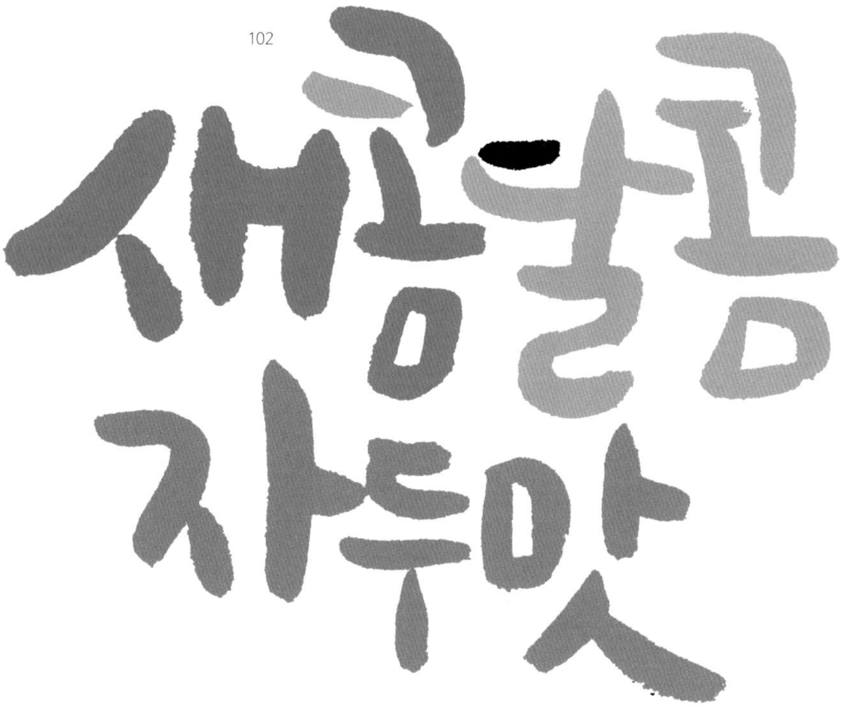

103

낙랑공주와
호동왕자

104

아낌없이
주는 나무

105

갈매기 날으는 바닷가

106

어린왕자는 어디살까?

107

스케치북 속에
우리 아빠

108

파란 하늘에
편지를 써

109

열매가
탐스럽구나

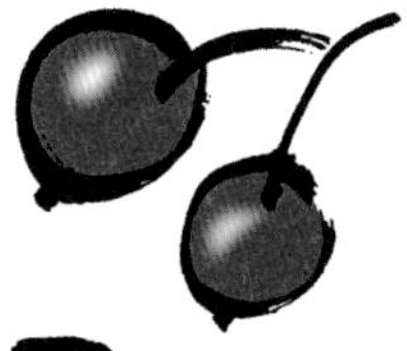

110

겨울왕국에
가고싶어요

111

빛속을 들어서
걸어요!

112

봄날에는 
꽃안개

113

백설공주와
일곱난장이

114

한여름엔
수박!

115

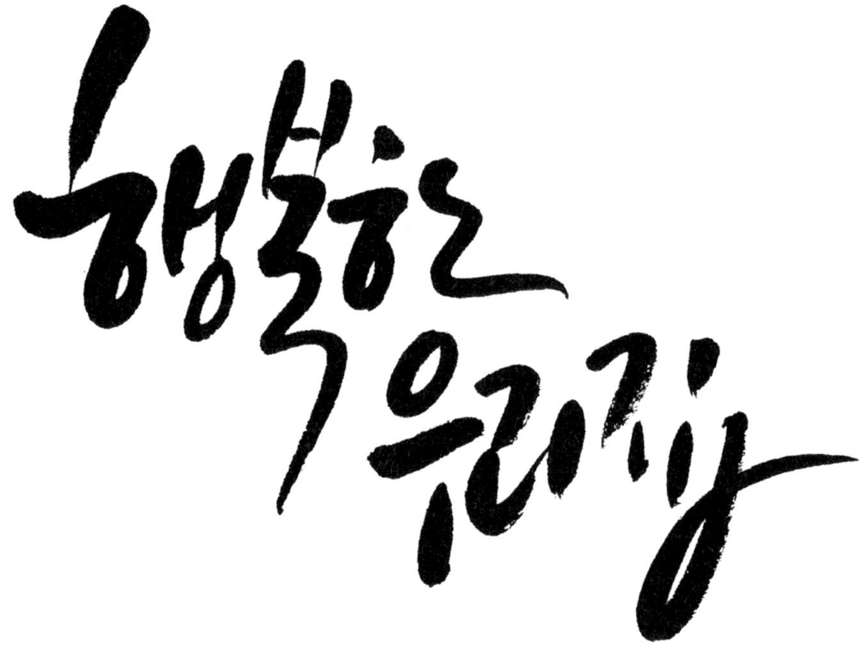

116

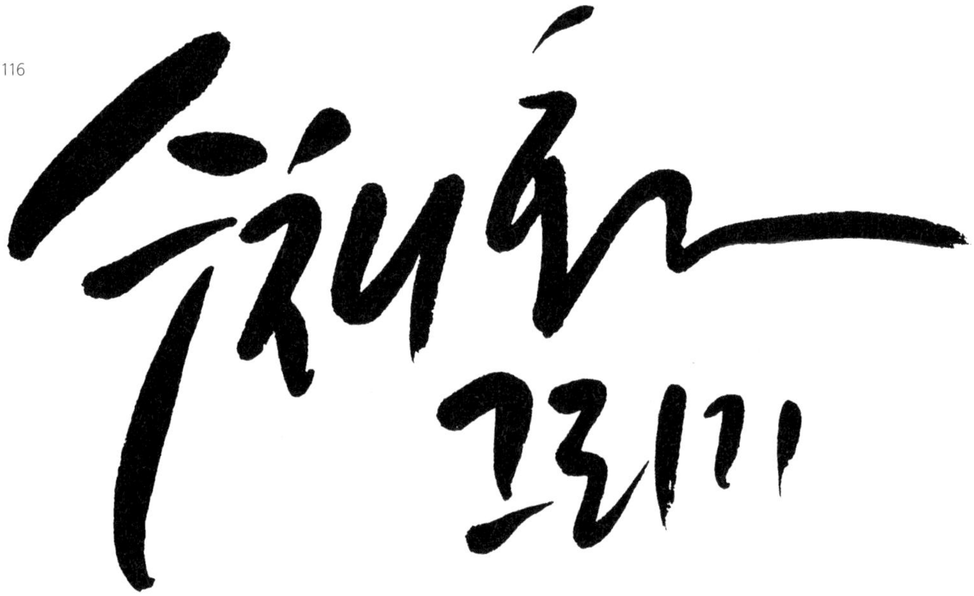

117

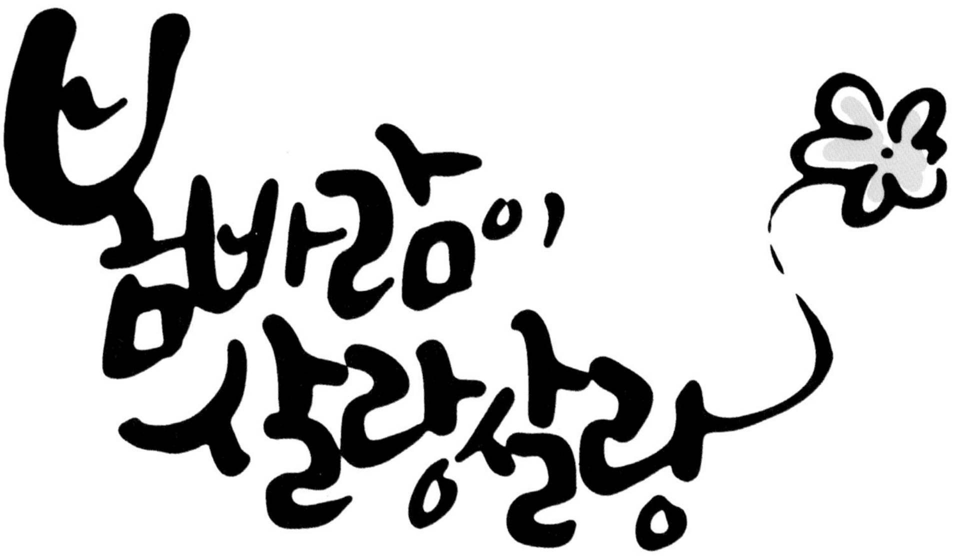

118

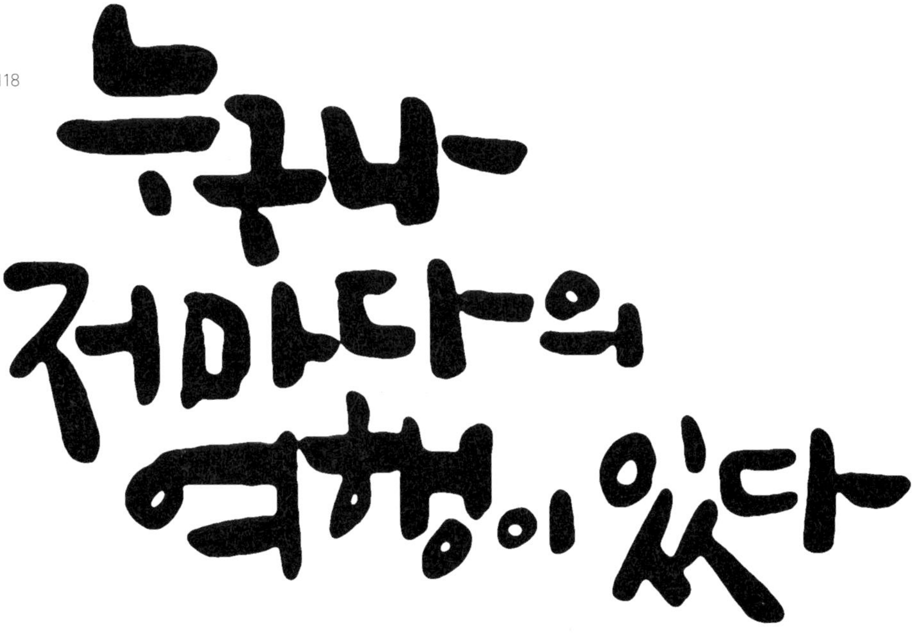

119

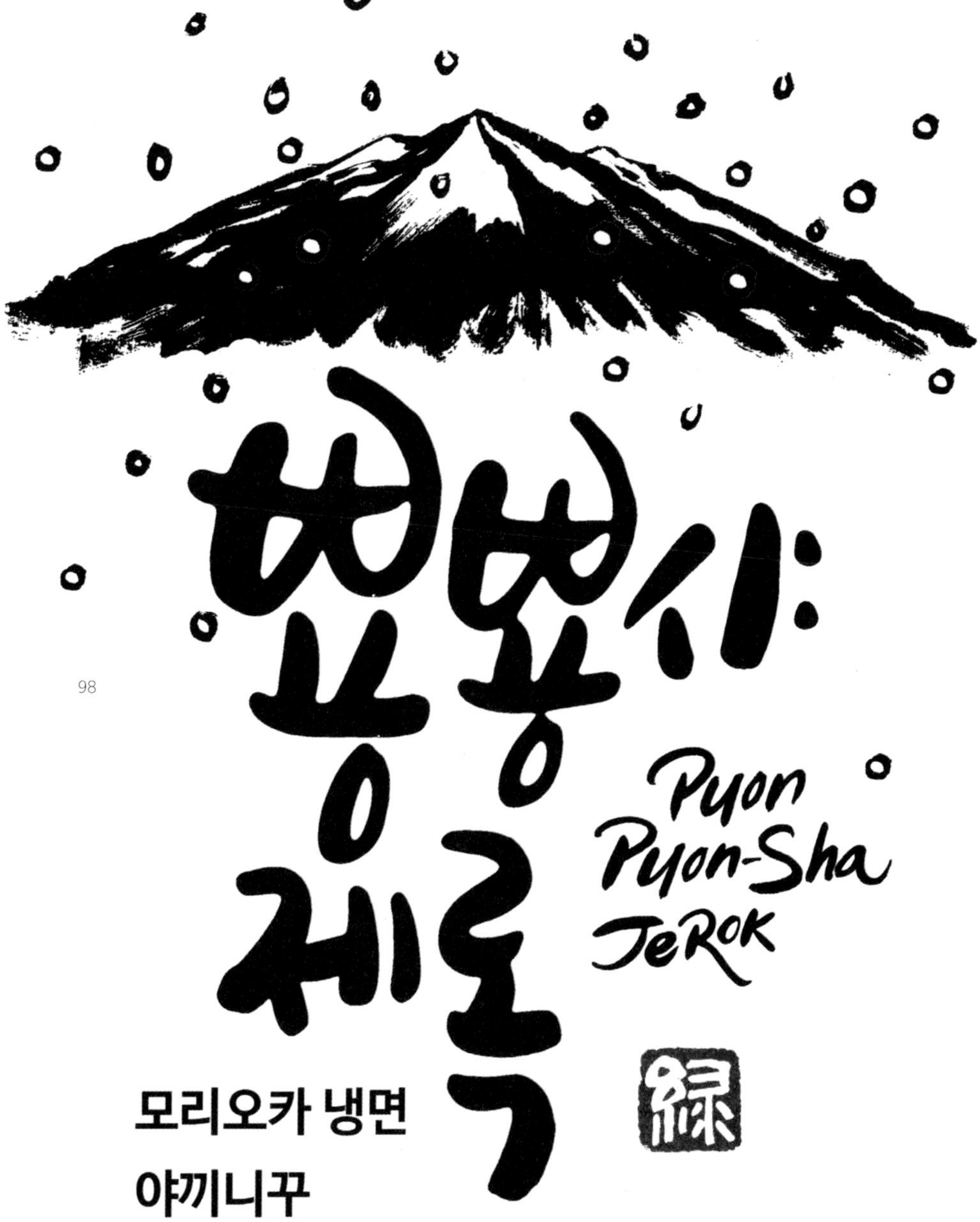

98

120

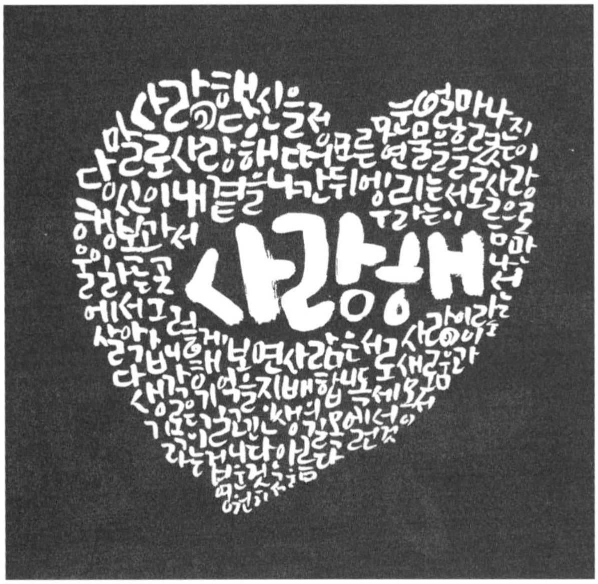

121

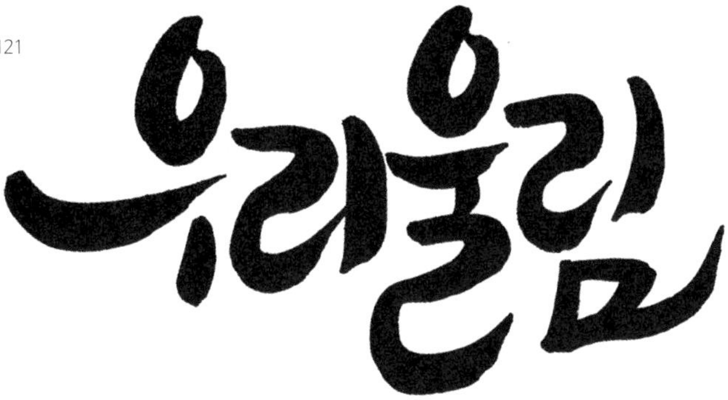

122

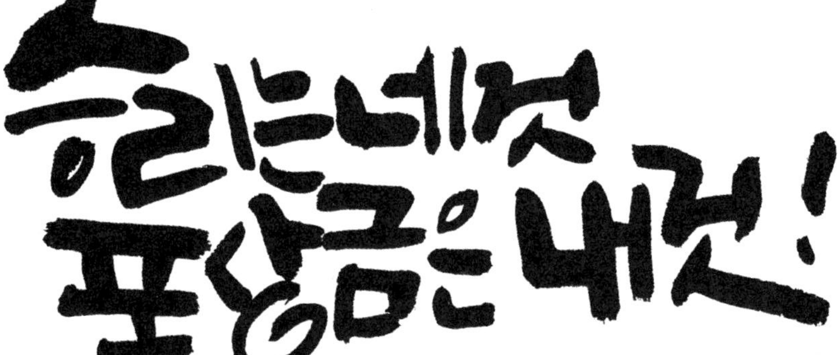

123

소피아로렌의
해바라기
Sophia RoRen
Sunflower

124

장미정원으로
초대합니다

125

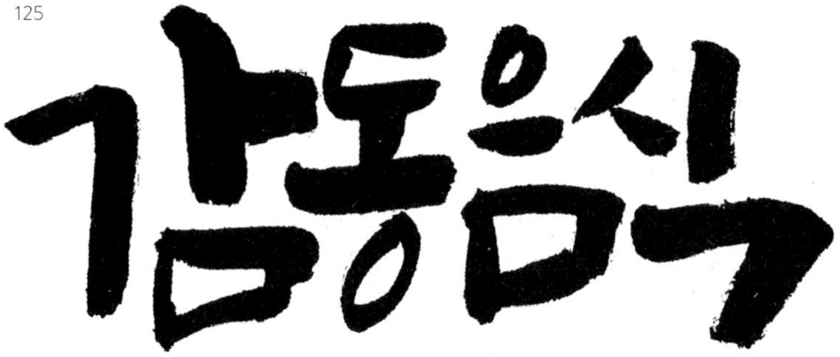

126

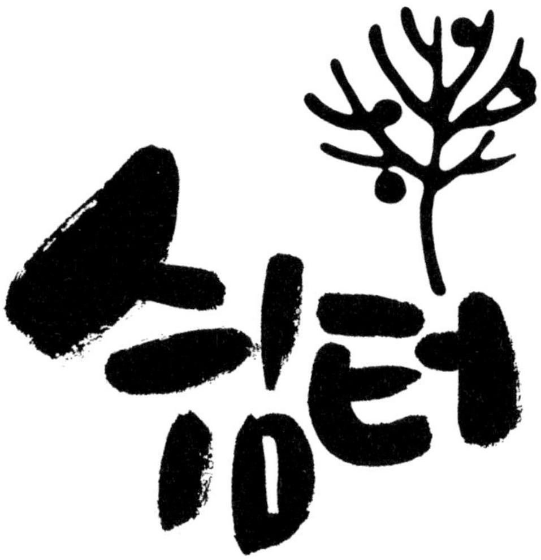

127

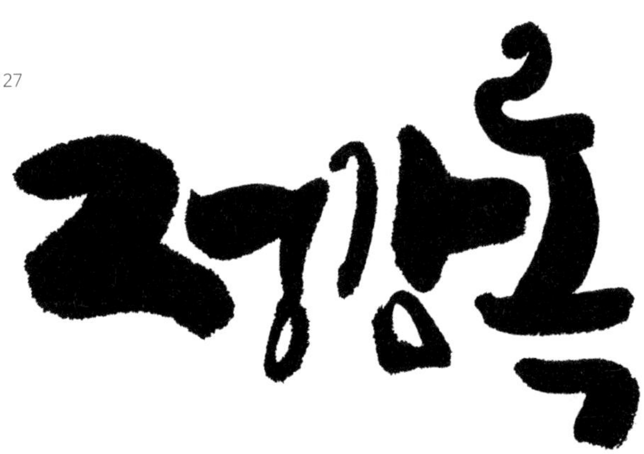

128

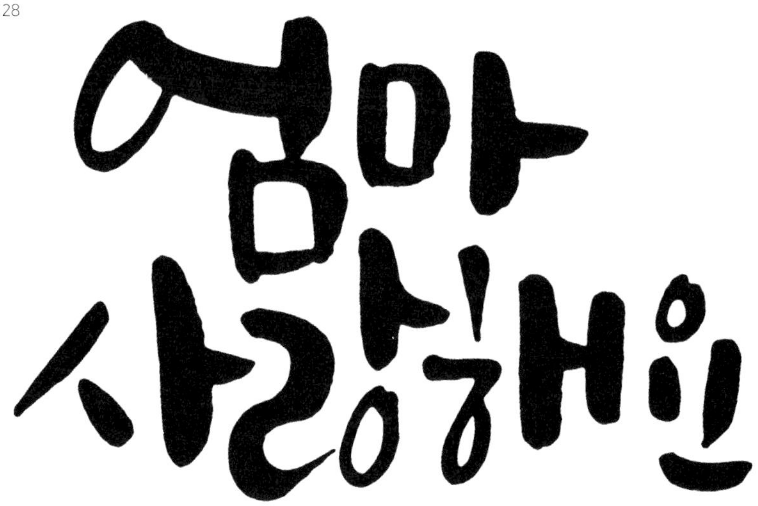

129

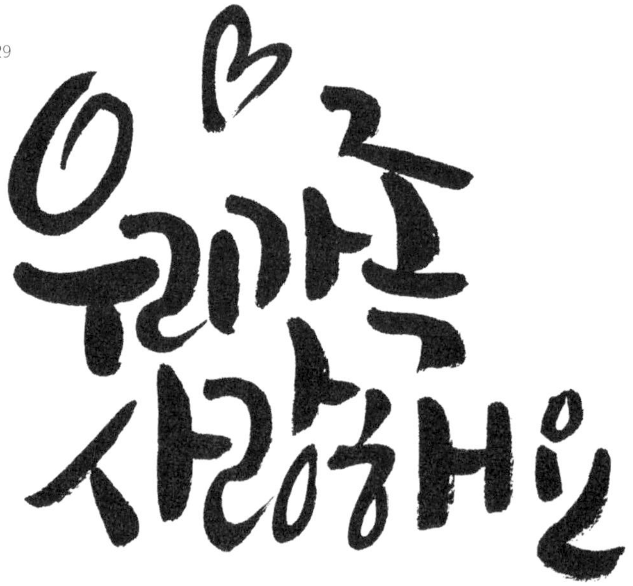

130

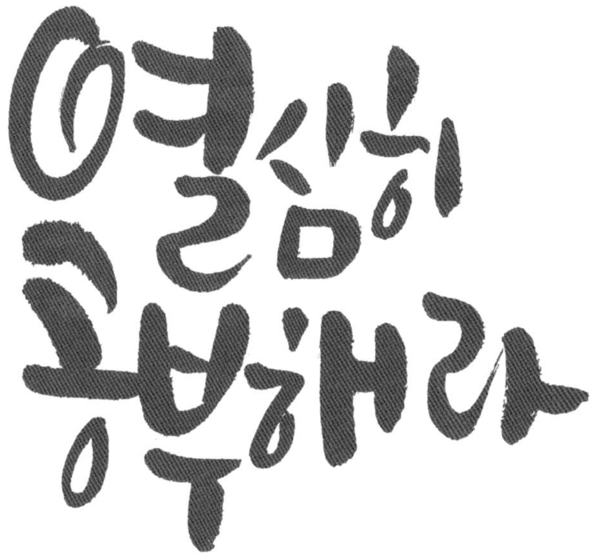

131

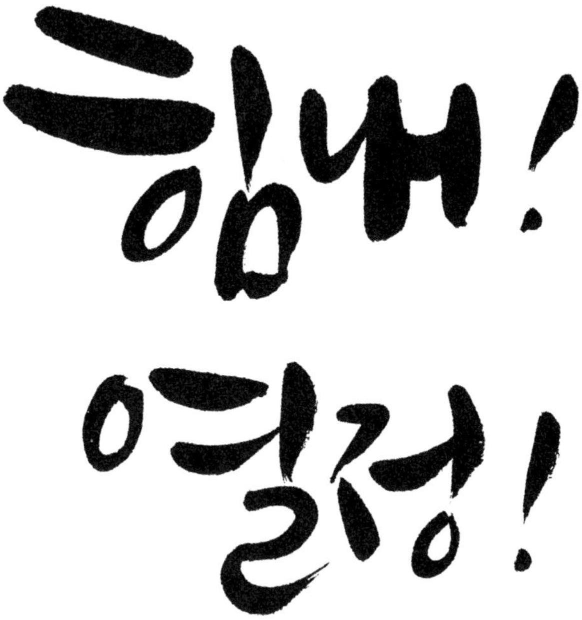

132

개망초 가득한 들판에서

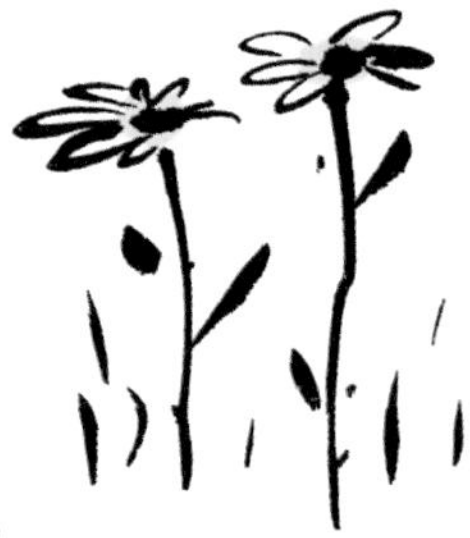

133

가야금의 선율 속으로

134

쳄발로 피아노

135 프로코피에프 피터와 늑대

136 시골쥐와 서울쥐

137 담쟁이 덩쿨가득한 우리집

138

손오공

139

사오정

140

저팔계

141

어린이날

142

어린왕자

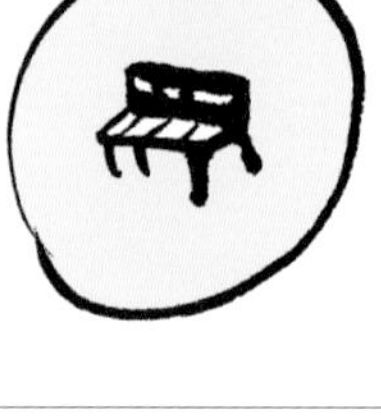

143

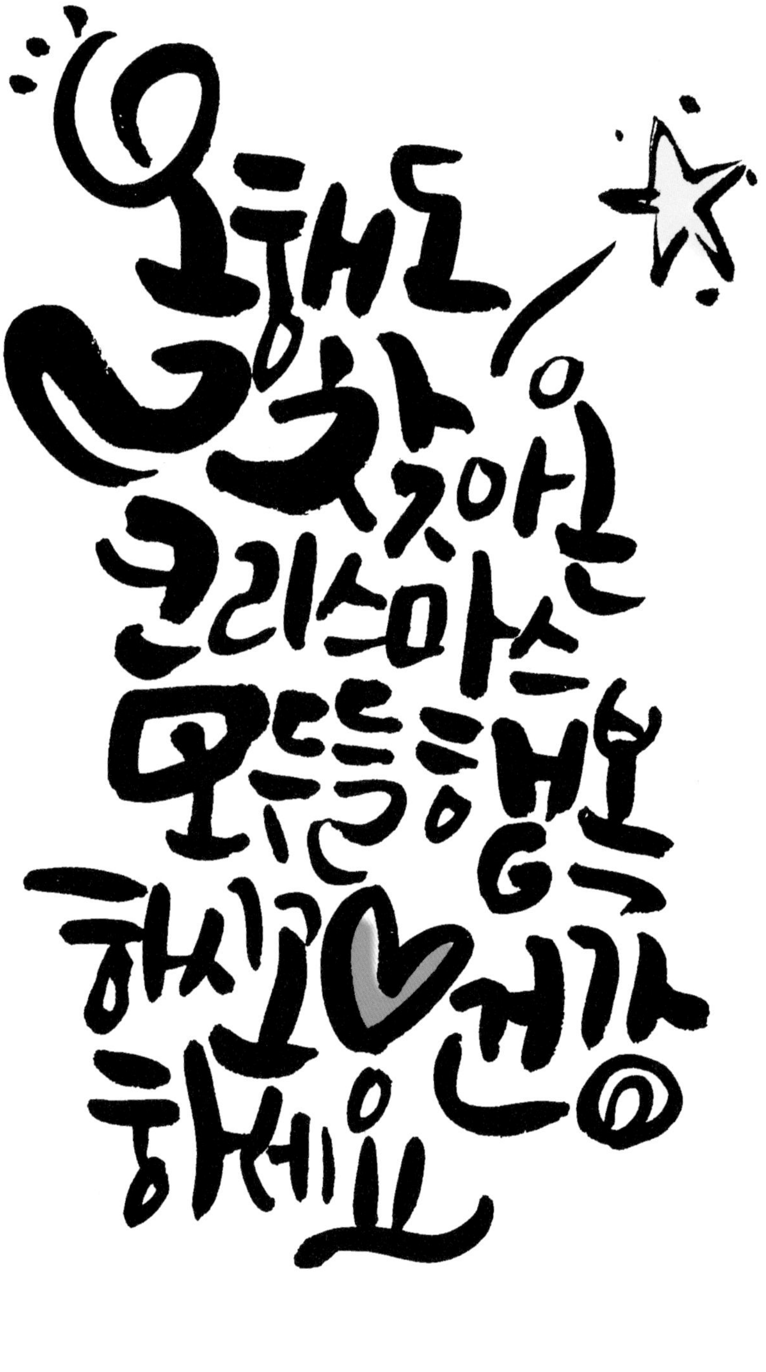

144

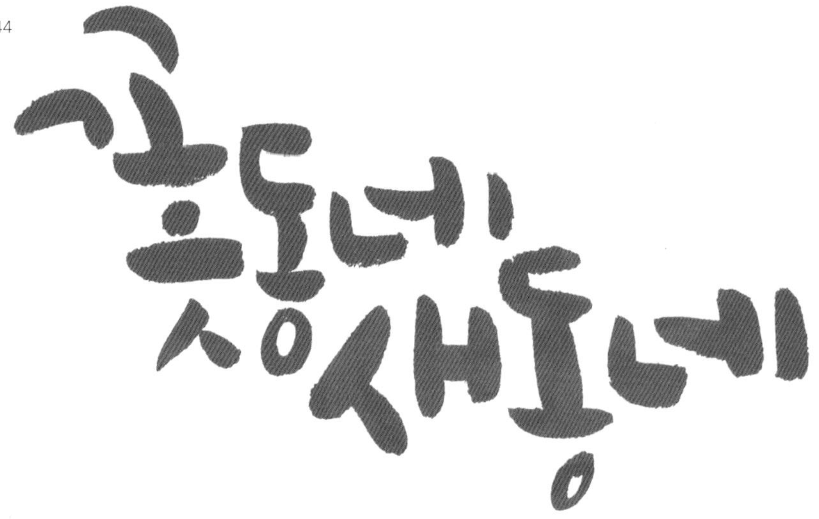

145

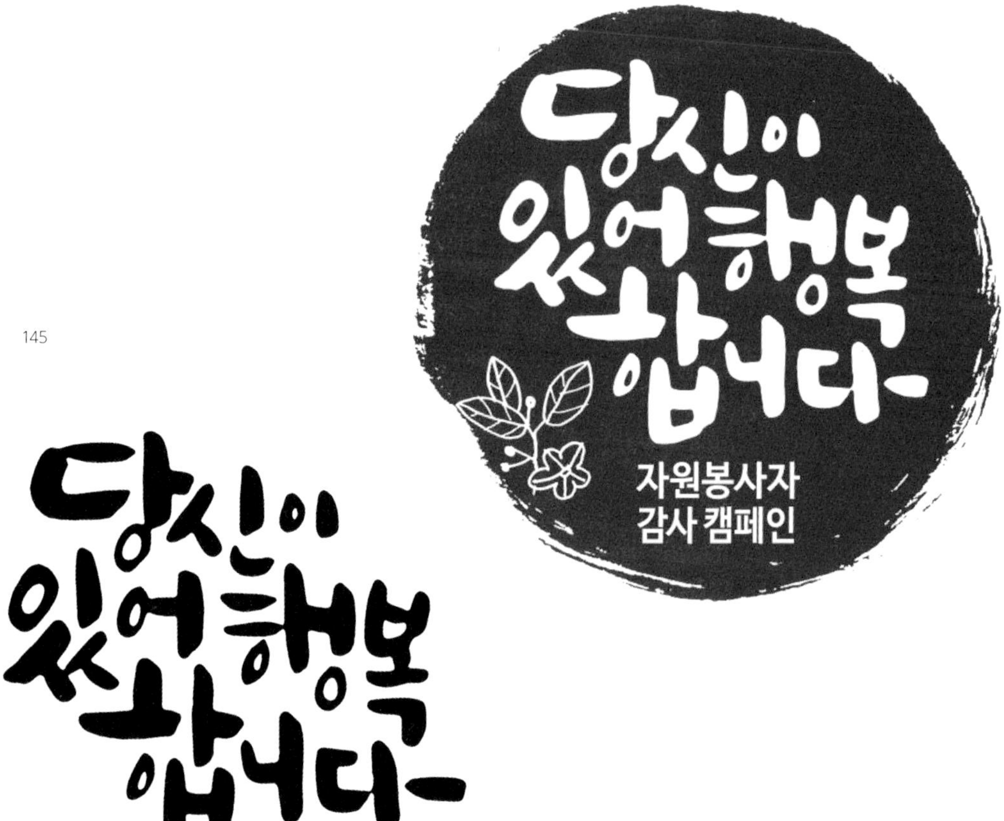

146

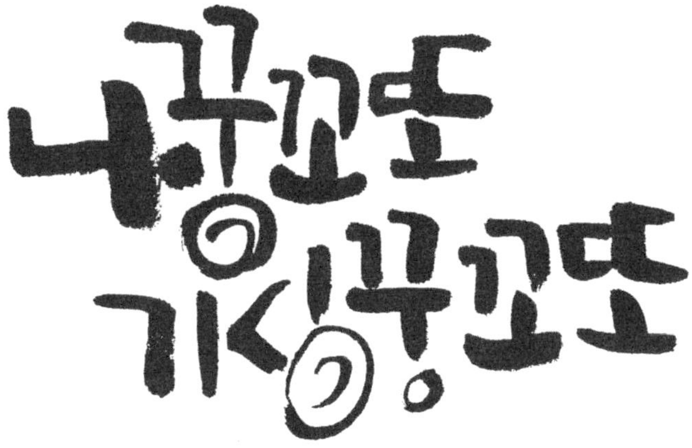

147

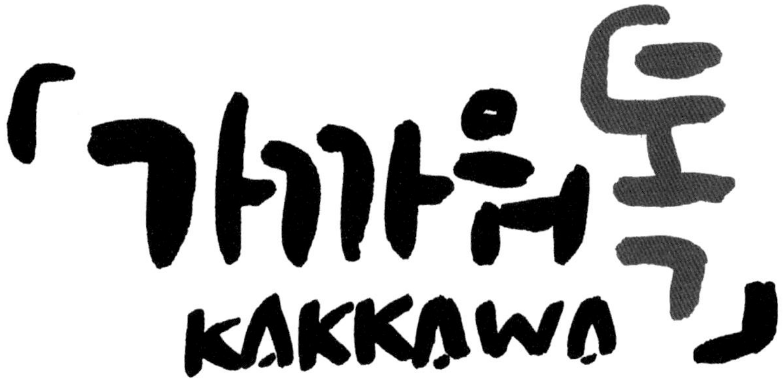

148

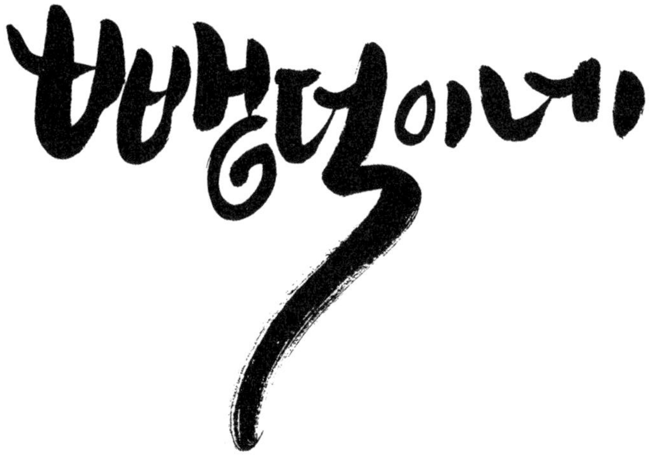

149

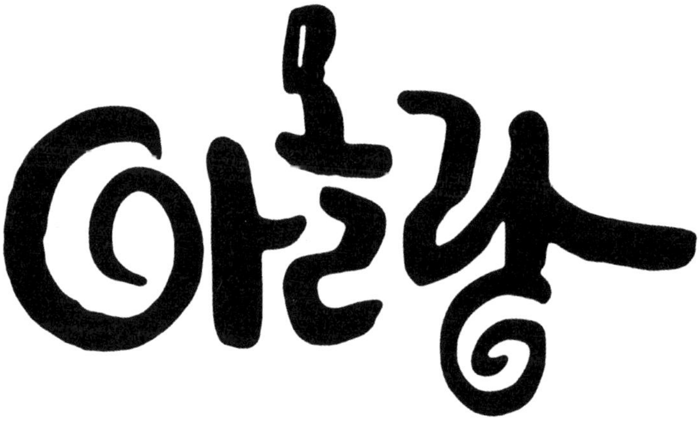

150

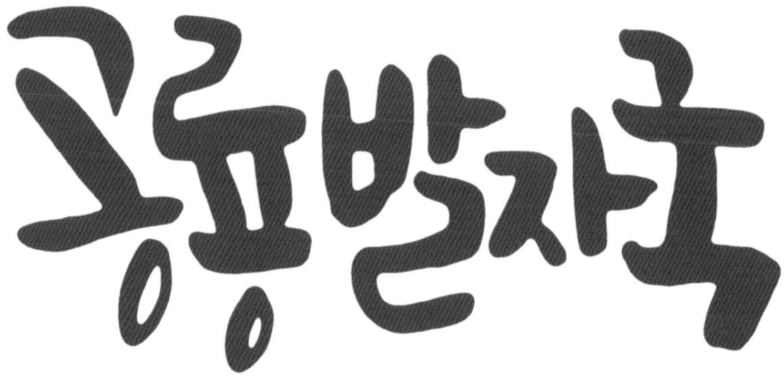

151

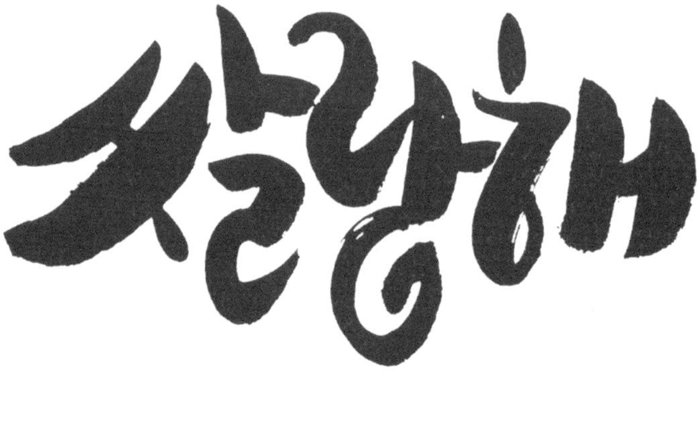

152

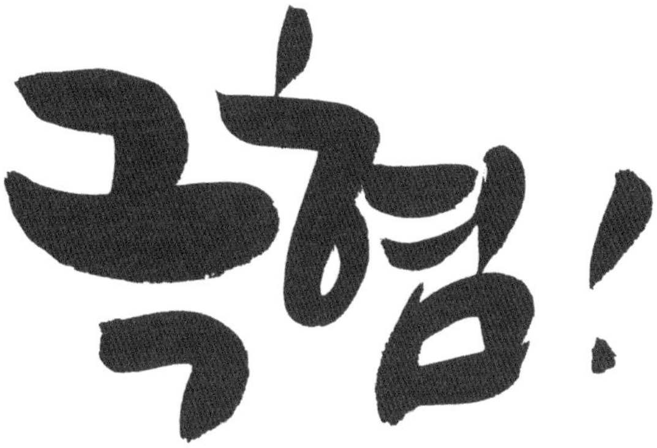

153

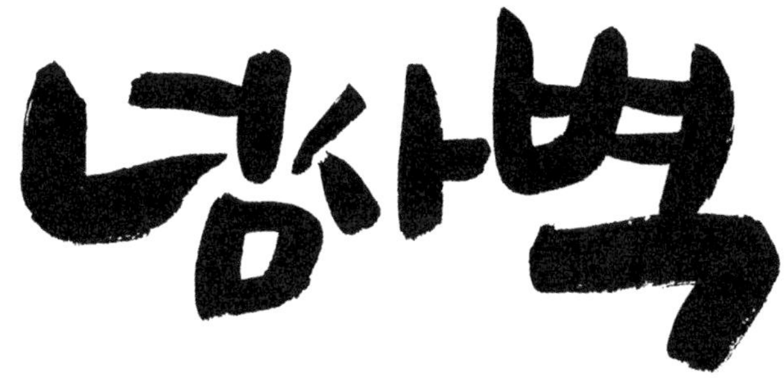

154

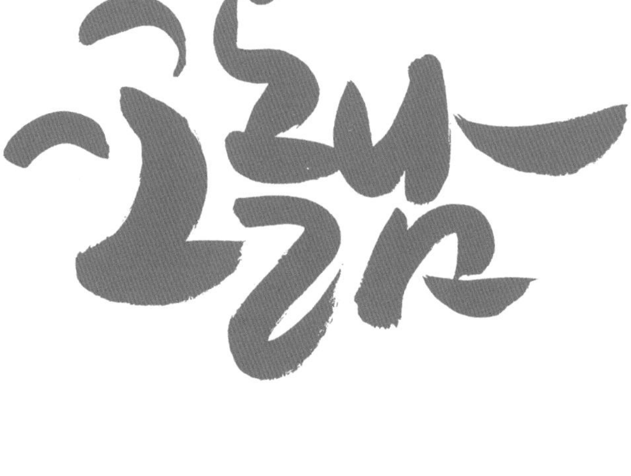

155

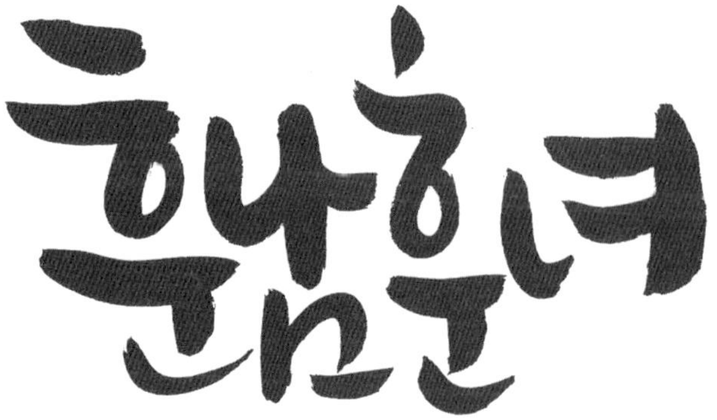

156

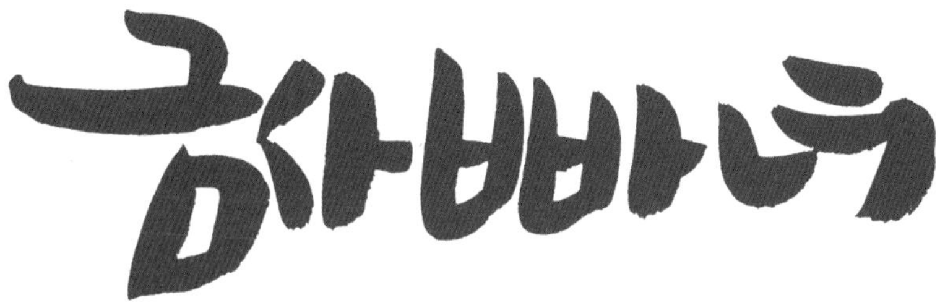

157

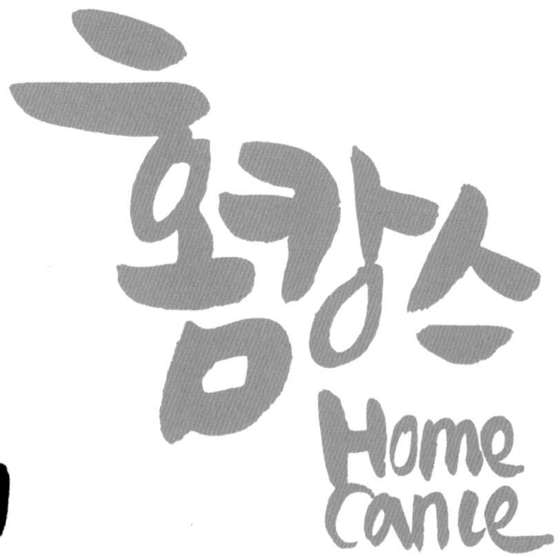

158

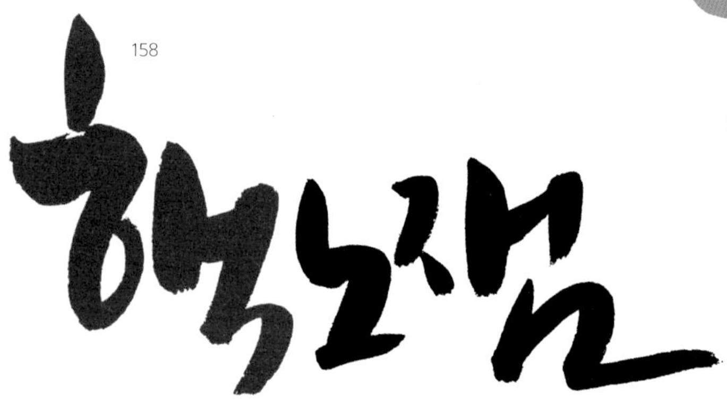

159

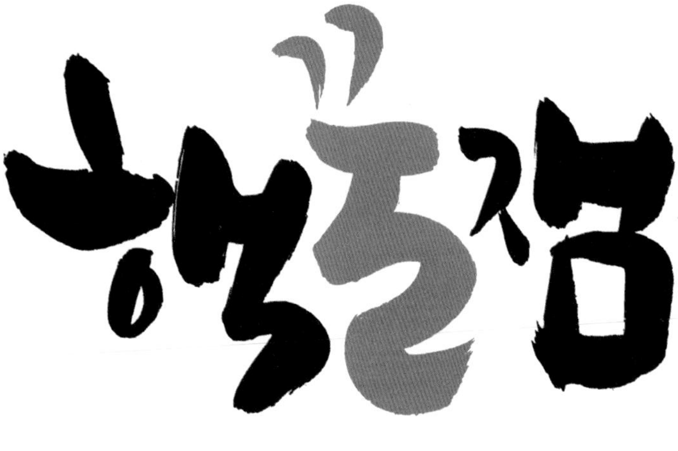

160

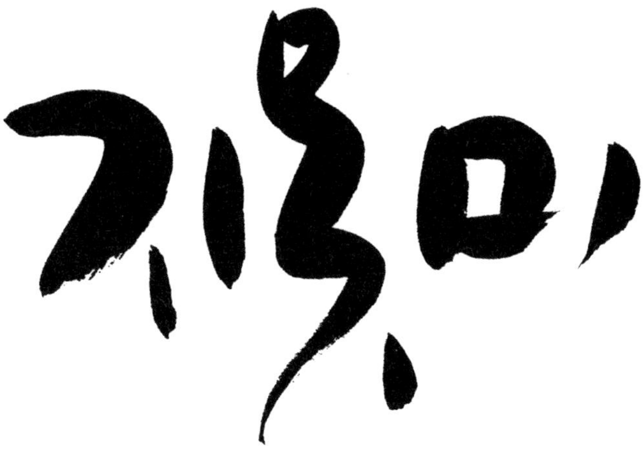

161

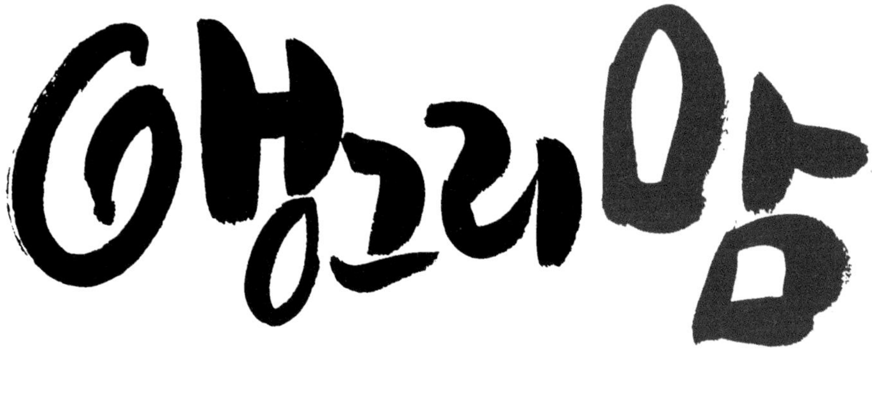

162

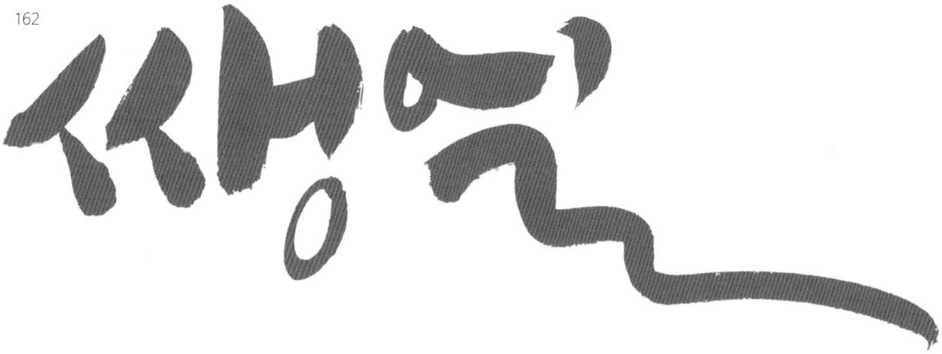

163

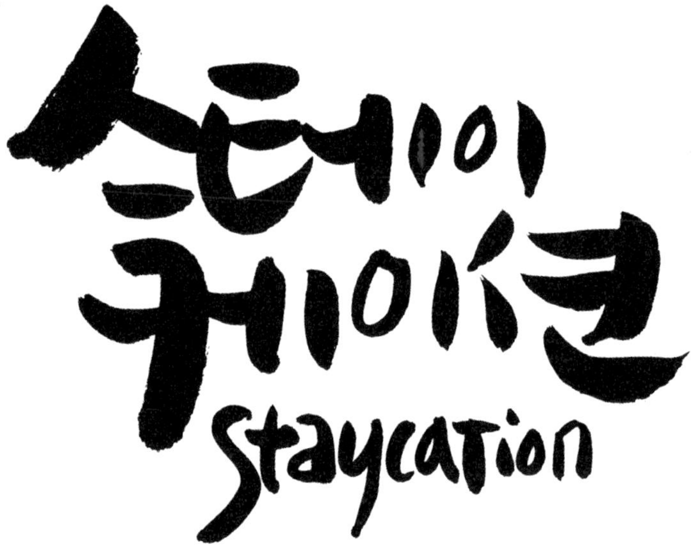

164

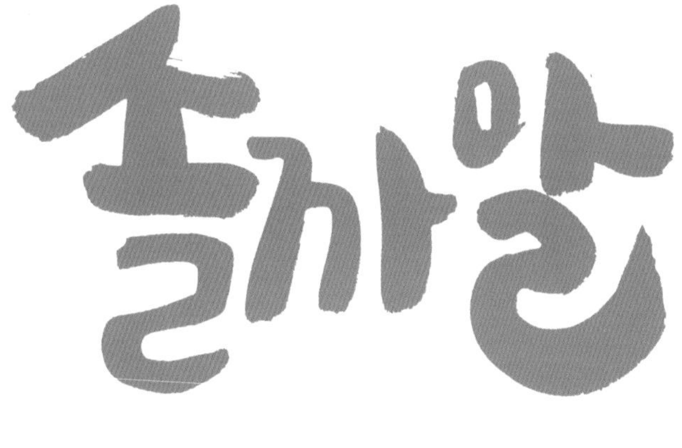

165

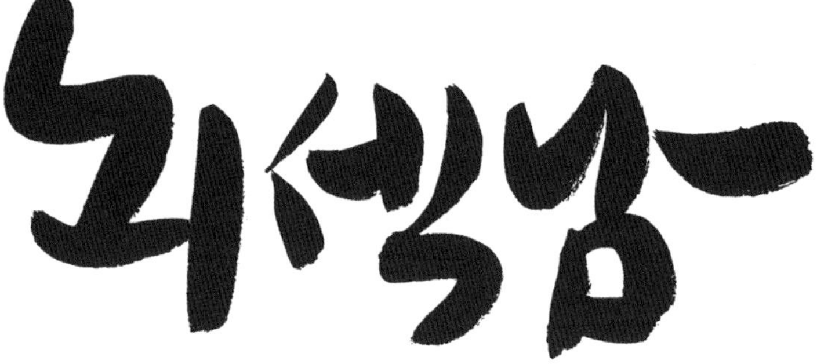

166

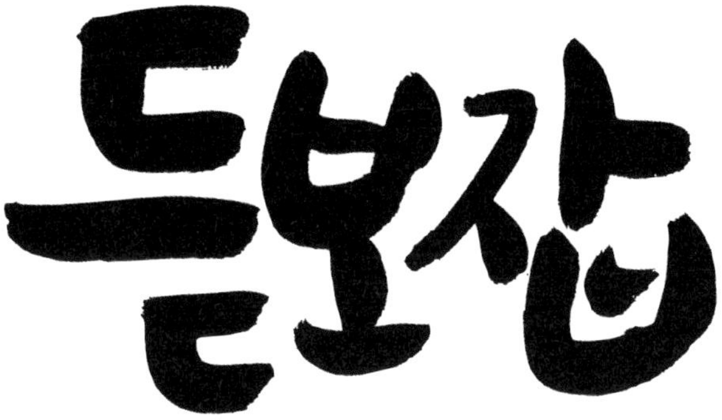

167

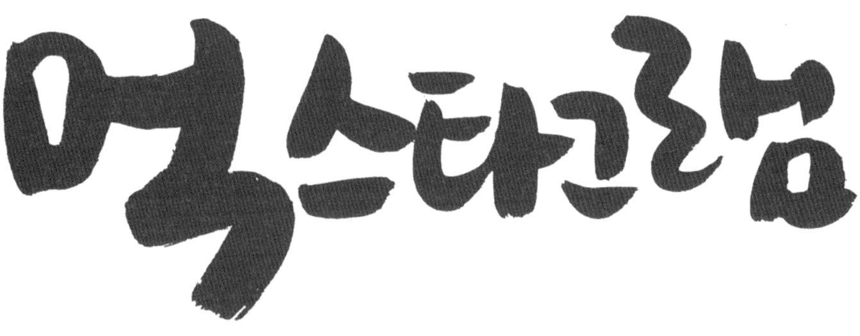

168

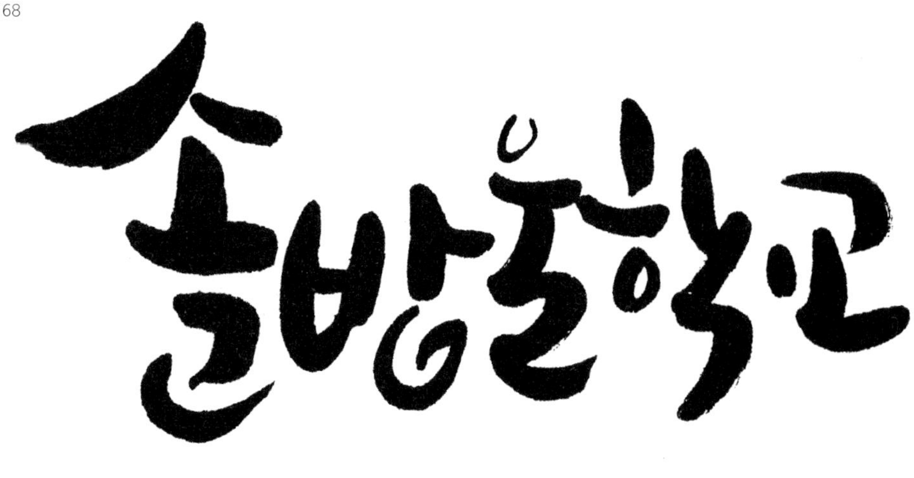

169

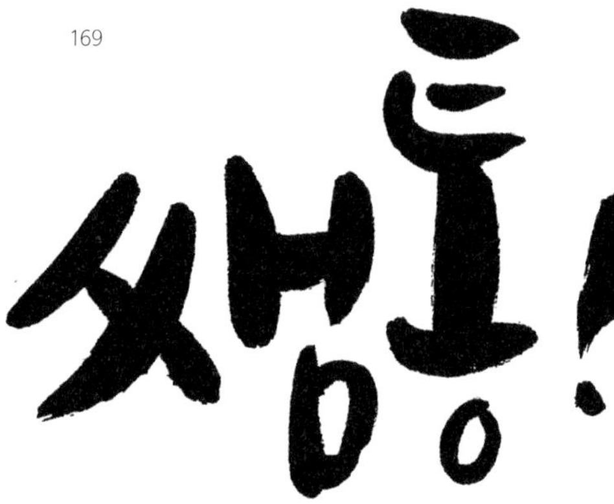

170

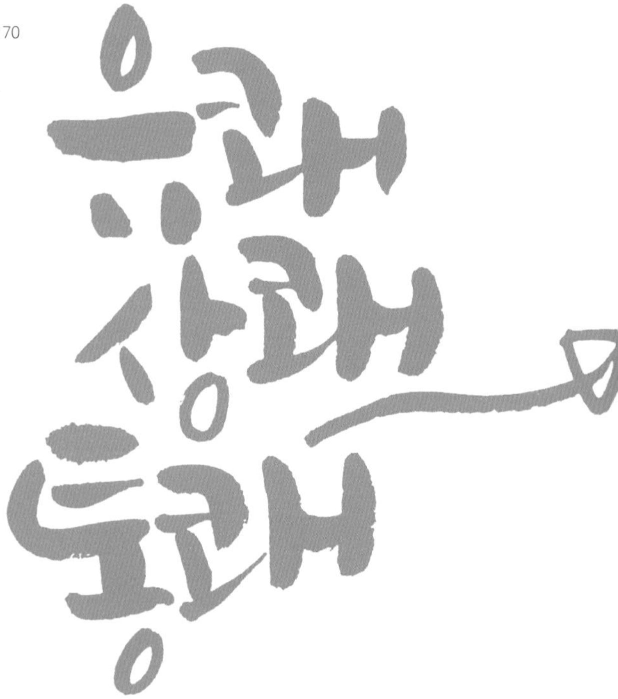

171

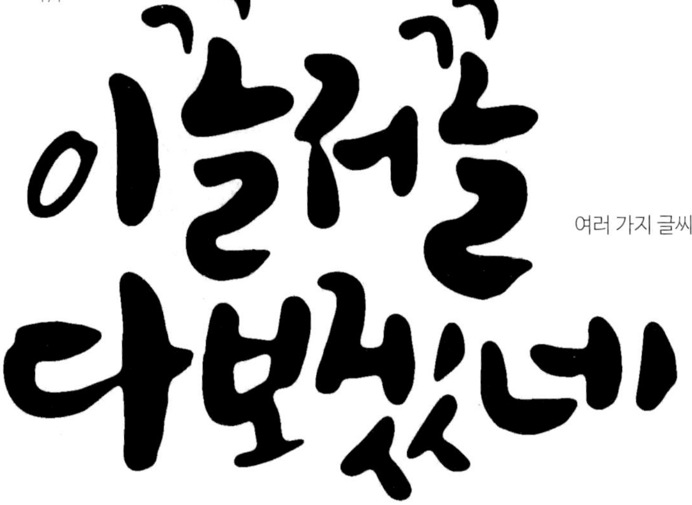

여러 가지 글씨의 꼴을 볼 수 있다는 의미

172

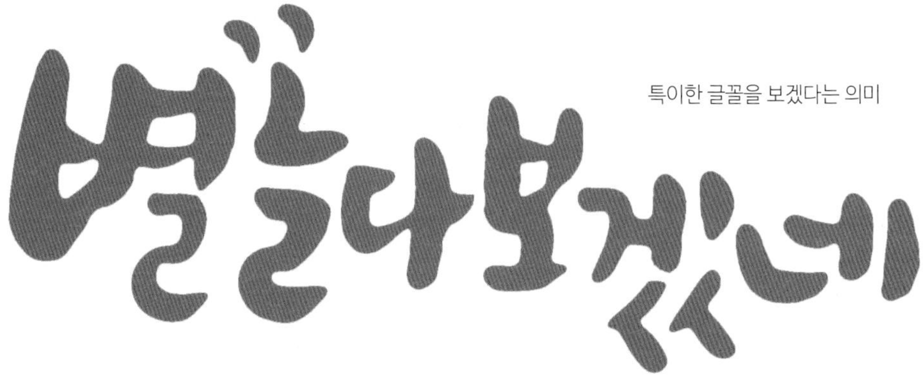

특이한 글꼴을 보겠다는 의미

173

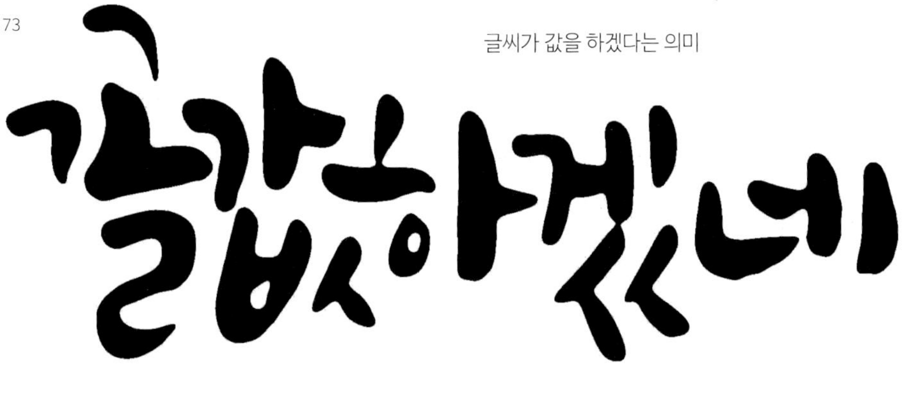

글씨가 값을 하겠다는 의미

174

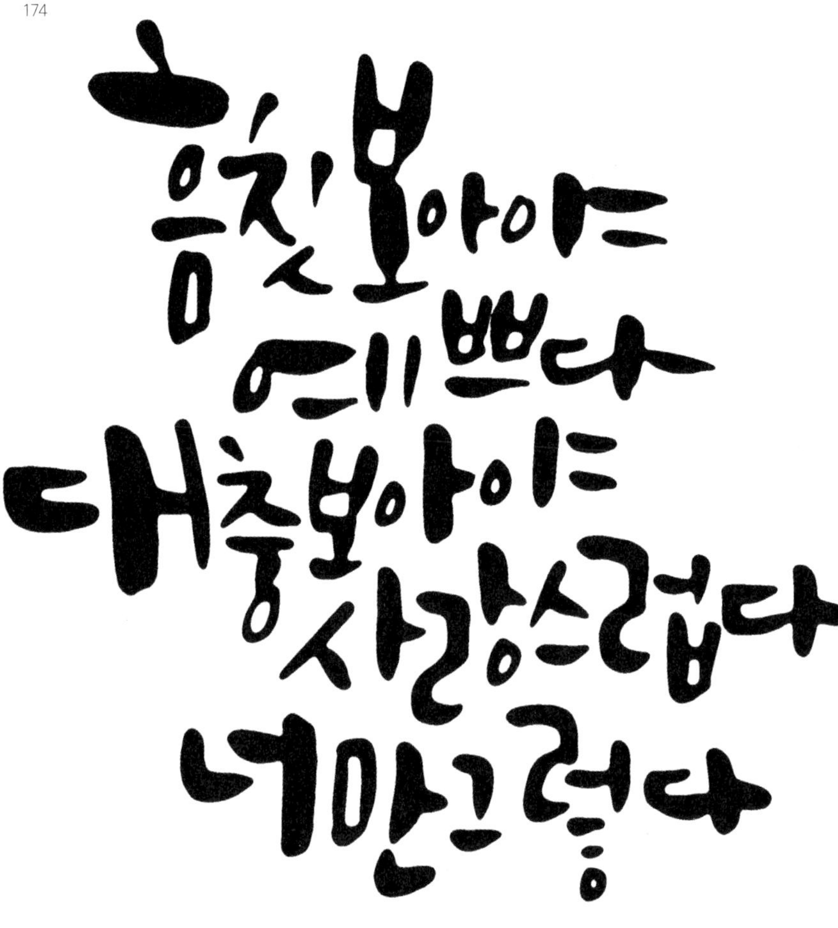

나태주 선생님의 '풀꽃' 내용 중 일부를 재미있게 패러디했습니다.

글씨를 흘려 써볼까요?

흘려쓰기는 서예의 초서처럼 여러 획을 이어서 쓰는 것을 말한다.

처음부터 이런 글씨를 쓰기는 매우 어렵지만 획의 흐름을 익히고 반복하여 수련한다면 좋을 흘림글씨를 쓸 수 있다. 흘림글씨를 쓸 때 너무 많은 획을 1획으로 처리하면 가독성에 문제가 생길 수 있다.

흘림은 대개 역동성이 있는 글씨라서 빠르게 써야 한다고 생각하기 쉬운데, 그리 빠르게 쓰지 않아도 흐름을 잘 타서 쓰는 것이 중요하다. 내용에 따라 다르겠지만 필압의 차이를 많이 두면 더 좋은 표현이 가능하고 속도감 있는 움직임으로 나타나는 갈필의 효과도 얻을 수 있다.

흘려쓰기 교재는 연습을 위한 임서 자료와 아래에 제시어를 두었다.

임서 자료와 유사한 어휘가 대부분이므로 연습한 대로 창작해보기 바란다.

175

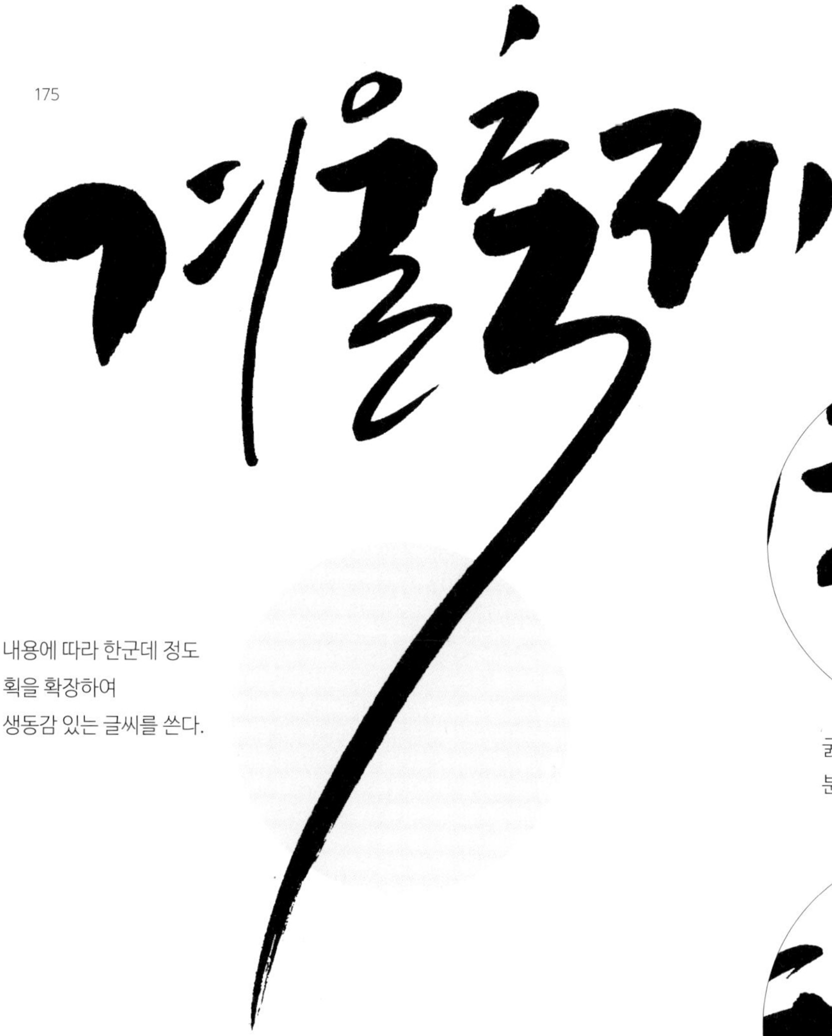

내용에 따라 한군데 정도
획을 확장하여
생동감 있는 글씨를 쓴다.

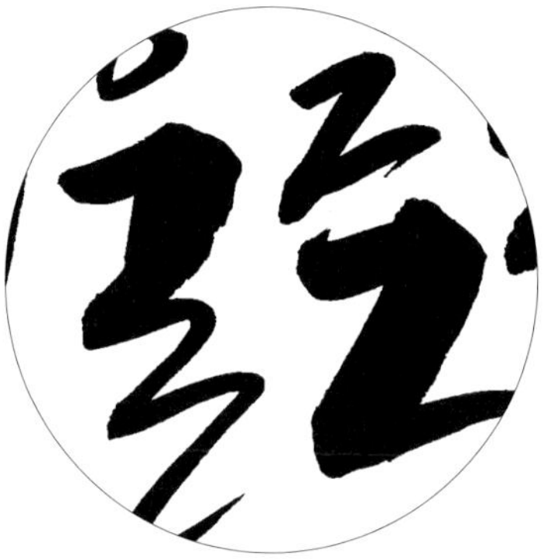

굵은 획과 가는 획의 필압이
분명한 글씨를 써본다.

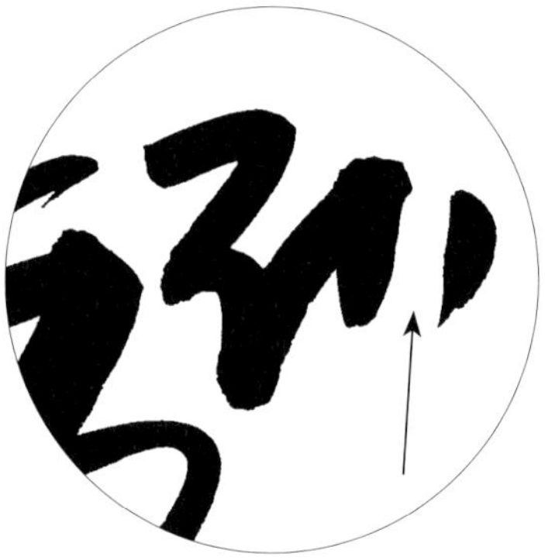

같은 방향의 획이 두 개일 경우
사이를 여유 있게 쓴다.

제시어를 써보세요

- 청양고추축제
- 여름 해변음악제
- 섬사랑 시인학교

전체적으로 기울여 쓰고 획의 연장으로 아래쪽에
공간을 남겨 다음 글자가 들어오도록 한다.

176

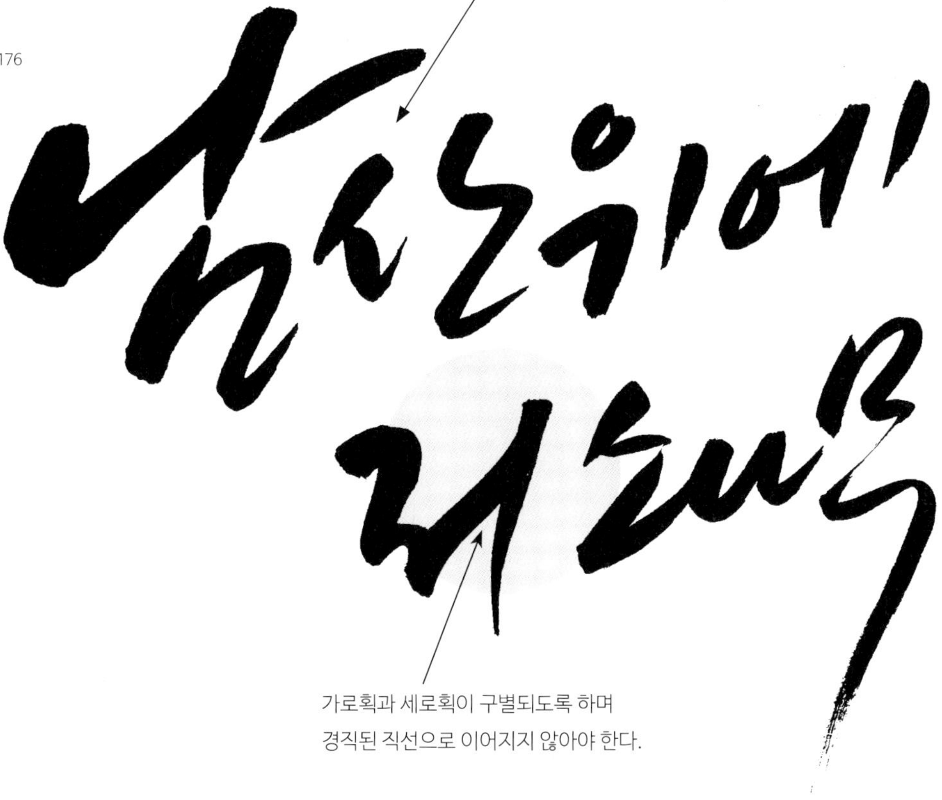

가로획과 세로획이 구별되도록 하며
경직된 직선으로 이어지지 않아야 한다.

177

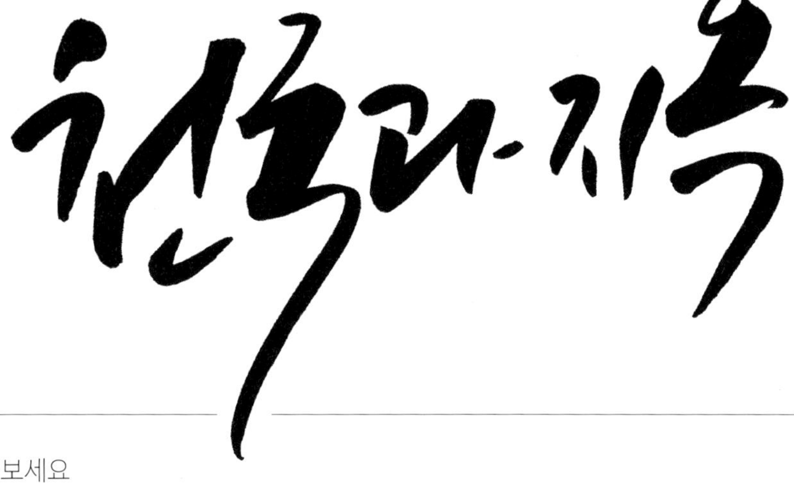

제시어를 써보세요

- 백두산 천지에서
- 한라산 백록담에서
- 슬픔과 행복

178

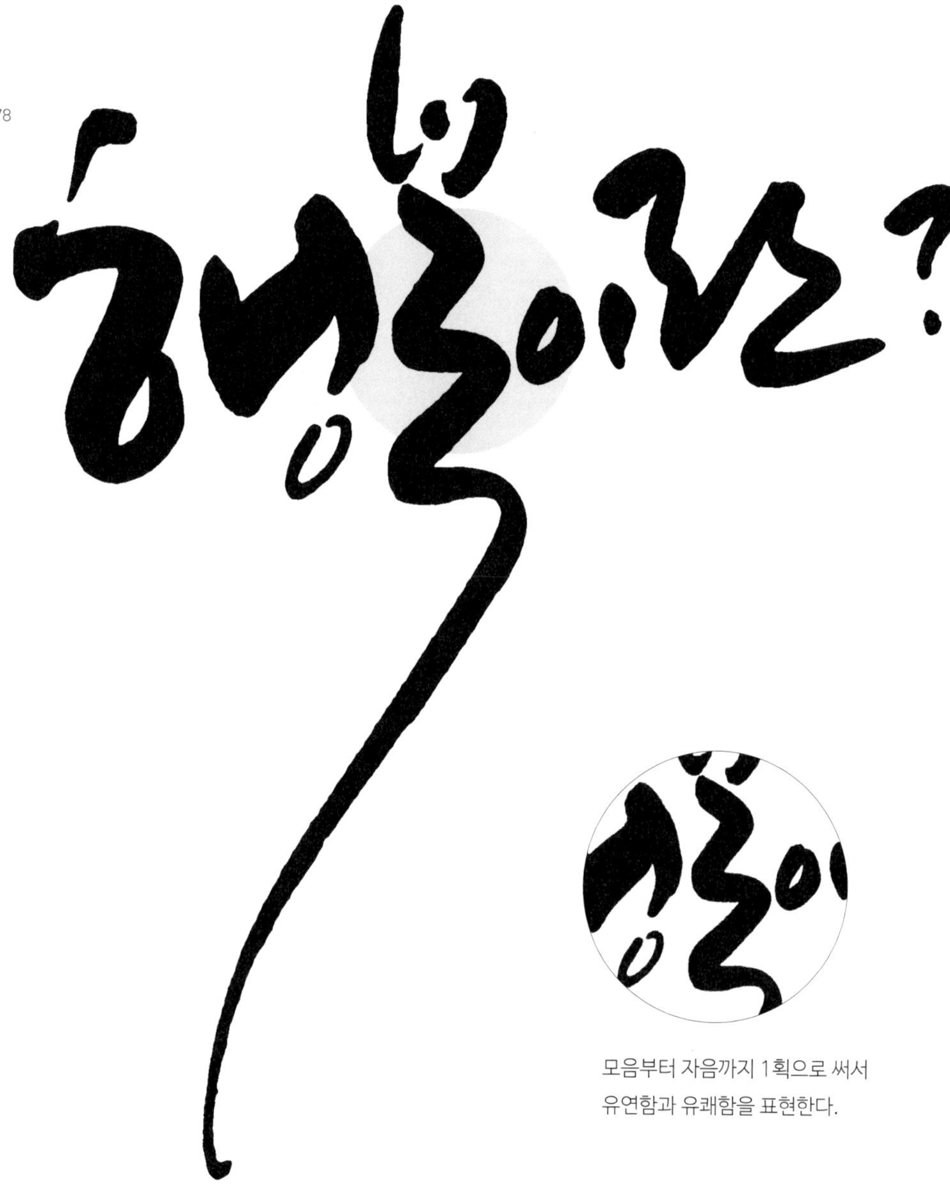

모음부터 자음까지 1획으로 써서
유연함과 유쾌함을 표현한다.

제시어를 써보세요

- 희망이란?
- 행복한 우리 집
- 절대로 행복하라!

179

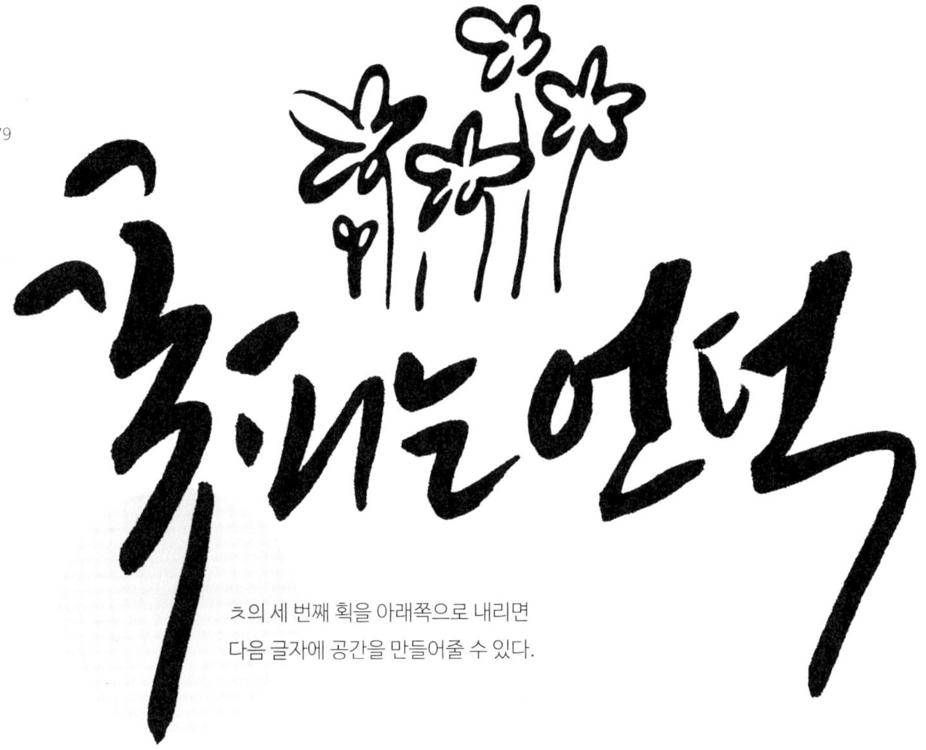

ㅊ의 세 번째 획을 아래쪽으로 내리면
다음 글자에 공간을 만들어줄 수 있다.

제시어를 써보세요

- 봄날에는 꽃안개 가득하고
- 언덕 위에 하얀 집
- 계절마다 꽃피고 지고

180

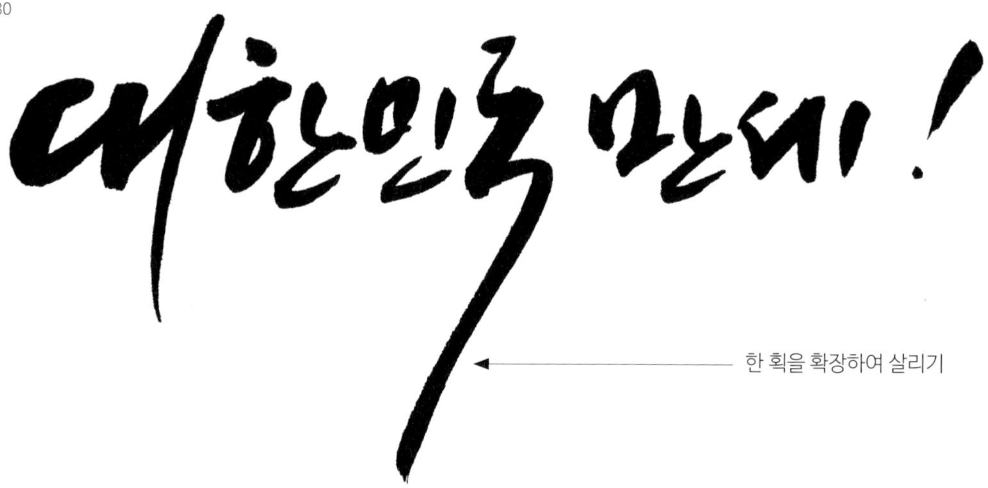

181

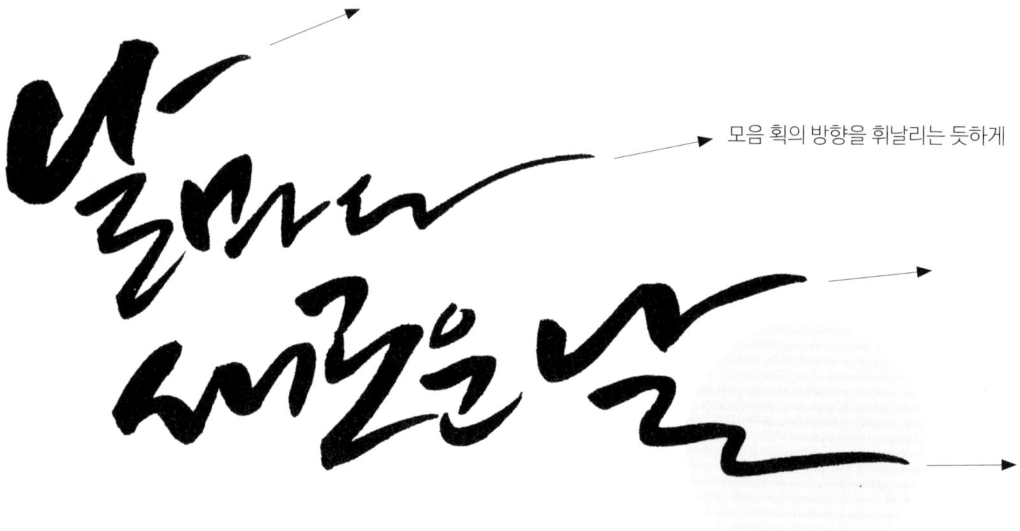

제시어를 써보세요

- 대한민국, 힘내라
- 대한독도, 한국영토!
- 매일 그대와 도란도란~

182

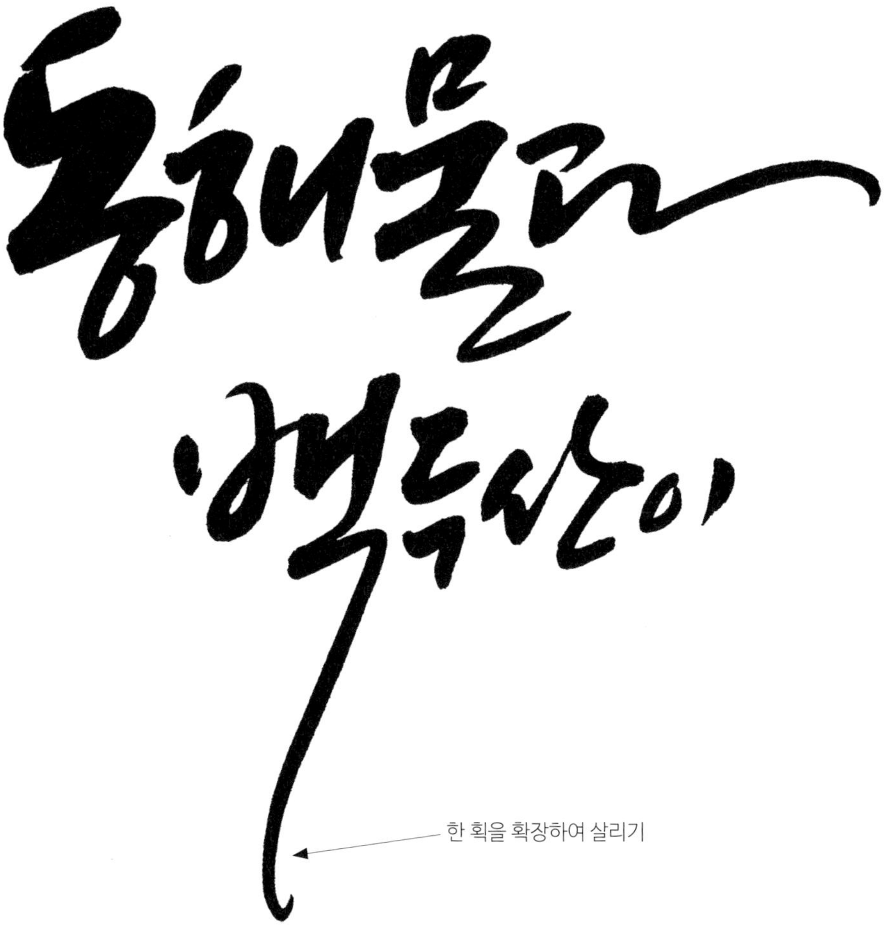

제시어를 써보세요

- 한강, 천년을 흐른다
- 두만강 푸른 물
- 압록강을 건너 만주까지

183

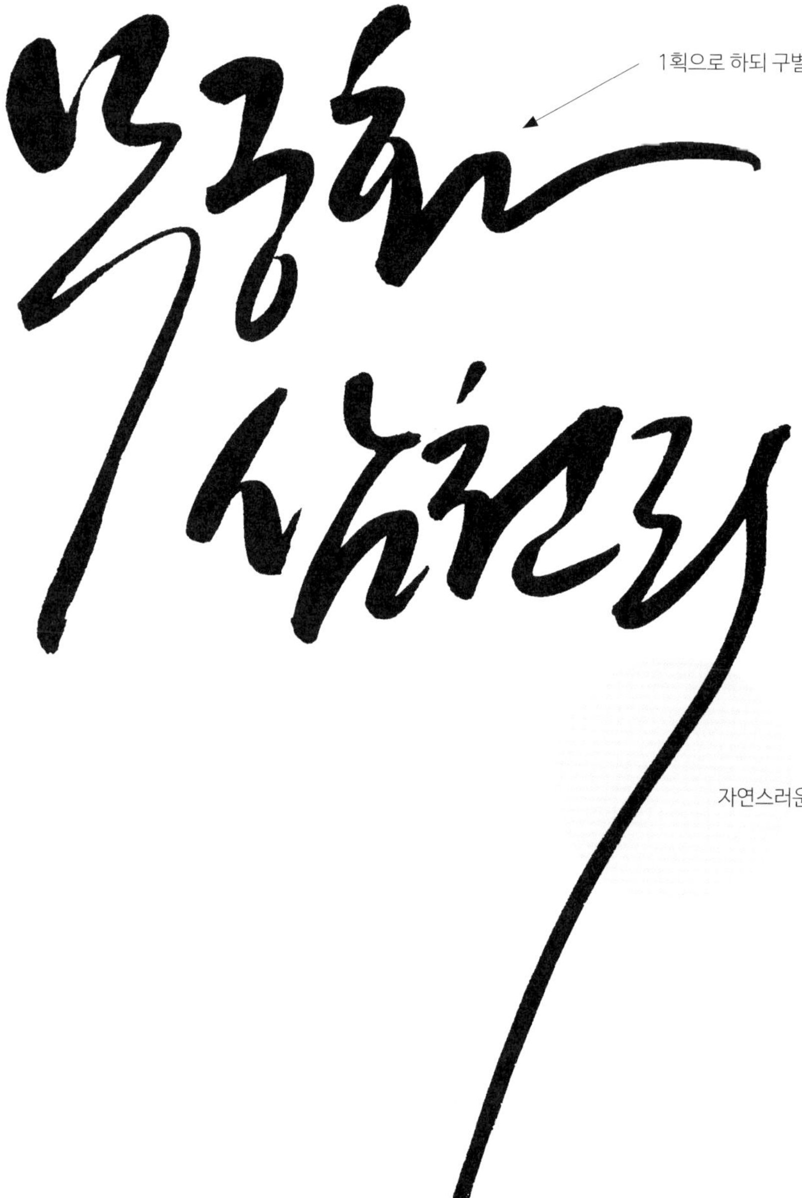

제시어를 써보세요

- 진달래가 온통 붉게 피었네
- 삼천리 금수강산
- 우리나라 꽃 무궁화

184

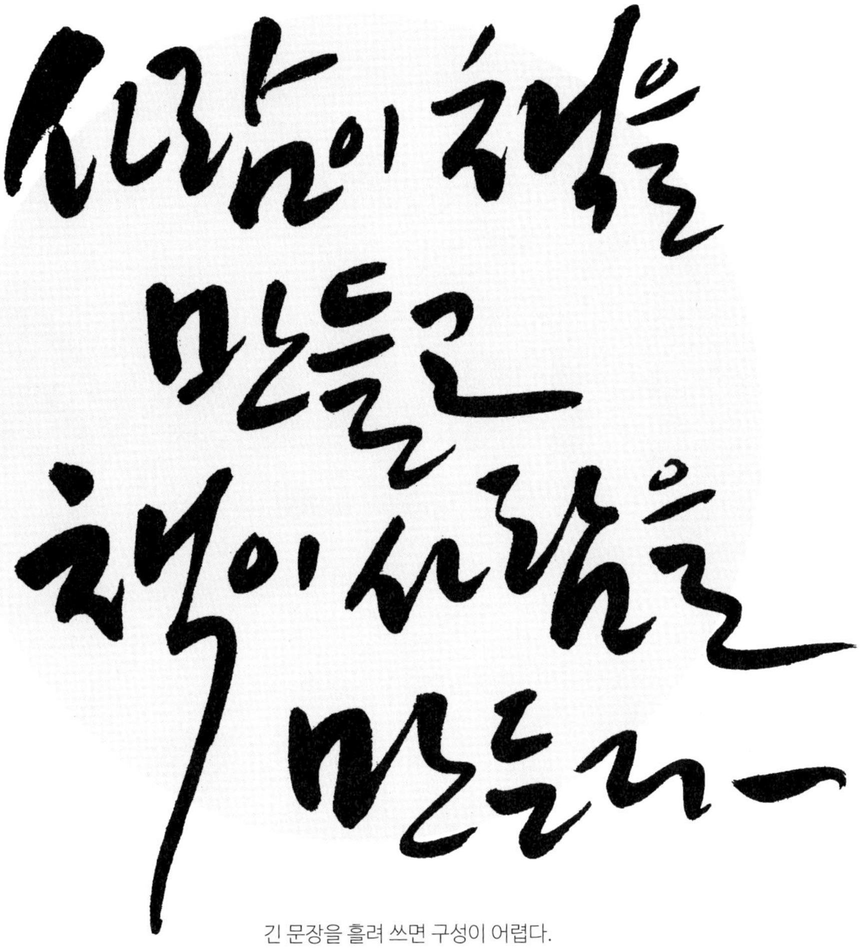

긴 문장을 흘려 쓰면 구성이 어렵다.
지나친 획의 확장보다 모둠글씨로 만든다.

제시어를 써보세요

- 책 속에 길이 있다
- 책은 위대한 스승이 당신과 나누는 친절한 대화다
- 정보가 힘이다

185

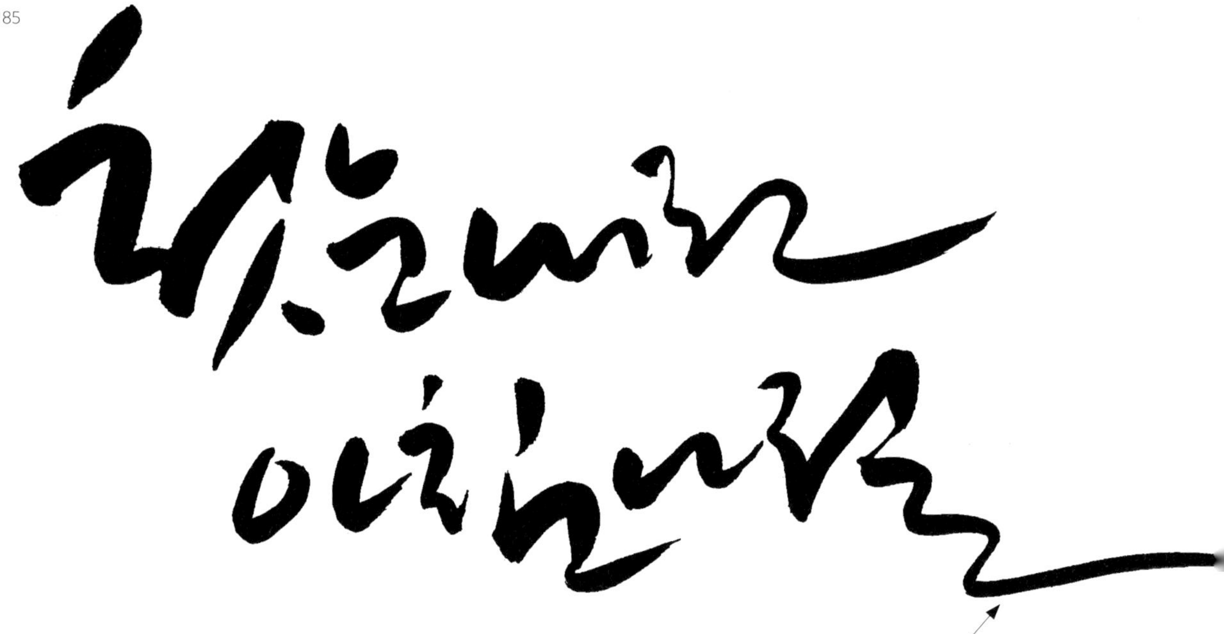

전체를 1획으로 쓰기

186

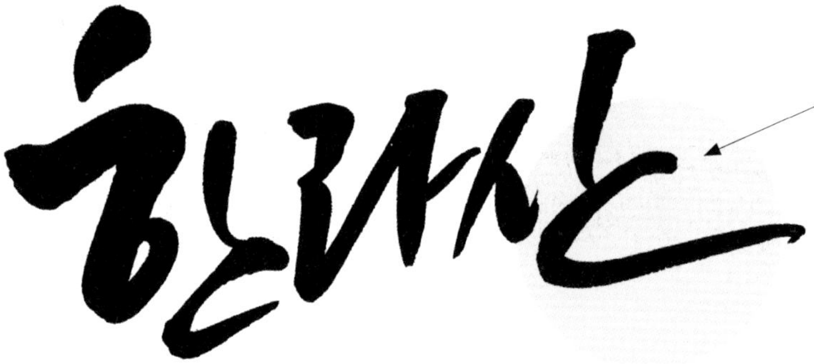

연결하여 쓰기

제시어를 써보세요

- 꽃잎 날리는 오월의 어느 날
- 소나기 내린 후 흰 구름이 가득한 하늘
- 가을바람 소슬하니 낙엽이 우수수

현대제철 사보에 ❶ 타입이 실제 사용되고 있다.

❶
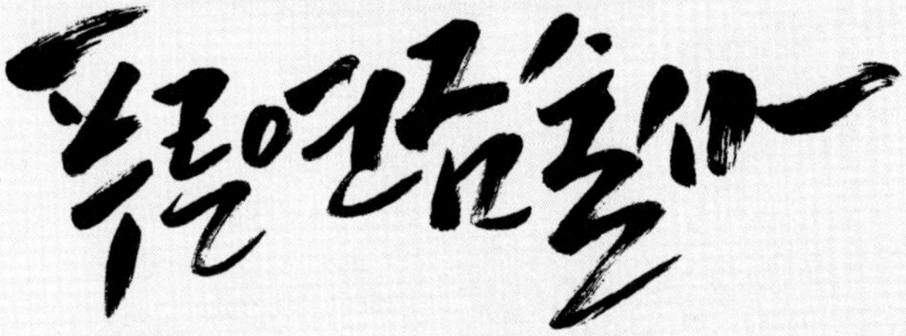

❷
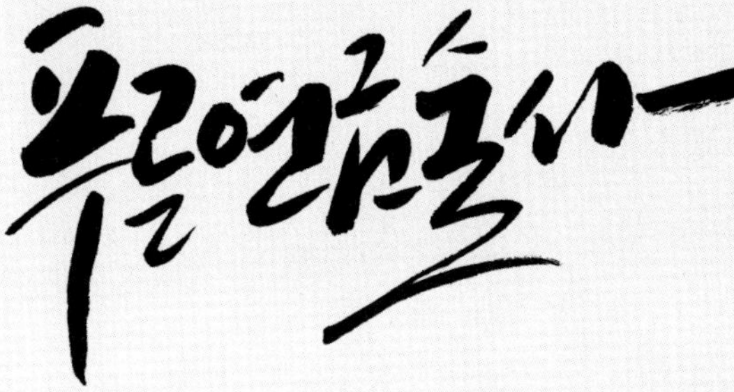

❸
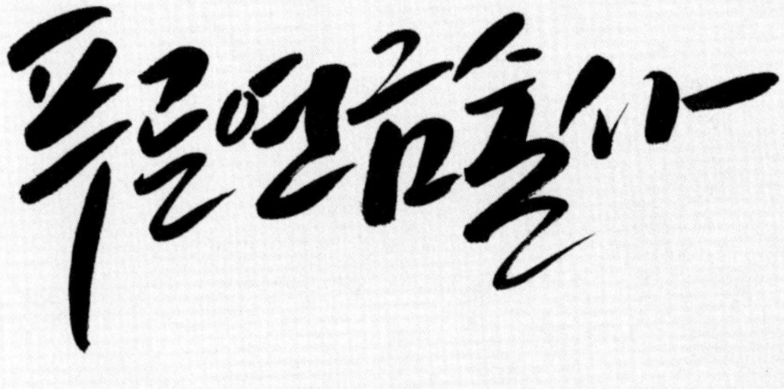

❹
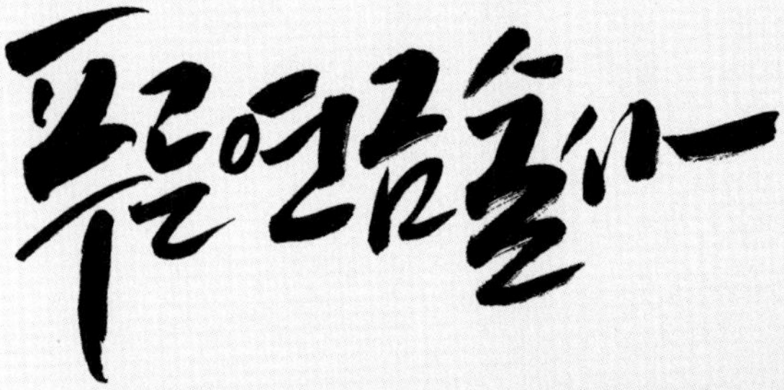

187

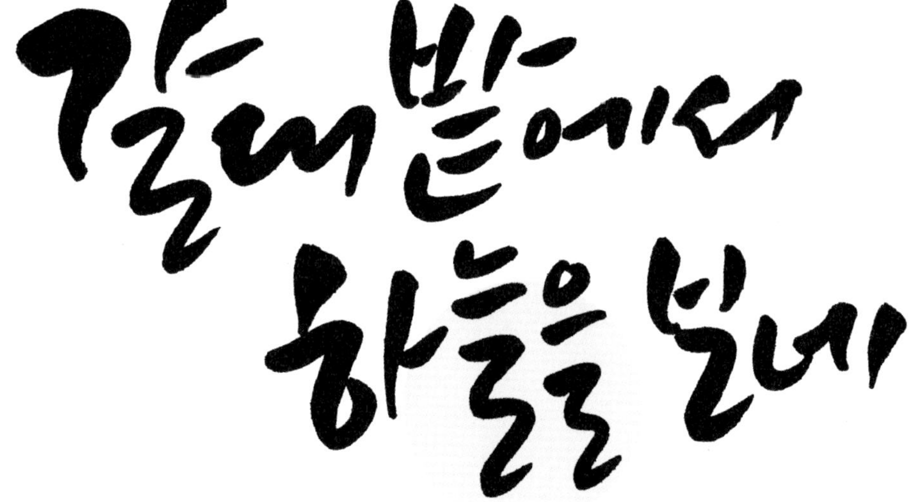

ㄹ이나 ㅌ의 가로획 사이가 좁아지지 않도록

188

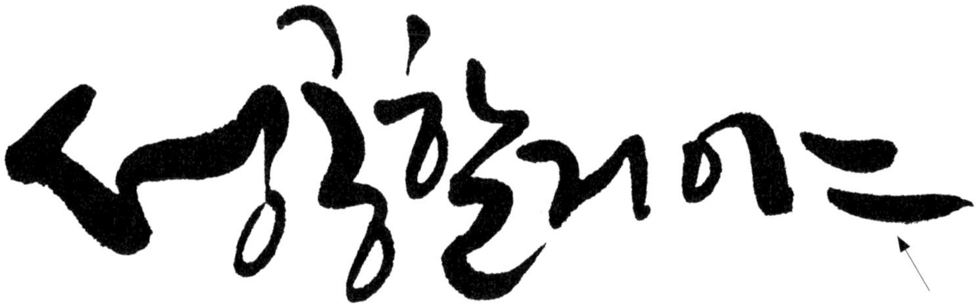

두 획 사이가 좁아지지 않도록

189

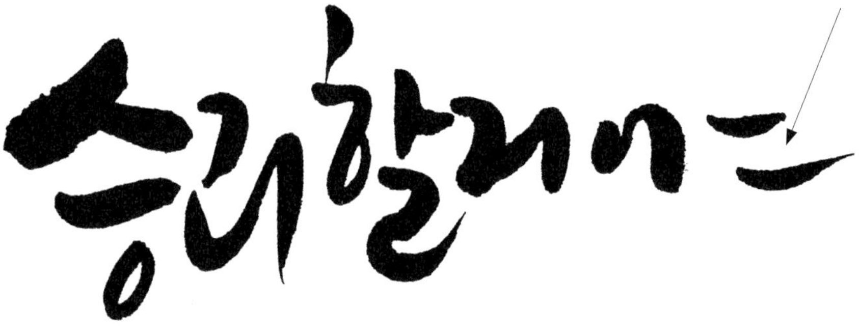

제시어를 써보세요

- 지리산 정상에서 바라본 하늘
- 새벽 사막의 끝에서 한 줄기 빛
- 시베리아 횡단열차를 타고

190

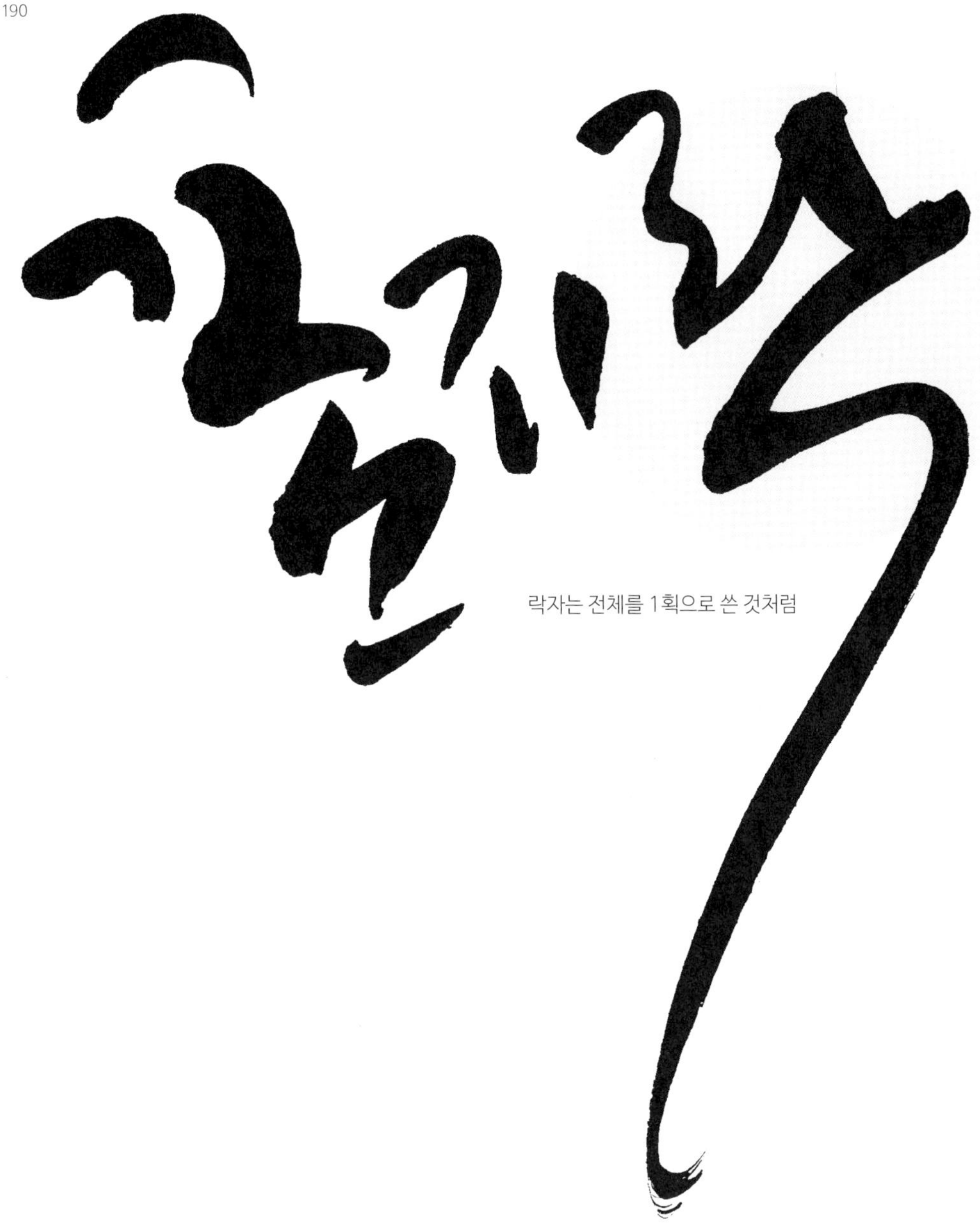

락자는 전체를 1획으로 쓴 것처럼

제시어를 써보세요

- 뒤치락거린 하루
- 꼬물꼬물 올챙이가
- 창밖을 삐끔 내다보니

191

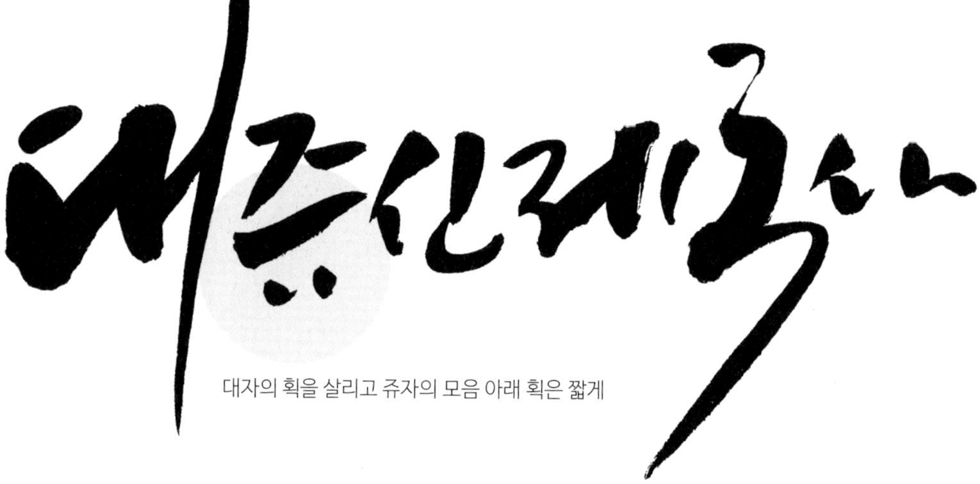

대자의 획을 살리고 쥬자의 모음 아래 획은 짧게

192

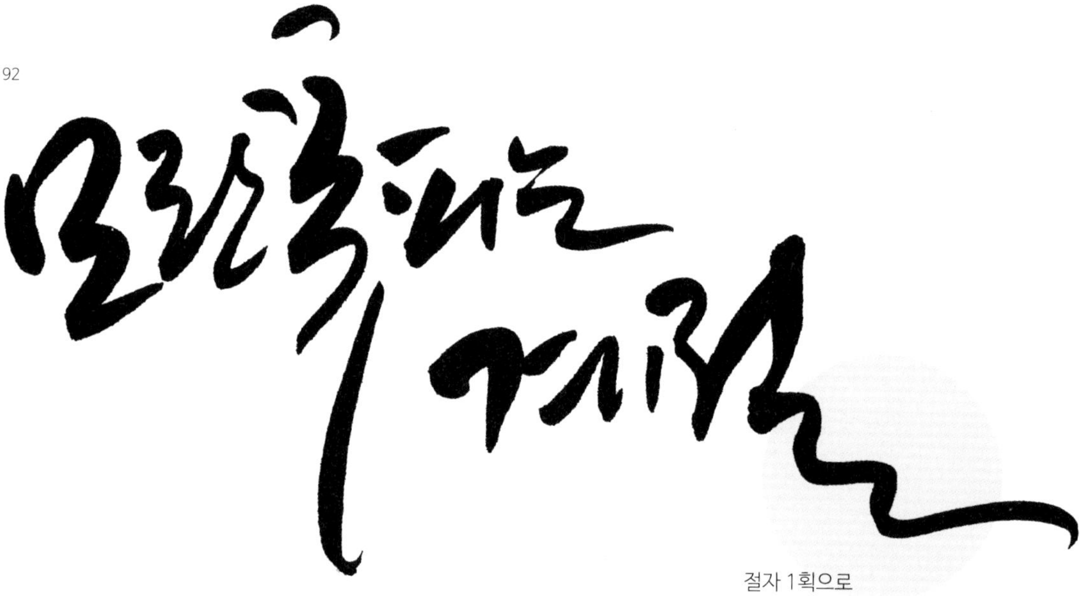

절자 1획으로

제시어를 써보세요

- 대한독립만세
- 진달래가 좋은 사람들
- 꽃피는 봄이 오면

193

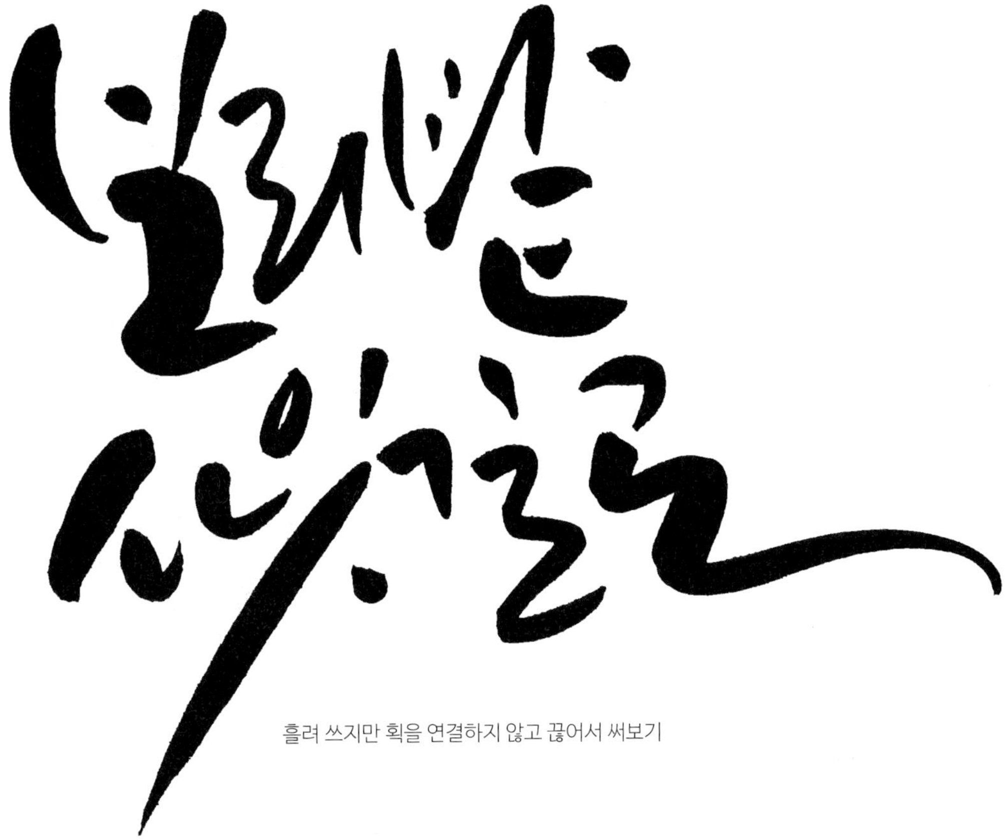

흘려 쓰지만 획을 연결하지 않고 끊어서 써보기

제시어를 써보세요

- 가로수 나무 아래
- 숲으로 난 길을 걸으며
- 청포도가 익어가는 계절

194

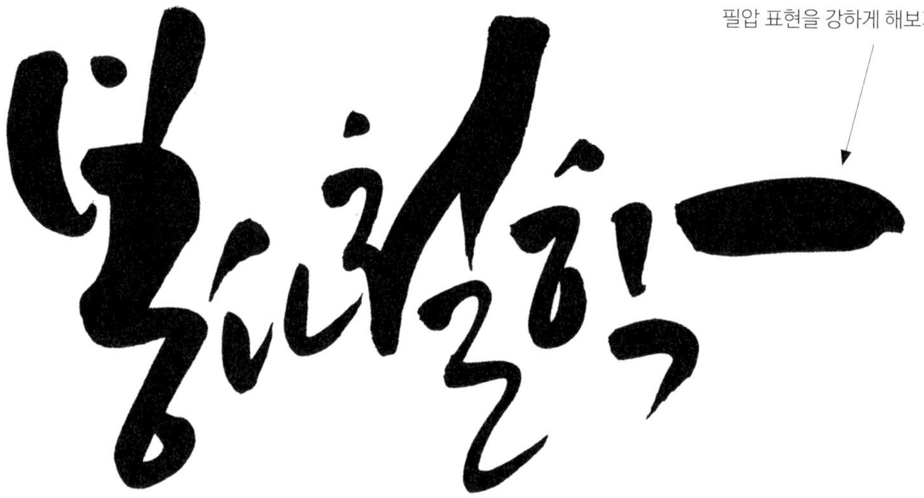

195

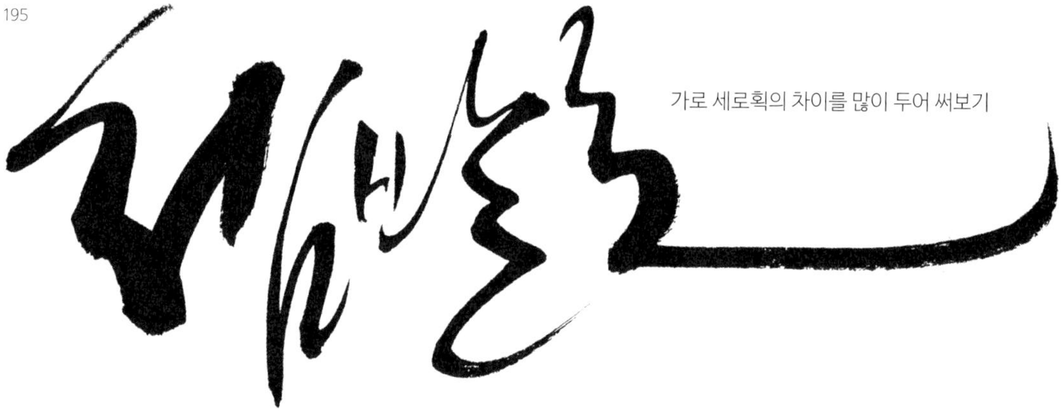

제시어를 써보세요

- 한국자원봉사문화
- 콘트라베이스
- 잊혀진 계절

196

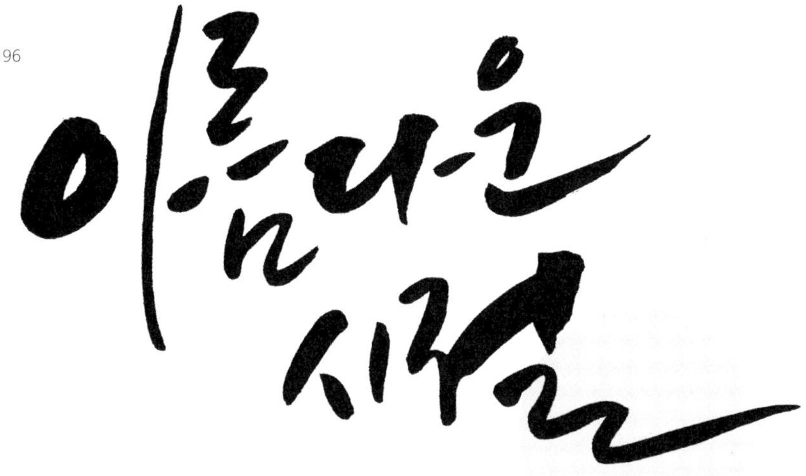

자연스러운 흐림

197

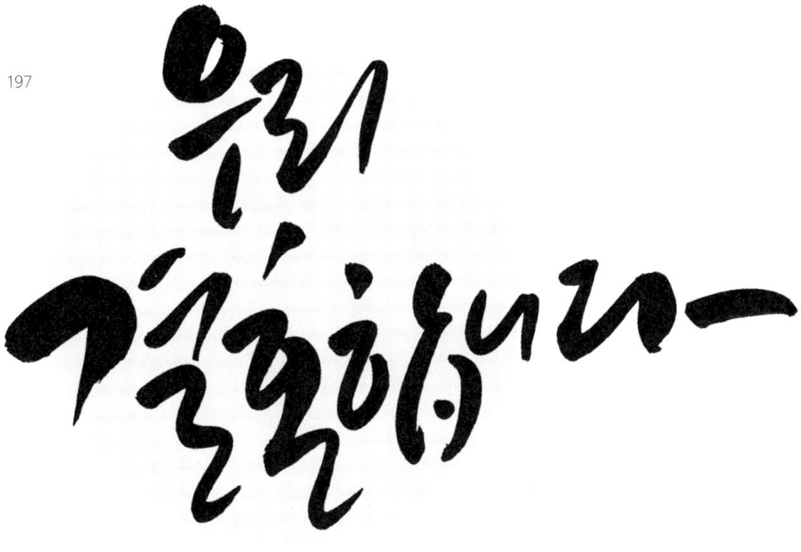

자연스러운 공간 유지

제시어를 써보세요

- 유년시절의 기억들
- 결혼은 미친 짓이다
- 긴 밤 지새우고

198

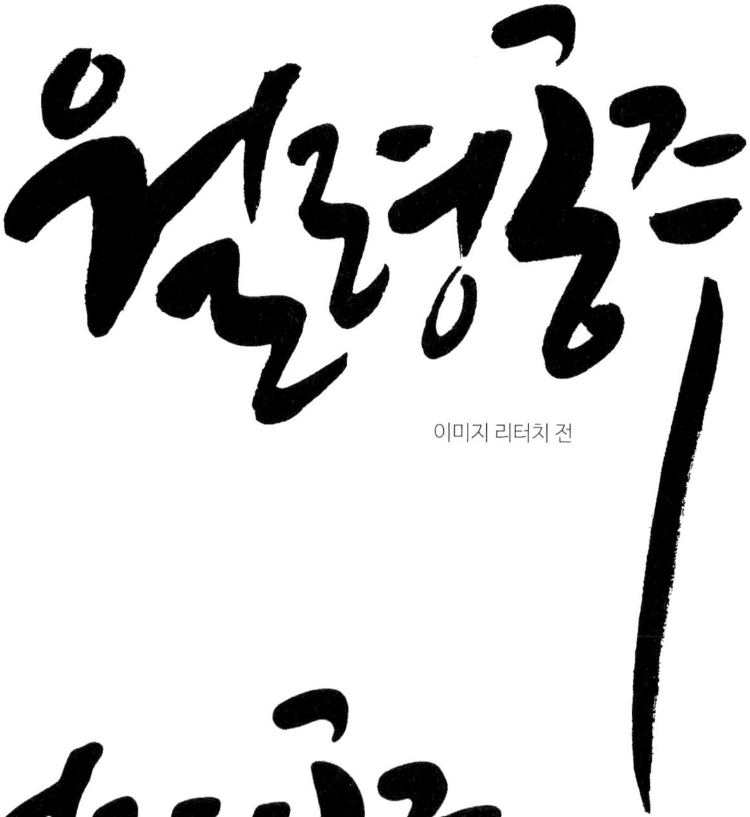

이미지 리터치 전

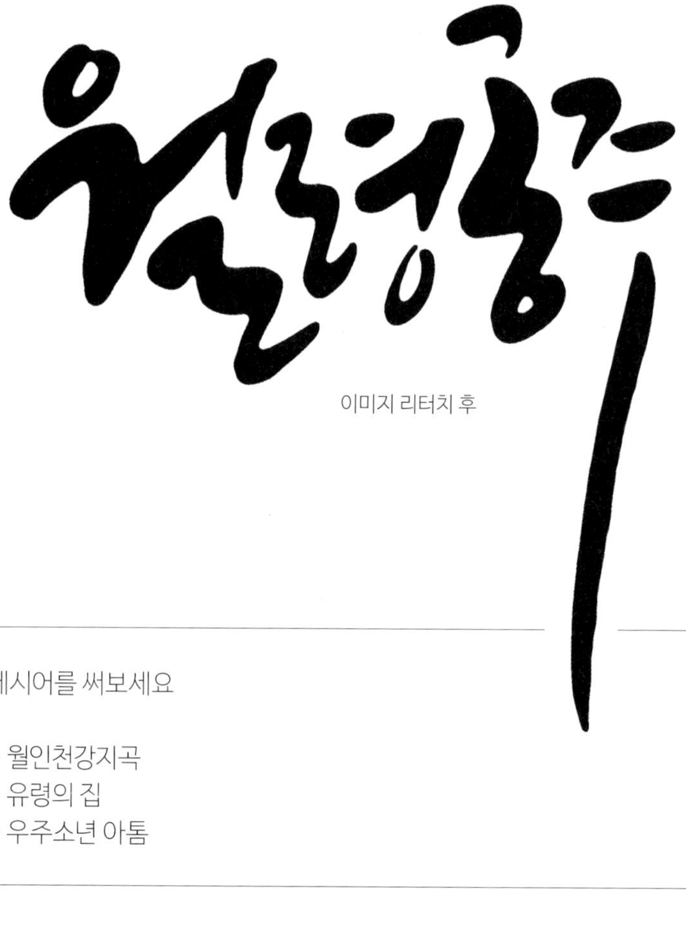

이미지 리터치 후

제시어를 써보세요

- 월인천강지곡
- 유령의 집
- 우주소년 아톰

199

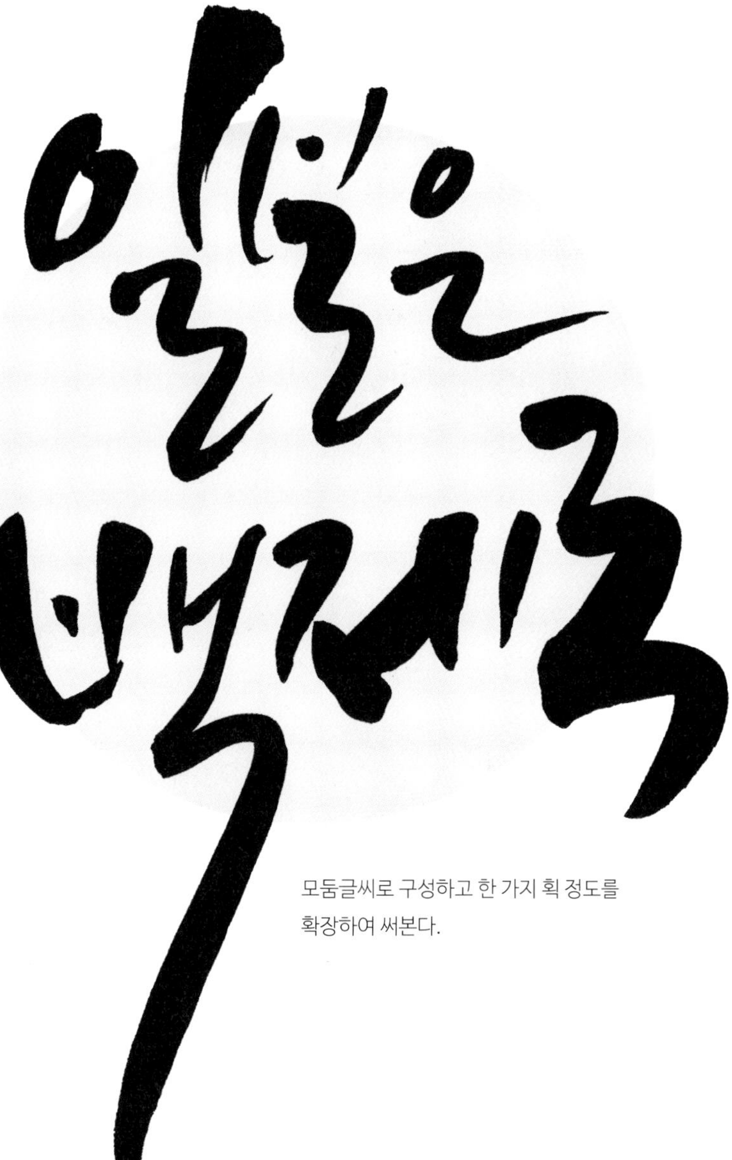

모둠글씨로 구성하고 한 가지 획 정도를
확장하여 써본다.

제시어를 써보세요

- 고조선과 12 연방국
- 탁록대전
- 안시성과 양만춘

200

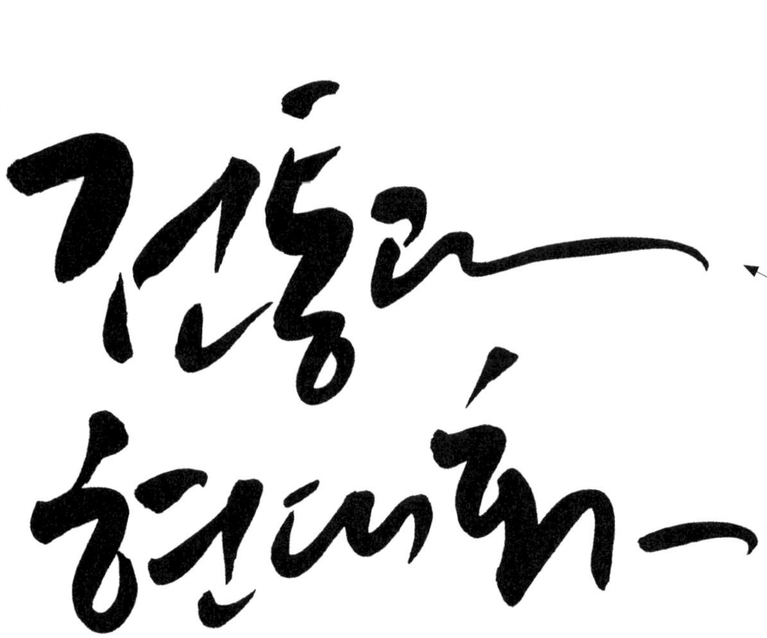

끝 획 확장하여 꾸미기

201

획이 뭉치지 않도록

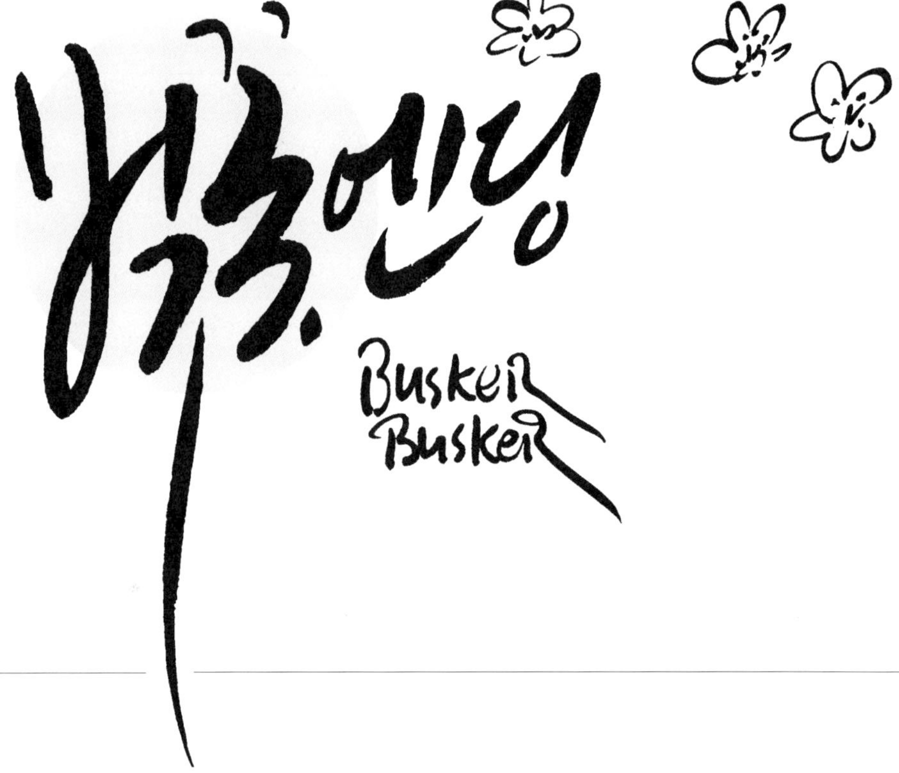

제시어를 써보세요

- 인사동에서 만나요
- 전통음식대전
- 창경궁과 경복궁

202

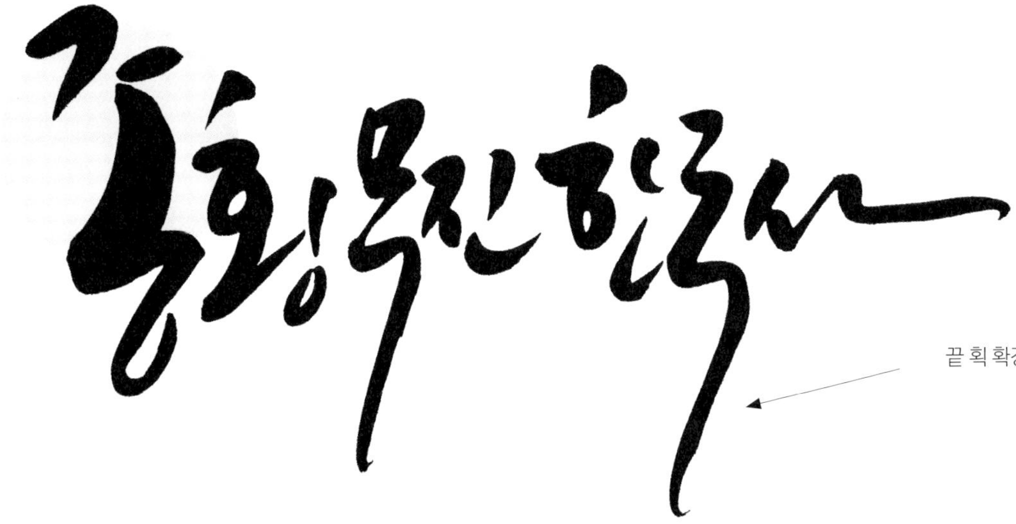

끝 획 확장하여 꾸미기

203

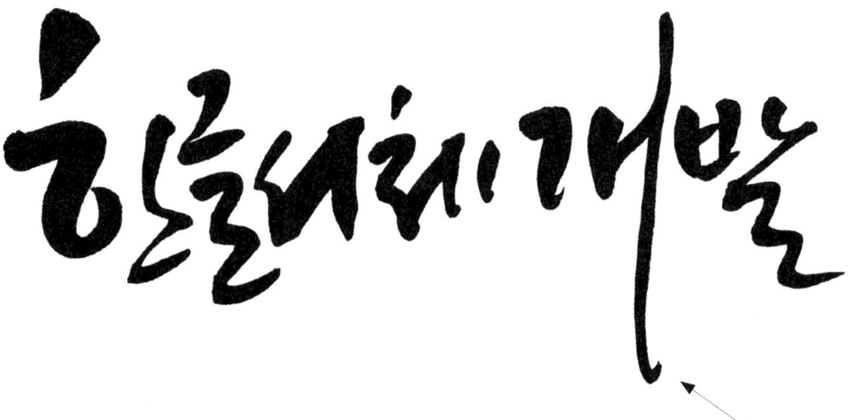

끝 획 확장하여 꾸미기

제시어를 써보세요

- 깊고 넓은 역사 공부하기
- 한글과 훈민정음의 차이
- 캘리그라피는 한글의 외출복이다

204

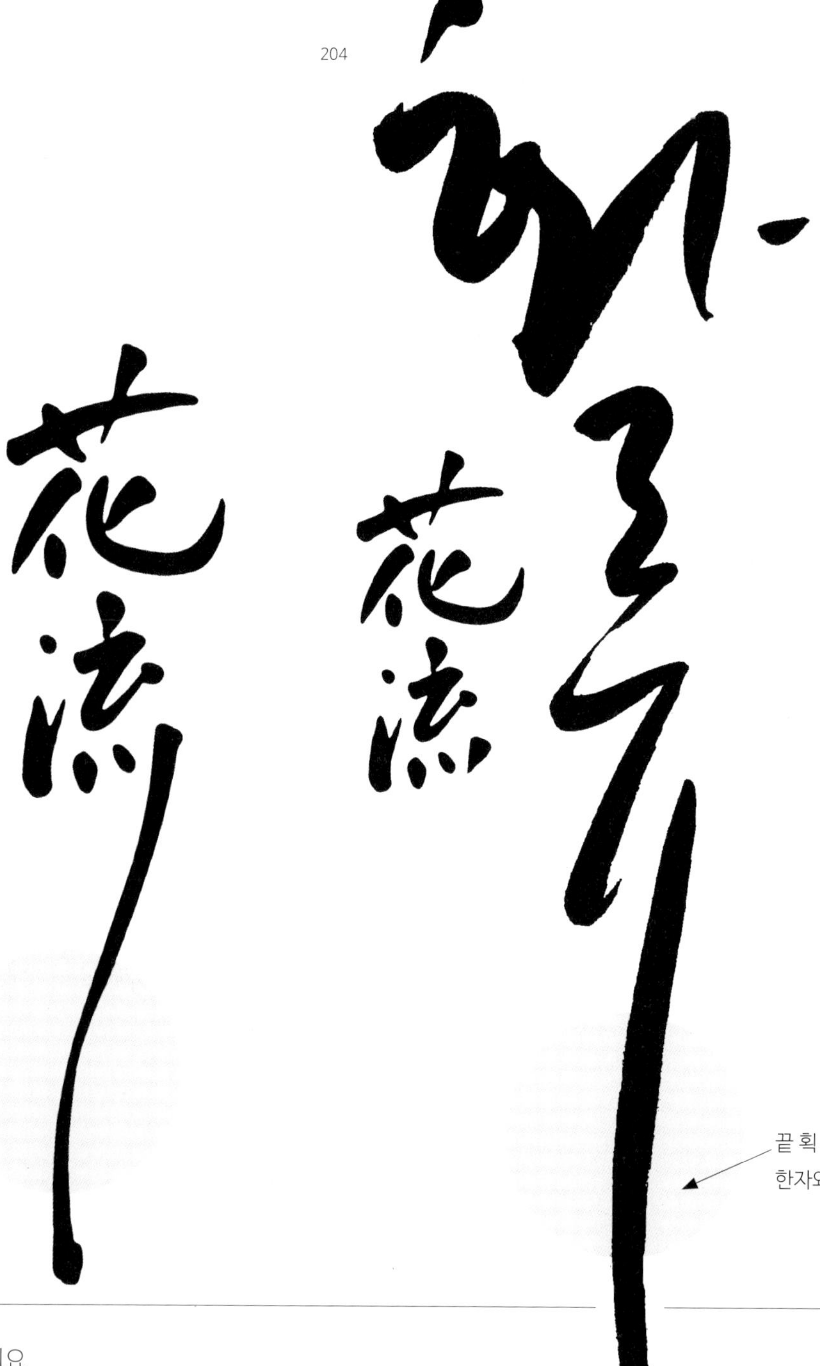

끝 획 확장하여 꾸미기
한자와 같은 표현

제시어를 써보세요

- 화오정
- 인촌각
- 삼청각

205

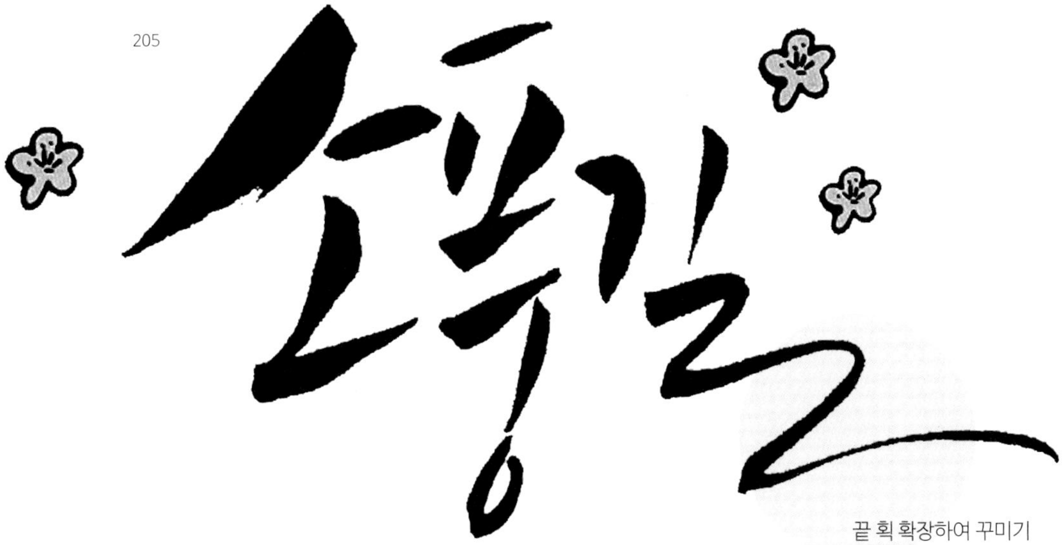

끝 획 확장하여 꾸미기

206

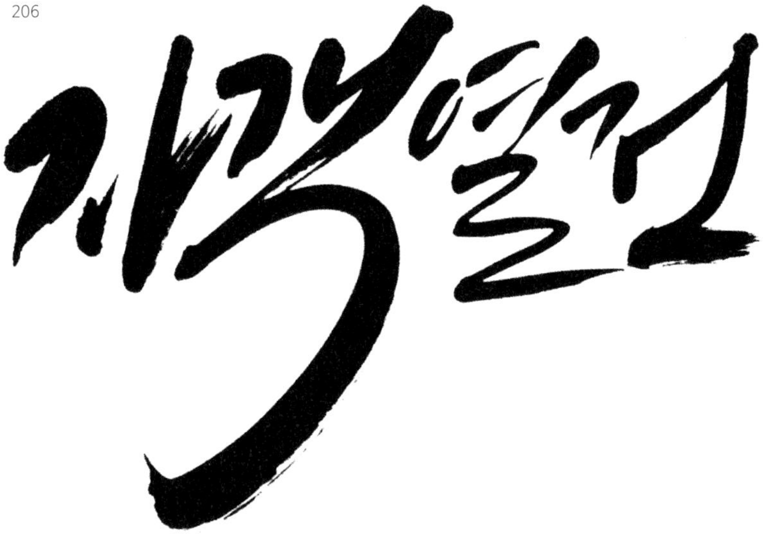

제시어를 써보세요

- 천리 길도 한걸음부터
- 이슬이 쌓여 강물을 이룬다
- 멋대로 제대로!

획에 힘을 빼고 흐느적거리듯이 써본다.
정직한 직선을 피하고 자유로운 곡선으로 쓴다.

207

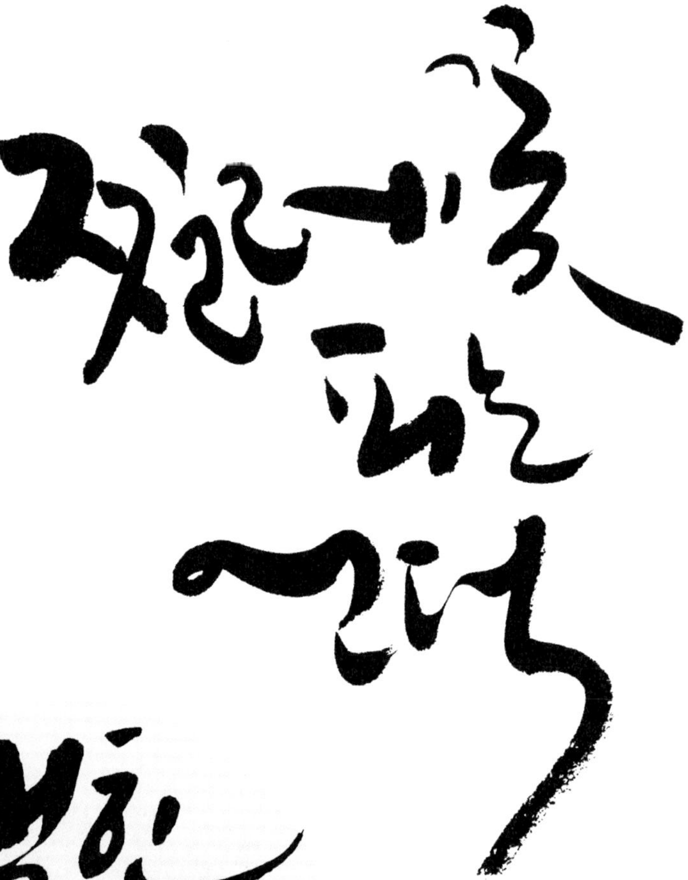

208

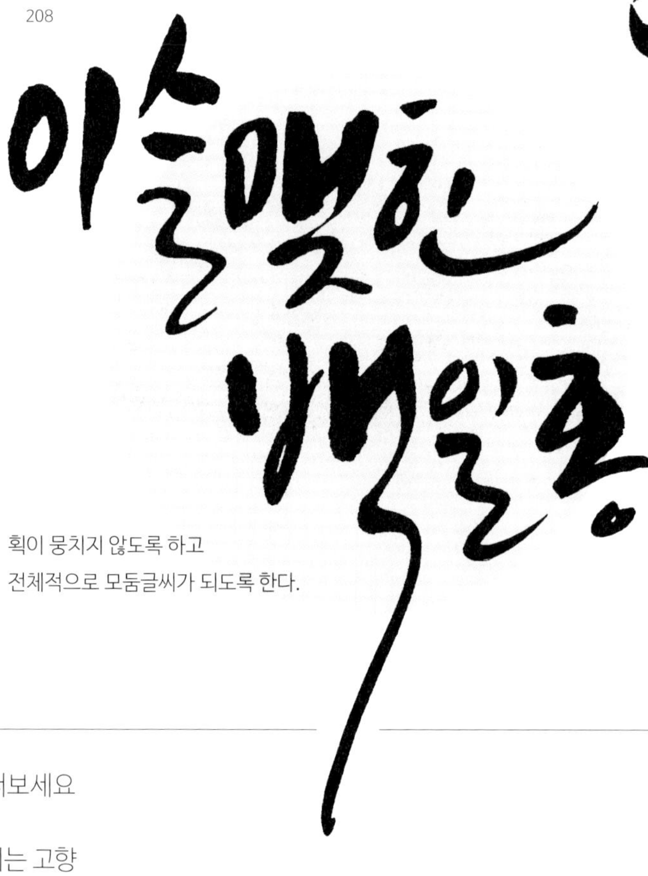

획이 뭉치지 않도록 하고
전체적으로 모둠글씨가 되도록 한다.

제시어를 써보세요

- 철쭉 꽃피는 고향
- 이슬만 먹고 살아요
- 화무십일홍

209

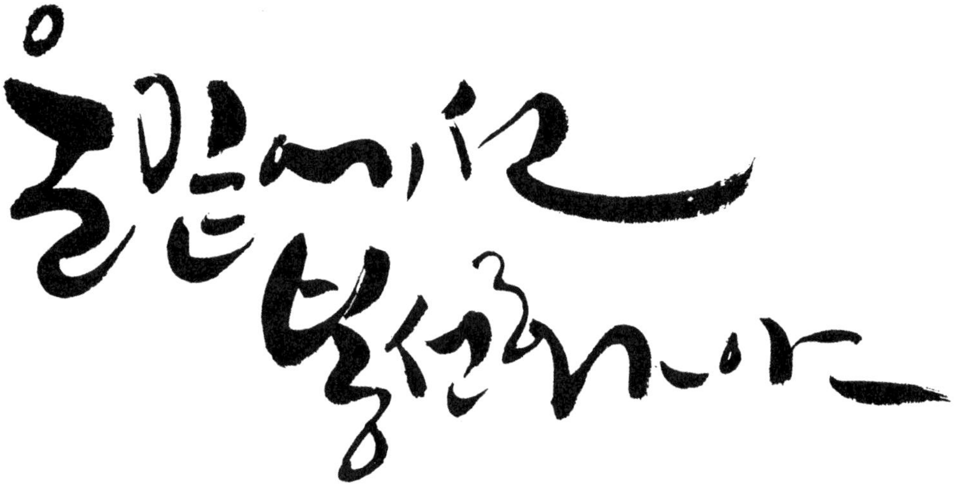

획에 힘을 빼고 흐느적거리듯이 쓴다.

210

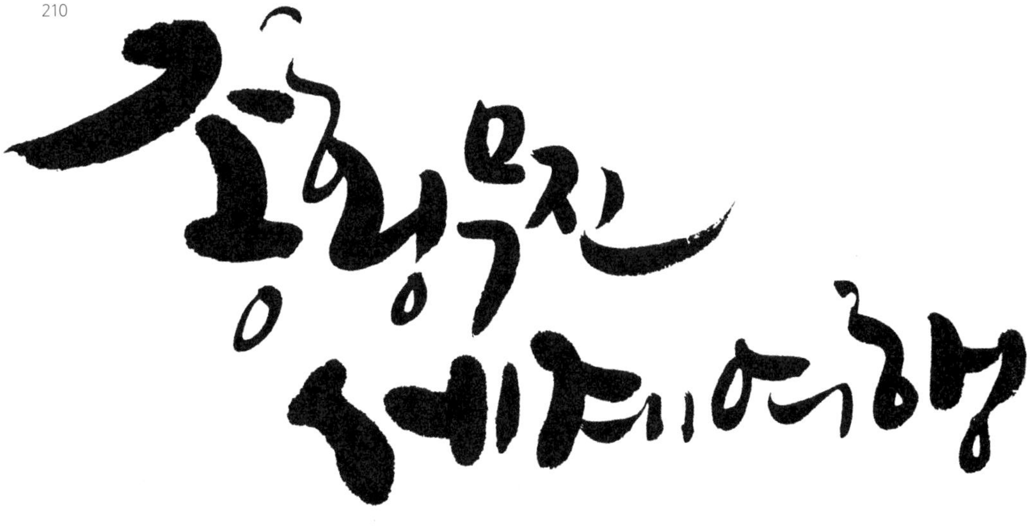

제시어를 써보세요

- 담장 밑에 핀 제비꽃
- 천방지축으로 살기
- 세계로 나가는 우리기업

211

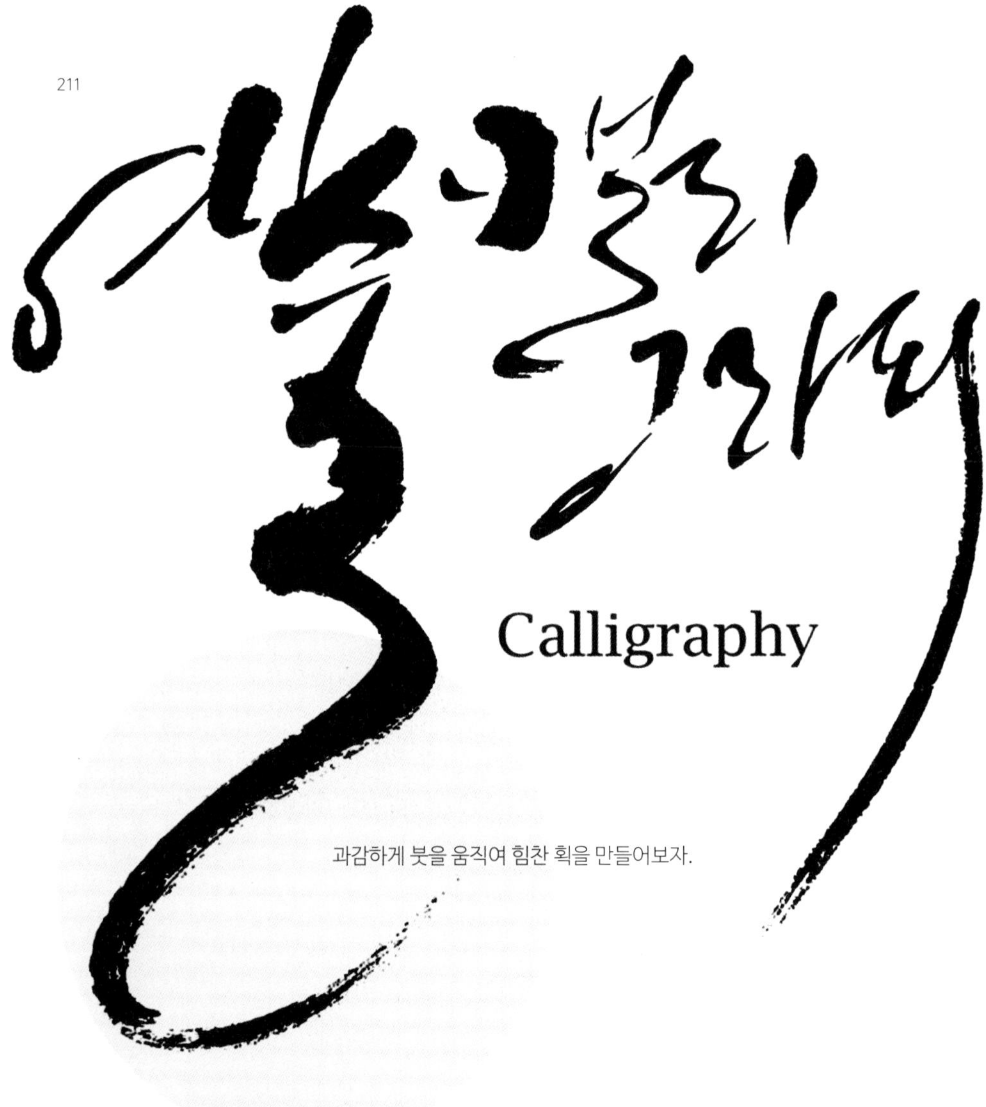

과감하게 붓을 움직여 힘찬 획을 만들어보자.

212

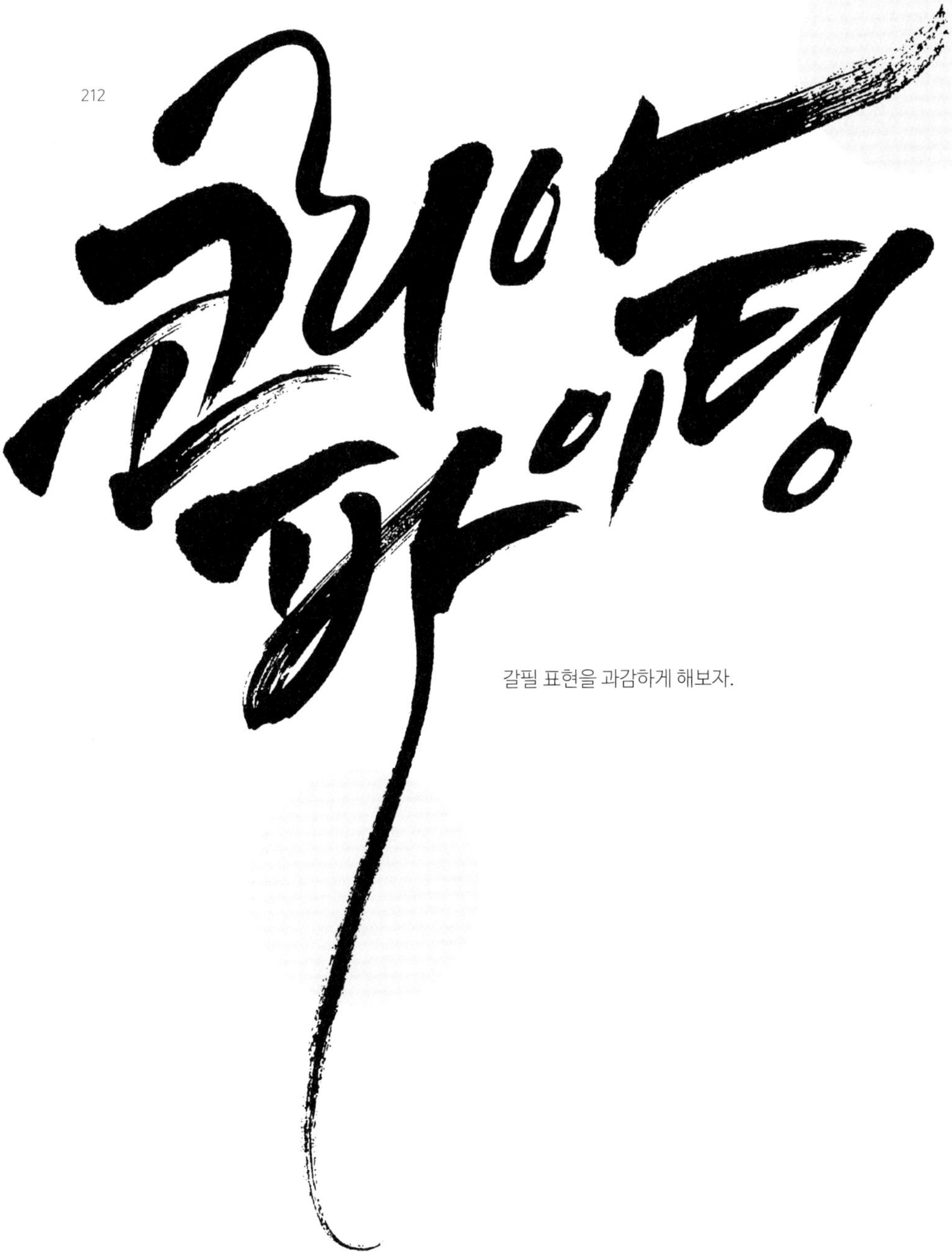

갈필 표현을 과감하게 해보자.

213

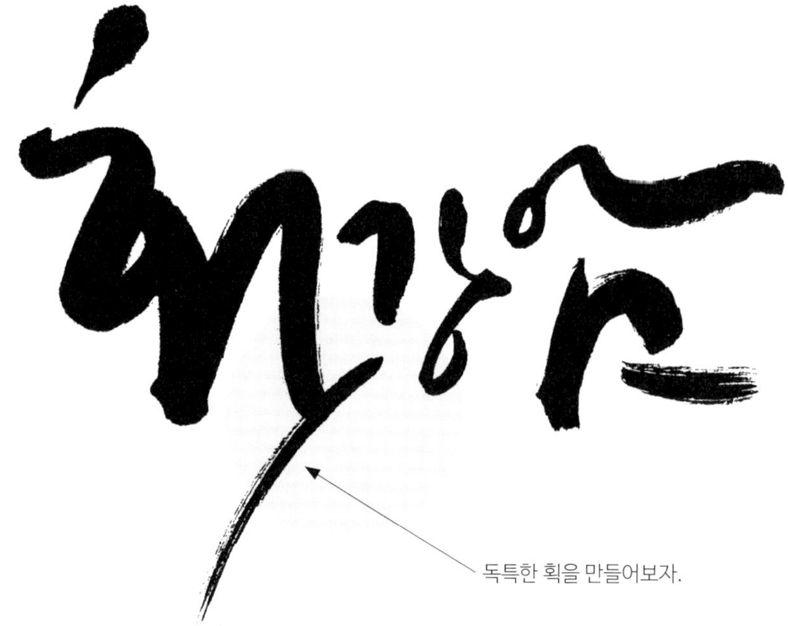

독특한 획을 만들어보자.

214

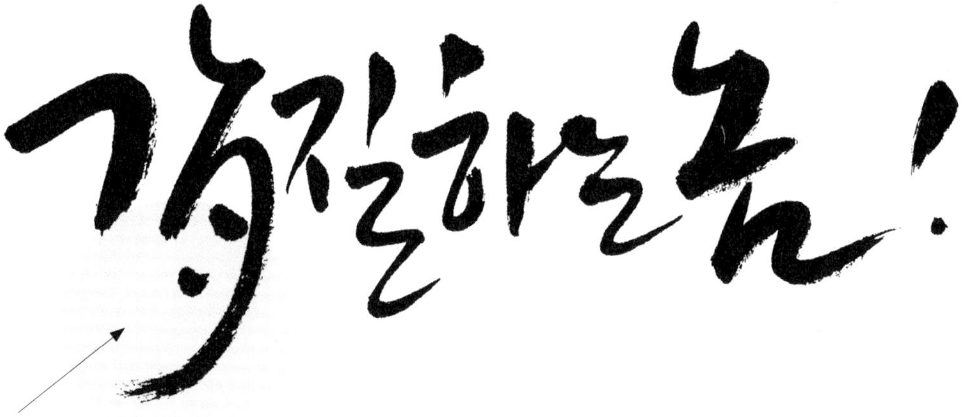

가독에 문제가 없다면
과감하게 새로운 획을 만들어보자.

215

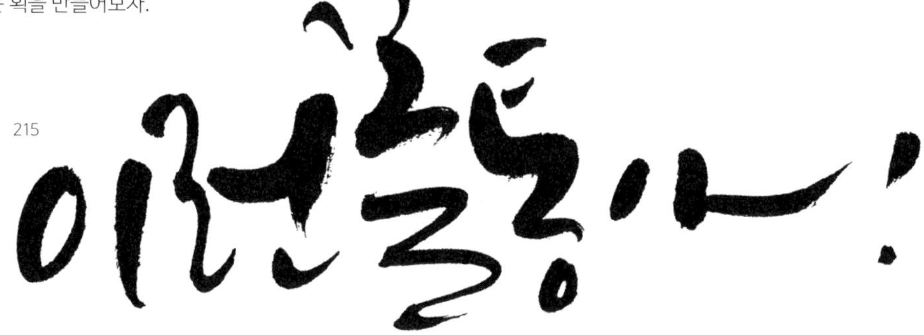

꽃, 꽃 이름 연습 자료

한글의 멋 중에 상형문자가 아님에도 글자에서 사물의 형태가 느껴지는 글자가 아주 많다는 특징이 있다. '춤'자는 춤을 추는 사람 같기도 하고 '몸'자는 사람의 몸 같기도 하다. 그 중에 '꽃'자는 유난히 꽃을 닮은 글자라서 글씨 연습하는 사람들에게 아주 매력적으로 느껴지는 글자다.

'꽃'자를 다양한 꽃으로 생각하고 여러 가지 모양으로 만들어보자.

그리고 꽃 이름을 실제 그 꽃처럼 표현해보는 것도 재미있는 글씨 연습이 될 수 있다.

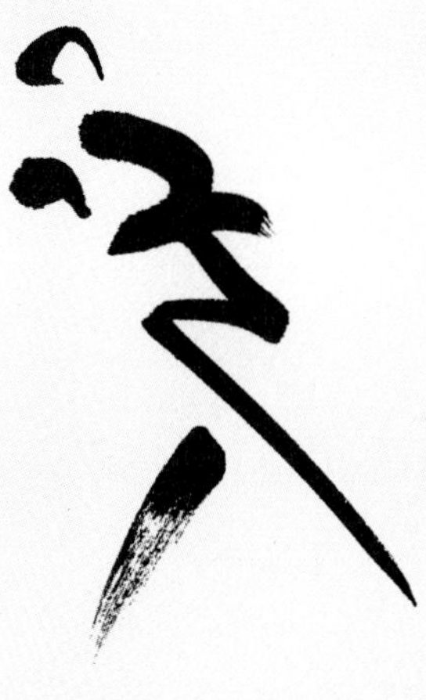

'꽃'을 여러 가지 표정을 생각하면서 다양하게 표현해보자.

216

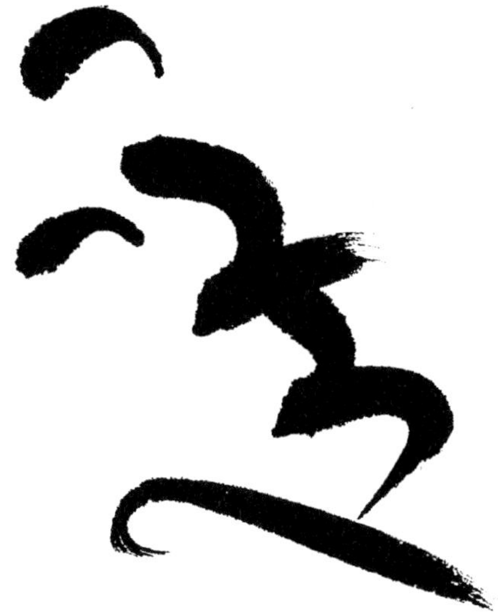

218

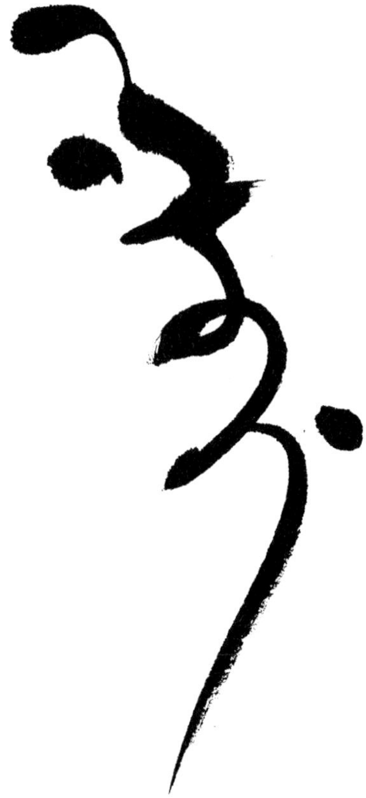

217

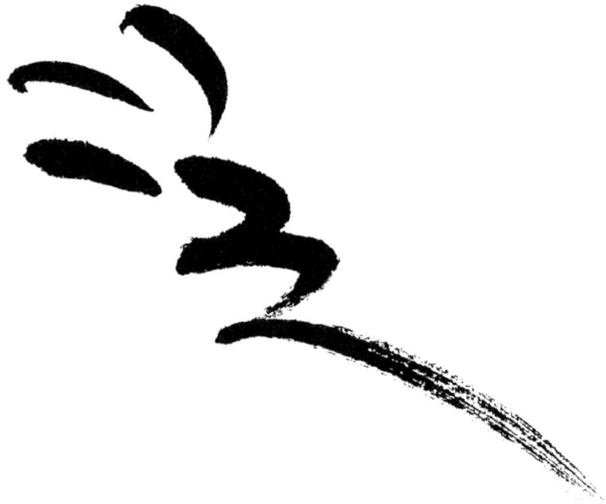

219

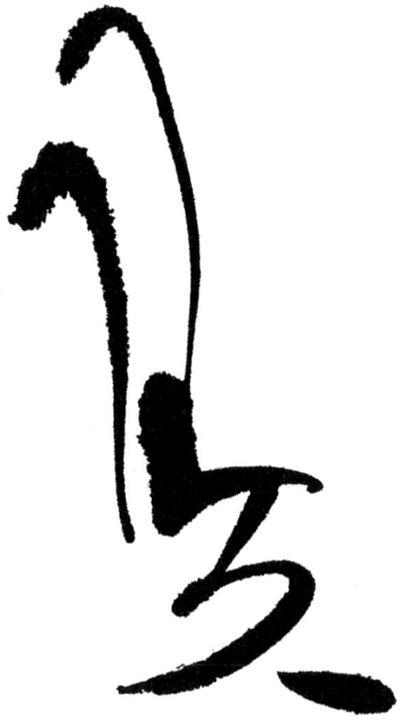

220

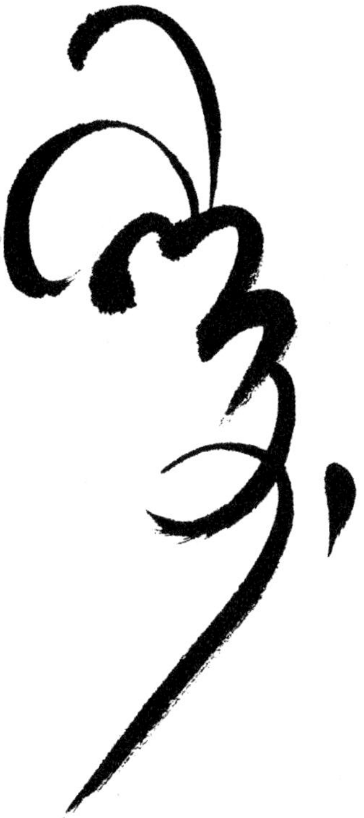

221

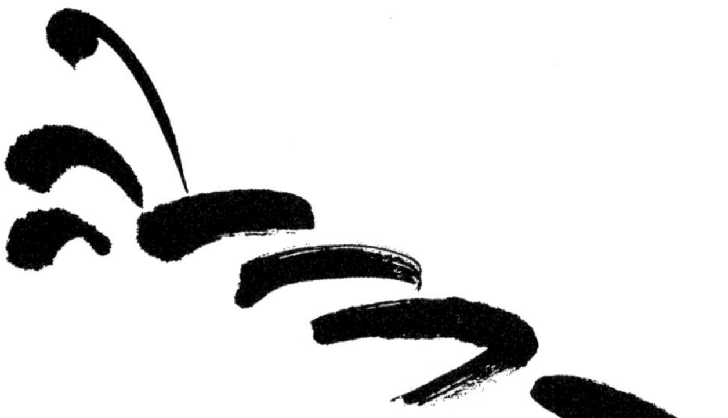

222

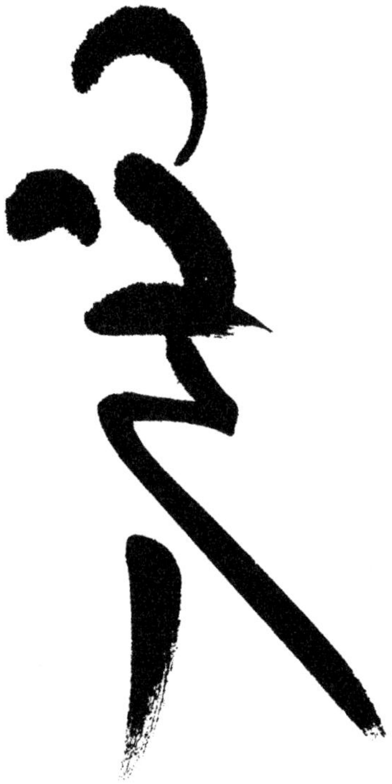

223

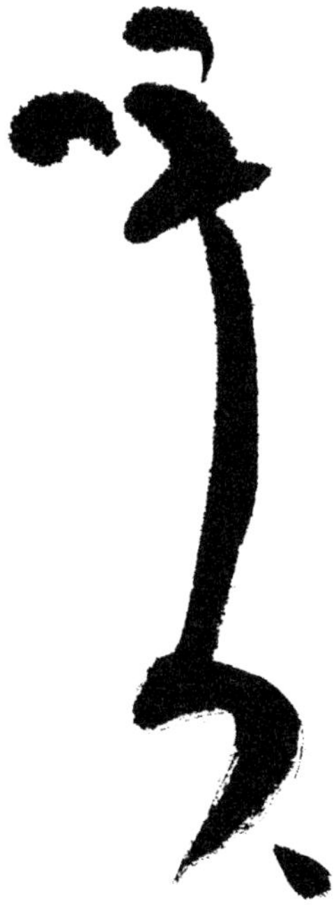

224

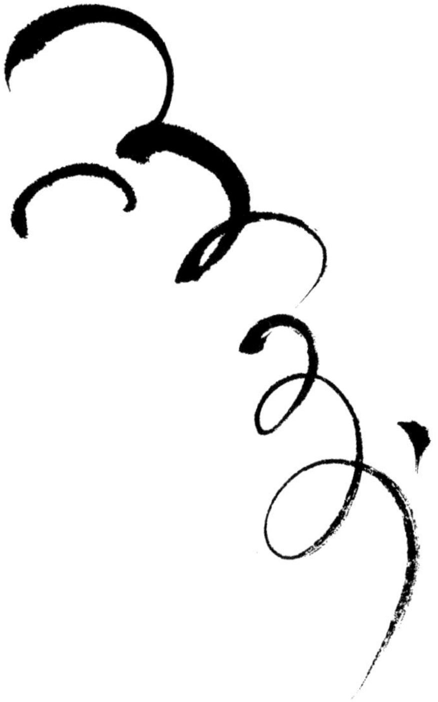

225

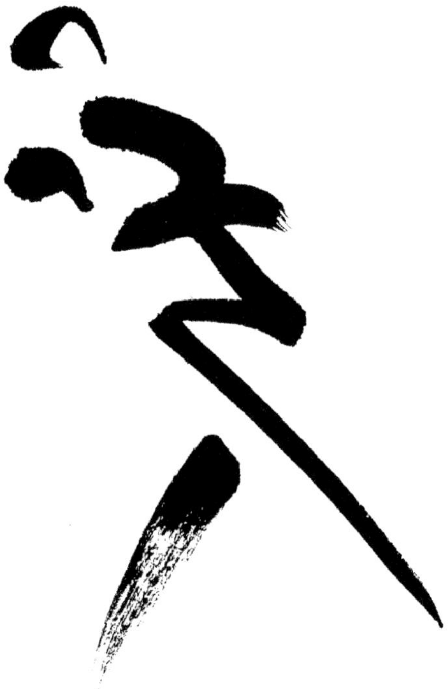

226

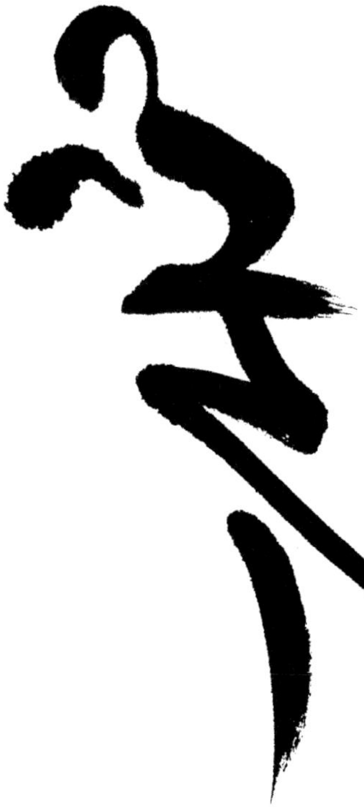

227

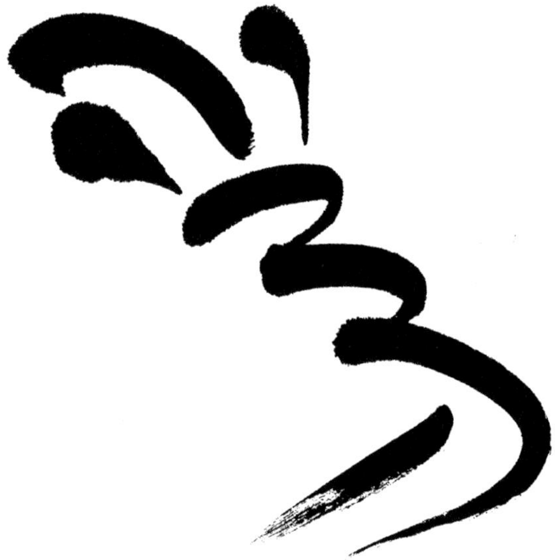

228

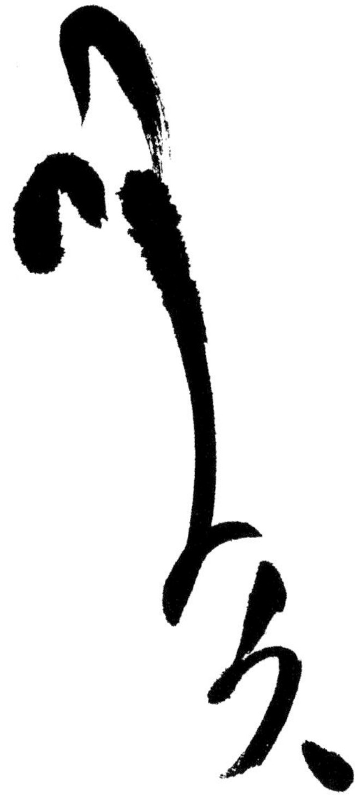

229

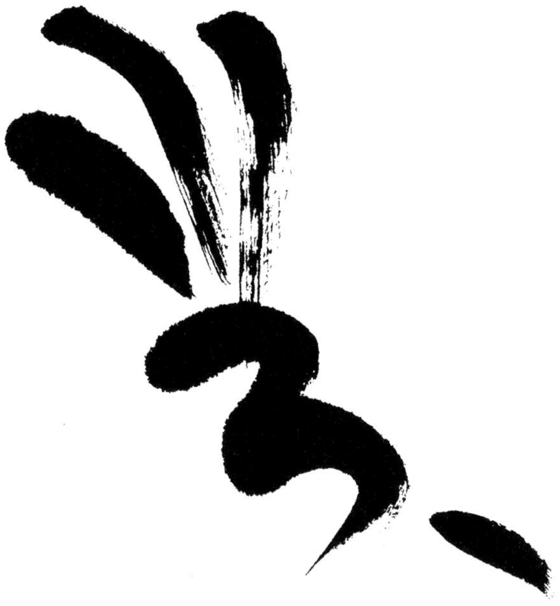

230

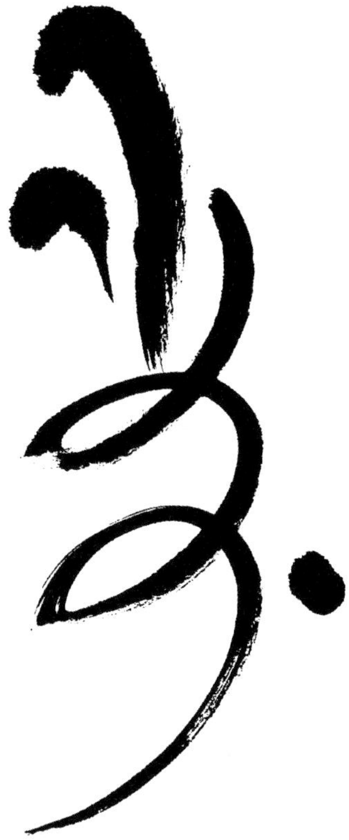

231

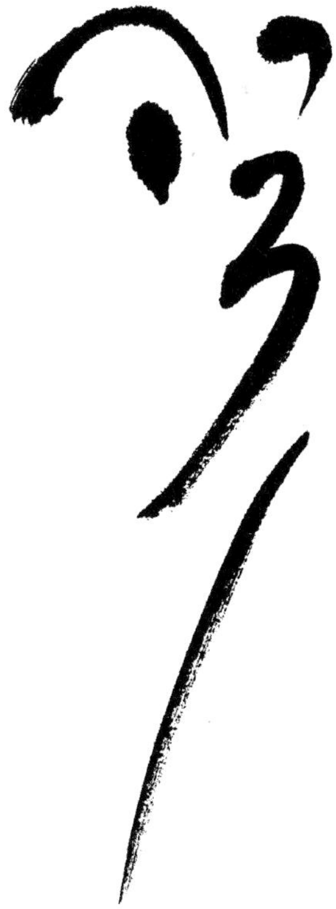

꽃 이름 써보기_꽃 모양을 알고 있다면 가능한 그 꽃을 연상할 수 있도록 표현한다.

232

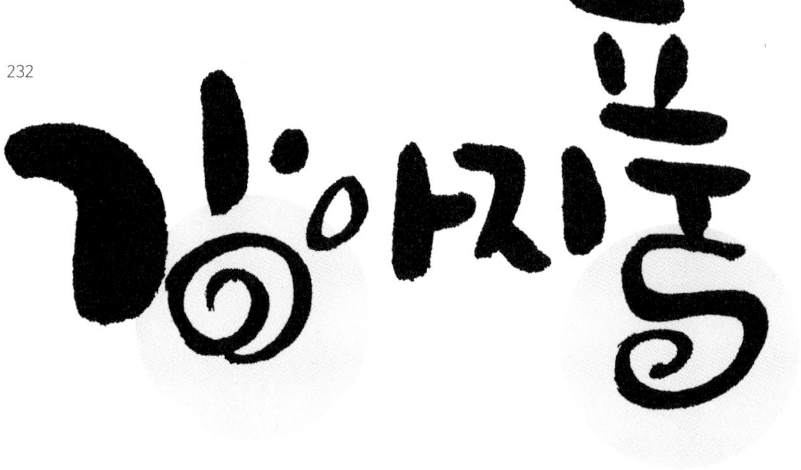

233

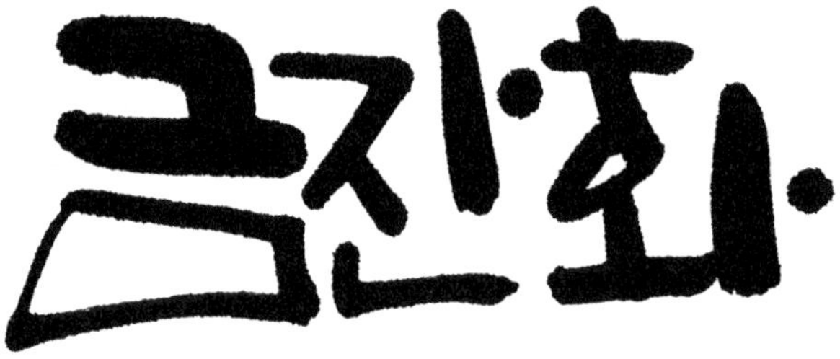

234

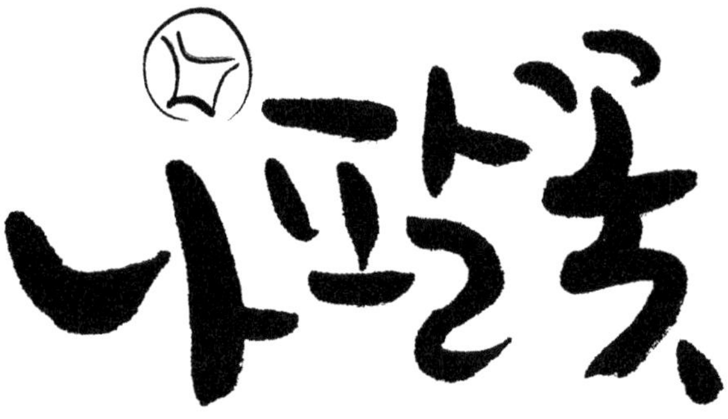

235

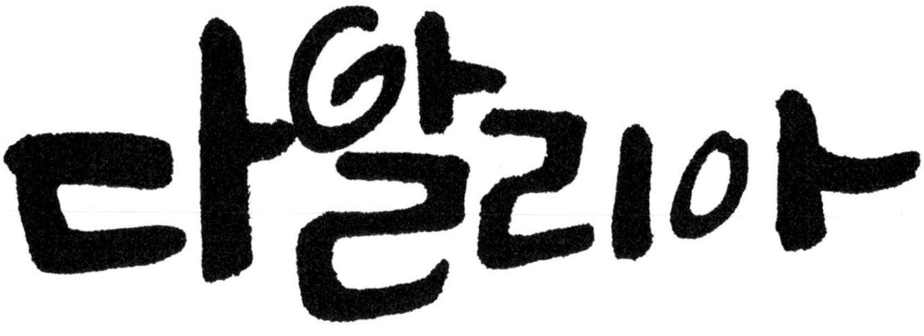

236

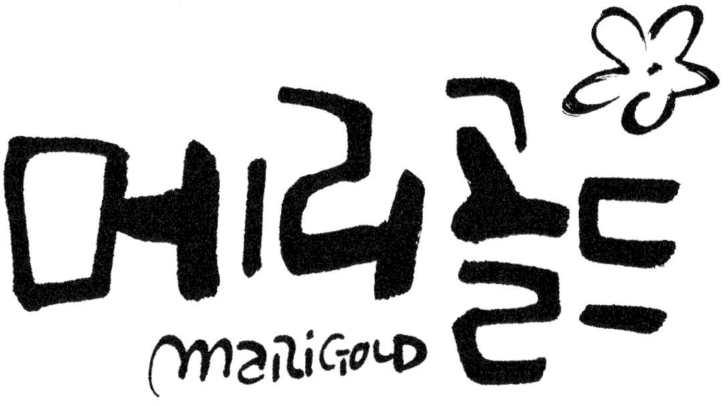

237

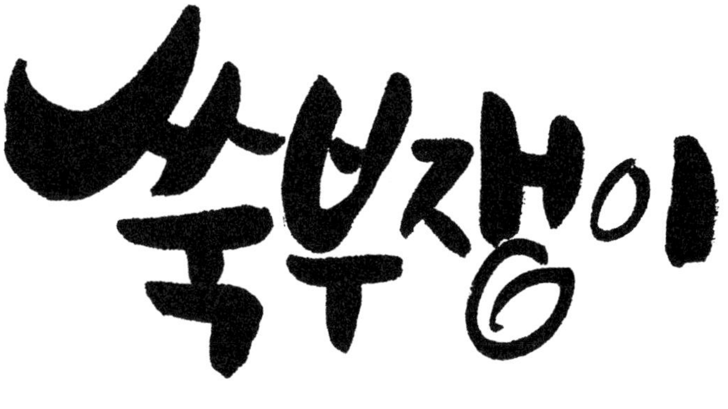

238

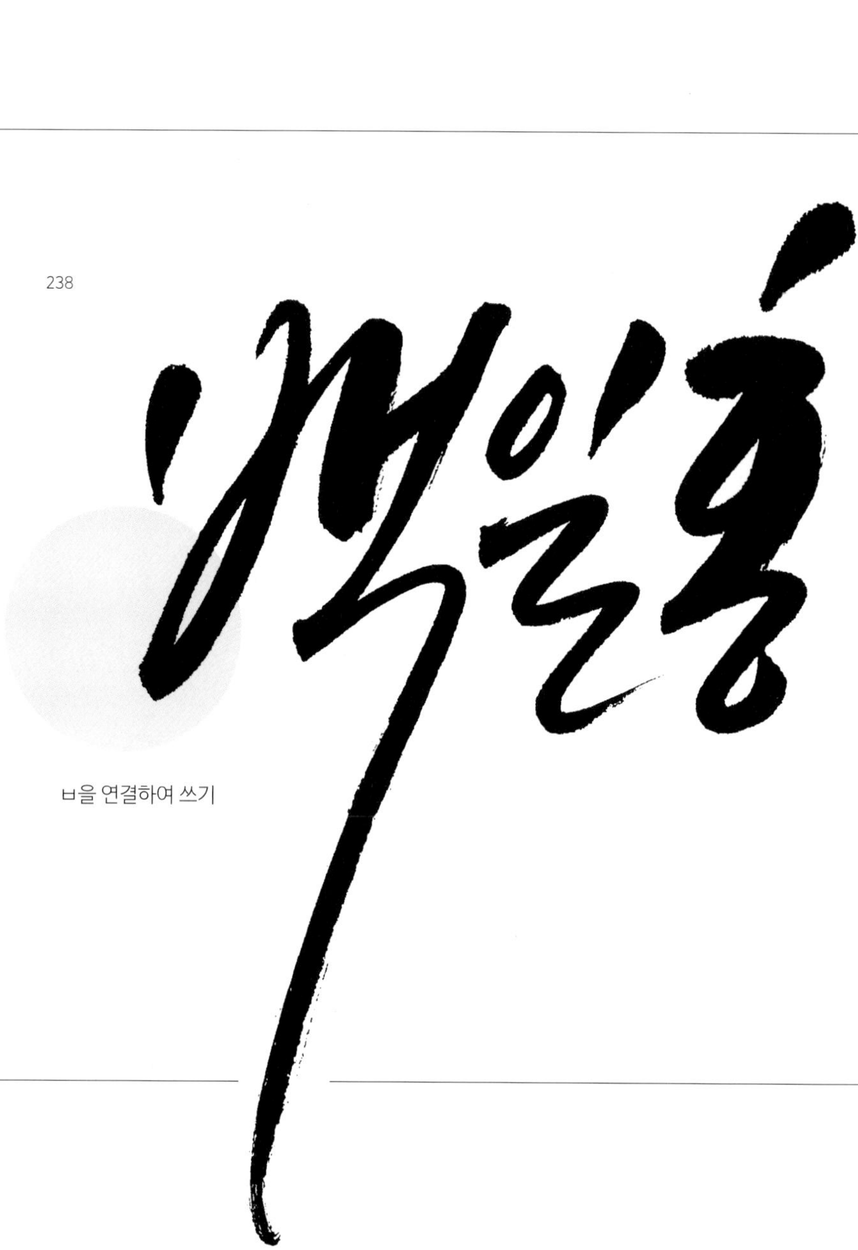

ㅂ을 연결하여 쓰기

239

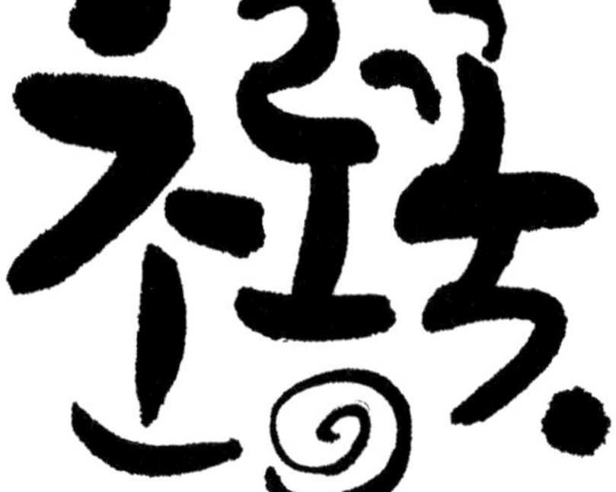

240

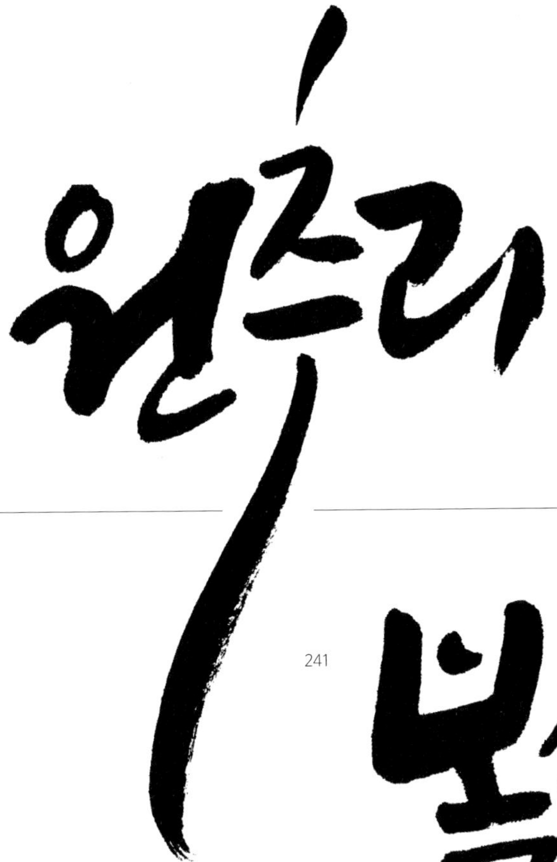

241

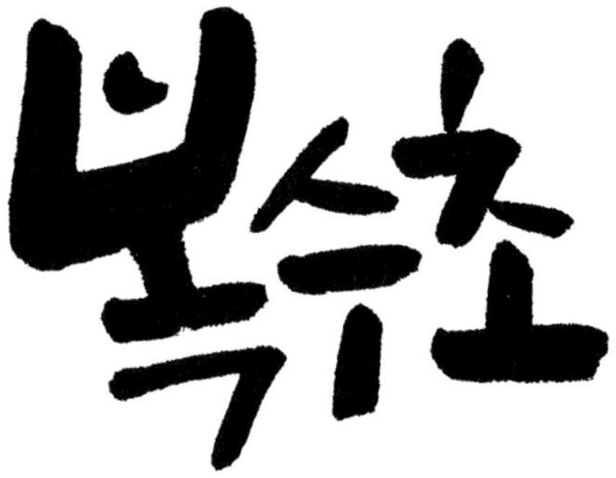

242

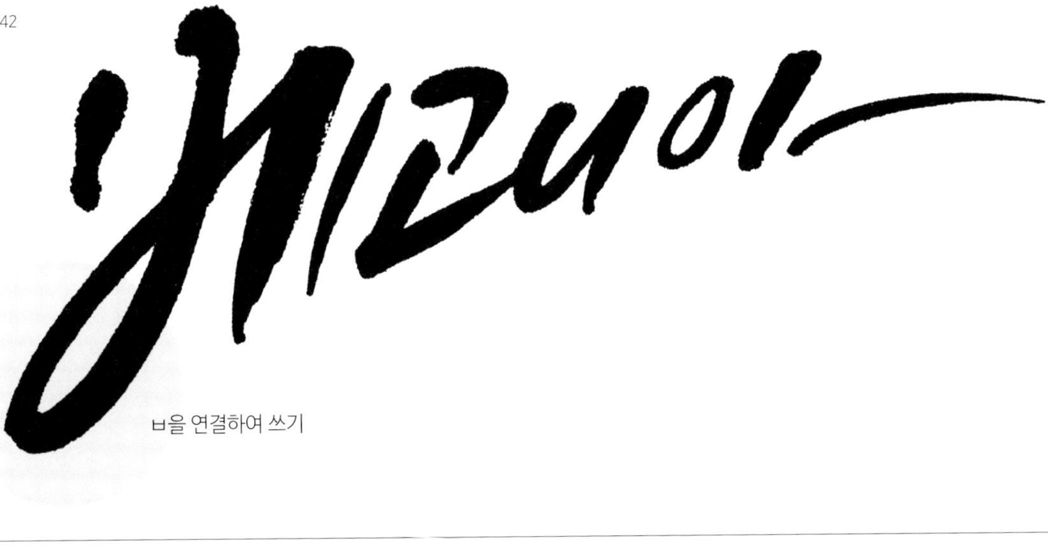

ㅂ을 연결하여 쓰기

243

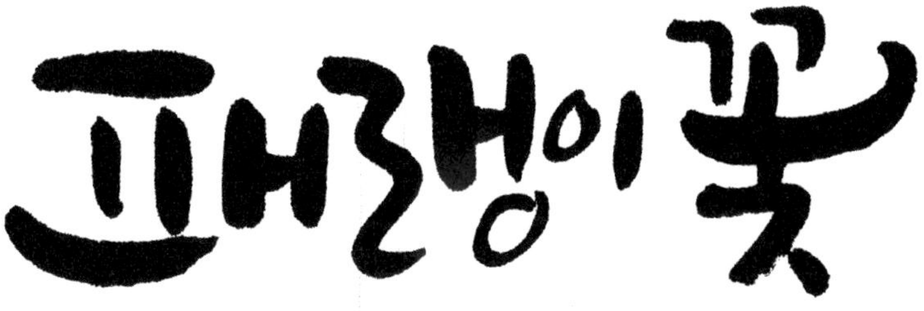

244

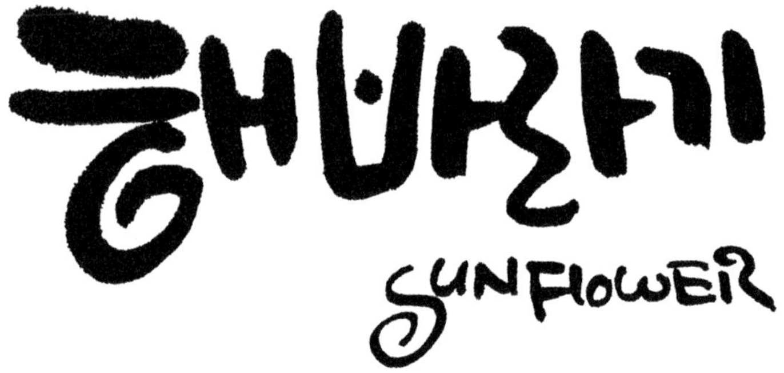

245

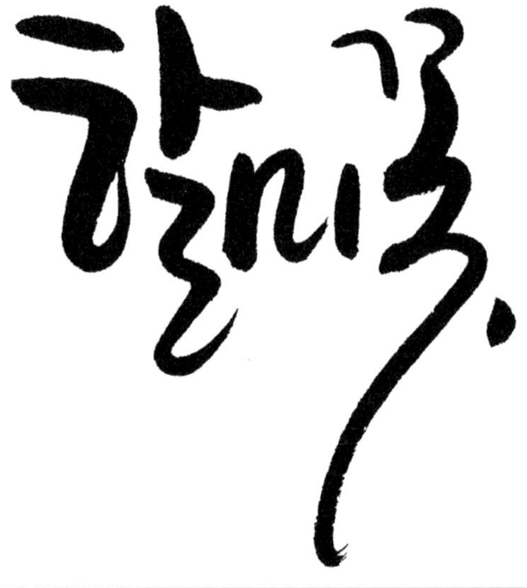

246

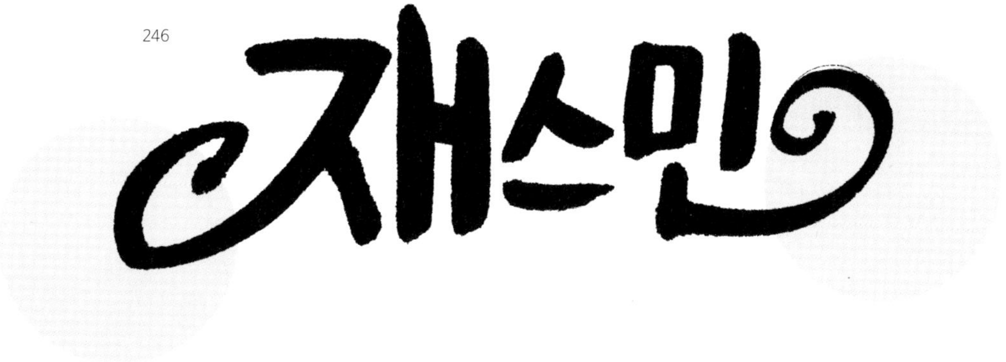

247

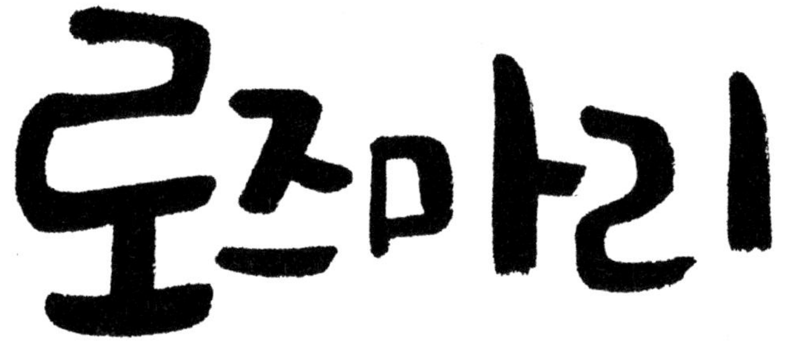

248

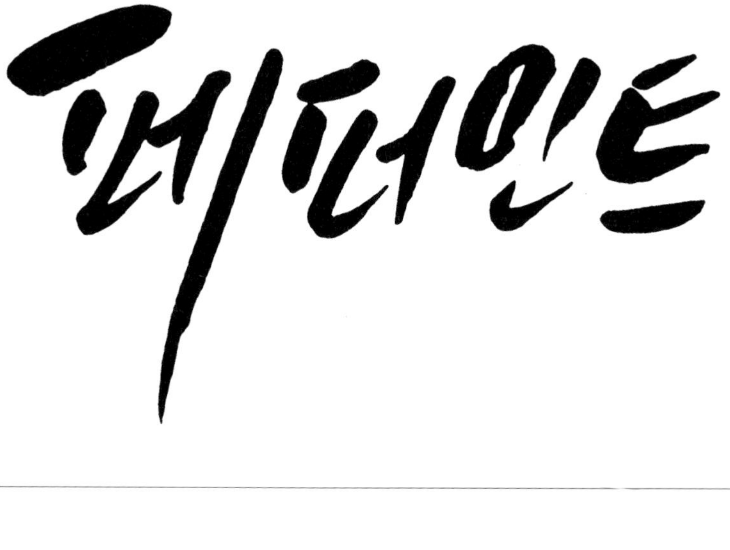

249

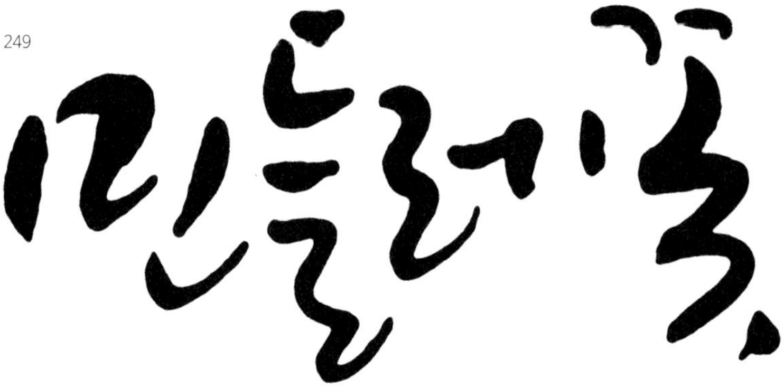

250

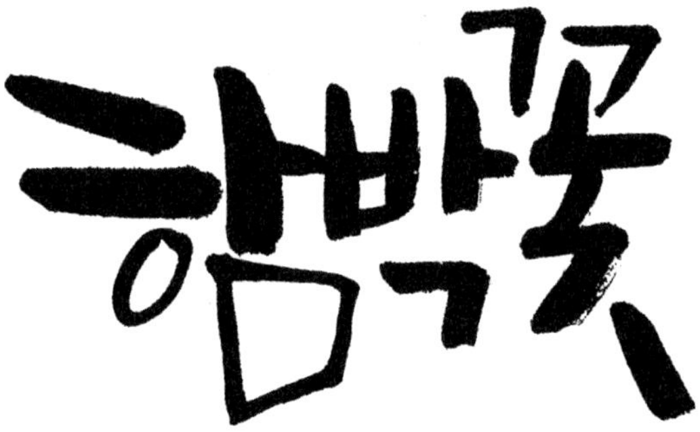

251

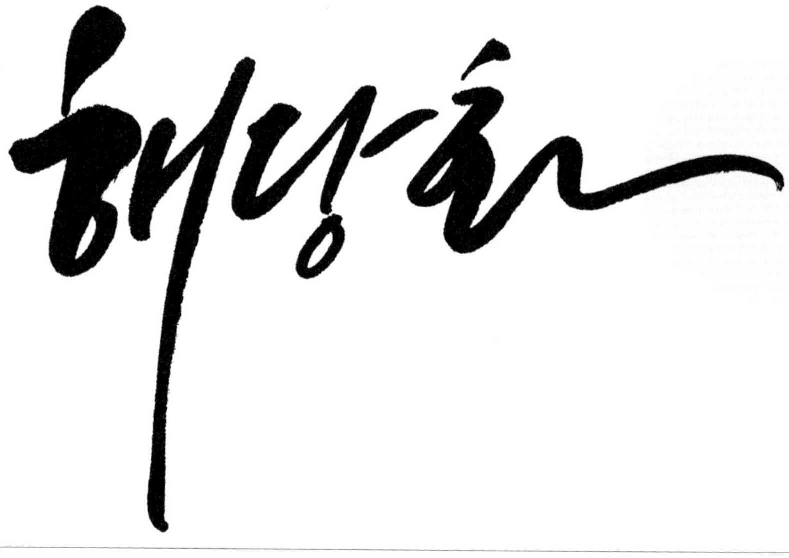

한글, 화려하게 우아하게 써보기

한글은 영어와 달리 획이 많고 여러 방향성을 가지고 있어서 영어 알파벳의 장식적인 글씨처럼 화려하게 쓸 수 없다고 생각한다. 물론 동의하는 바가 있지만 필자는 한글이 가지고 있는 다양한 획을 오히려 장점으로 발전시킨다면 영어 못지 않은 화려함을 구사할 수 있다고 생각한다.

이 교재는 필자가 한글의 기본형에서 확장해도 가독성에 문제가 없는 획에 우리나라의 전통 문양인 구름이나 물결, 그밖에 곡선형의 꾸밈을 더해 표현해본 것이다. 주로 축하 메시지를 담은 글귀나 화려한 장식을 원하는 사인물에 적합하고 한글을 이용한 패턴 분야에도 적용이 가능하지 않을까 생각한다.
아직은 연구해야 할 부분이 많이 있지만 이 교재를 토대로 더 깊은 연구가 이루어지길 기대한다.

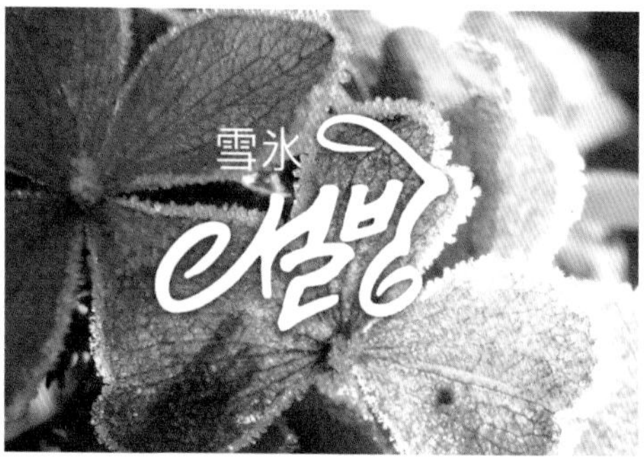
雪氷
설빙

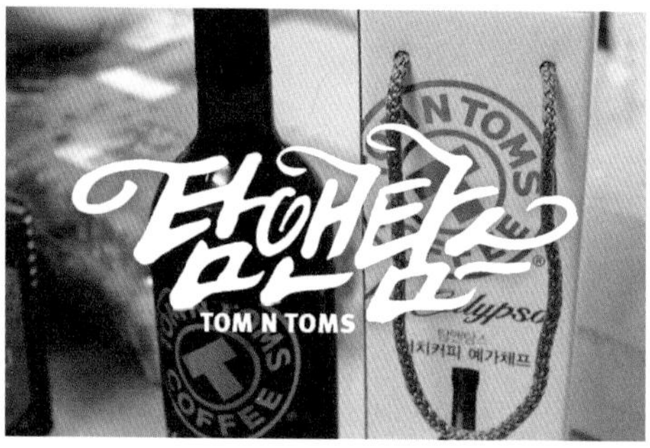
탐앤탐스
TOM N TOMS

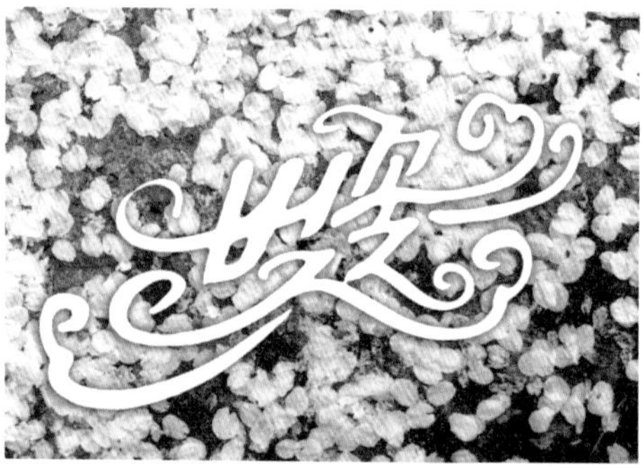
벚꽃

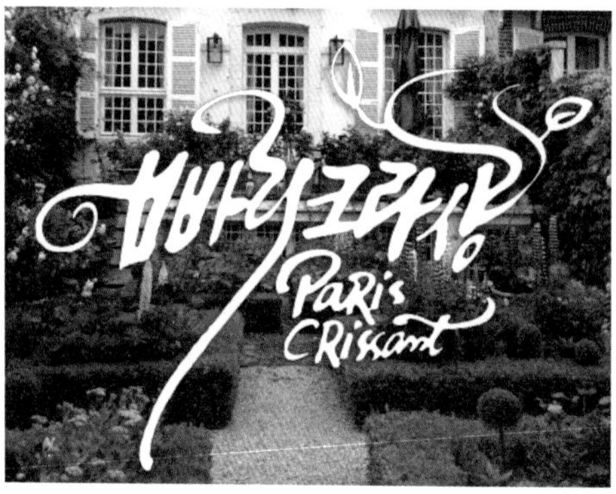
빠리크라상
PARis
CRissant

252

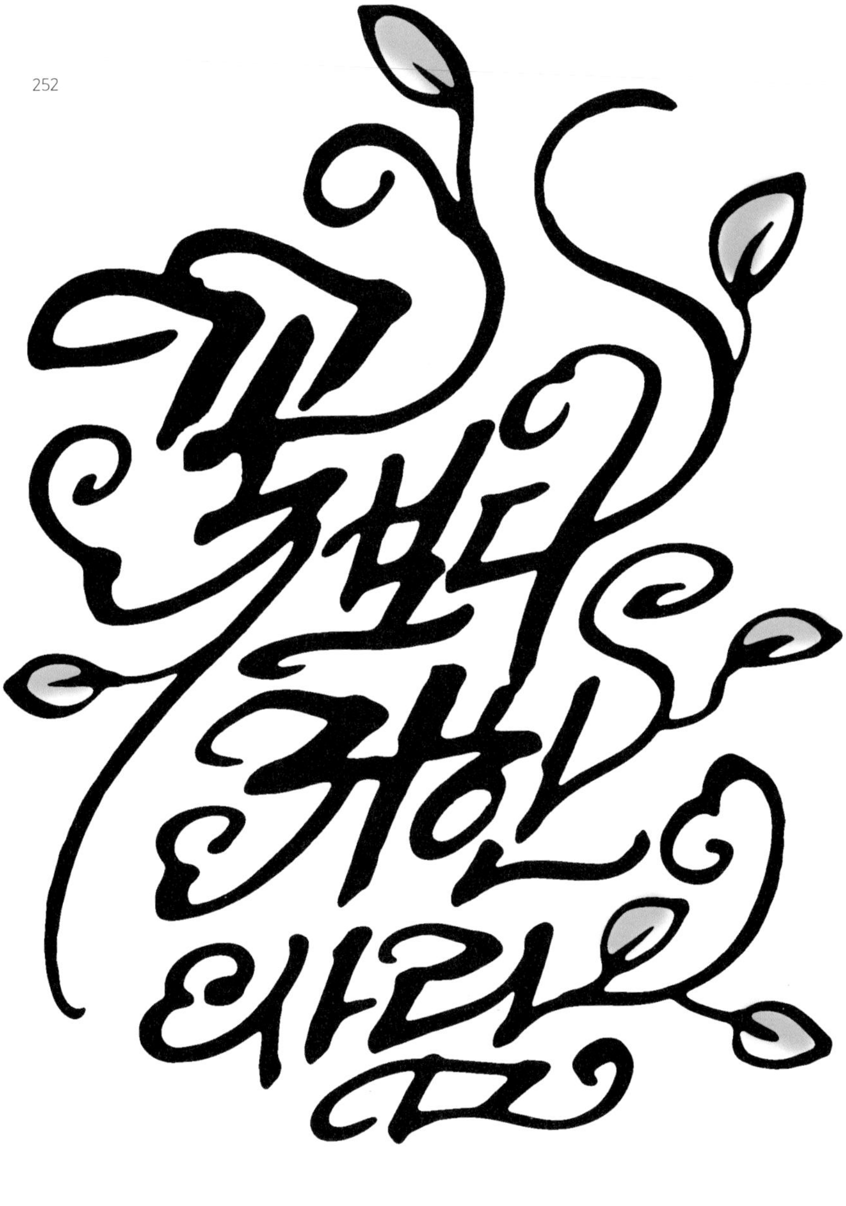

253

파리크라상!

Pariscroissant

254

파리바게트

255

뚜레쥬르

256

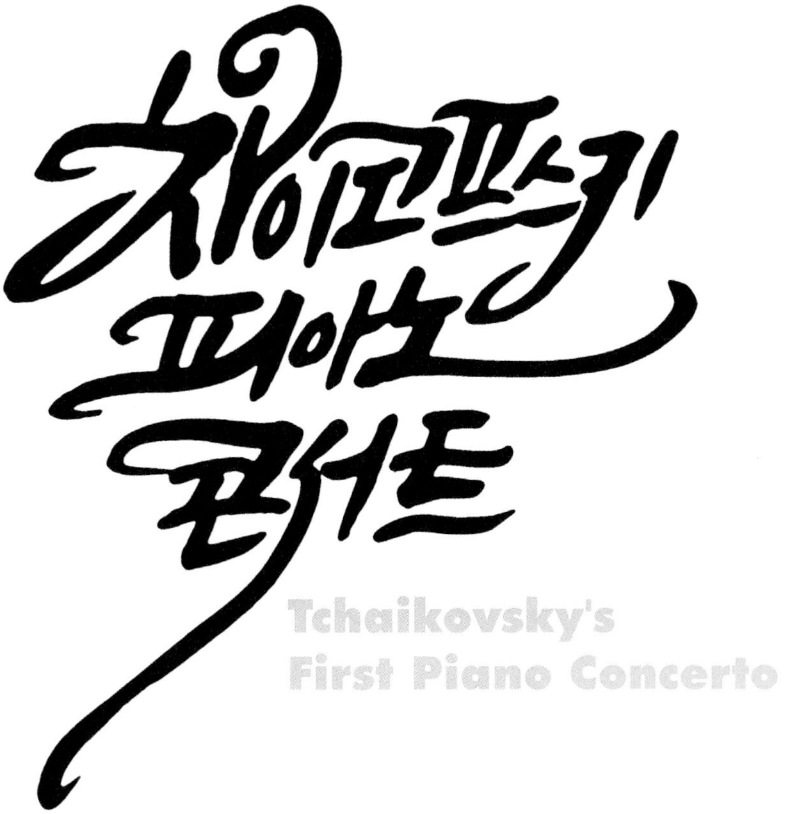
차이코프스키
피아노
콘서트
Tchaikovsky's
First Piano Concerto

257

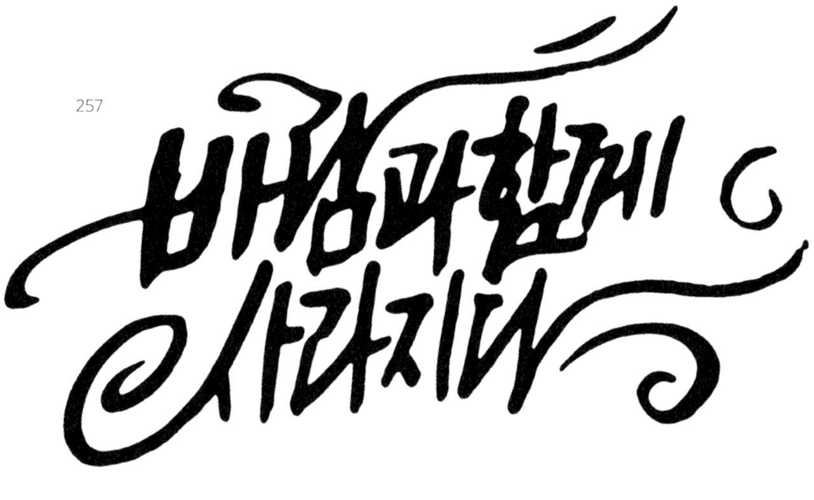
바람과 함께
사라지다

258

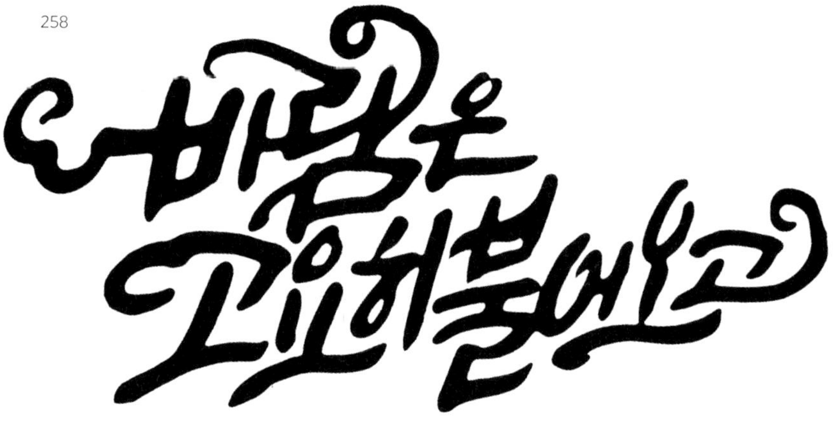

259

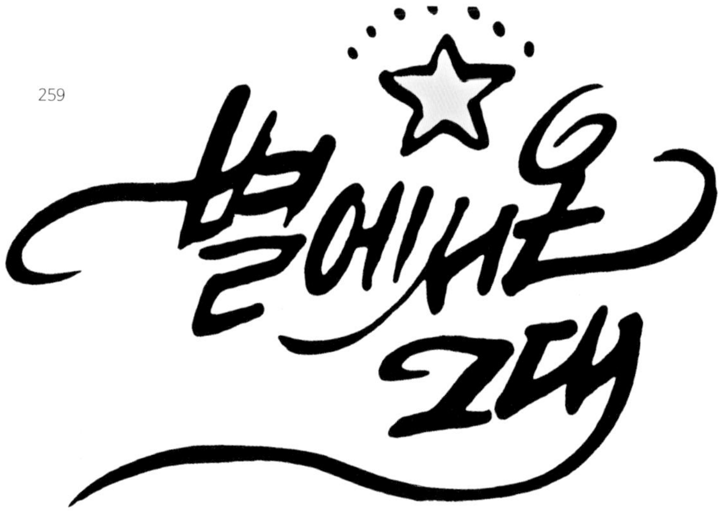

260

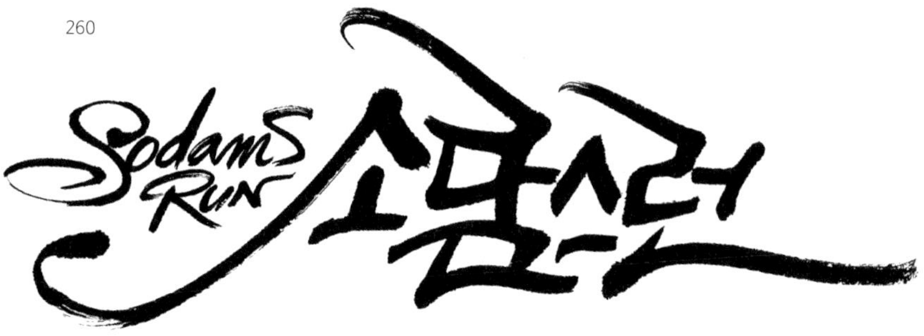

261

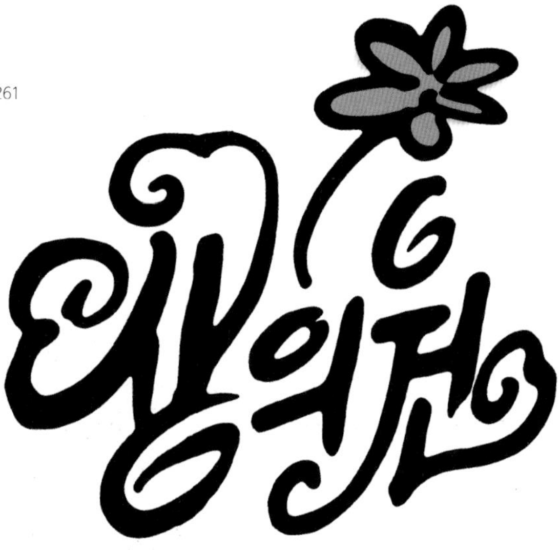

262

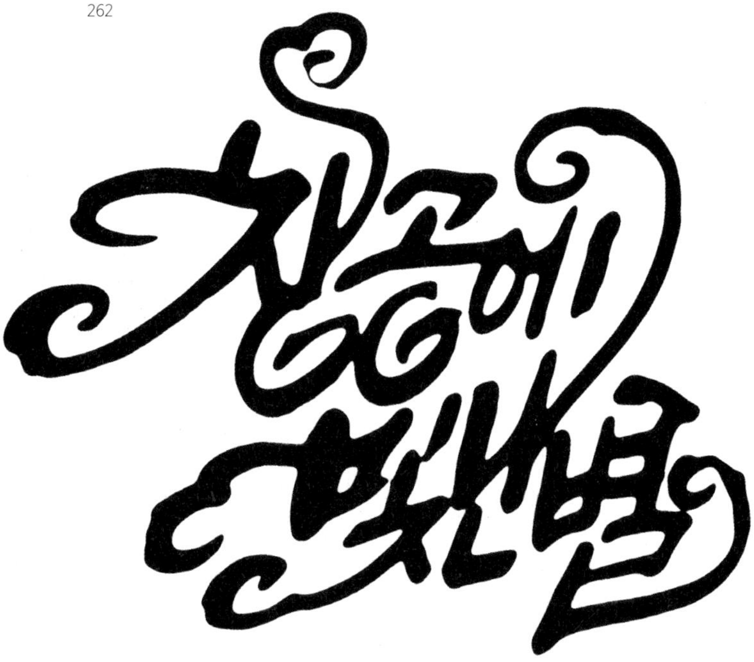

263

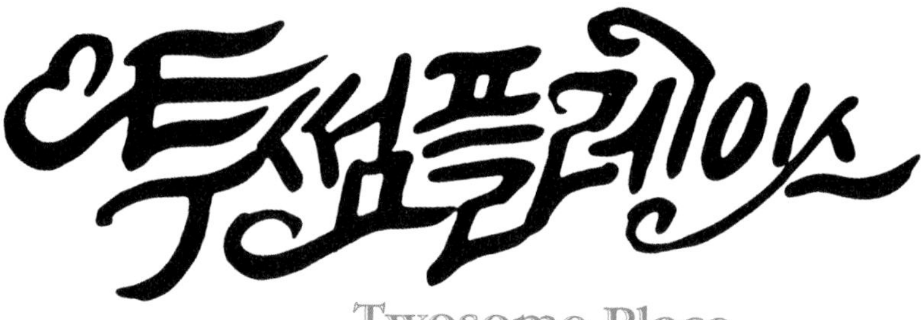

Twosome Place

264

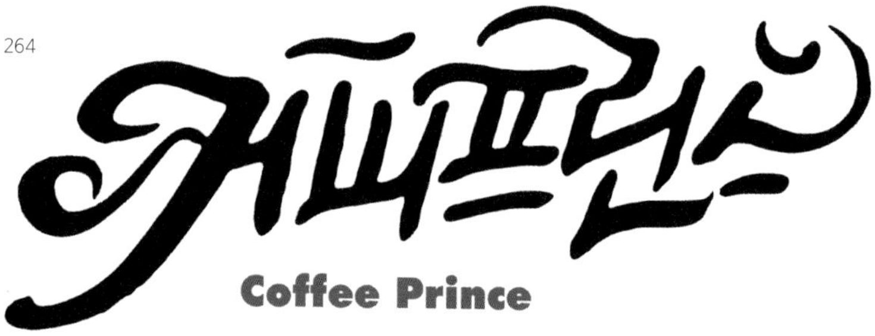

Coffee Prince

265

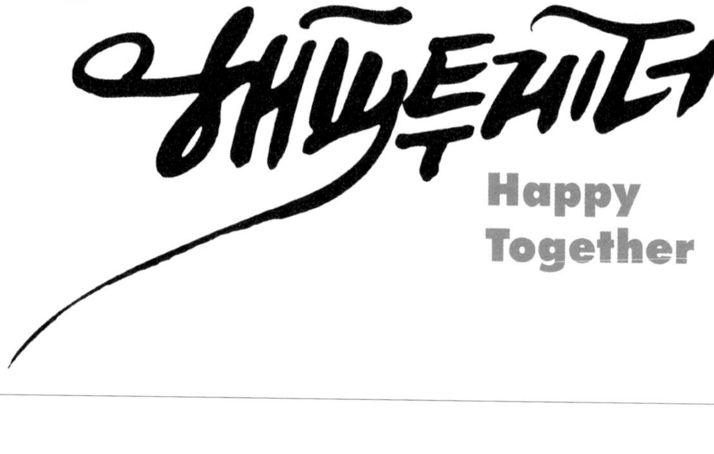

Happy
Together

266

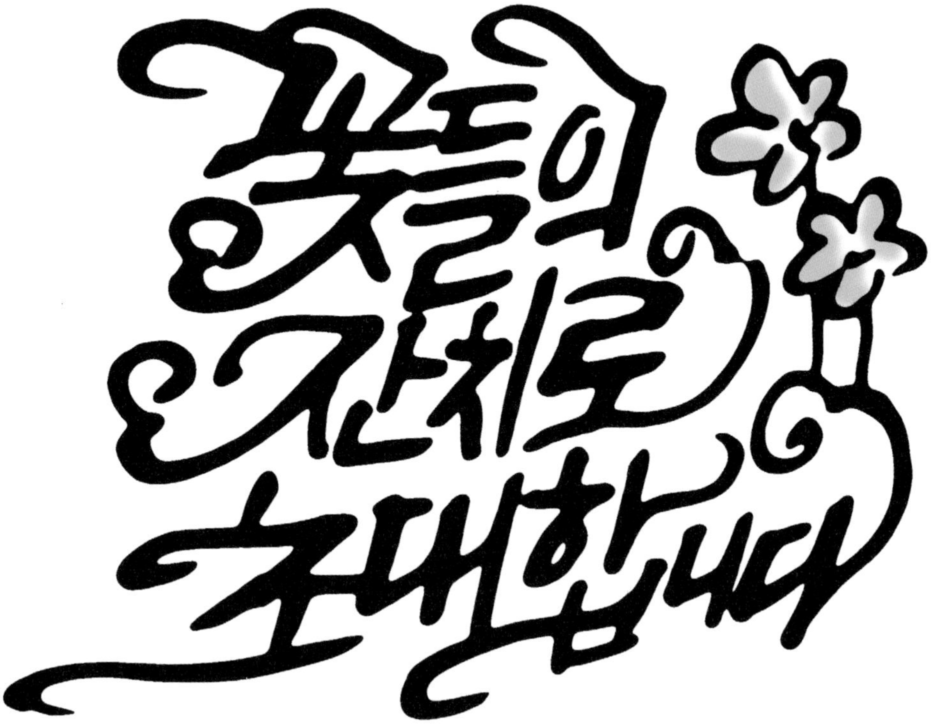

267

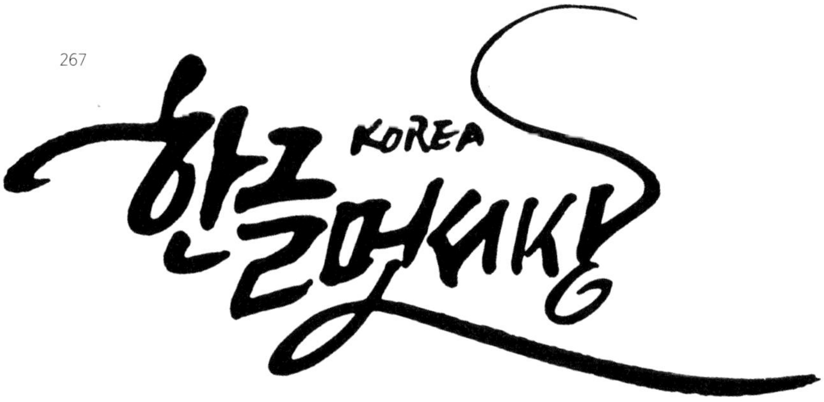

268

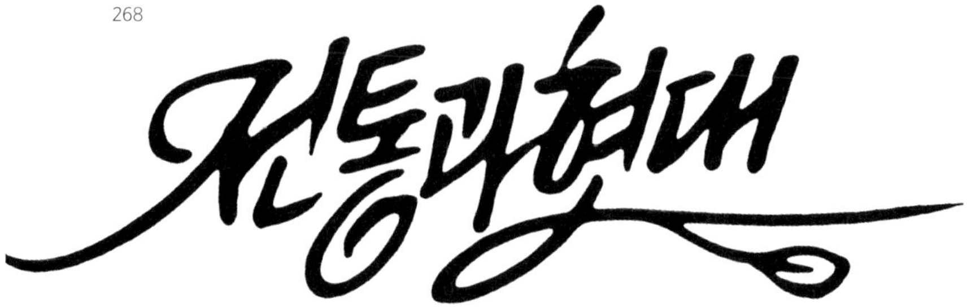

269

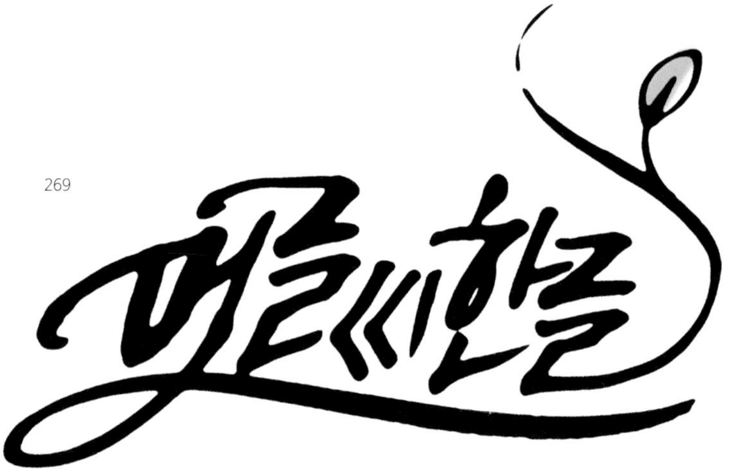

270

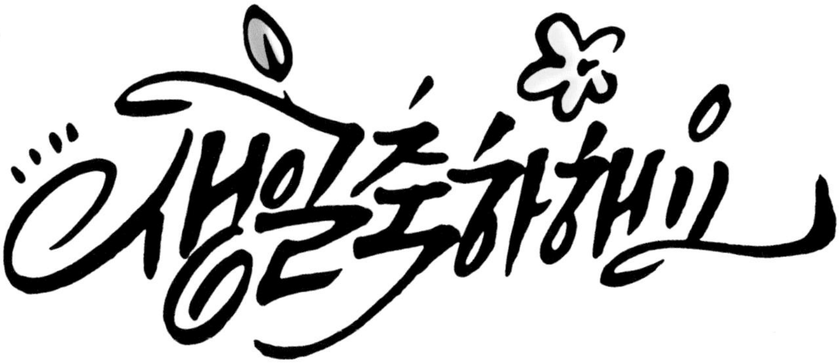

271

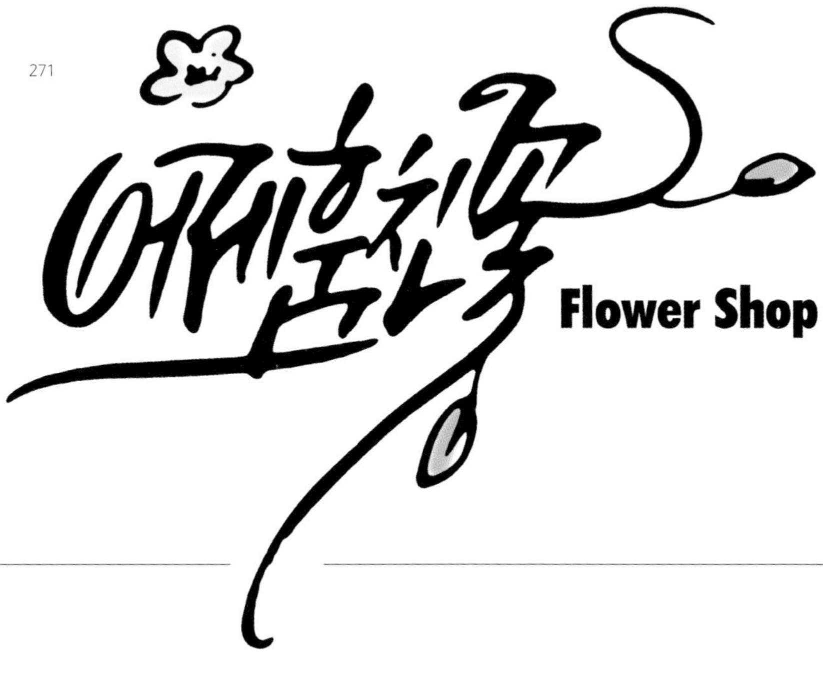

272

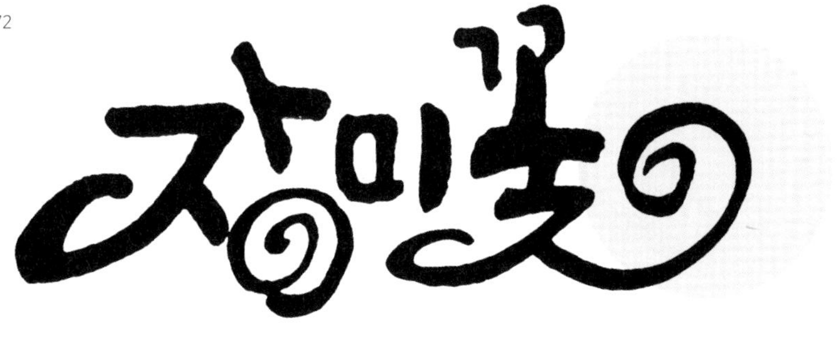

273

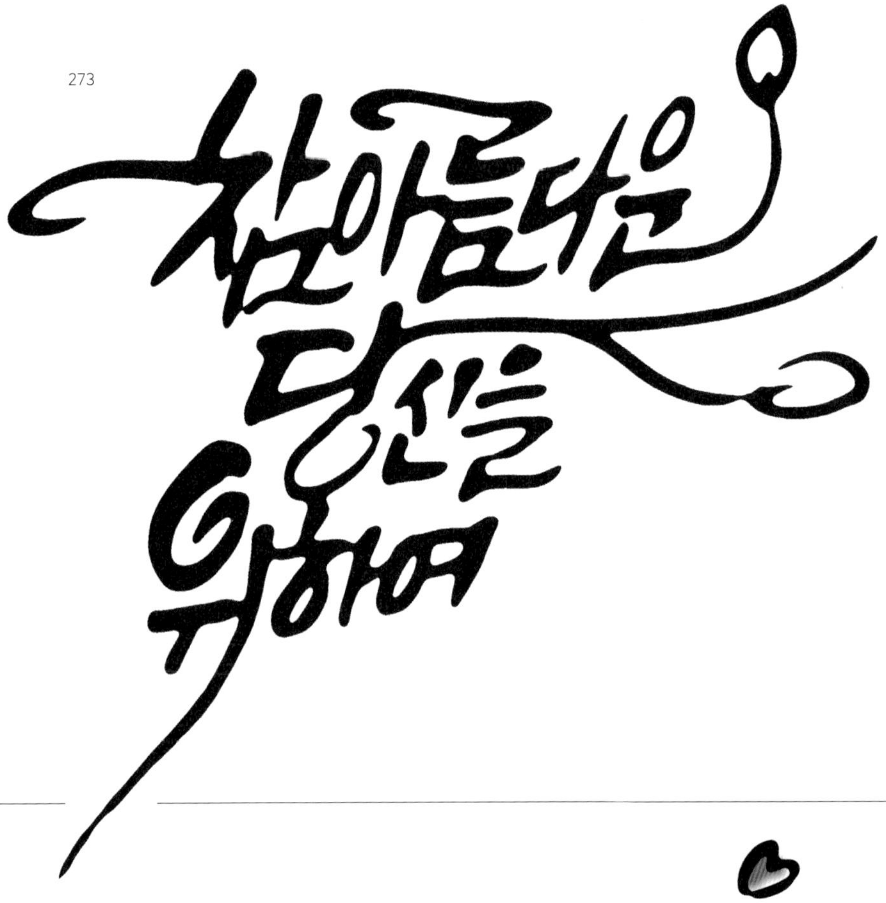

274

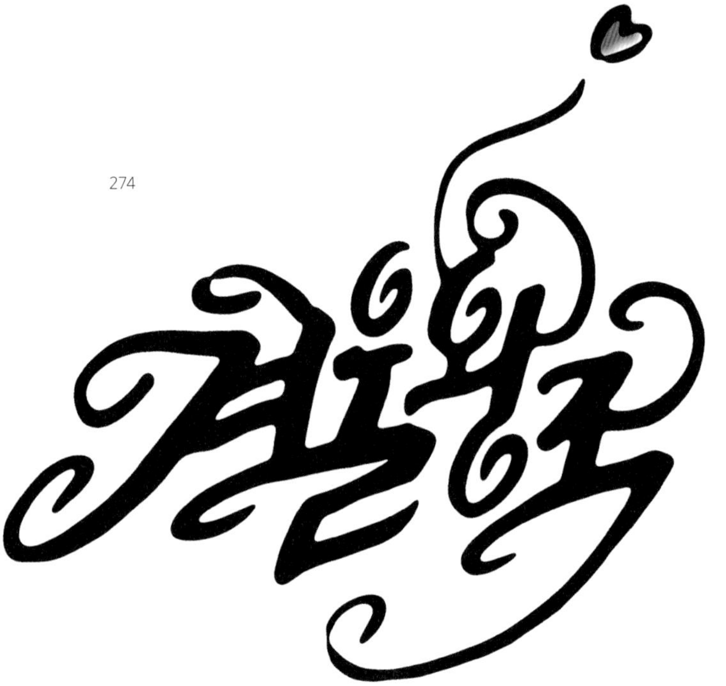

275

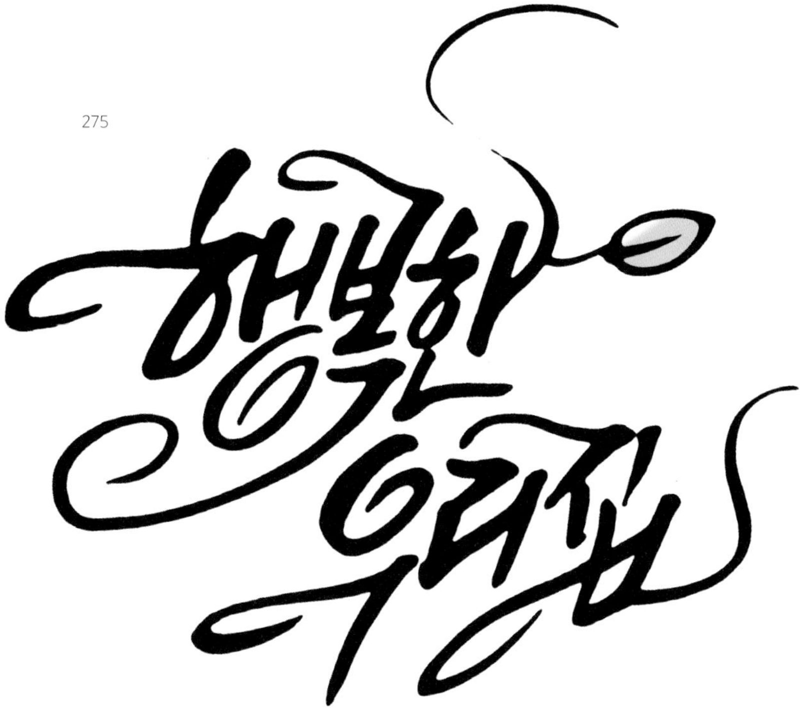

276

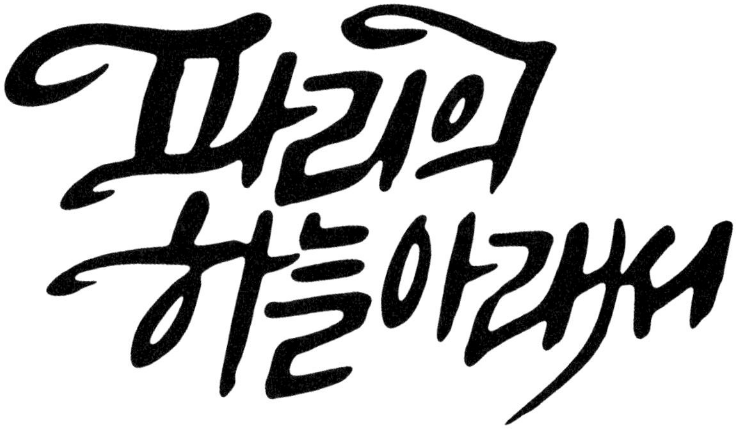

277

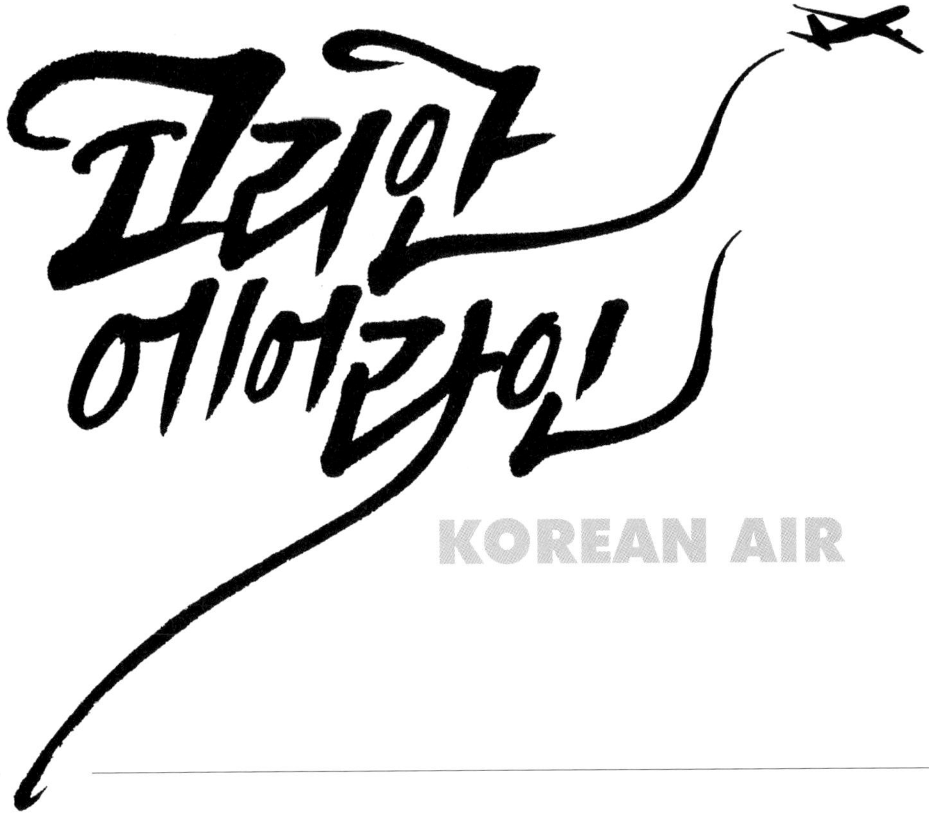

278

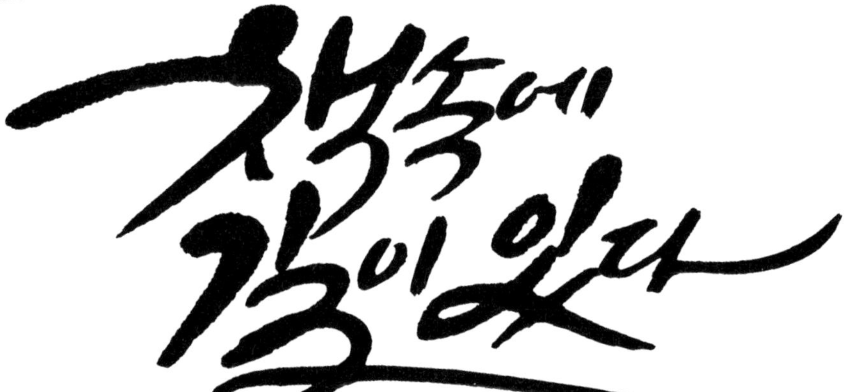

279

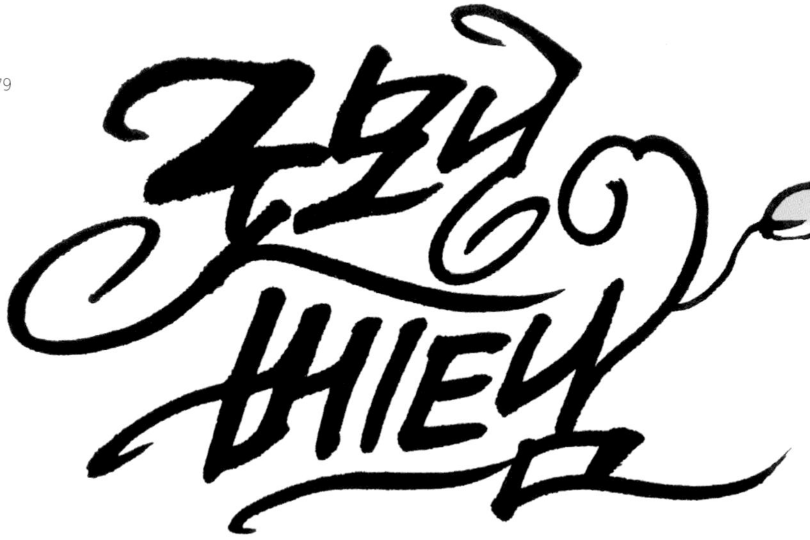

Good Morning
Vietnam

280

Air France

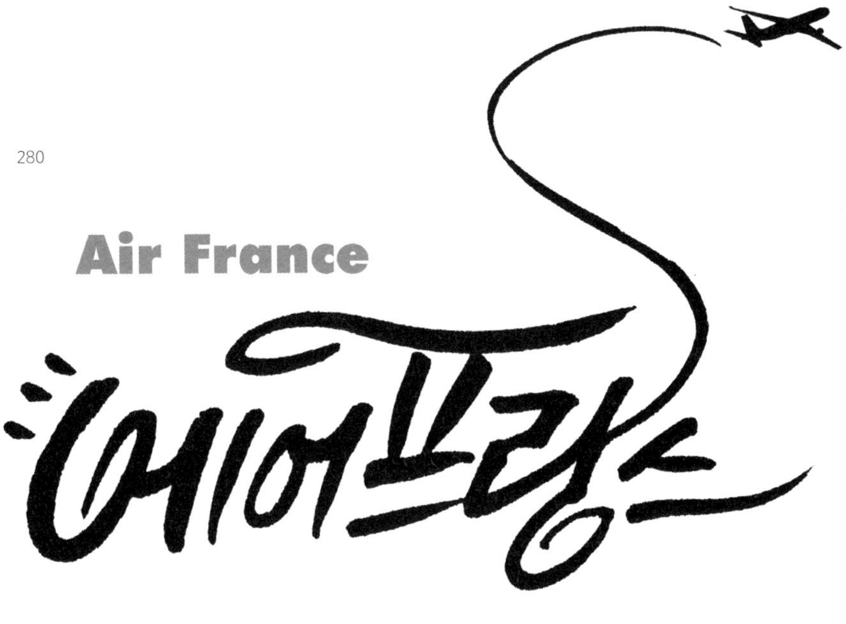

281

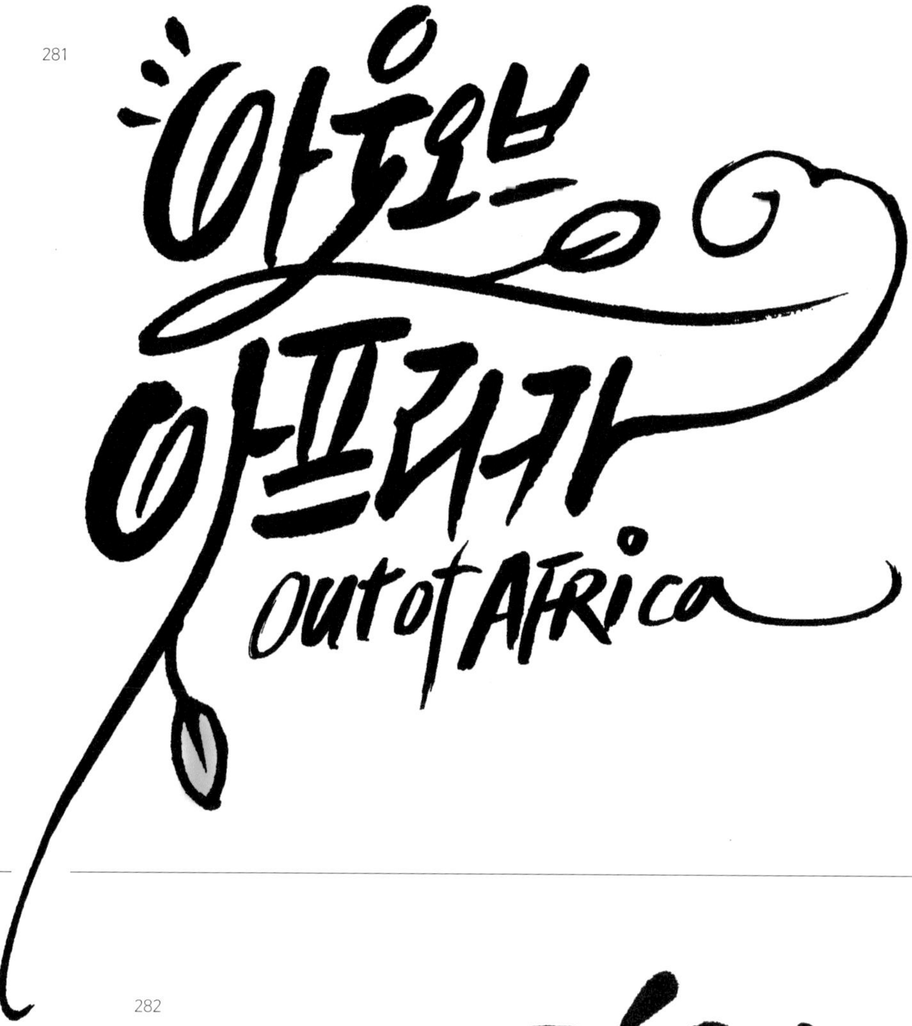

282

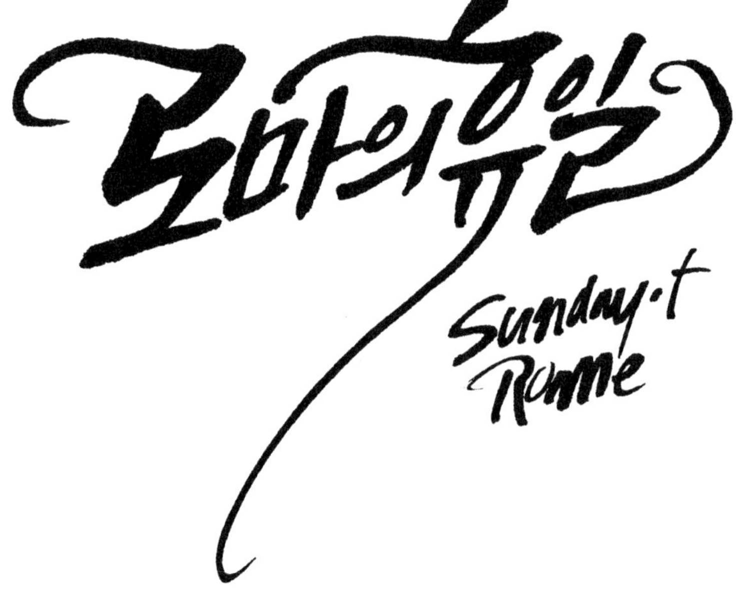

하나의 글자를 1획으로 써보기

하나의 글자를 단숨에 쓰는 것을 말한다. 앞쪽에 실려 있는 흘려쓰기에서처럼 모든 획을 연결하여 쓰고 유연함과 갈필, 역동성을 함께 나타내본다.

이 글씨는 큰 붓으로 넓은 화선지에 표현해 연습하는 것이 좋다.

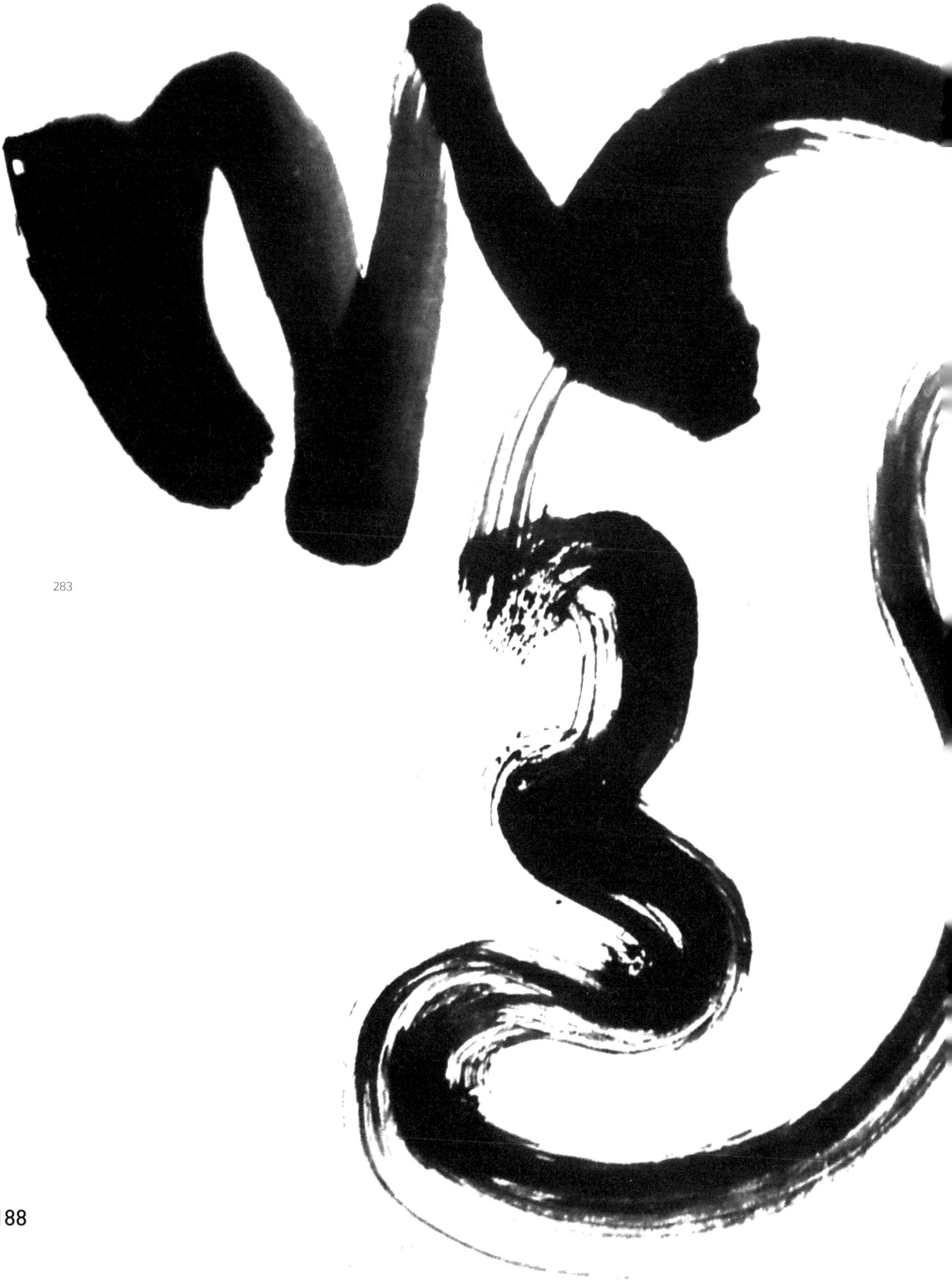

283

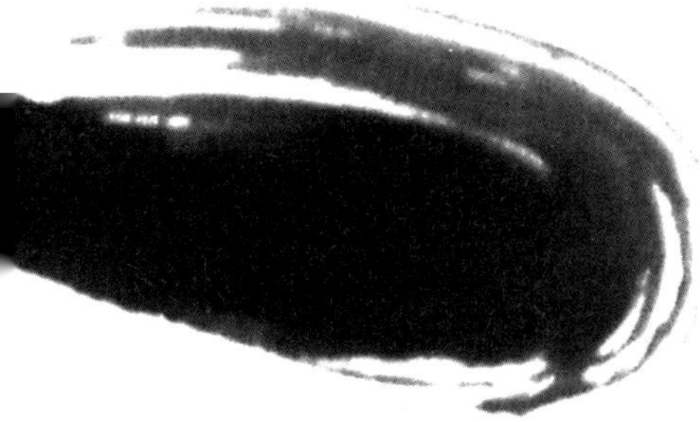

서예나 붓으로 하는 캘리그라피의 매력 중 하나가 갈필의 멋이다.
큰 붓으로 일필휘지의 글씨를 써보면 자연스럽게 거친 획이 나오는데
획 속에 여백이 생기며 나타나는 붓질을 갈필이라 한다.
갈필은 빠르게 써서 나오는 획과 먹물을 적게 써서 나오는 표현이 있다.
획이 끊어지게 쓰기보다 전체적으로 흘려쓰듯 하고 직선보다는 곡선의 자유로움이
많이 나타나게 하는 것이 좋다.
1획으로 단숨에 써내는 캘리그라피 연습을 하다 보면 때때로 의외의 획을 얻을 수 있다.
한글은 소리글자임에도 단 한 글자로 의미가 전달되는 경우가 많다.
특히 신체 언어라 할 수 있는 손, 발, 코, 입, 귀, 눈, 배, 등, 목, 숨 등이 그렇다.
또한 한 획으로 표현될 수 있는 글자가 많아서 그 자체가 하나의 예술적 작품이 될 수 있다. 그러나 무리해서 표현하려다 보면 가독성이 떨어지는 경우가 많으니
일반적인 획의 순서와 표현으로 연습하는 것이 필요하다.

284

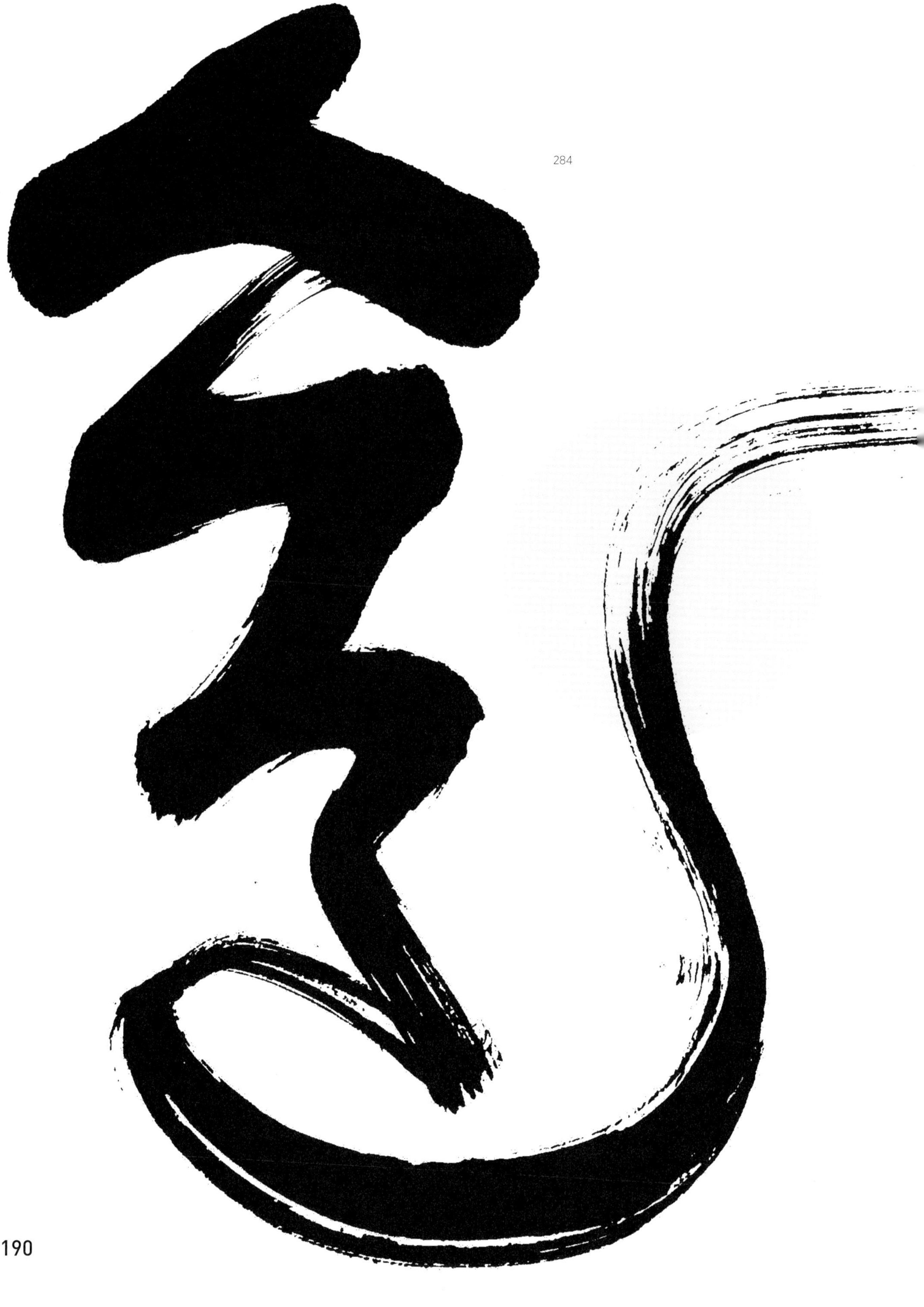

285

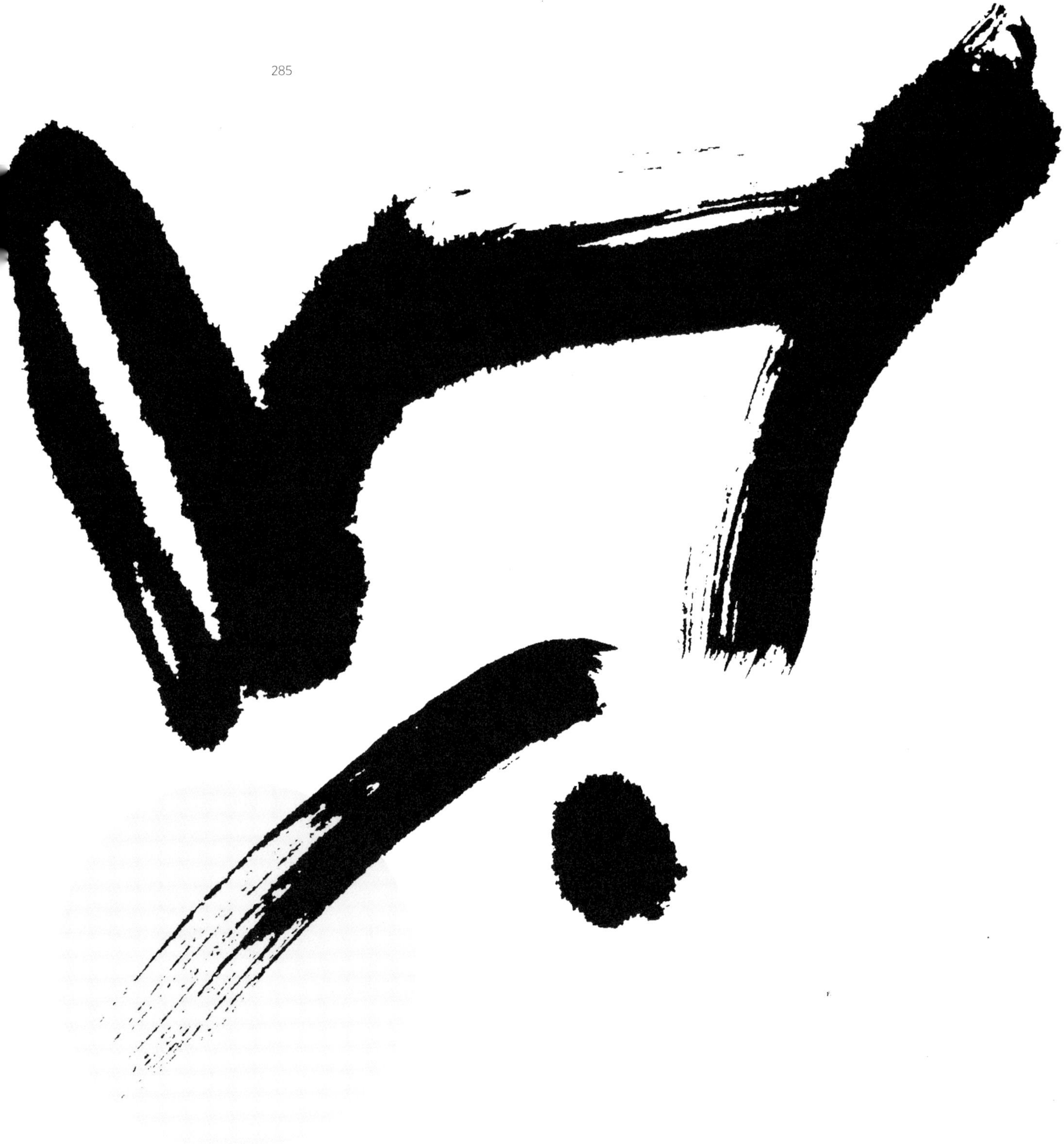

286

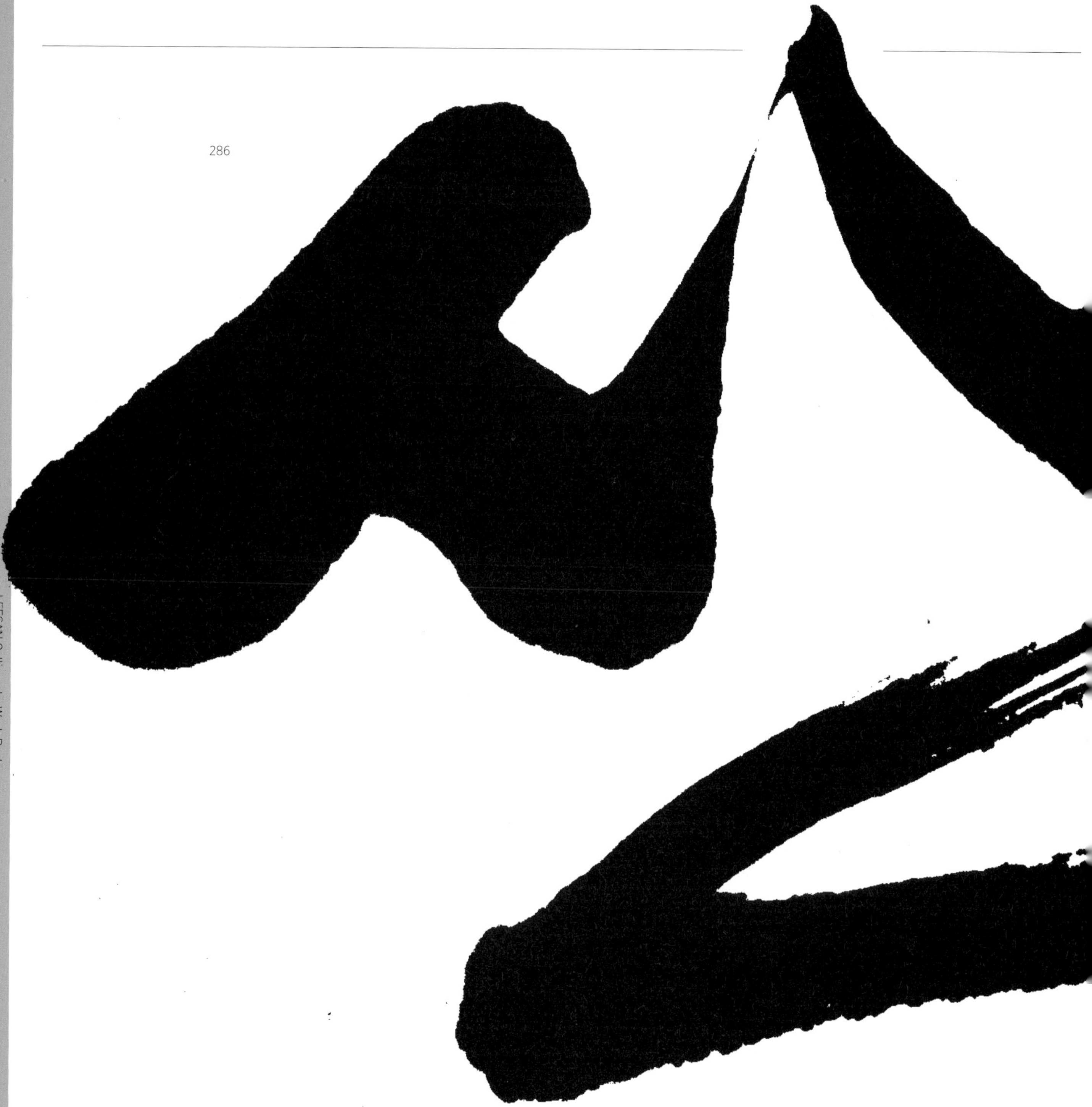

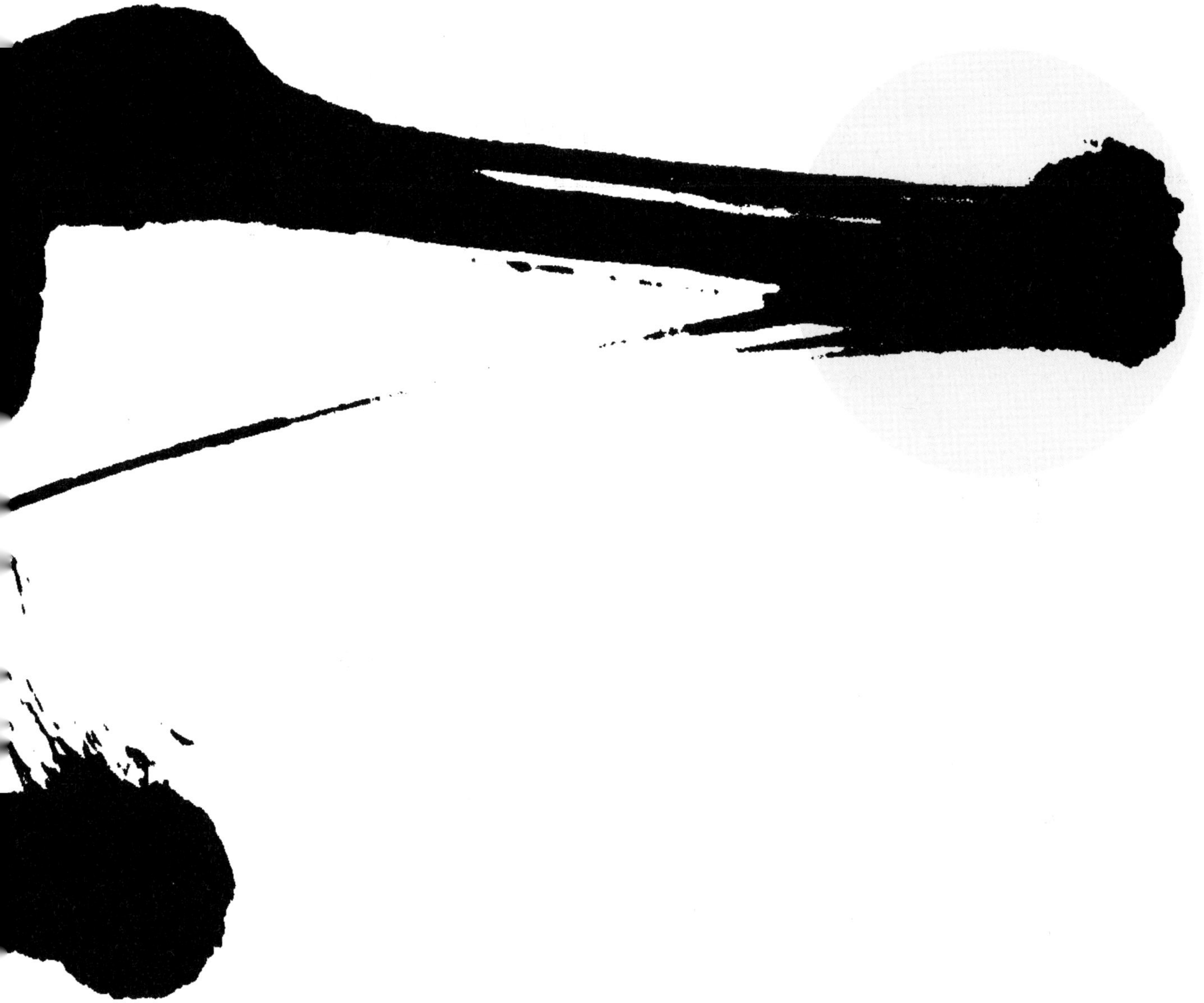

287

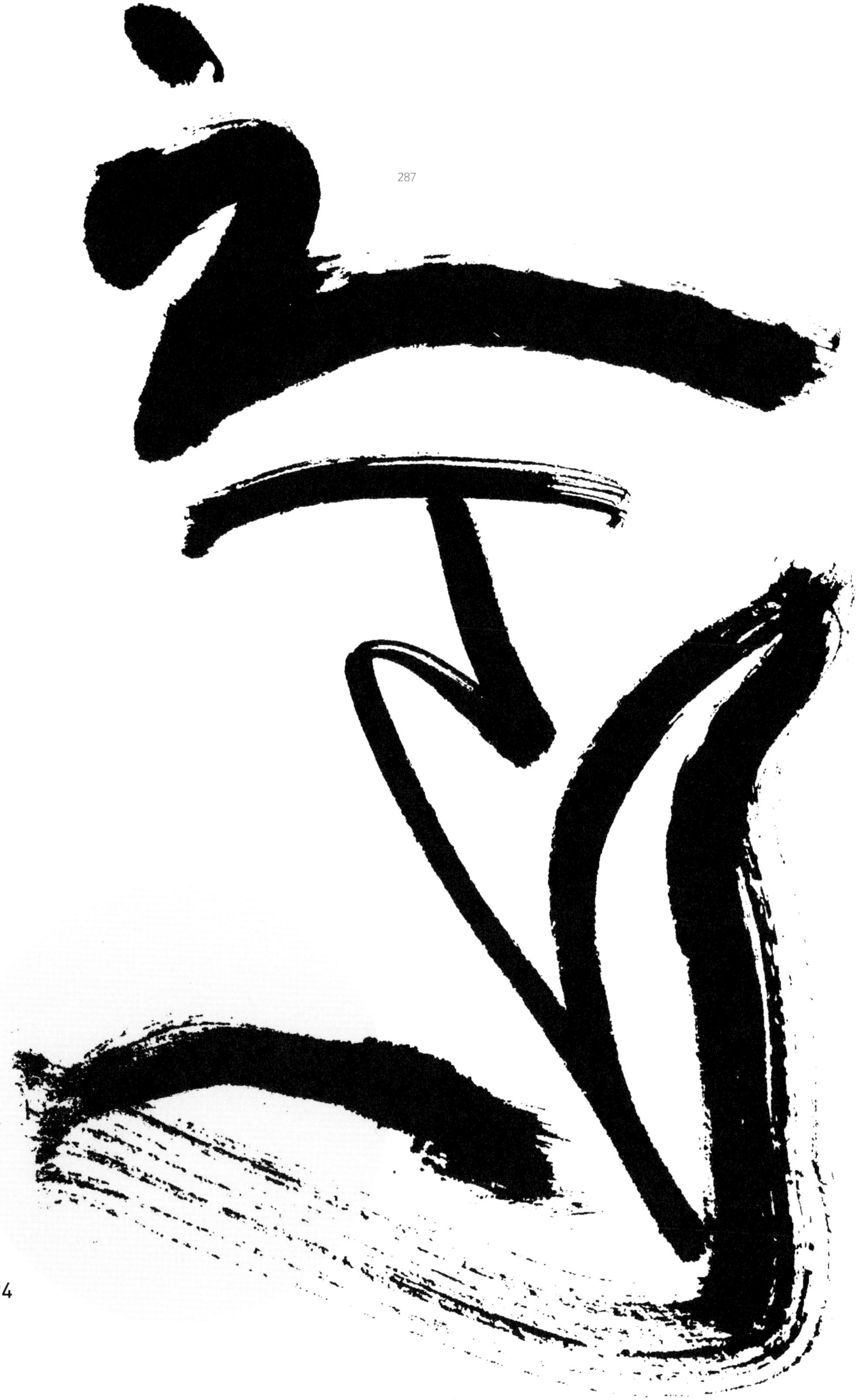

필압 연습을 위한 자료

처음 붓을 잡은 사람에게 글씨를 쓰라고 하면 대개는 일정한 획으로만 글씨를 쓰는 경우가 많다. 캘리그라피의 도구는 반드시 붓이어야 하는 것은 아니지만 붓을 쓰는 이유는 바로 필압을 다양하게 표현할 수 있다는 것이다. 다양한 필압을 구사하려면 붓놀림이 몸에 배도록 많은 수련이 필요하다. 의도적으로 붓을 눌러쓰고 들어쓰는 훈련을 반복하다 보면 어느새 본능적으로 필압 표현을 하게 된다.

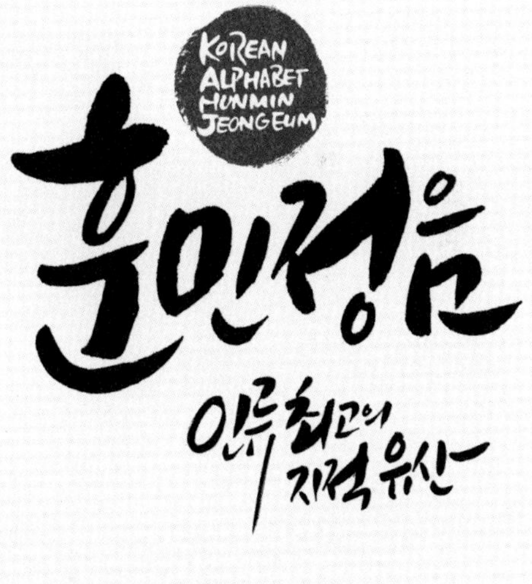

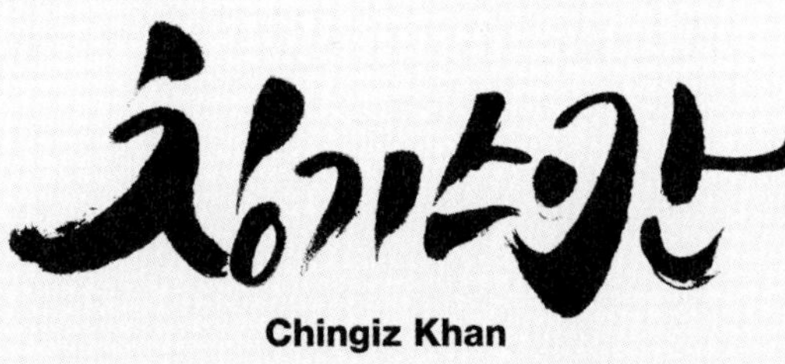

288

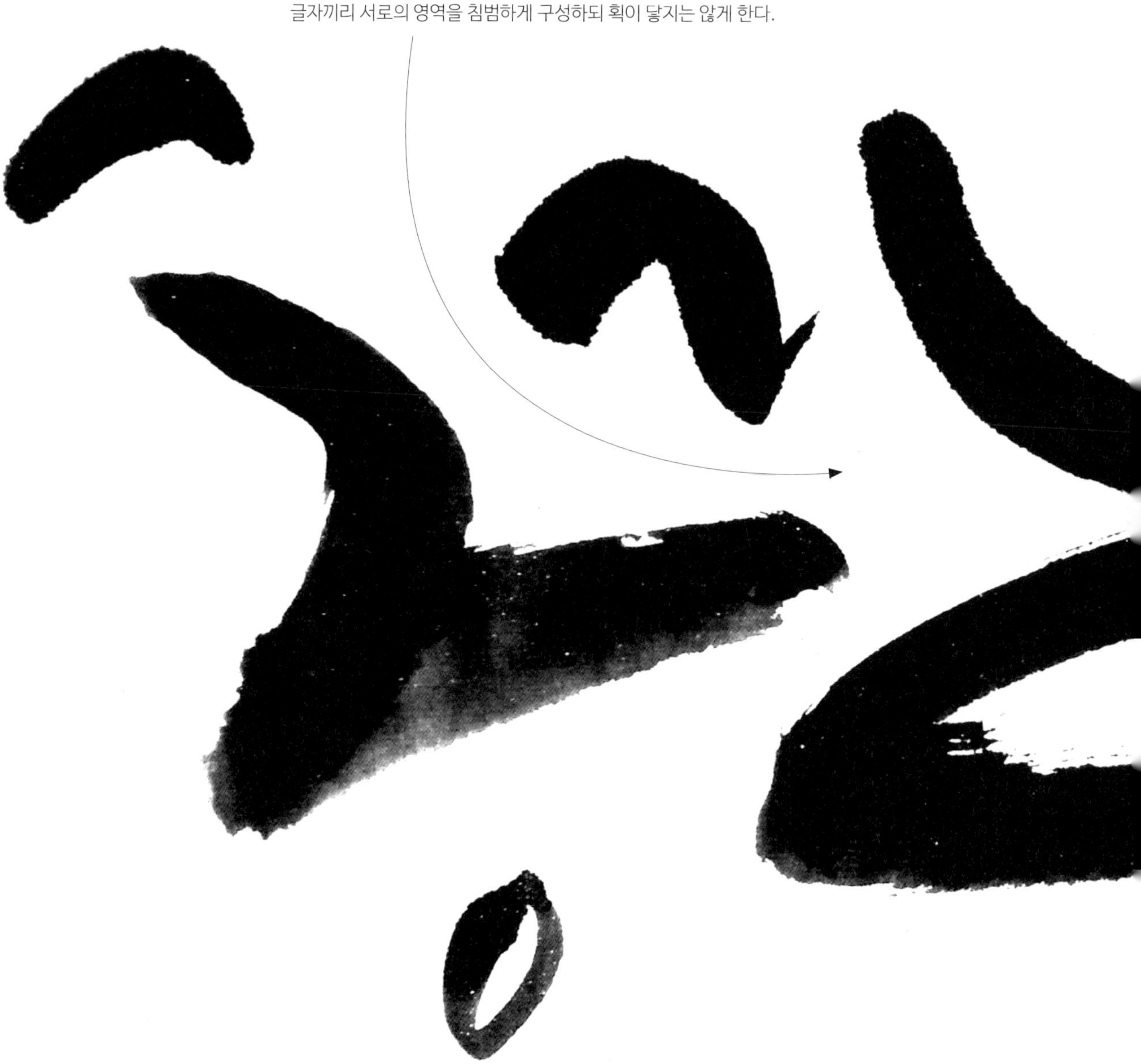

캘리그라피는 선線의 예술이다. 그 선이 모여 사람이 인지하고 있는 어떤 의미가 되는 것이다.
의미가 정확하게 인식되려면 선과 선 사이에 적절한 공간이 주어져야 한다. 만약 붙어버리거나 너무 떨어져버리면 의미를 상실한다. 공간의 적절성이 조화로울 때 예술적인 글씨가 되는 것이니 캘리그라피는 바로 그런 글씨를 쓰려는 것이다. 사람들이 같은 단어를 써도 어떤 글씨는 예뻐 보이거나 혹은 이상해 보이는 이유는 획의 여러 가지 모양도 중요하지만 글자와 글자, 획과 획의 적절한 구성이 조화로워야 하기 때문이다.
획을 하나의 퍼즐로 생각하고 마치 선으로 하는 퍼즐놀이처럼 글씨쓰기를 연습하면 좋은 글씨를 쓸 수 있다.

289

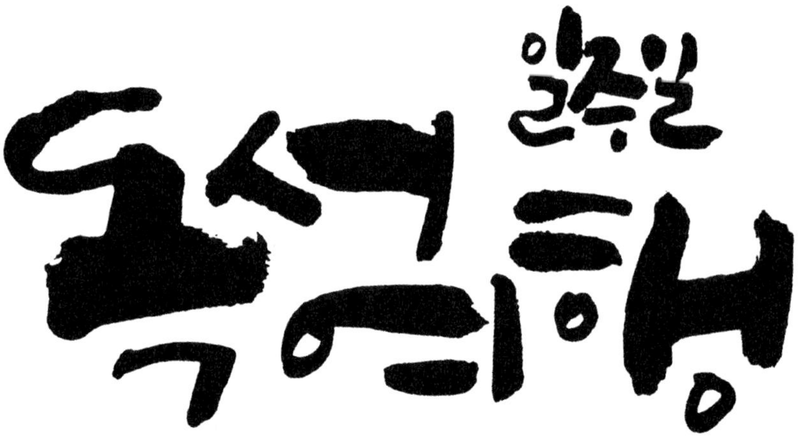

290

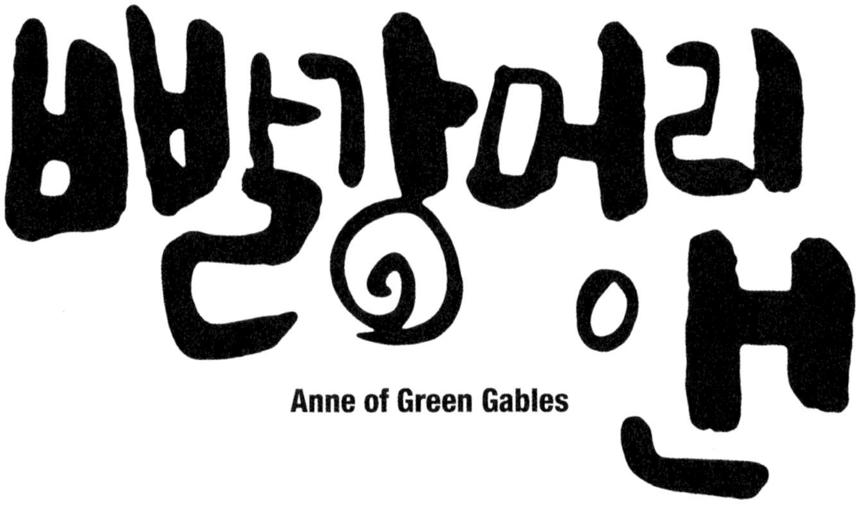

291

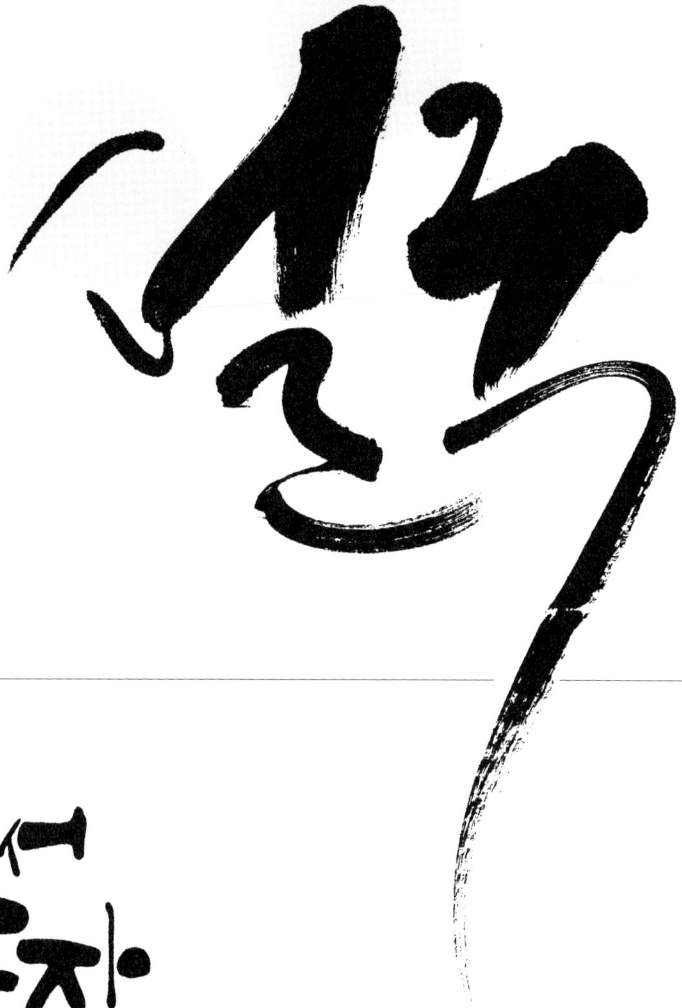

292

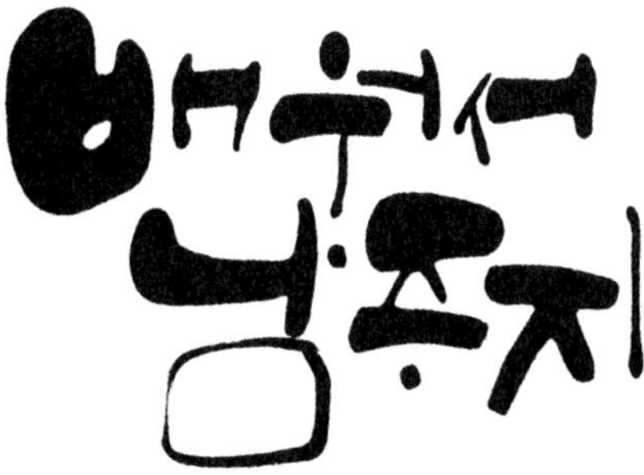

293

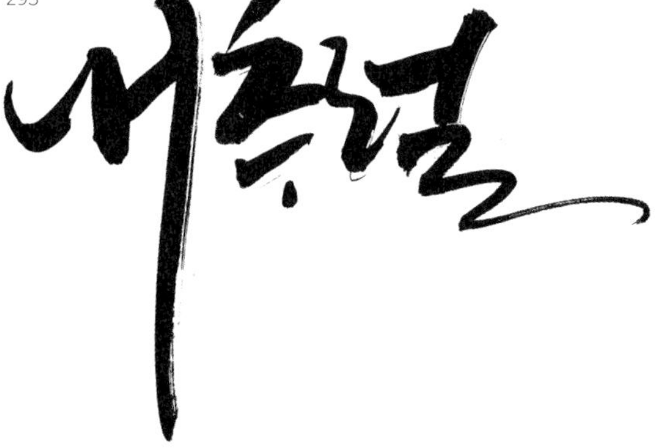

294

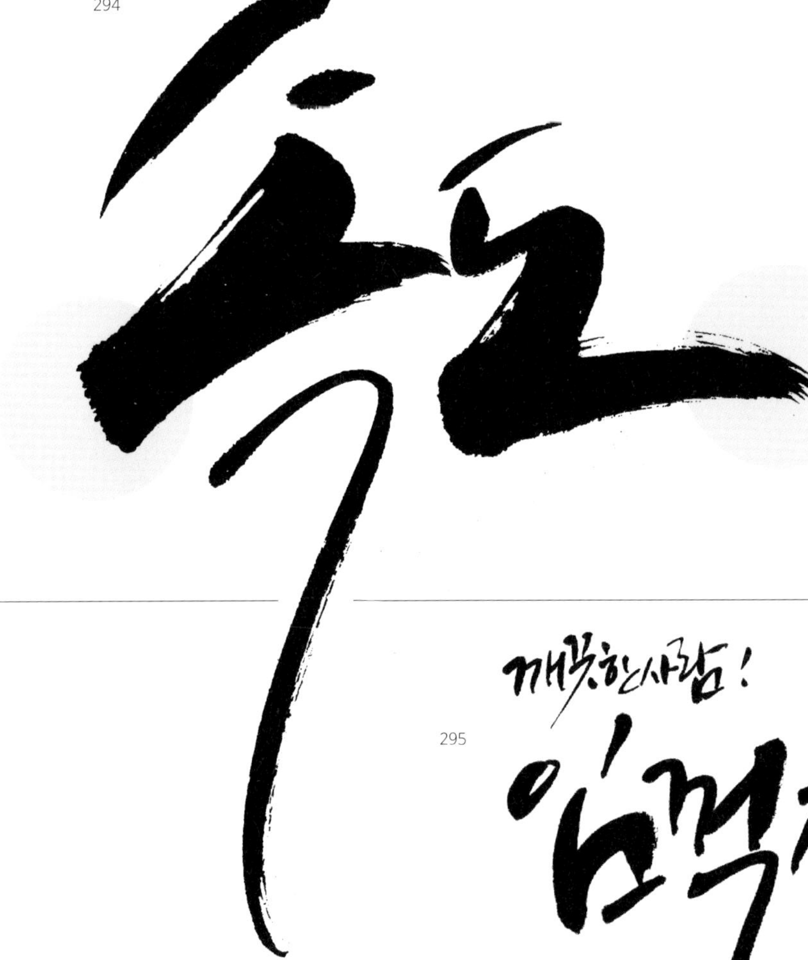

295

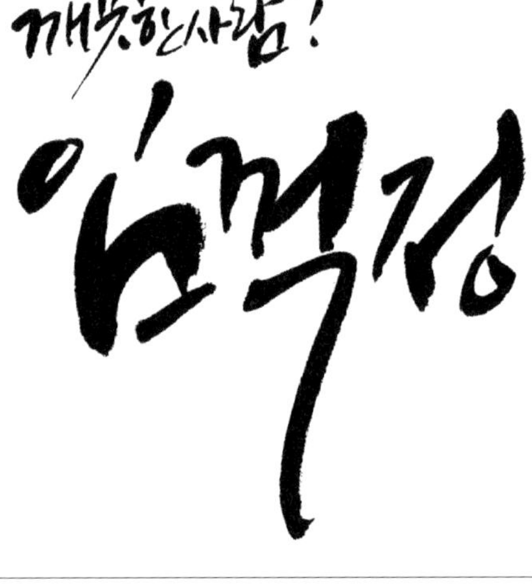

296

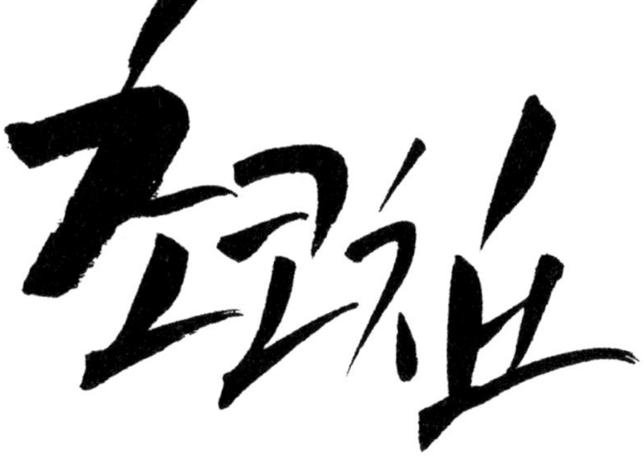

297

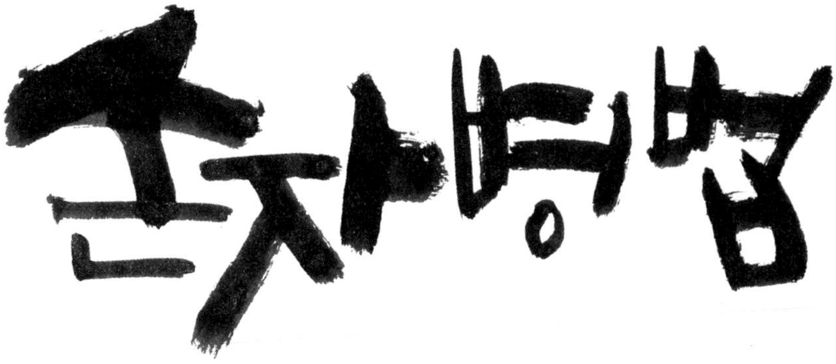

298

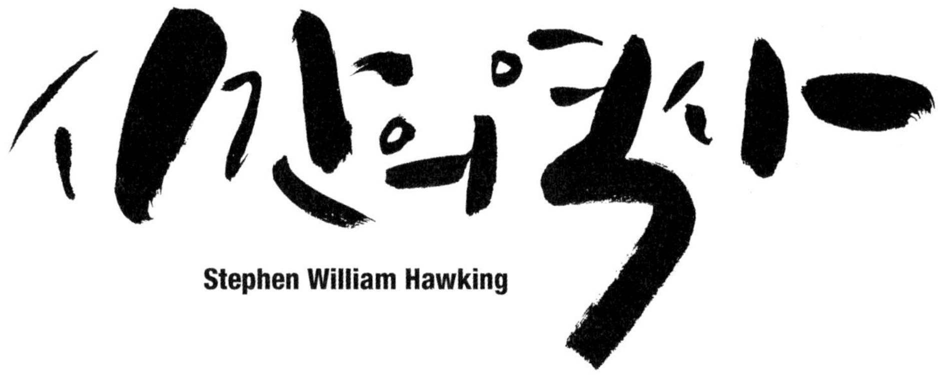

299

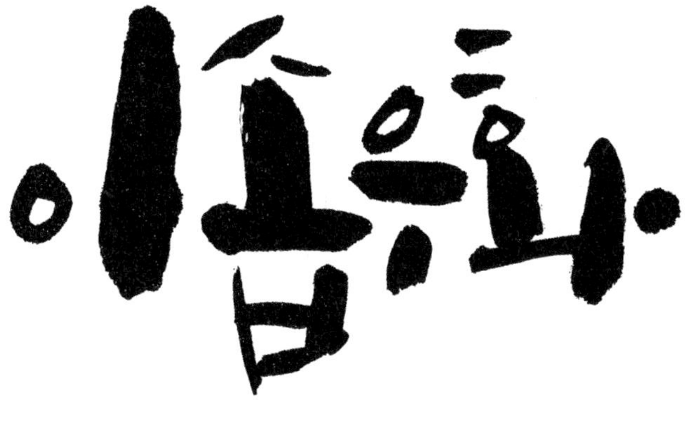

300

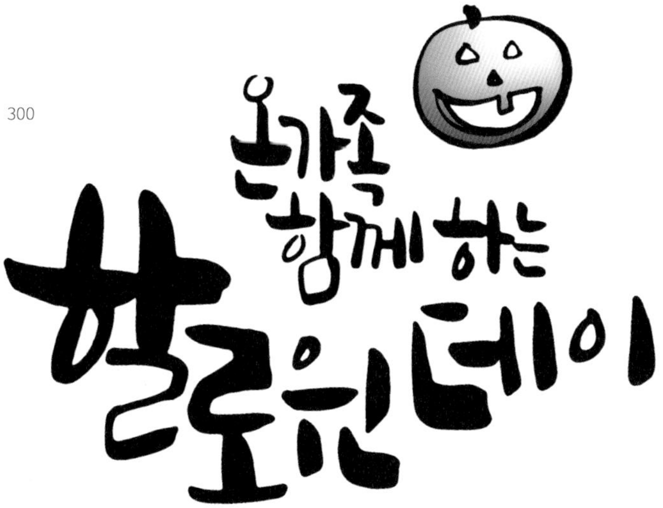

300A

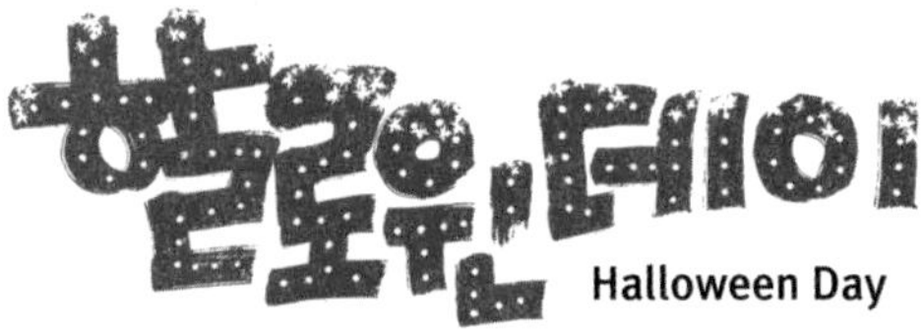

평붓의 넓은 면으로 글씨를 쓴 다음 데코레이션

301

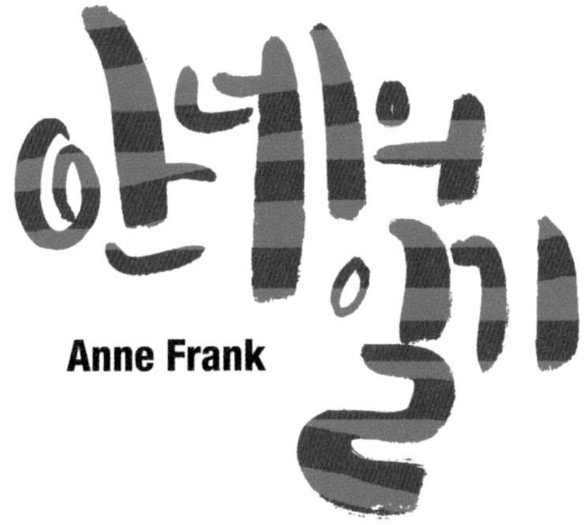

302

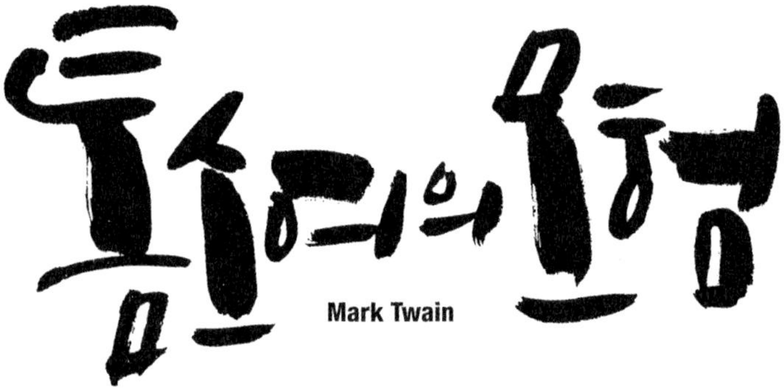

303

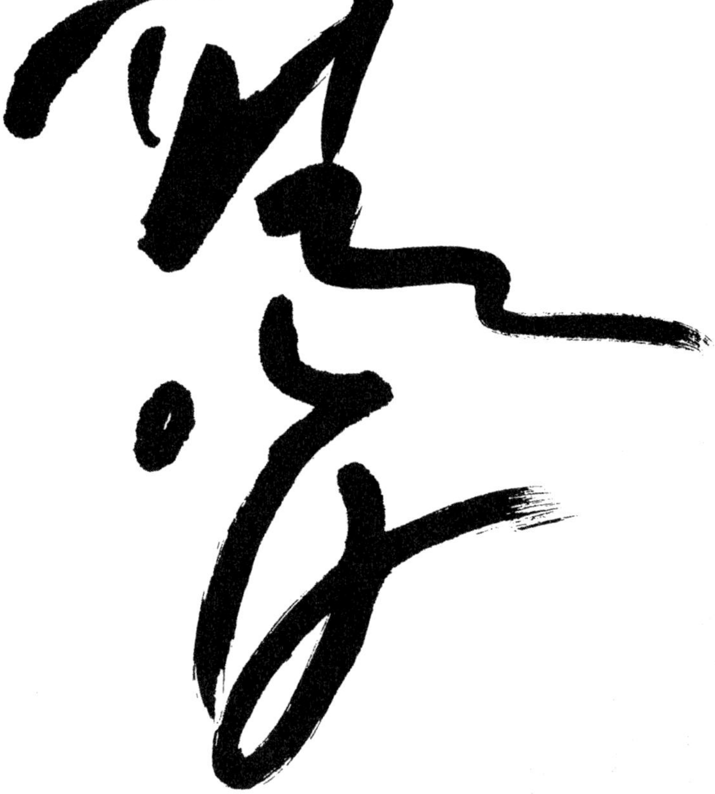

304

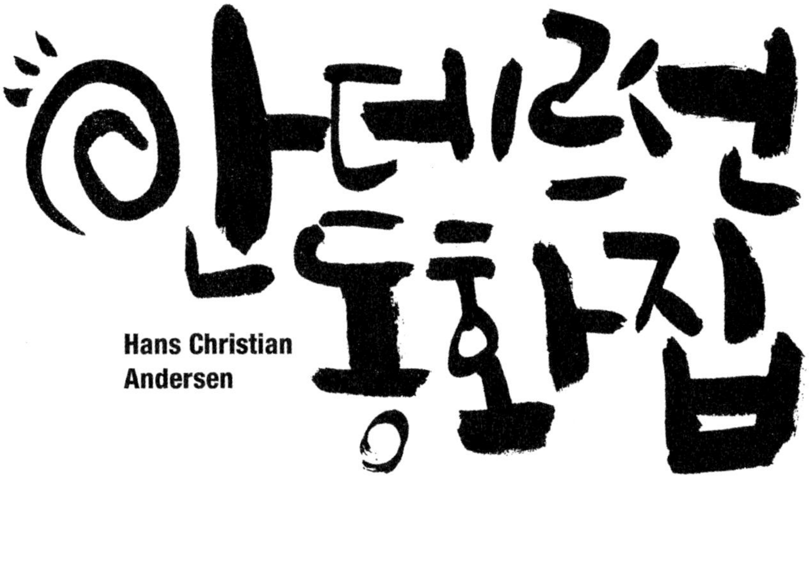

305

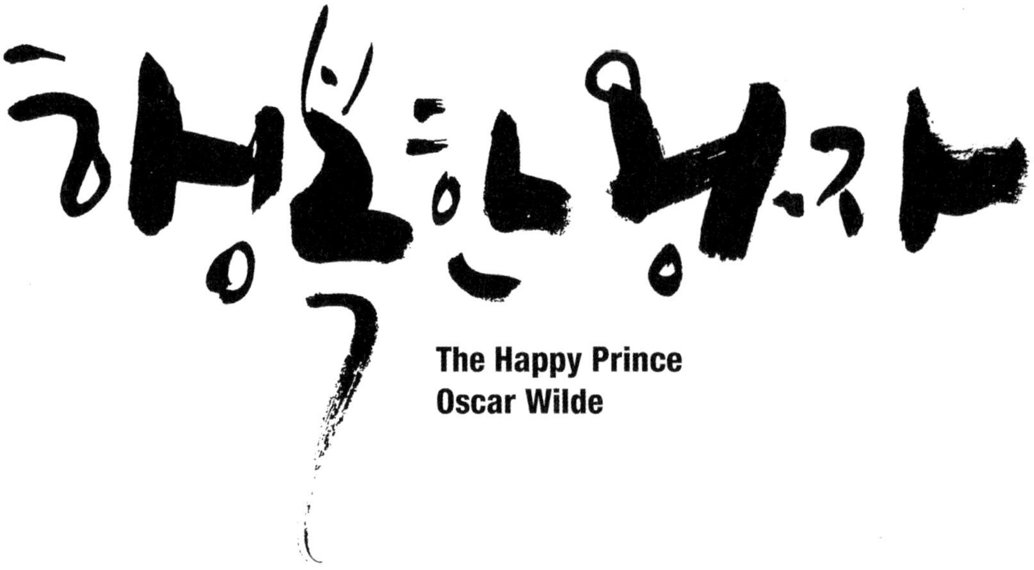

The Happy Prince
Oscar Wilde

306

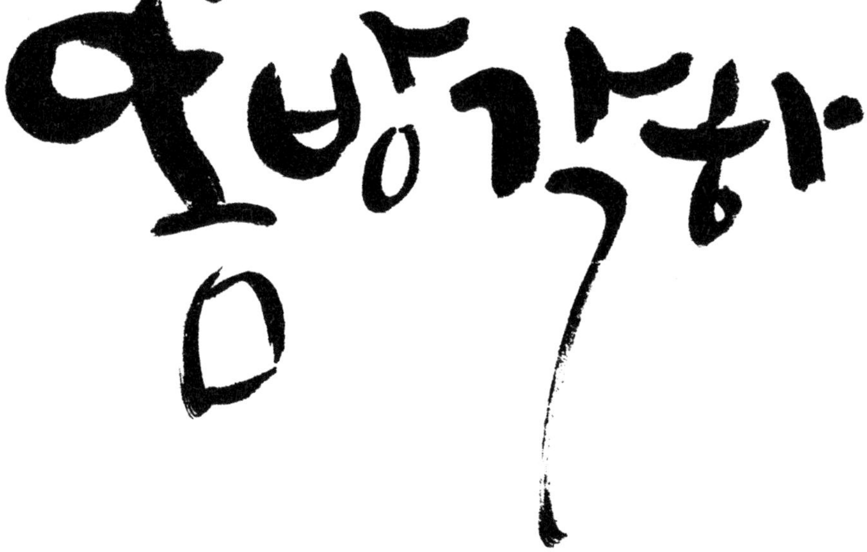

307

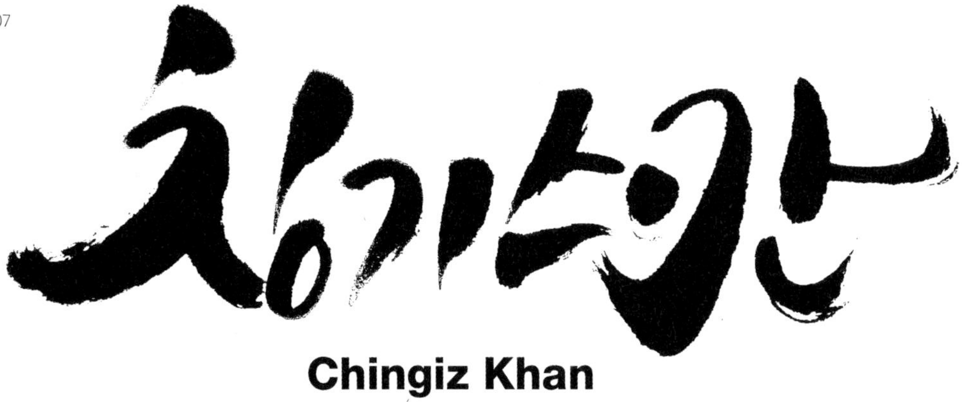

308

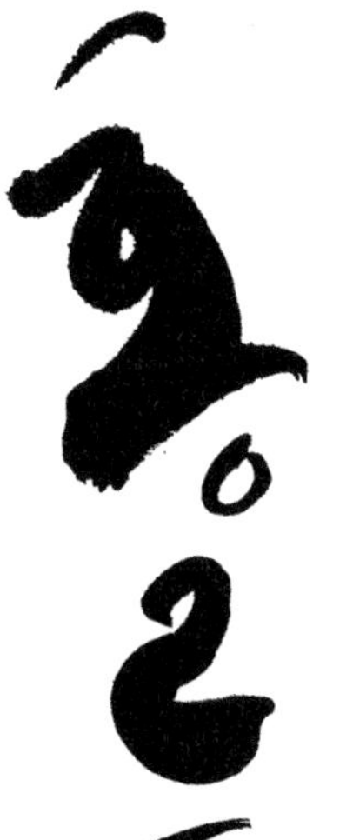

309

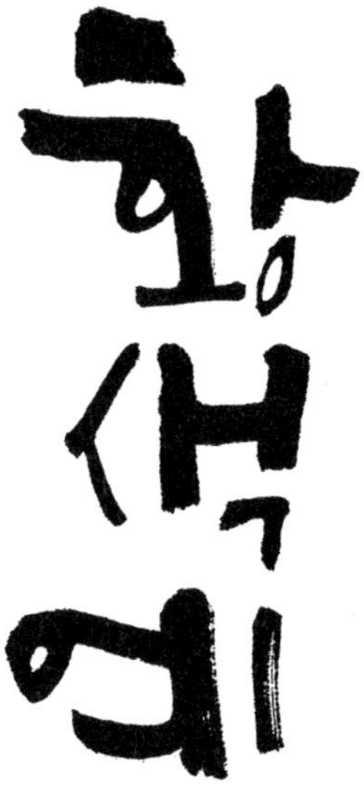

310

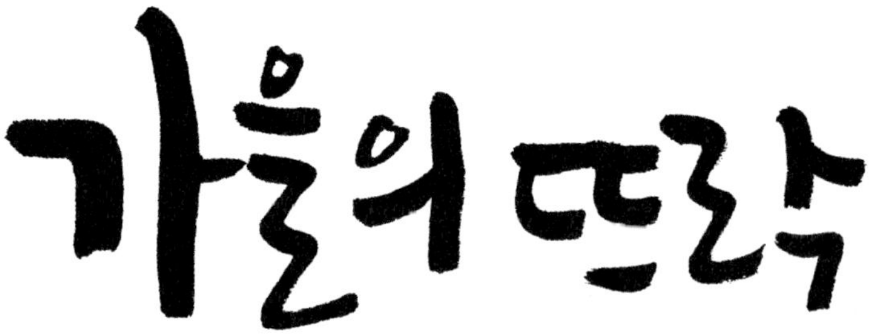

311

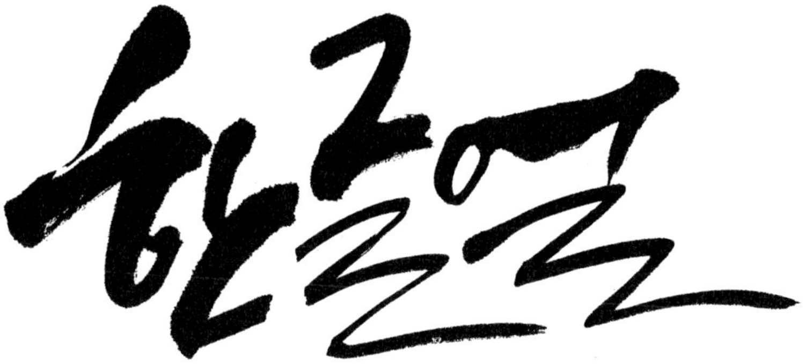

312

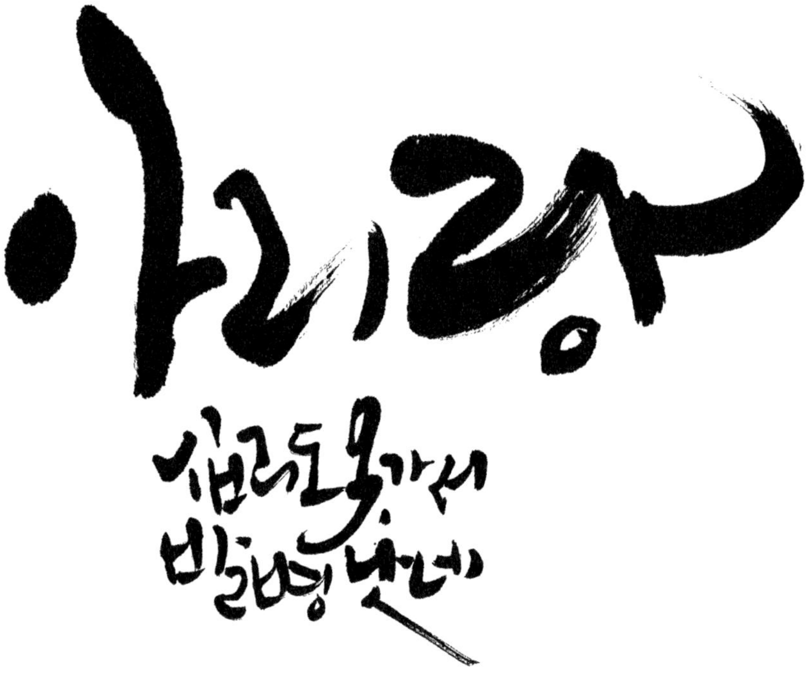

313

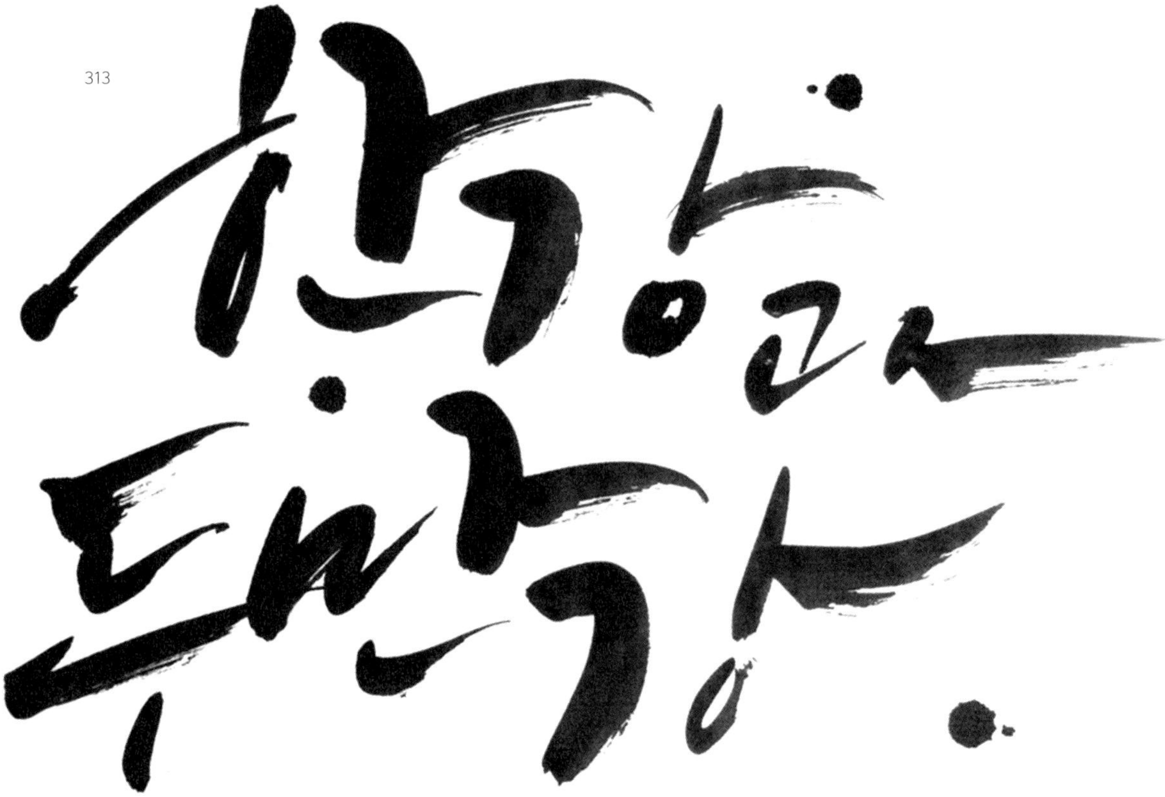

314

수험생 여러분, 마지막까지 최선을 다하세요!!

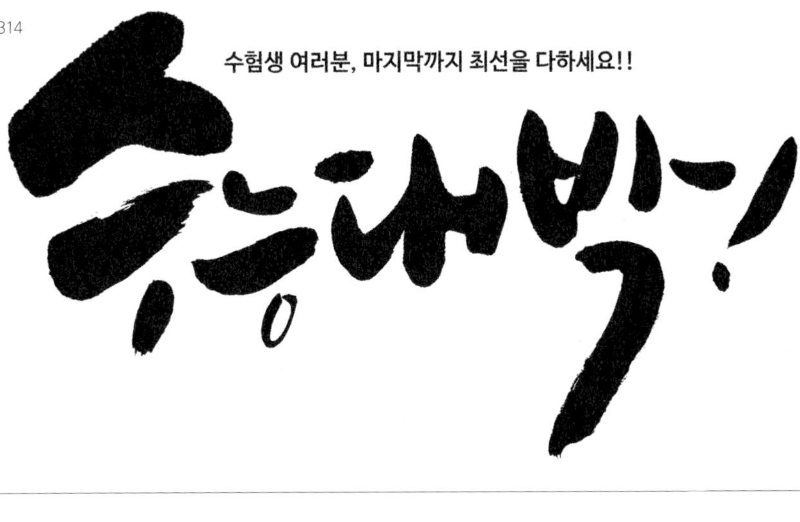

315

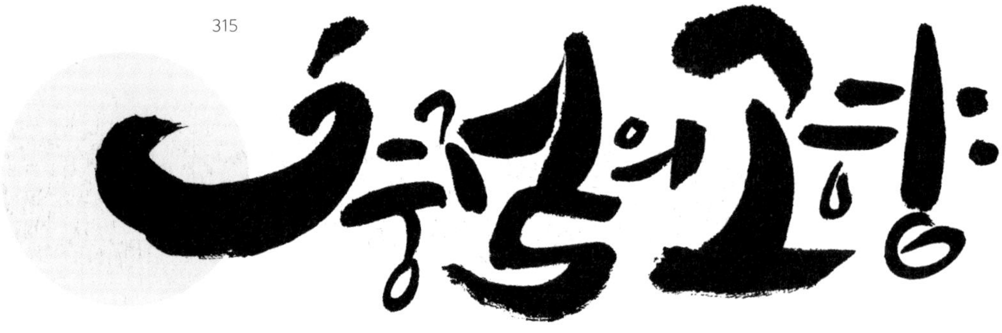

316

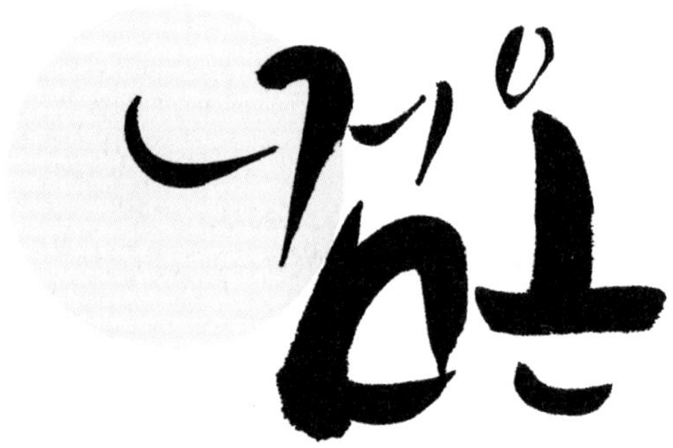

317

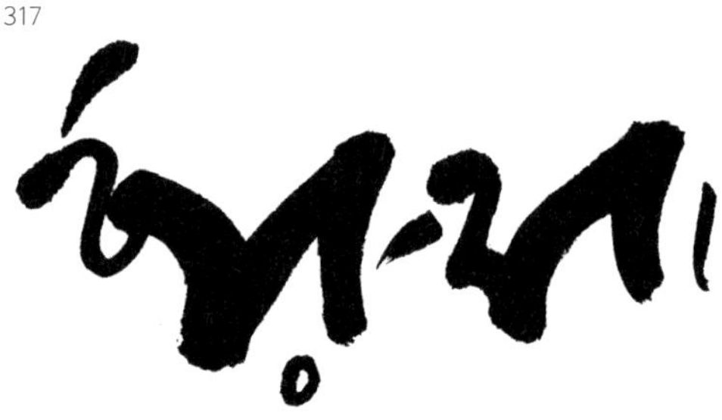

318

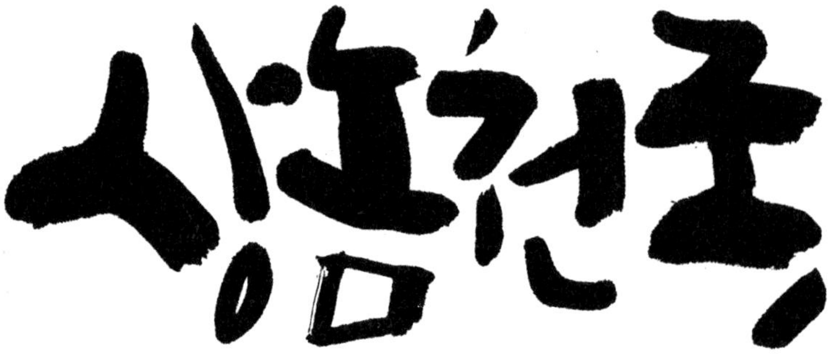

319

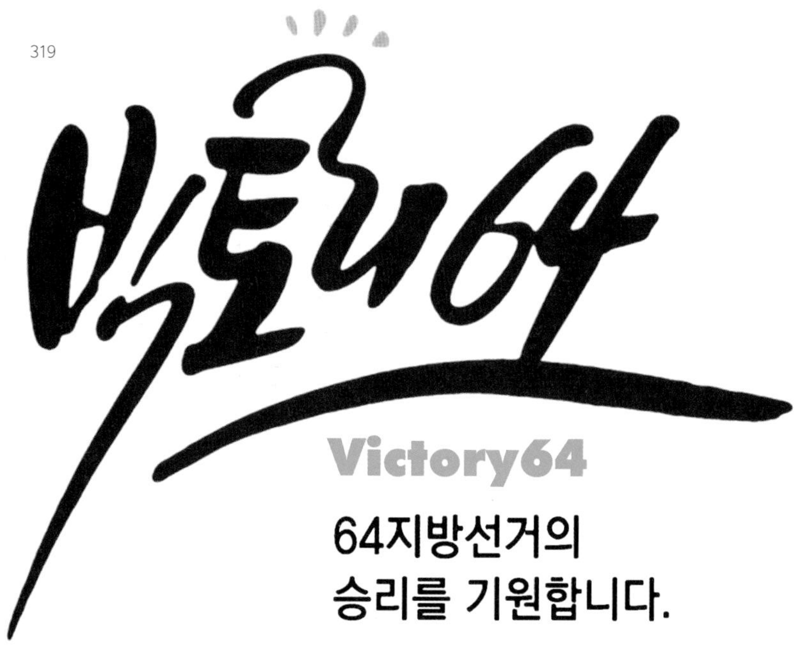
빅토리64
Victory64
64지방선거의
승리를 기원합니다.

320

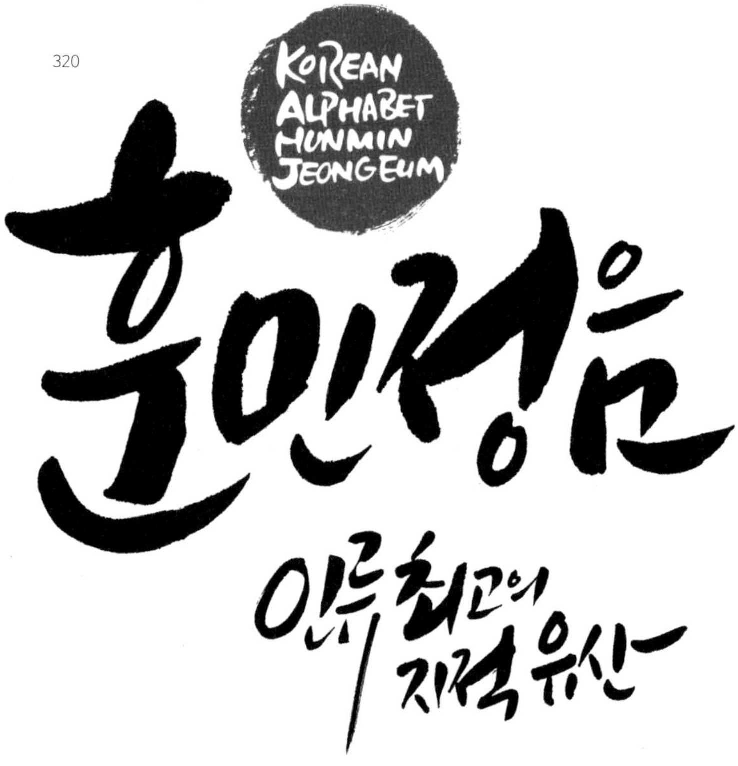
KOREAN
ALPHABET
HUNMIN
JEONGEUM
훈민정음
인류 최고의
지적 유산

321

❶

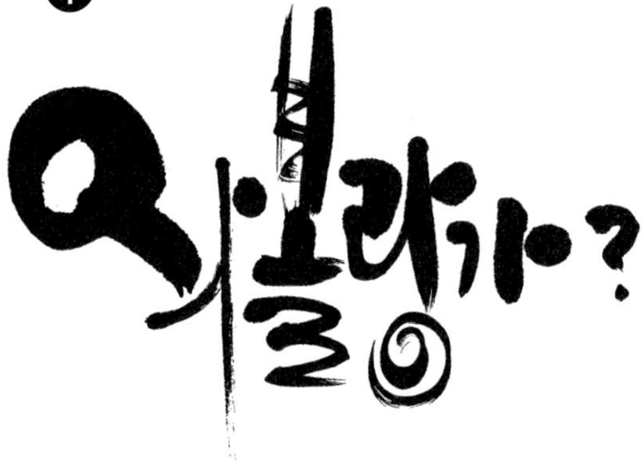

❷

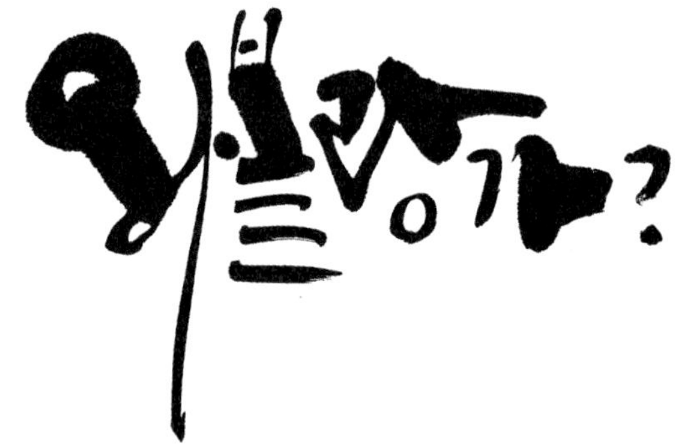

❸

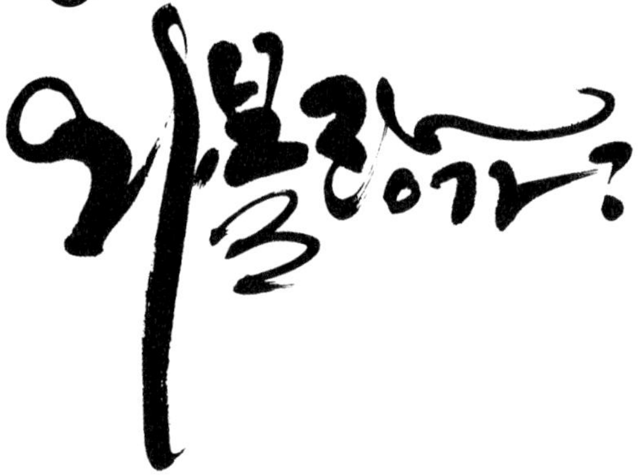

❹

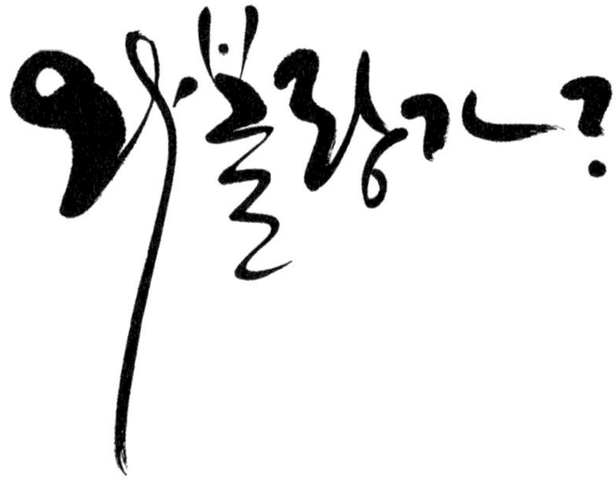

〈이산글씨학교〉에서 매년 한글날에 즈음하여 준비하는 캘리그라피 그룹전의 타이틀이다. 우리말 사투리를 캘리그라피로 표현해보는 전시회로 '와보시겠습니까?'라는 말을 전라도 말로 바꾼 것이다.

3장 _ 창작 브랜드 캘리그라피 모음

캘리그라피는 제품 브랜드에 많이 쓰이고 있다.
대부분 클라이언트로부터 의뢰받아 단어를 쓰게 되는 것이 일반적이지만 좀 더 적극적인 캘리그라피 활동이라면 기존의 글씨뿐 아니라 창작 브랜드로 글씨 쓰는 훈련이 필요하다. 새로운 말들을 만들어내는 일은 재미있고 의미가 있다.

이 코너는 필자가 수업 때 학생들을 위해 필요한 체본을 써주면서 그때그때 즉흥적으로 만든 것들이다. 필자가 알지는 못하지만 실제 사용되고 있는 것들도 있겠고 처음으로 만든 말들도 있을 것이다.
항상 남의 글을 옮겨 적기보다 나만의 언어를 만들어가는 습관을 가져보자. 캘리그라퍼는 때때로 시인이 되고 카피라이터가 되어야 한다.

천 번을 써야 한 글자 남는다.

322

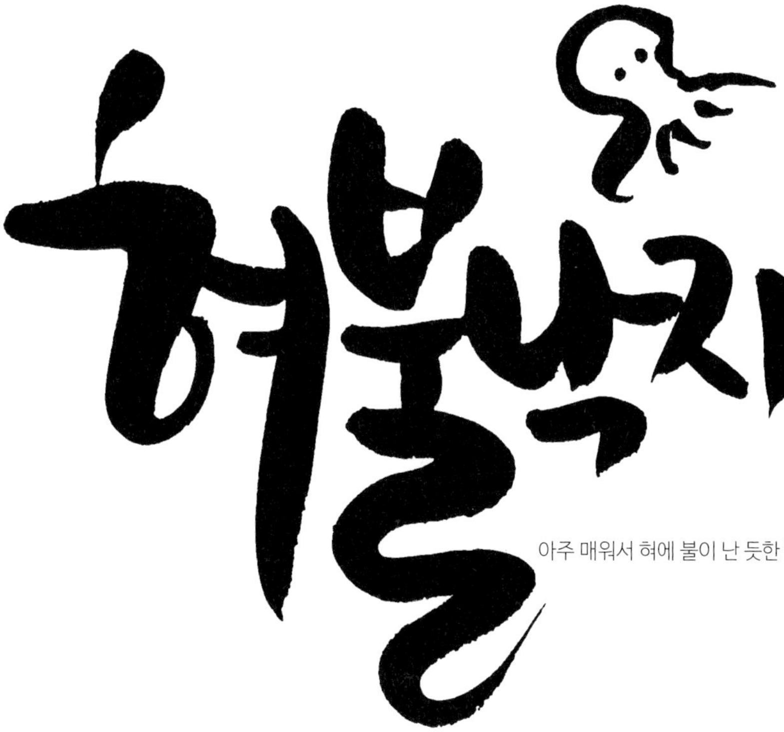

아주 매워서 혀에 불이 난 듯한 낙지

323

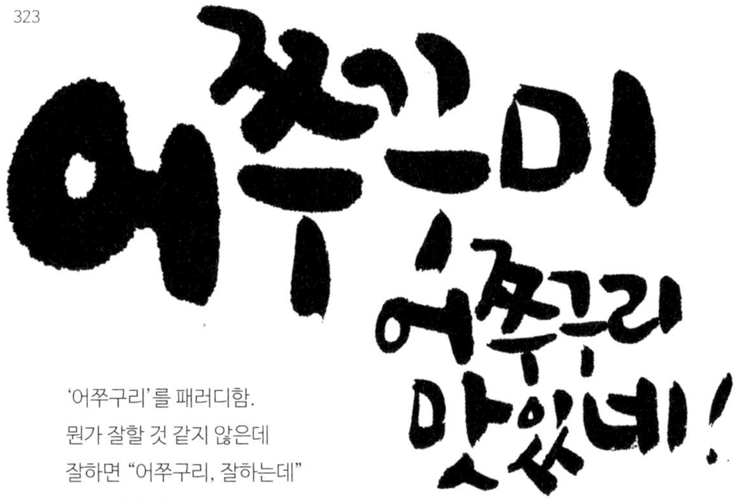

'어쭈구리'를 패러디함.
뭔가 잘할 것 같지 않은데
잘하면 "어쭈구리, 잘하는데"
라고 말하지요?

324

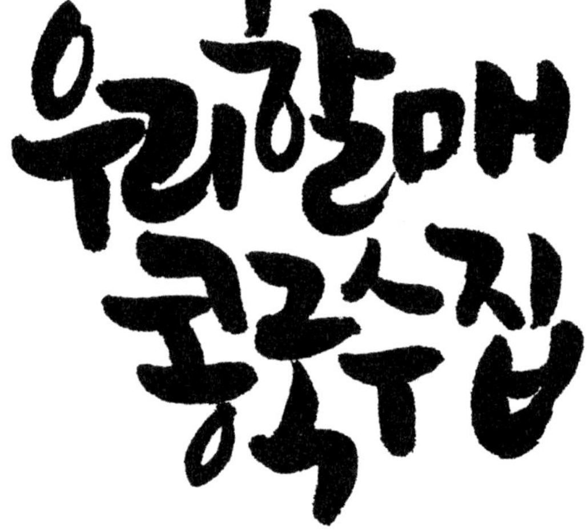

325

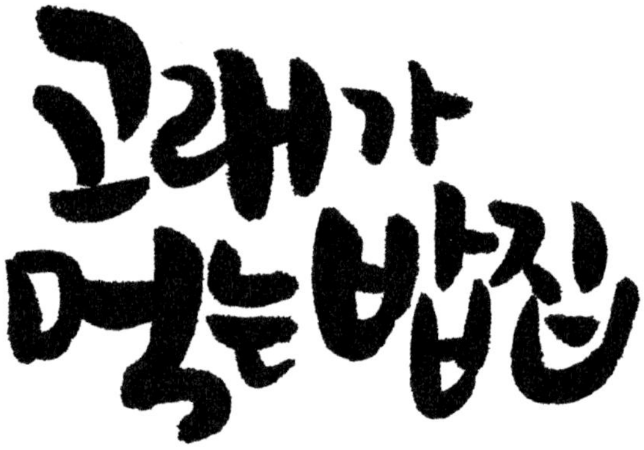

326

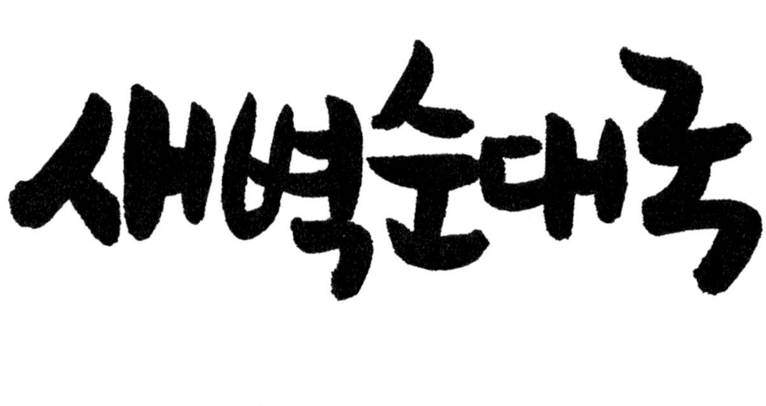

327

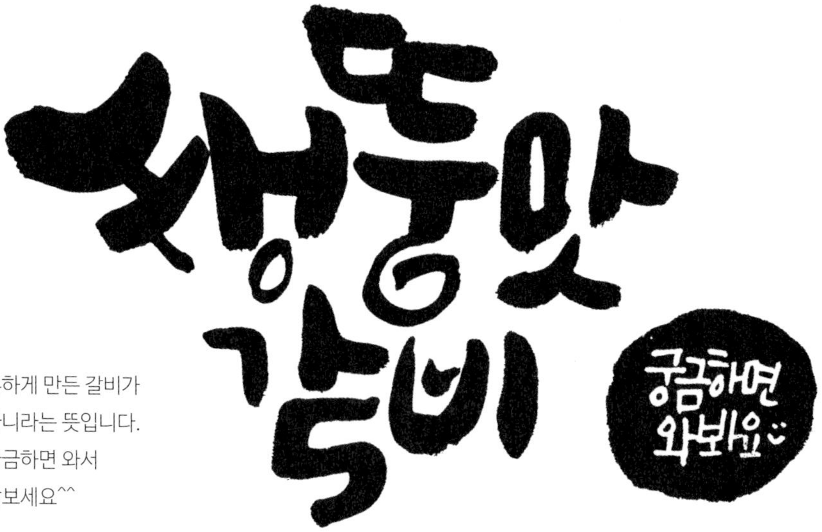

흔하게 만든 갈비가
아니라는 뜻입니다.
궁금하면 와서
맛보세요^^

328

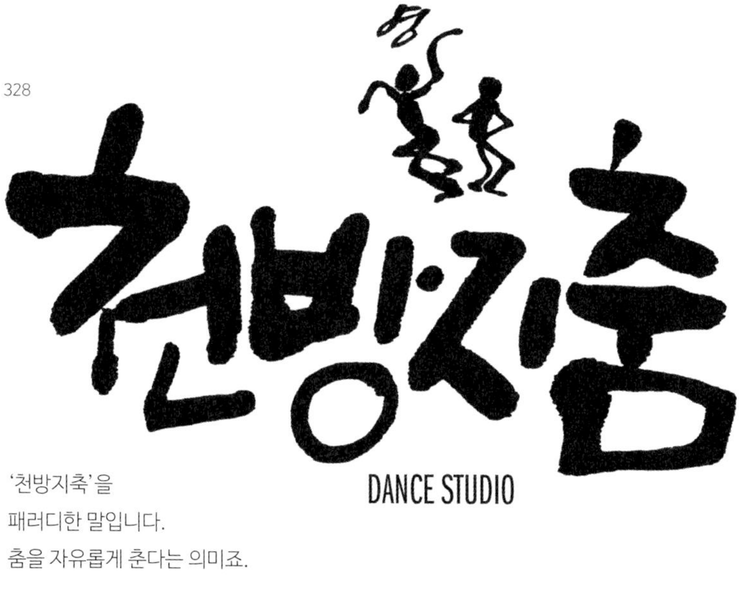

'천방지축'을
패러디한 말입니다.
춤을 자유롭게 춘다는 의미죠.

329

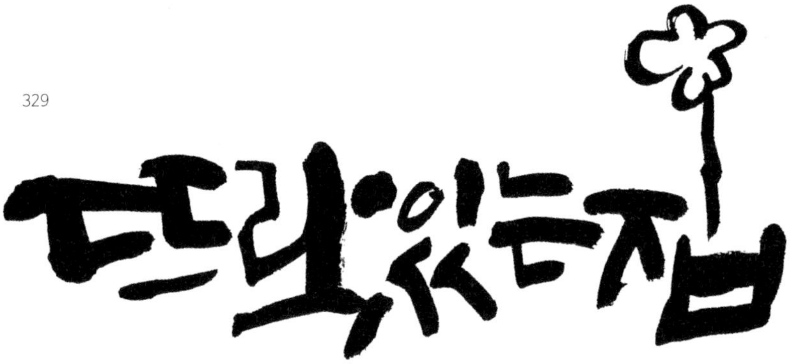

330

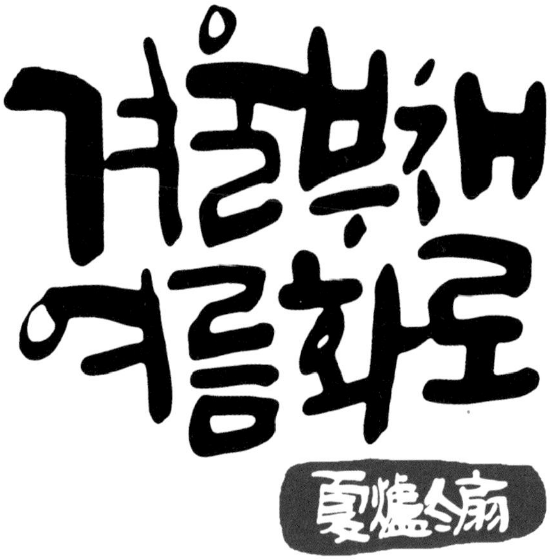

지금은 필요가 없지만
언젠가는 쓸모가 있게 된다는 뜻

331

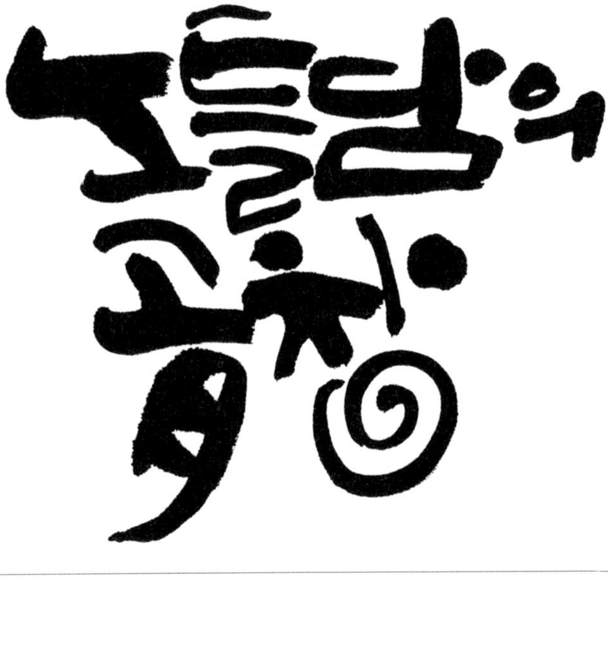

332

씨나락
까먹는집

SUDA
CAFE

333

술집이 많은 거리

술락가

SUL樂GA

334

KKLINY

끌리니

결혼정보업체

335

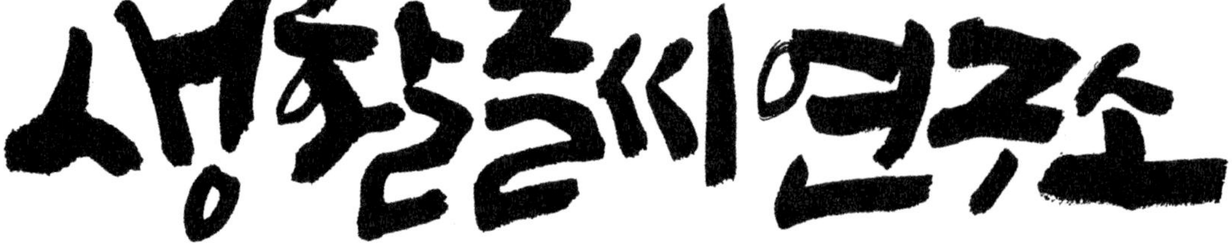

CALLIGRAPHY INSITITUTE

336

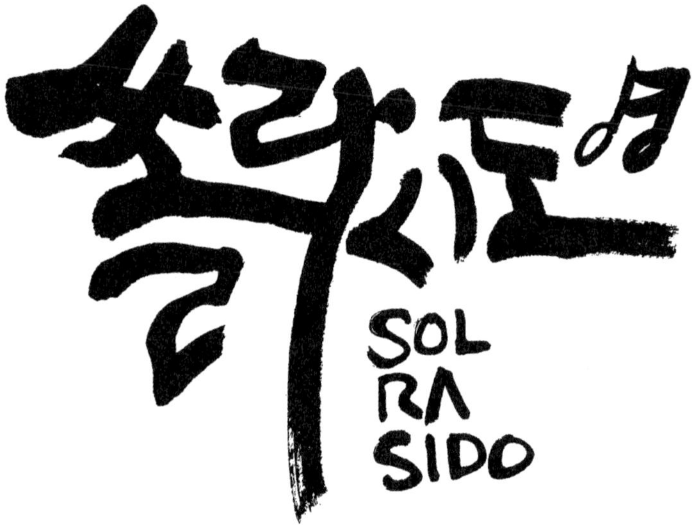

337

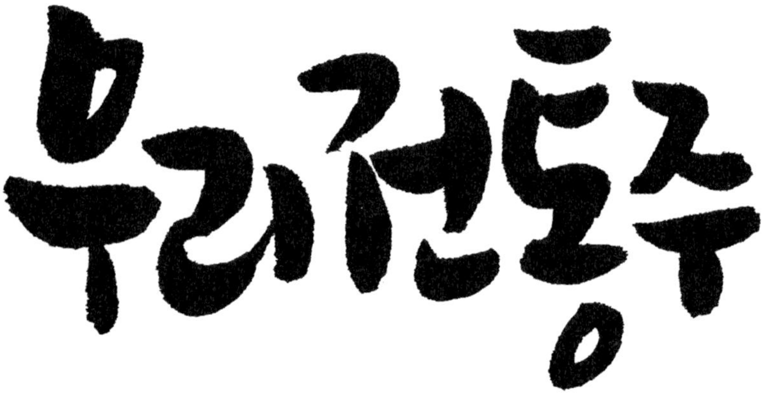

338

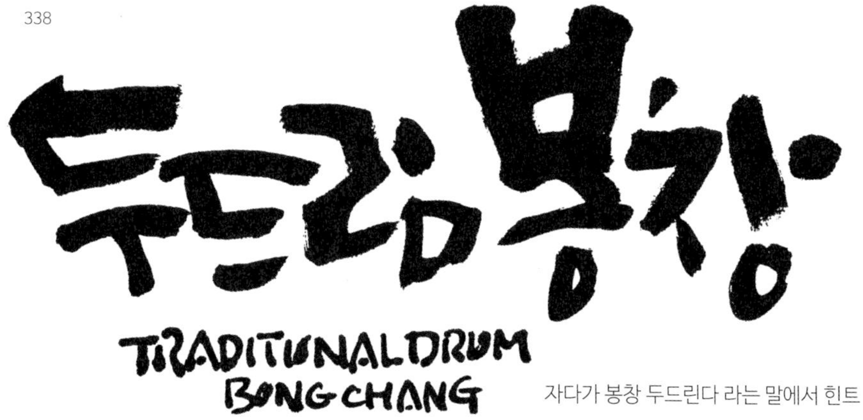

자다가 봉창 두드린다 라는 말에서 힌트

339

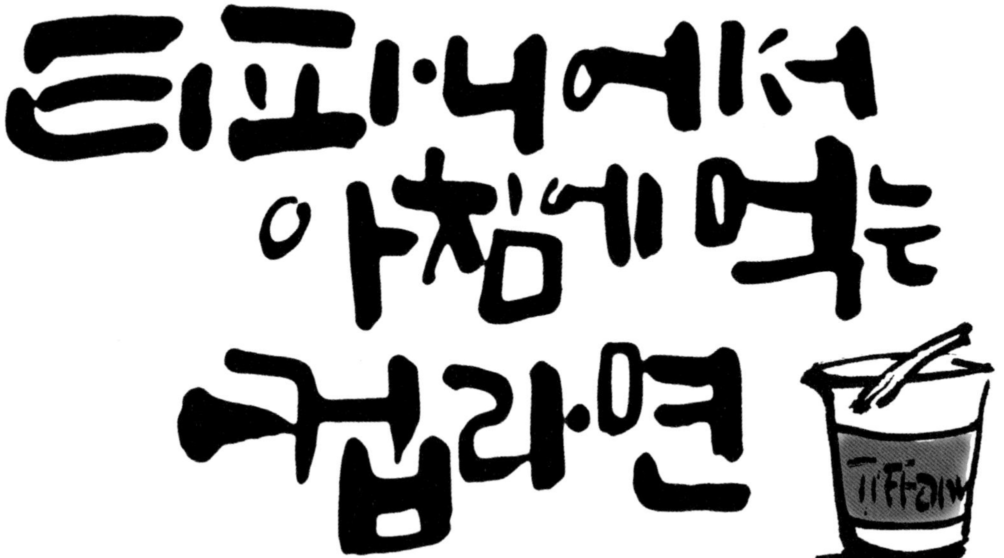

340

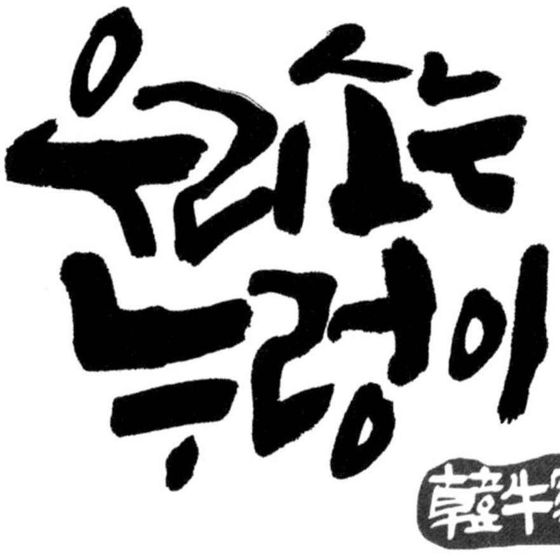

341

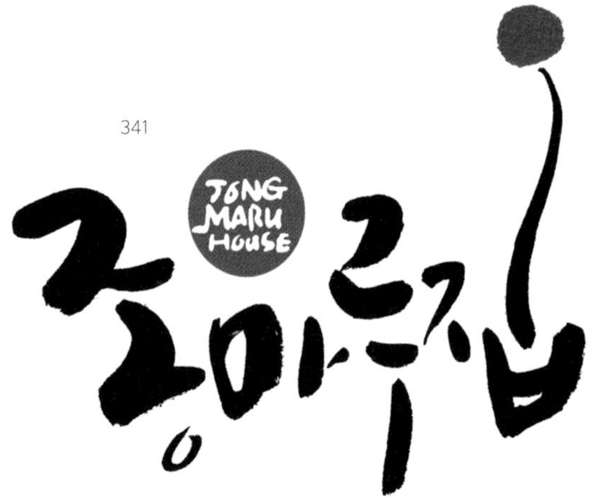

342

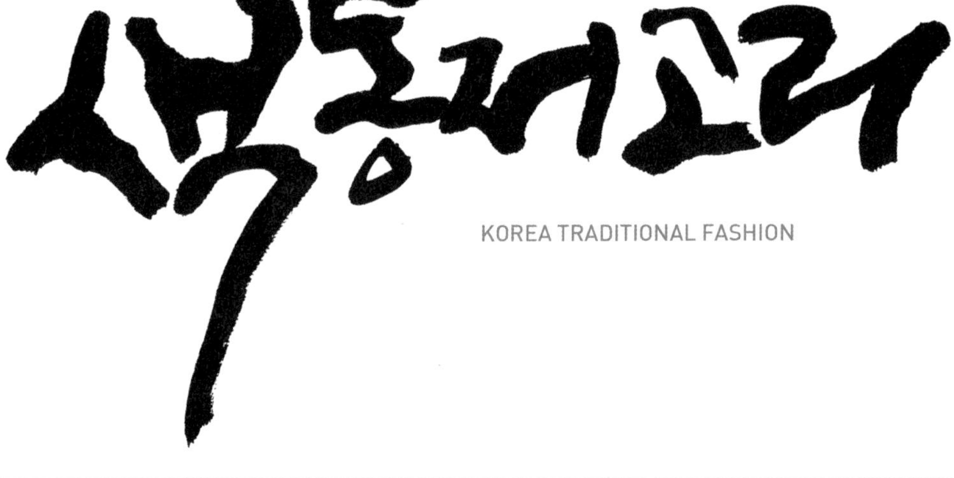

343

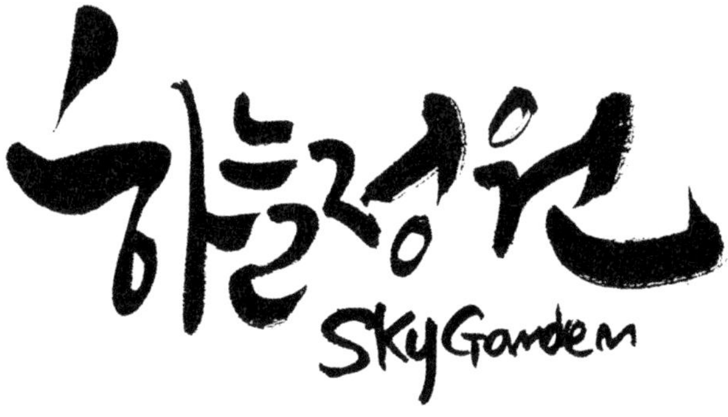

344

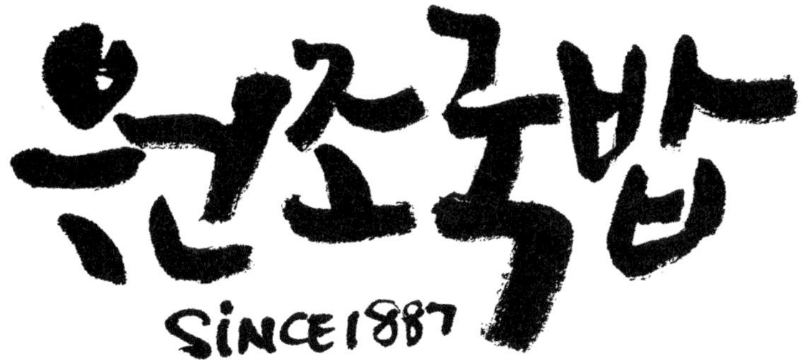

345

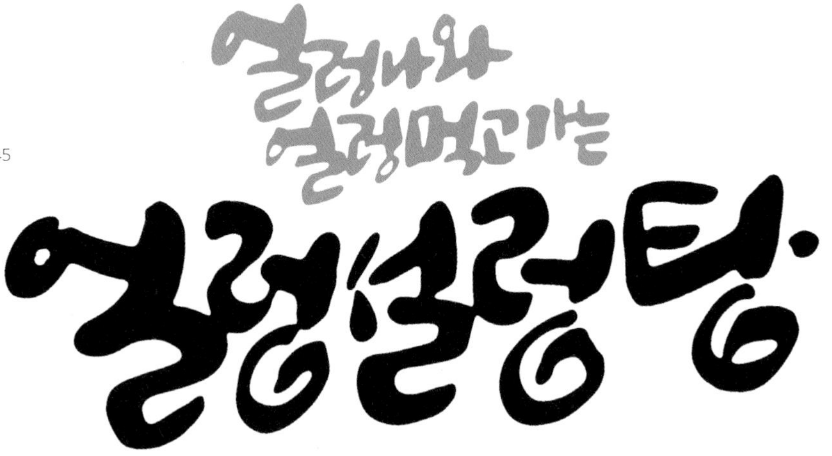

346

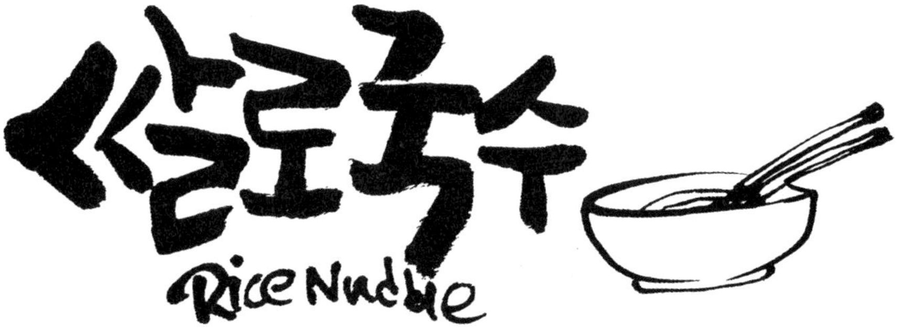

347

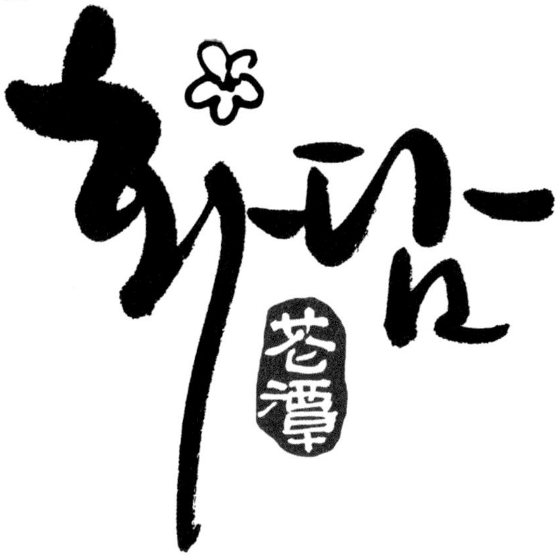

348

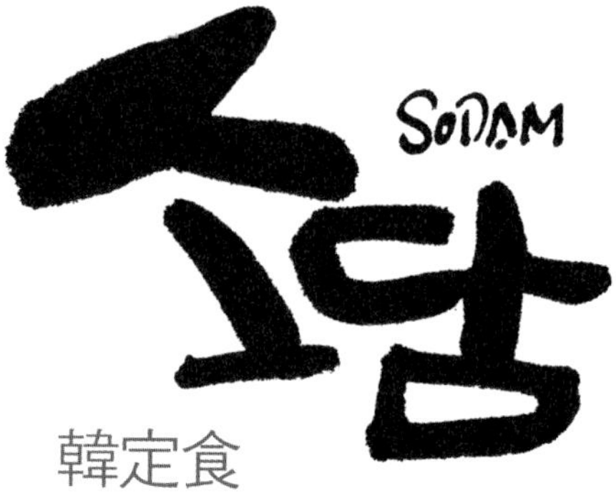

349

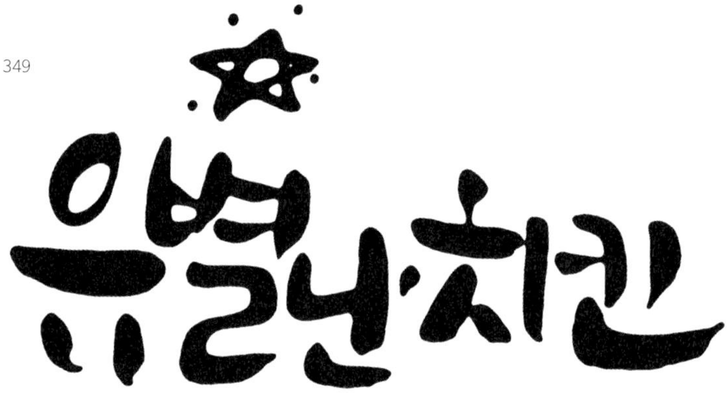

350

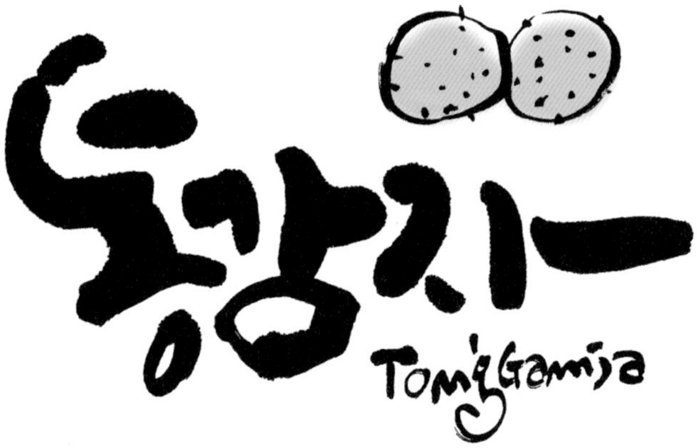

351

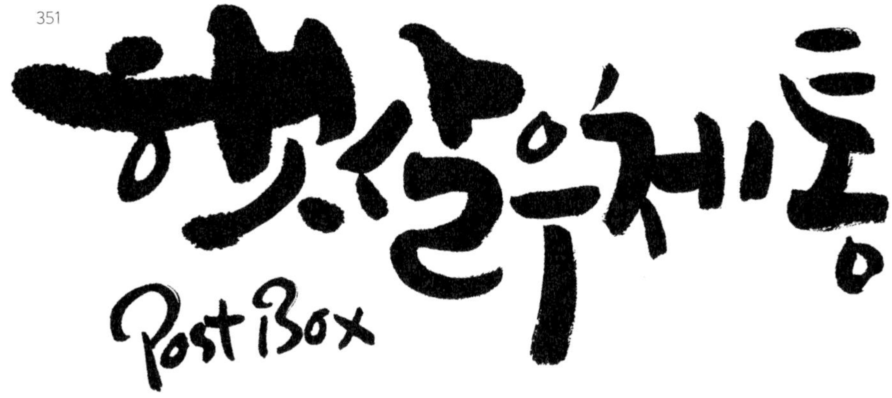

352

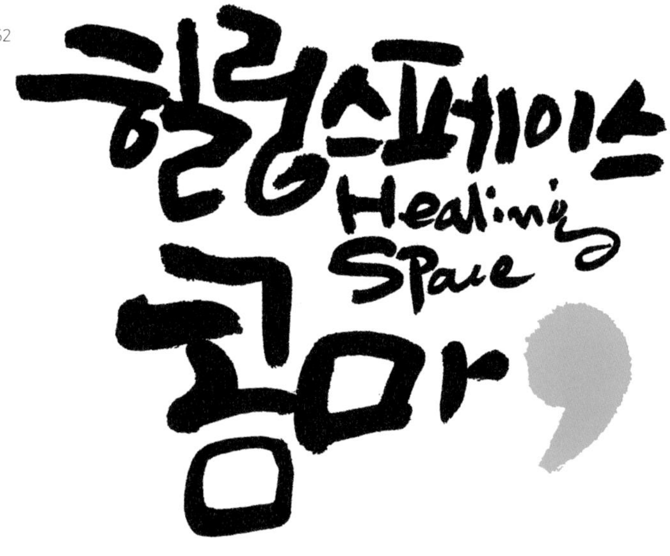

353

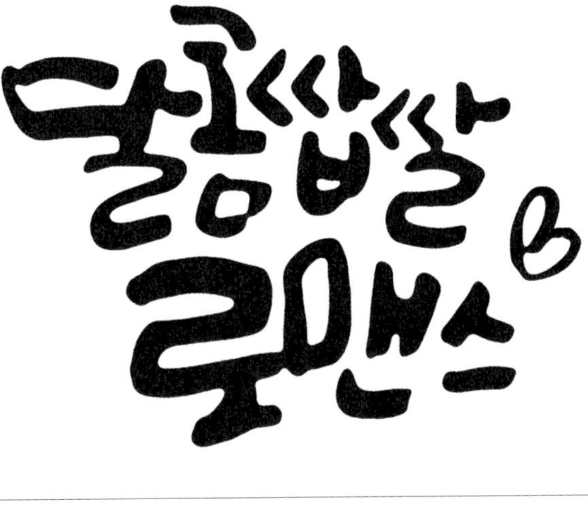

354

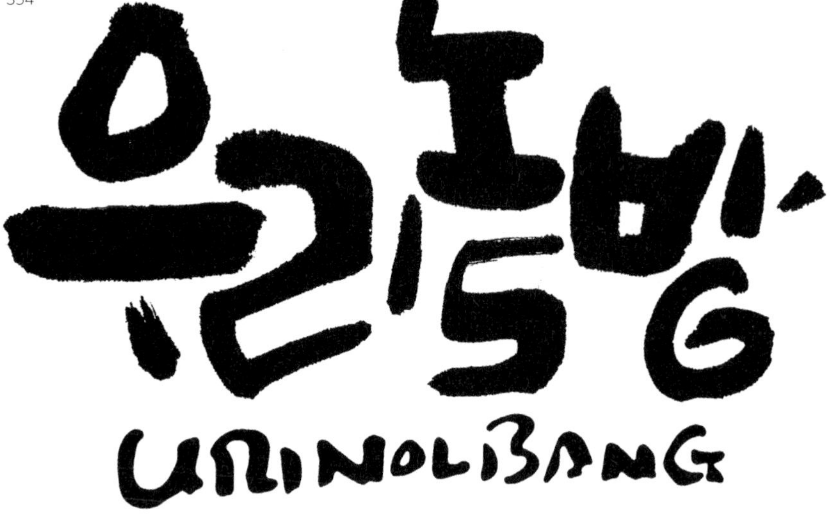

355

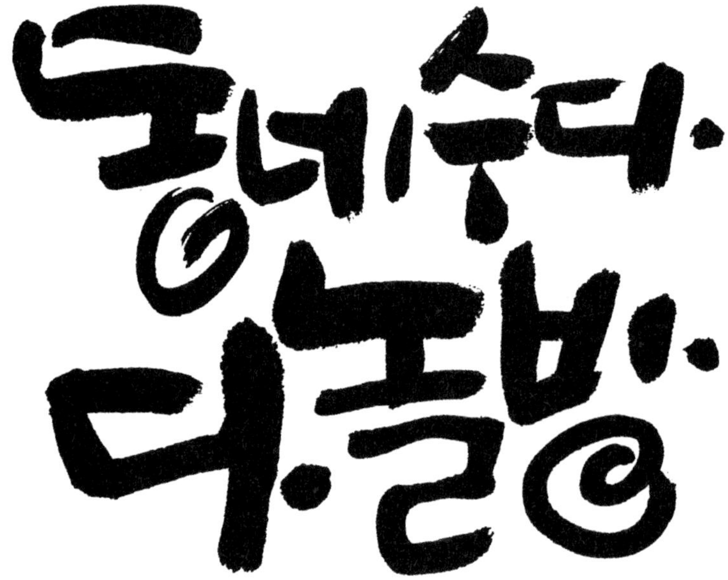

356

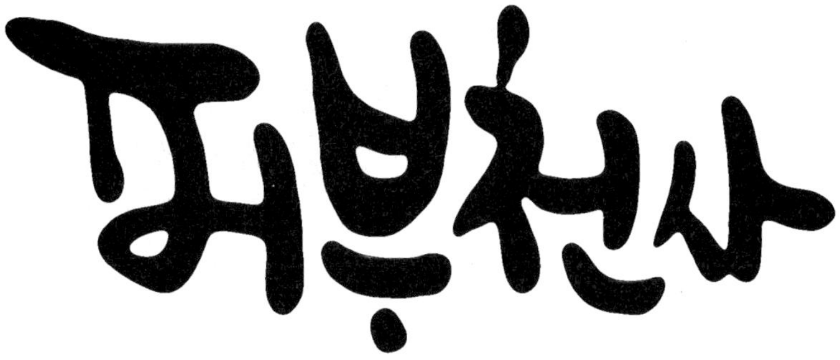

357

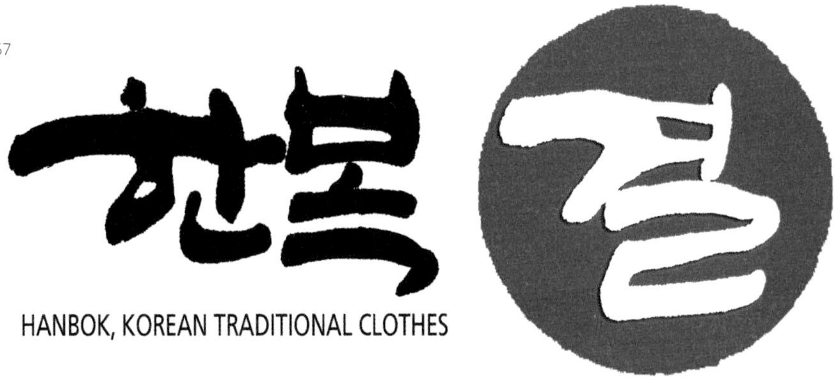

358

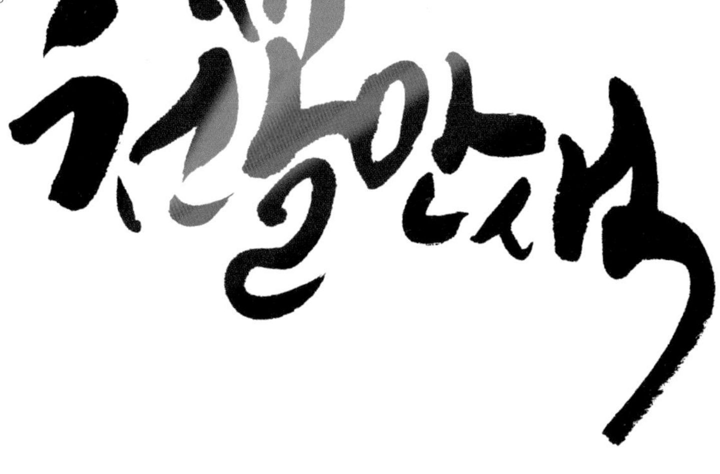

359

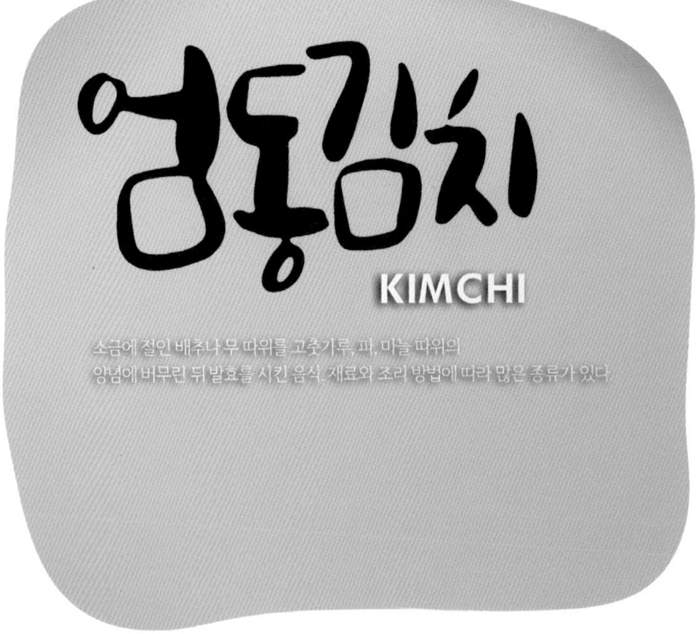
엄동김치
KIMCHI
소금에 절인 배추나 무 따위를 고춧가루, 파, 마늘 따위의
양념에 버무린 뒤 발효를 시킨 음식. 재료와 조리 방법에 따라 많은 종류가 있다.

360

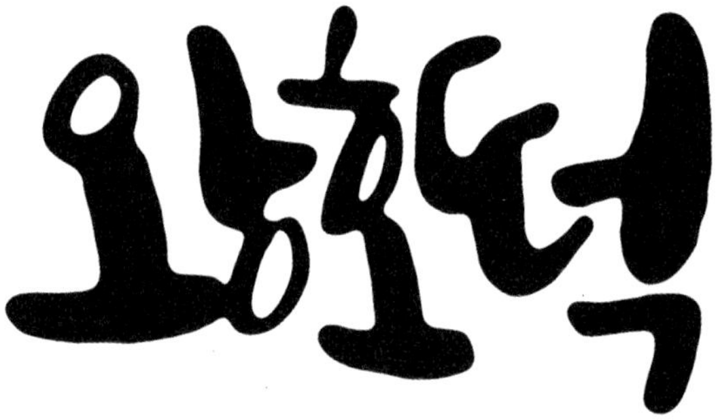
왕호떡

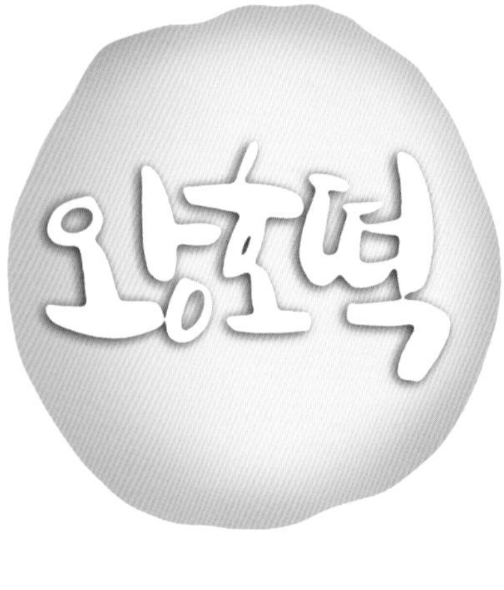
왕호떡

361

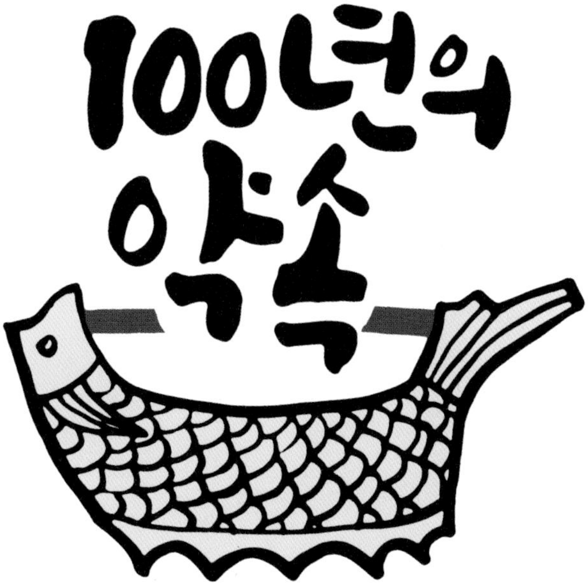

362

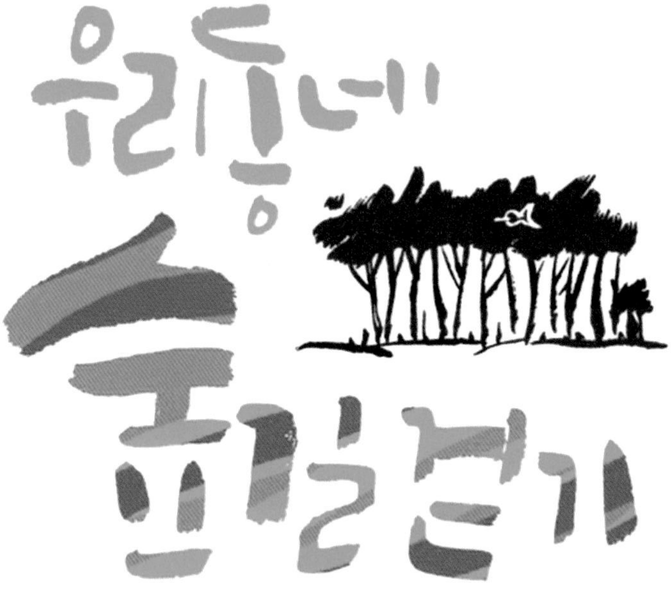

363

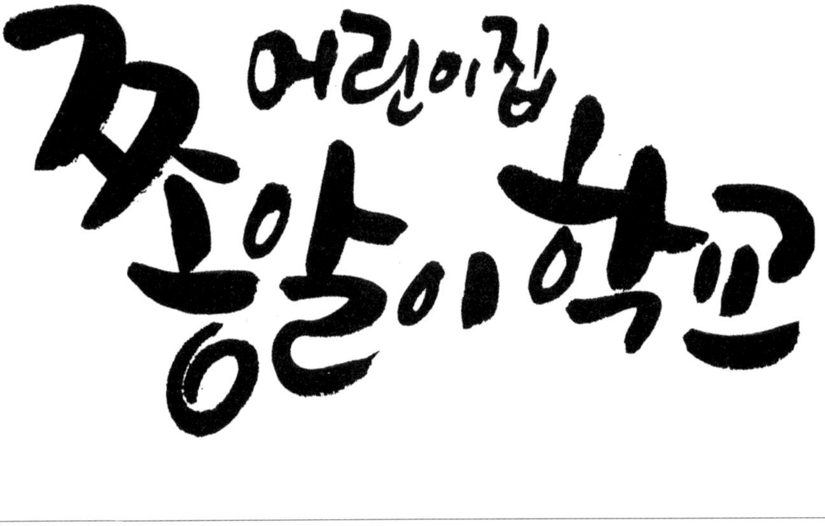

364

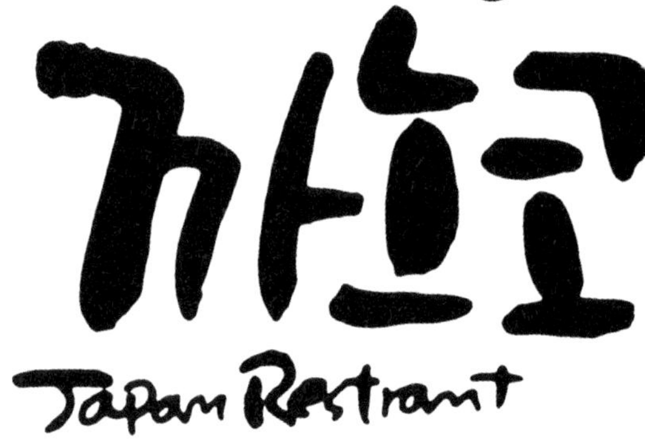

365

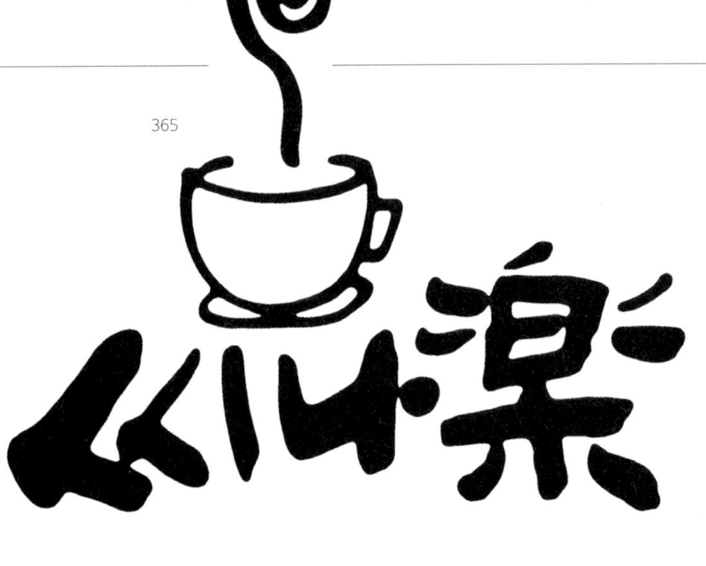

366

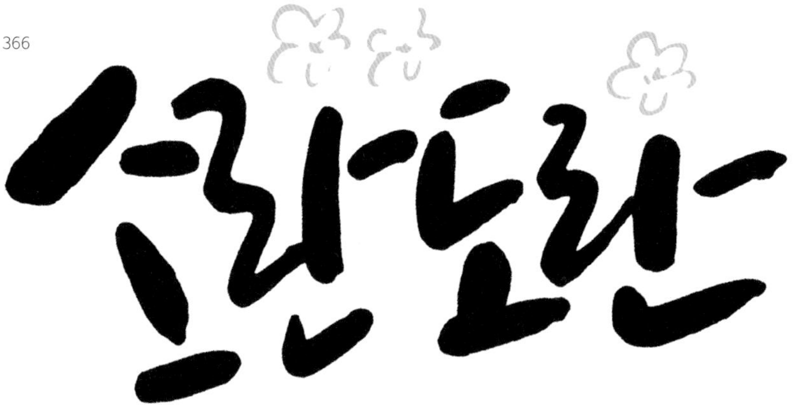

367

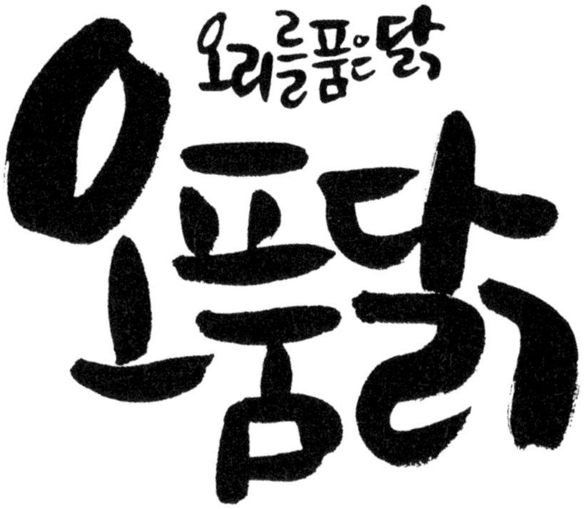

368

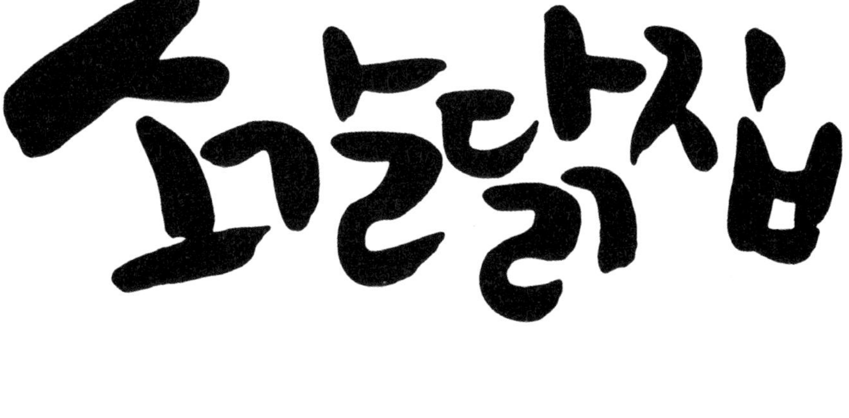

369

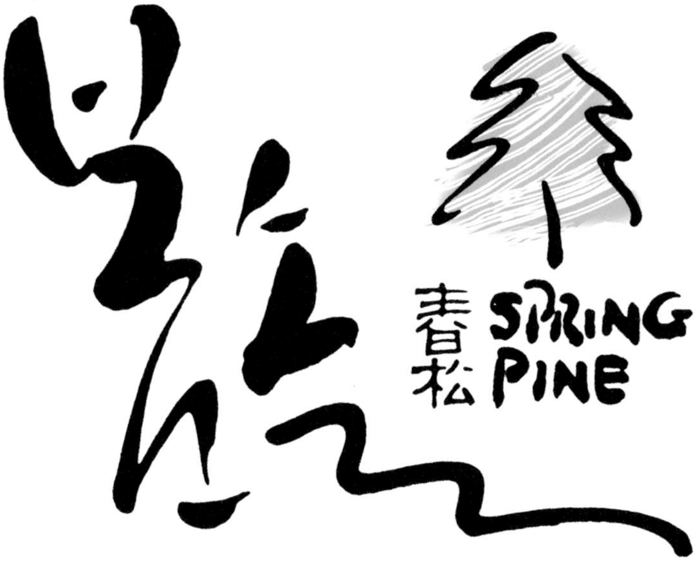

370

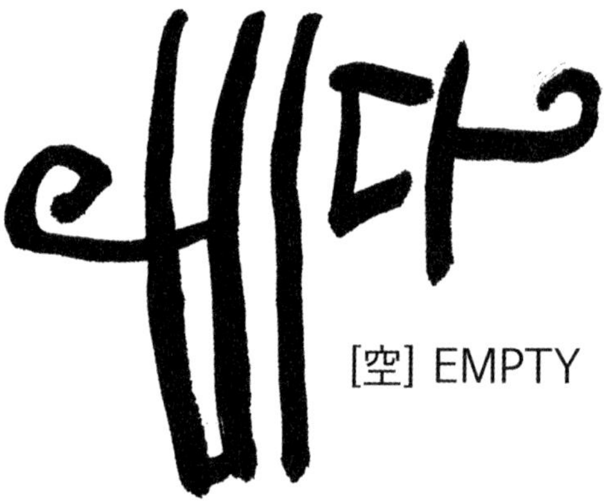

371

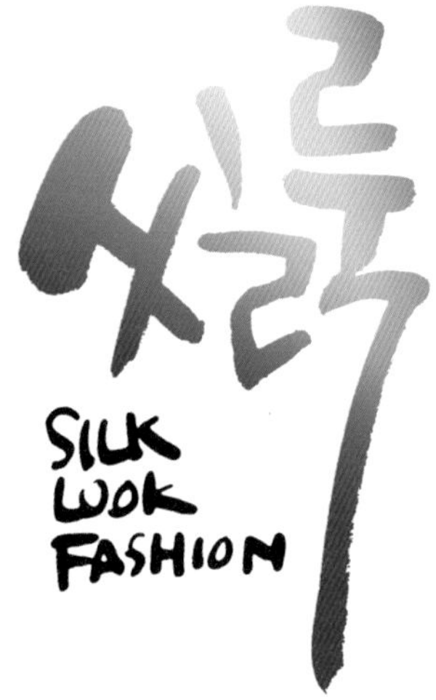

372

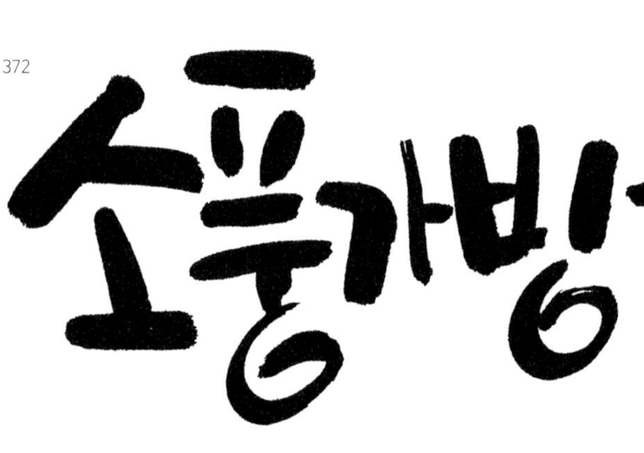

373

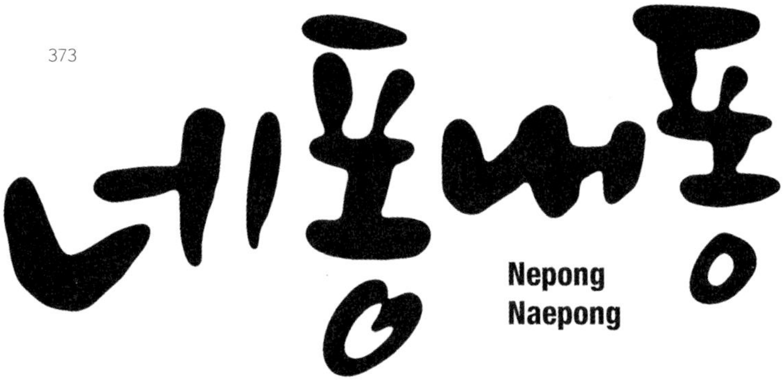

374

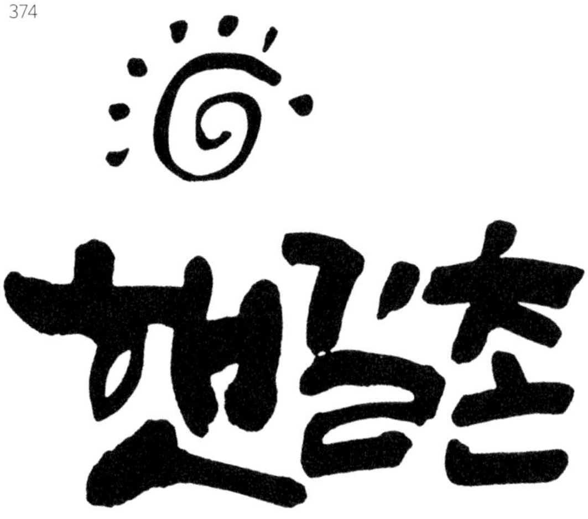

375

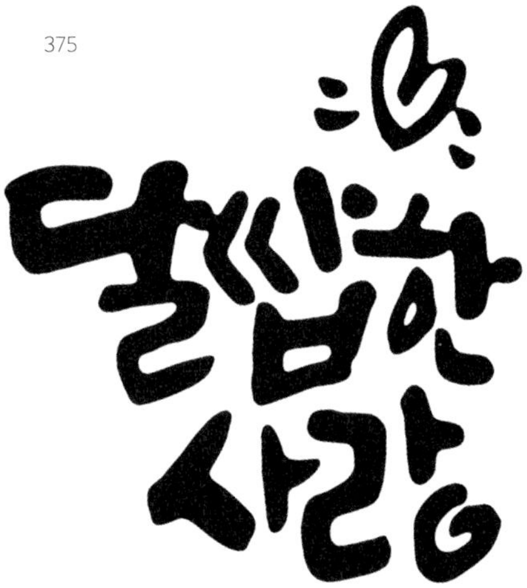

376

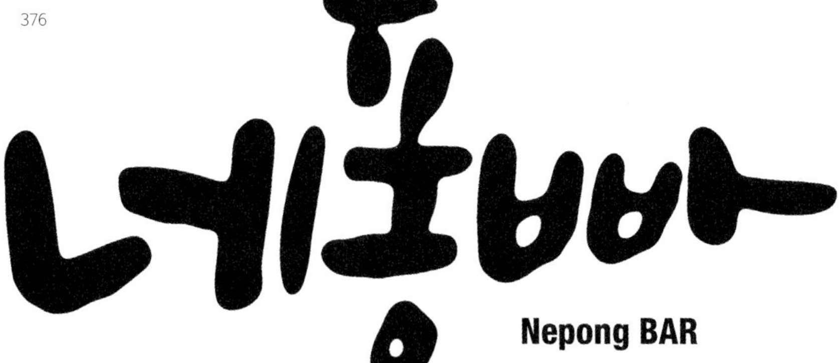

377

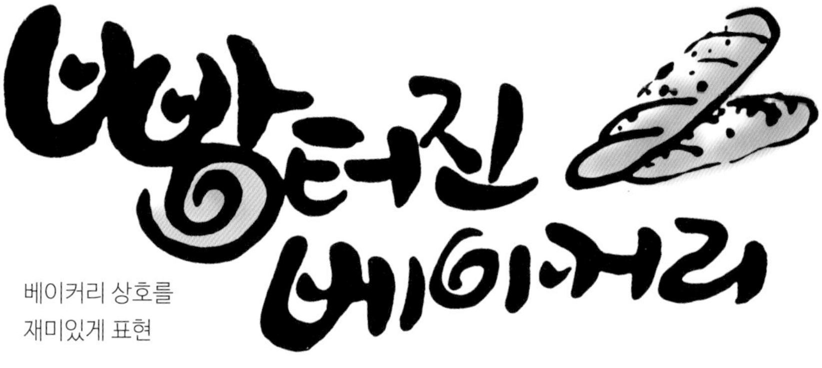

베이커리 상호를
재미있게 표현

378

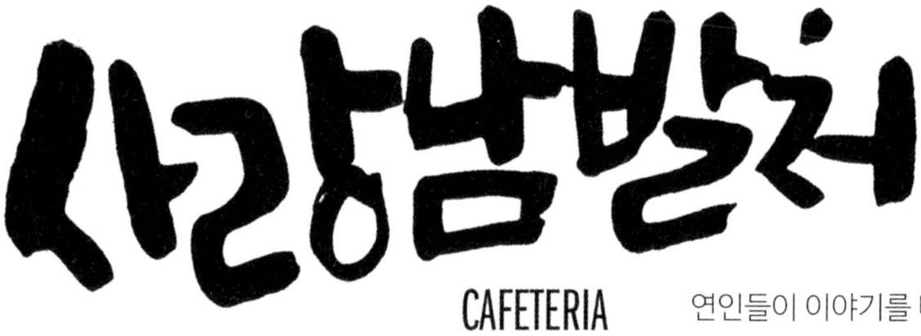

CAFETERIA

연인들이 이야기를 나누는 공간

379

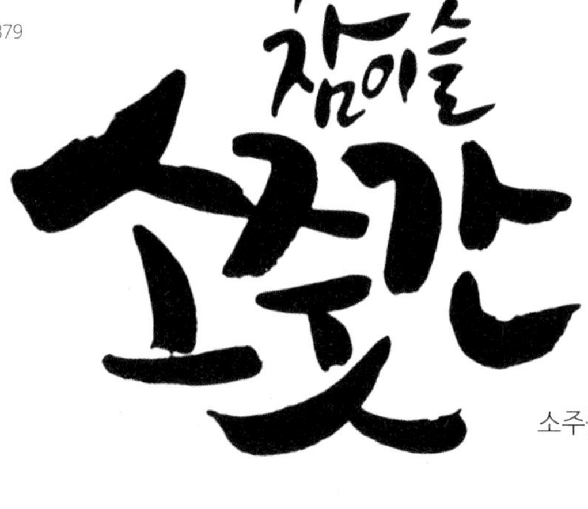

소주를 마시는 곳

380

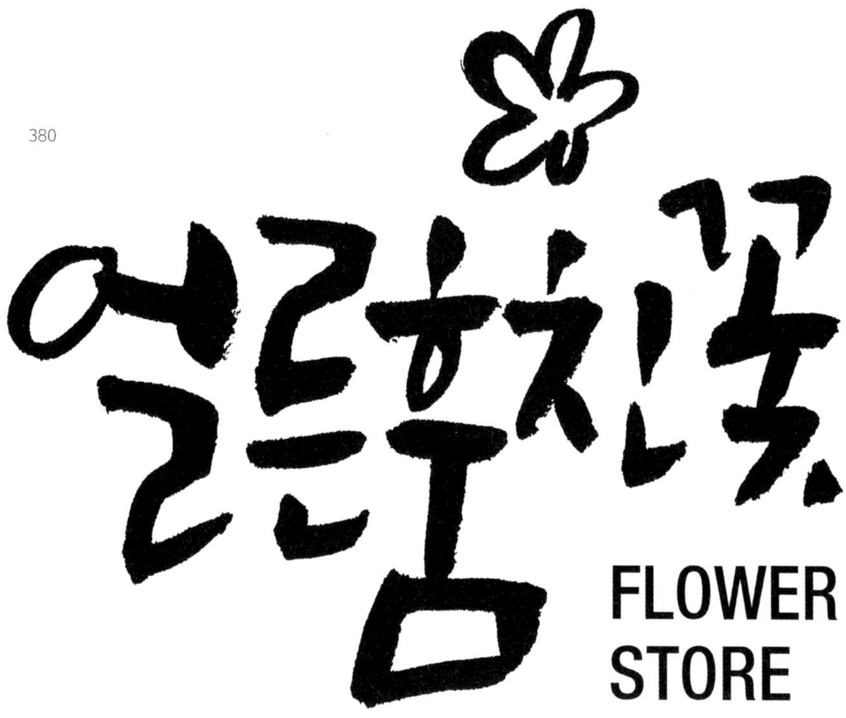

꽃이 너무 예뻐서 훔치고 싶은 꽃집

381

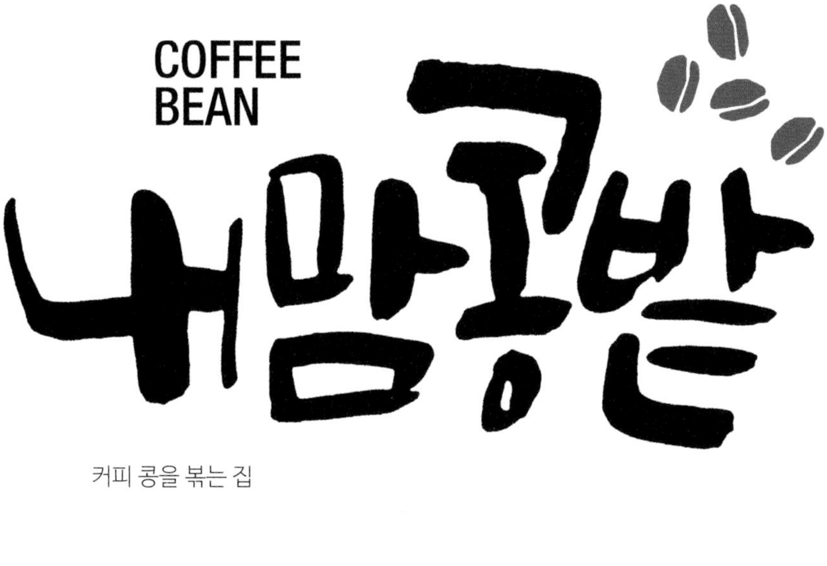

커피 콩을 볶는 집

382

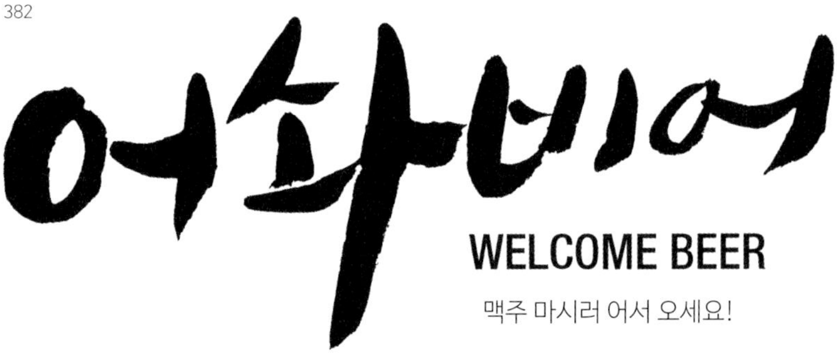

WELCOME BEER

맥주 마시러 어서 오세요!

383

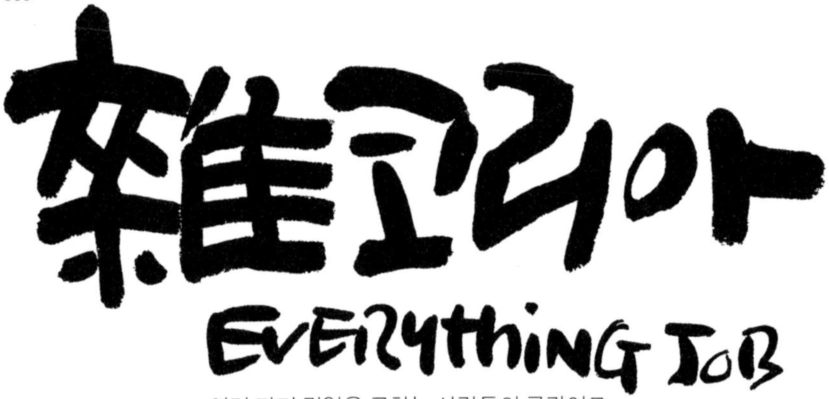

여러 가지 직업을 구하는 사람들의 공간이죠.
영어 Job을 한자 雜(섞일잡)으로 바꿔봤어요.

384

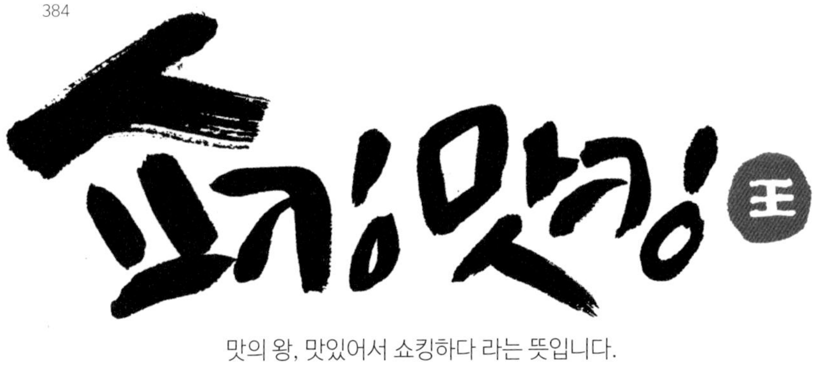

맛의 왕, 맛있어서 쇼킹하다 라는 뜻입니다.

385

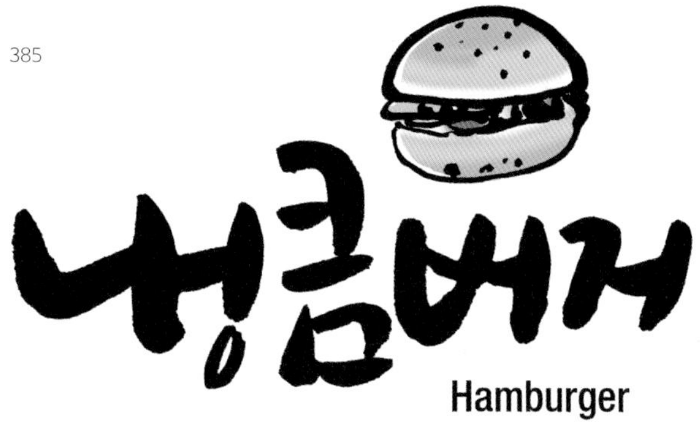

맛있는 햄버거라서 냉큼 집어먹어야 할 듯!

386

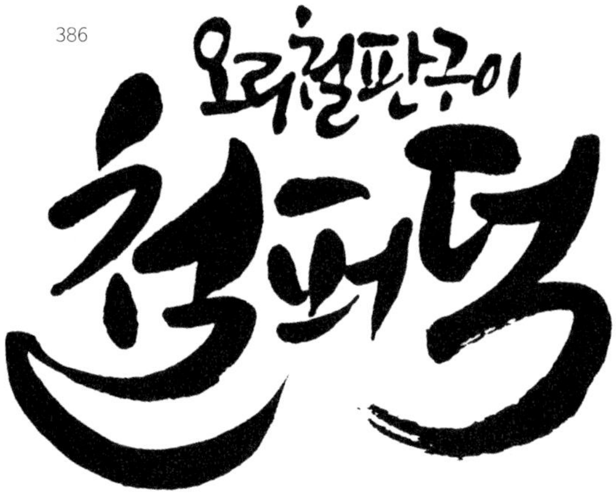

오리를 뜻하는 덕(duck), 철퍼덕 주저앉아서
철판에 오리고기를 먹는다는 의미입니다.

387

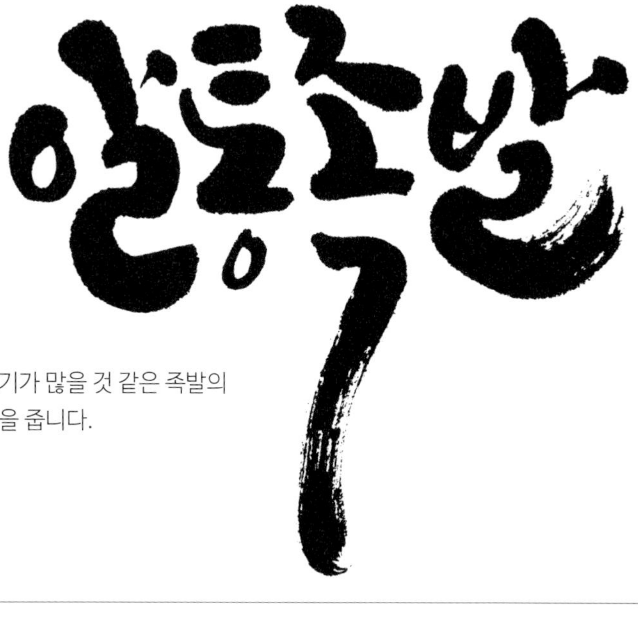

살코기가 많을 것 같은 족발의
느낌을 줍니다.

'썸'이란 말이 생겼습니다.
이를 '산타크리스마스'에 적용하여
만든 말들입니다.

388

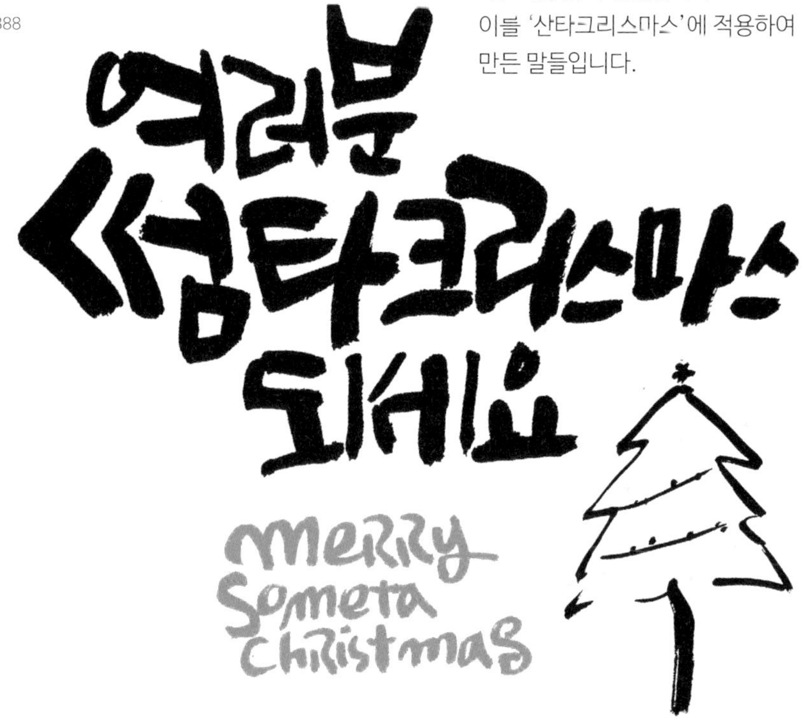

389

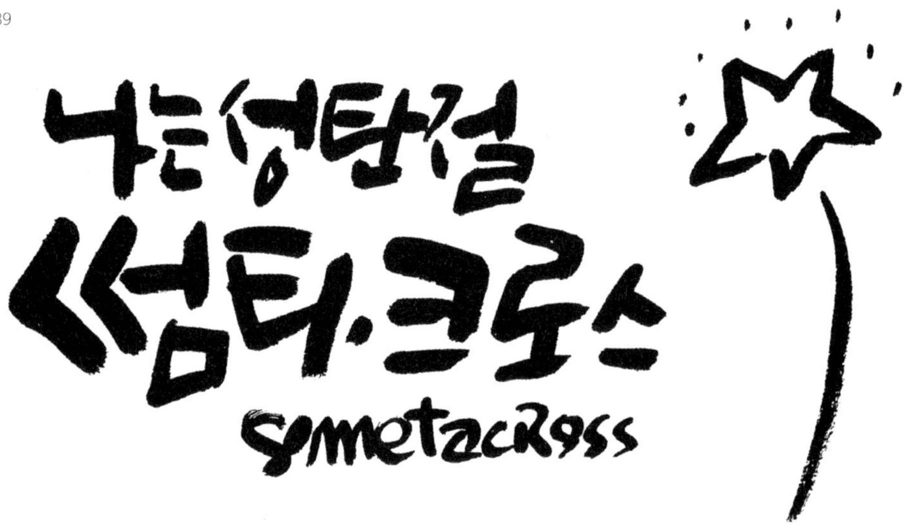

390

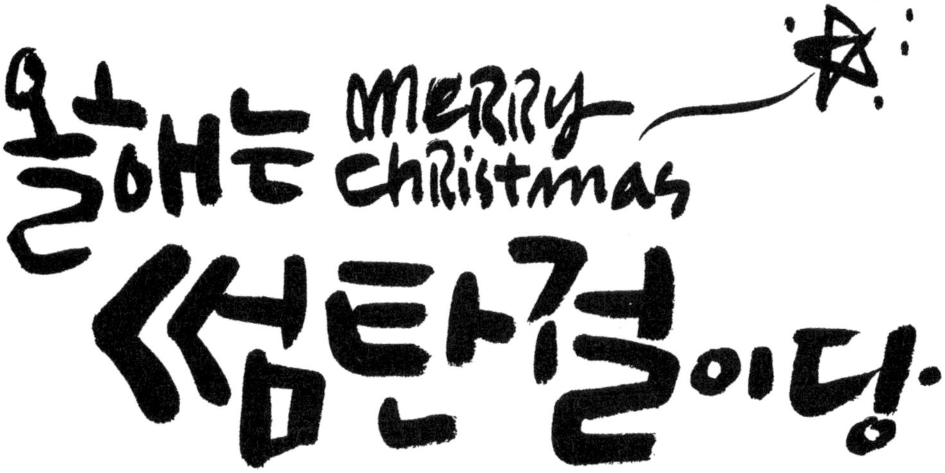

391

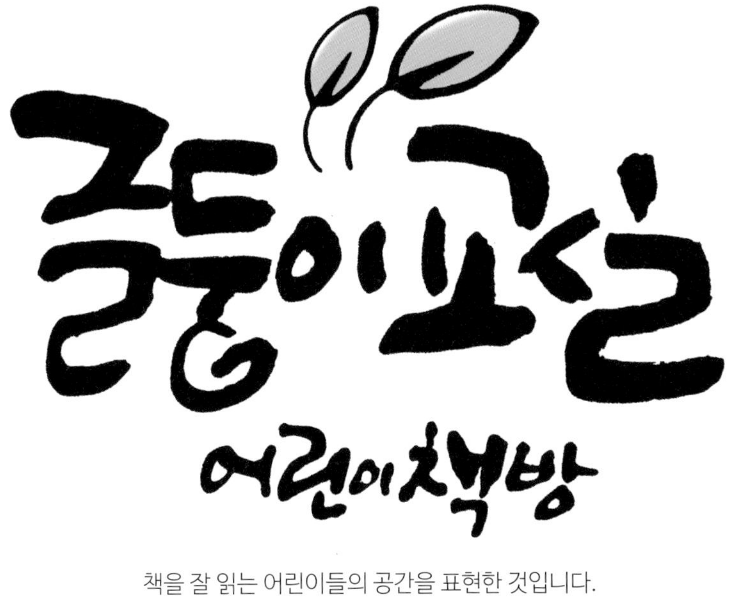

책을 잘 읽는 어린이들의 공간을 표현한 것입니다.

392

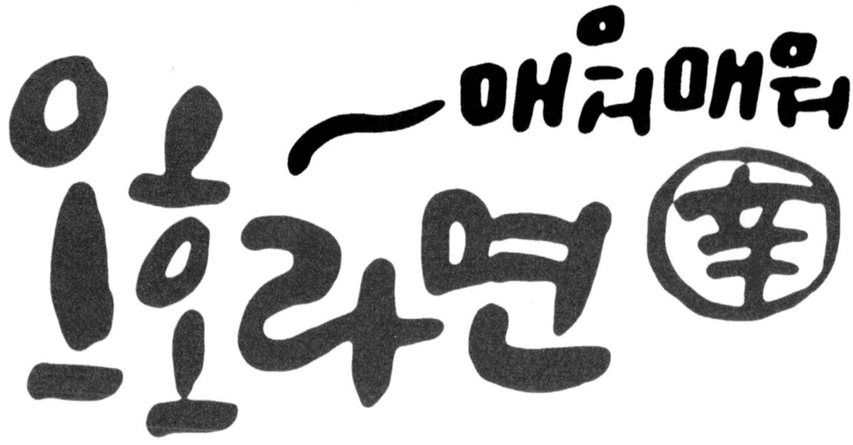

매워서 호호거리는 느낌

393

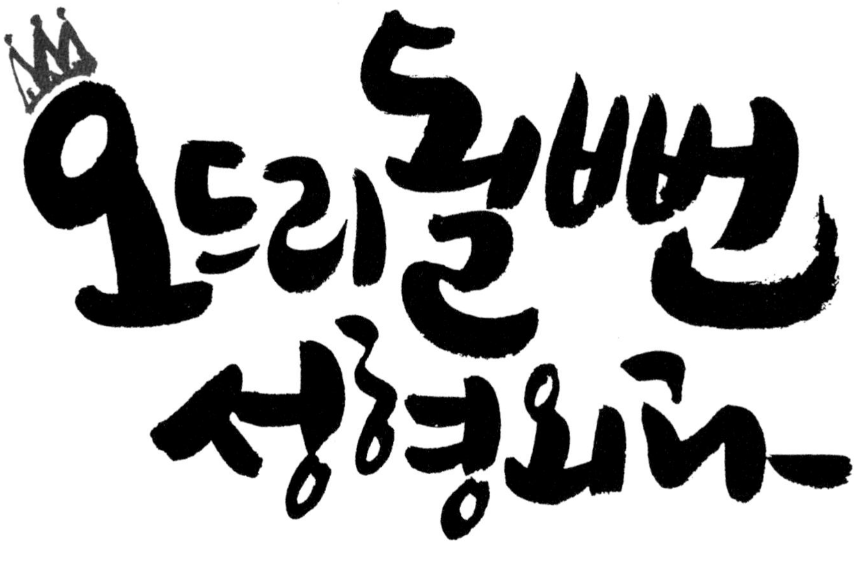

오드리 헵번처럼 예쁘게 되고 싶겠지요?

394

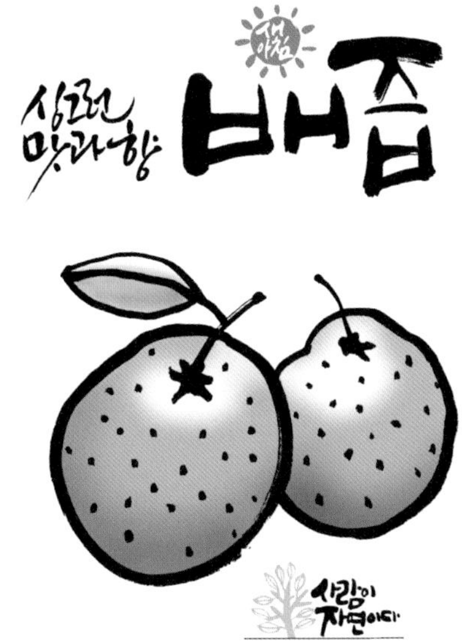

현재 상주영농조합에서 판매하고 있는 상품들입니다.

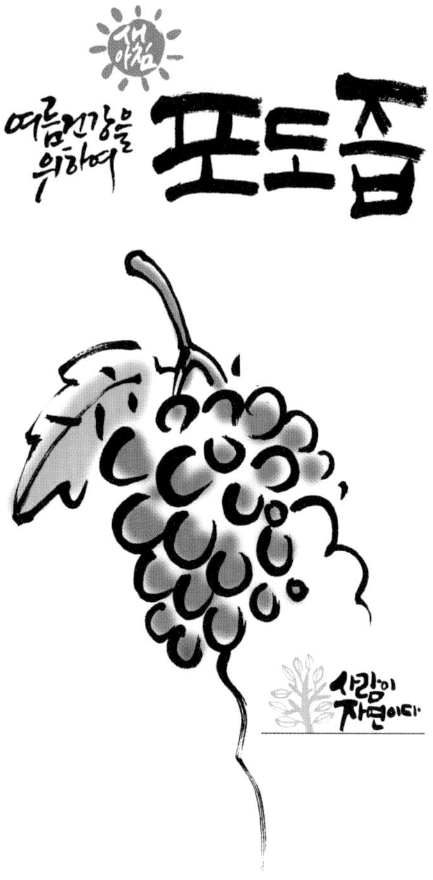

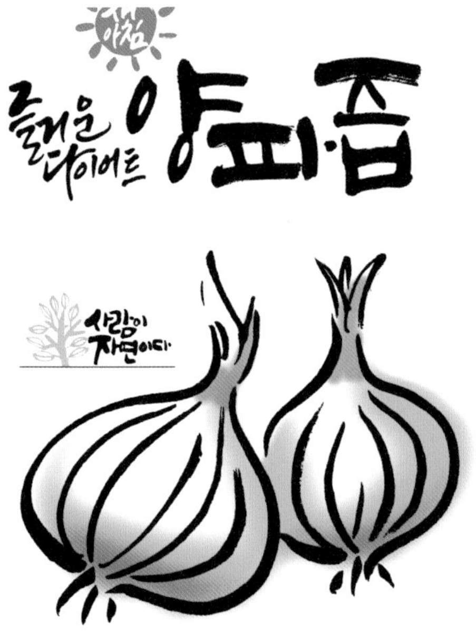

395

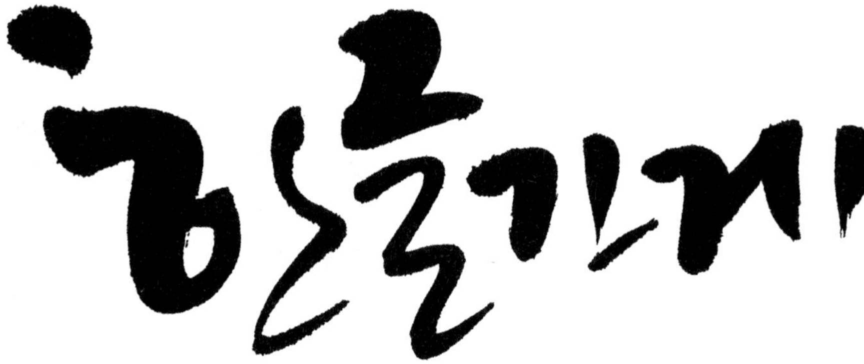

396

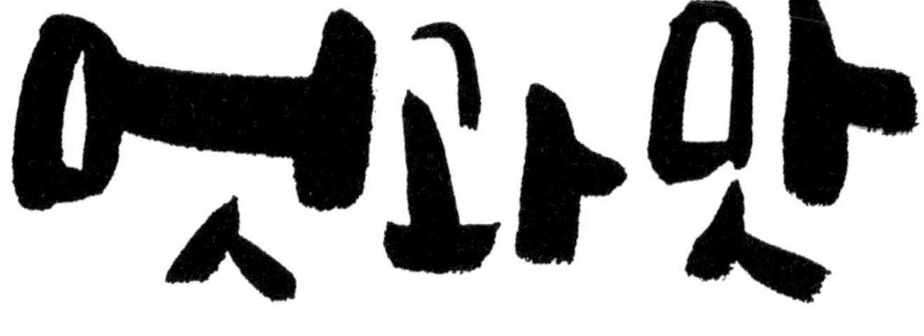

397

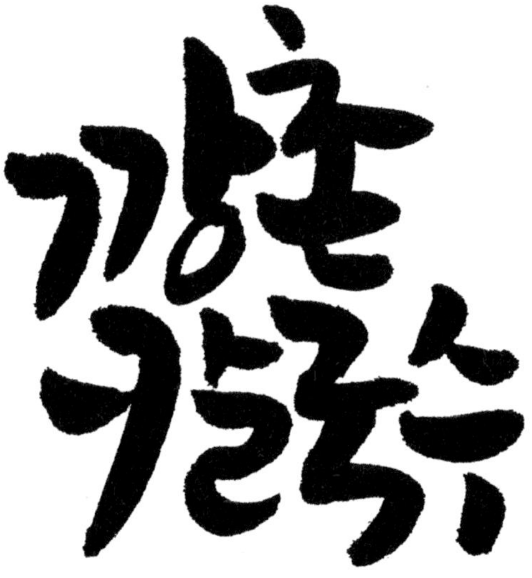

4장 _ 영어와 한자 캘리그라피

영어 알파벳 캘리그라피는 알고 있는 것처럼 많이 발전된 결과가 있다. 동양의 서예와 비교한다면 동양 역사가 더 오래되었겠지만, 서예는 옛 글씨의 답습으로 이어져 자체를 보존적 차원에서 발전시켰다면 영어는 새로운 시도를 통해 지속적으로 변화되어온 것이 현실이다. 이러한 시도는 예술적 측면에서 보면 매우 다양한 작품과 기법을 만들어내고 나름의 체계성을 갖추게 된다. 한글을 중심으로 하는 우리나라의 캘리그라피에서도 답습이 아닌 새로운 시도를 통해 한글의 아름다움을 만들어가야만 할 것이다.

영어 알파벳 캘리그라피를 잘하려면 오랫동안 활용돼왔던 영문 서체의 기본 구조에 대한 이론적 상식을 알고 써야 표현이 훨씬 세련될 것이다. 한자는 많이 쓰이지는 않지만 한자가 가진 뜻글자의 장점을 살려 한글과 함께 사용하고 응용한다면 그 의미 전달이 훨씬 좋은 결과를 만들어낼 수 있다. 다만 한자의 기본 획순을 익히고 그 다음 표현을 배운다면 좋을 것이다.

캘리그라피는 선으로 즐기는 퍼즐놀이다.

398

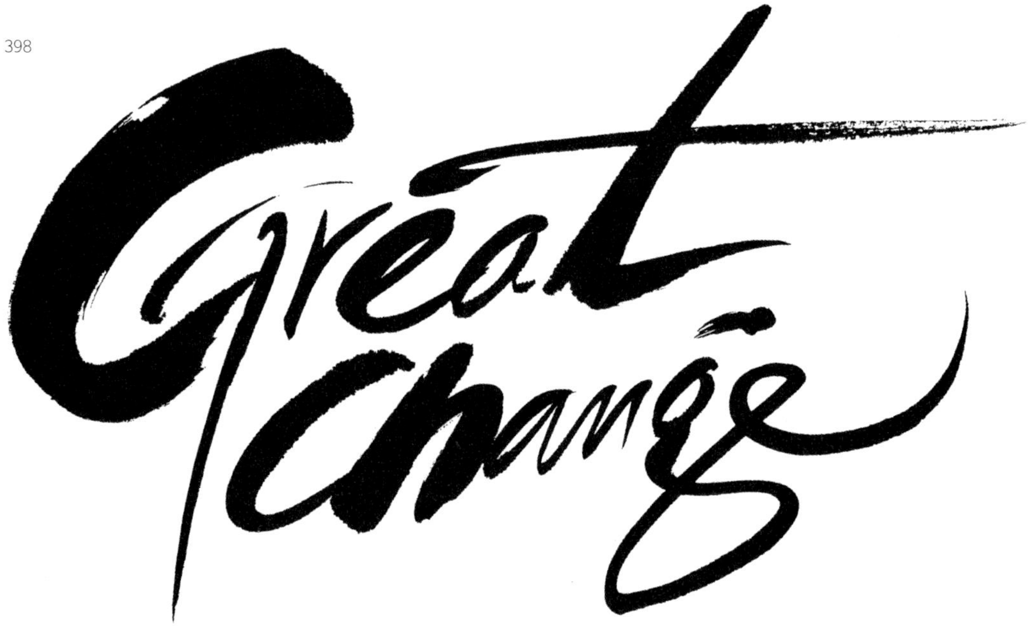

399

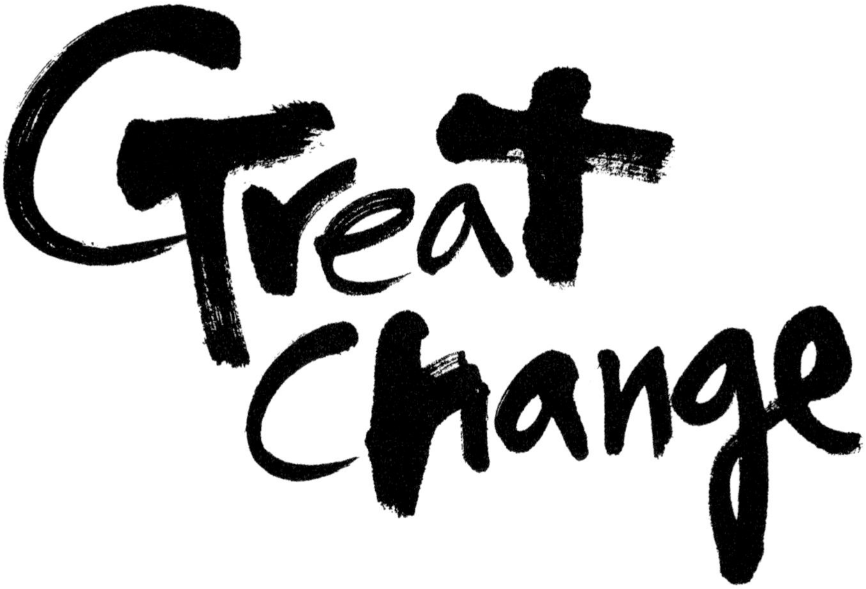

400

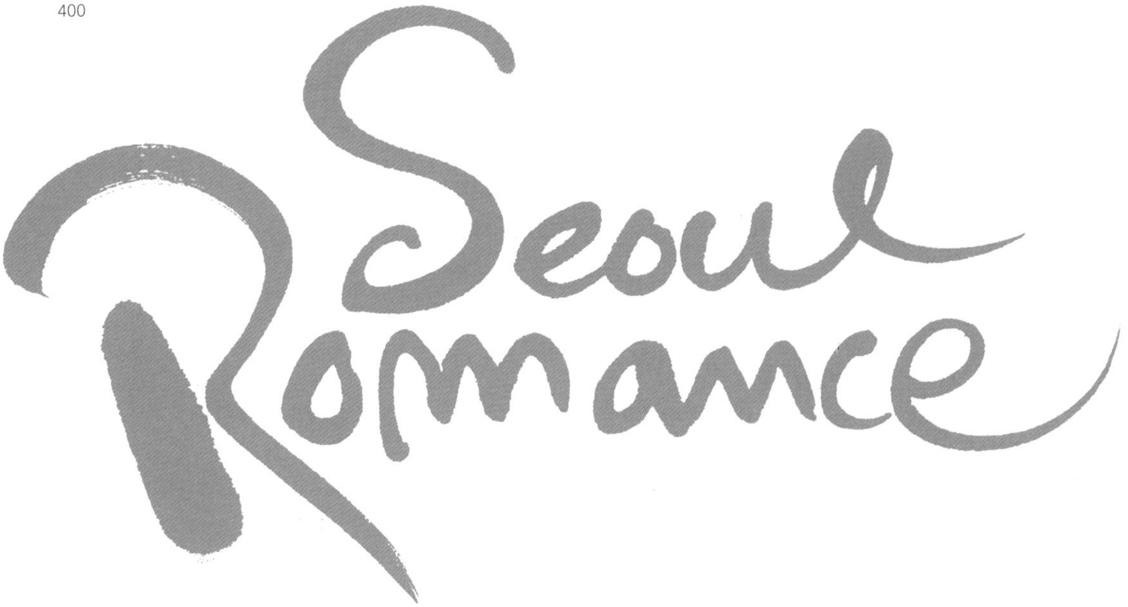

401

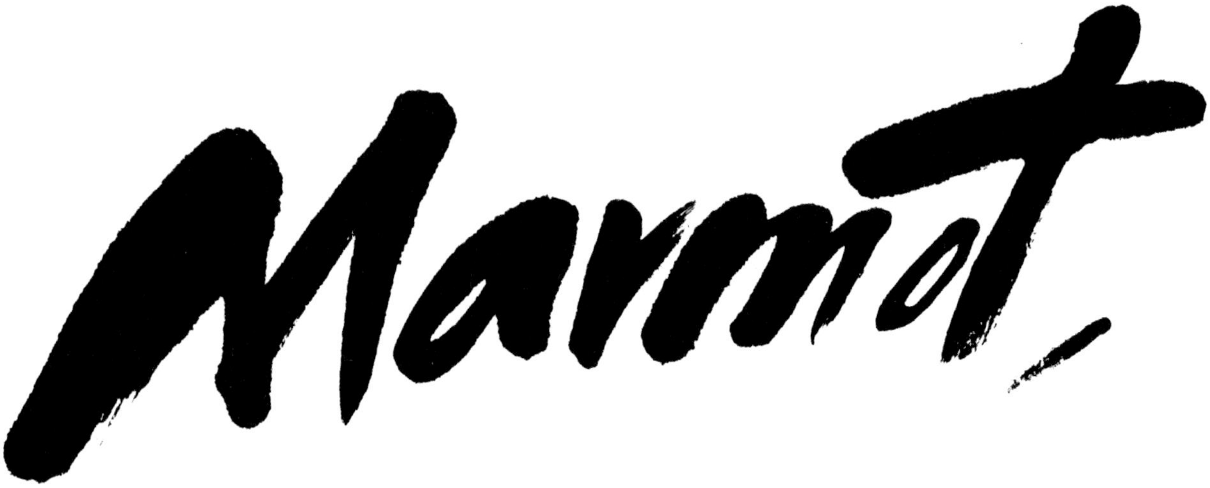

402

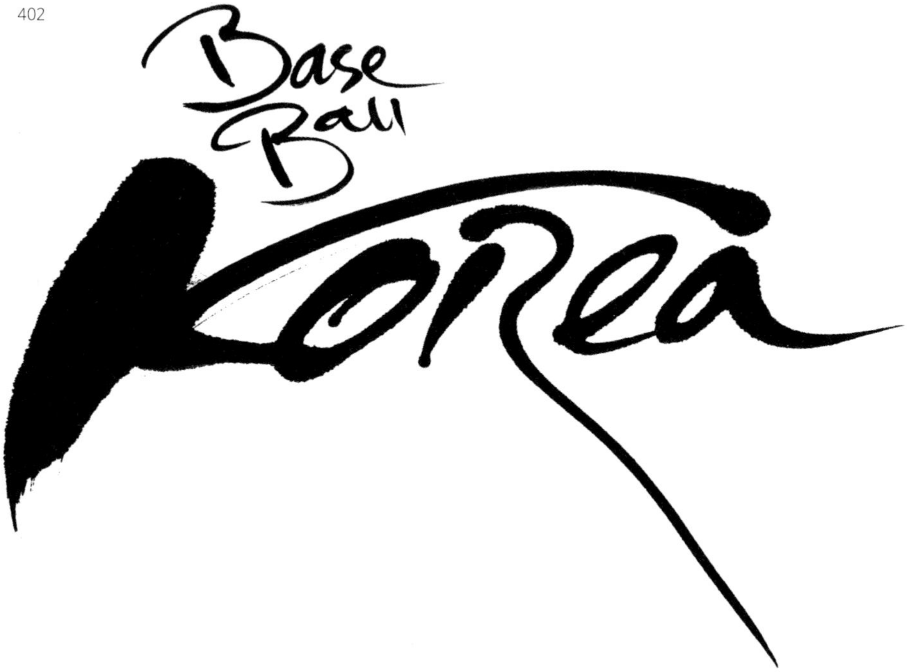

403

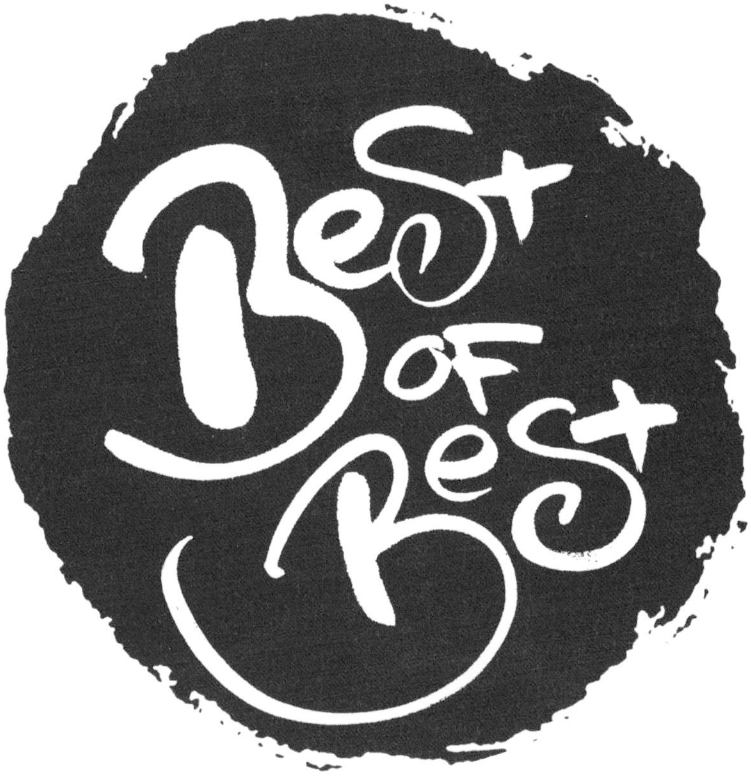

404

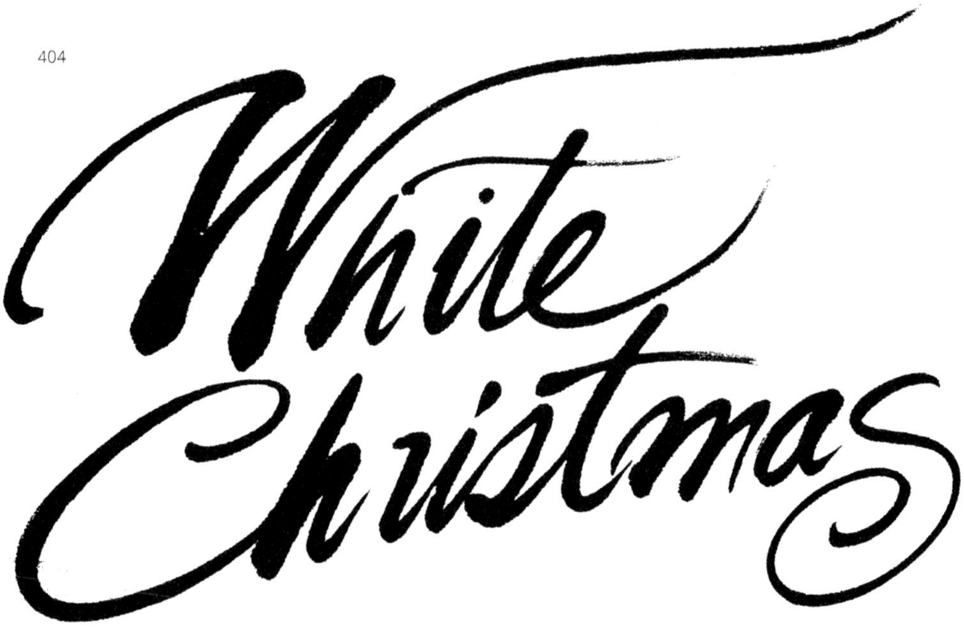

405

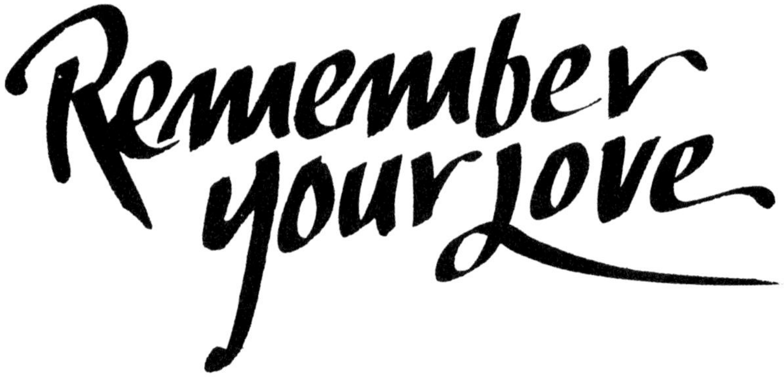

406

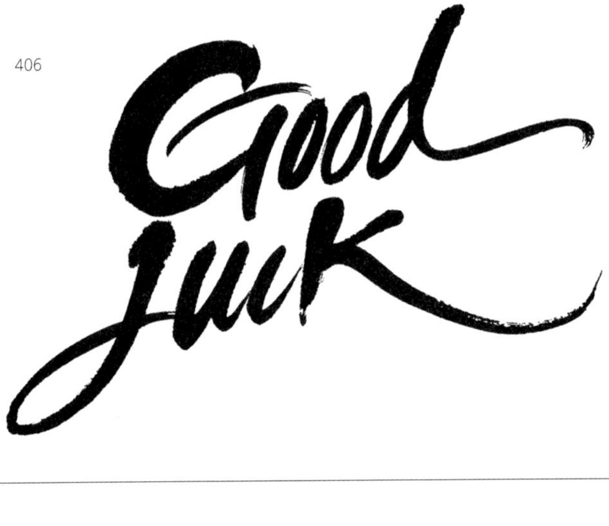

407

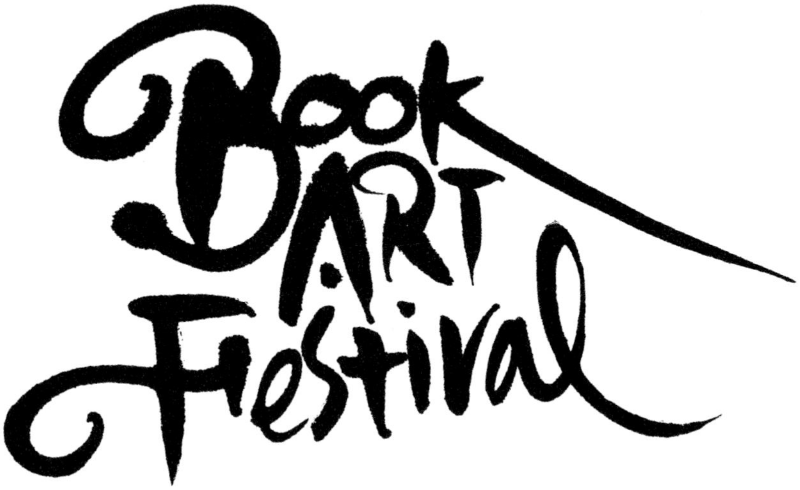

408

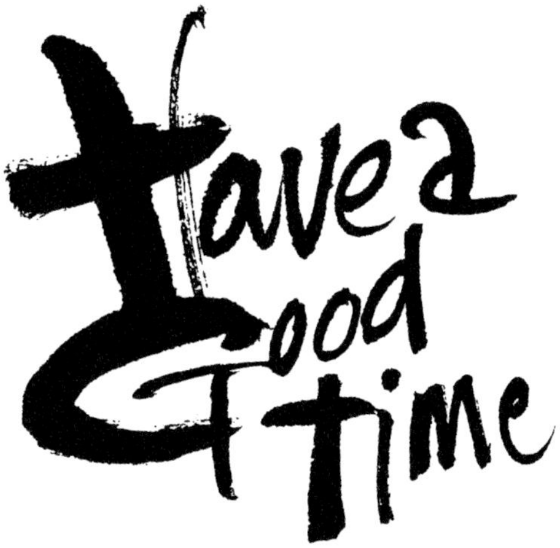

409

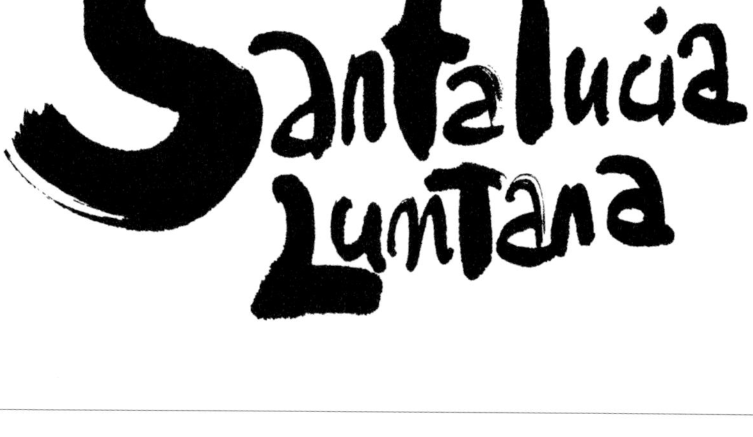

410

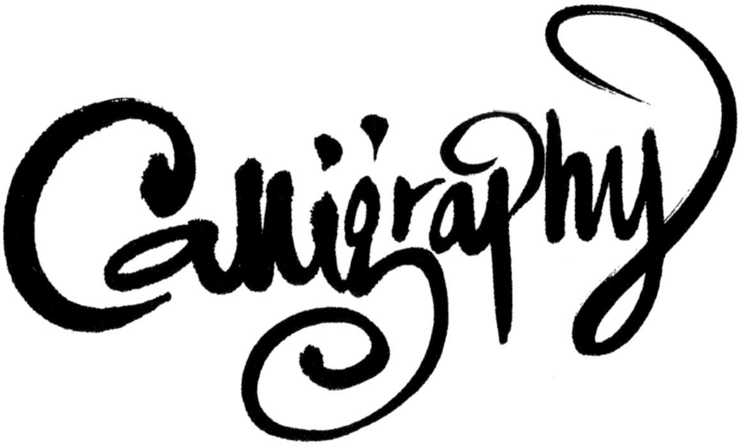

411

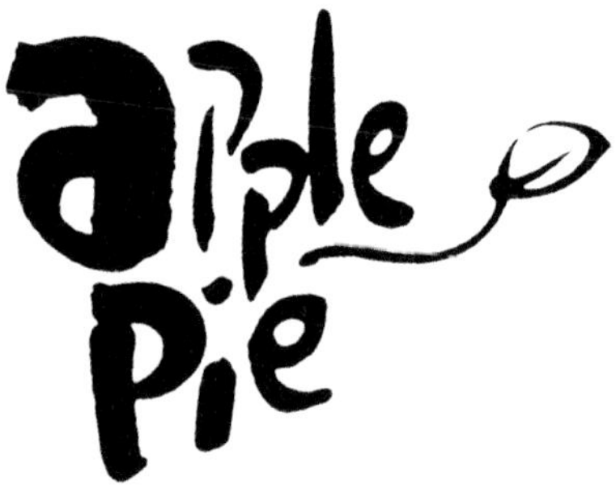

412

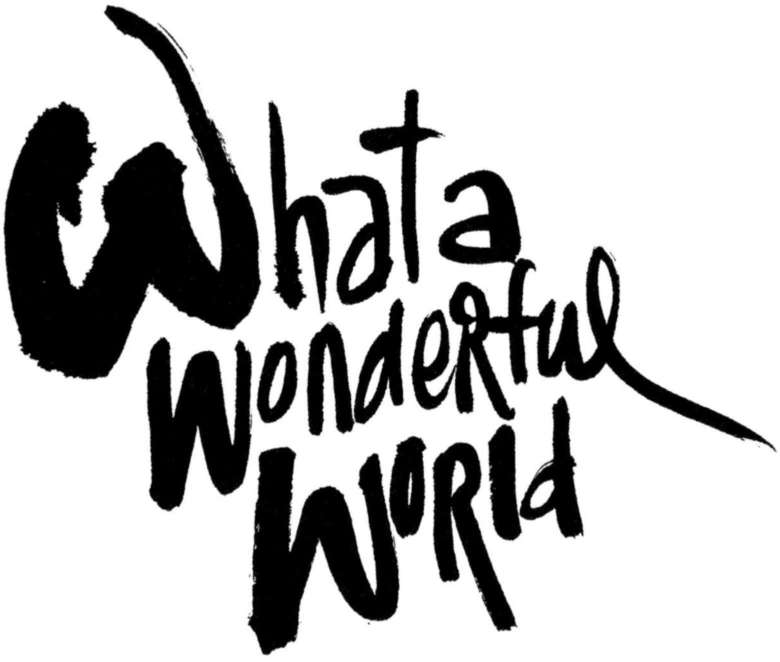

413

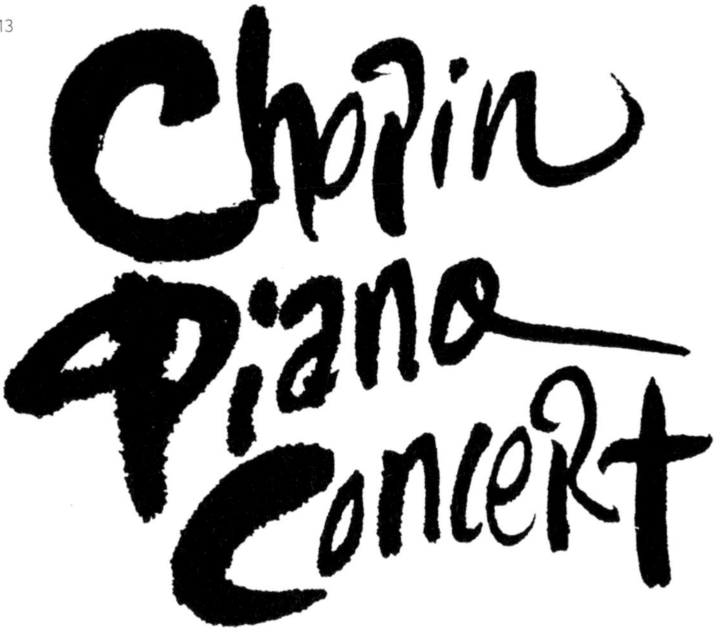

414

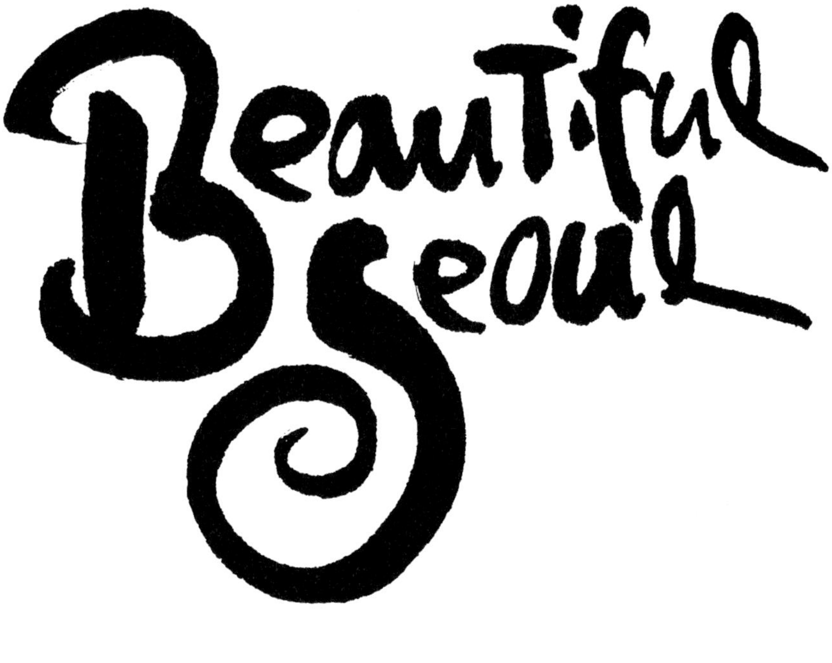

415

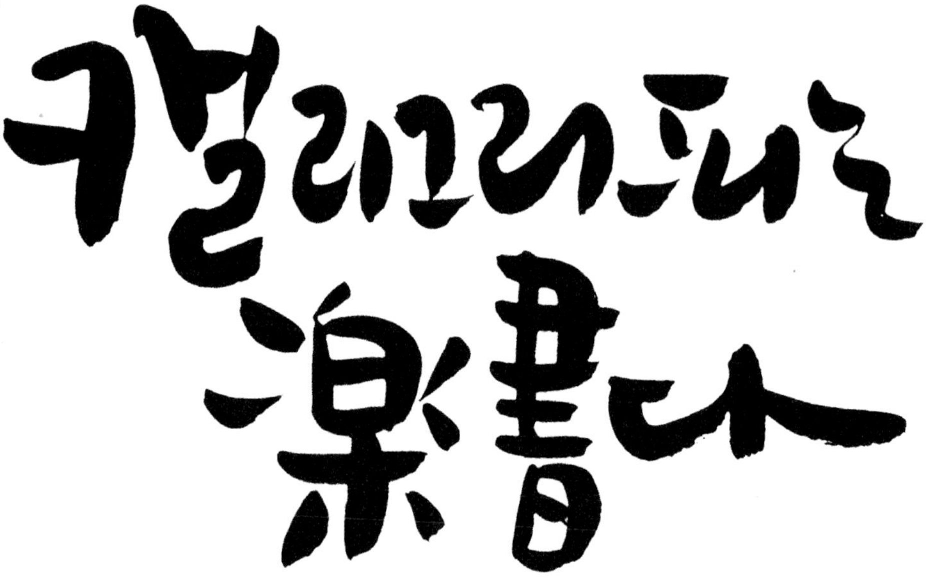

캘리그라피는 실제 낙서(落書)하듯 하지만 즐거운 글씨쓰기라는 말입니다.

416

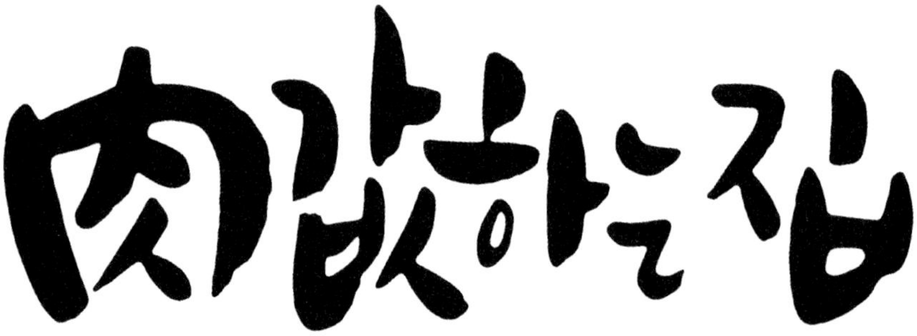

고기 육(肉)자를 넣어 고깃집임을 말하지만
그만한 값을 한다는 의미입니다.

417

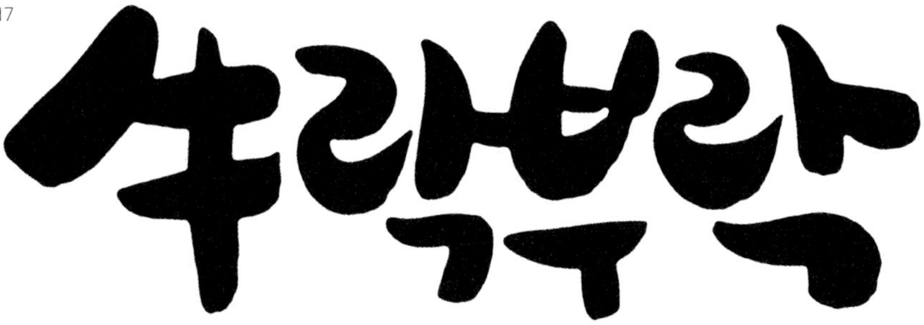

소우(牛)자를 넣어서 소고기 집임을 알 수 있겠죠?
소가 우락부락한 건지 주인이 우락부락한 건지^^

418

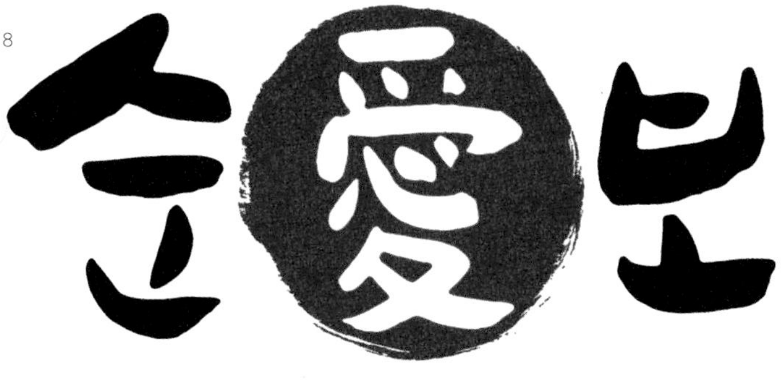

순애보는 순수한 사랑이라는 뜻이지만
순대와 보쌈이 만났다는 의미

419

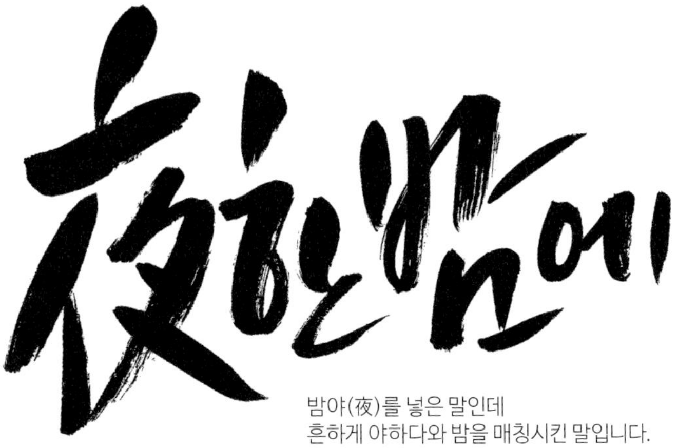

밤야(夜)를 넣은 말인데
흔하게 야하다와 밤을 매칭시킨 말입니다.

420

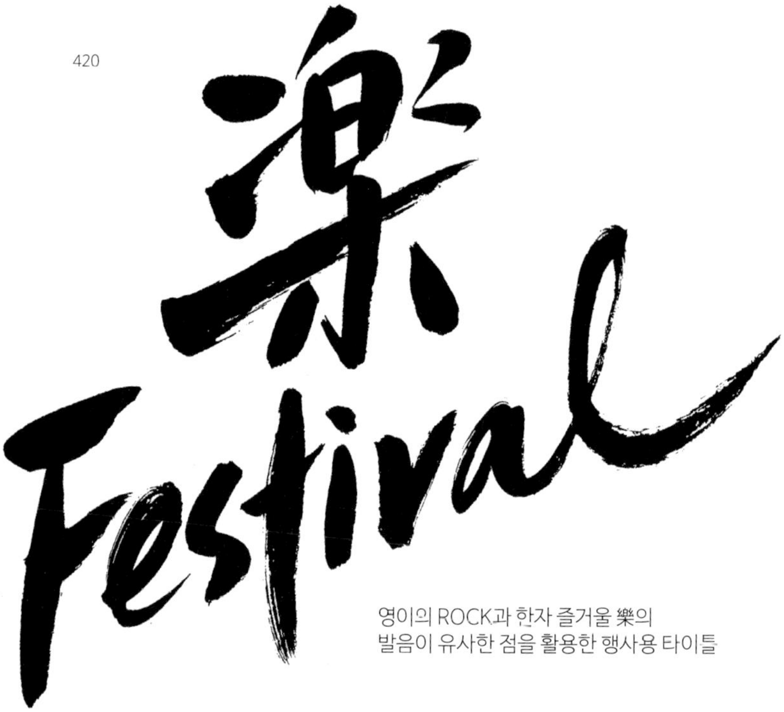

영이의 ROCK과 한자 즐거울 樂의
발음이 유사한 점을 활용한 행사용 타이틀

421

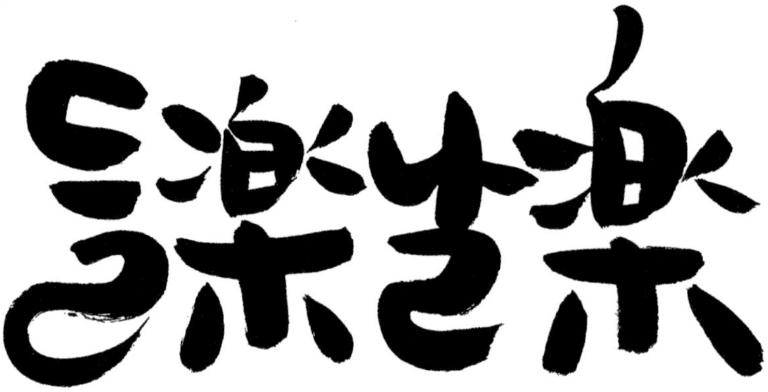

사람들이 많이 들락날락하는 것은 즐거운 일이죠.

5장 _ 음식과 식품 관련 캘리그라피

캘리그라피를 가장 많이 활용하는 분야가 식품 관련 분야다. 마트의 식품 코너에 가보면 많은 상품의 브랜드가 캘리그라피로 쓰여 있는 것을 볼 수 있다. 식품 관련 상품은 구매자에게 돋보이려고 캘리그라피를 많이 적용하고 있지만 특성상 대개 부드럽고 유연한 획을 많이 사용하였다.

422

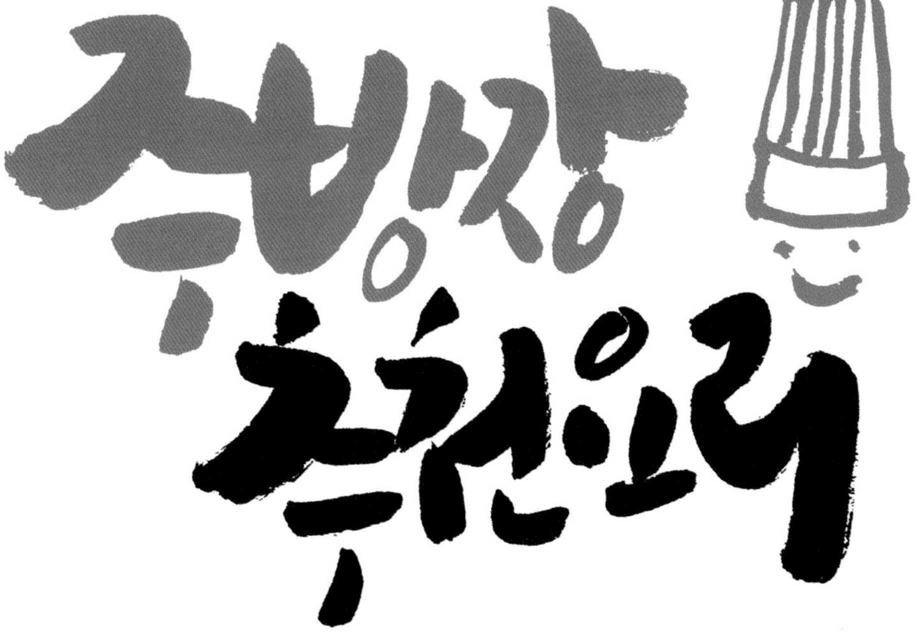

423

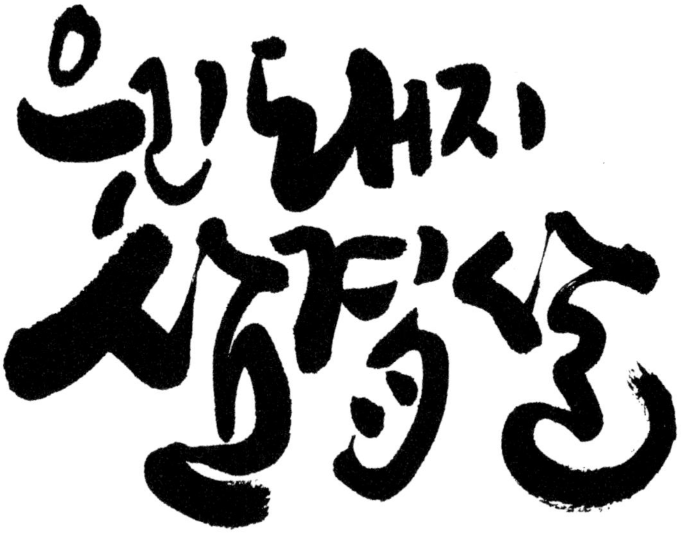

424

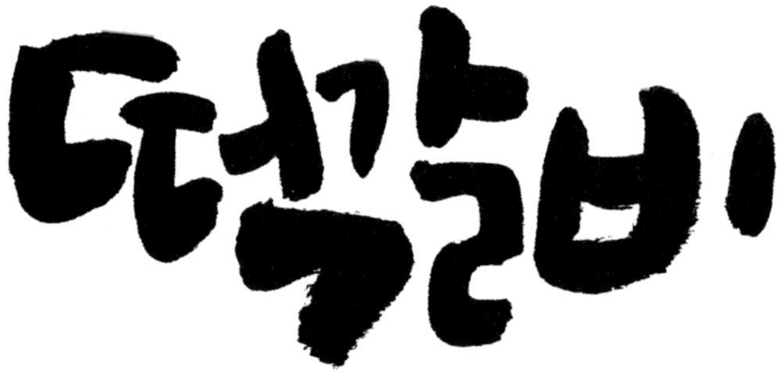

425

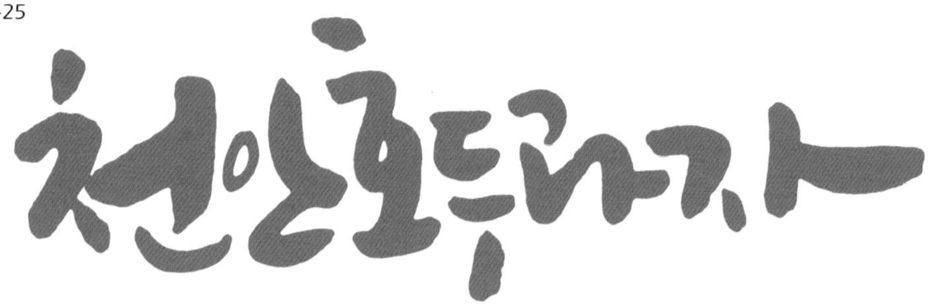

426

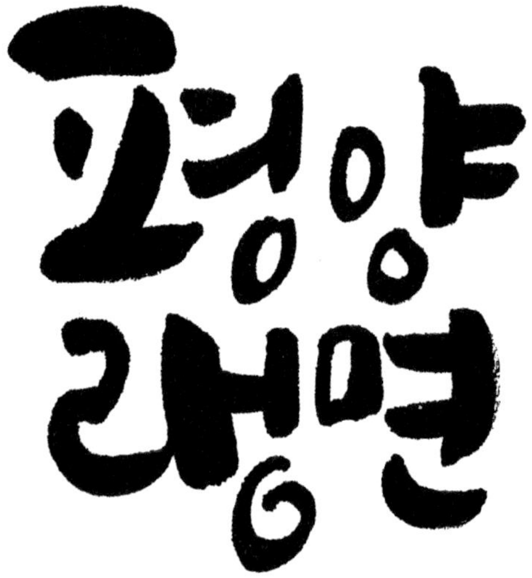

427

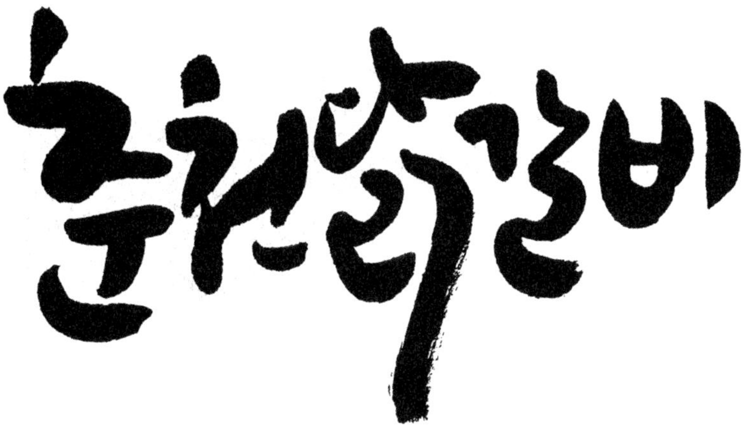

428

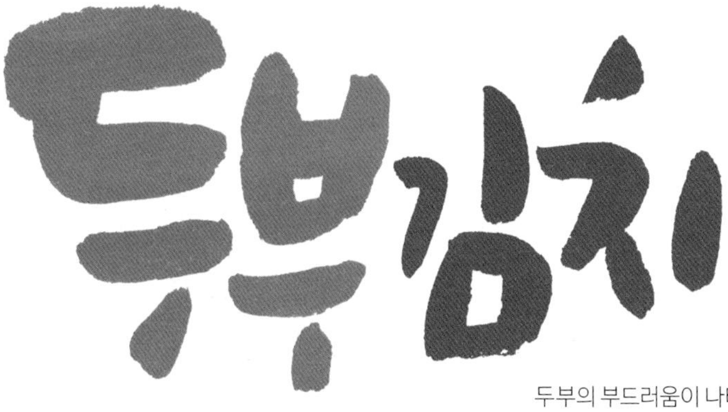

두부의 부드러움이 나타나도록

429

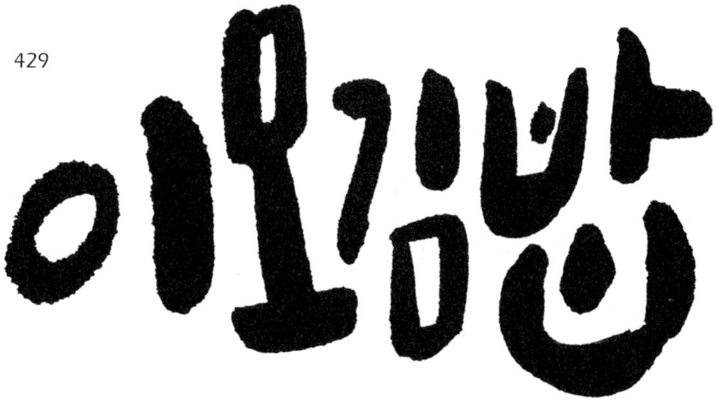

430

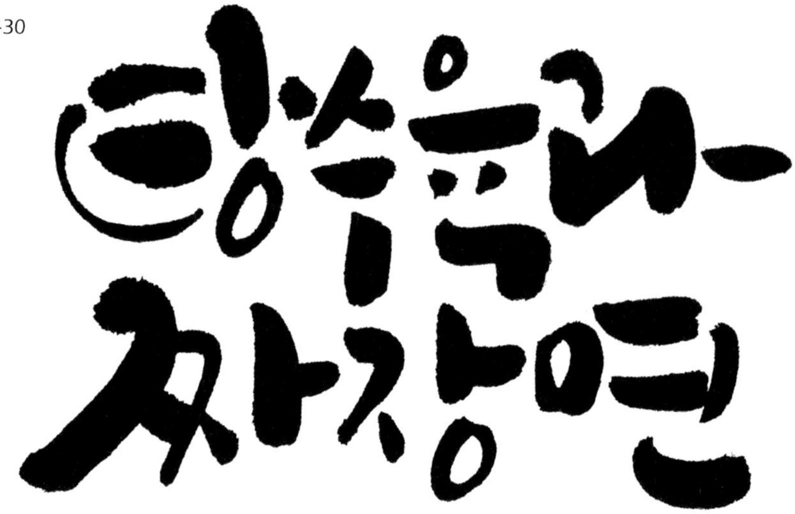

431

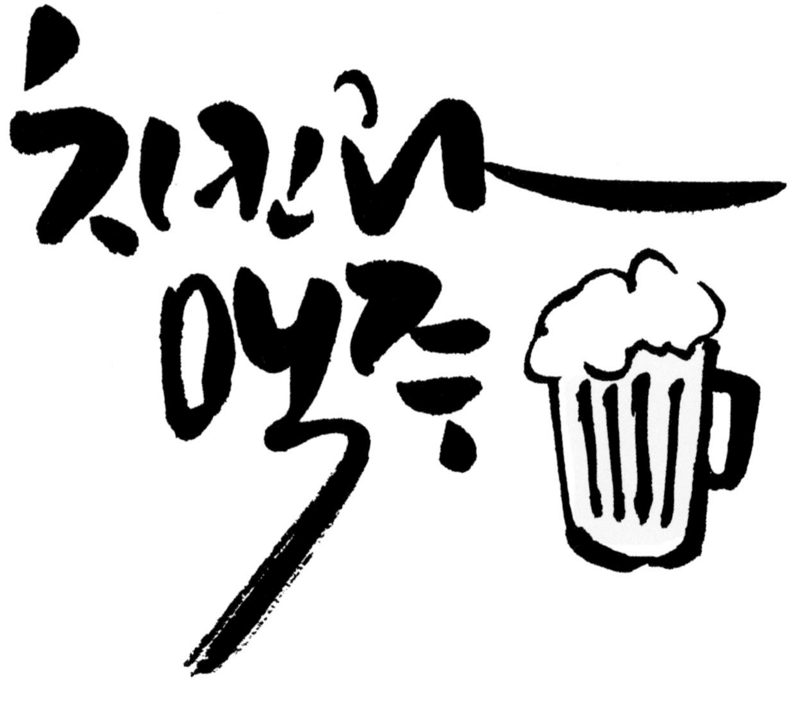

432

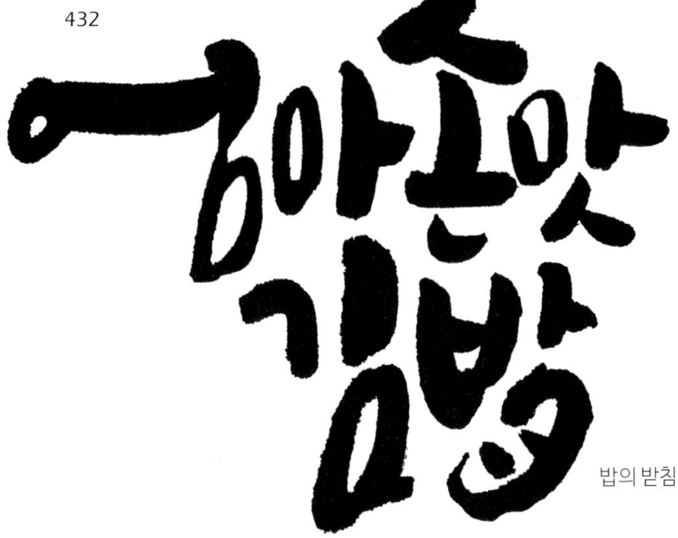

밥의 받침 ㅂ을 김밥처럼 쓴다.

433

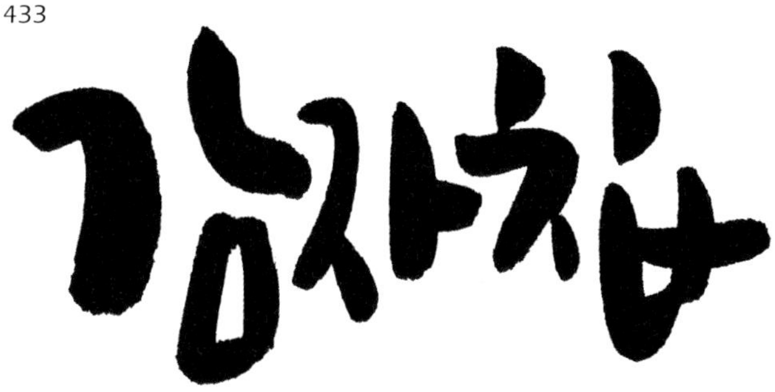

434

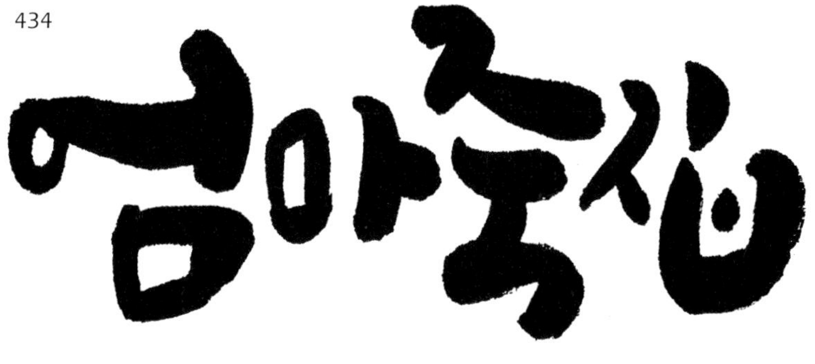

435

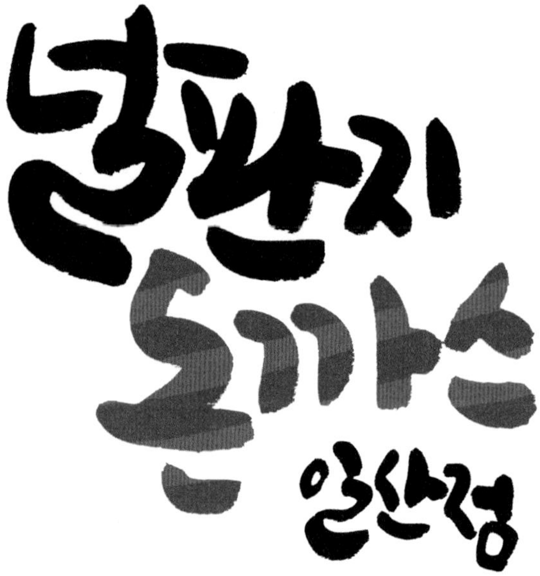

436

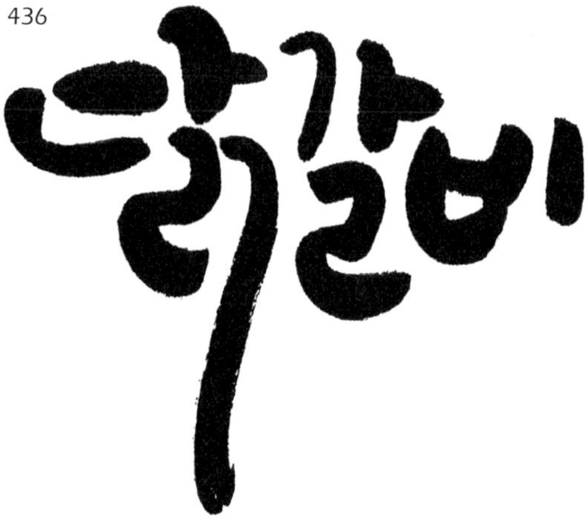

437

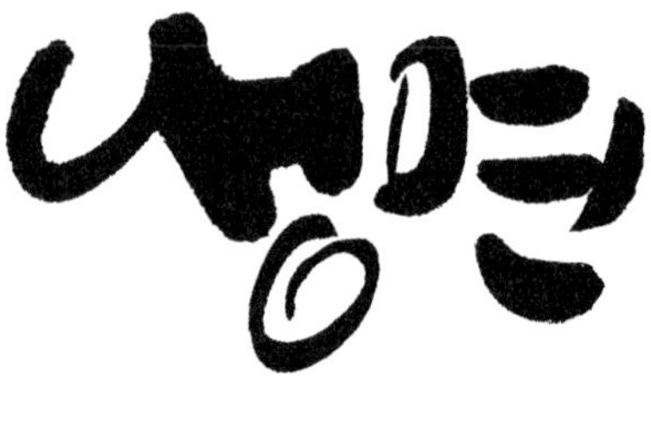

438

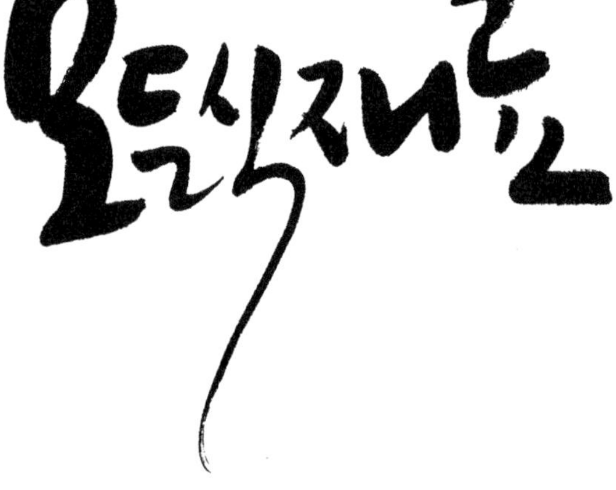

439

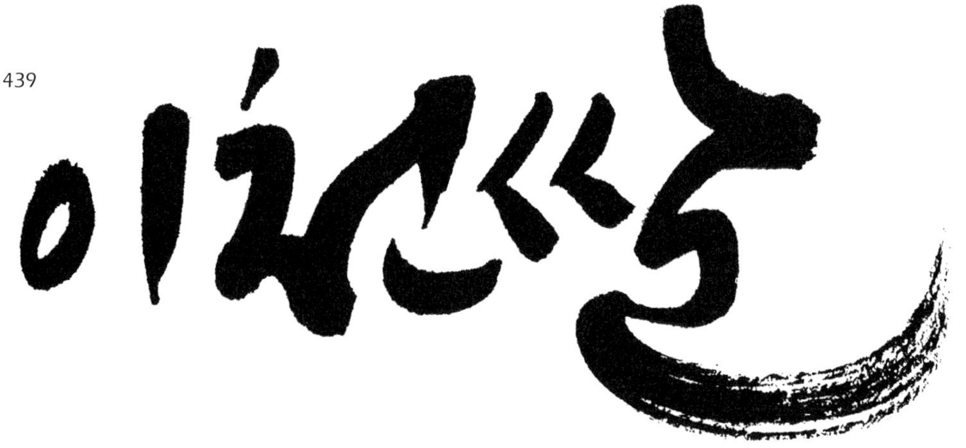

440

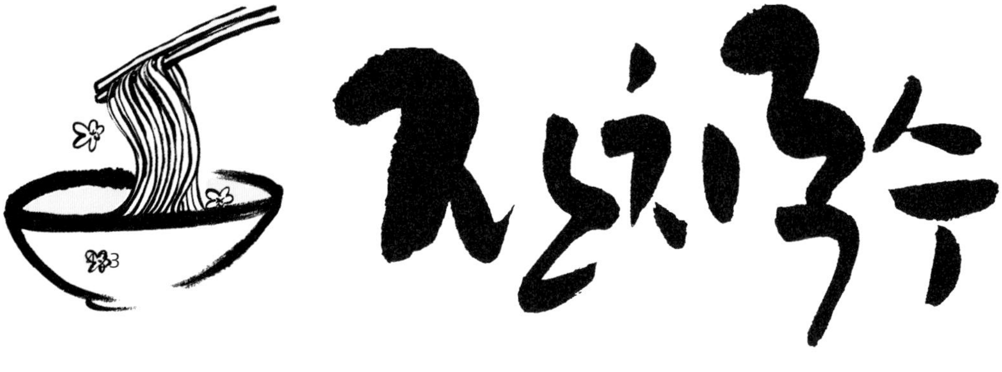

441

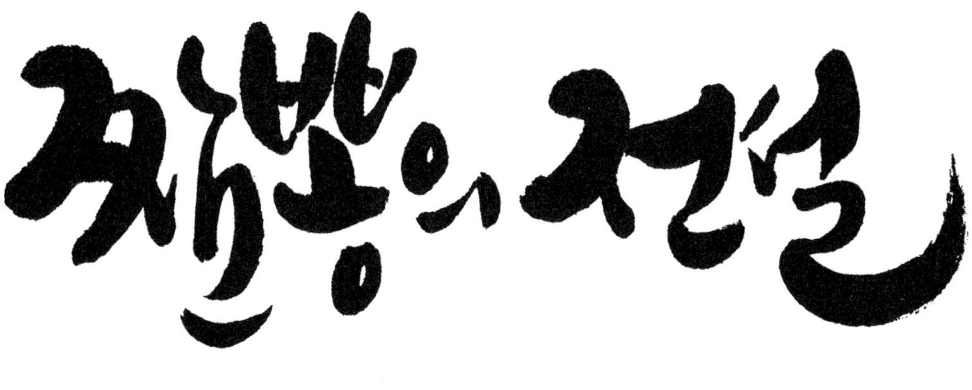

442

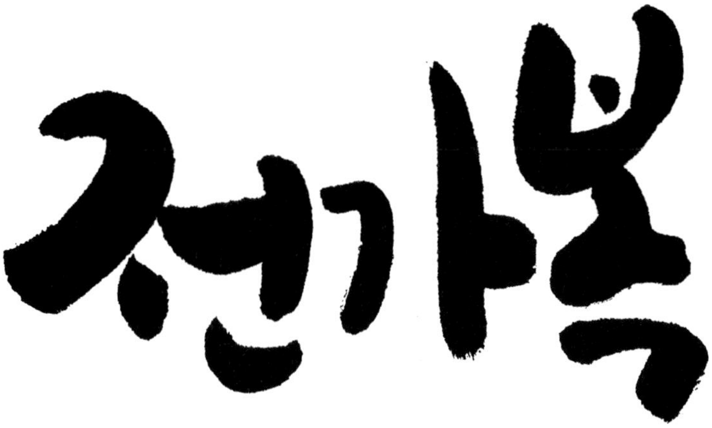

443

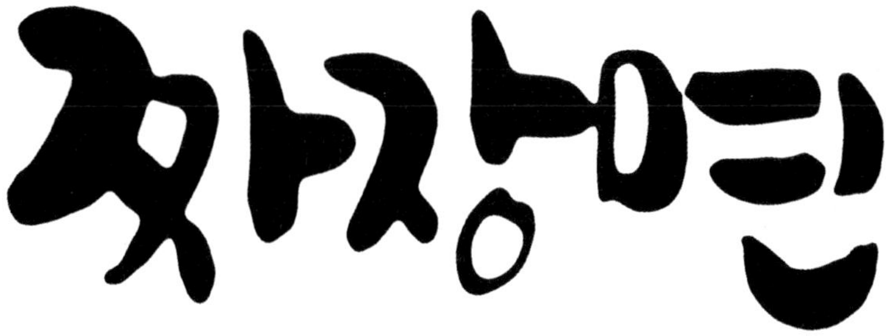

444

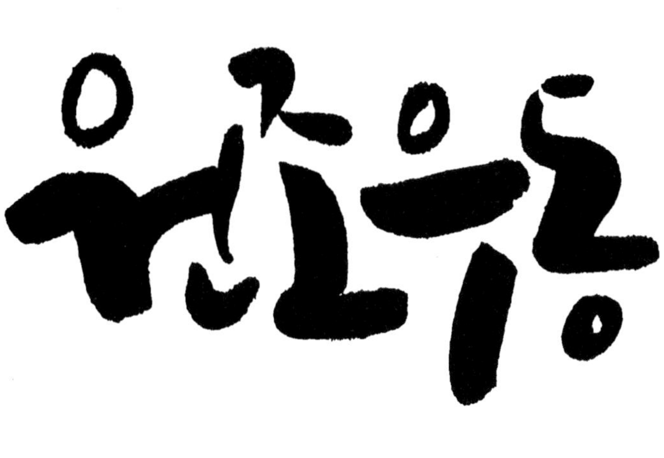

445

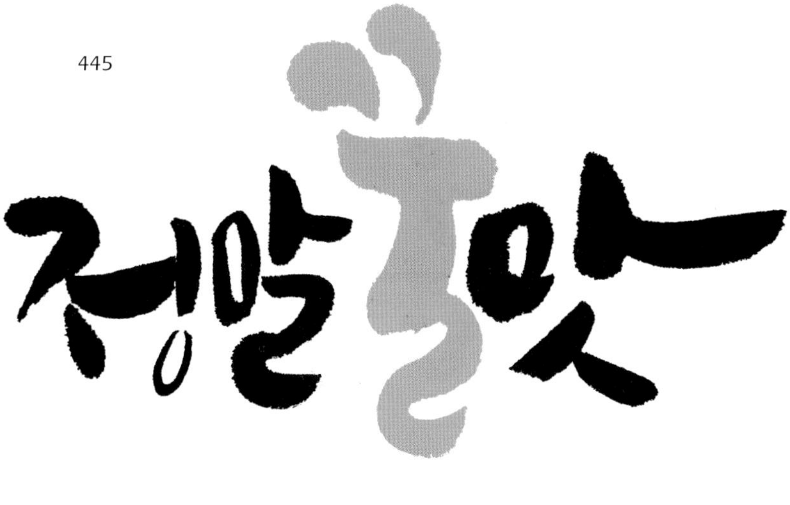

446

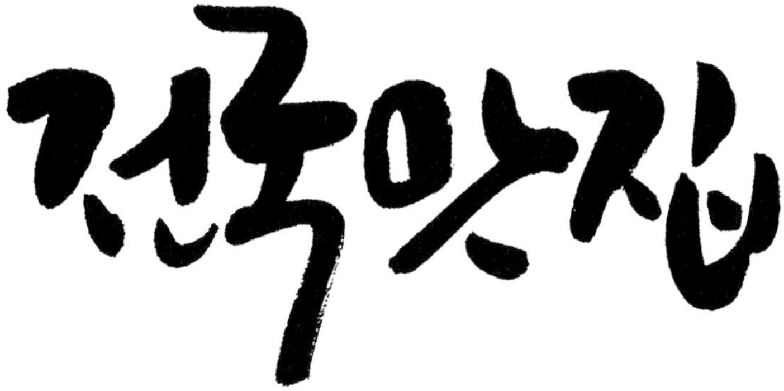

447

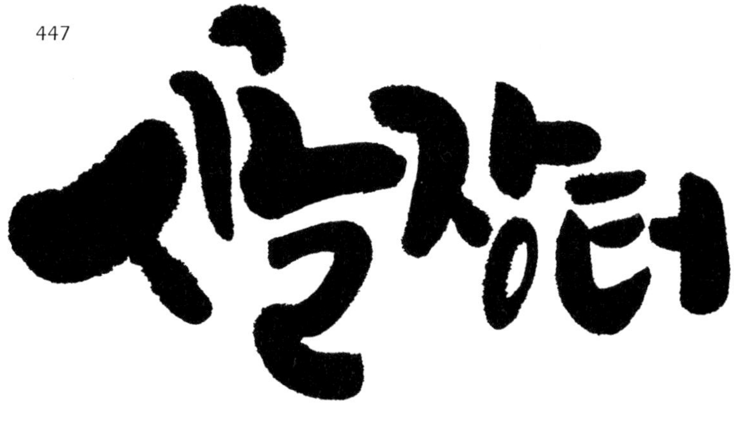

448

저녁이 있는 삶

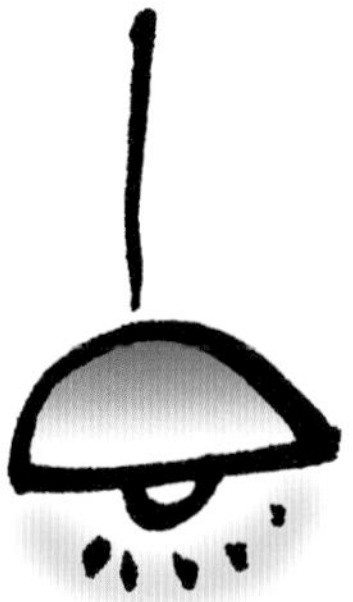

449

먹고 죽은 귀신

450

먹거리는 전쟁이다~

451
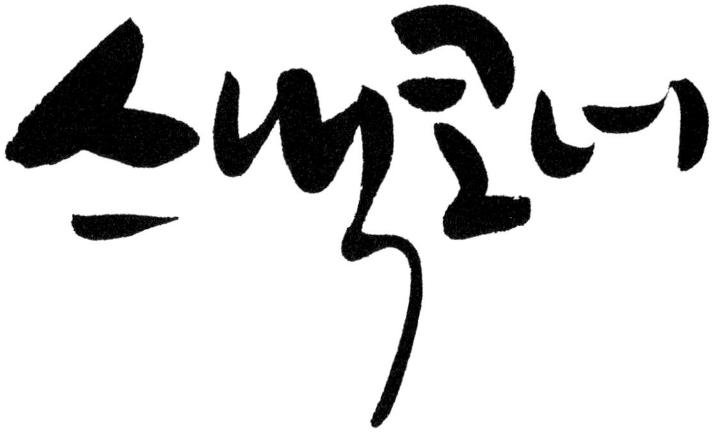

452
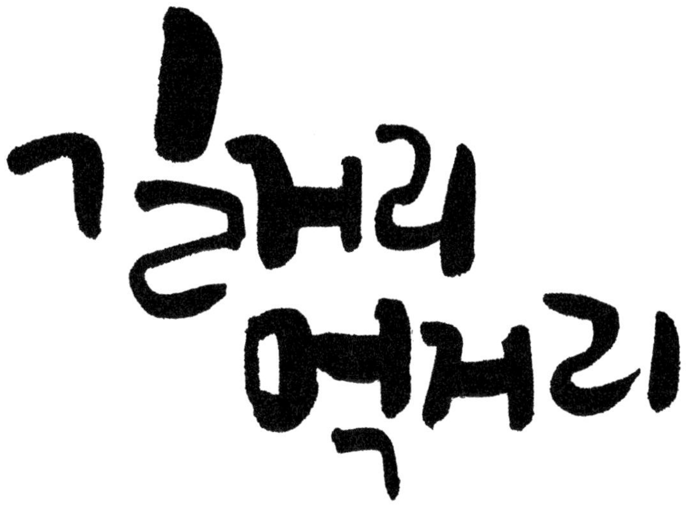

453
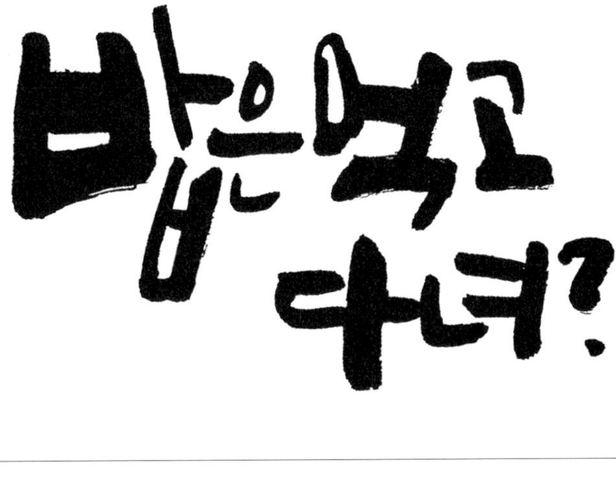

454

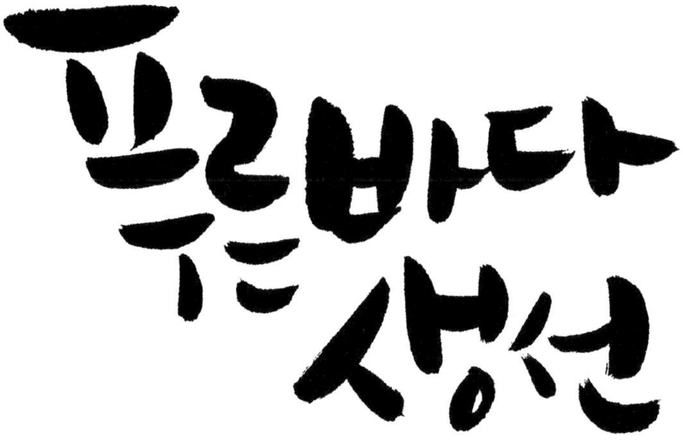

455

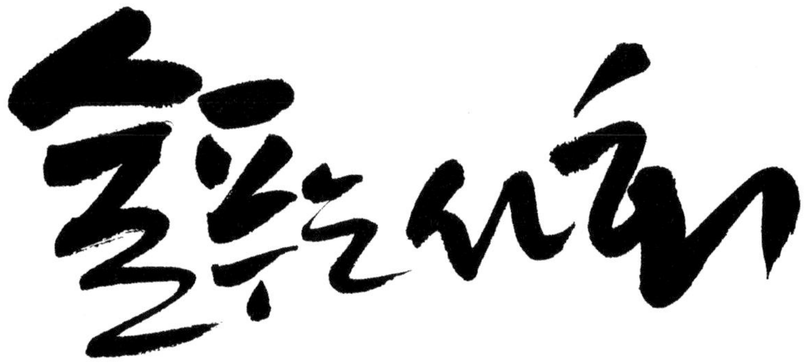

456

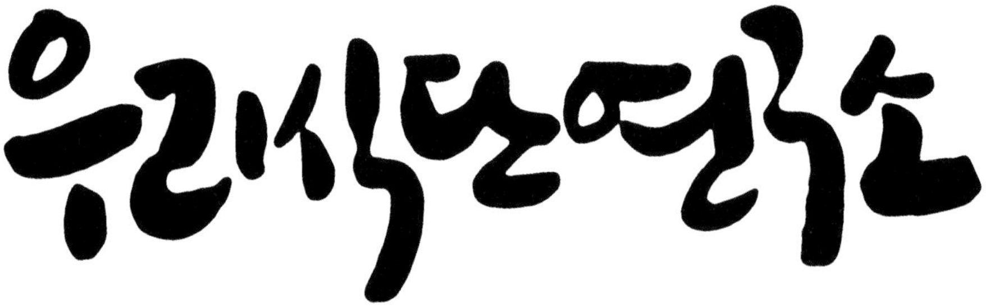

457

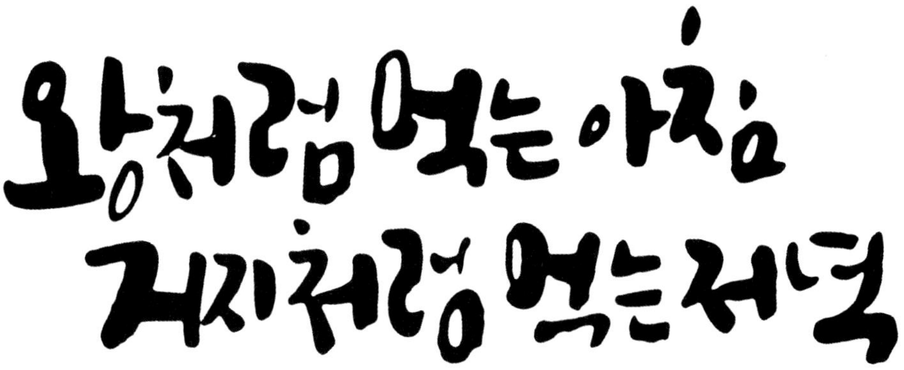

458

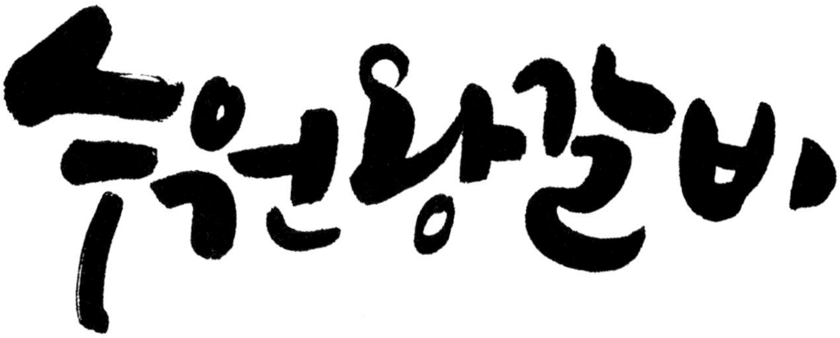

459

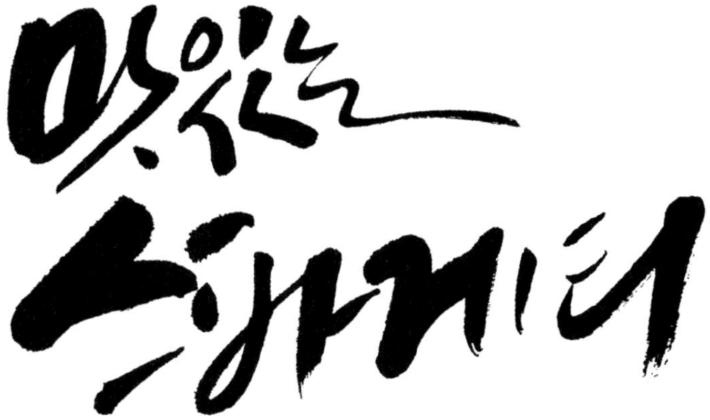

460

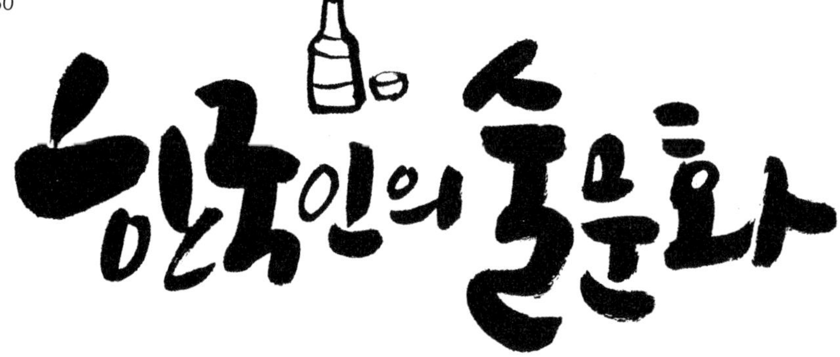

461

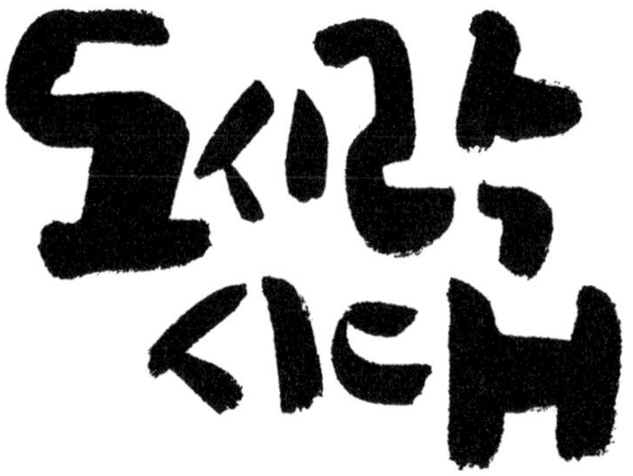

462

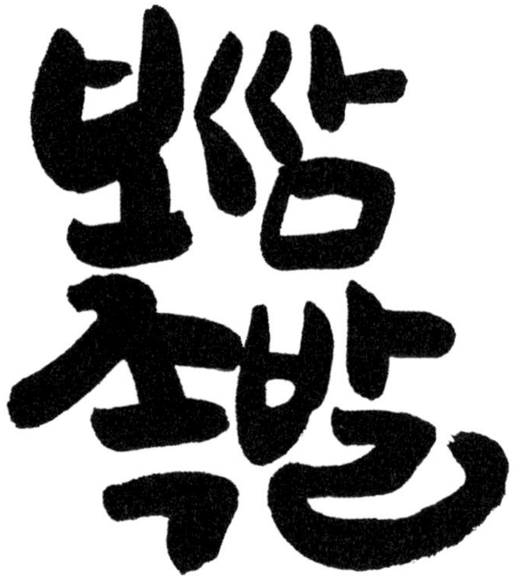

463

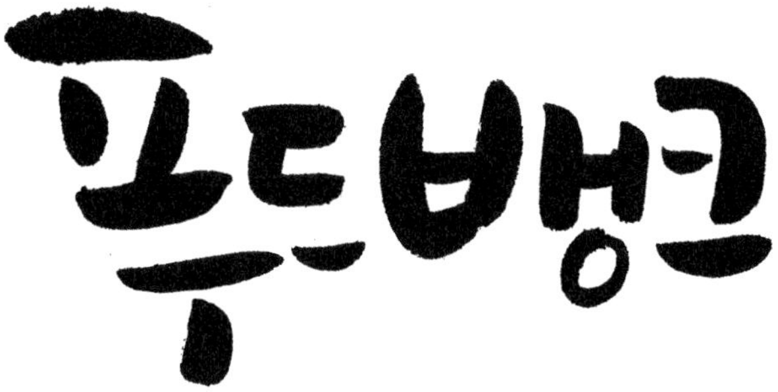

464

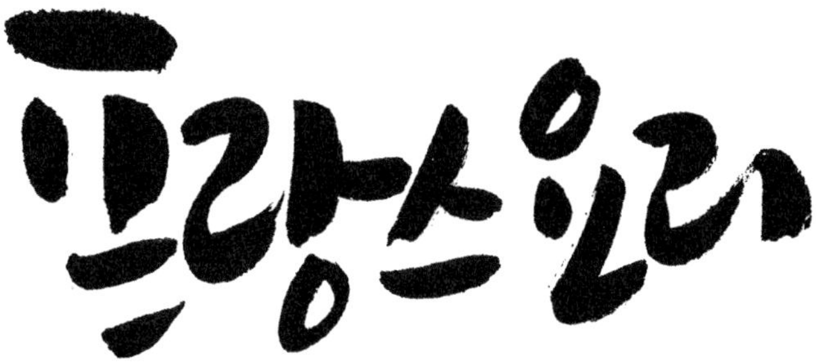

465

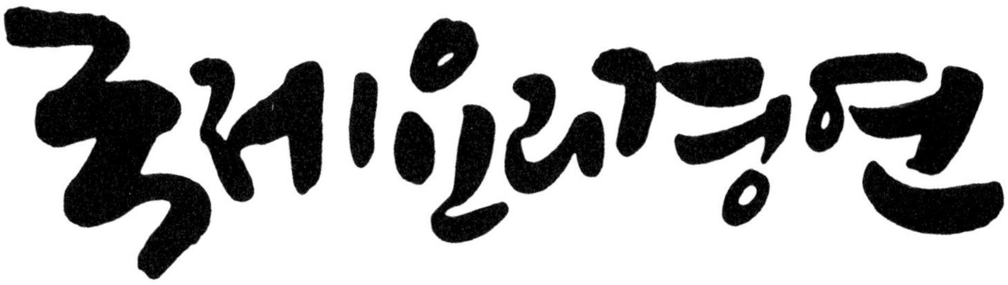

466

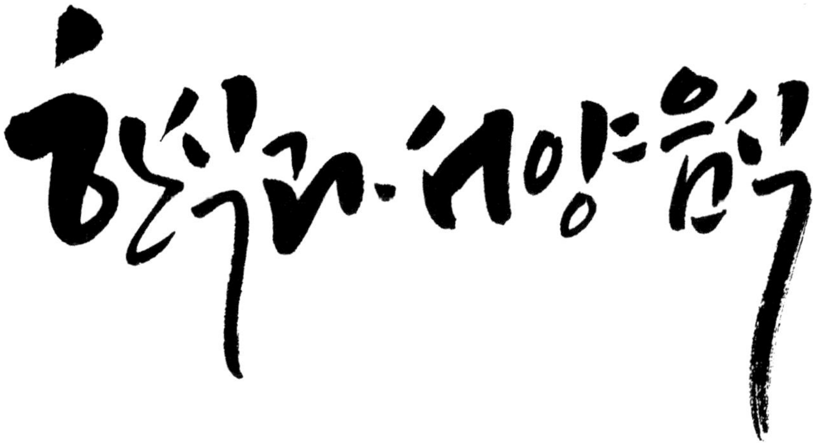

467

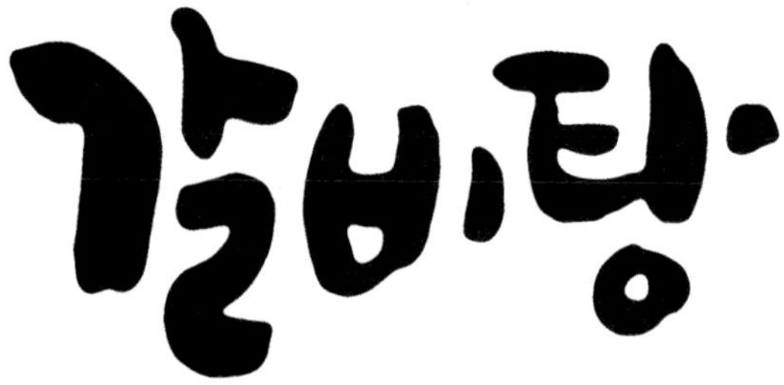

468

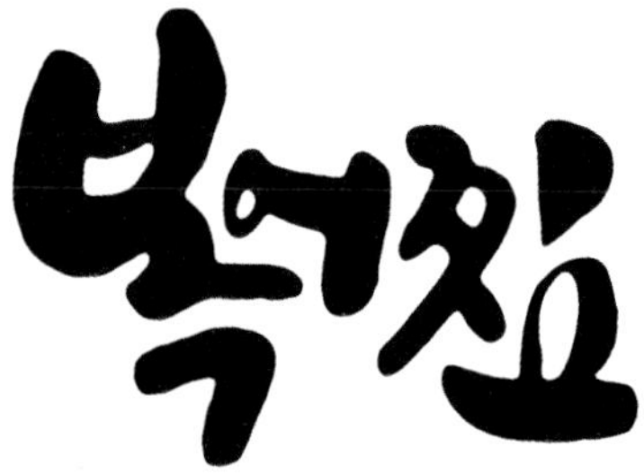

469

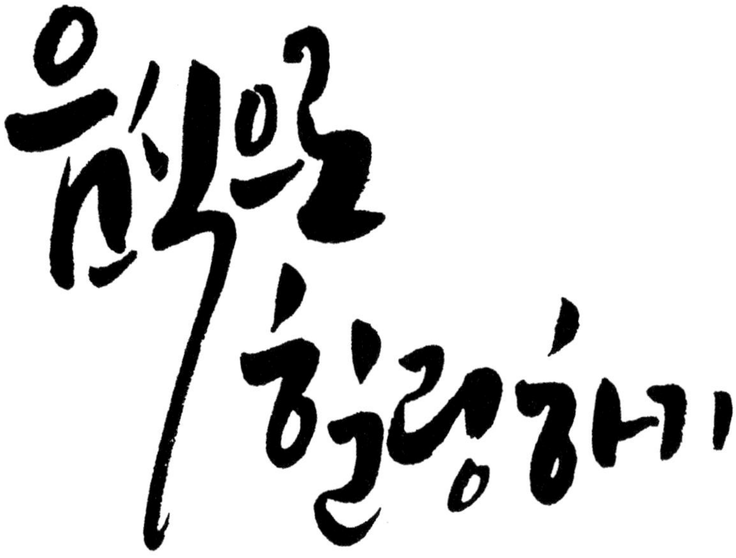

470

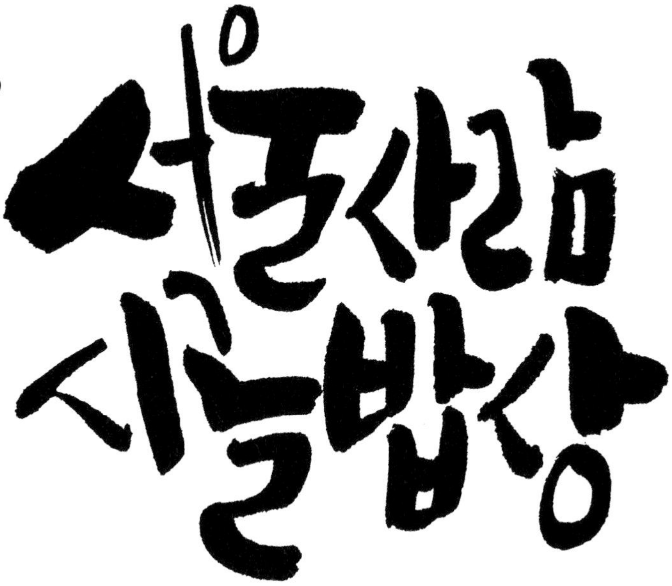

471

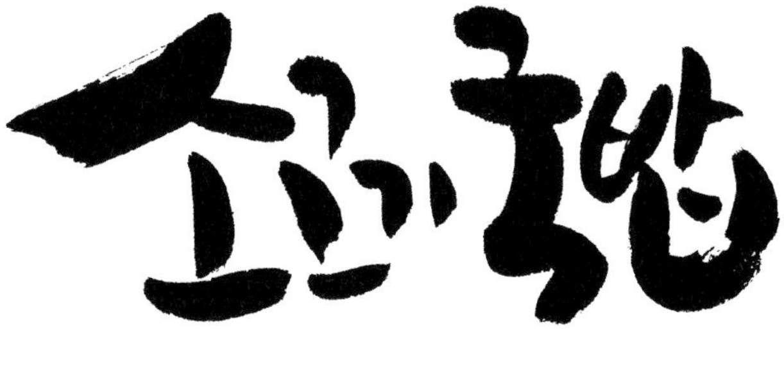

472

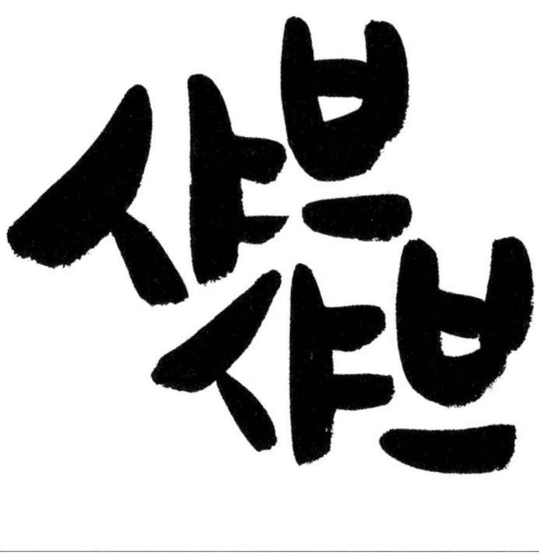

473

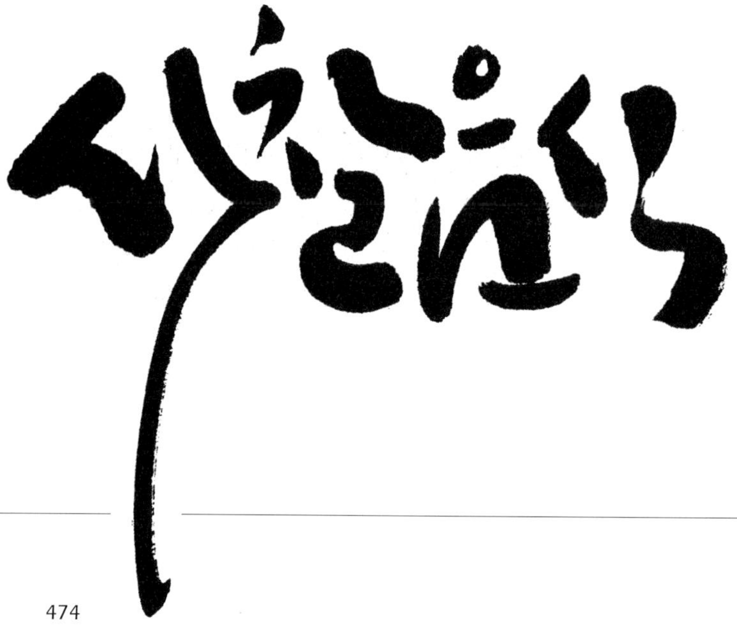

474

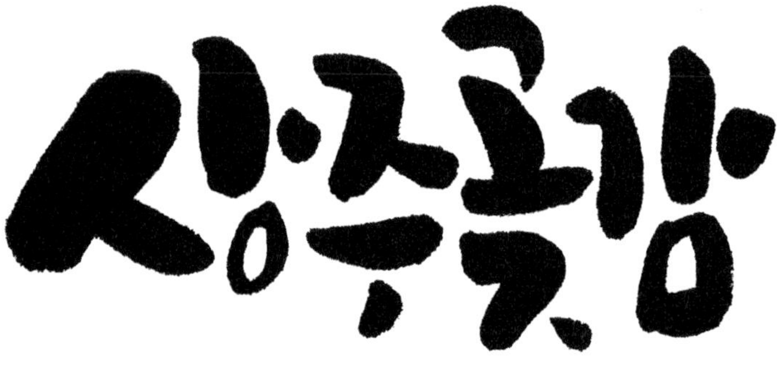

475

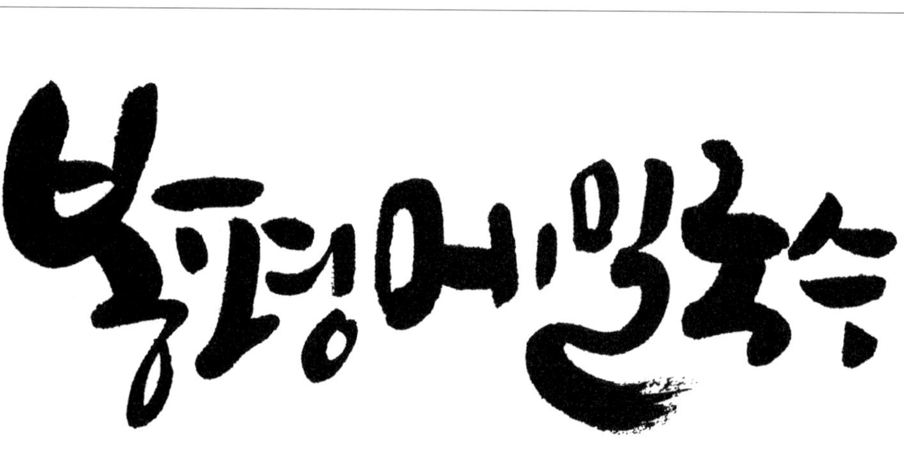

476

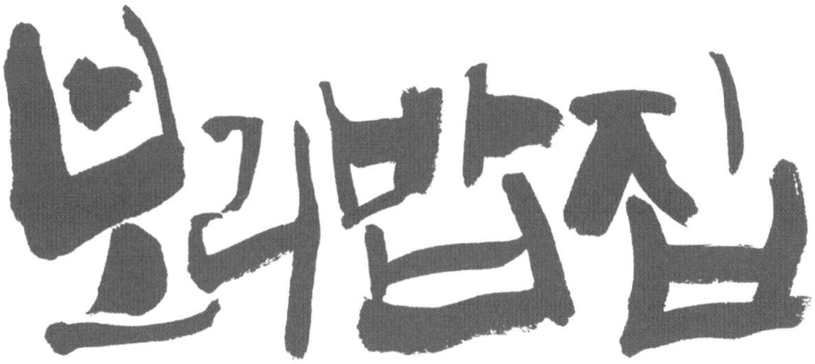

477

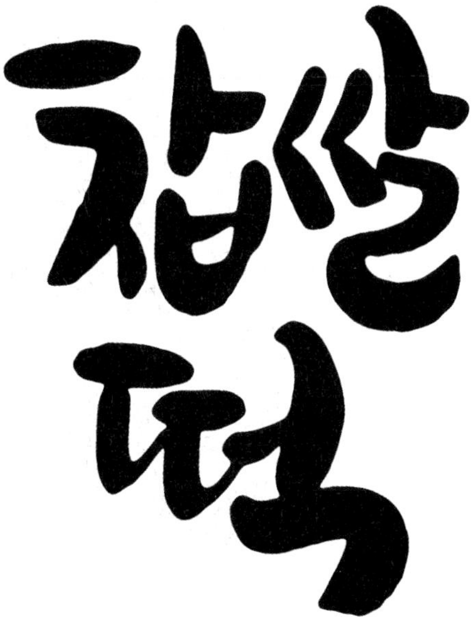

478

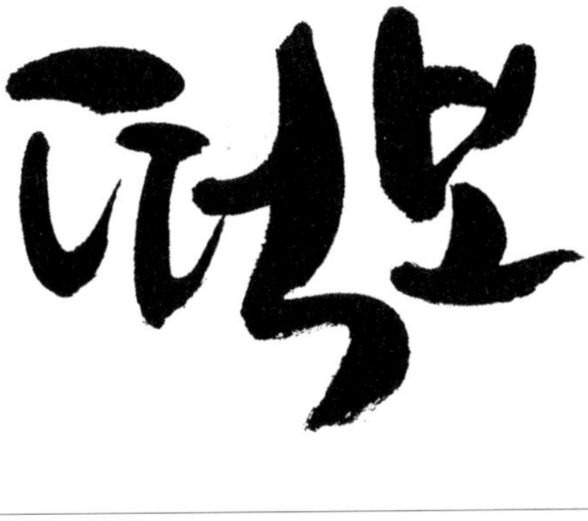

479

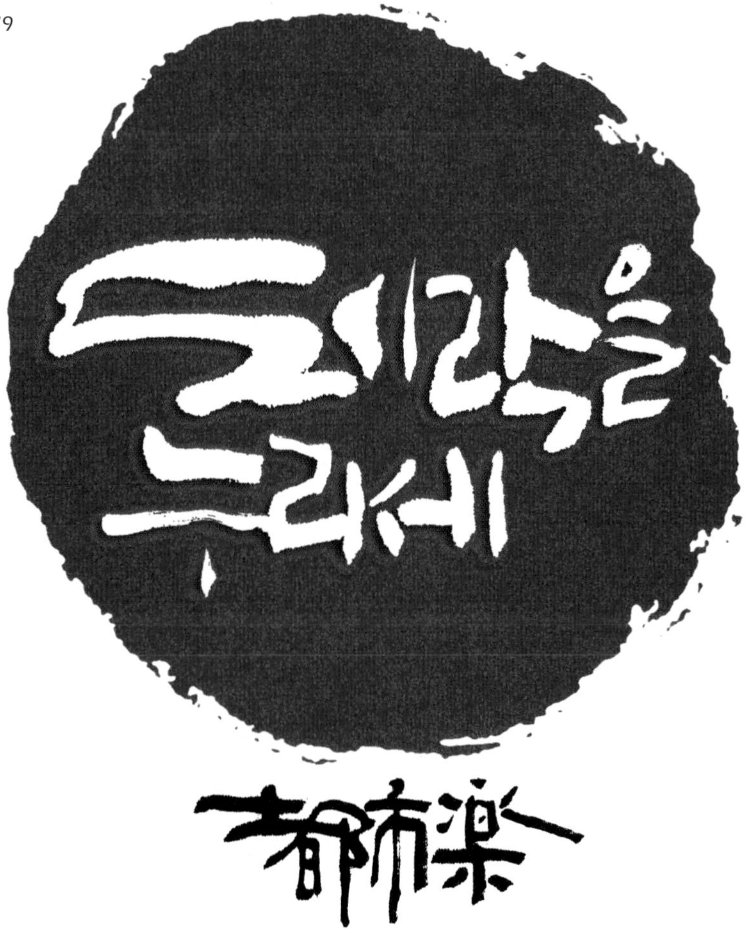

480

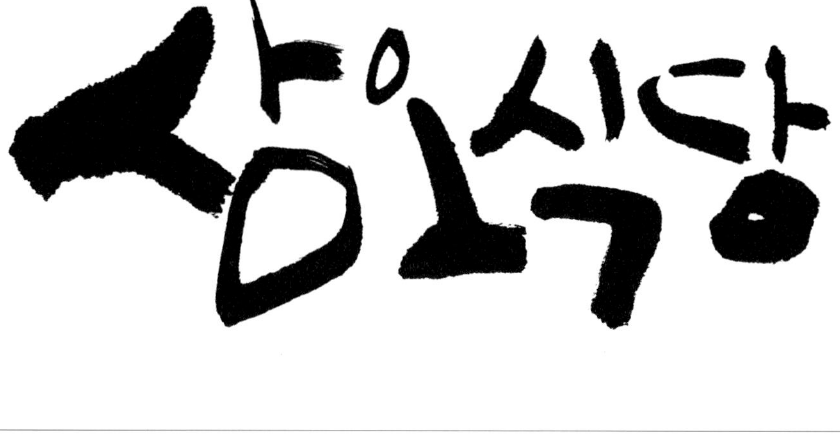

6장 _ 문장 쓰기

캘리그라피는 대부분 단어 위주의 브랜드에 적용되지만 행간을 가진 문장을 쓰는 경우에도 많이 적용된다. 자간과 행간의 구성이 조화롭게 잘 된 경우는 설사 글씨가 어설프더라도 보기 좋은 작품이 많다.
문장은 전체가 하나의 모둠으로 보이는 것이 중요하다.
글자끼리 의지하여 연결성 있는 구조가 이루어지고 행과 행 사이의 공간이 유기적으로 조합된다면 훌륭한 모둠글이 될 것이다.
공간도 글씨로 인식해야 한다.

바람이 분다. 새로운 글씨를 써야겠다.

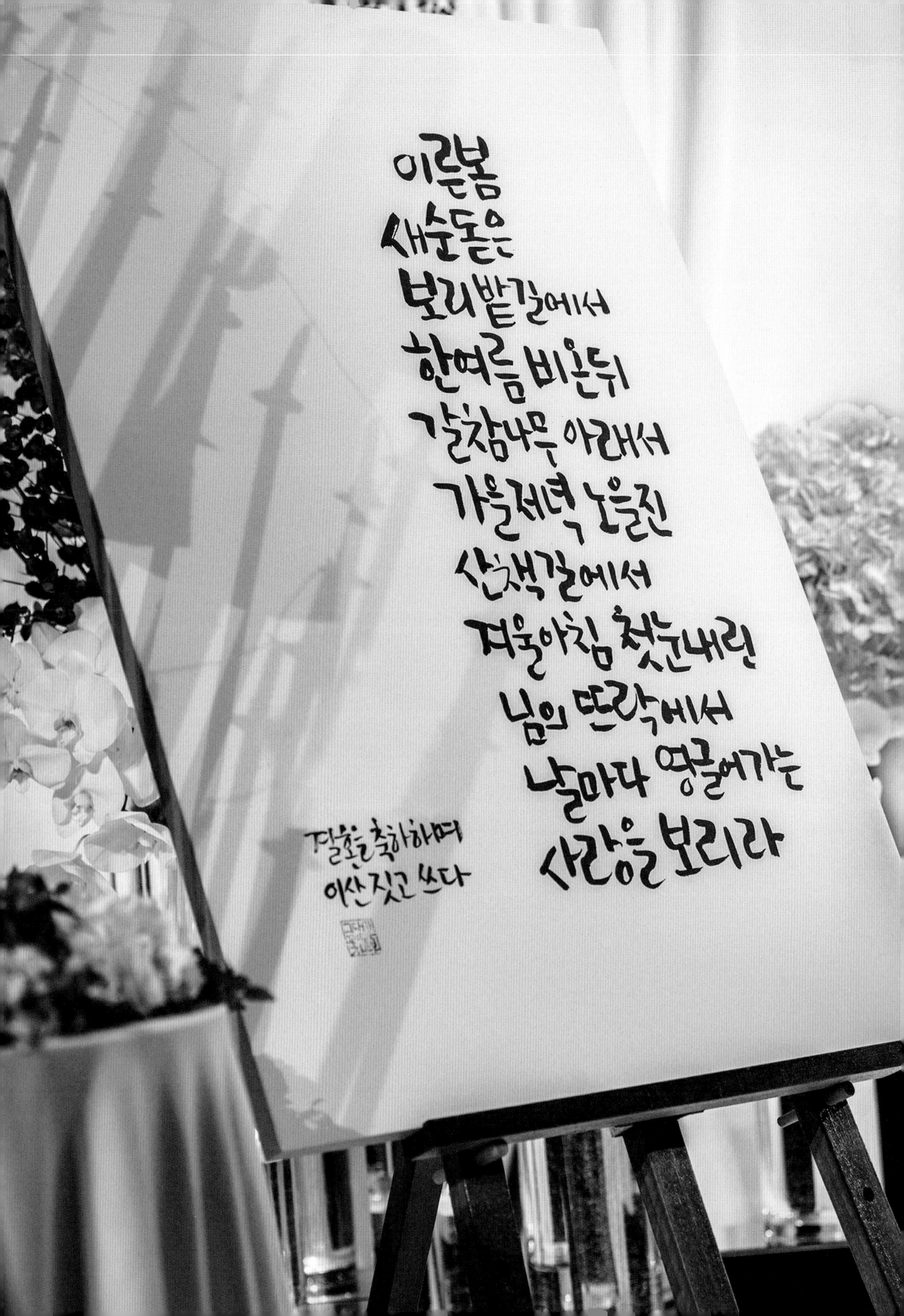
이른봄
새순돋은
보리밭길에서
한여름 비온뒤
갈참나무 아래서
가을저녁 노을진
산책길에서
겨울아침 첫눈내린
님의 뜨락에서
날마다 영글어가는
사랑을 보리라
결혼을 축하하며
이산 짓고 쓰다

481

한때
사랑했던
여자에게
보내는
구소련 우주비행사의
마지막 메세지

482

바냐 삼촌.
사는거예요
길고 긴 낮과
오랜 밤들을
살아나가요
운명이 주는
시련들을
참아내요

<바냐 아저씨, 안톤체홉>

483

내가
누구인지
말할 수
있는 자는
누구인가

<햄릿, 셰익스피어>

484

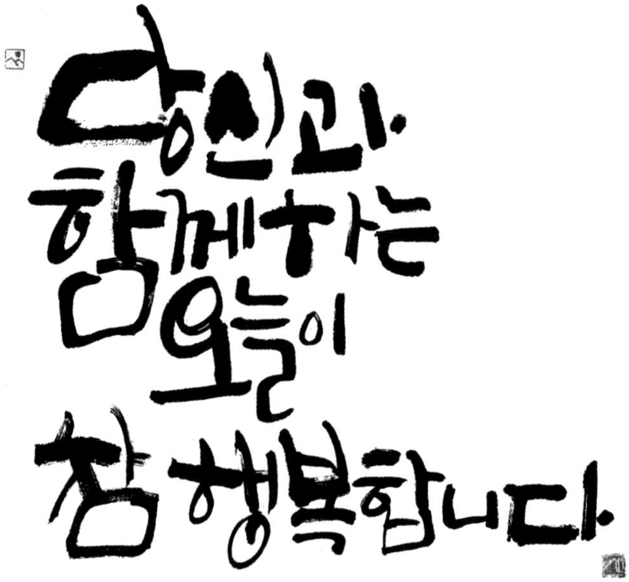

485

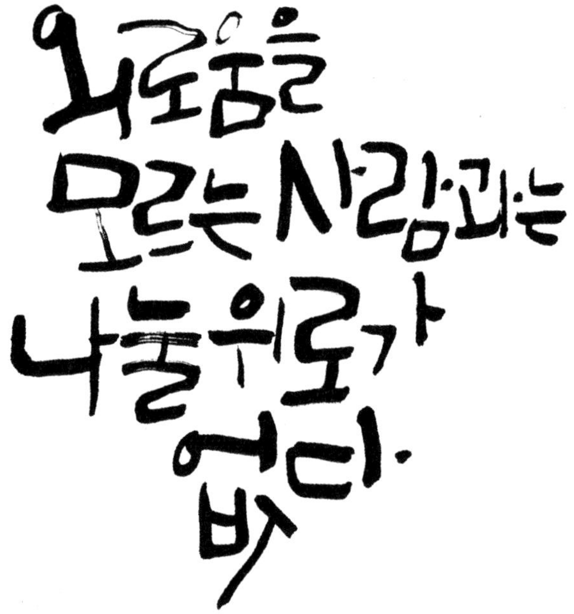

486

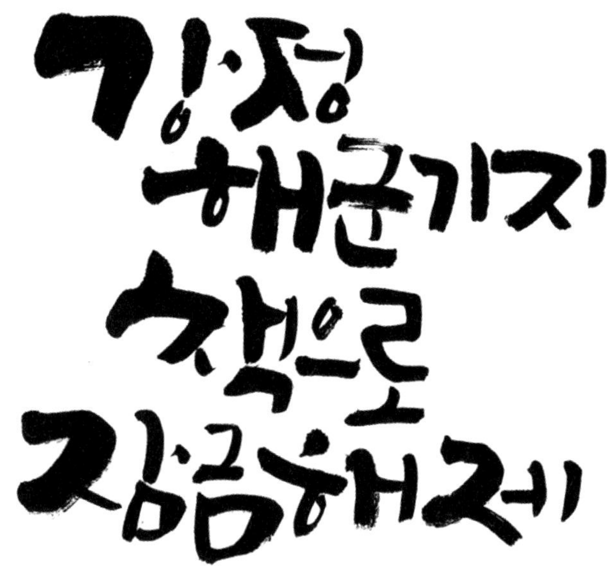

487

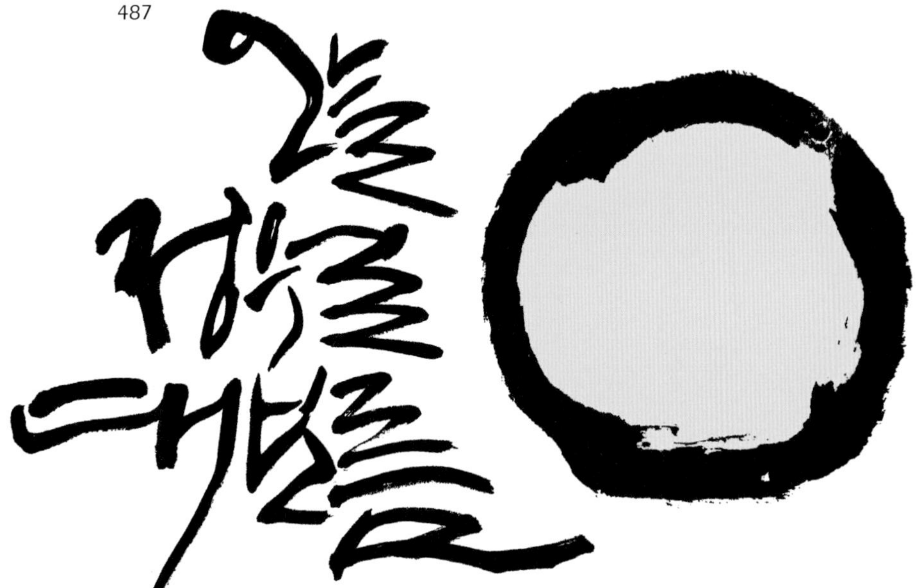

488

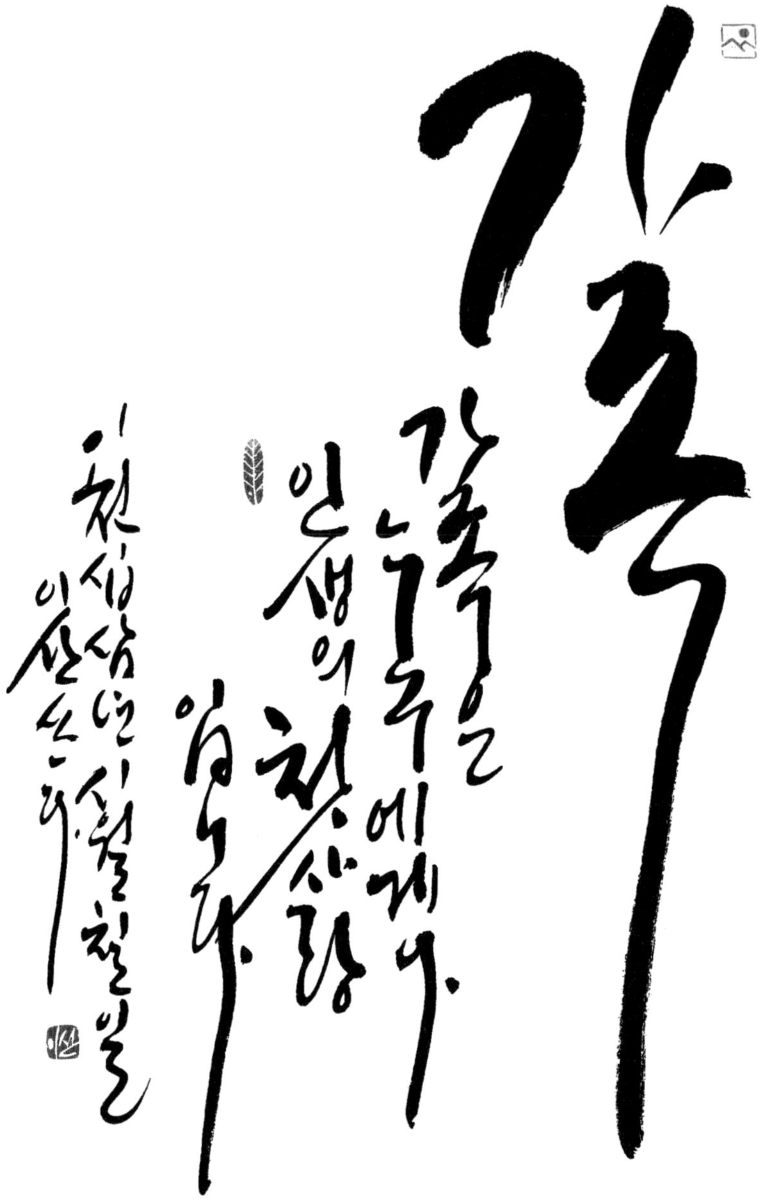

489

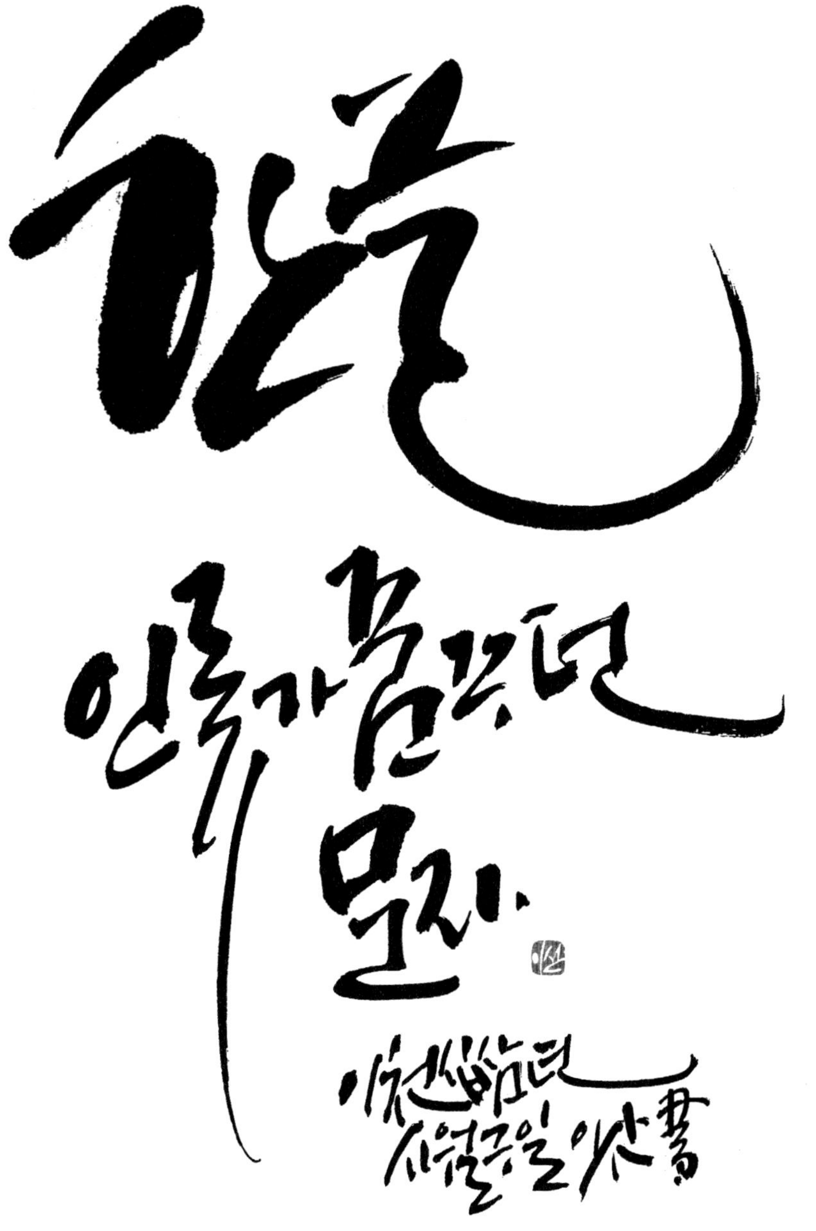

490

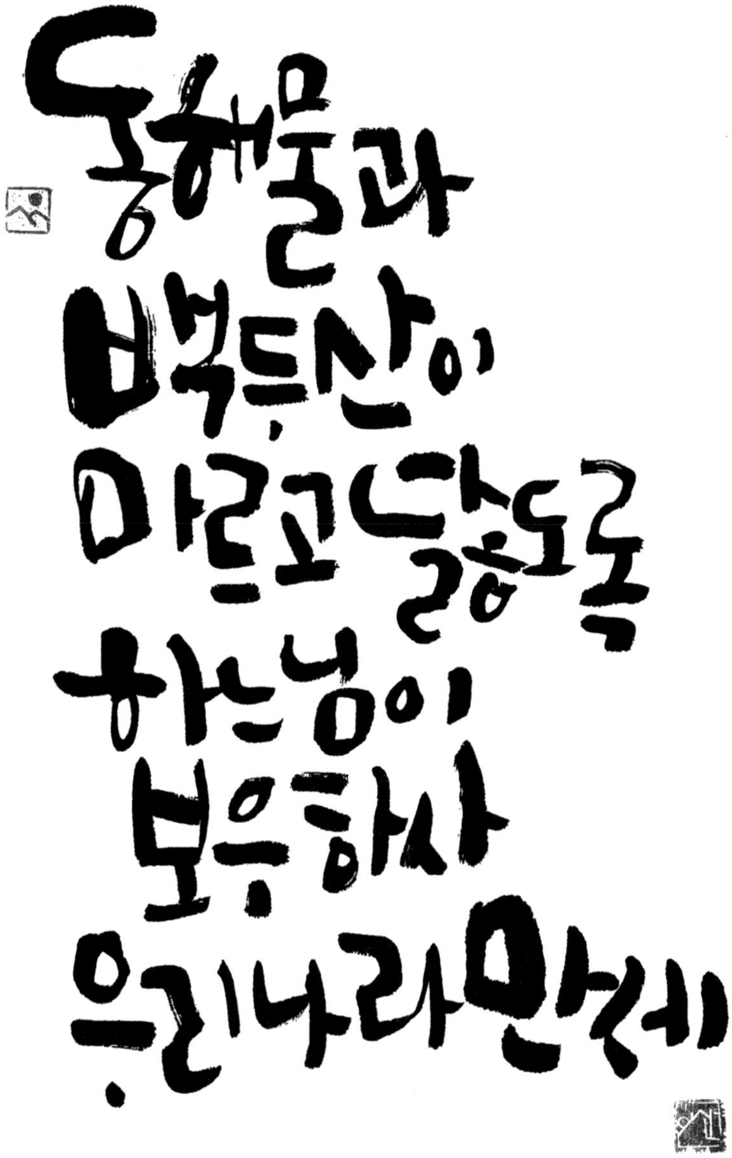

491

무궁화
삼천리
화려강산
대한사람
대한으로
길이 보전하세

492

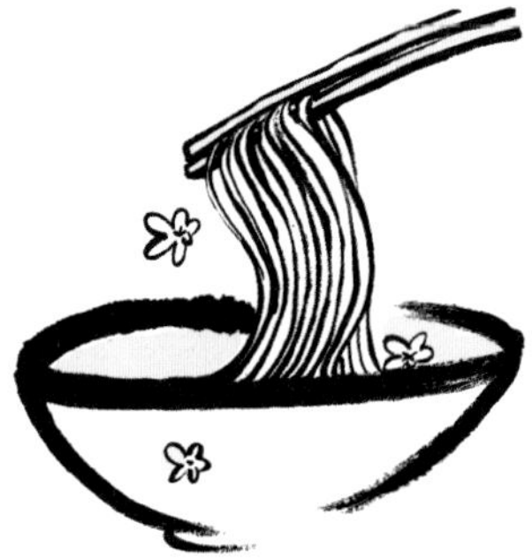

칼국수에는 서슬퍼런 칼이 없다

맛깔스런 국물이 있다

칼국수 국물에는

겨울눈을 머금은 뽀얀 하늘이

함초롬히 내려와 있다

연둣빛 호박채, 주황빛 당근채

젓가락으로 섞기에는 너무 고와라

매콤한 홍고추 양념장을 넣어

후루룩 한입 가득 들이키면

방망이로 반죽을 미시던 여름밤

어머니의 손맛 코끝에 밀려와

뜨거워지는 가슴에 겨울눈 내린다

이천십오년 칠월십오일
김필영 시 칼국수를 이산 쓰다

LEESAN Calligraphy Work Book

493

나의 살던
고향은
꽃 피는 산골
복숭아꽃
살구꽃 아기
진달래
울긋불긋
꽃대궐
차리인 동네
그 속에서 놀던 때가
그립습니다

494

빗속으로
그대 오시네
자박거리는
소리 한다름에
오시는 님의 발자욱,
빗소리 커져도
내 귀엔
들리네

495

먼데서 바람불어와
풍경소리 들리면
보고싶은
내마음이 찾아간줄
알아라 정호승의
풍경달다 中에서

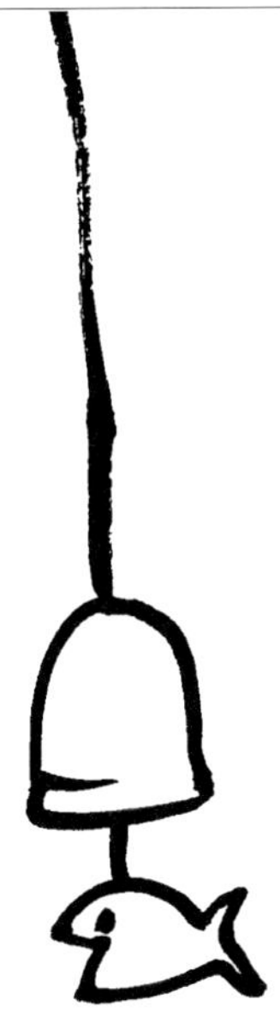

6장_문장쓰기

496

사람이
책을 만든다
책은 과연
사람을
만들까?
사람 나름이다

7장 _ 자유롭게 쓰기 • 신속담 만들기

글씨를 오래 쓰다 보면 습관화된 글씨가 나온다.
그것이 하나의 형식으로 만들어지기도 하는데, 새로운 글씨를 쓰기
위해서는 지금까지 써보지 않았던 방법으로 써보는 것도 좋은 연습이다.
그러다 보면 의외의 결과를 얻을 수도 있다.

497

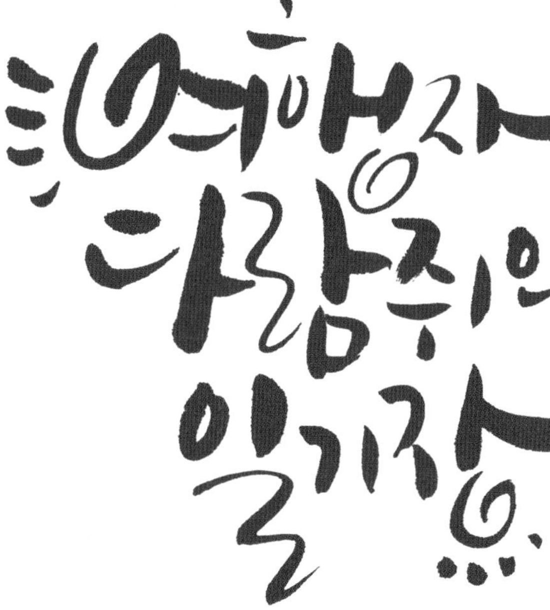

498

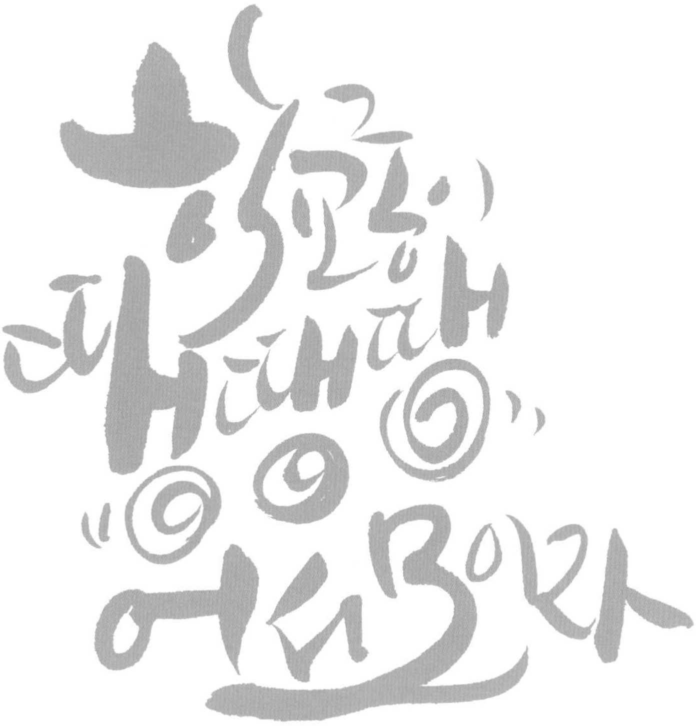

499

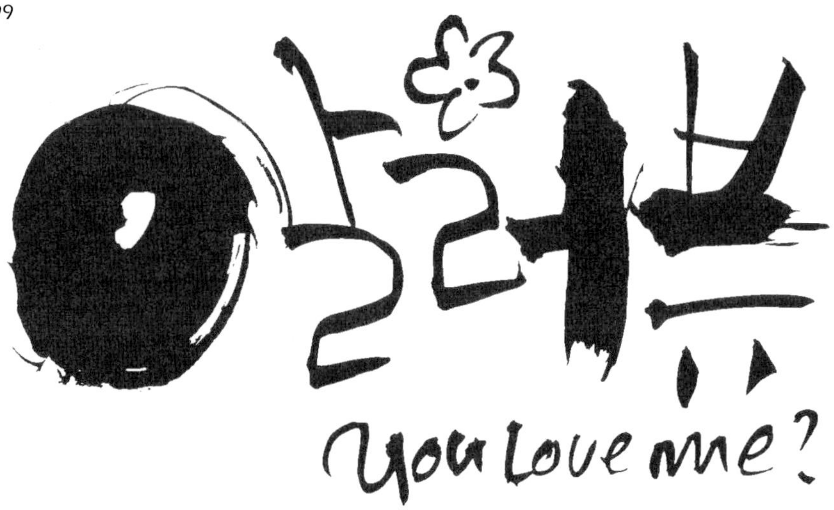

500

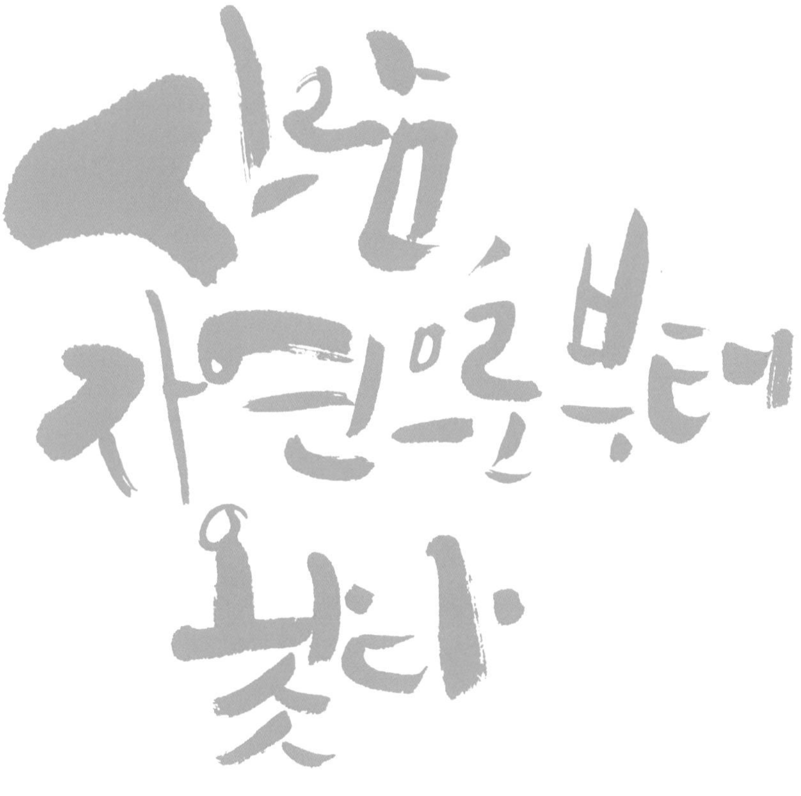

501

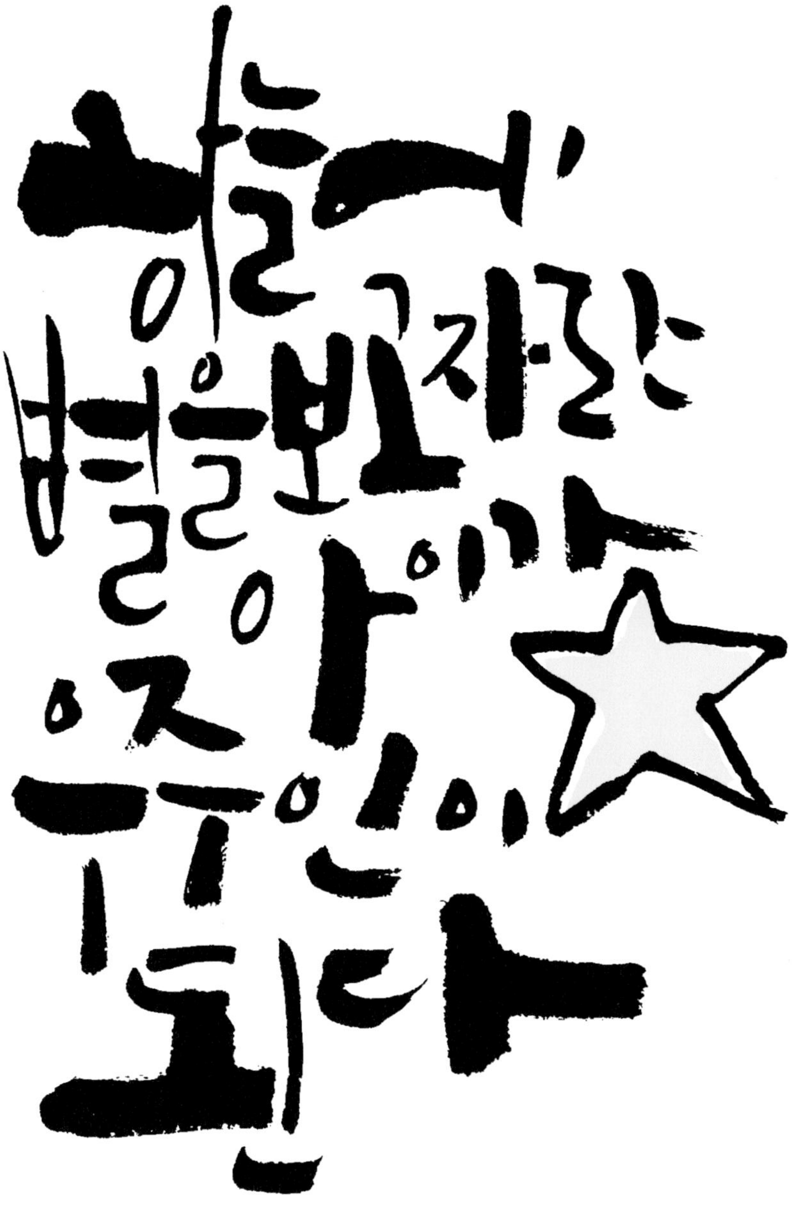

502

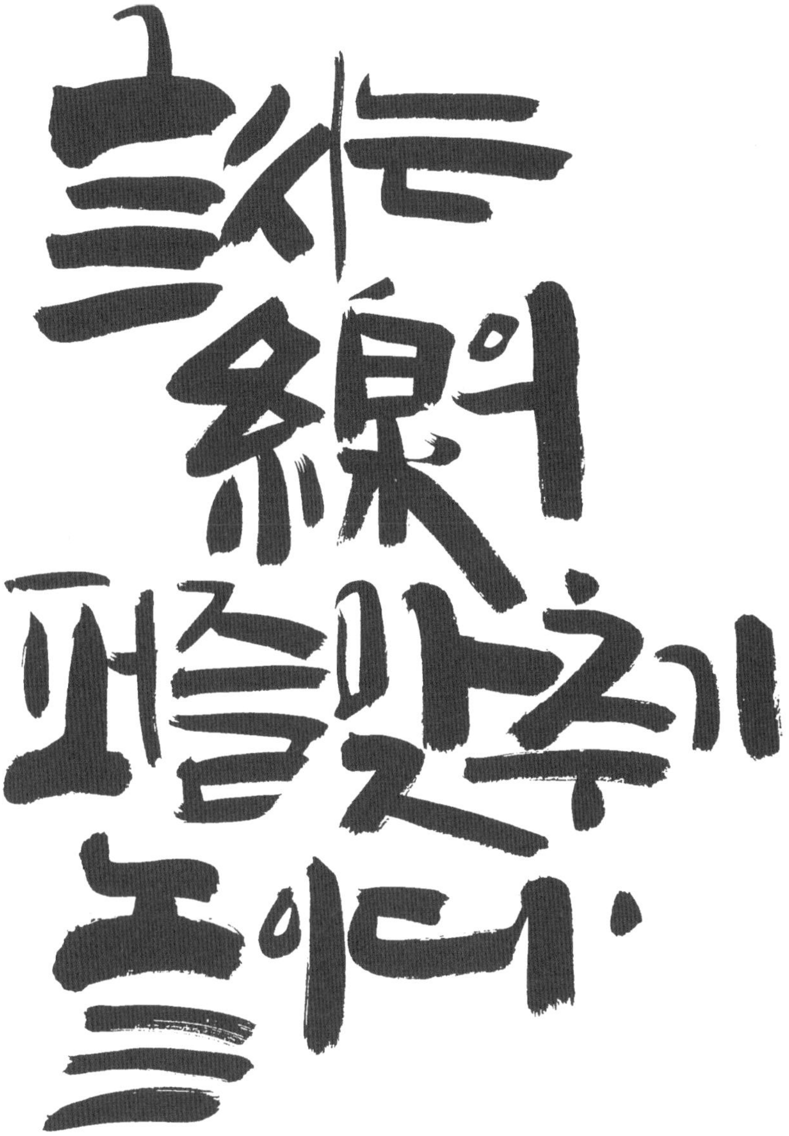

503

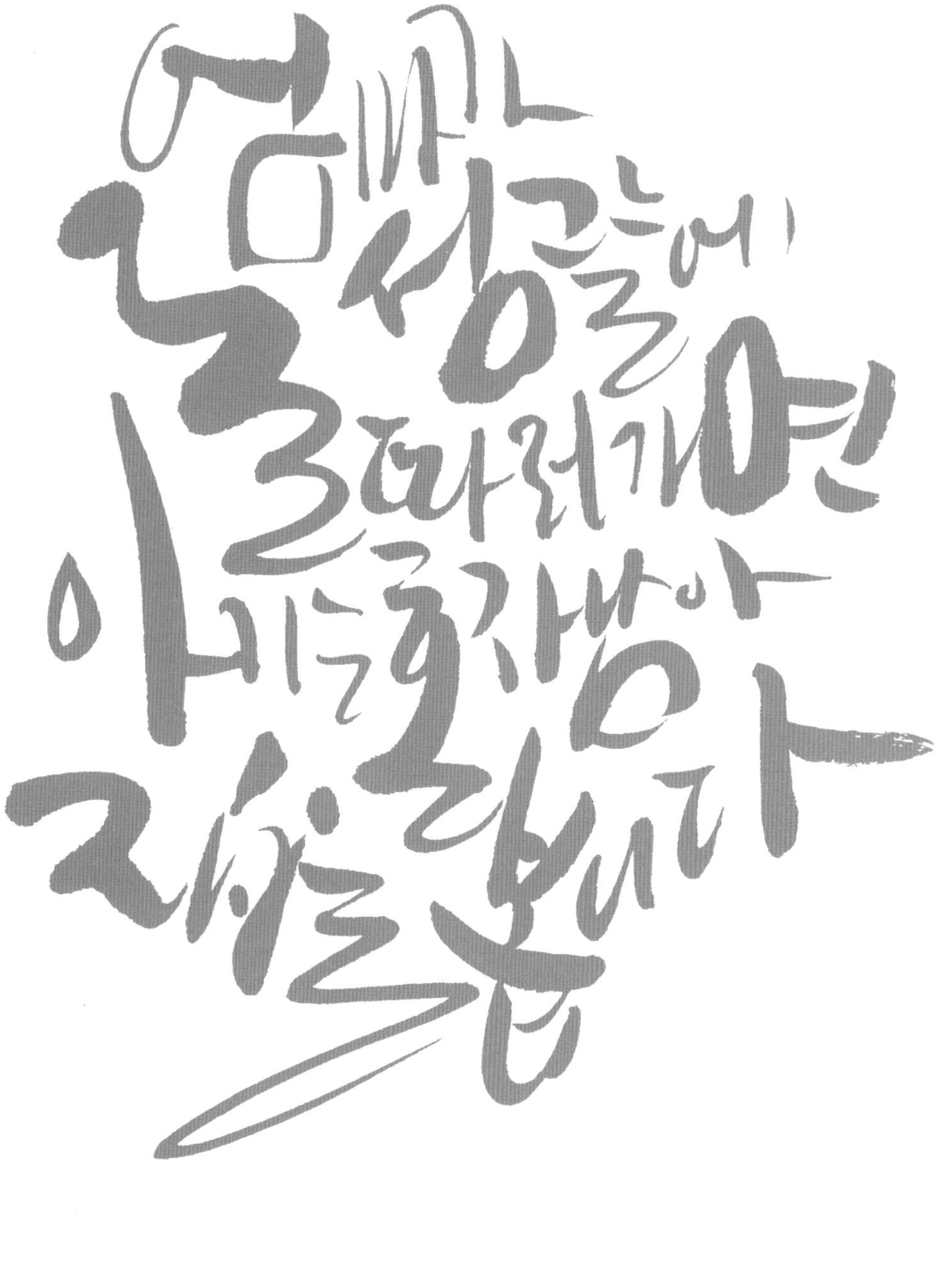

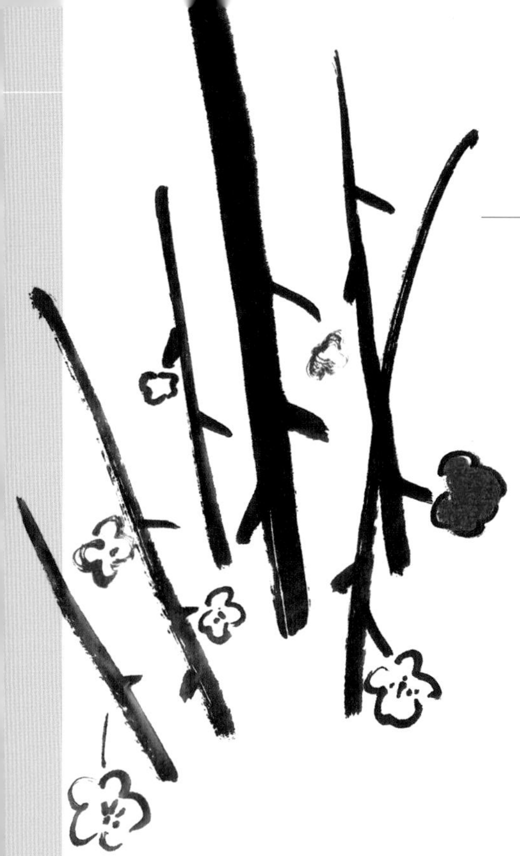

504

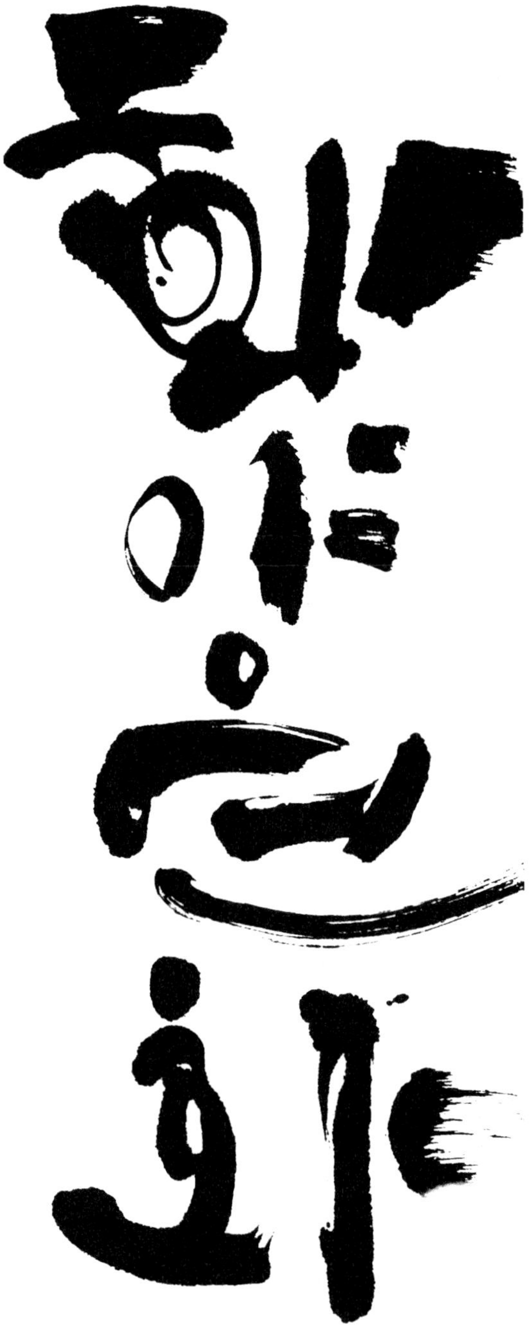

505

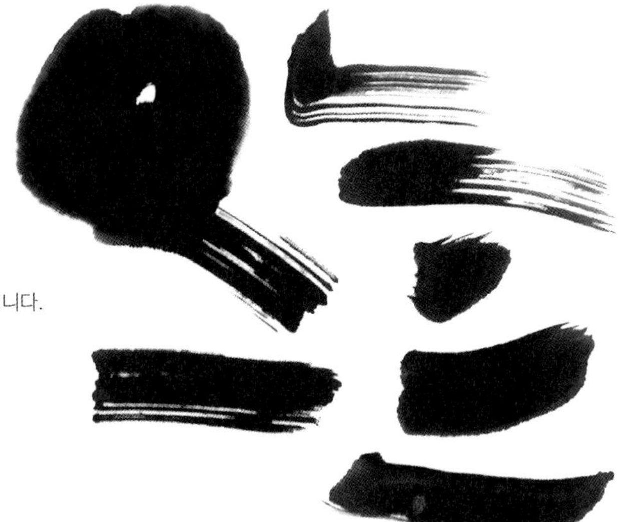

오늘은 어제 죽은 이가 그토록 살고 싶어했던 내일입니다.

506

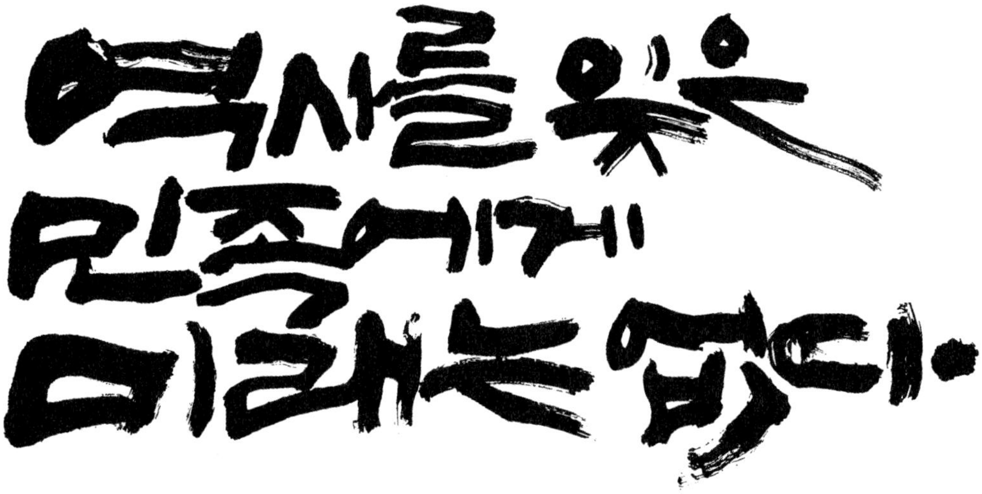

507

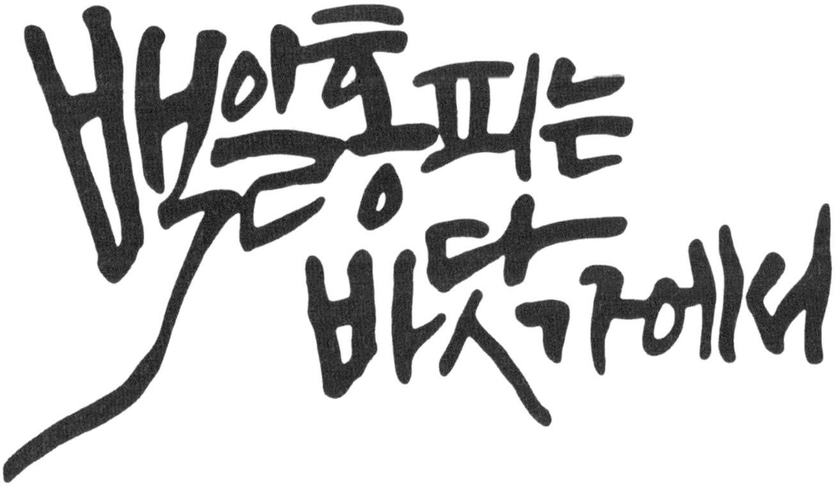

508

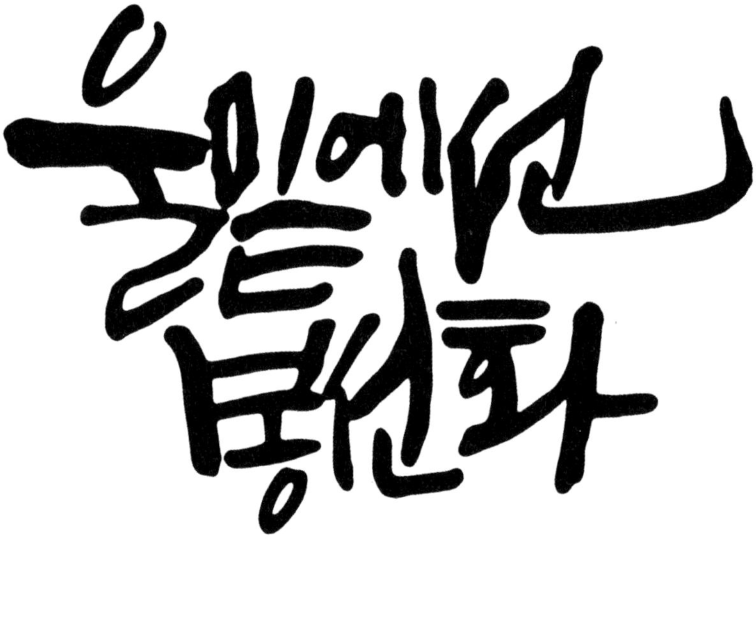

509

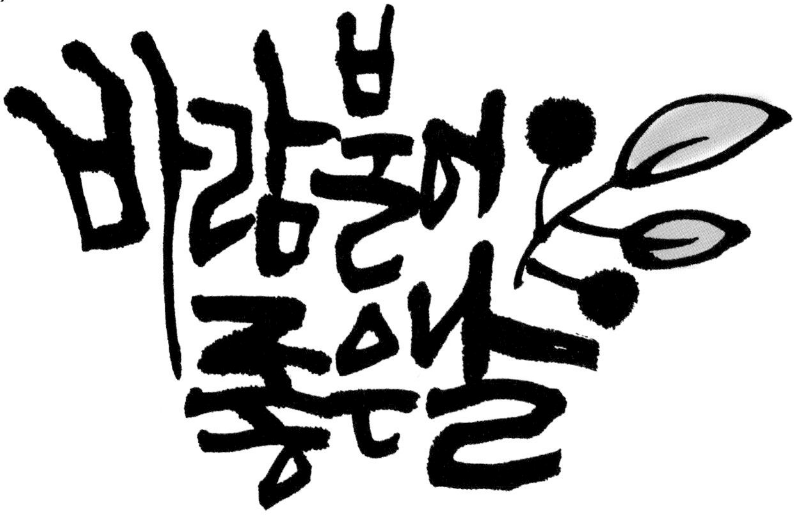

510

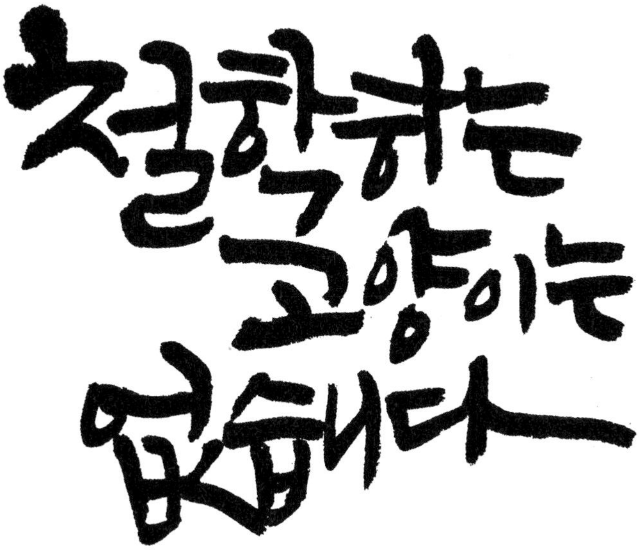

511

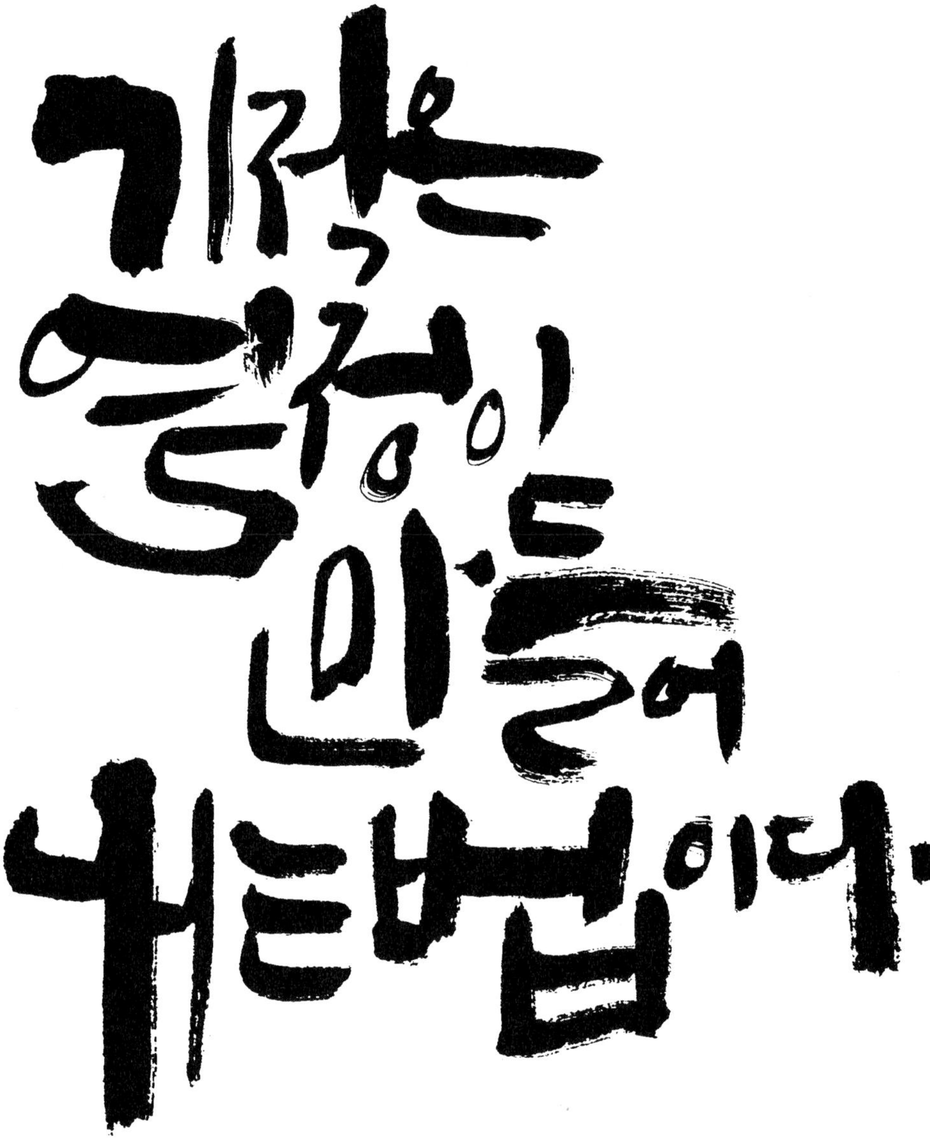

512

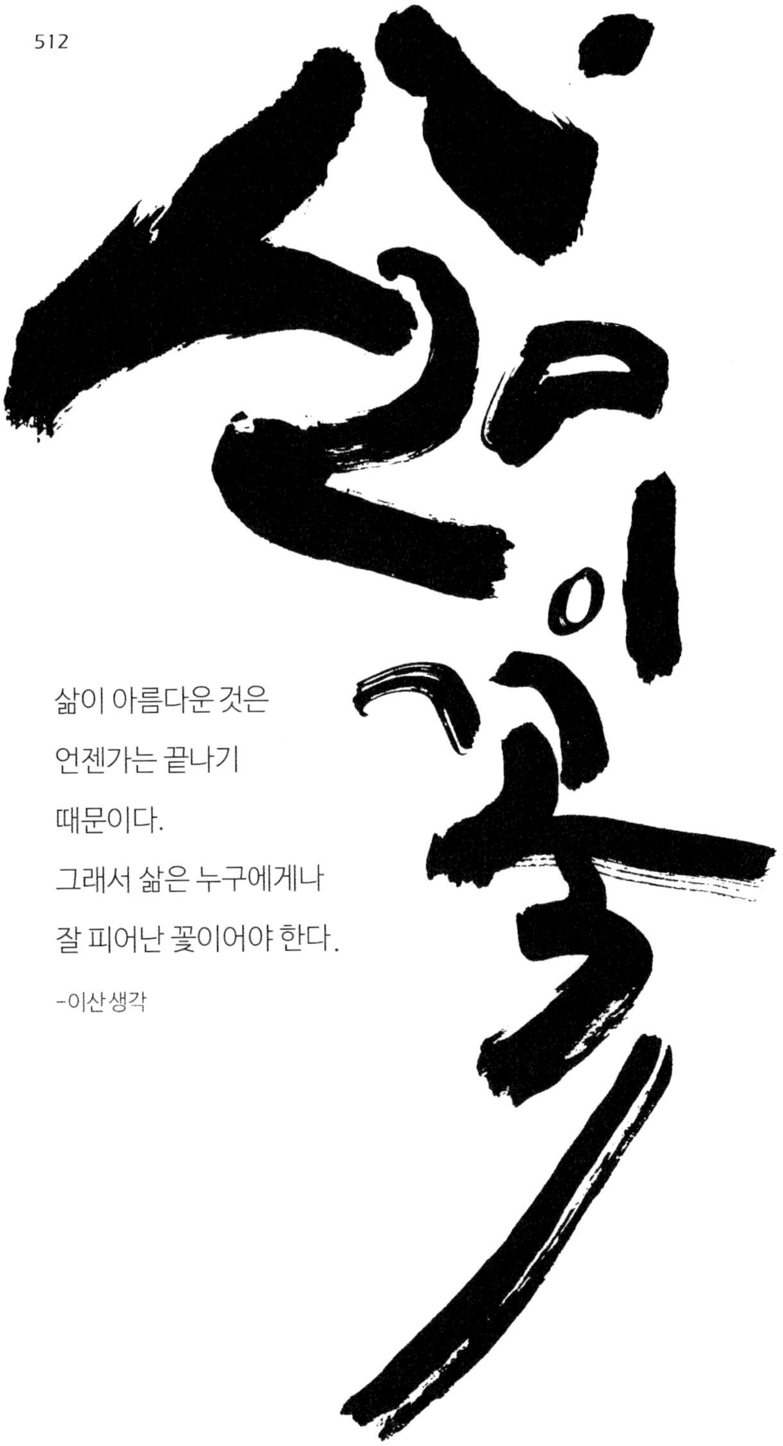

삶이 아름다운 것은
언젠가는 끝나기
때문이다.
그래서 삶은 누구에게나
잘 피어난 꽃이어야 한다.

-이산 생각

513

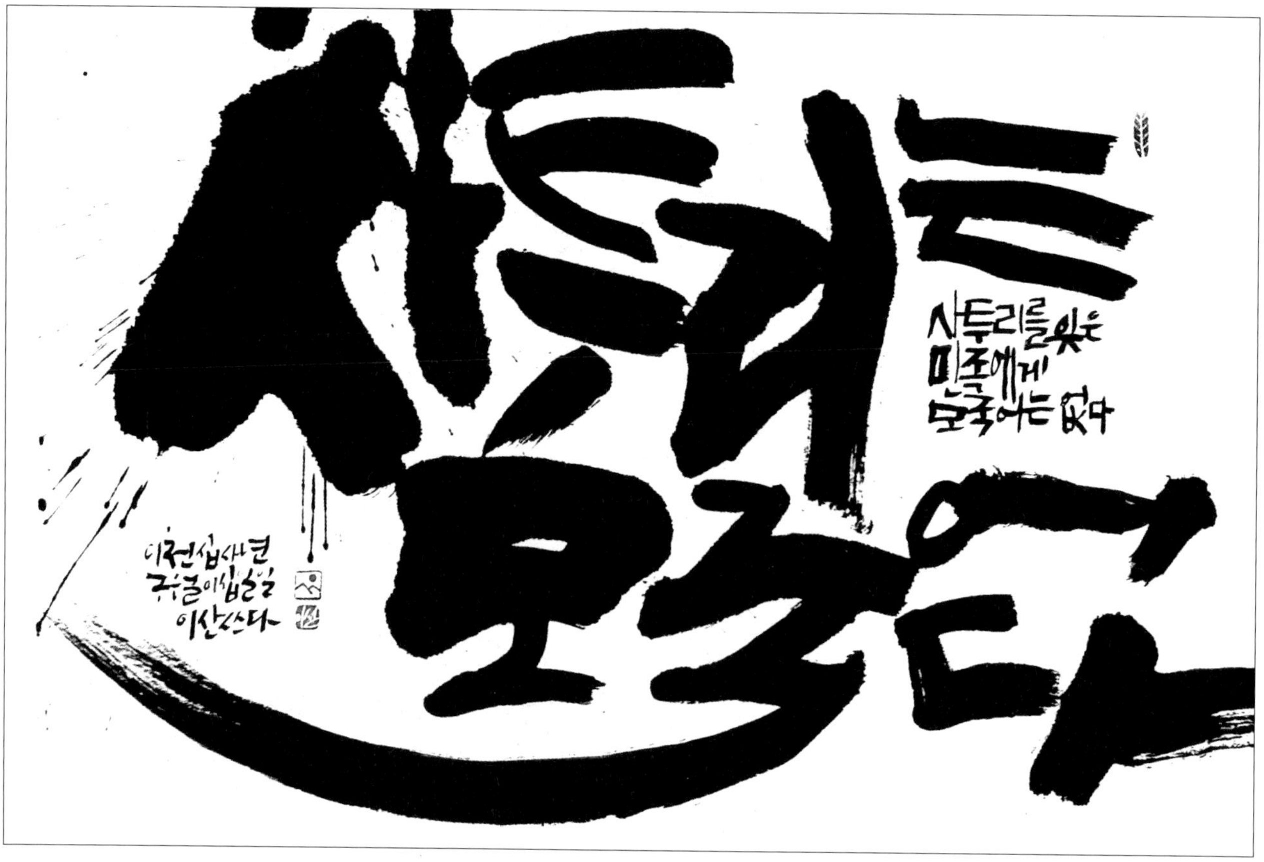

514

515

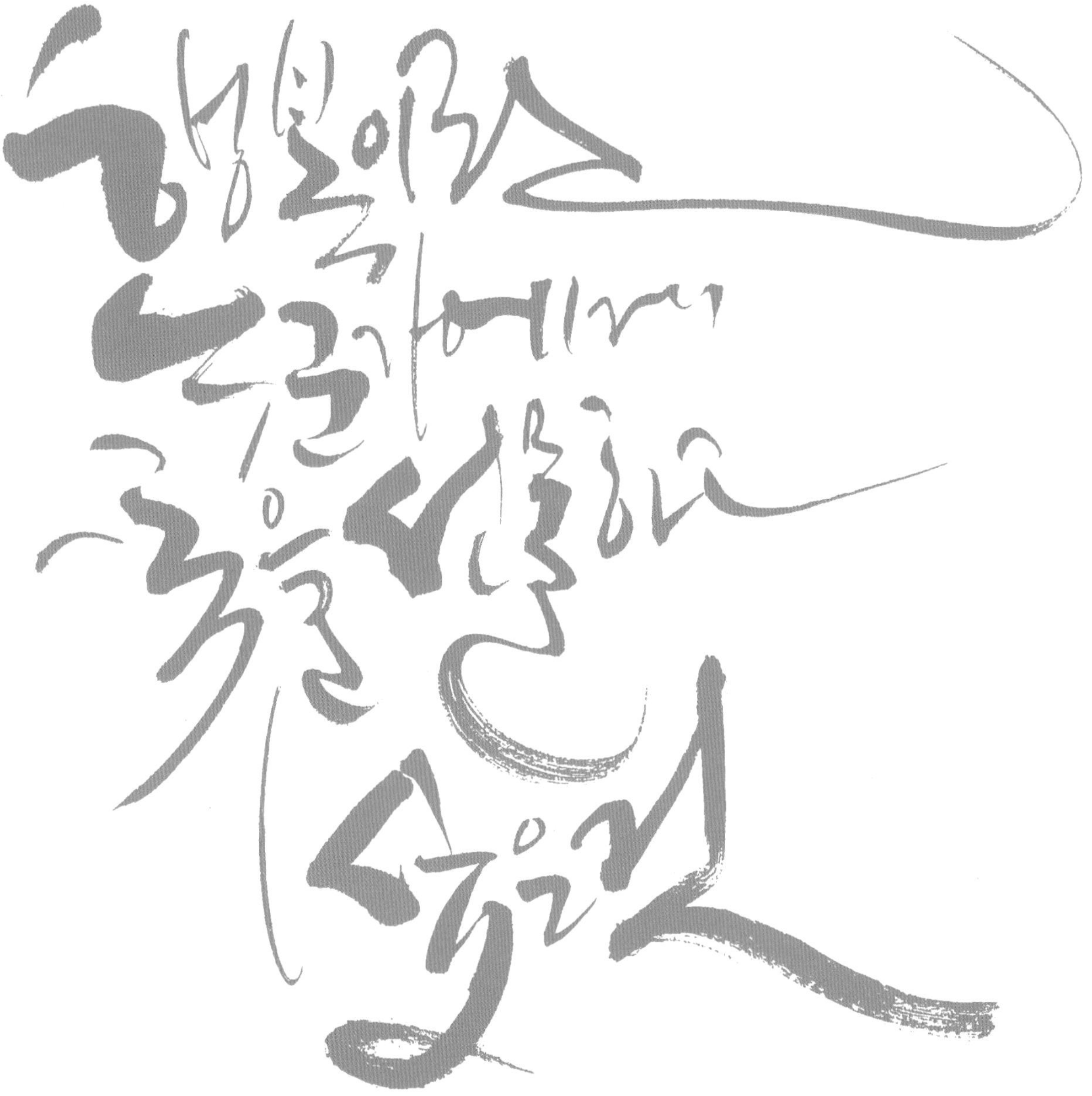

516

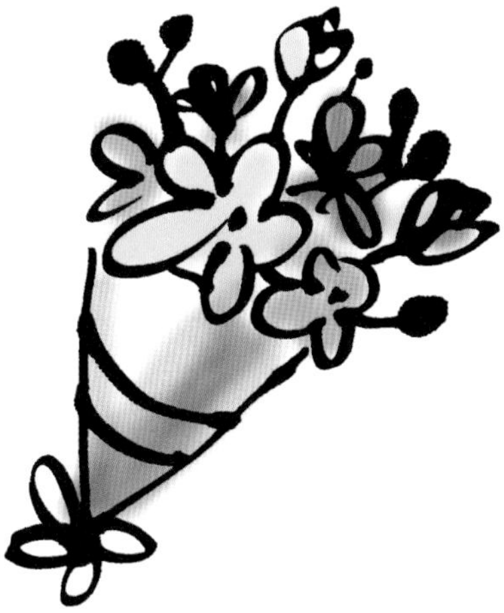

행복은
누군가에게
꽃을 선물하고
싶은 것

517

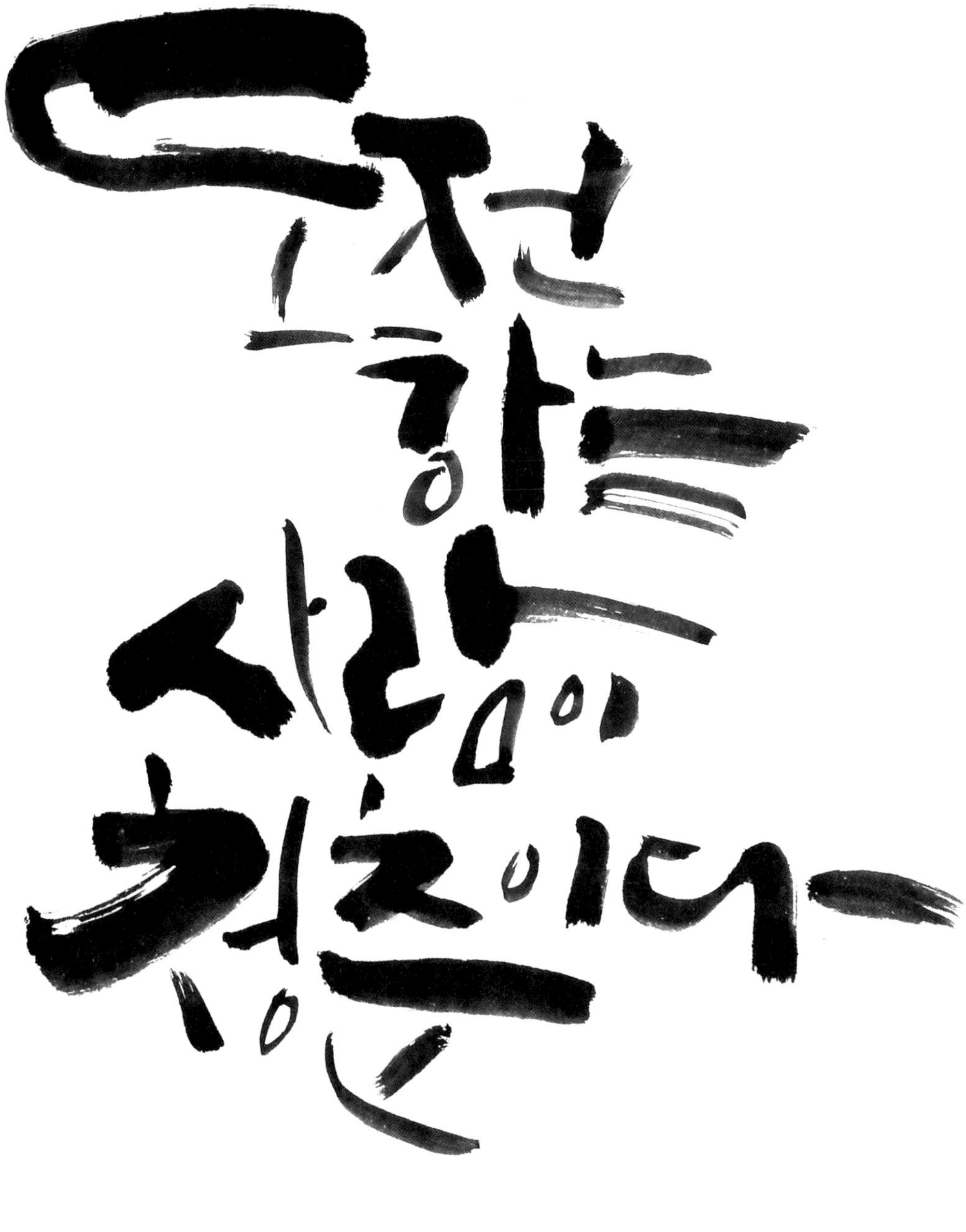

518

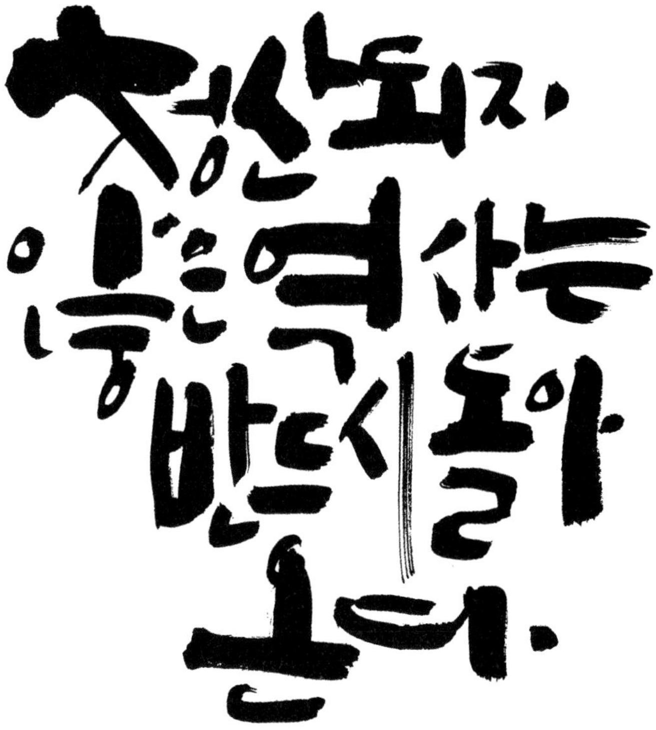

519

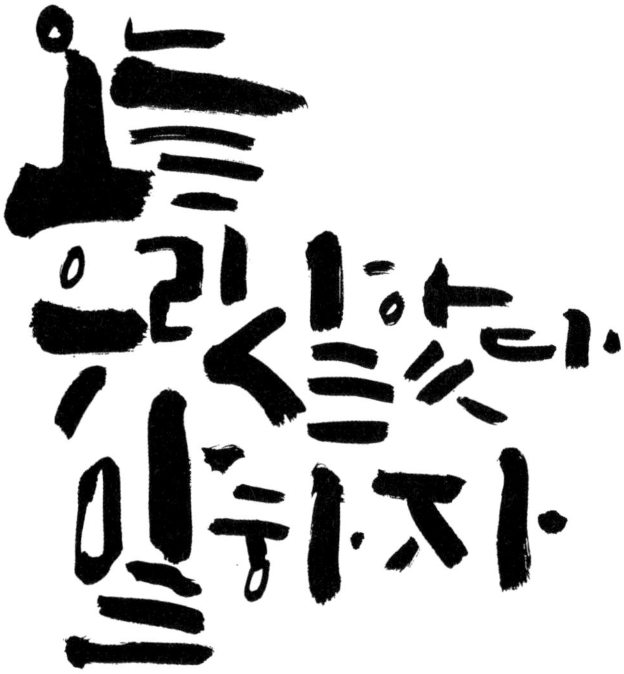

520

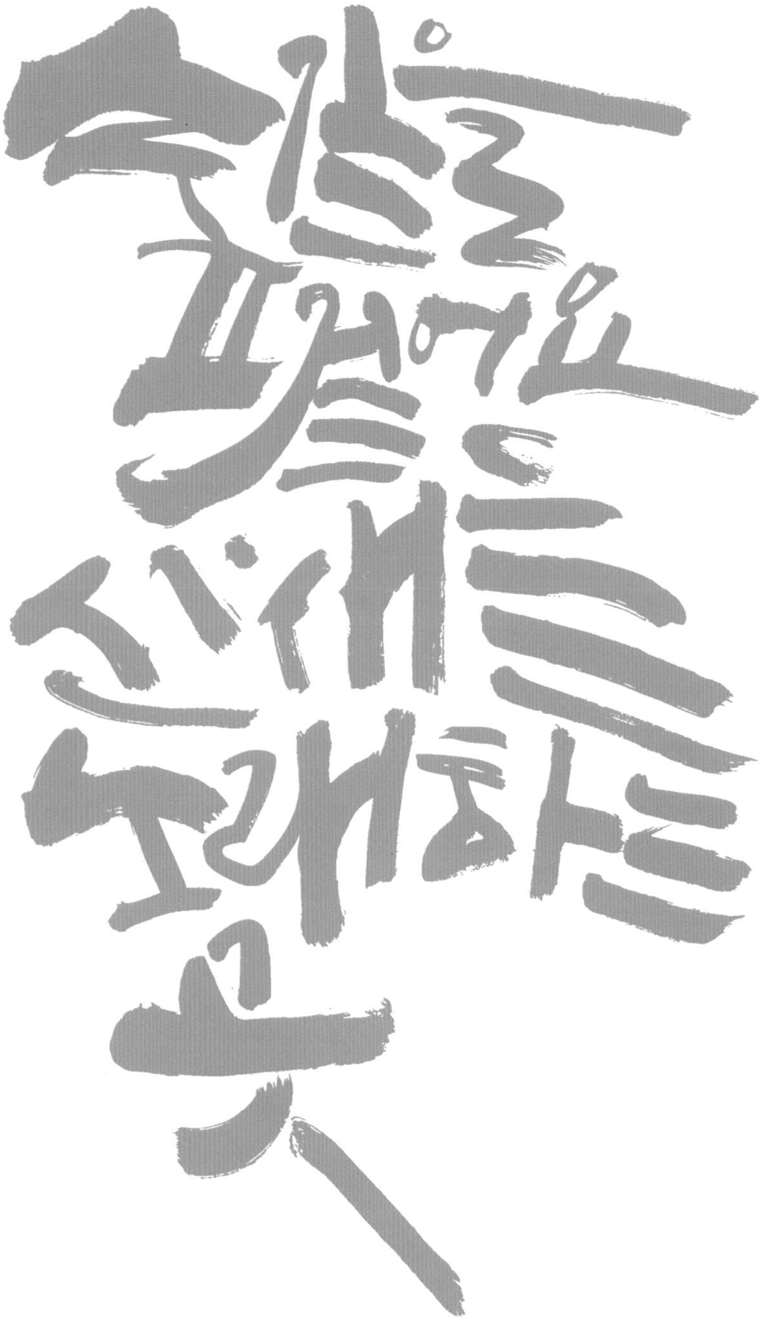

521

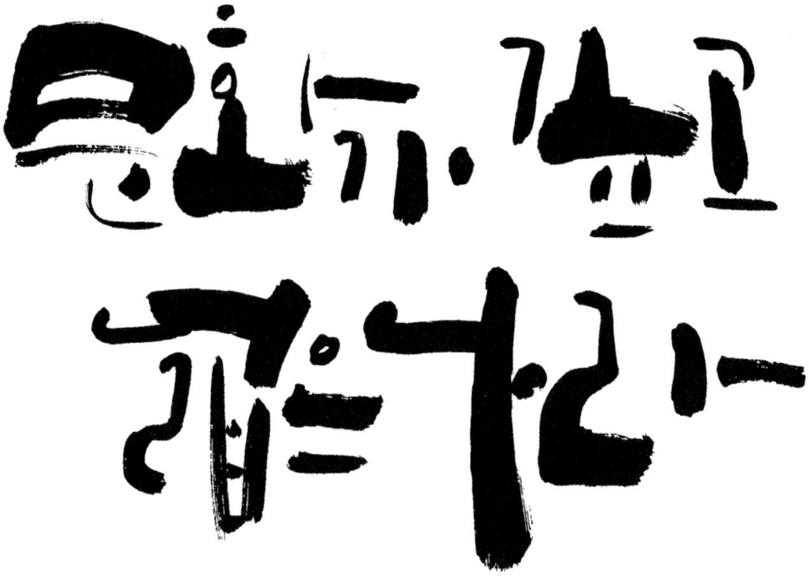

522

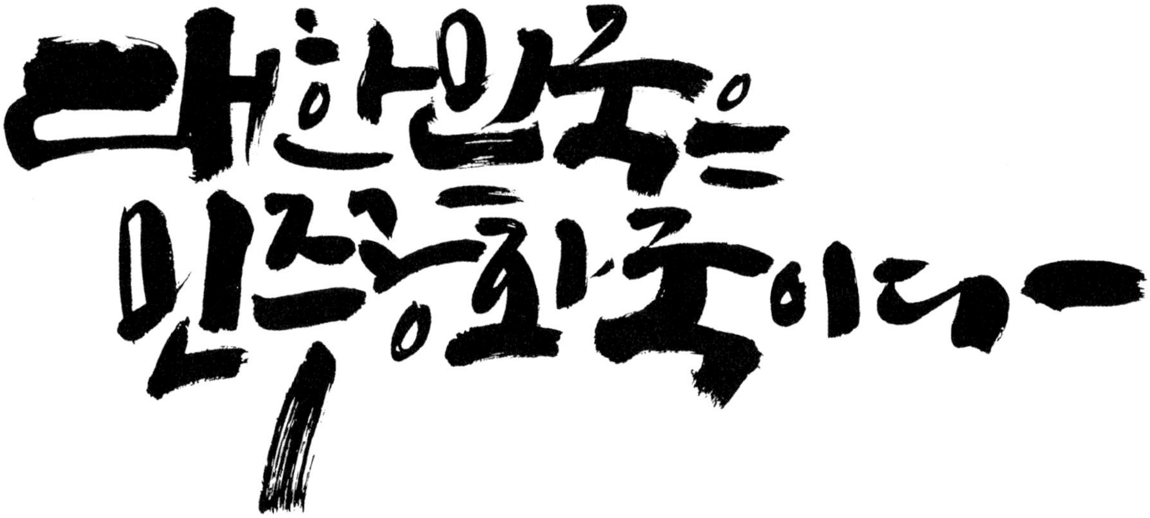

523

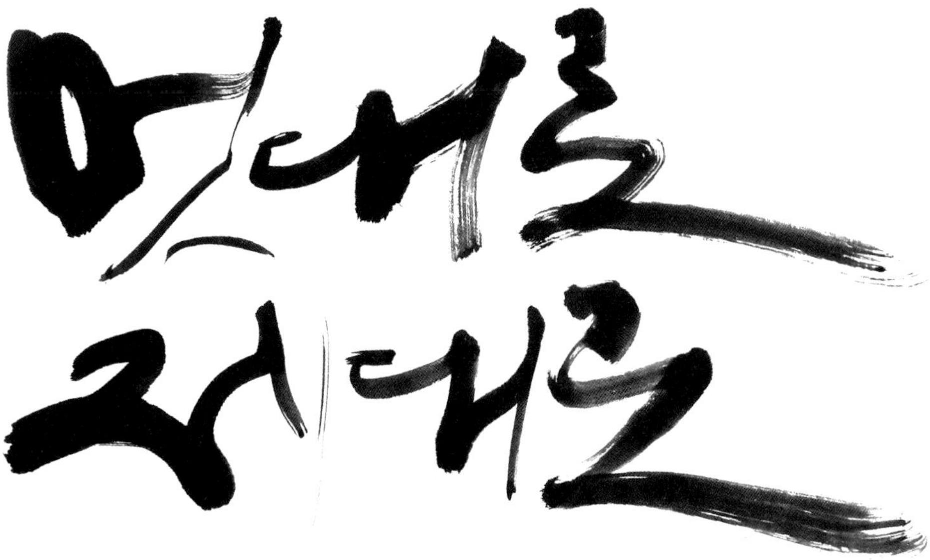

524

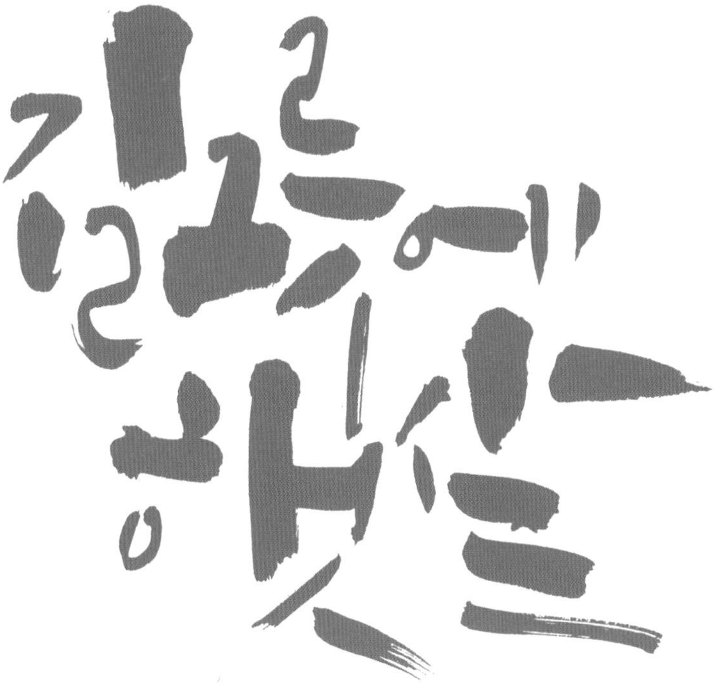

525

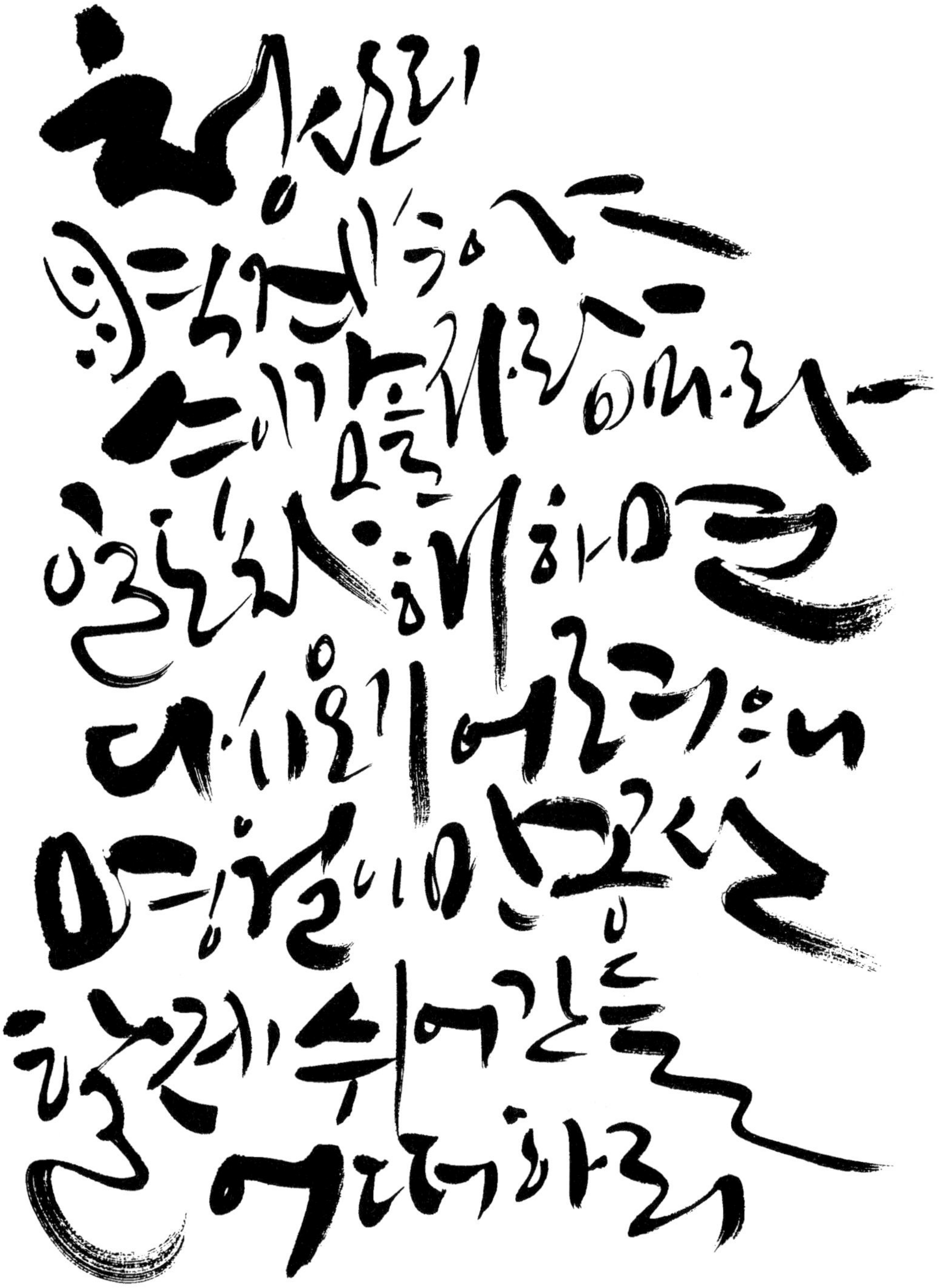

526

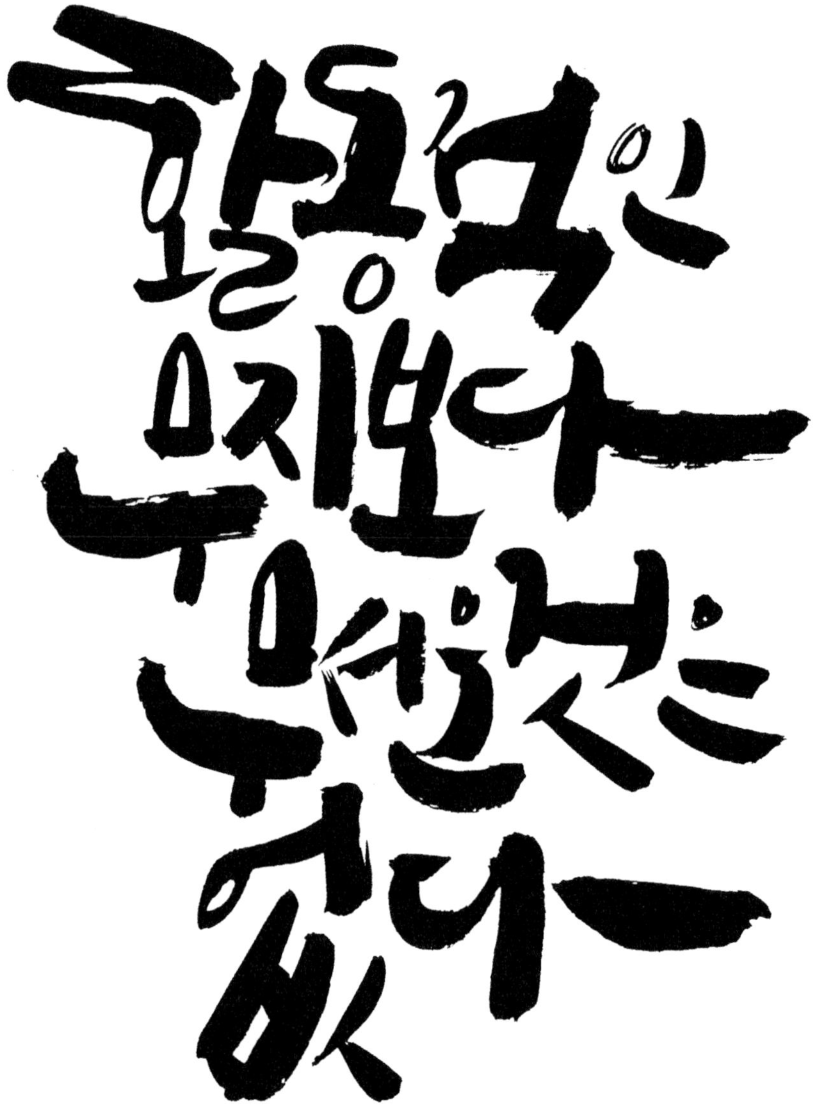

527

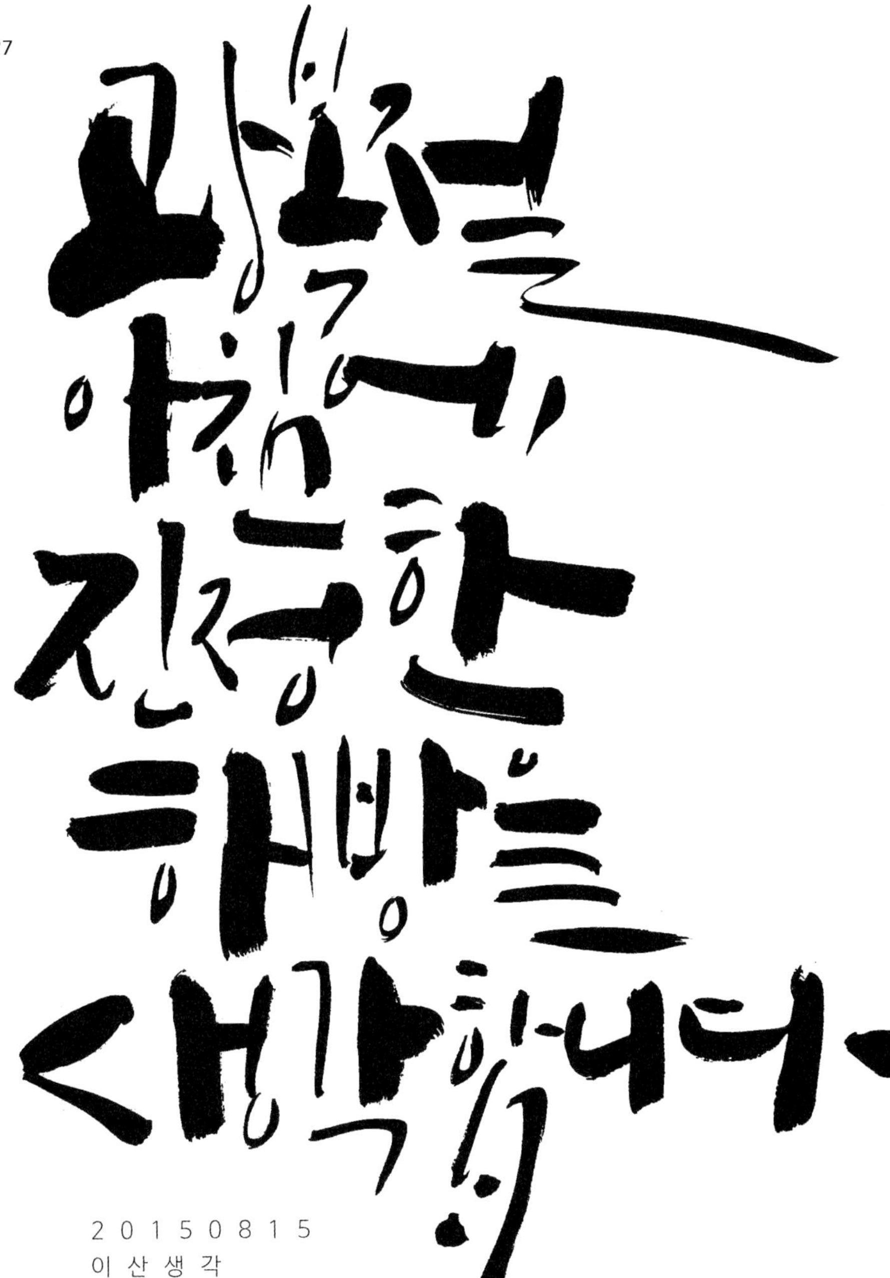

2 0 1 5 0 8 1 5
이 산 생 각

528

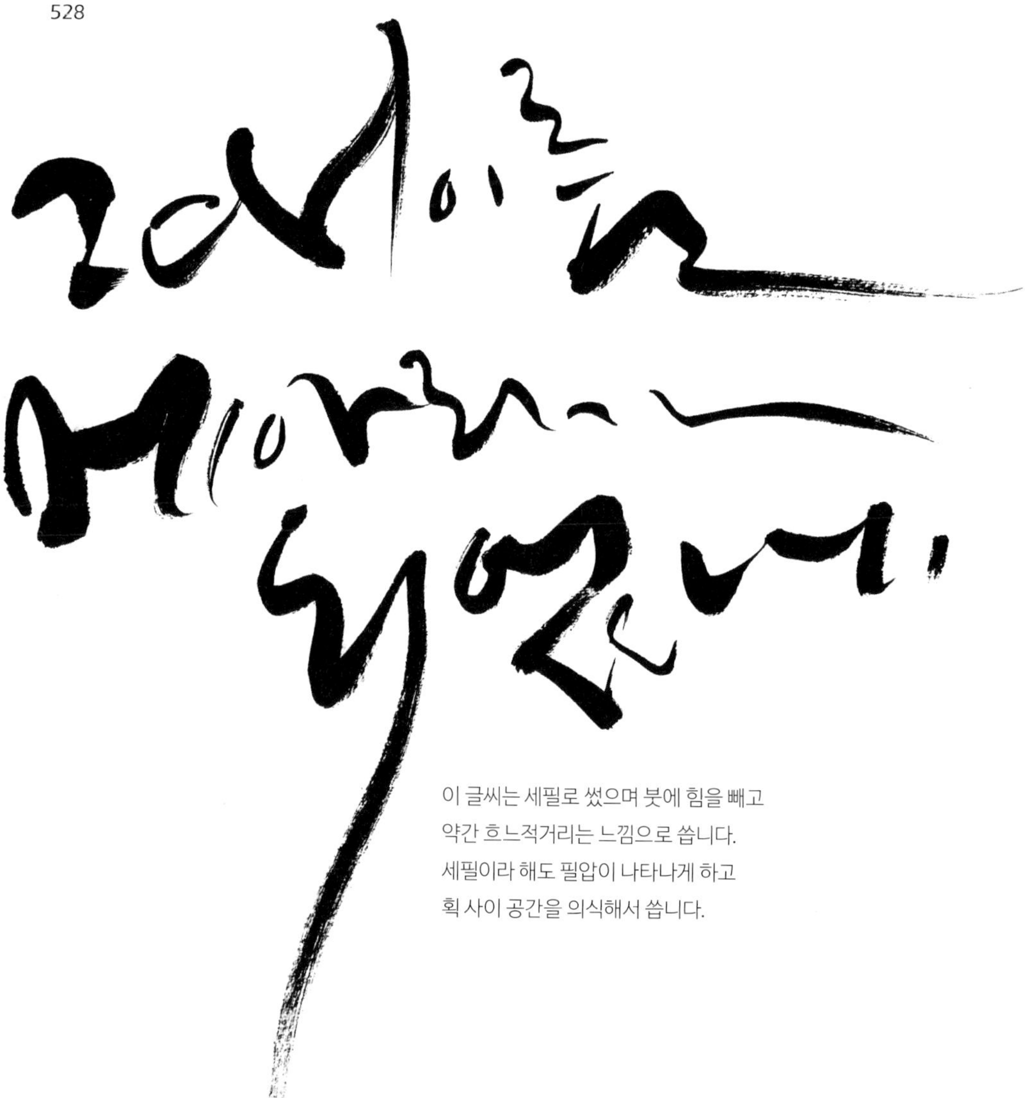

이 글씨는 세필로 썼으며 붓에 힘을 빼고
약간 흐느적거리는 느낌으로 씁니다.
세필이라 해도 필압이 나타나게 하고
획 사이 공간을 의식해서 씁니다.

529

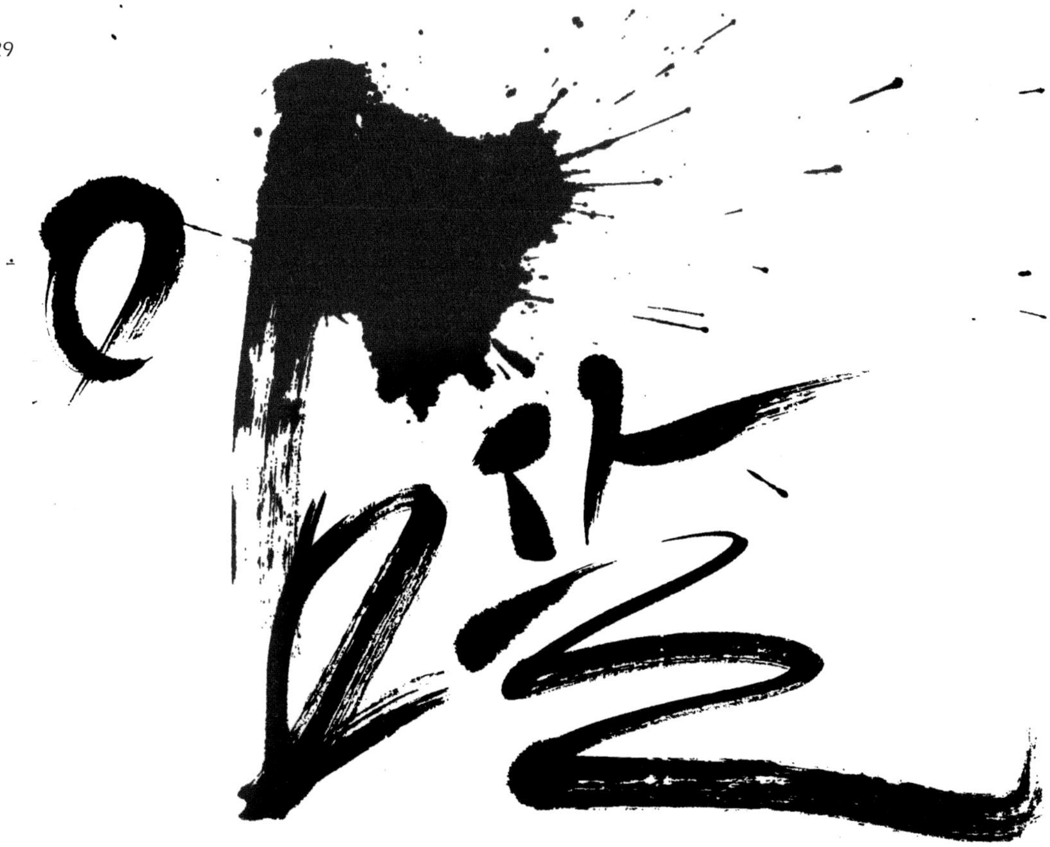

Assassination

530

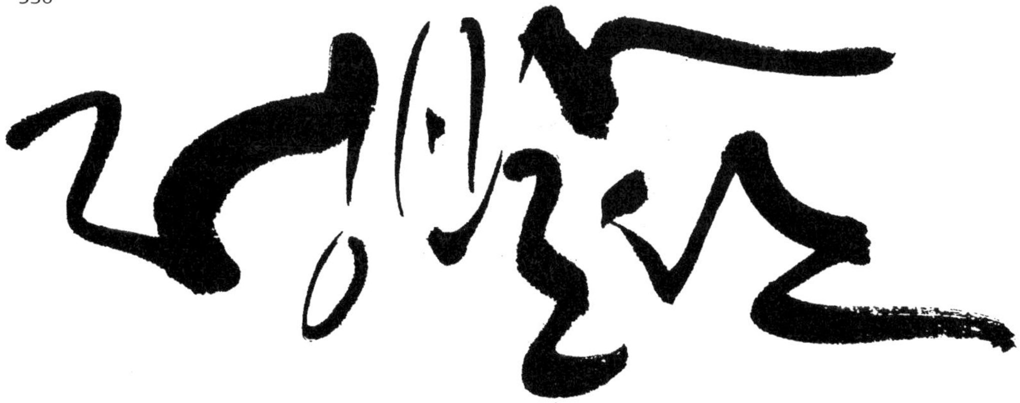

531

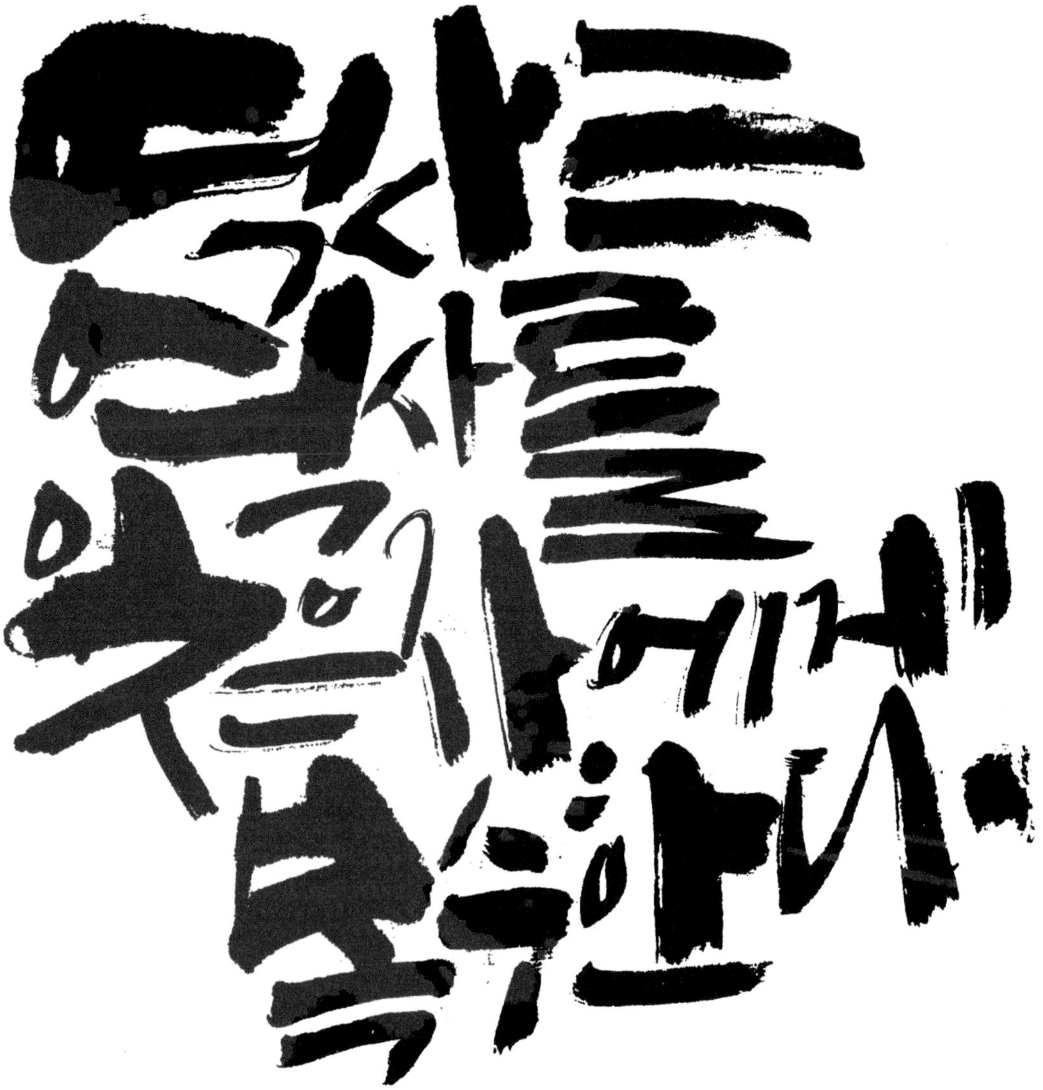

속담이나 재미있는 문장 만들어보기

조상들로부터 전해 내려오는 속담 속에는 삶의 많은 지혜가 들어 있다.
그러나 요즘은 잘 쓰이지 않는 단어로 되어 있거나 의미 전달이 어려운 경우가 많다.
이런 말들을 요즘의 언어로 이해하기 쉽도록 바꾸어 쓰는것도 재미있는 작업이다.
'천리 길도 한 걸음부터'라는 말을 '천리 길도 어플로부터'라는 말로 위트 있게 바꾸어 써보자.
너무 경직된 말보다 지금 널리 사용되는 말로 사용한다면 더 실감나는 속담이 될 것이다.
캘리그라피를 한다는 것은 우리말을 재미있게 만드는 일도 함께 하는 것이다.

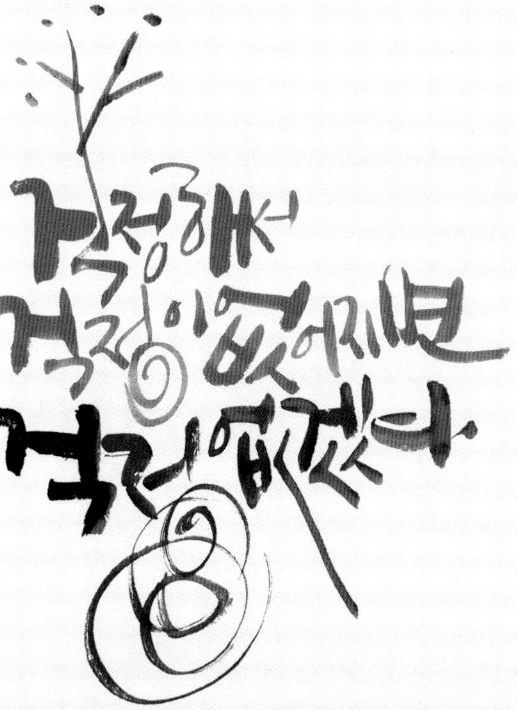

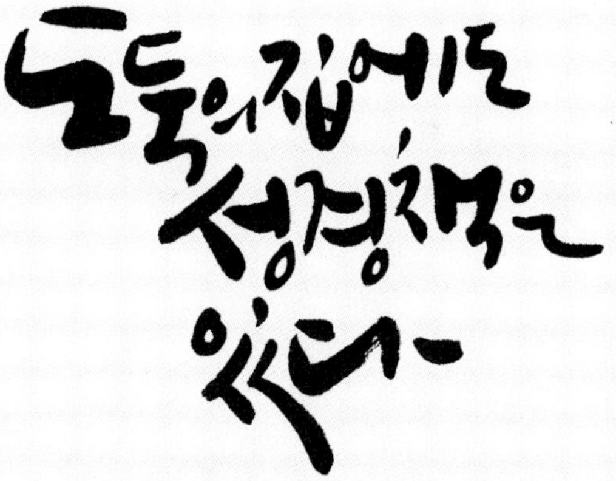

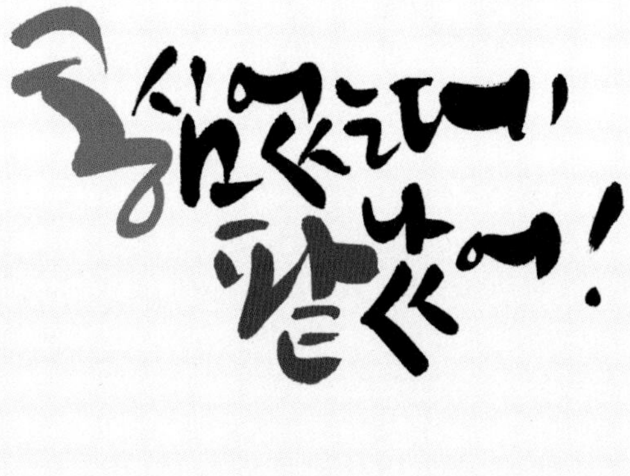

532

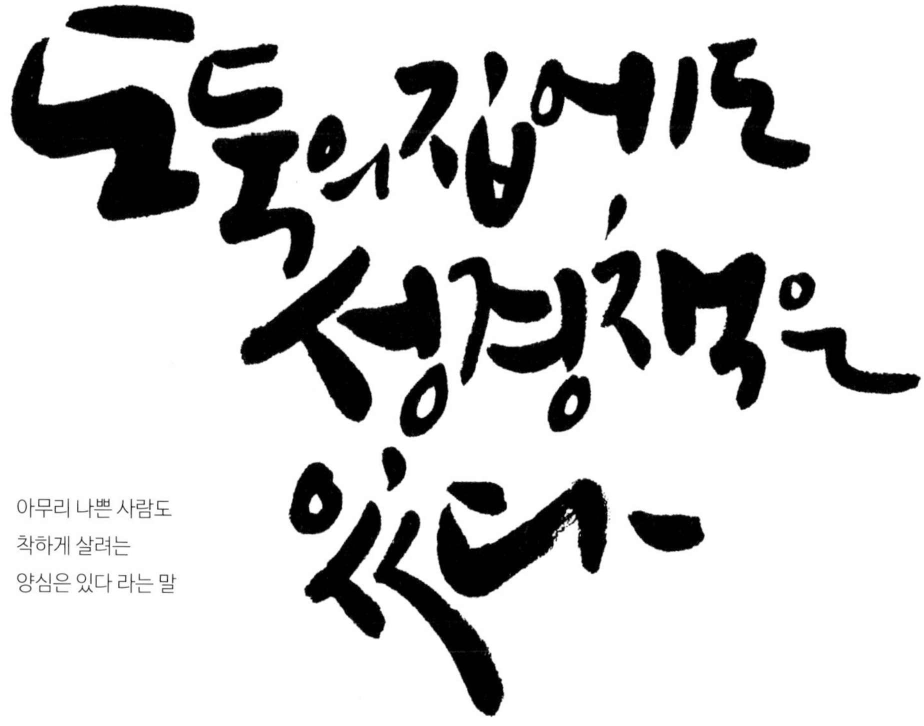

아무리 나쁜 사람도
착하게 살려는
양심은 있다 라는 말

533

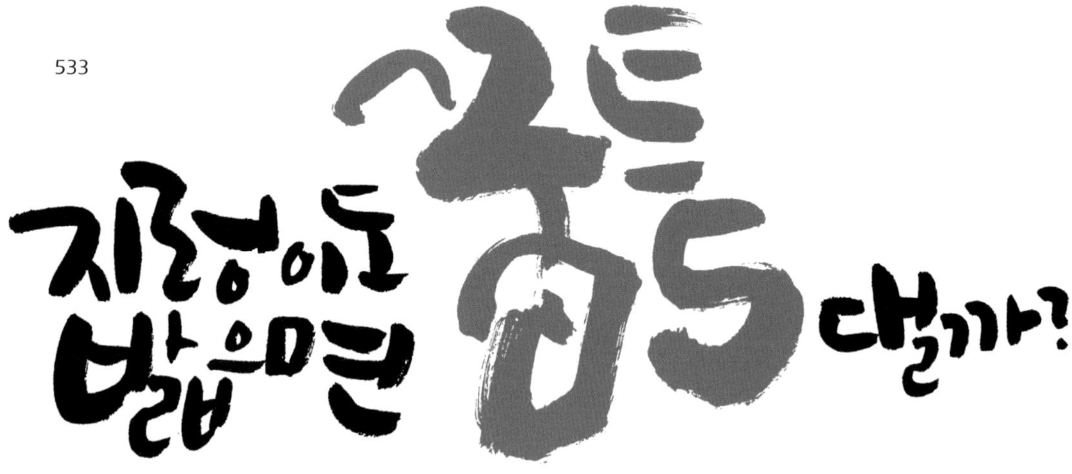

534

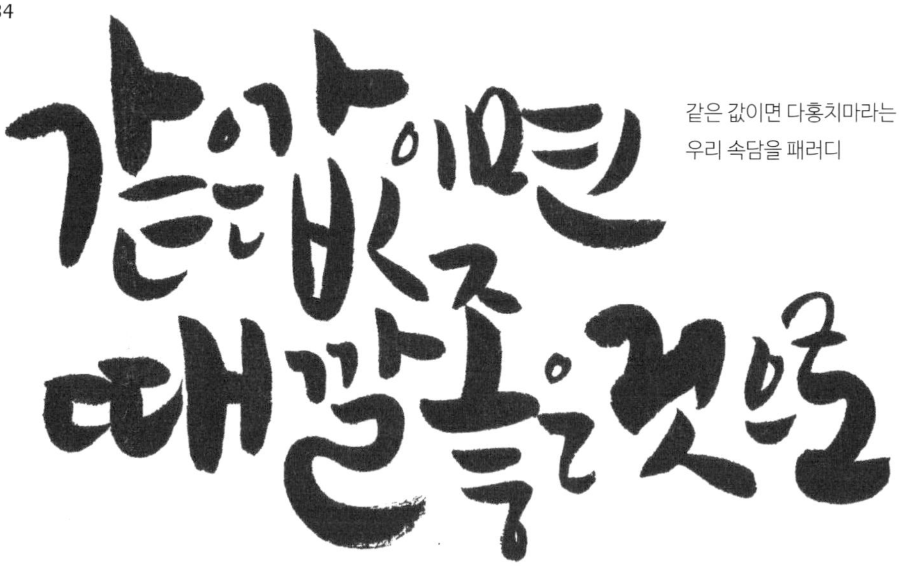

같은 값이면 다홍치마라는
우리 속담을 패러디

535

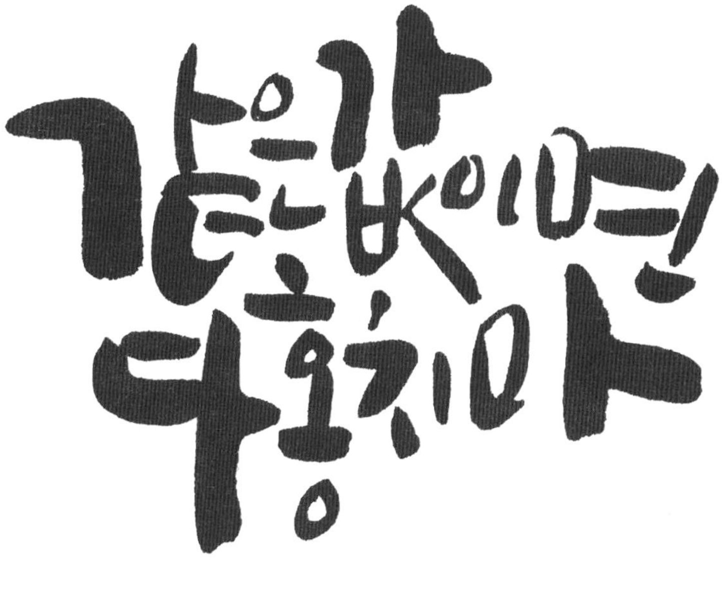

536

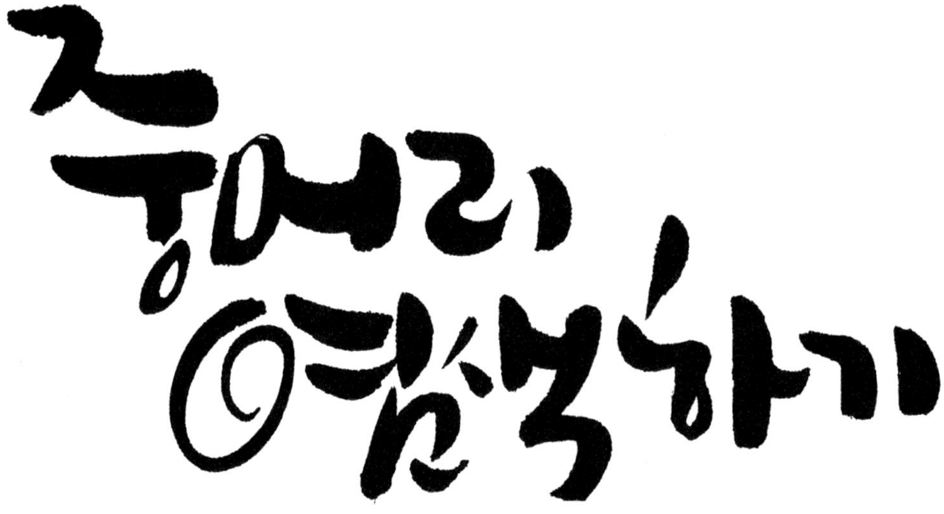

중머리 상투 틀기라는 우리 속담을 패러디

537

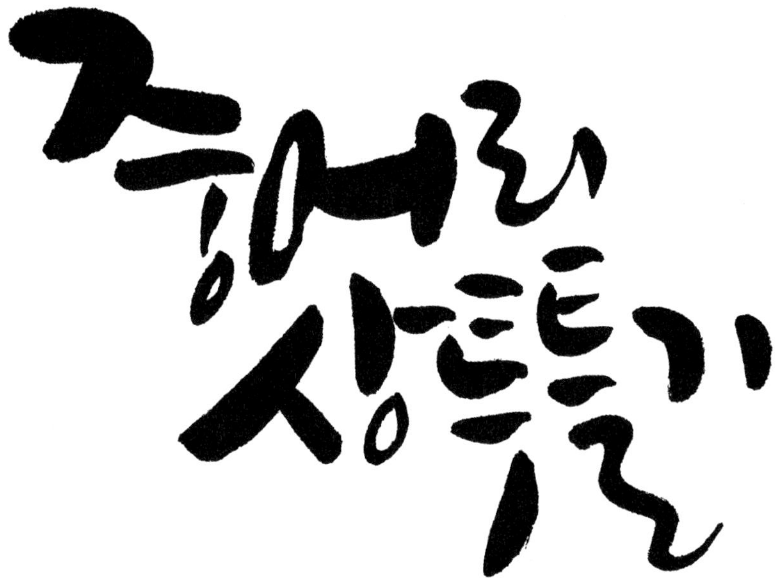

538

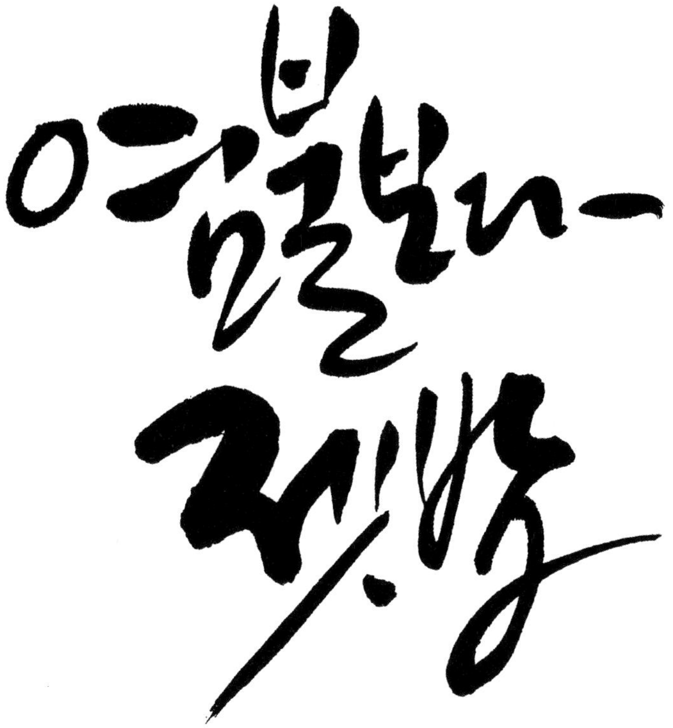

539

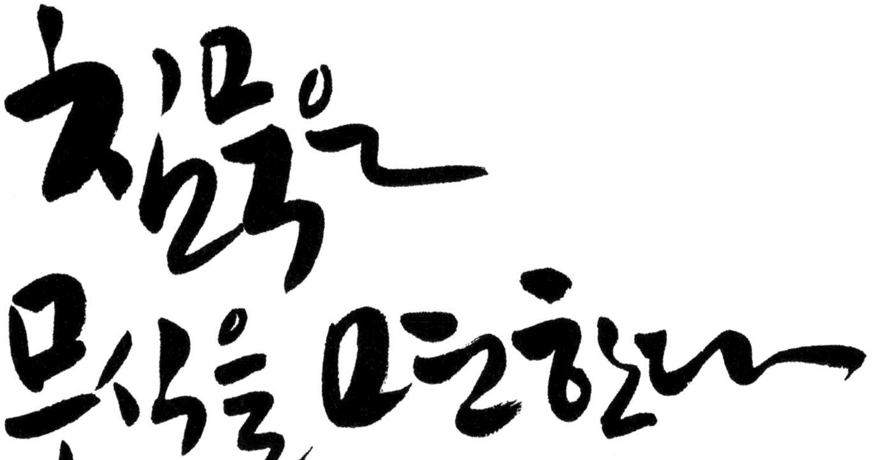

침묵함으로 무식은 면하지만 말해야 할 때 침묵하는 것으로 사람을 죽일 수도 있다.

540

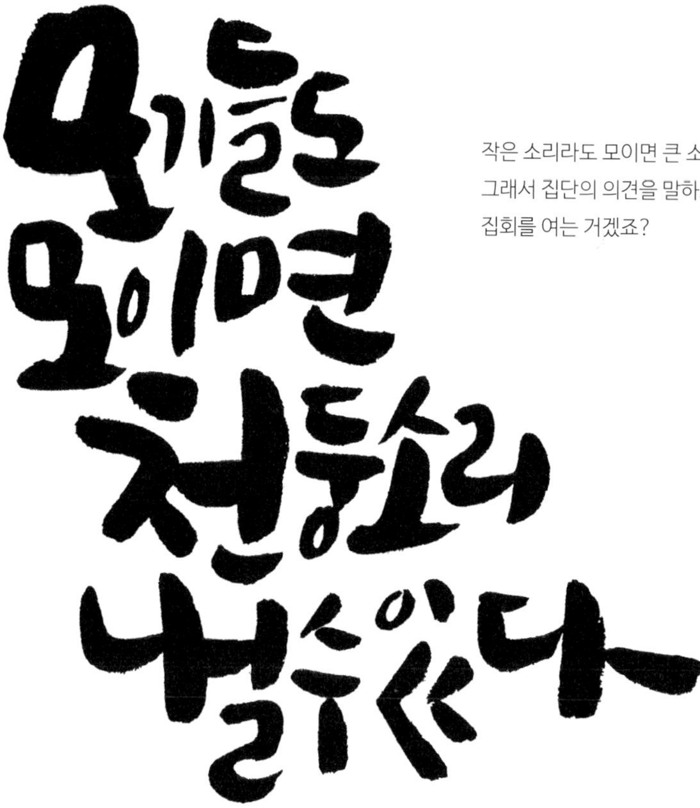

작은 소리라도 모이면 큰 소리 내는 법이다.
그래서 집단의 의견을 말하고자 할 때
집회를 여는 거겠죠?

541

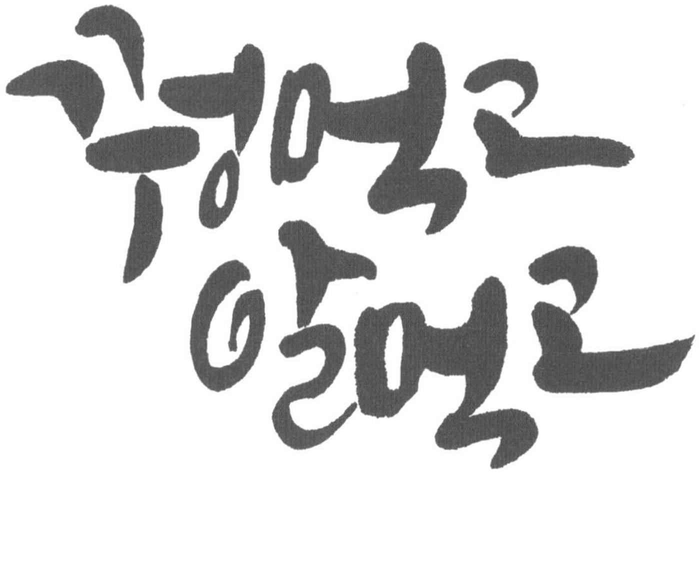

542

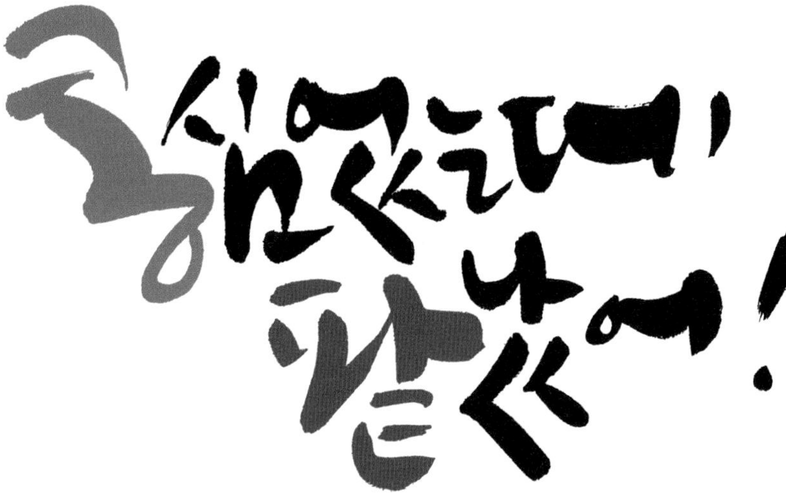

543

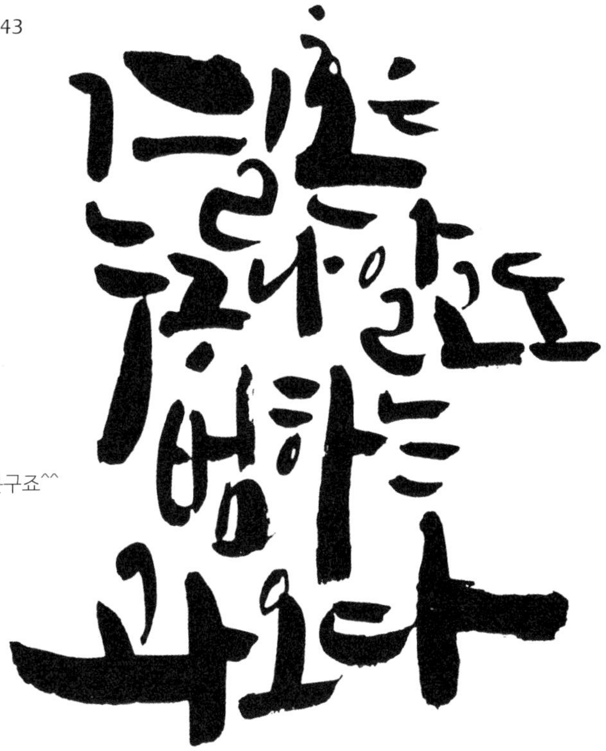

결혼한 사람들이 많이 공감할 것 같은 문구죠^^
그렇지만 결혼은 해보고 후회하는 것이
안 해보고 후회하는 것보다 낫답니다.

544

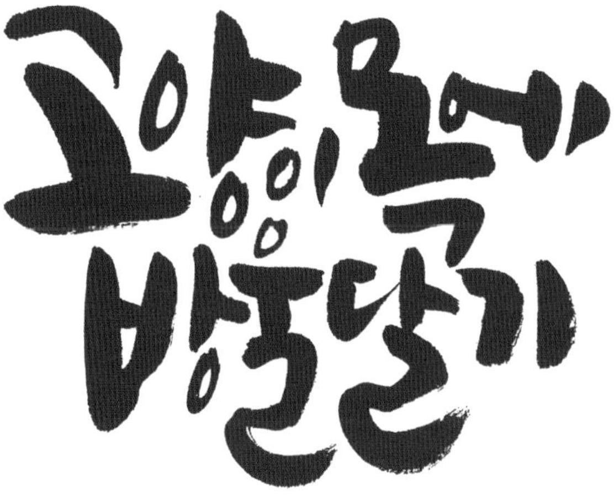

545

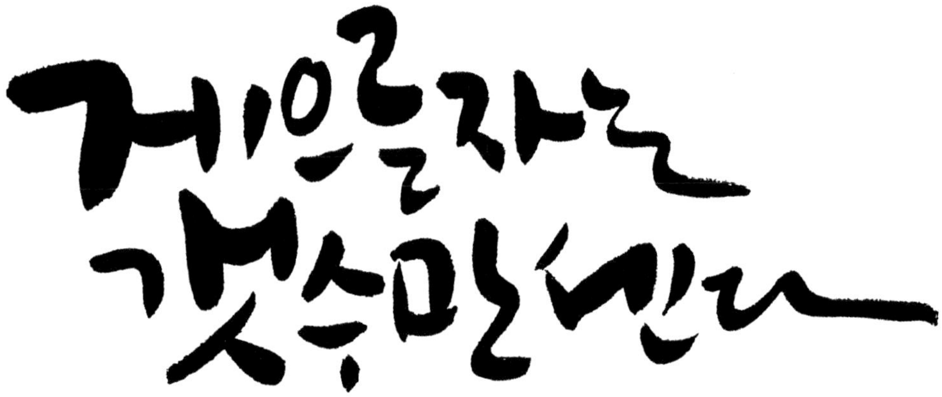

546

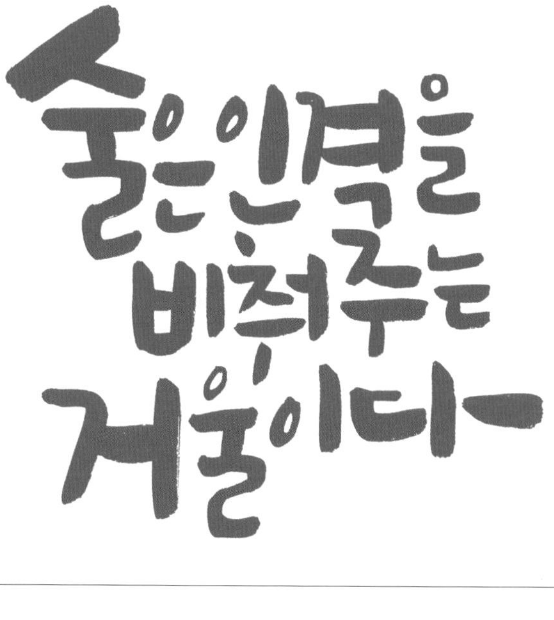

547

며느리도
나이 들면
시어머니다

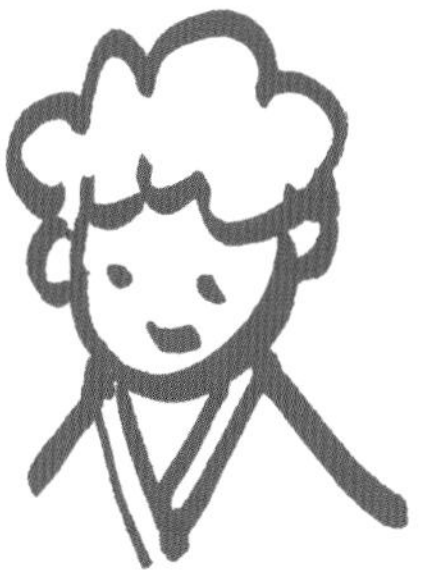

548

어린이는
어른에게
참 좋은
선생이다

549

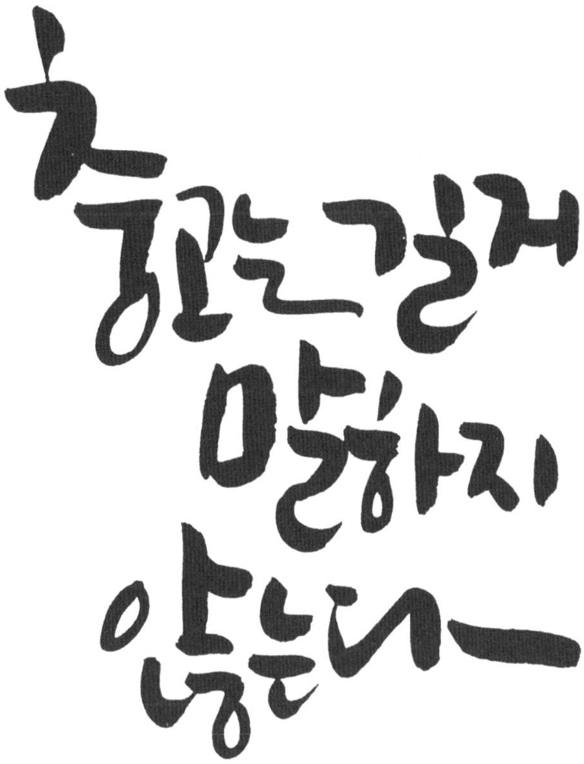

550

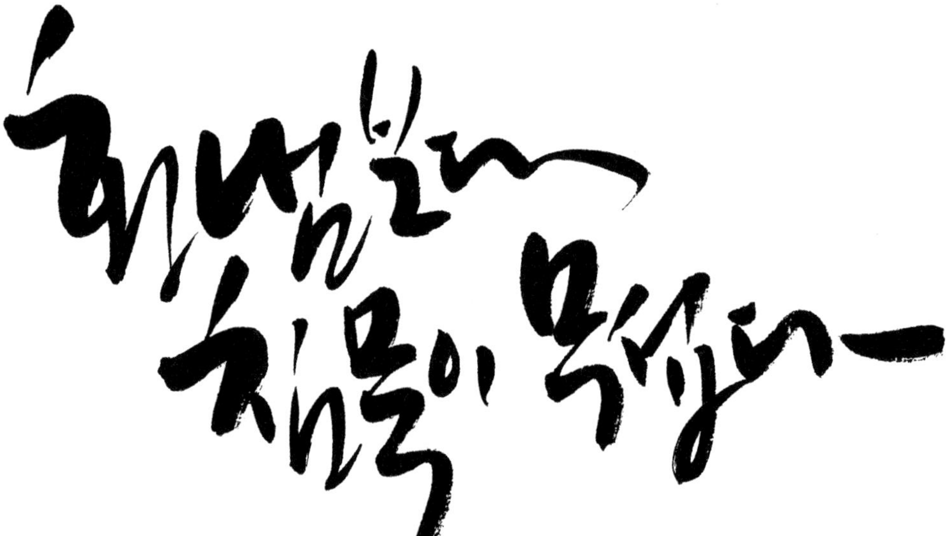

551

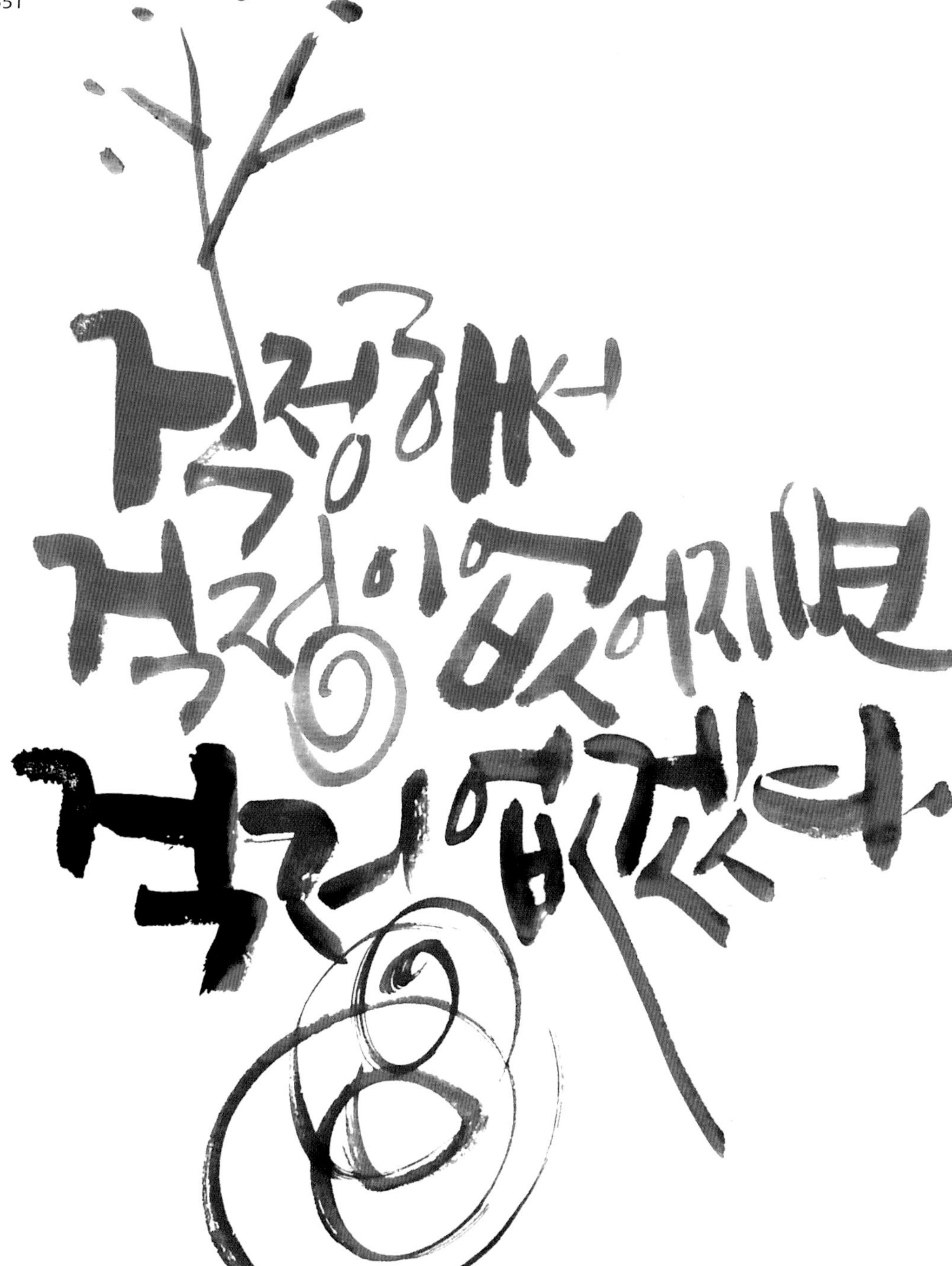

552

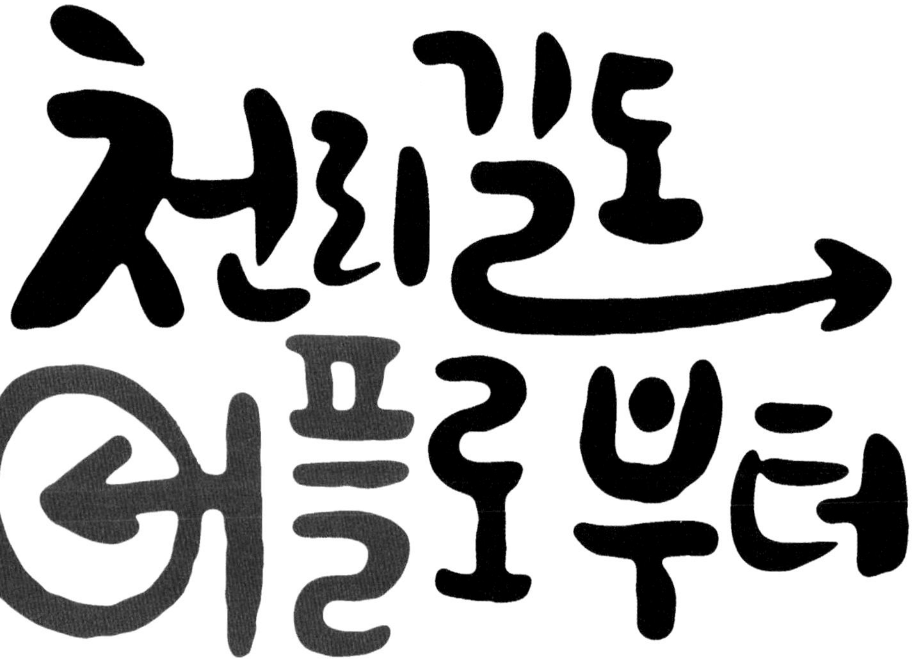

천리 길도 한 걸음부터라는 옛말이 있지만 요즘은 여행가려면 어플 앱을 활용한다는 말입니다. 일상생활에서 어플을 이용하는 일이 아주 많은 것이 지금의 세태입니다.

8장 _ 목필, 딥펜, 패러럴펜으로 한글 쓰기

캘리그라피의 도구는 주로 붓을 사용하지만 글씨를 쓸 수 있다면 어떤 것이든 도구가 된다. 생활 속에서 얻을 수 있는 도구인 목필(나무젓가락)이나 면봉 등을 써보면 붓으로는 표현이 어려운 독특한 글씨를 쓸 수 있다. 최근에 새롭게 부각되고 있는 펜글씨는 주로 영문 캘리그라피 분야로 많이 활용되는데, 한글에도 적용해서 발전시킨다면 캘리그라피가 더 풍성해질 것으로 보인다.

사투리를 잊은 민족에게 모국어는 없다.

553

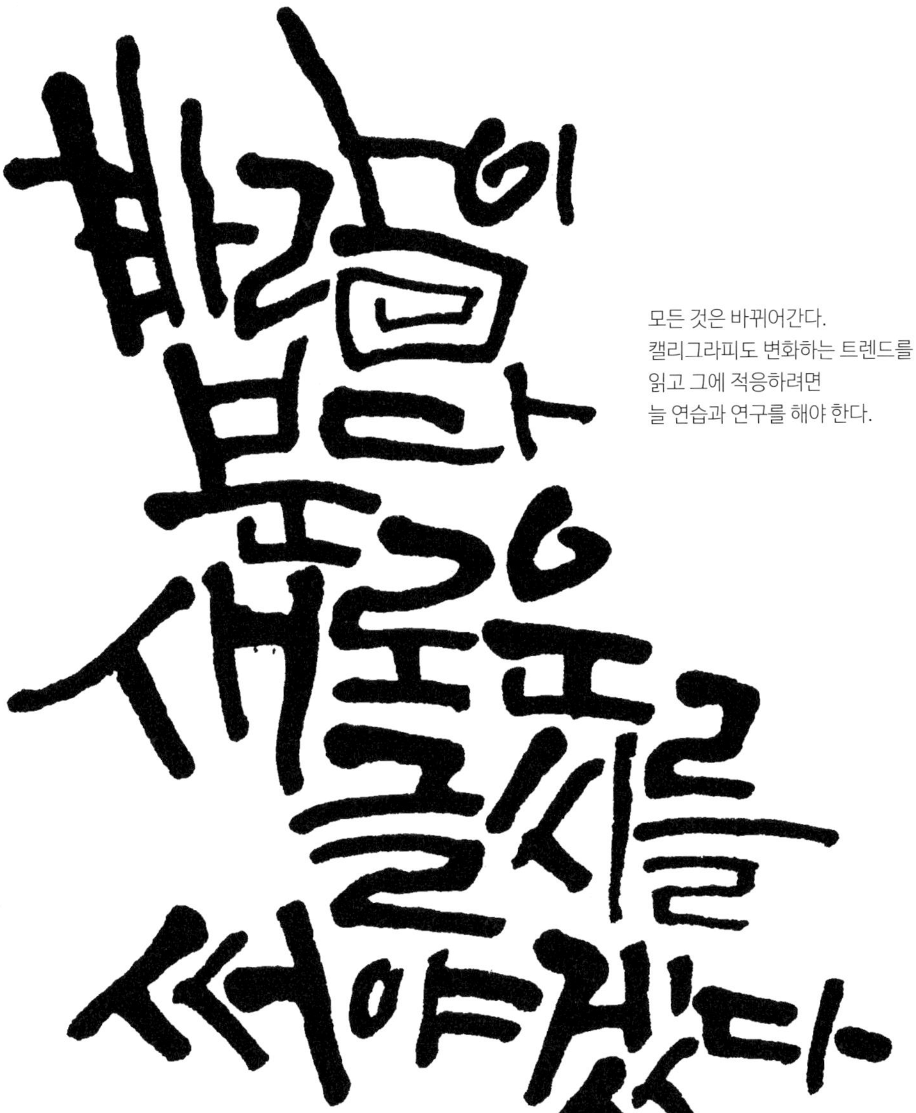

모든 것은 바뀌어간다.
캘리그라피도 변화하는 트렌드를
읽고 그에 적응하려면
늘 연습과 연구를 해야 한다.

554

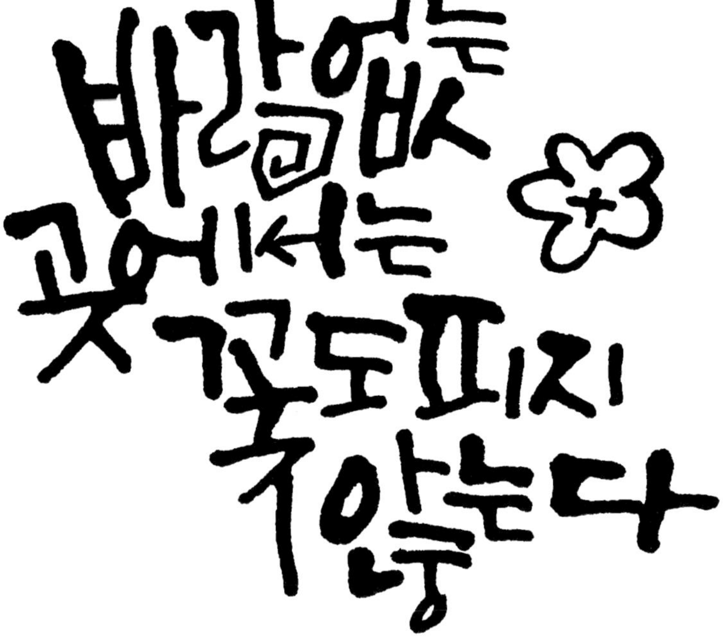

555

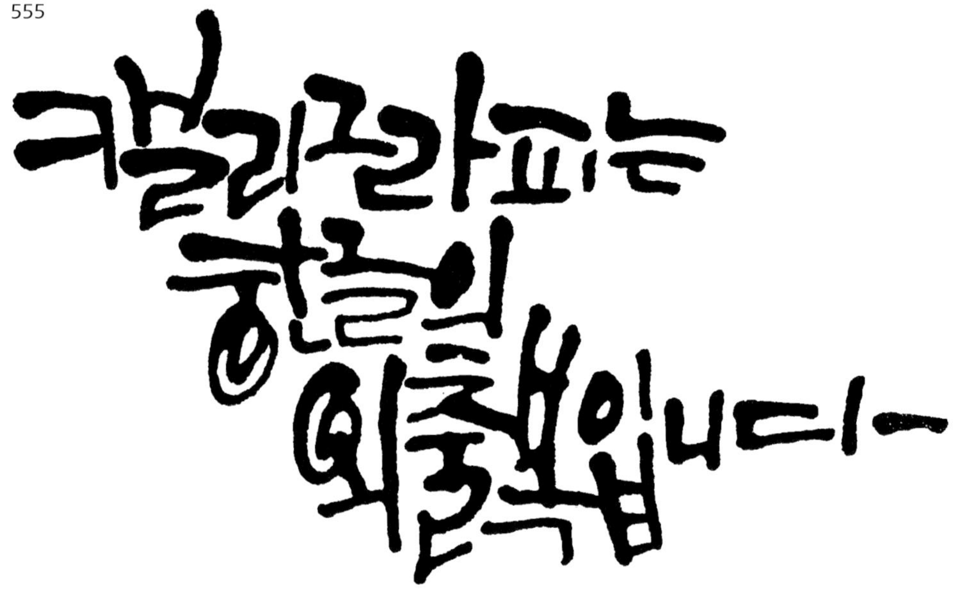

556

행복하라구?

거짓말이 늘었구나!

557

가끔 널 피하고 싶어

너도 가끔 그럴 거야. 맞지? 딱 걸렸어!

558

오늘, 슬프니?

내일은 다를 거야. 그런 거야.

559

이별독감에 걸렸어

계절 바뀌면 낫겠지?

560

아직도 생각해?

시간이 해결해줄 거야.

561

한때는 세상의 전부였던 너

지금은 내가 전부야. 미안해.

562

예정된
이별이 있다면
그건 너 때문이이ㅡ

그럴까? 사실 나도 책임이 있어 ㅠㅠㅠ

563

첨엔 공감하는게
많았는데

요즘 들어 잘 안 맞아. 뭐지?

564

가을씨앗 들면
꽃은 떨어져
슬펐던 일
잊으며 사는 법

565

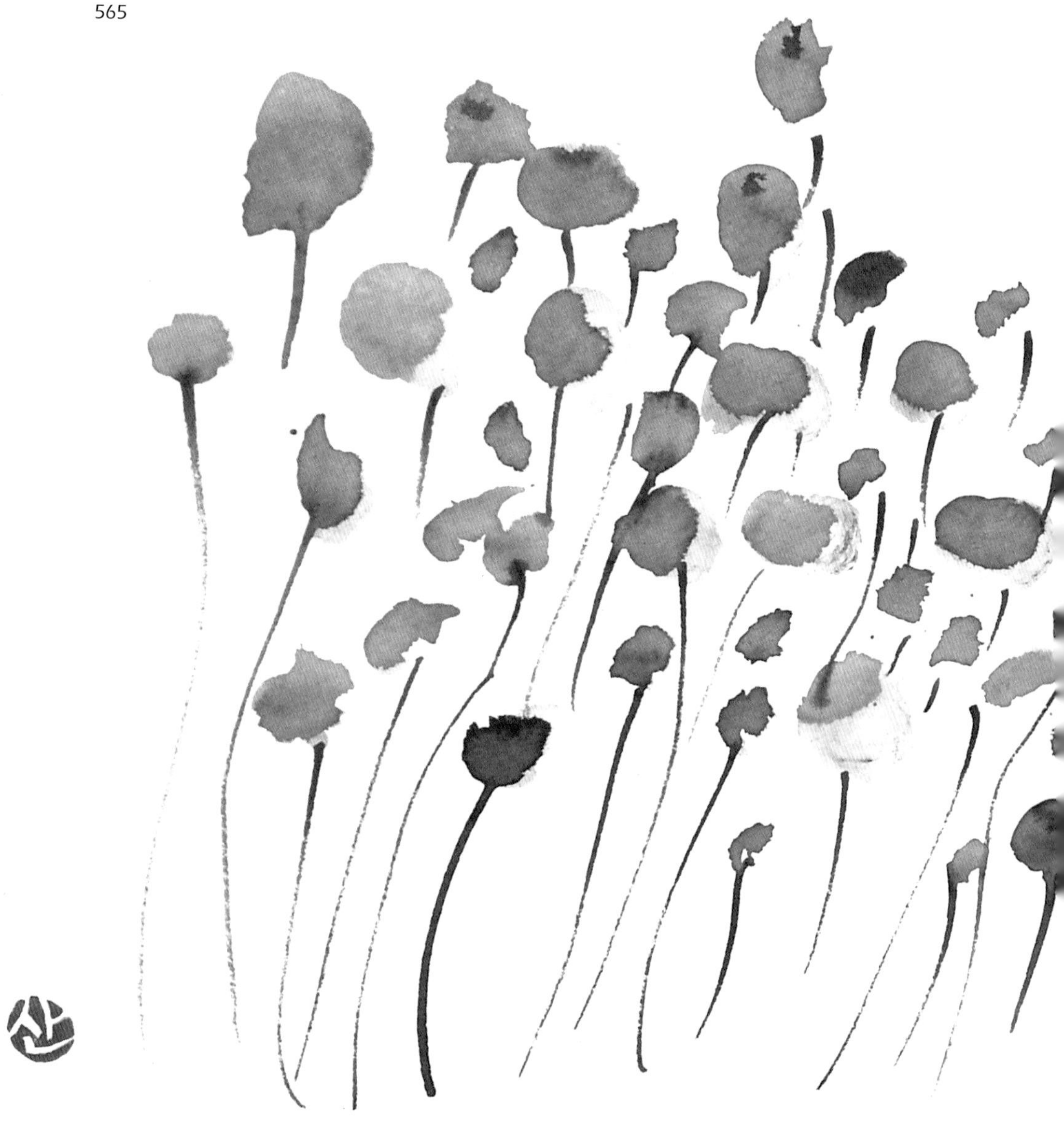

바람이 불어오는 곳
그곳으로 가려하네
외로운
떠났던 그곳엔
누가 있을까
바람에
실려오는 이 노래는
기다림이
묻어있구나

566

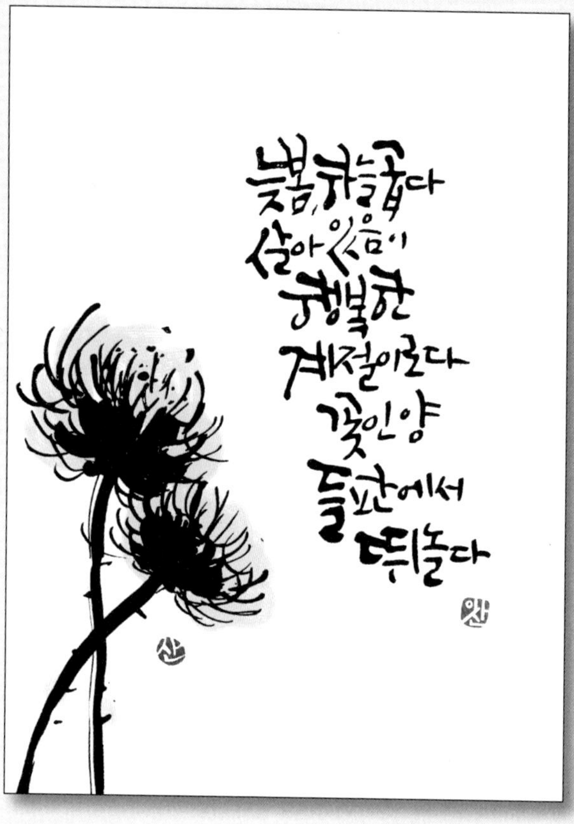
늦봄, 귀하고 곱다
살아있음이
행복한
계절이로다
꽃인양
들판에서
뛰놀다

567

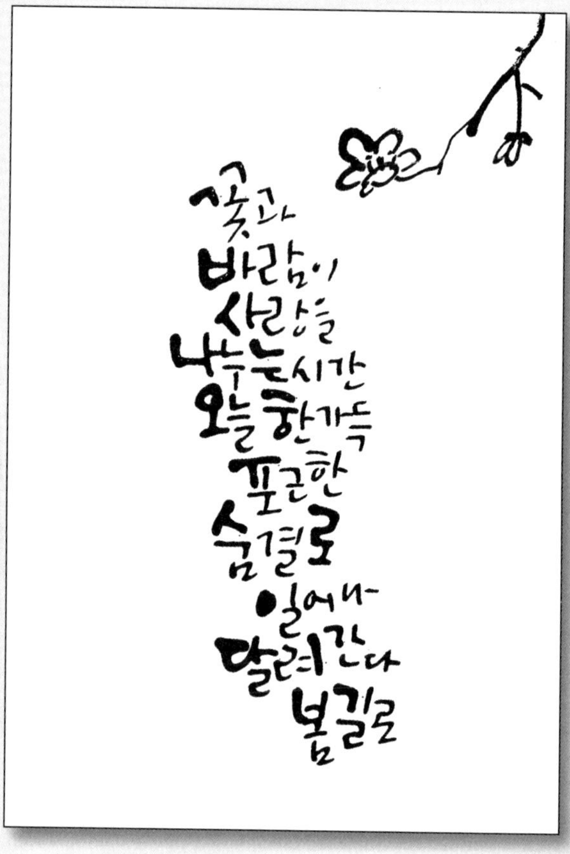
꽃과
바람이
사랑을
나누는 시간
오늘 한가득
포근한
숨결로
일어나
달려간다
봄길로

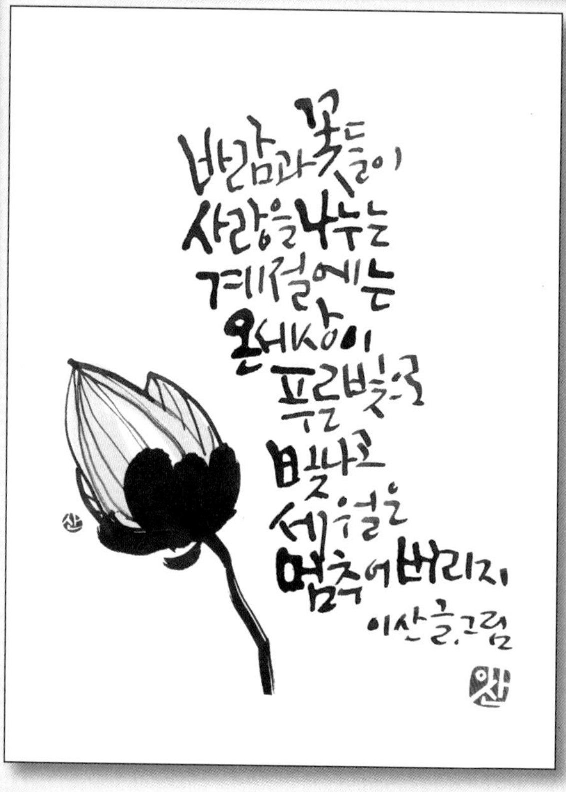
바람과 꽃들이
사랑을 나누는
계절에는
온세상이
푸른빛으로
빛나고
세월을
멈추어버리지
이산 글.그림

568

569

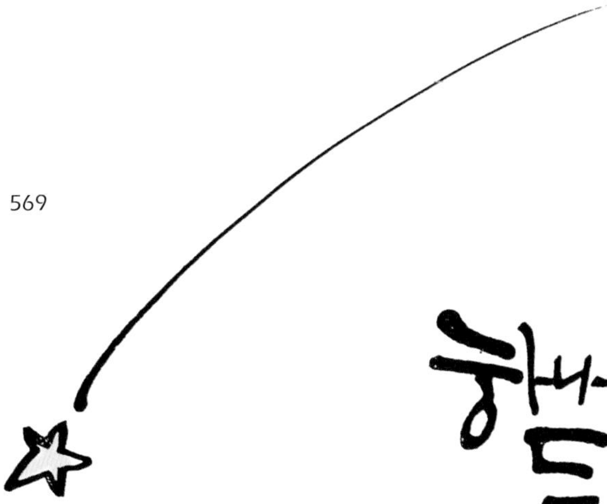

하나
둘 셋 넷
어디론가
떠나는구나
여름밤에
별을 세며
밤사이 떠난
별들과
친구들과
사랑을
추억하네

산

570

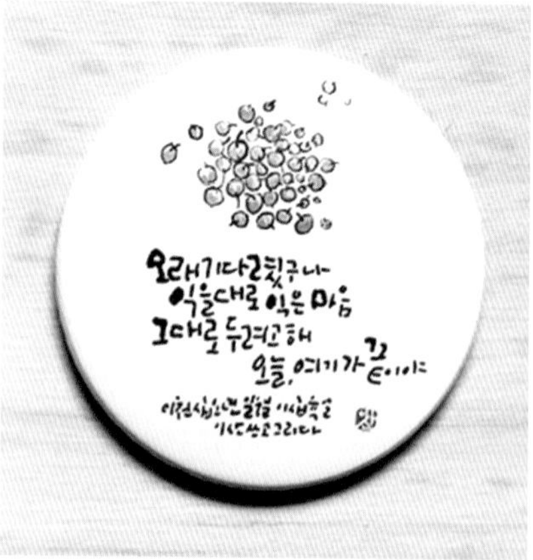

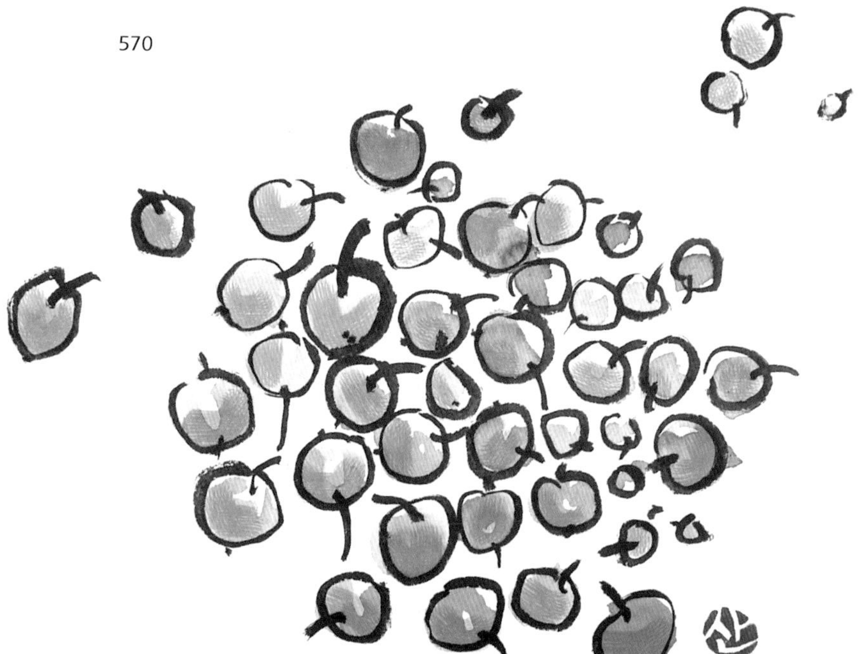

오래 기다렸구나
익을대로 익은 마음
그대로 두려고 해
오늘, 여기가 끝이야

이천십오년 일월 이십육일
이산 쓰고 그리다

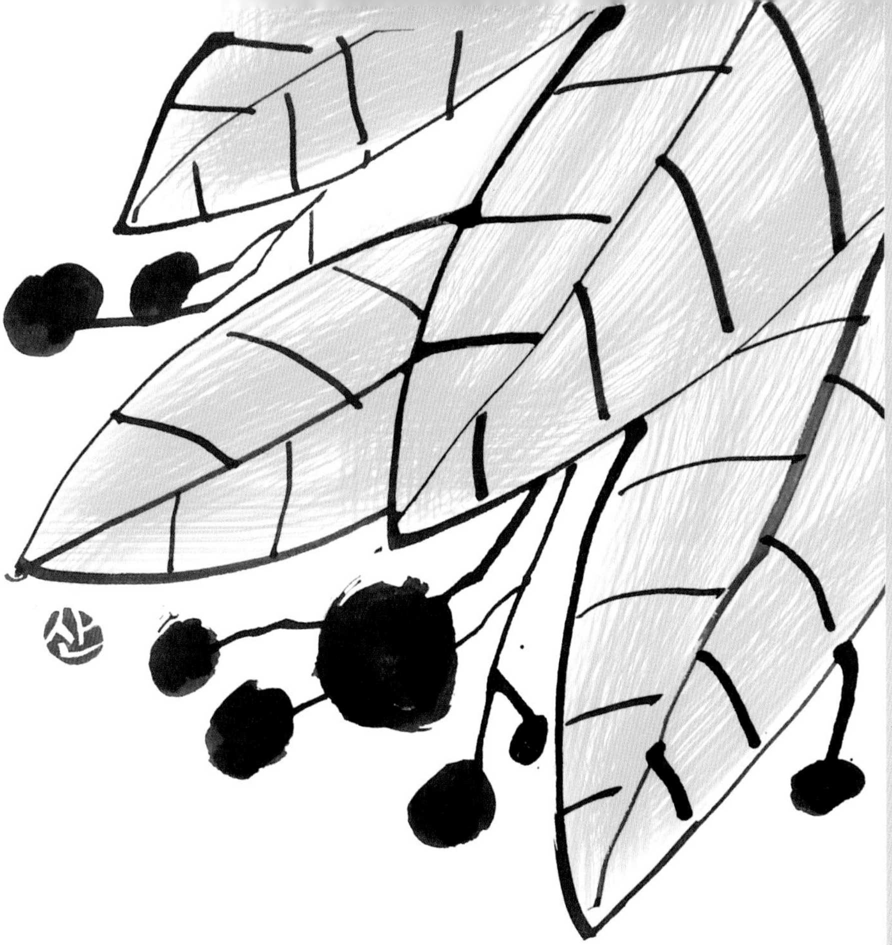

571

여름가고
가을오면 길어진
그림자를 따라
찾아오는 슬픔,
찬란함 뒤에,
허탈, 짧은
가을속에서 어느새
찬바람.

572

성급히
올라왔네
봄꽃,
겨우내 숨겼던 맘
앞이 없어
숨을 수도 없구나
에잇, 흐드러지게
피고나 보자

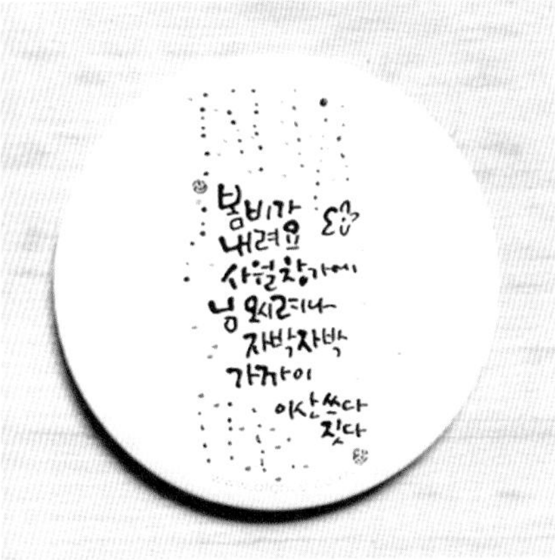

573

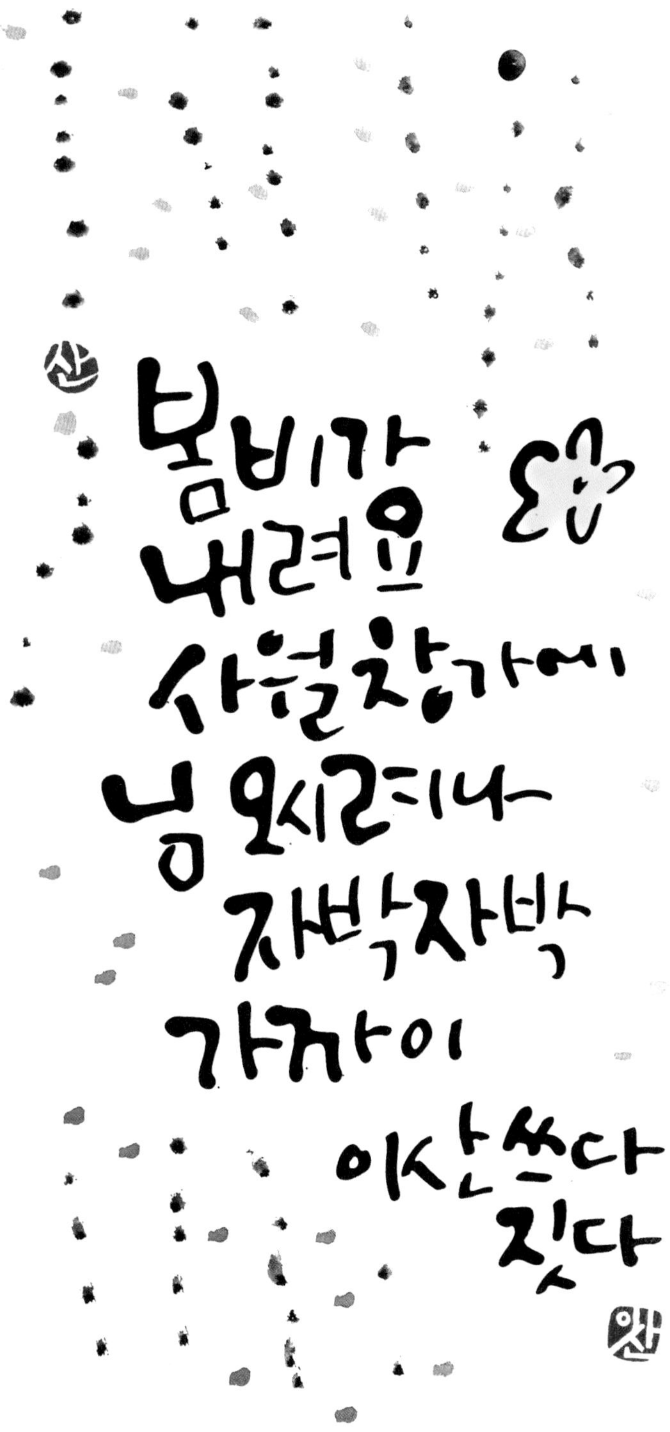

일부 점을 톤다운 시켜 빗물에 거리감을 표현한 것이다. 물론 먹물의 농담을 통하여 이러한 결과를 만들 수도 있다.

574

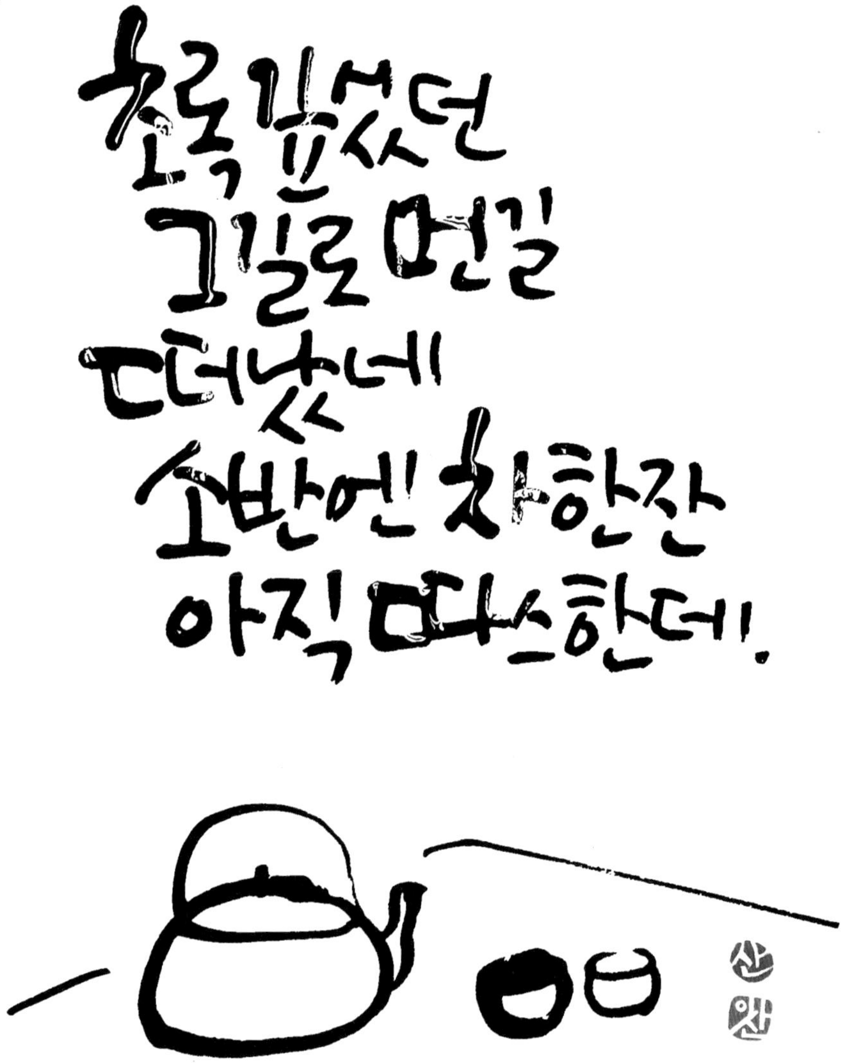

획이 마르기 전에 휴대폰 카메라로 활영하면 빛의 반사로 하이라이트가 나타나게 된다. 수정을 통해 없애서 쓰기도 하지만 그대로 사용한다면 볼륨감 있는 글씨를 만들 수 있다.

575

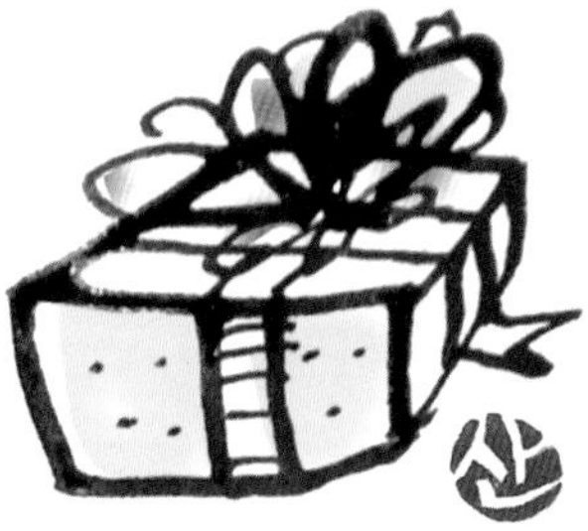

생일축하해
우리들의
사랑이 가득한
마음담아
네가 우리곁에
있음에 감사하고
언제라도
한마음으로
서로사랑
할거야

576

해마다
사월이오면
산과들 어디라도
꽃으로 피어나
바람과
사랑을 나누고
새들과 노래하거라

세월호 추도시, 이산

2015. 4. 16. 세월호 1주년을 맞이하여

577

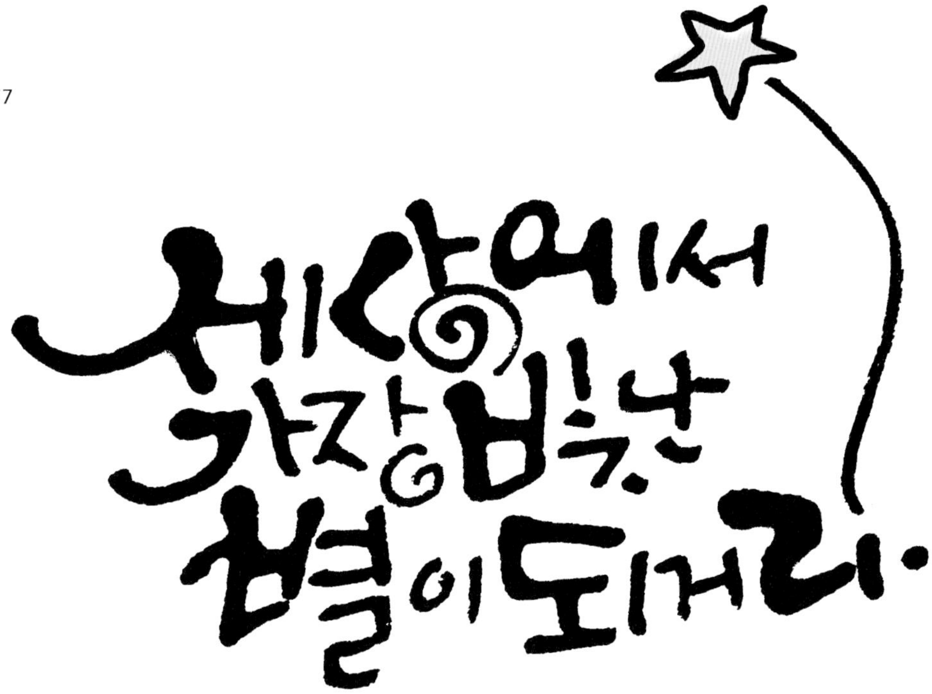

목필에 먹물을 듬뿍 묻혀서 덜어내지 않고 그대로 쓰면 획의 첫머리가 두껍게 나온다. 그러면 붓의 필압 표현처럼 강약이 있는 획을 쓸 수 있다. 다만 흘러내리지 않게 천천이 움직여 쓰고 화선지보다는 일반 복사용지나 머메이드지에 써야 번짐 없이 글씨를 쓸 수 있다.

578

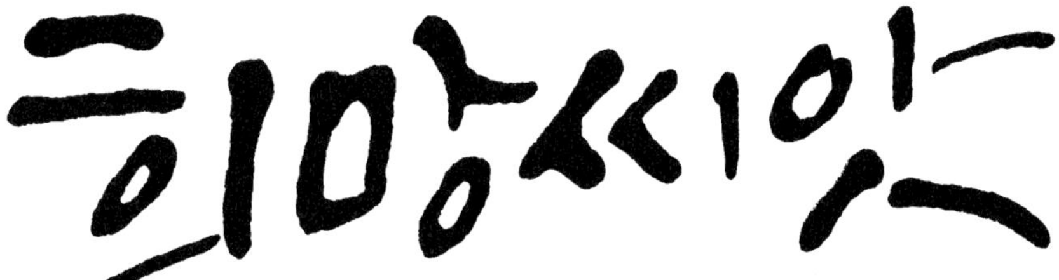

579

나의 힘이 되신
여호와여
내가 주를
사랑하나이다

시 18:1

I love you.
O LORD.
my strength.

580

여호와께
감사하라
그는 선하시며
그 인자하심이 영원
함이로다 시107:1

Give thanks
to the LORD,
for he is good his love
endures forever

581

너의 행사를
여호와께
맡기라 그리하면
너의 경영하는 것이
이루리라

잠 16:31

582

또 여호와를 기뻐하라
그가 네 마음의 소원을
네게 이루어 주시리로다

시 37:4

583
아버지께서
나를사랑하신것같이
나도너희를
사랑하였으니
나의사랑안에
거하라
요15:9

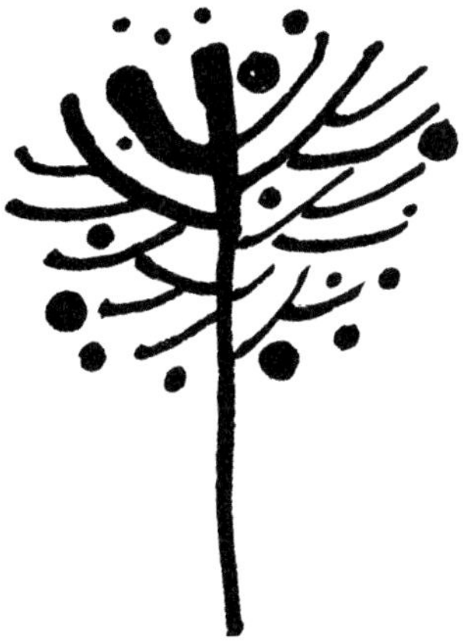

584

하나님은
나의 요새이시니
그의 힘으로
말미암아 내가
주를 바라
나이다
시59:9

585

사랑하고
축복합니다

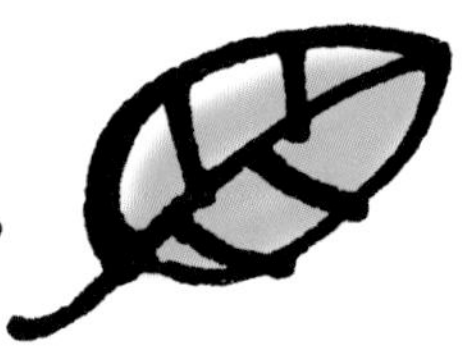

GOD MADE YOU SPECIAL
AND HE LOVES YOU VERY MUCH

586

시냇가에 심은 나무

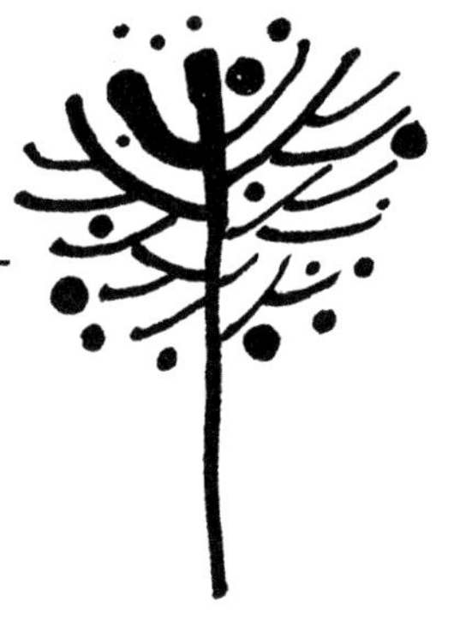

그는 시냇가에 심은 나무가 철을 따라
열매를 맺으며 그 잎사귀가
마르지 아니함 같으니 그가 하는
모든 일이 다 형통하리로다

시 1:3

587

여호와께
감사하라
그는 선하시며
그 인자하심이 영원
함이로다 시107:1

588

여호와는 나의 목자시니
내게 부족함이 없으리로다
시23:1

589

여호와께서 너를위하여
하늘의 아름다운 보고를여시사
네 땅에 때를따라 비를
내리시고 네 손으로하는
모든일에 복을주시리니
신28:12

590

나의 영혼아
잠잠히 하나님만
바라라 무릇 나의 소망이
그로부터 나오는도다
시 62:1~8

591

진리를 알지니
진리가 너희를
자유케 하리라
요 8:31~32

592

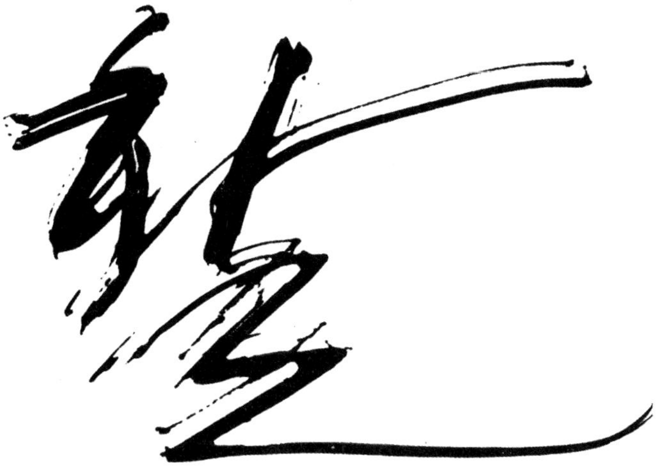

나뭇가지나 나무젓가락을 부러뜨려
거친 부분을 이용하는 캘리그라피다.
투박하고 거친 글씨에 잘 어울리고
한두 글자에 적당하며 붓으로 얻기 어려운
획을 표현하기에 적당하다.
나무젓가락을 약간 비틀어서 부러뜨리면
좀 더 거친 나뭇결을 만들 수 있다.

593

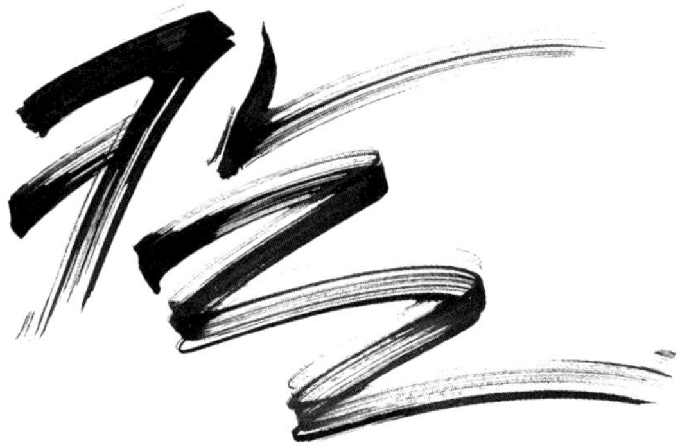

594

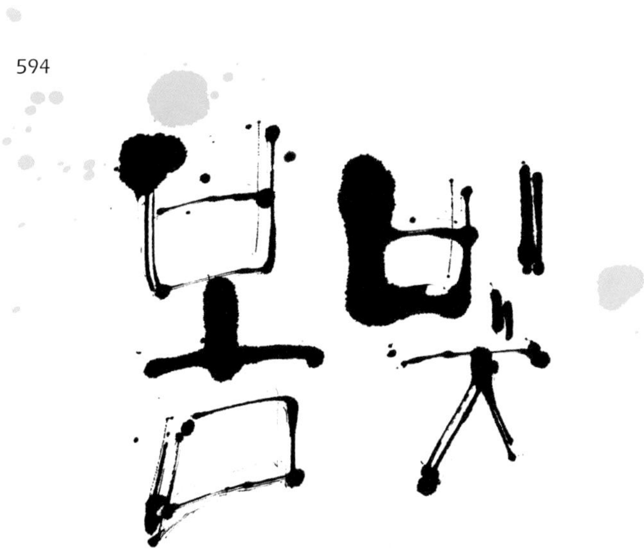

나뭇가지를 꺾어서 먹물을 많이 묻힌 다음
화선지에 내리치듯 글씨를 쓴다.
먹물을 자연스럽게 흩어지게 하여 글씨
주변에 장식적 효과를 만들어낼 수 있다.
글씨도 대체로 나뭇가지의 투박함이 잘
나타나도록 갈필의 표현을 할 수 있다.
두세 글자가 적당하다.

595

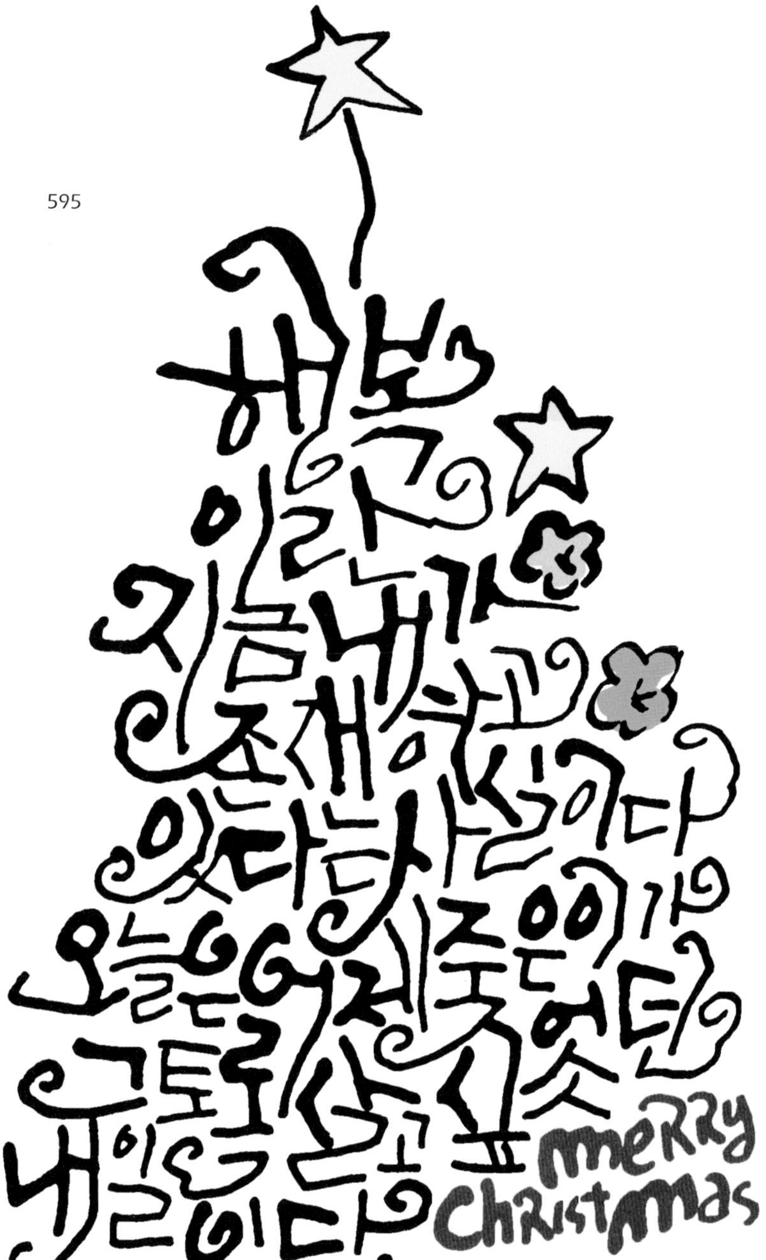

글씨를 퍼즐 맞추듯이 써가면서
전체가 어떤 이미지를 형상하도록 한다.
하트나 별, 트리 등 내면 공간이 많은
이미지를 만들어보자.
글씨의 자간과 행간을 일정하게 하는 것이
중요하다.

한글 펜 캘리그라피

펜 캘리그라피는 일반적으로 영어 알파벳을 주로 한다.
오랜 전통의 펜글씨 문화가 발달해왔기에 영어의 필체는 다양하다.
한글 캘리그라피는 붓글씨에 기반하고 있다 보니 대부분 붓을 중심으로 캘리그라피가 발전하여왔다. 또한 한글은 영어와 구조적으로 다르기 때문에 펜을 사용한 캘리그라피 작품이나 체본이 별로 없다.
그러나 필자의 경험으로 보면 한글에는 오히려 영어의 단순함과는 다른 화려함과 장식미가 있다. 이를 잘 수련하면 훨씬 아름다운 캘리그라피를 창작해낼 수 있다.
스피드볼 B, C 타입과 패러럴펜으로 한글을 표현해본다.

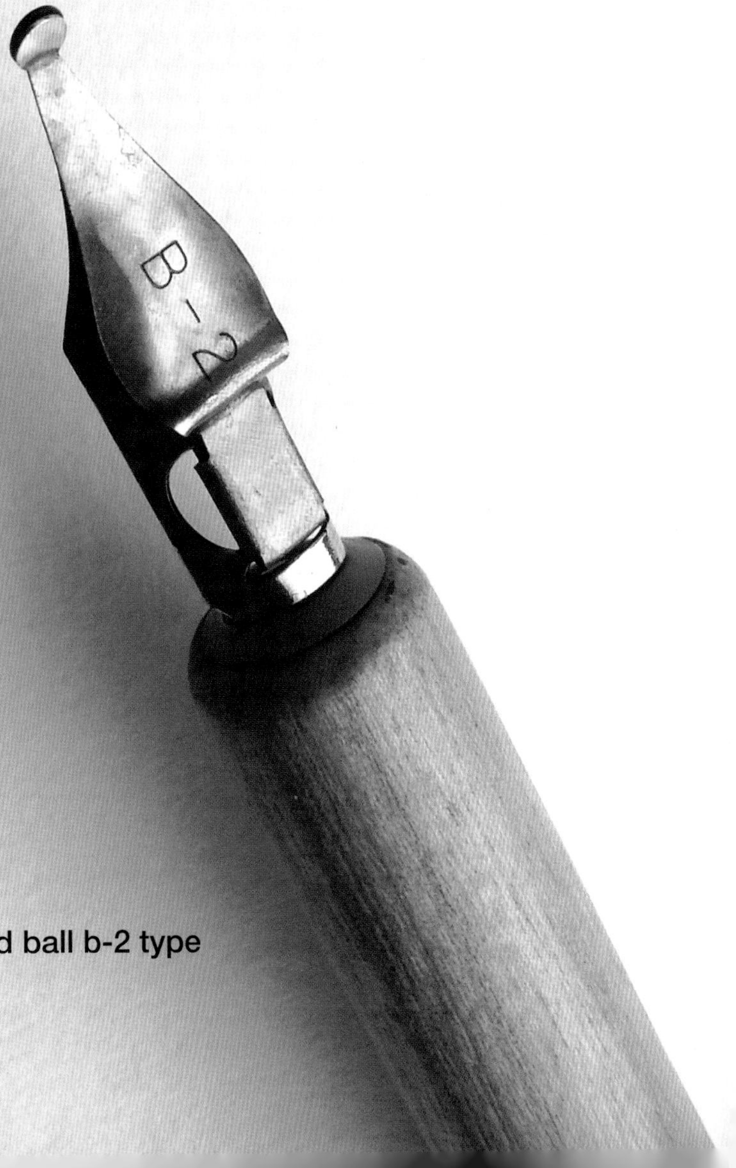

speed ball b-2 type

596

그대
오늘
아름답다
빛과꽃처럼
날마다
그렇다

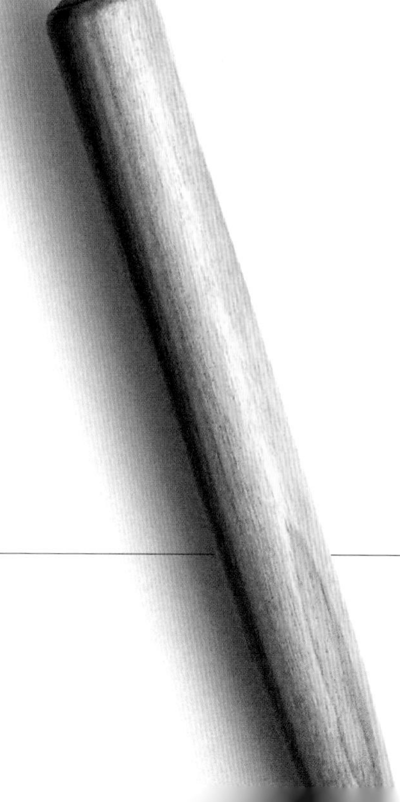

597

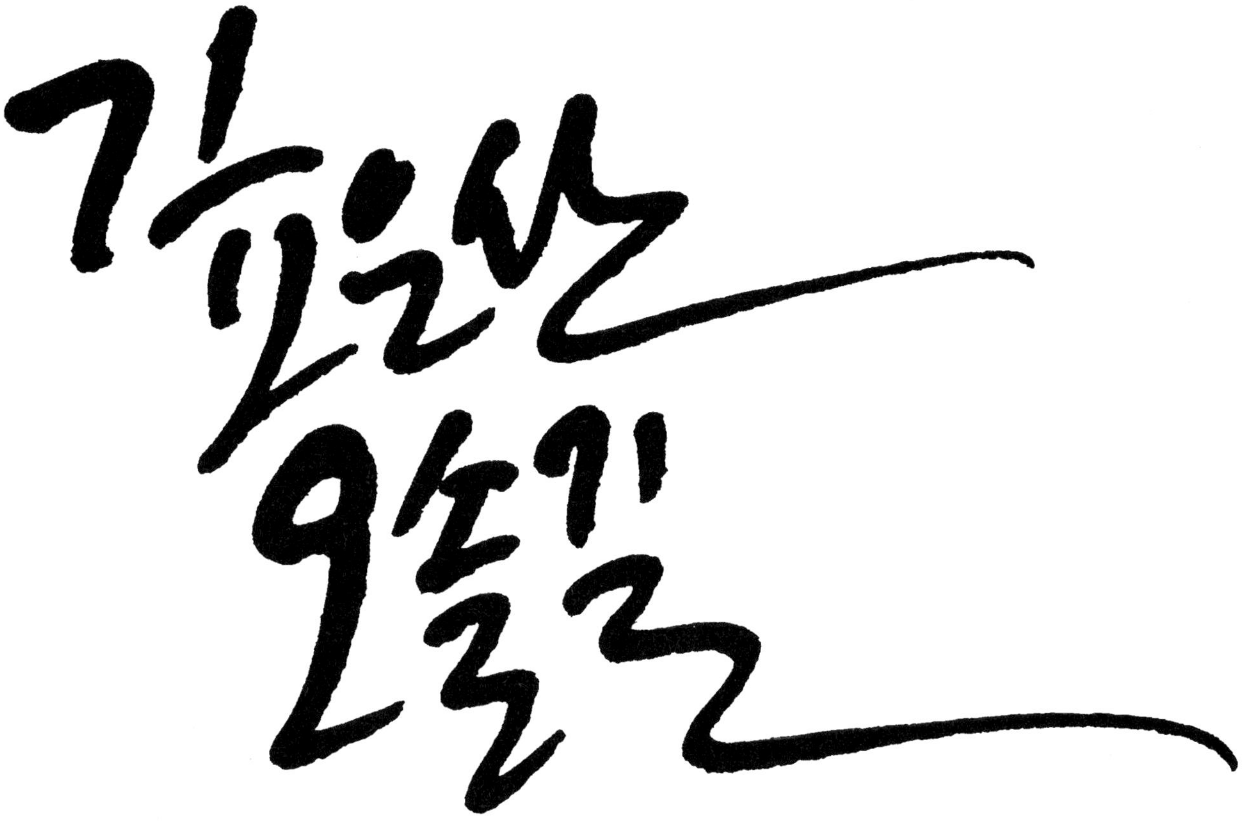

598

해저무는
저녁무렵
갈대숲으로
바람지나니

599

글씨는
線의 예술이다
가로획과 세로획이
연결되어 머리끝에서
만나고 허리춤에서
연결되기도 한다
가끔 웃음 가득한 동그란
얼굴로 만나기도 하고
삐치듯 빗겨
나가기도 하지만
서로가 제 위치에서
역할을 하며
아름다운 대화를
하고 있다

600

그날처럼
비가 내리고
눈물처럼
비가 내리고
그 추억 하나
강물 위로
날아가네

601

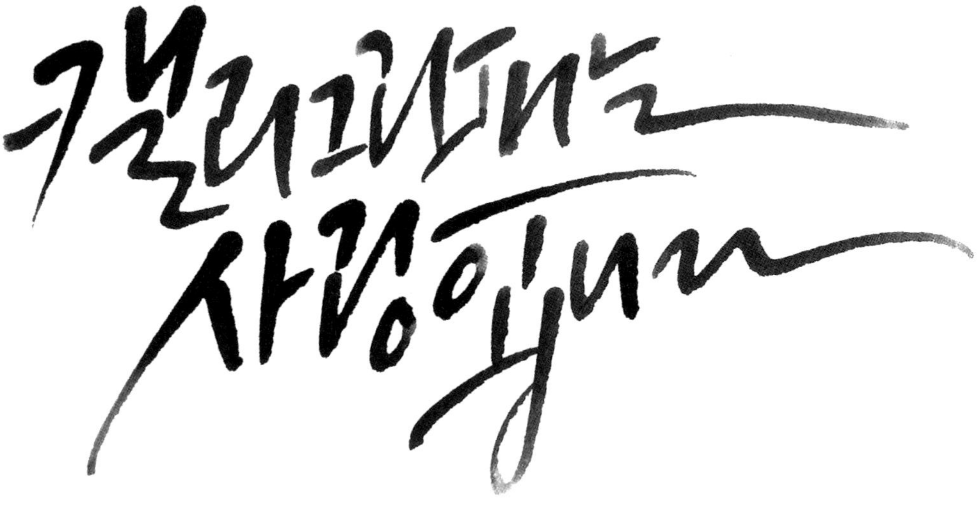

602

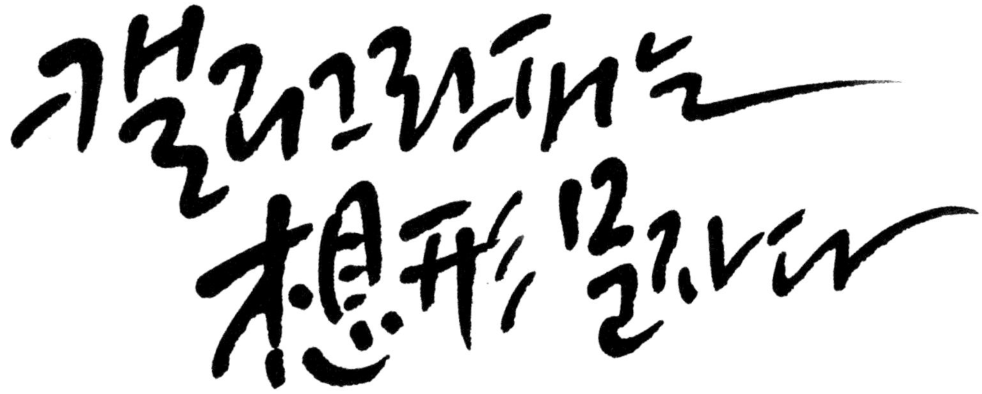

603

손글씨는
생활입니다
여러가지
감성을 손글씨로
표현하는
습관을 가져
보세요
이산펜글씨교실

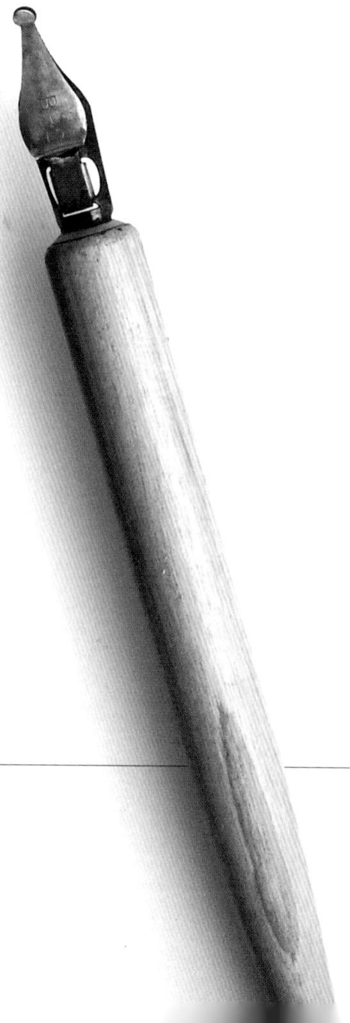

604

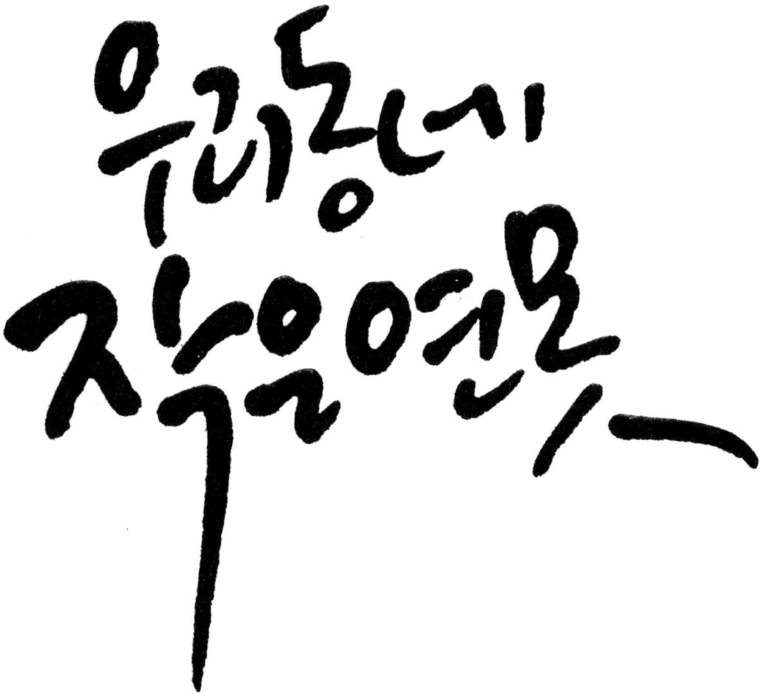

605

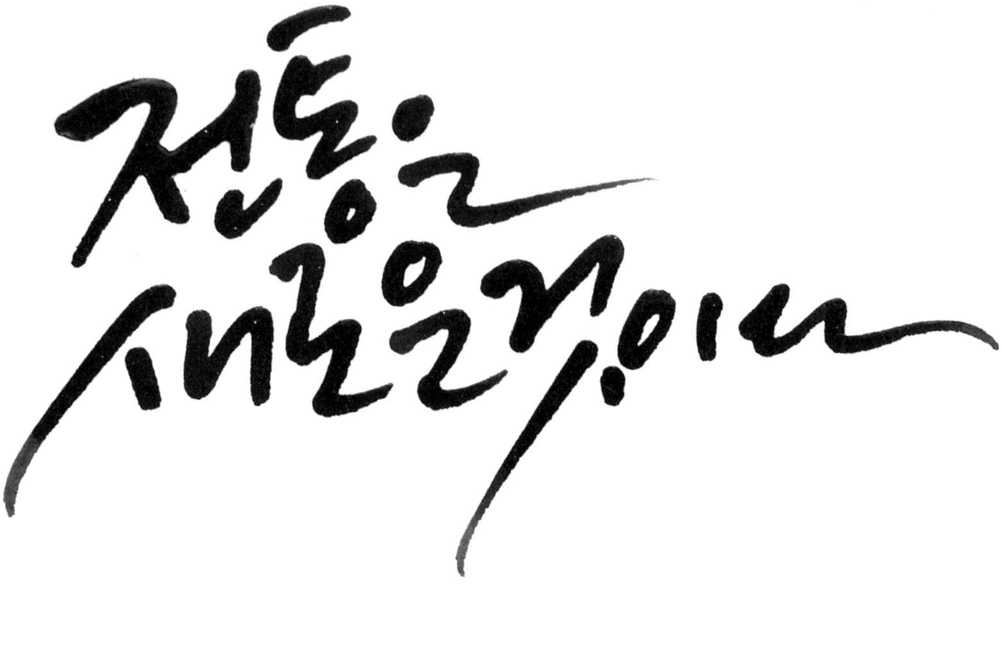

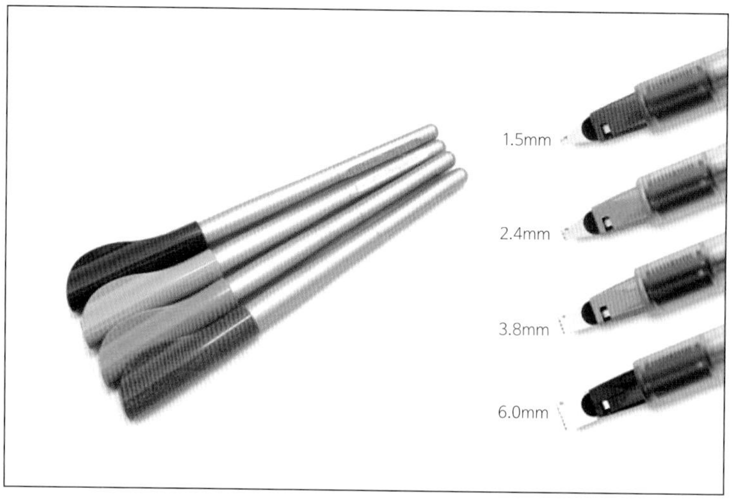

패러럴펜은 파이롯트사에서 만든 캘리그라피 전용 펜이다.

펜의 종류는 1.5mm, 2.4mm, 3.8mm, 6.0mm가 있다.

잉크 흐름도 좋고 여러 가지 컬러도 가능하다. 카트리지가 있어서 잉크를 주입해 사용할 수도 있다. (이미지 출처 : 캘리하우스)

606

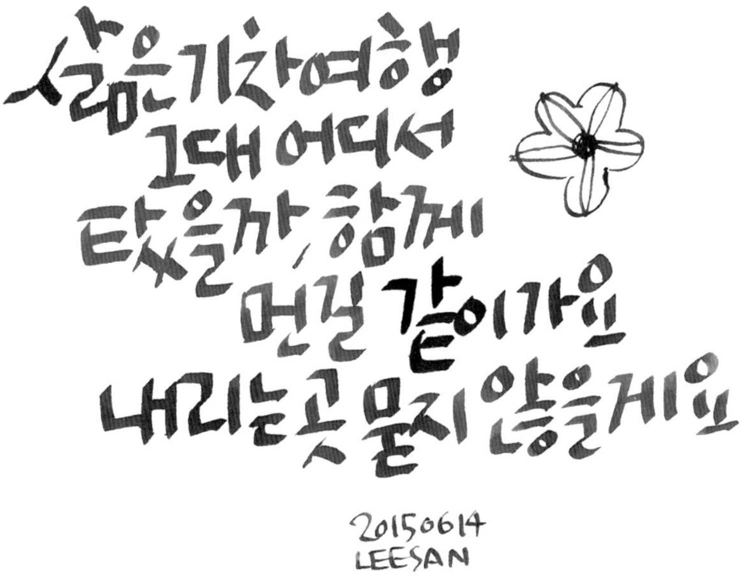

607

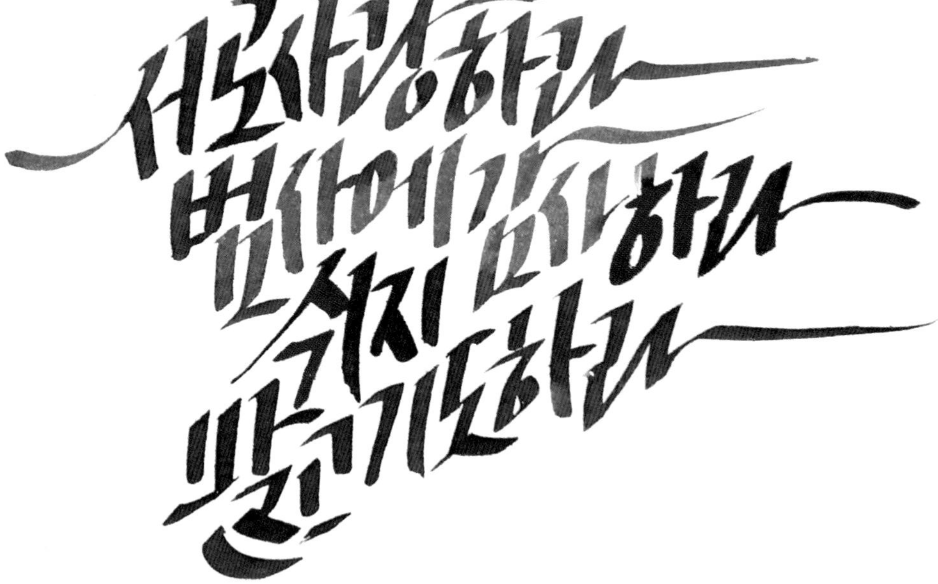

608

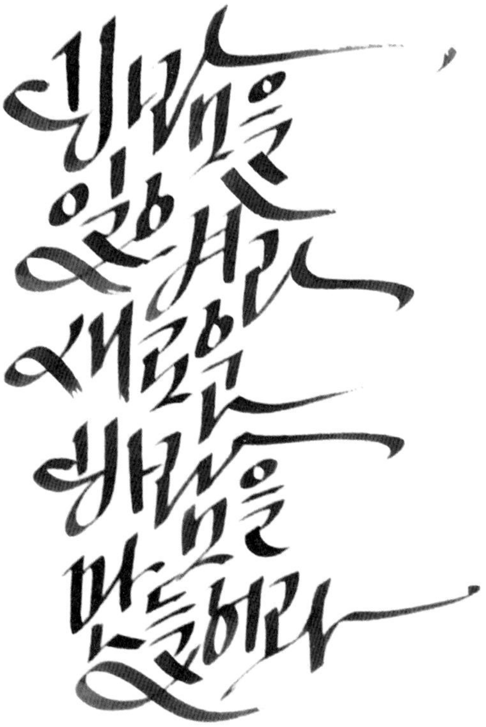

609

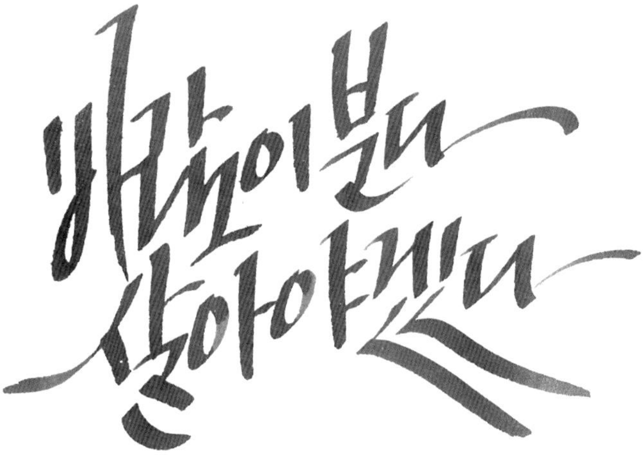

610

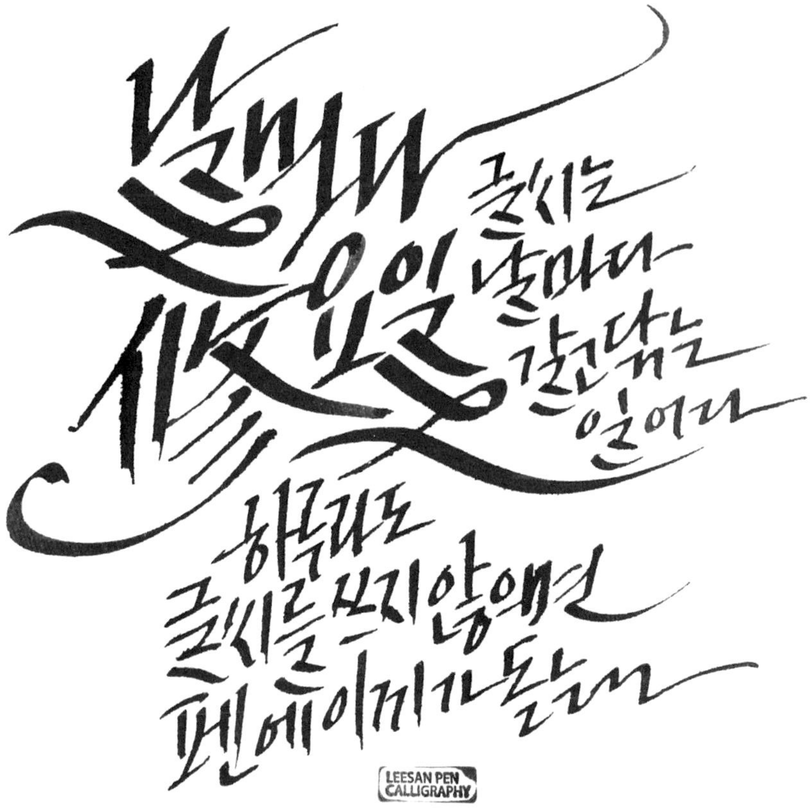
글씨는
날마다
갈고닦는
일이다
하루라도
글씨를 쓰지 않으면
펜에 이끼가 돋는다
LEESAN PEN
CALLIGRAPHY

611

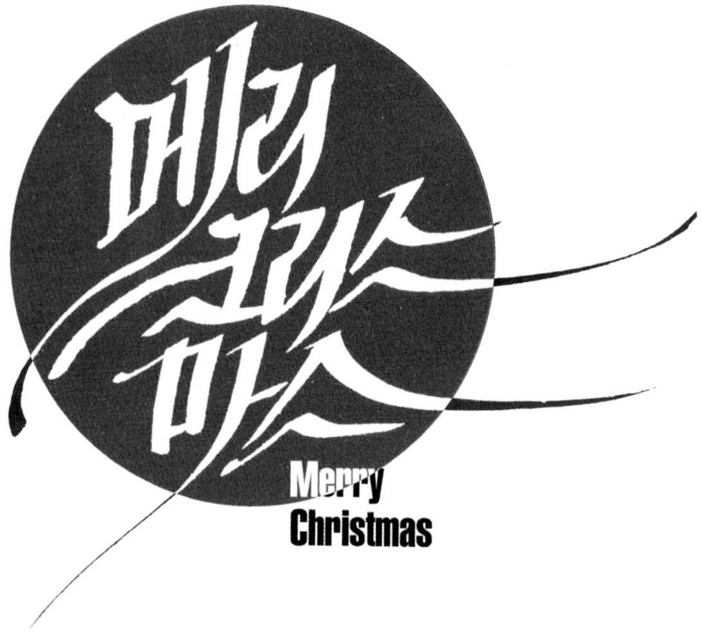
메리
크리스
마스
Merry
Christmas

612

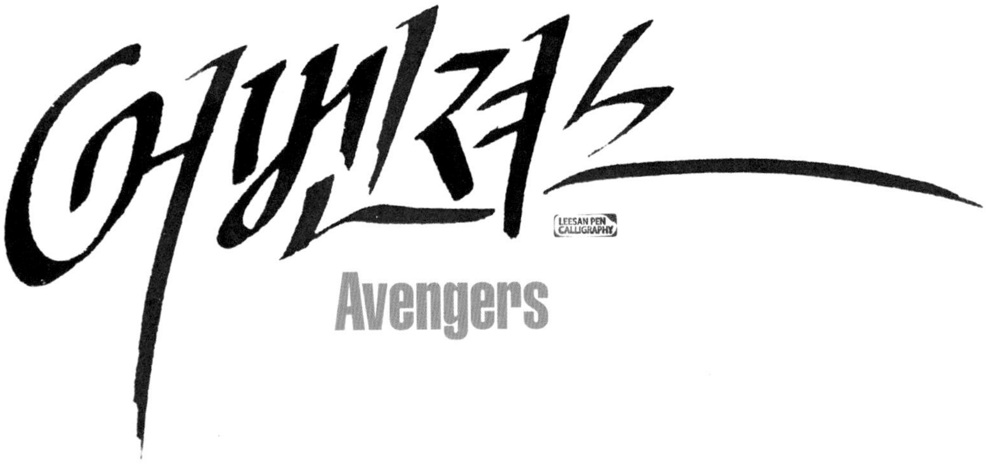
어벤져스
LEESAN PEN CALLIGRAPHY
Avengers

613

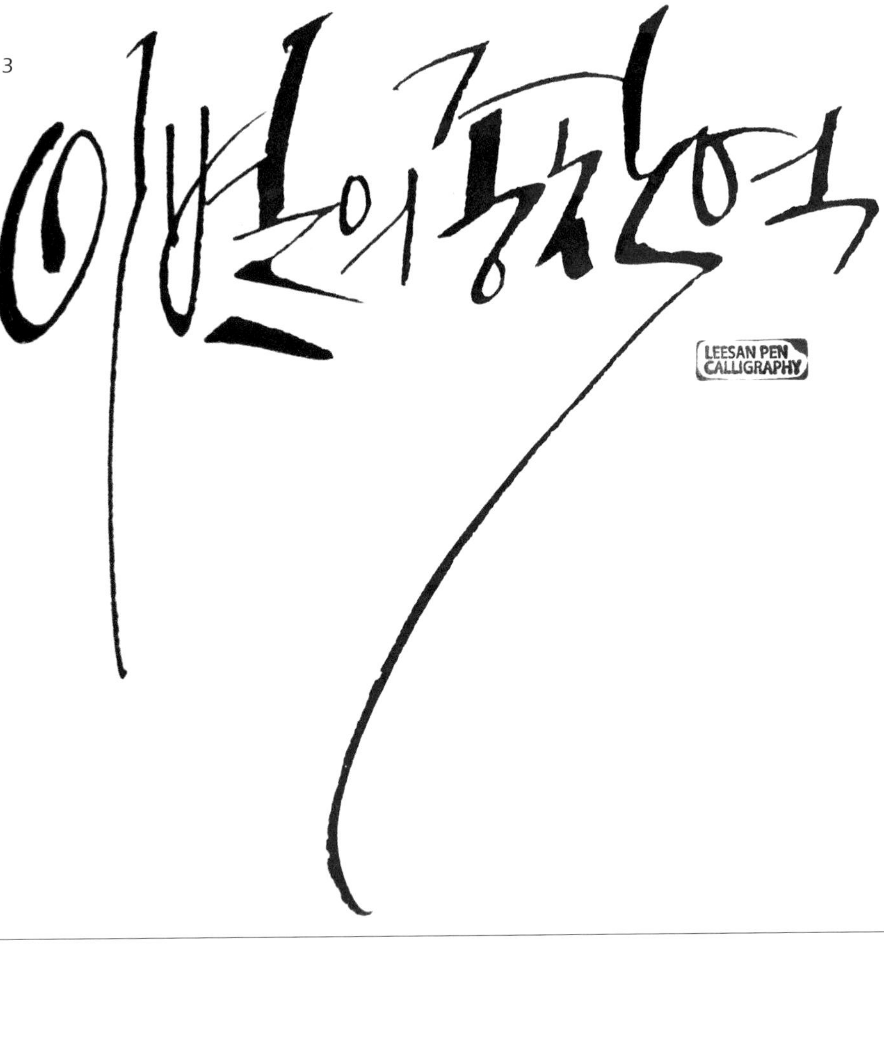
LEESAN PEN CALLIGRAPHY

614

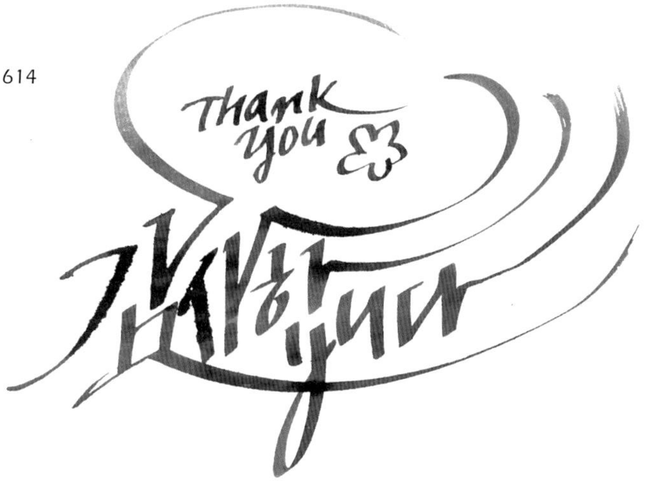

615

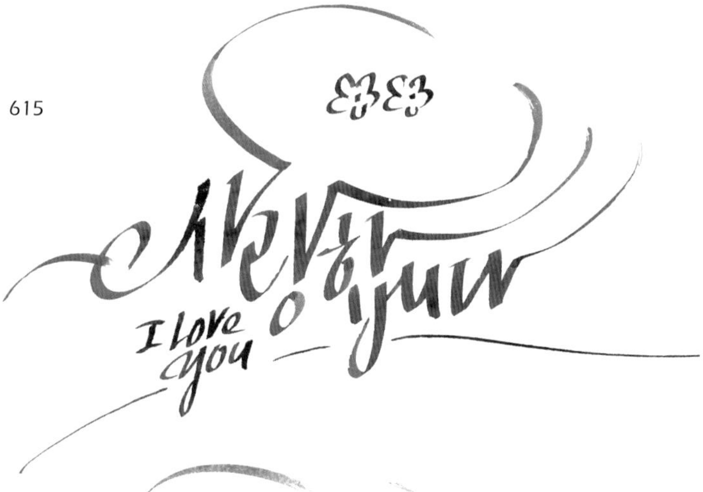

문장 밖으로 표출할 수 있는 획을 장식적으로 구성해본다. 확장 획의 방향을 같게 하고 문장과 어울리는 선화[線畫]로 만들어본다.

616

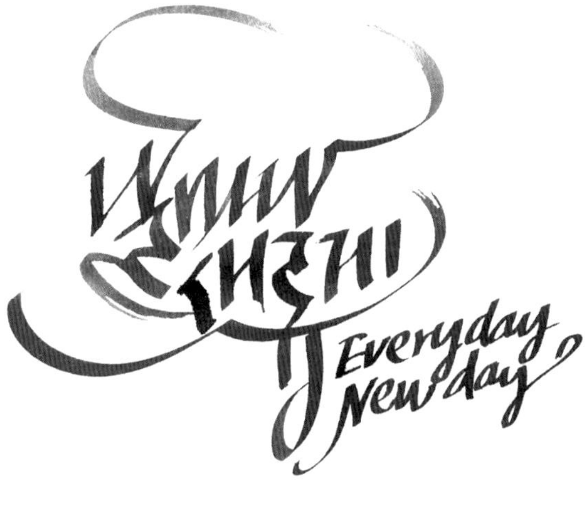

흔히 쓰는 상용구들을
패러럴펜으로 썼다.
매우 장식적인 요소를 넣어서
쓰면 글씨가 그림이나 문양처럼
느껴진다.

617

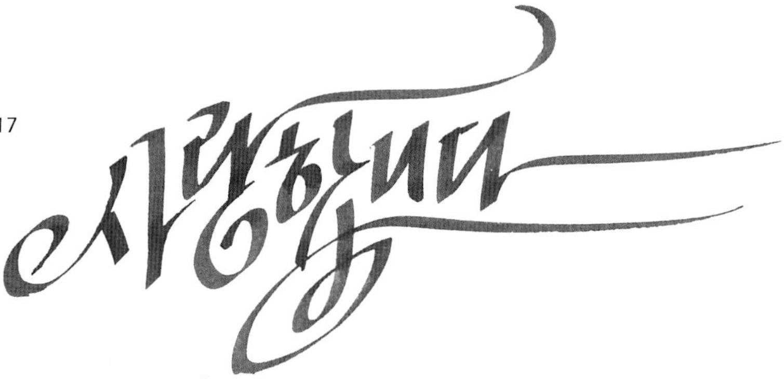

618

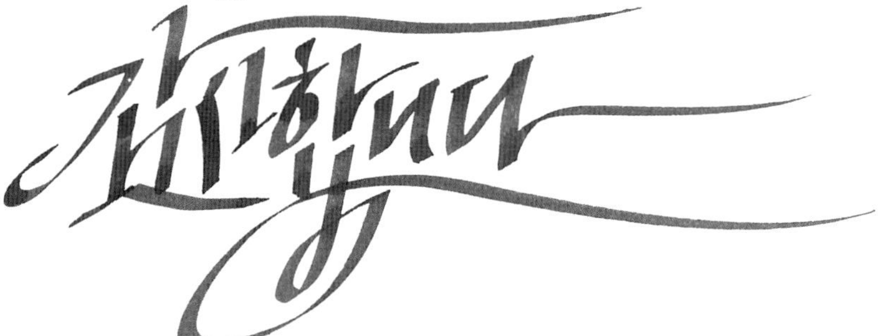

619

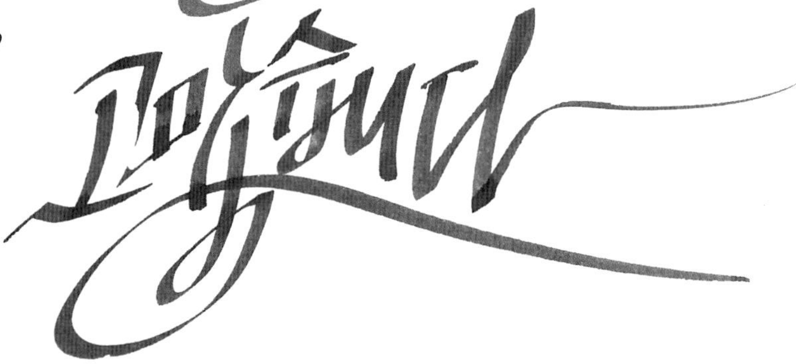

620

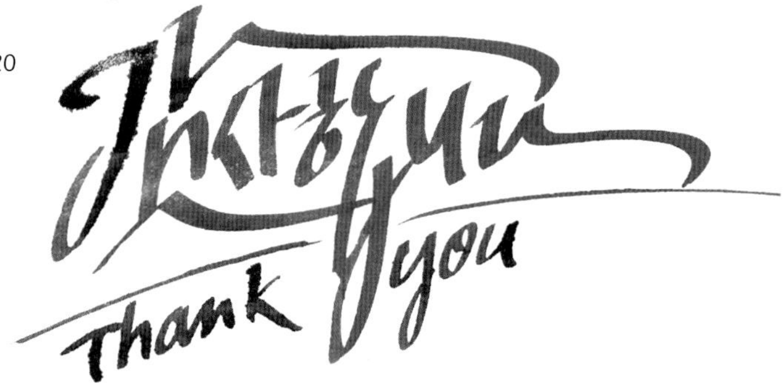

시나 노래의 타이틀을 크게 쓰고
가사나 문장을 작은 글씨로 써서
타이틀과 연결하여 본다.
전체적으로 하나의 덩어리감이 느껴지도록
해야 하며 억지스러움 없는 구성,
자연스러운 느낌이 있어야 한다.

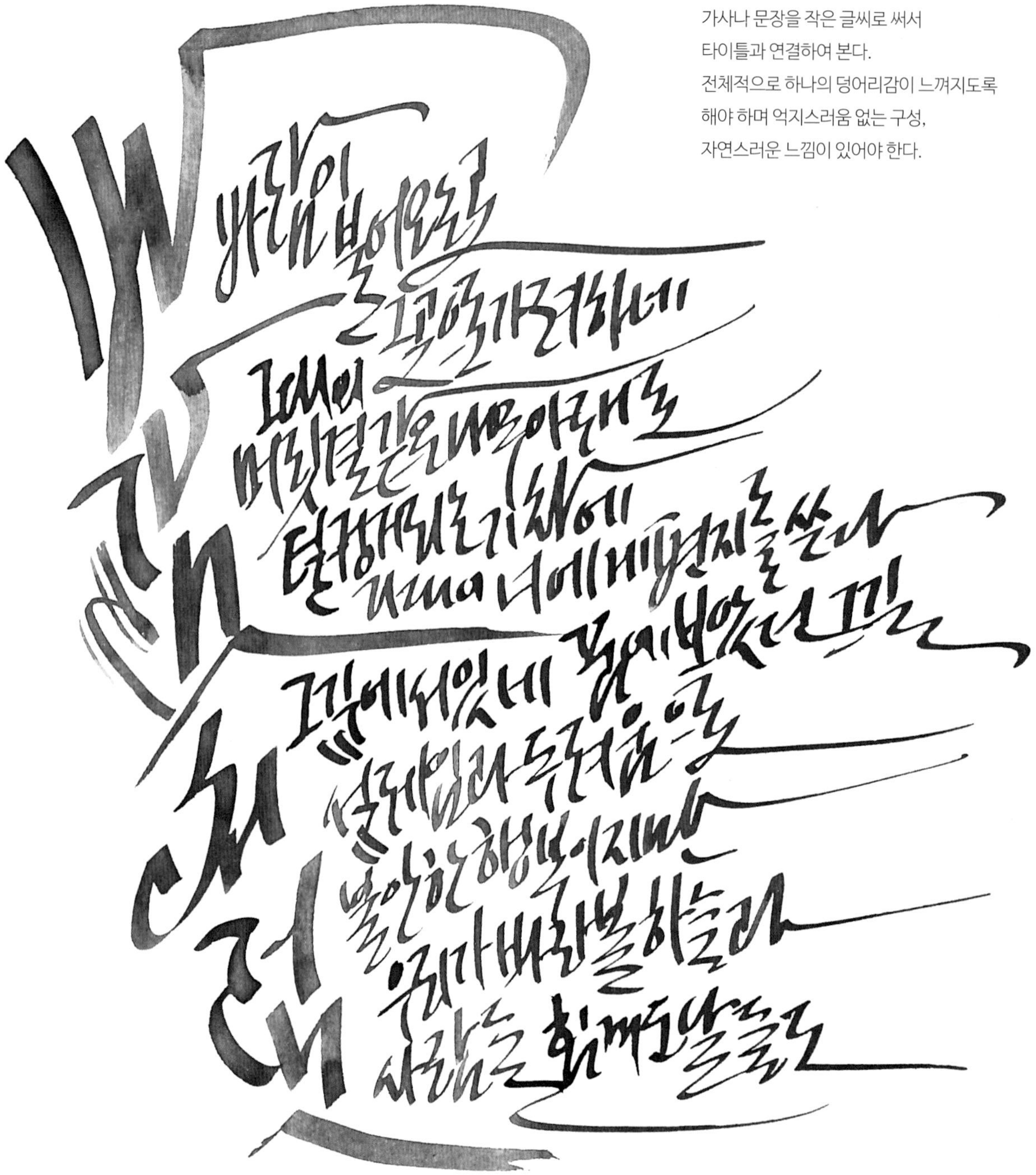

622

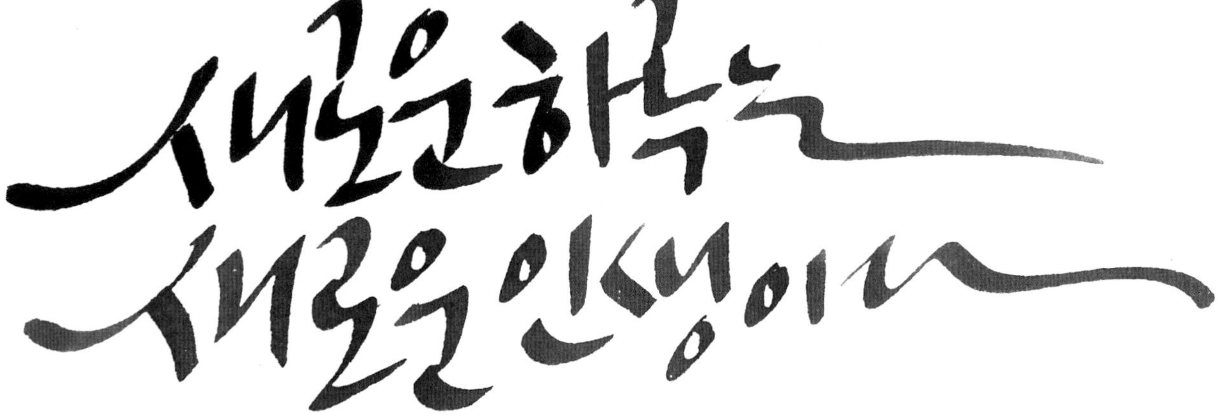

623

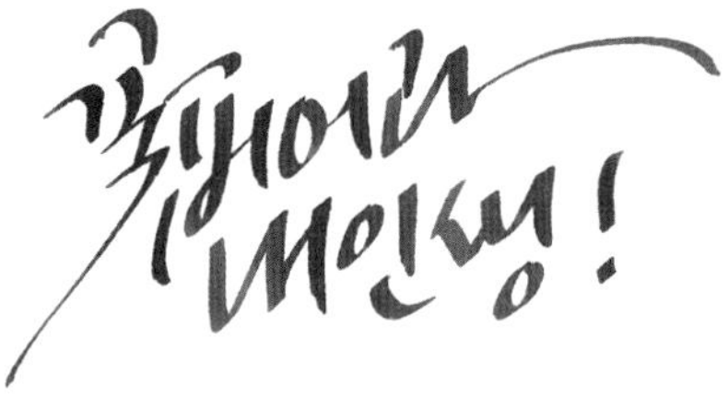

624

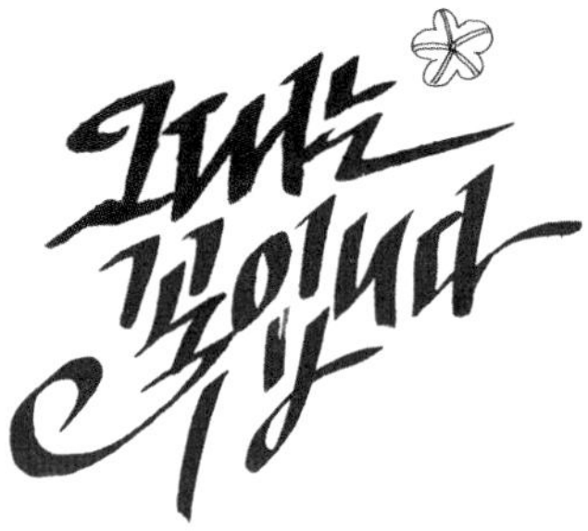

625

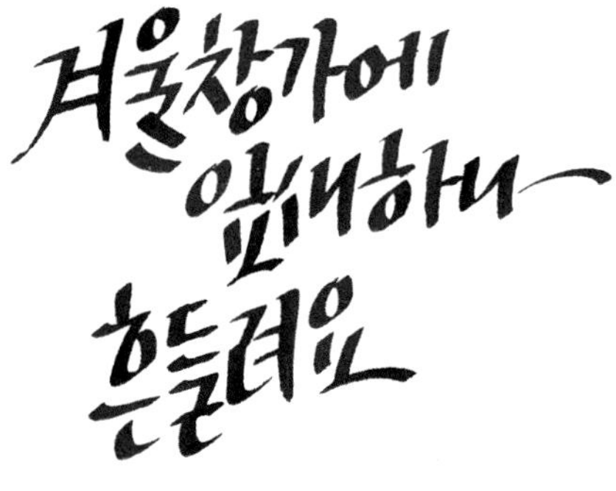

626

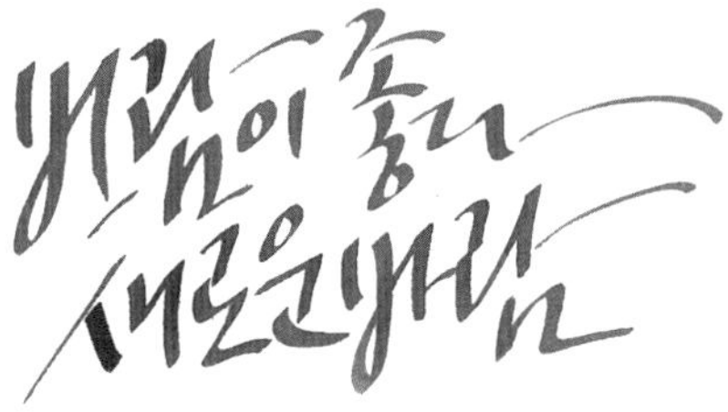

627

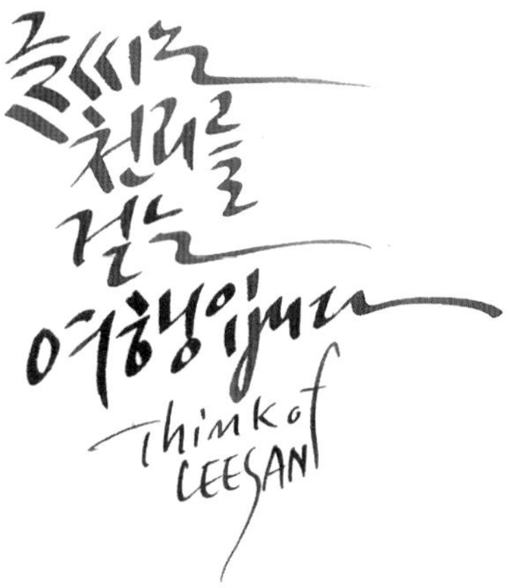

628

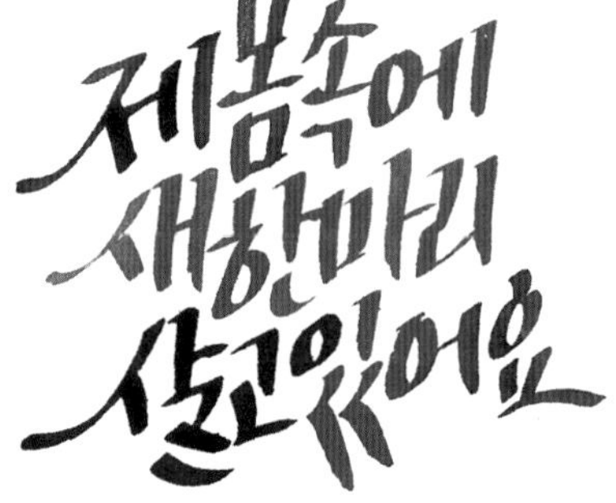

629

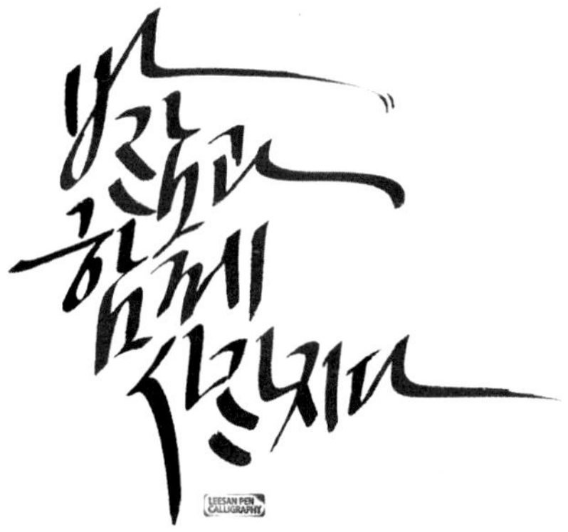

630

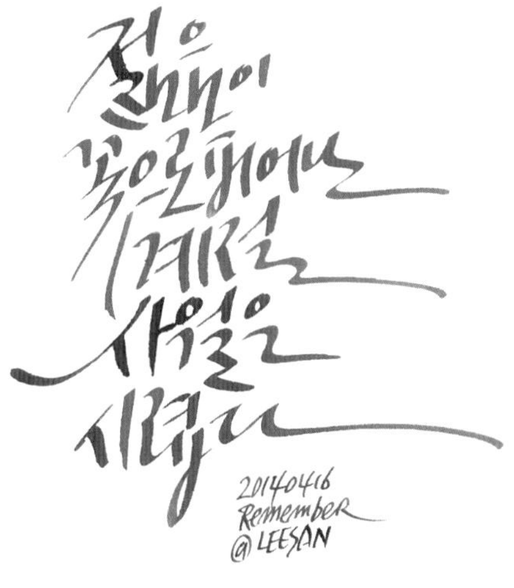

631

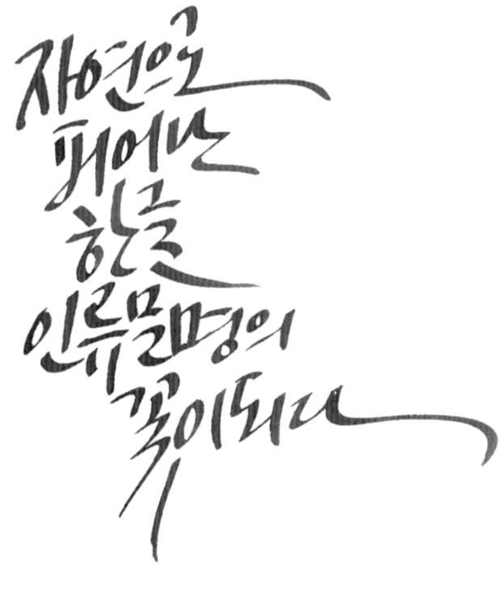

632

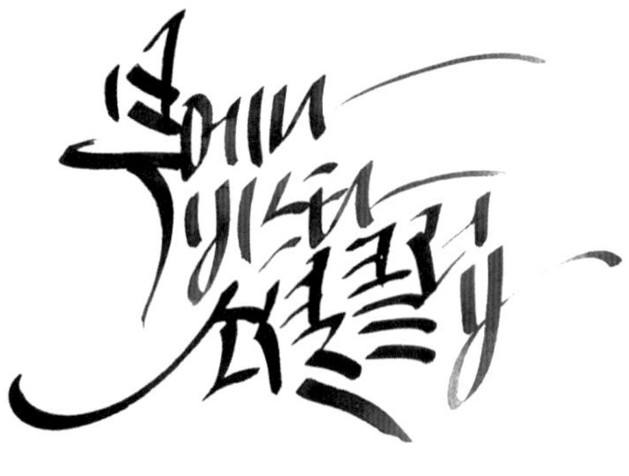

633

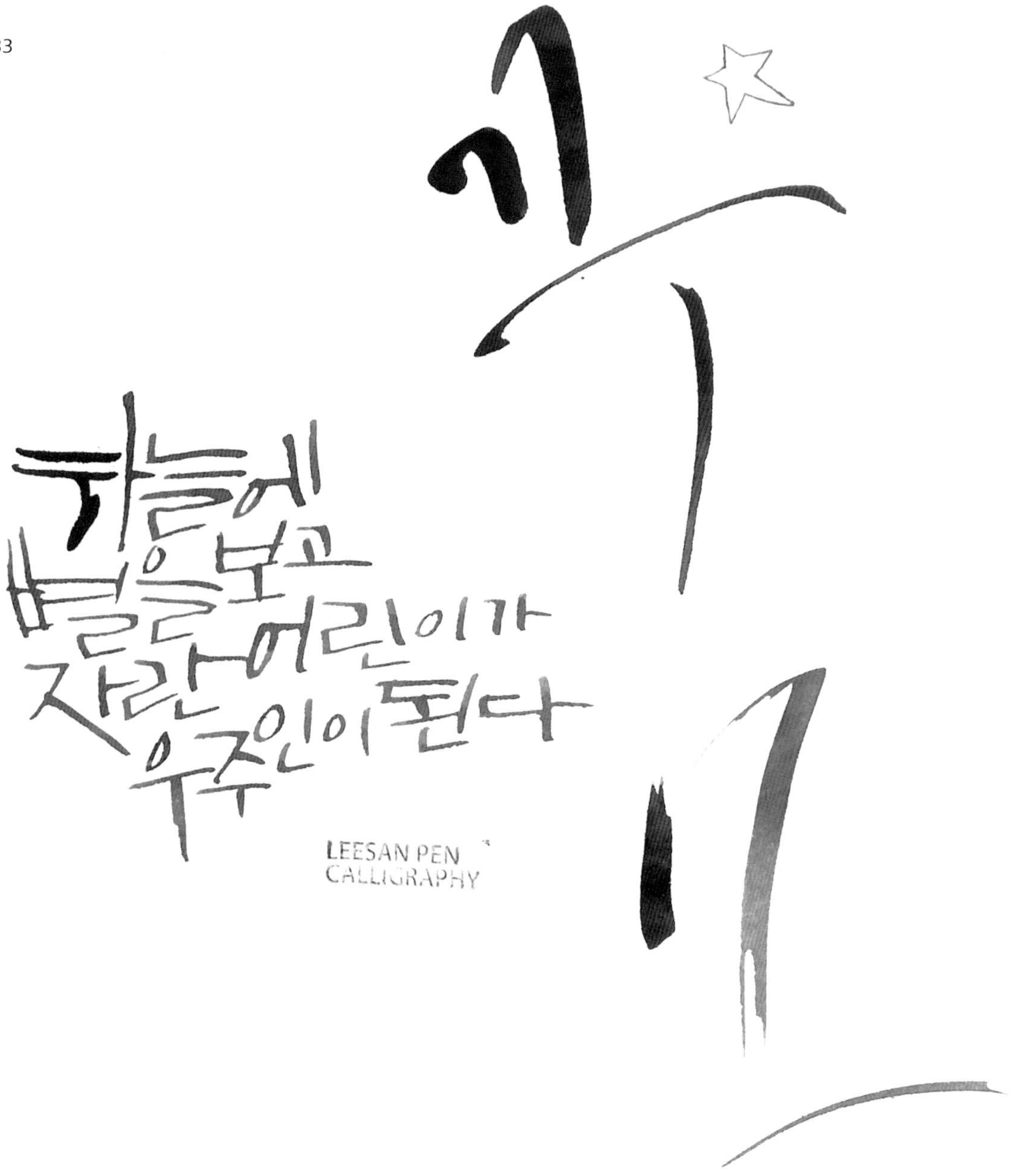

634

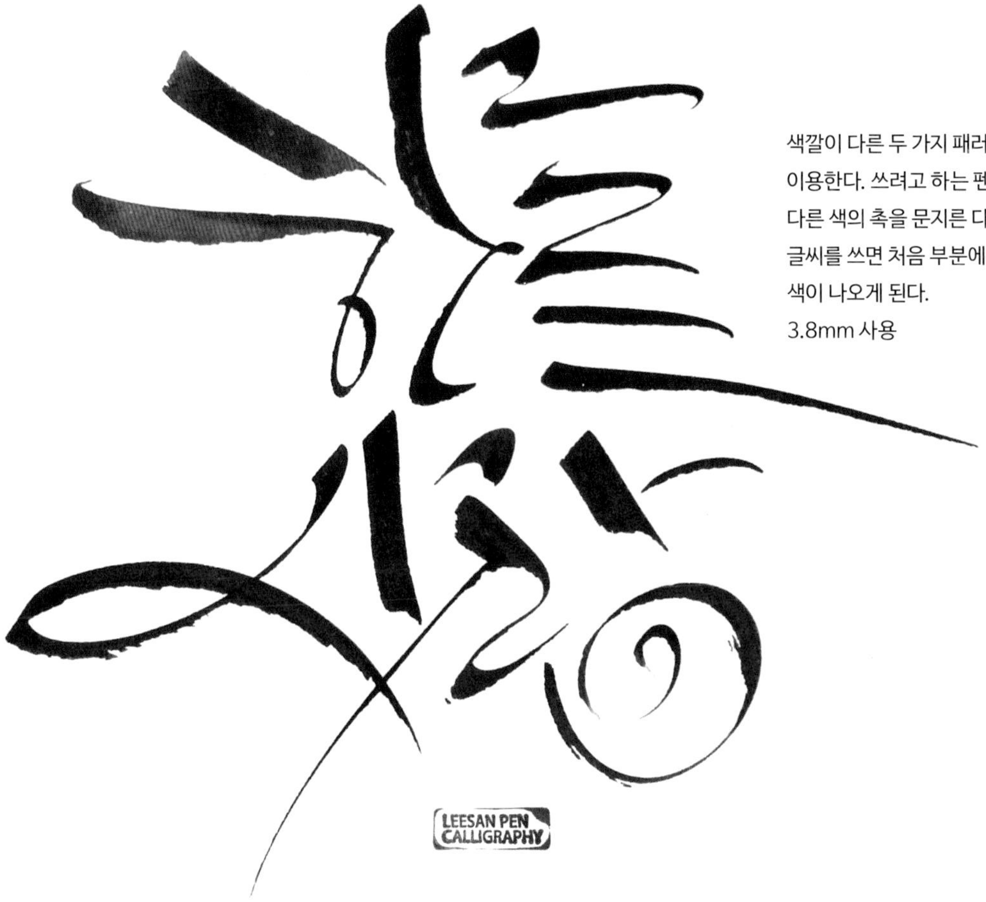

색깔이 다른 두 가지 패러럴펜을
이용한다. 쓰려고 하는 펜의 촉에
다른 색의 촉을 문지른 다음
글씨를 쓰면 처음 부분에서 혼합된
색이 나오게 된다.
3.8mm 사용

635

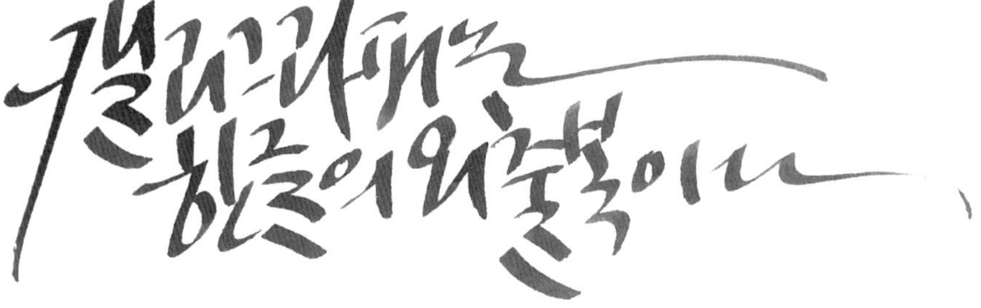

636

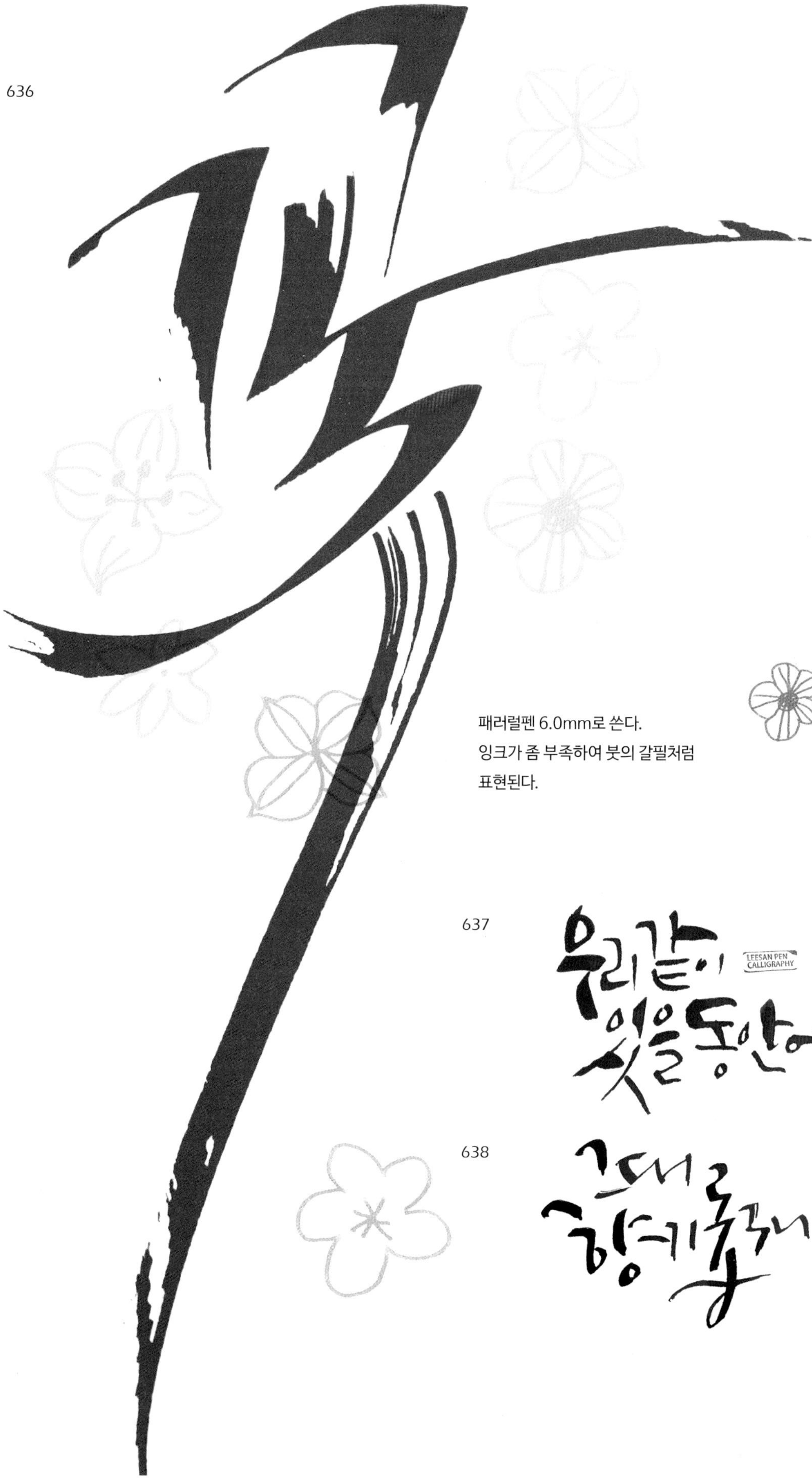

패러럴펜 6.0mm로 쓴다.
잉크가 좀 부족하여 붓의 갈필처럼
표현된다.

637

638

639

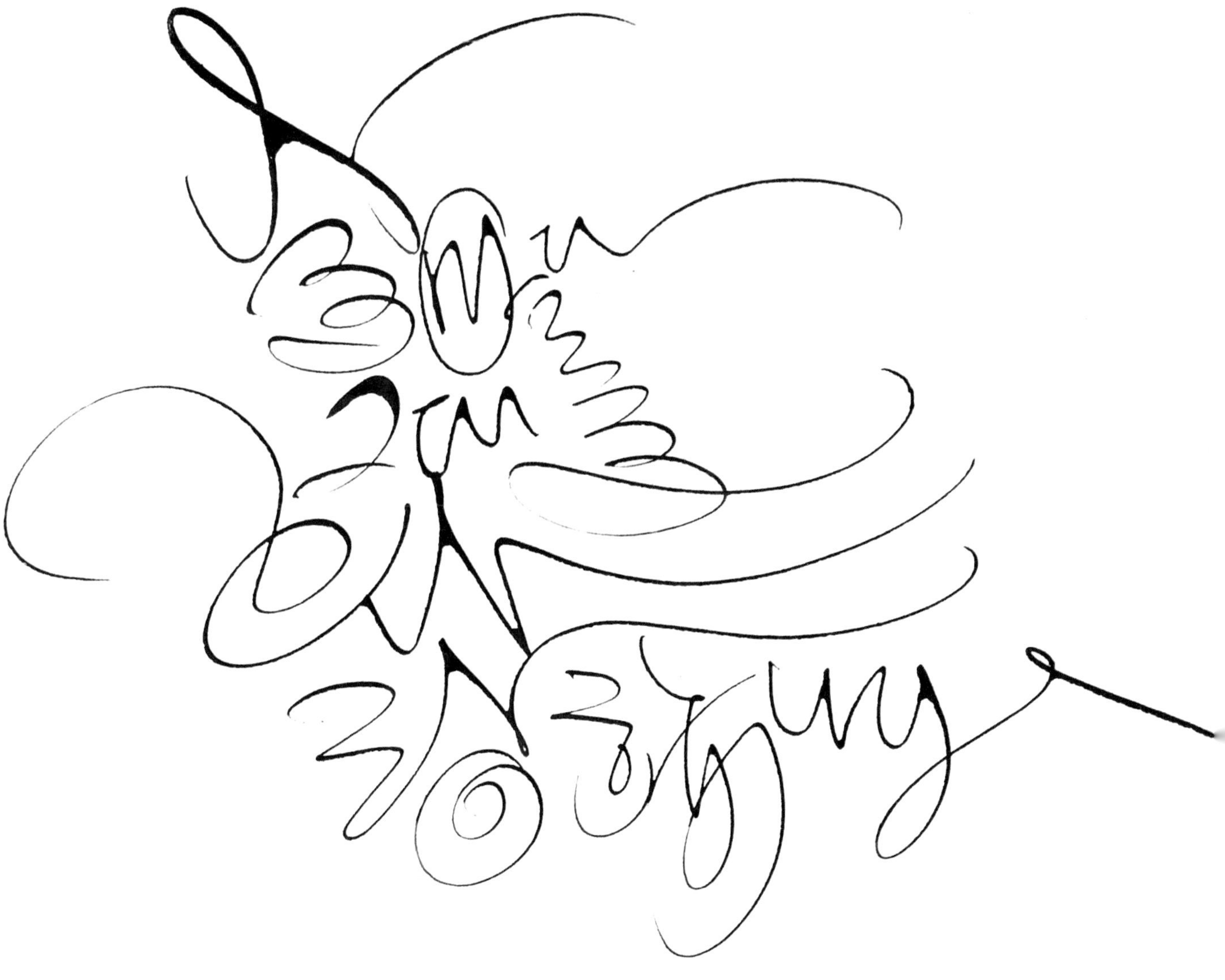

날마다 그대를 사랑합니다

640

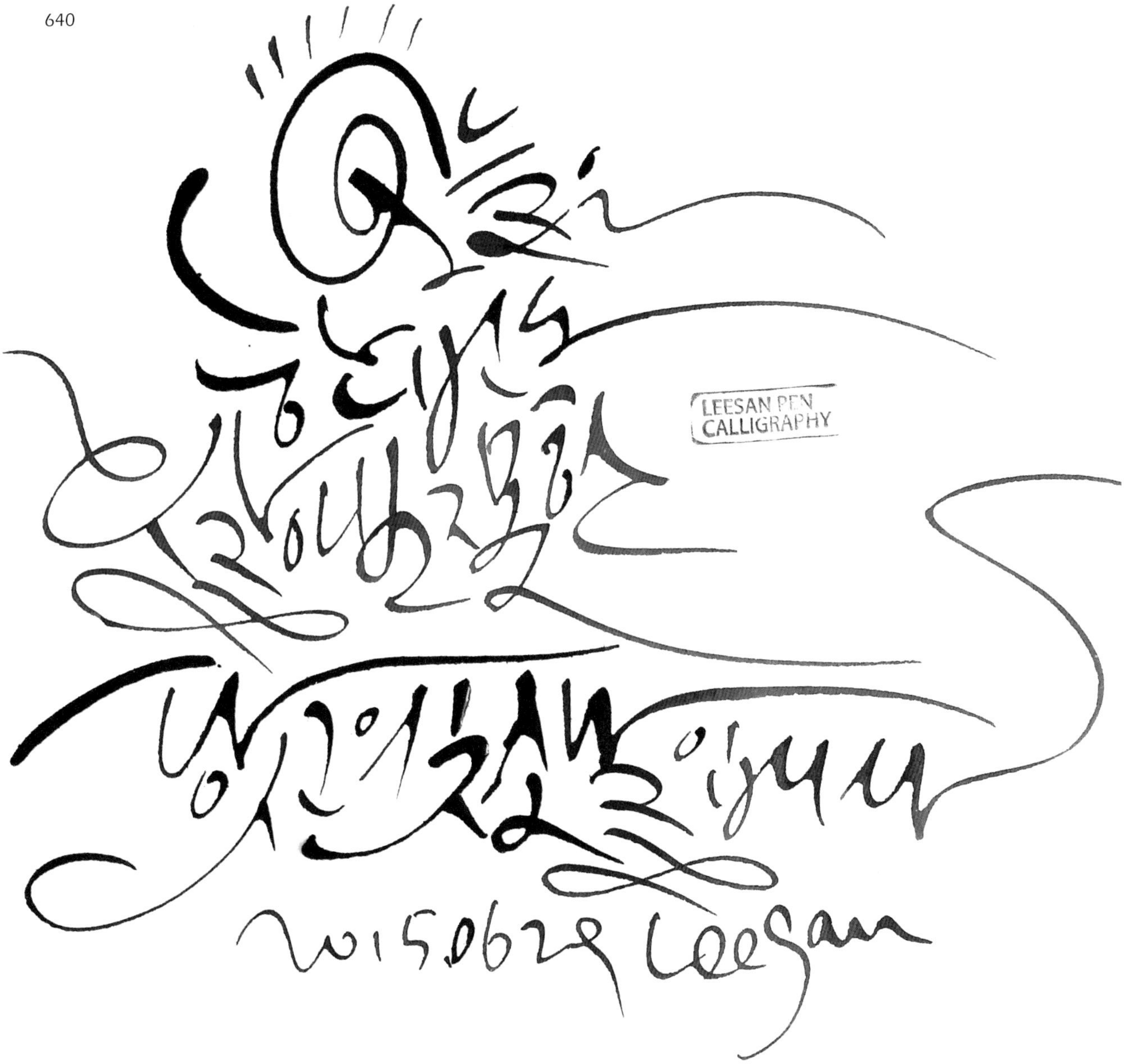

오늘은 한 번도 살아보지 못한 당신의 첫날입니다

641

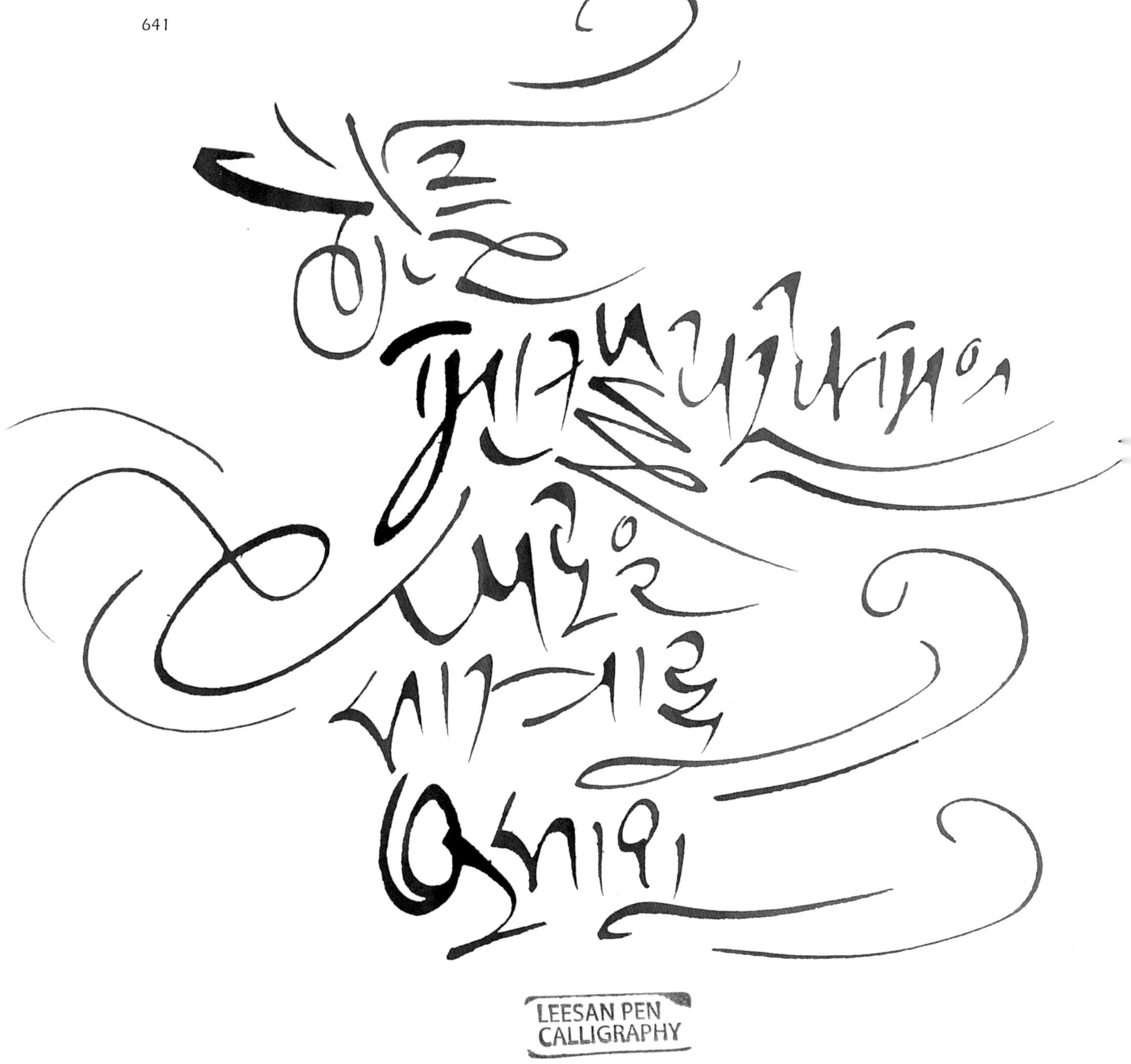

한글 펜 캘리그라피의 새로운 세계로 오세요

642

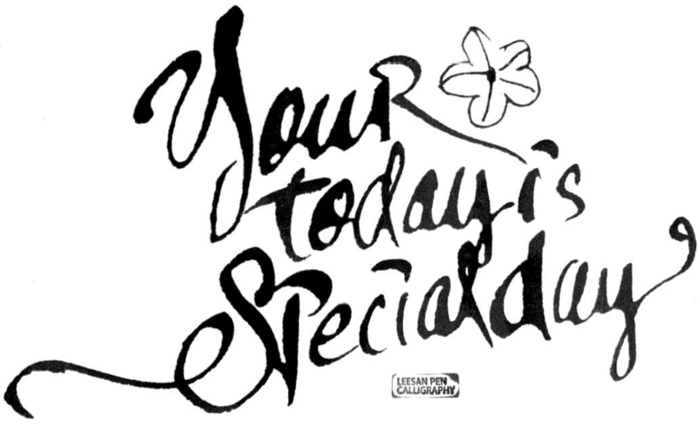
Your today is Special day
LEESAN PEN CALLIGRAPHY

643

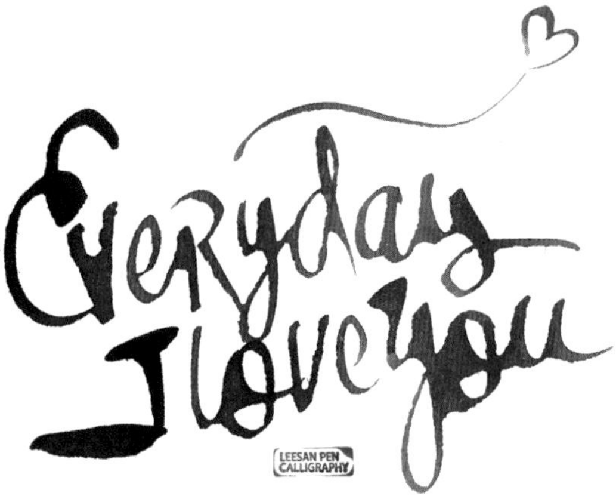
Everyday I love you
LEESAN PEN CALLIGRAPHY

644

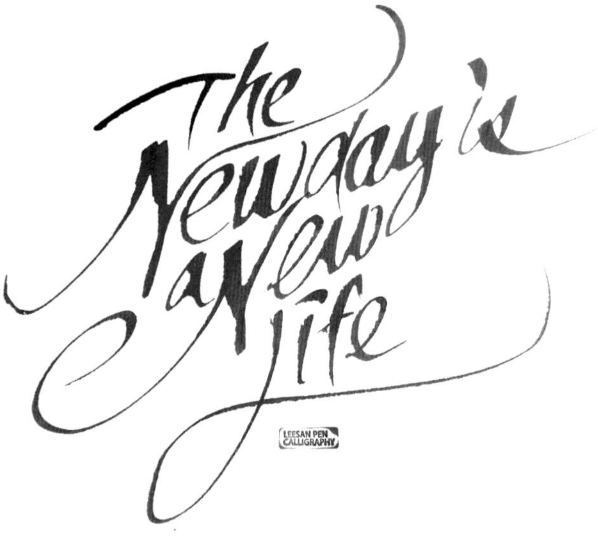
The New day is a New life
LEESAN PEN CALLIGRAPHY

645

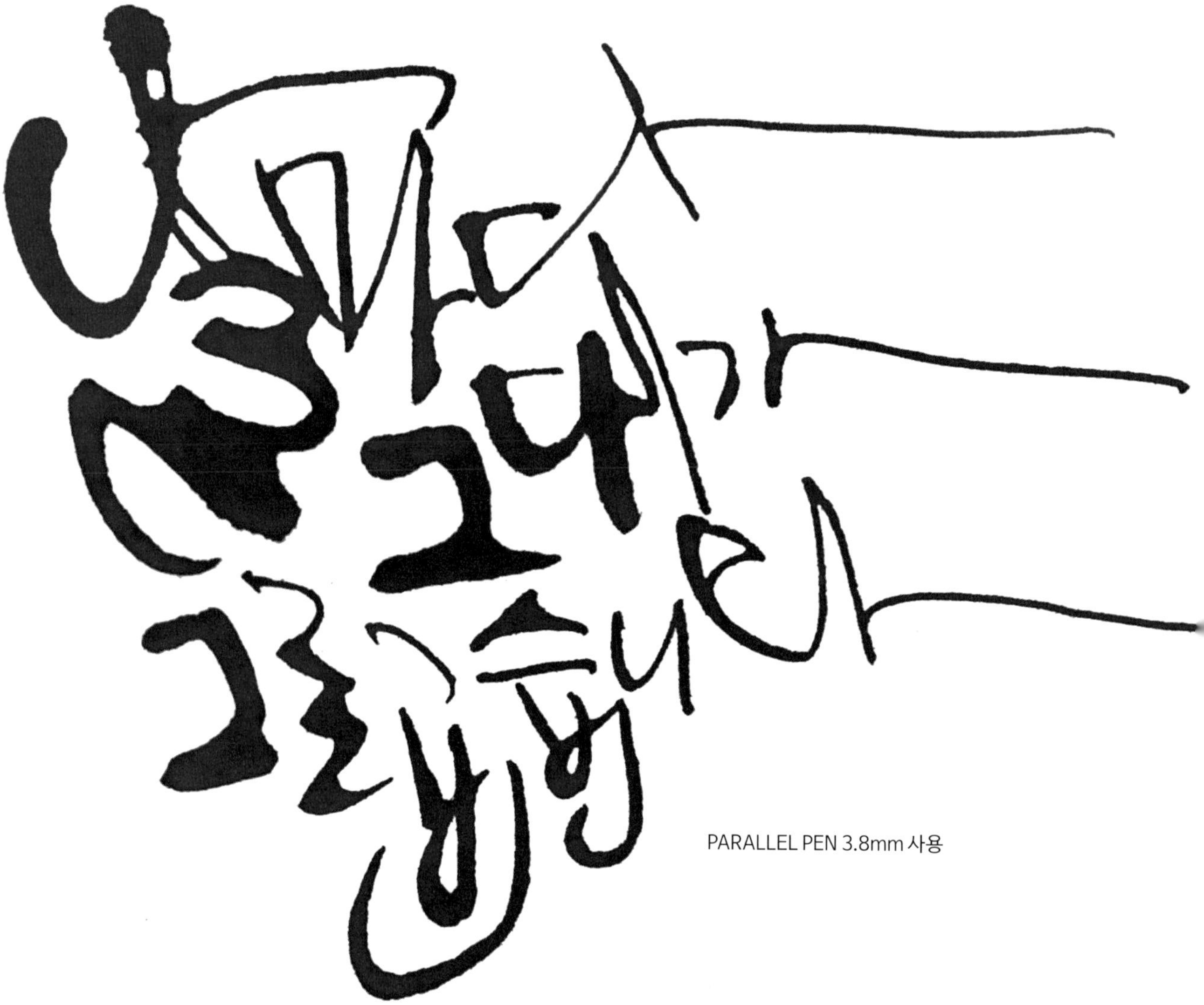

PARALLEL PEN 3.8mm 사용

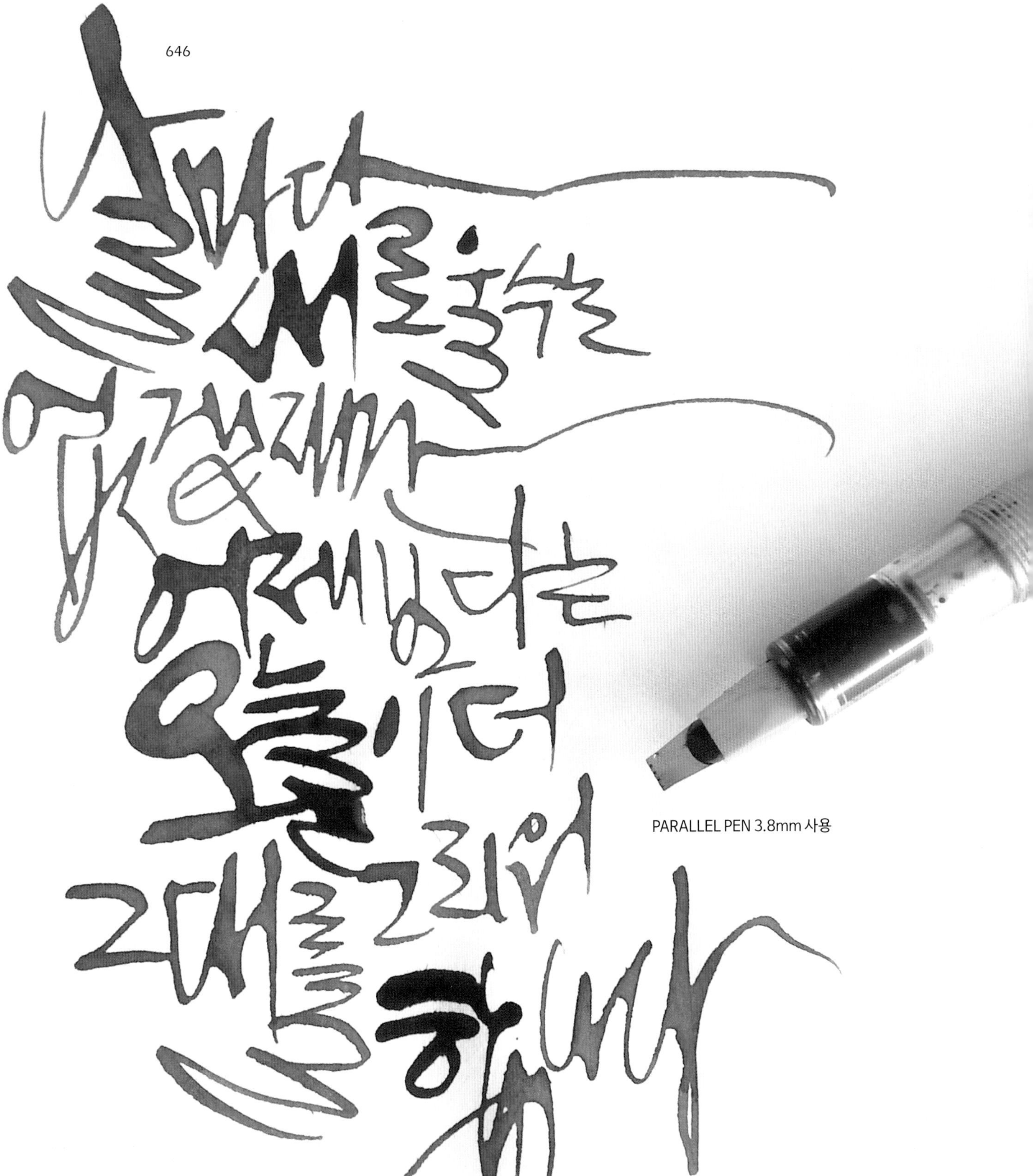

PARALLEL PEN 3.8mm 사용

647

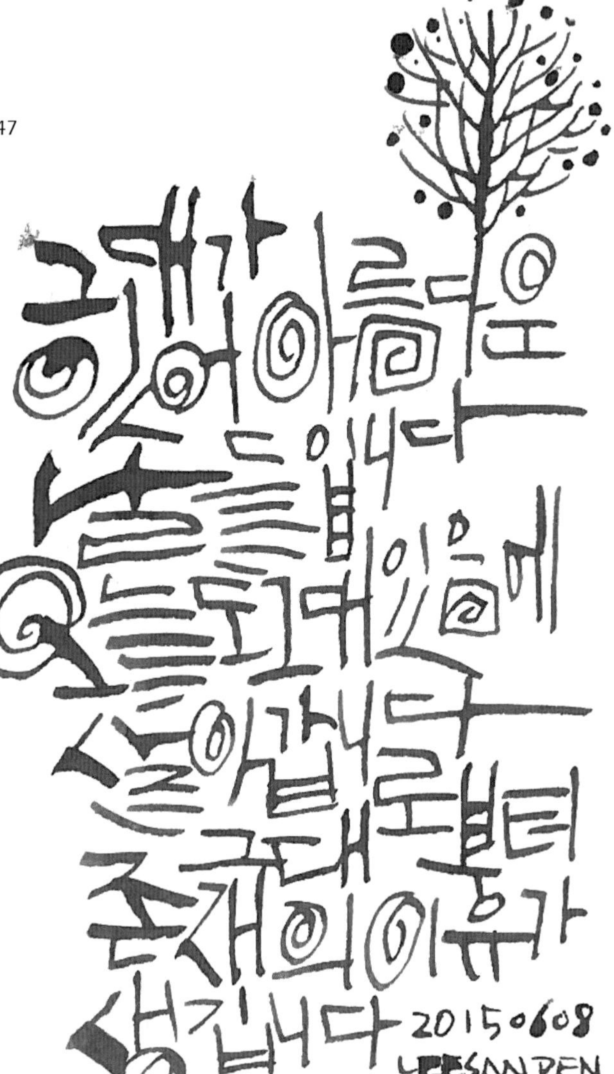

648

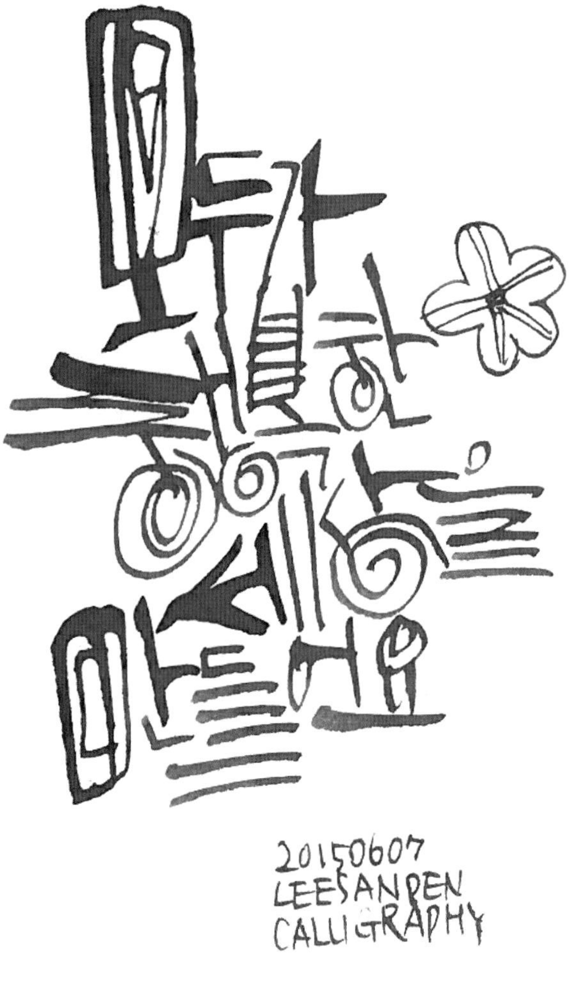

649

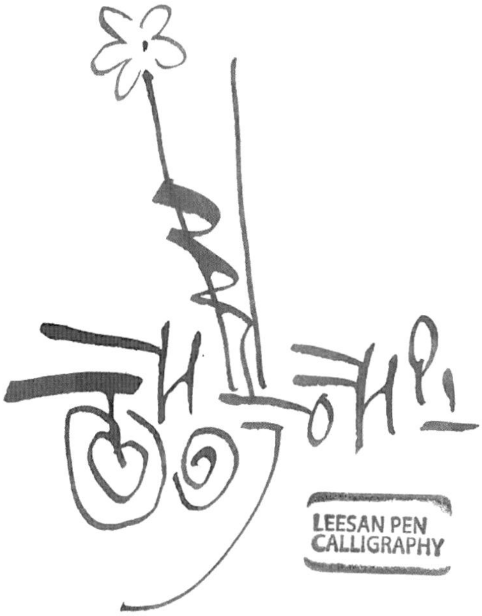

650

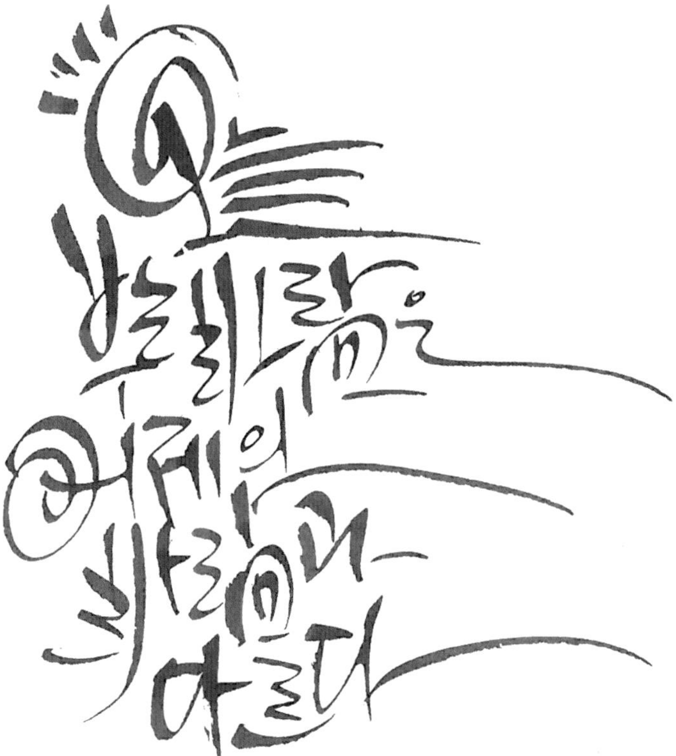

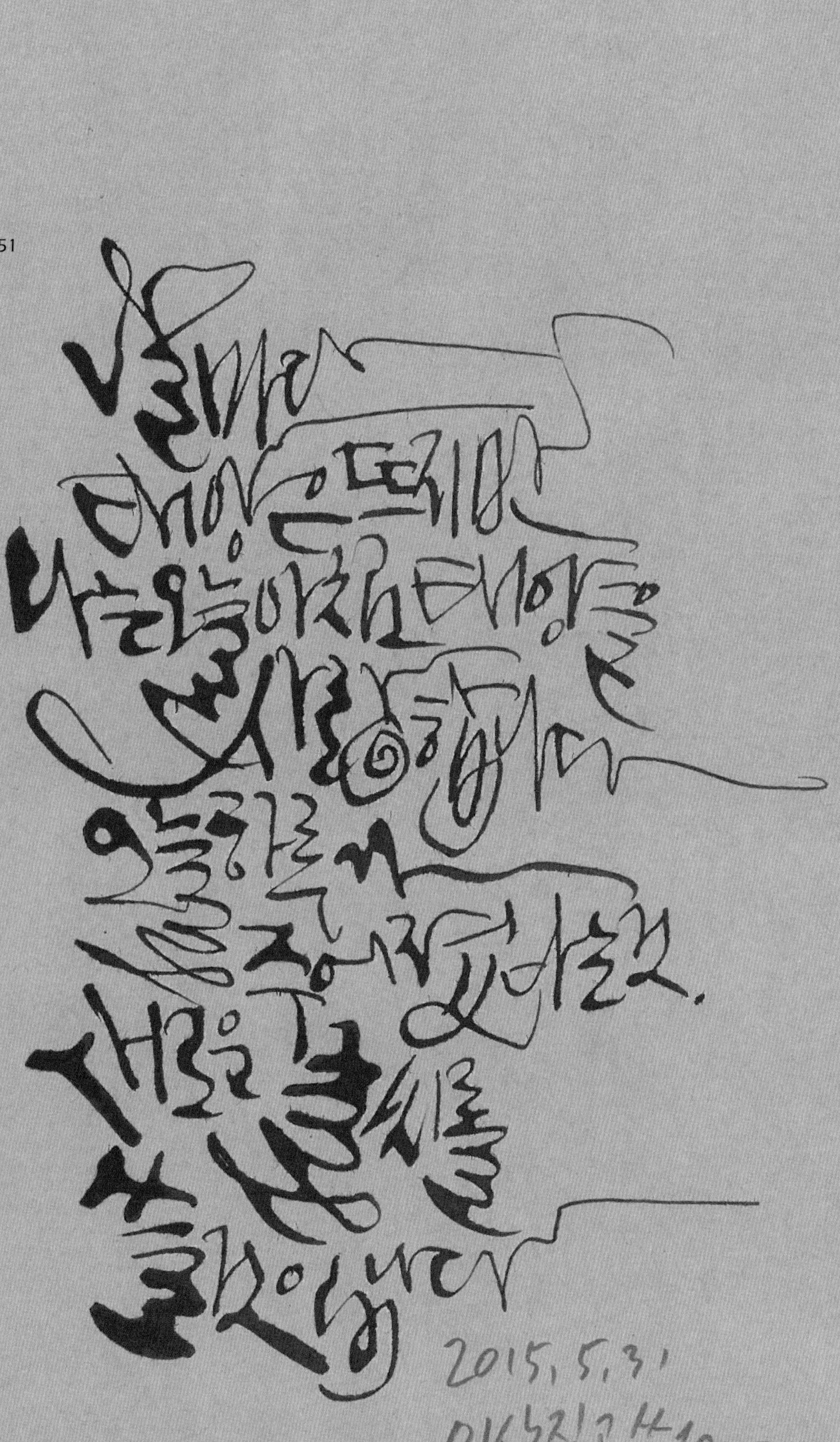
2015. 5. 31

652

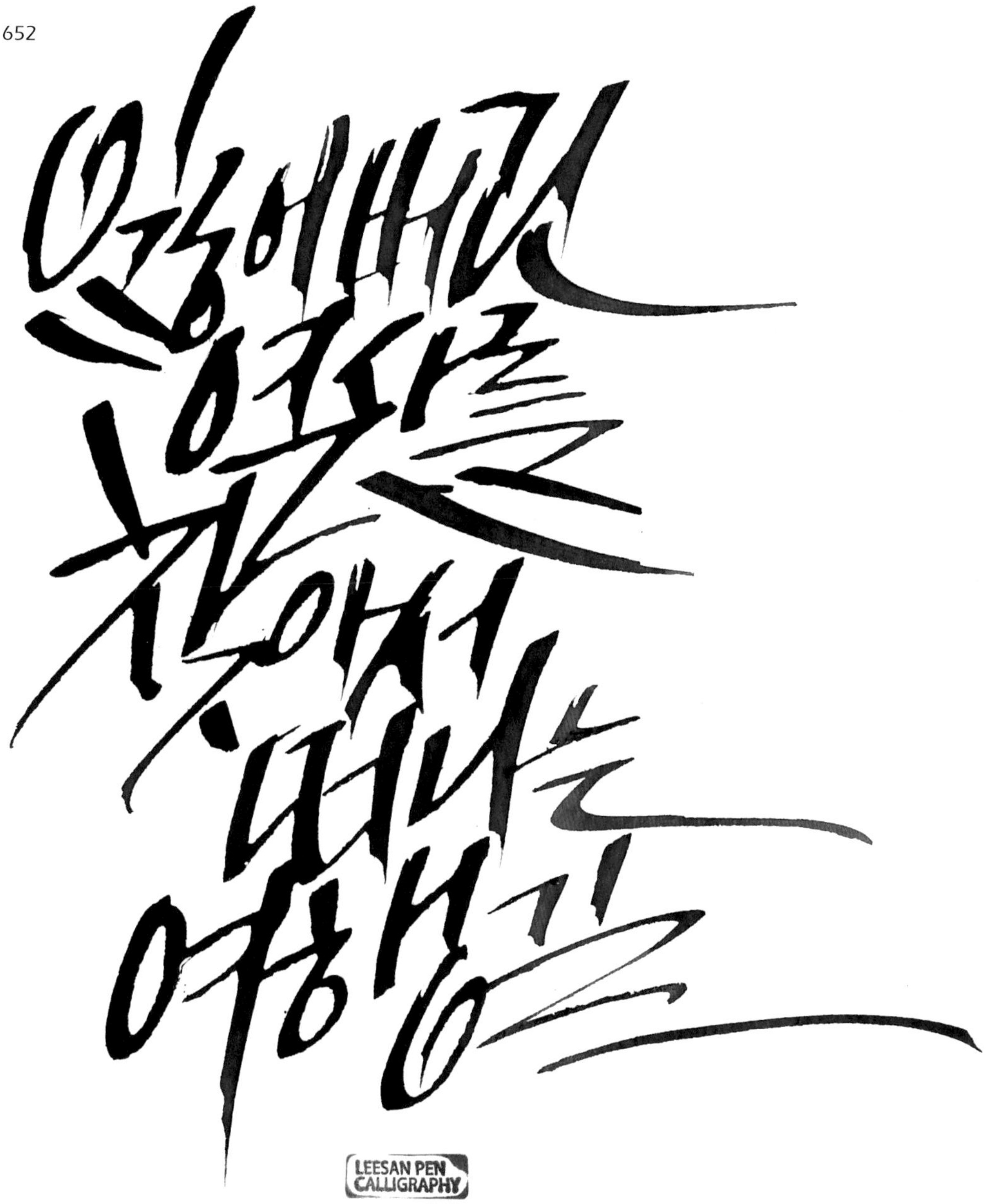

653

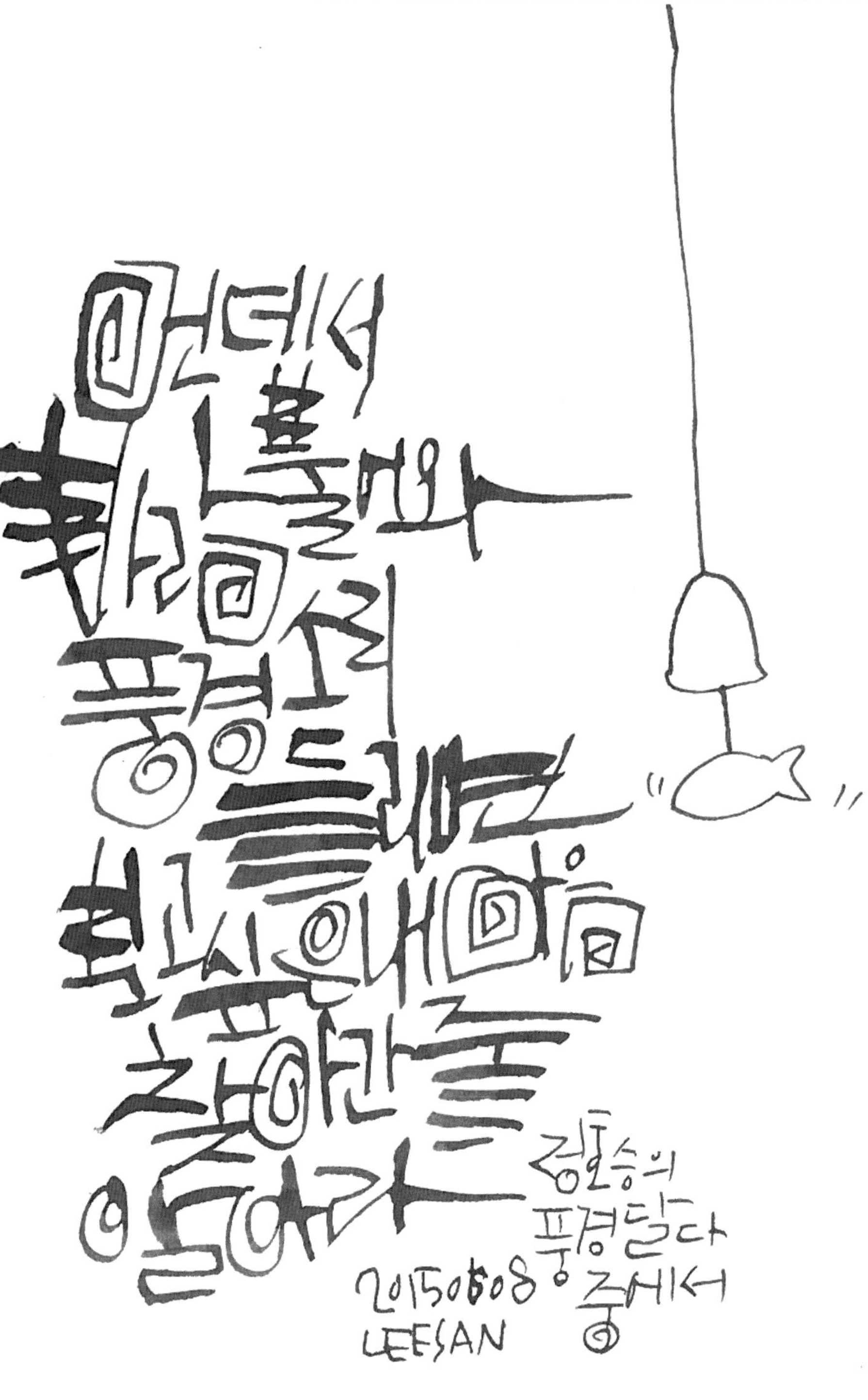
먼데서
바람불어와
풍경소리
들리면
보고싶은내마음
찾아간줄
알아라
정호승의
풍경달다
중에서
20150608
LEESAN

654

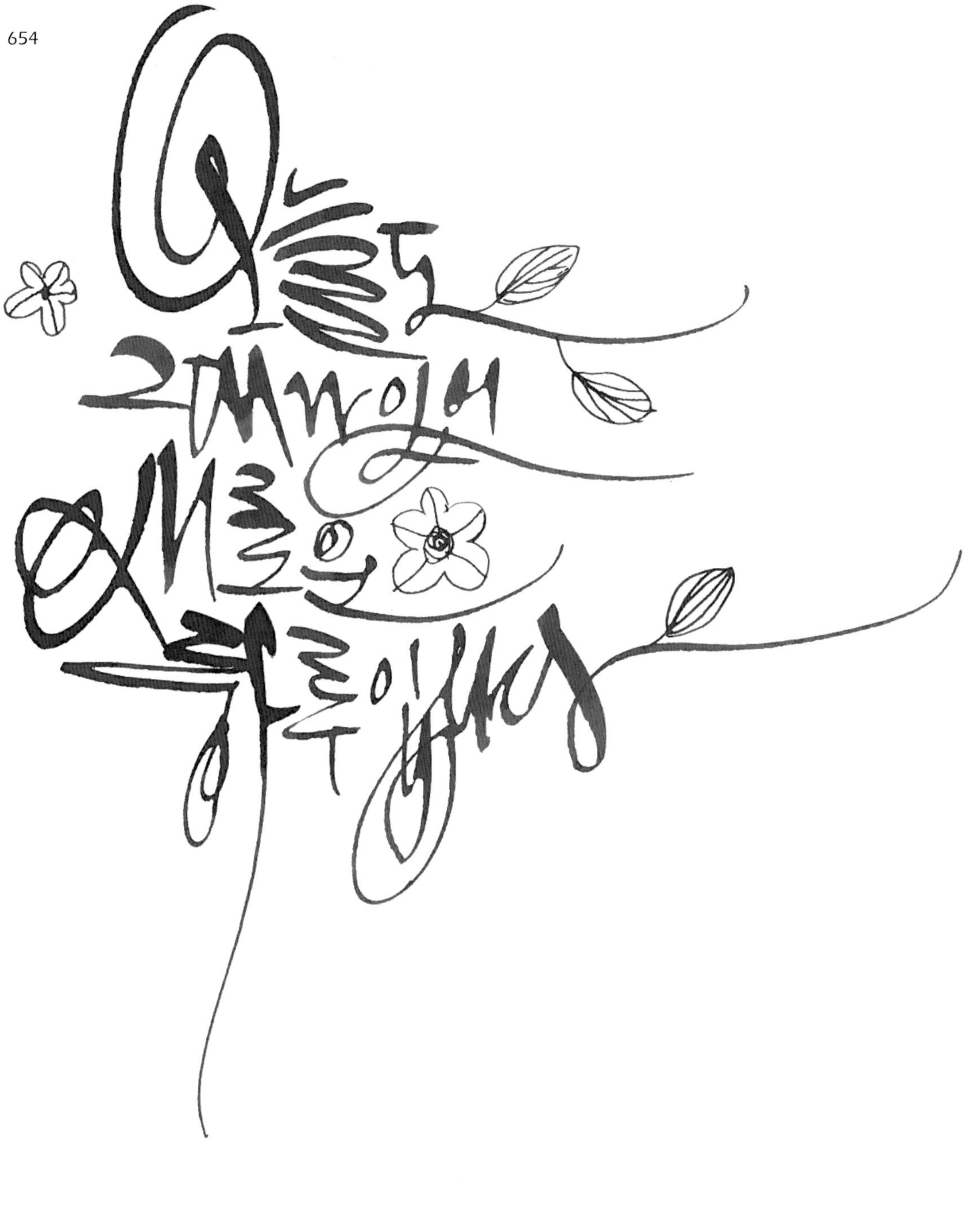

655

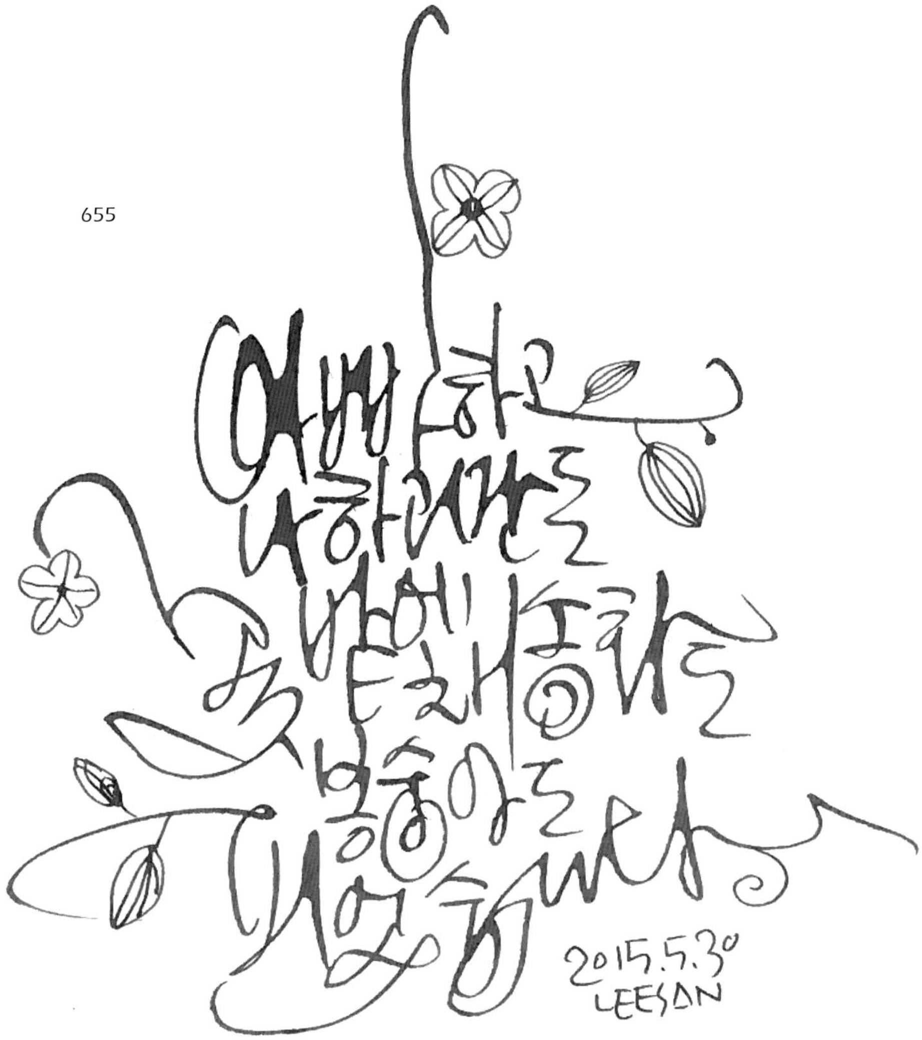

656

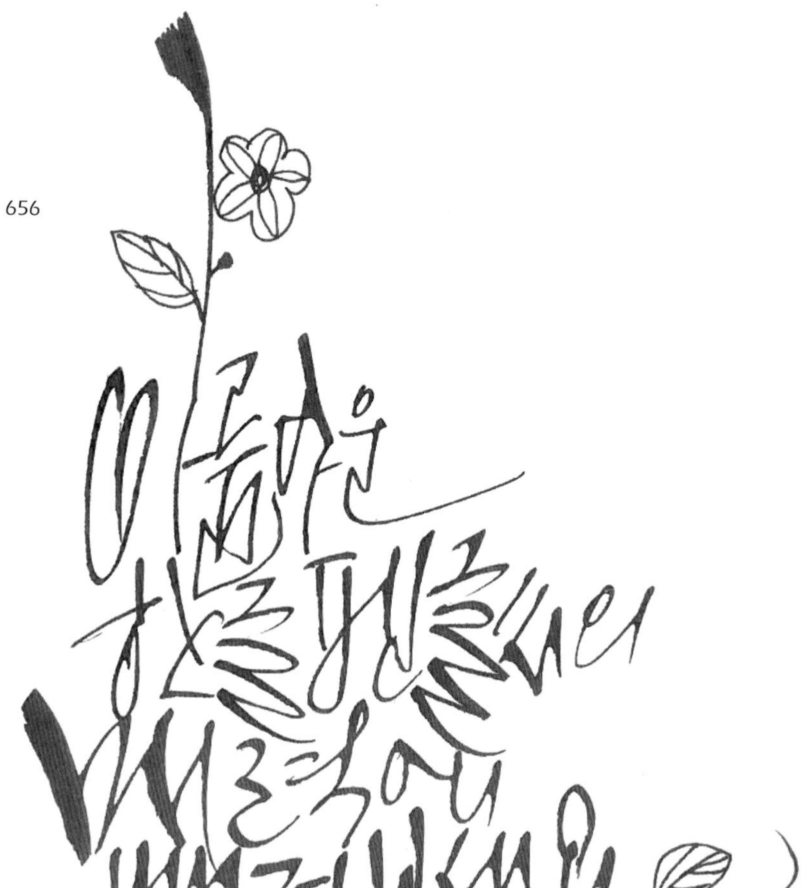

657

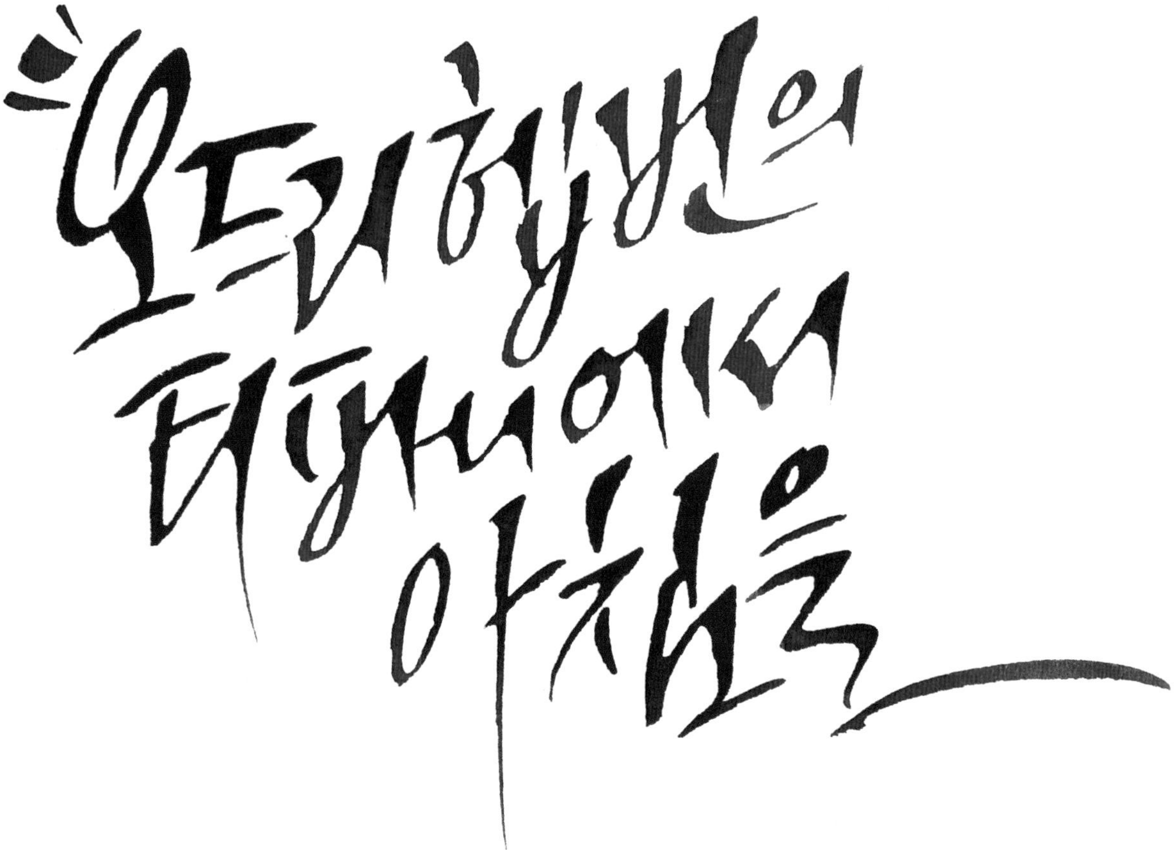

658

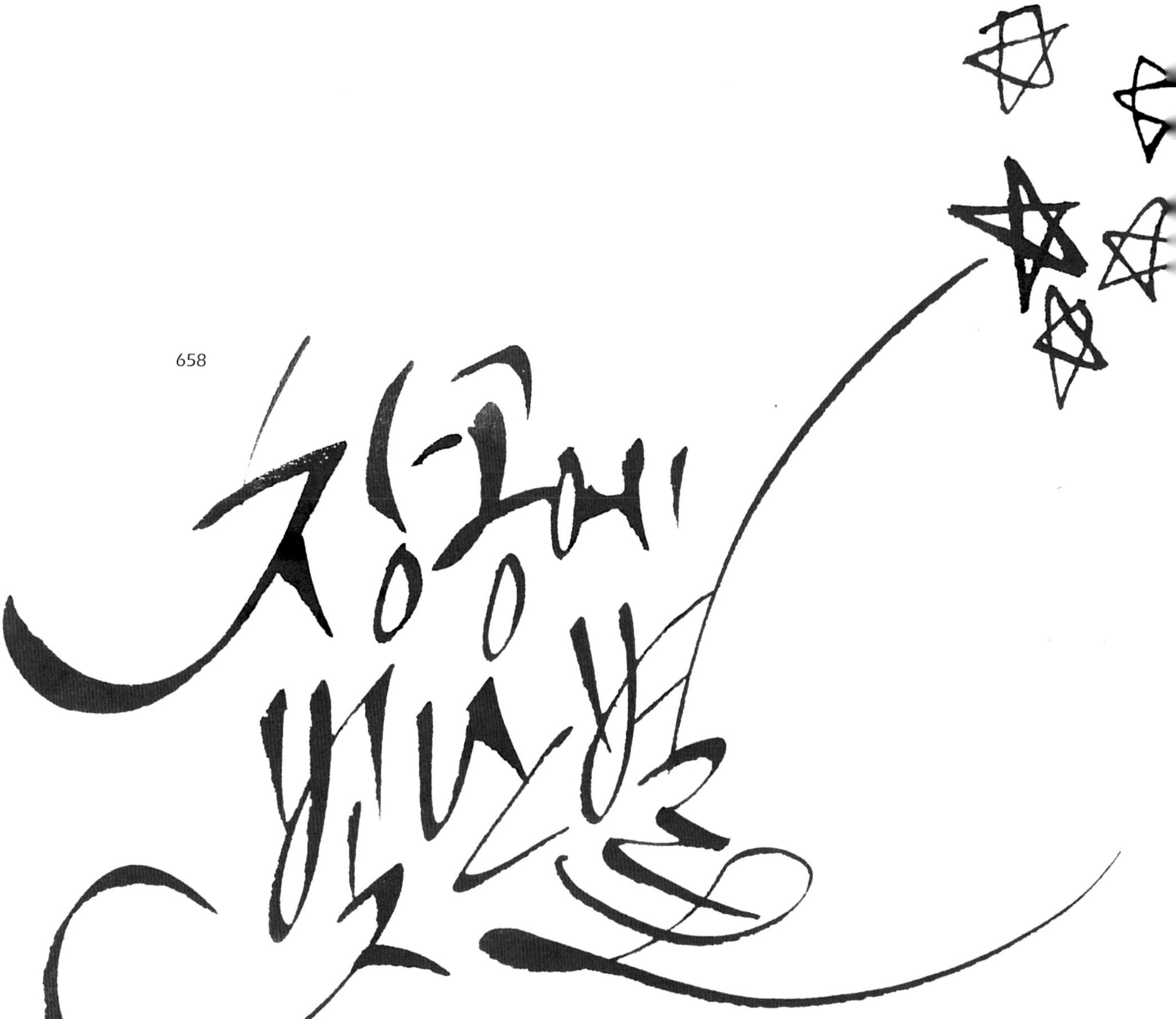

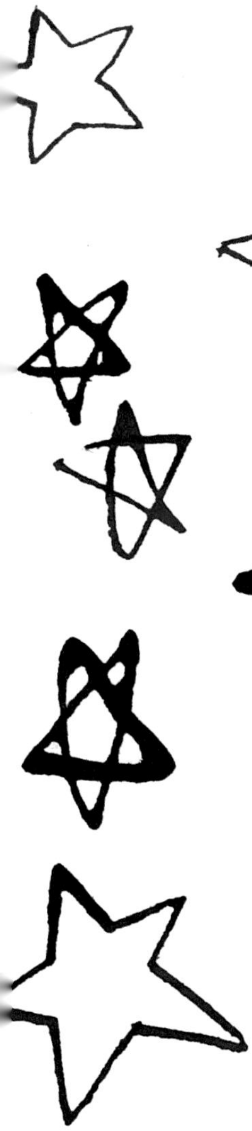

659

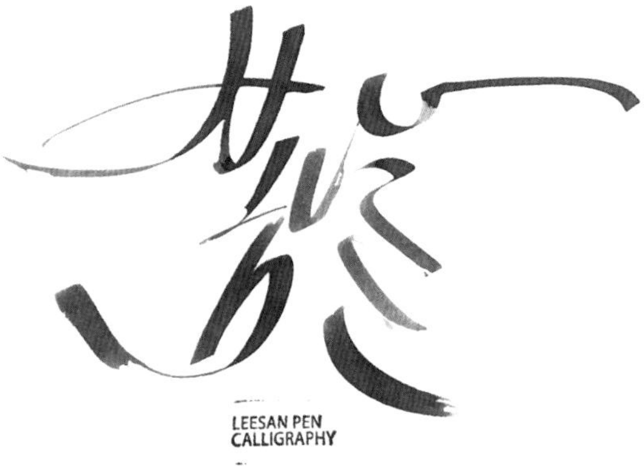

660

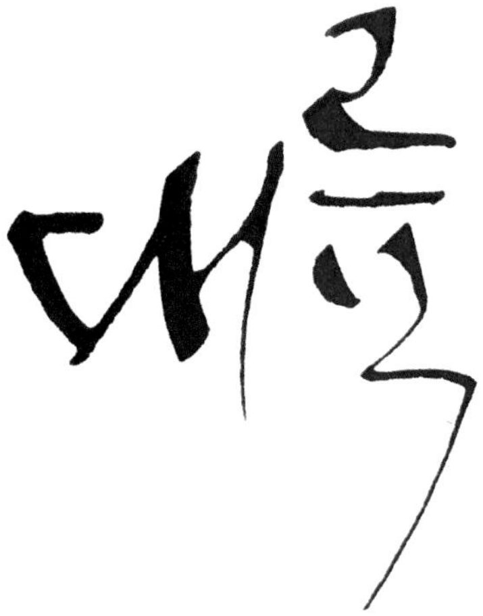

이산 작가의 작업 자료 모음

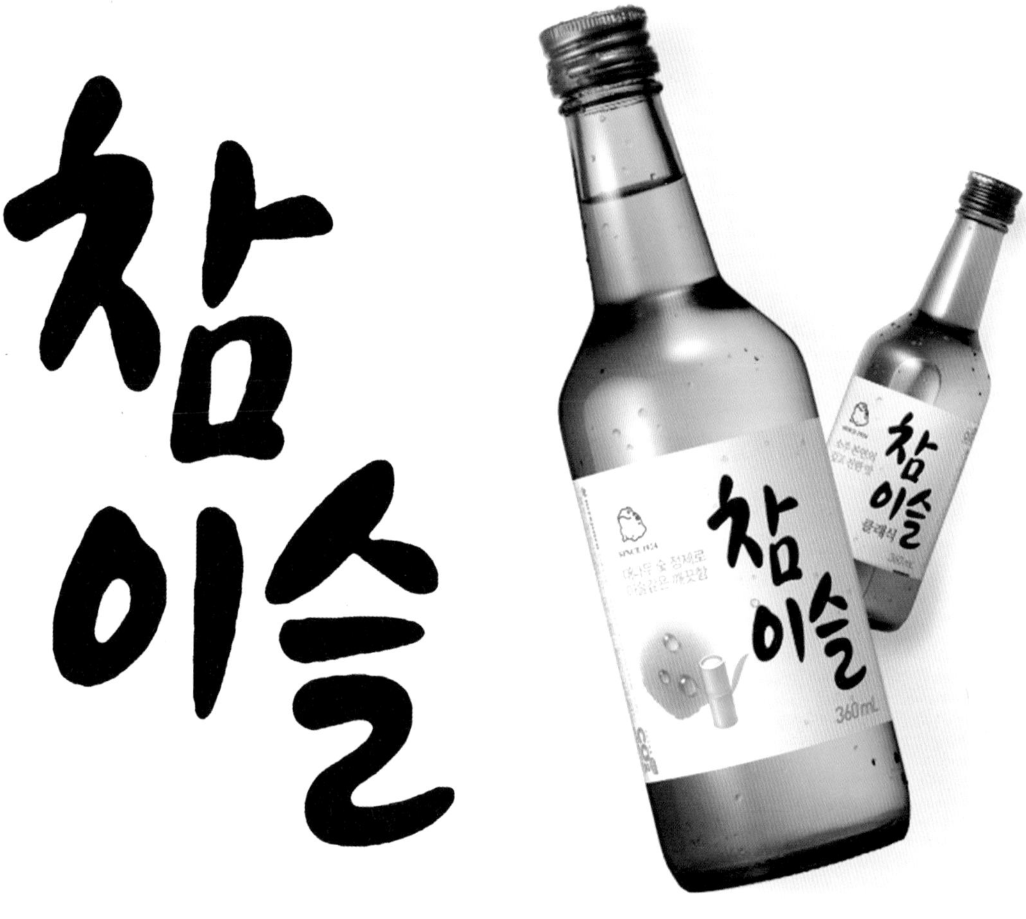

출처 : 참이슬 홈페이지 17.5도
참이슬 브랜드 캘리그라피

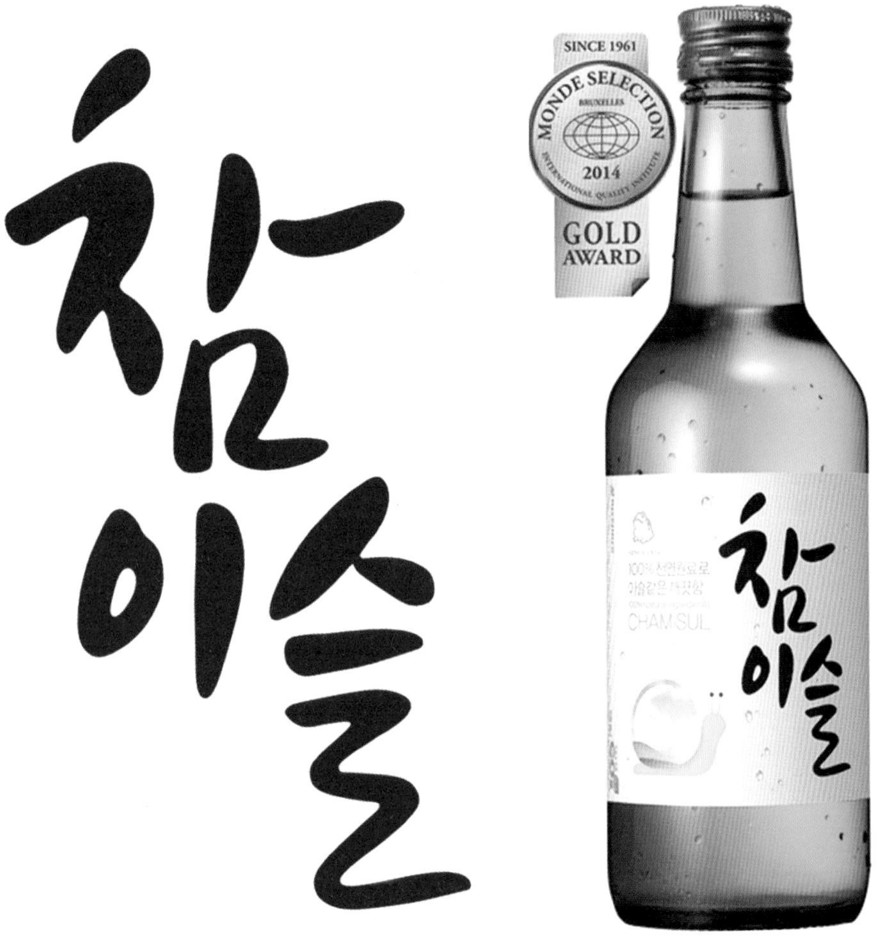

출처 : 참이슬 홈페이지 18.5도
참이슬 브랜드 캘리그라피

Excellence in Flight
KOREAN AIR

누구나
저마다의
여행이 있다

대한항공 영상광고 타이틀 캘리그라피

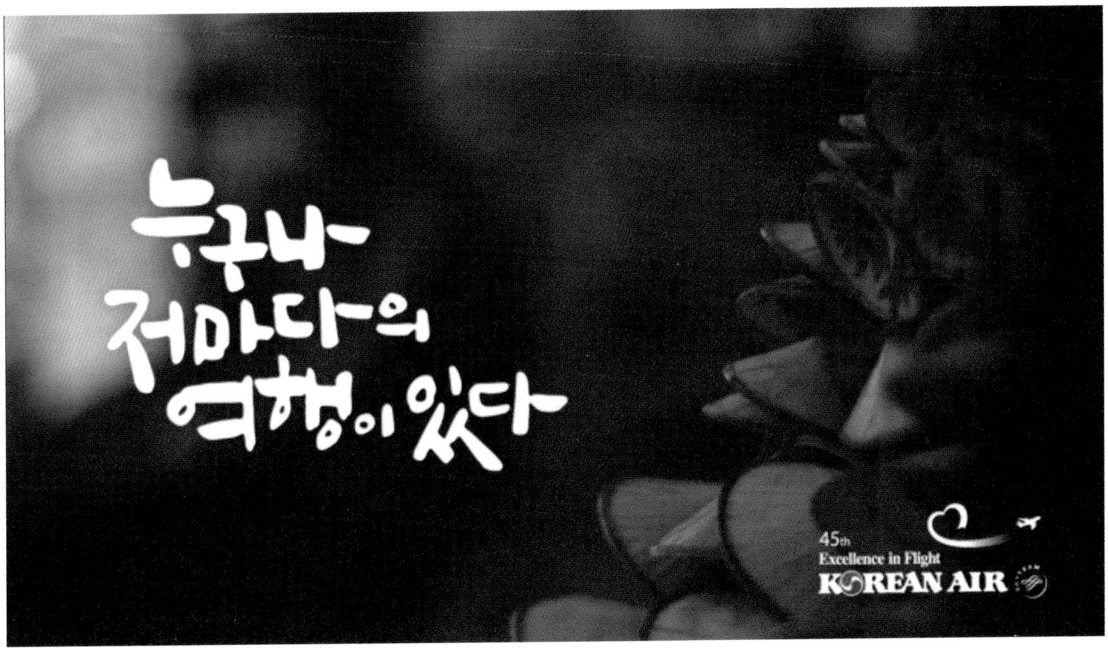

유투브 영상 화면

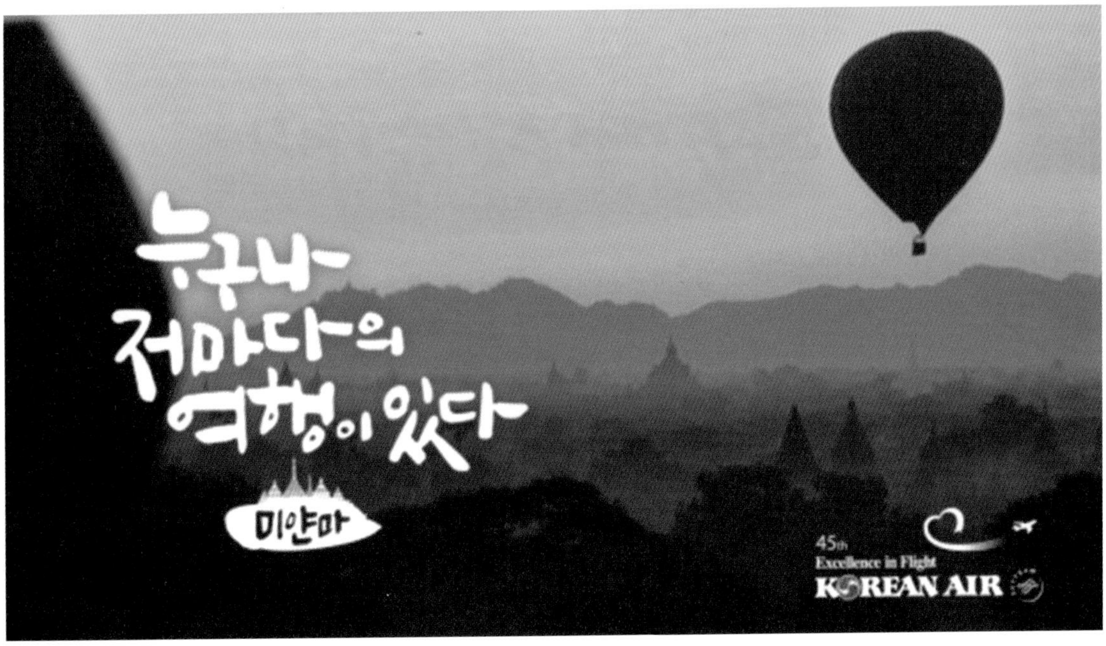

유투브 영상 화면

KBS
Korean Broadcasting System

대한민국 100년의 드라마

KBS 2015 방송지표 _ 대한민국 100년의 드라마

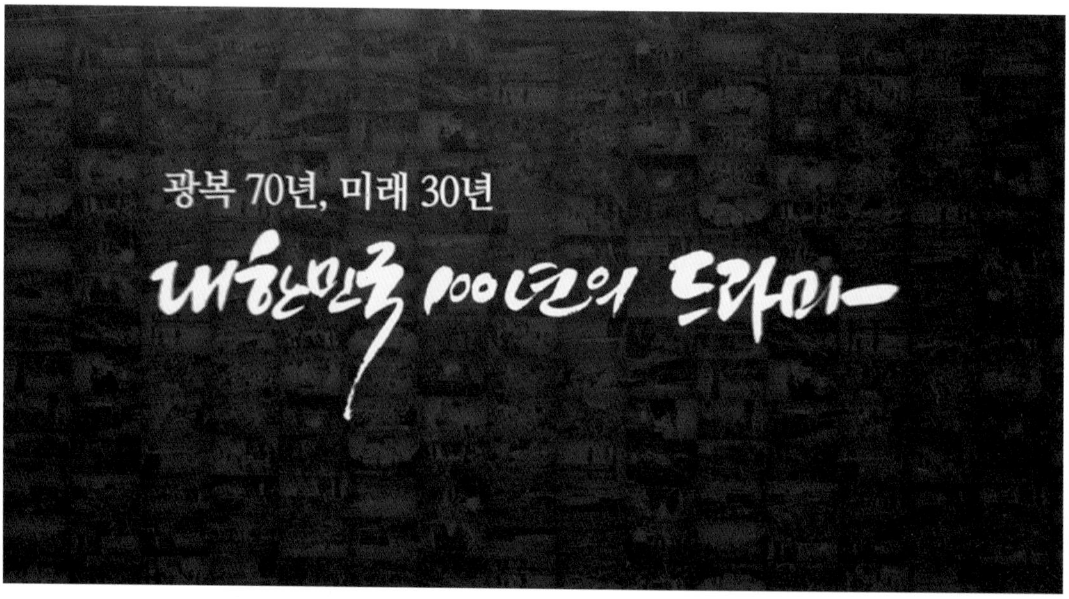

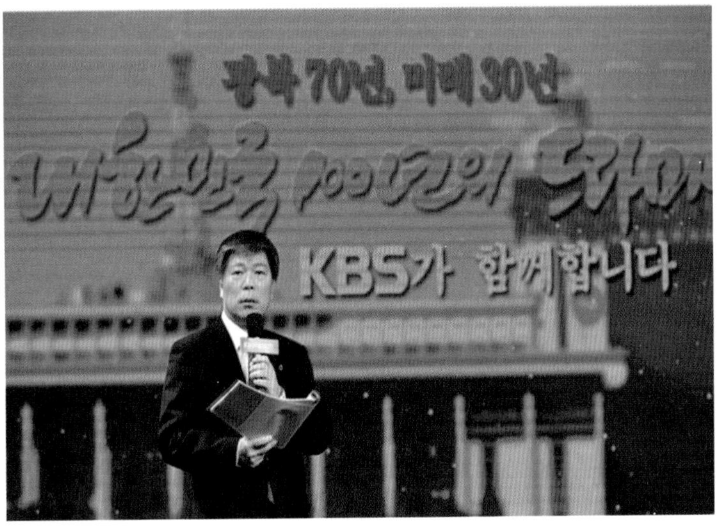

KBS 방송 화면

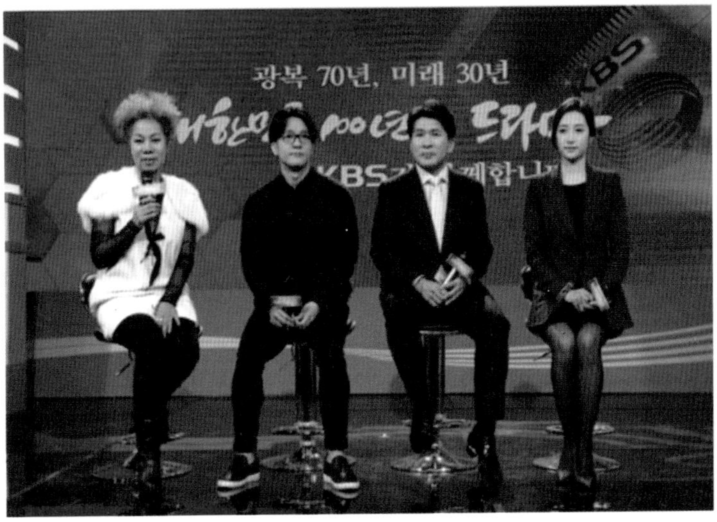

KBS 방송 화면

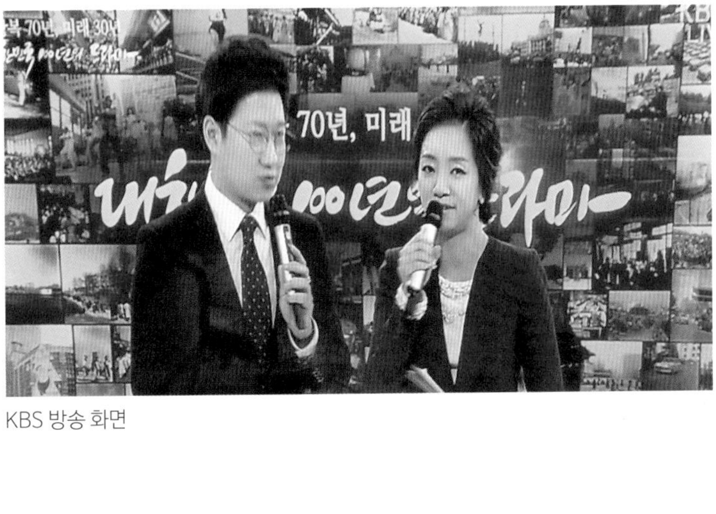
KBS 방송 화면

KBS
Korean Broadcasting System

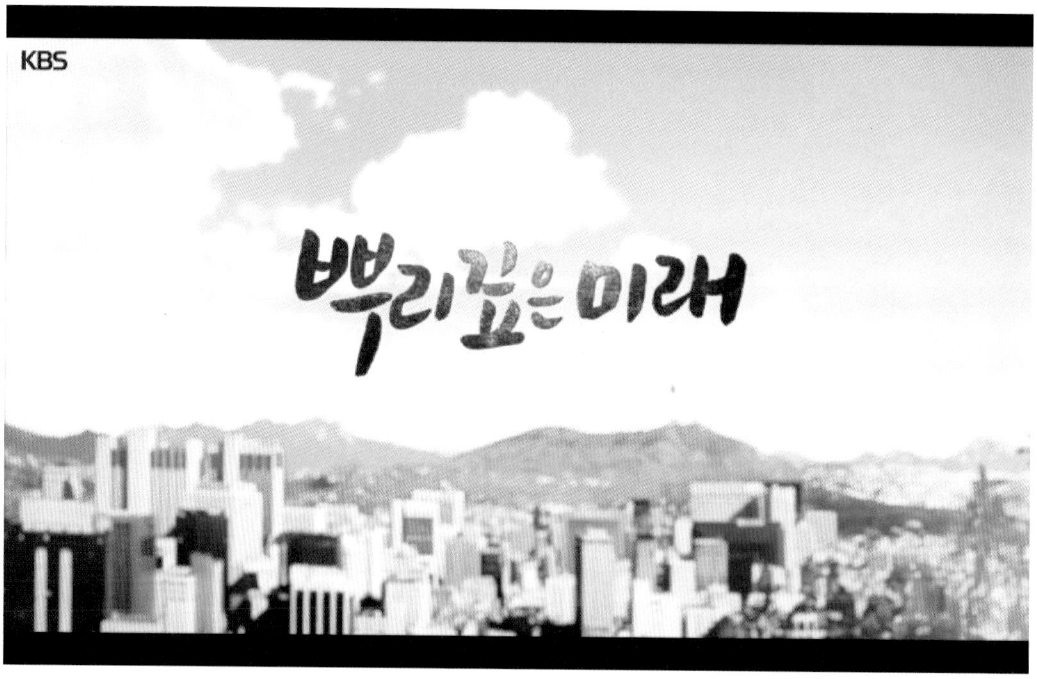

KBS _ 뿌리깊은 미래 타이틀 캘리그라피

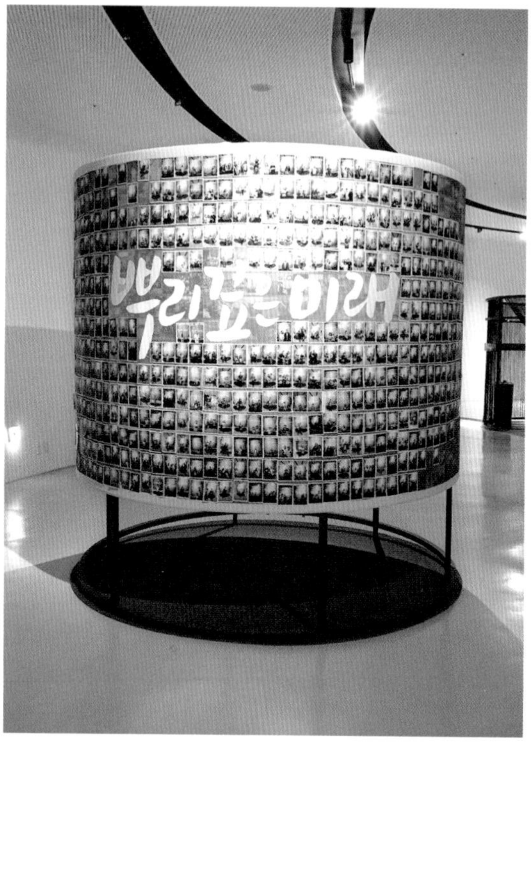

동대문디자인플라자

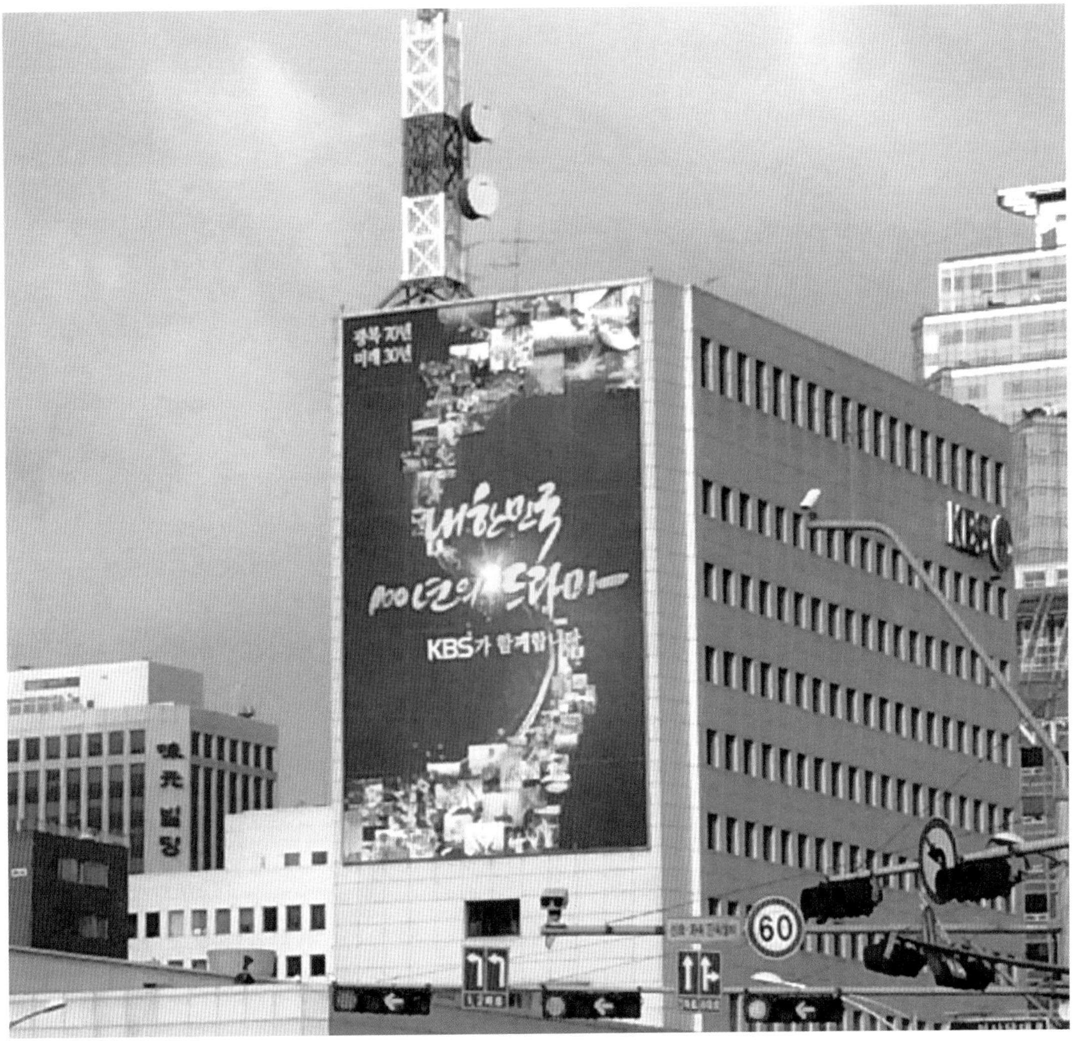

KBS _ 대한민국 100년의 드라마 옥외 현수막

한국방송 88년 공사창립 42주년

공영방송 재도약의 원년

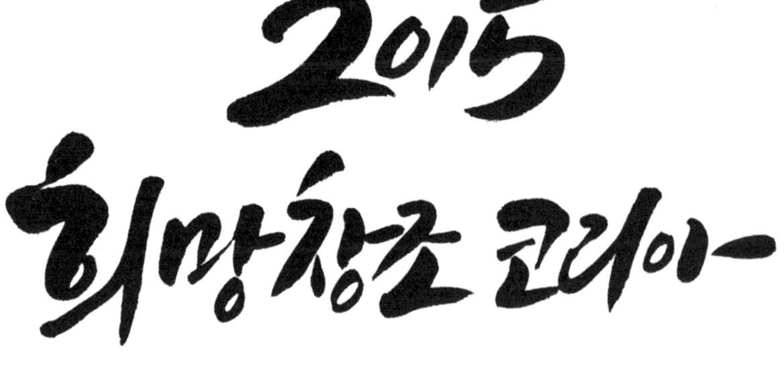
2015
희망창조 코리아

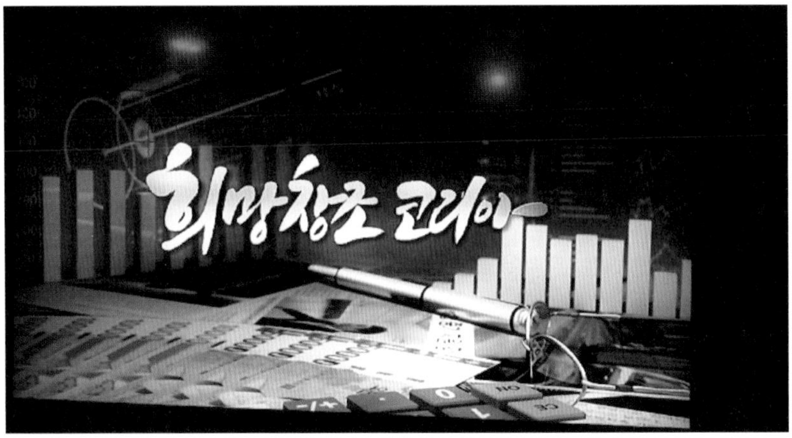
희망창조 코리아

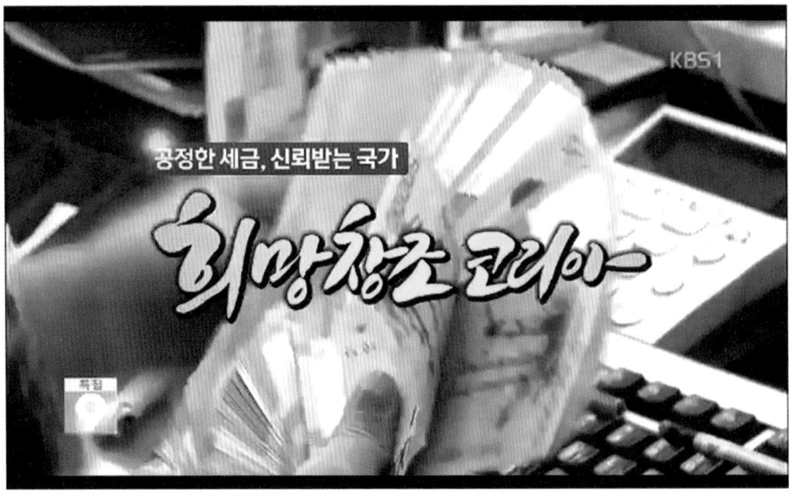
KBS1
공정한 세금, 신뢰받는 국가
희망창조 코리아
특집

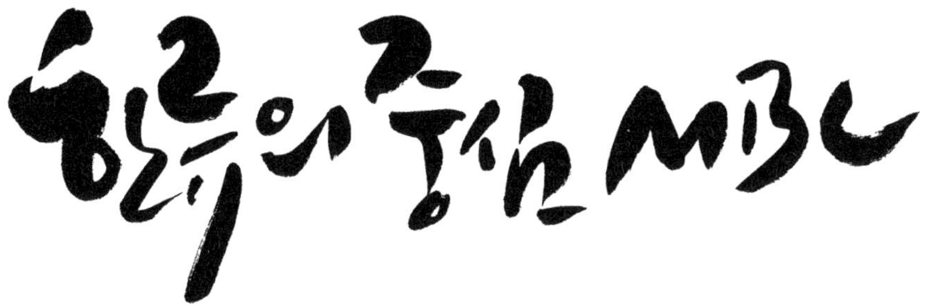
한류의 중심 MBC

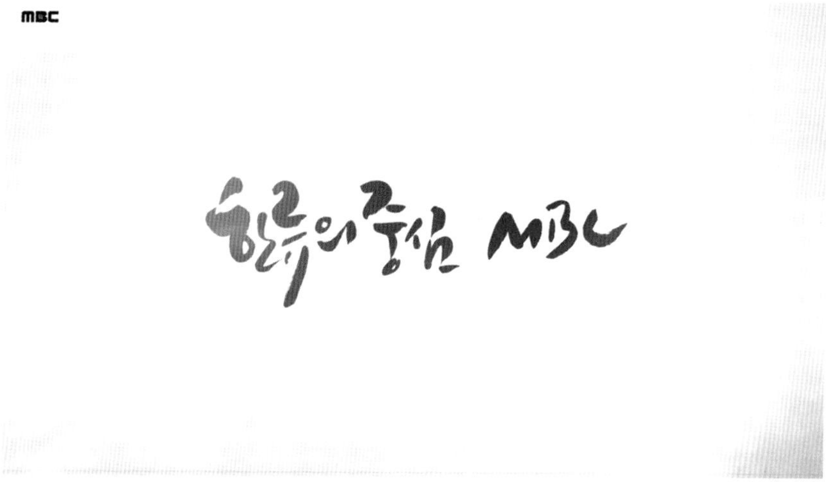
MBC
한류의 중심 MBC

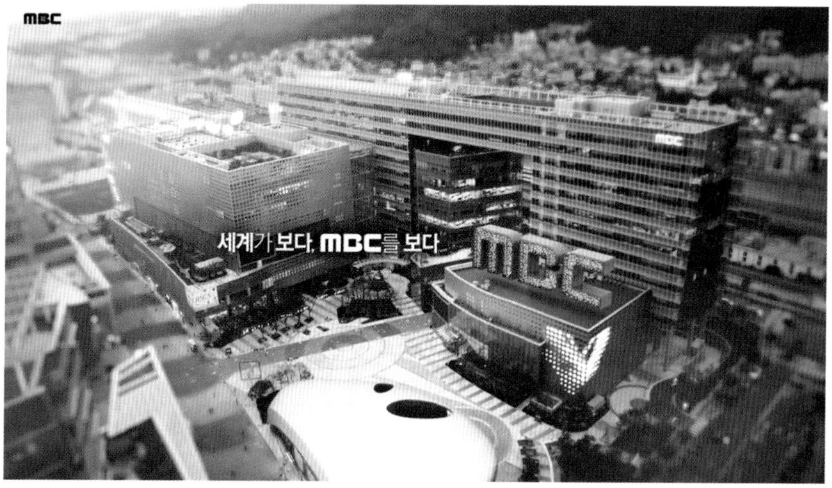
MBC
세계가 보다, MBC를 보다

KOVEA

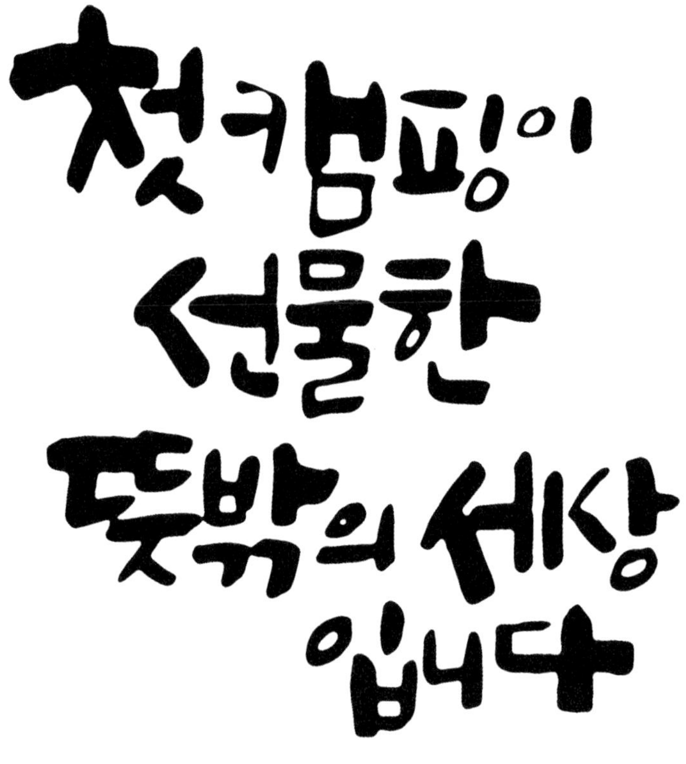

코베아 _ 캠핑용품 전문회사 TV광고 타이틀 캘리그라피

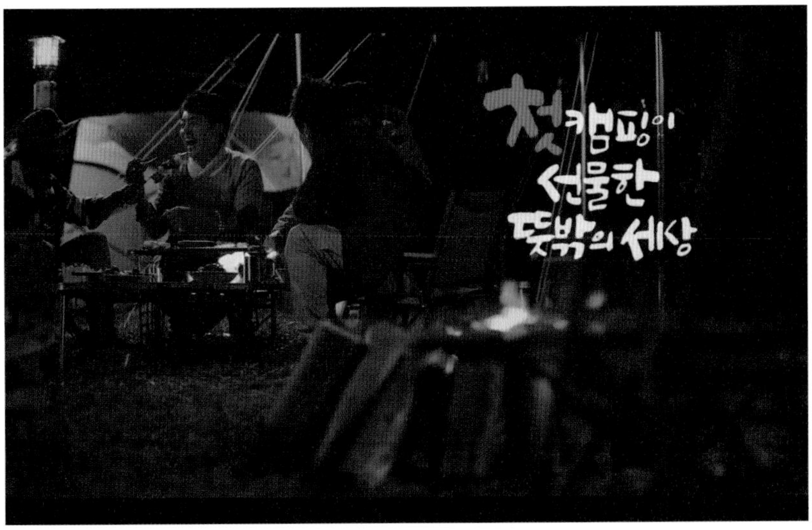

코베아 - 친구편

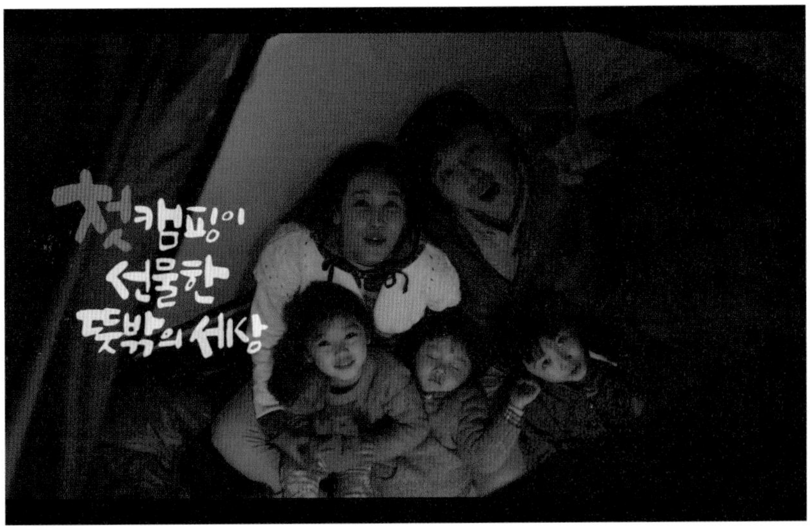

코베아 - 가족편

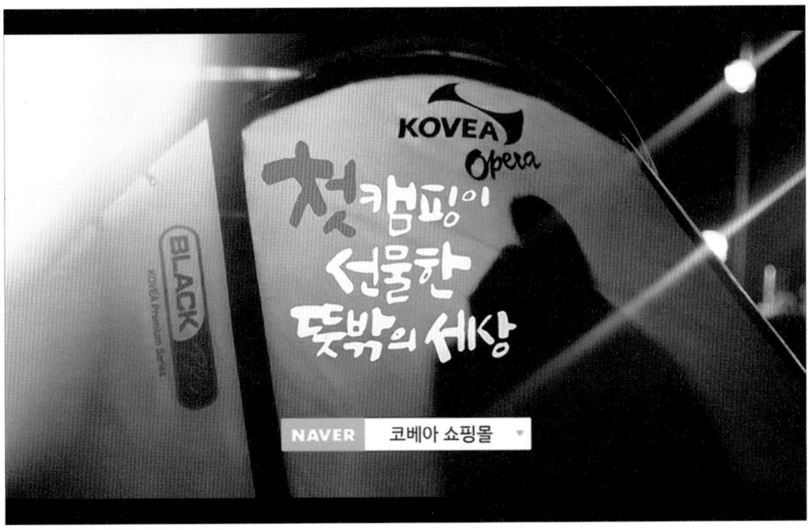

코베아 - 연인편

IBK 기업은행

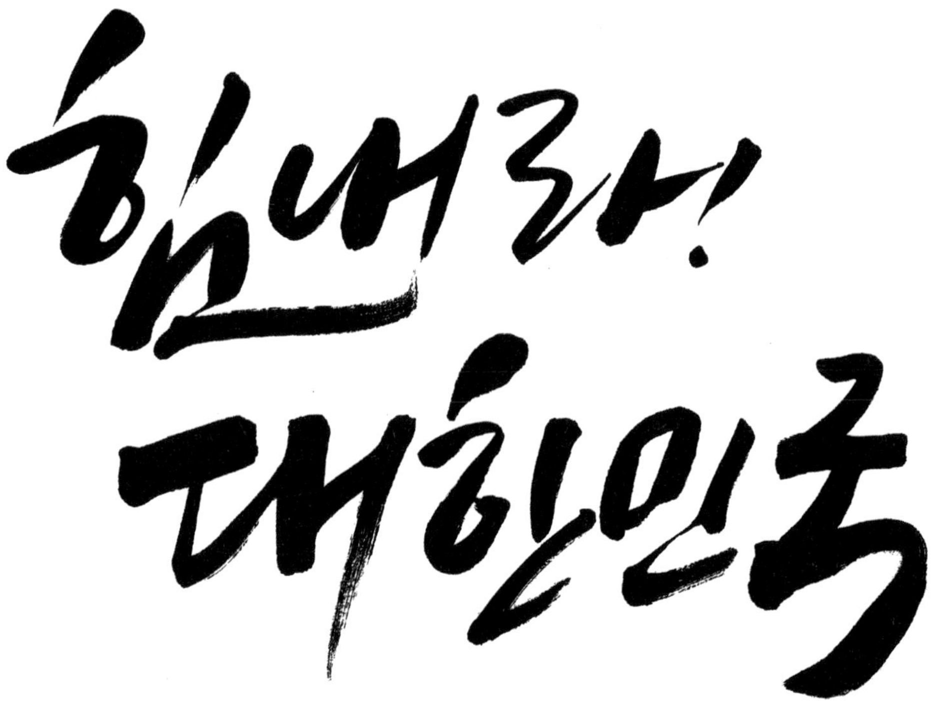

기업은행 본점 _ 힘내라 대한민국 캘리그라피

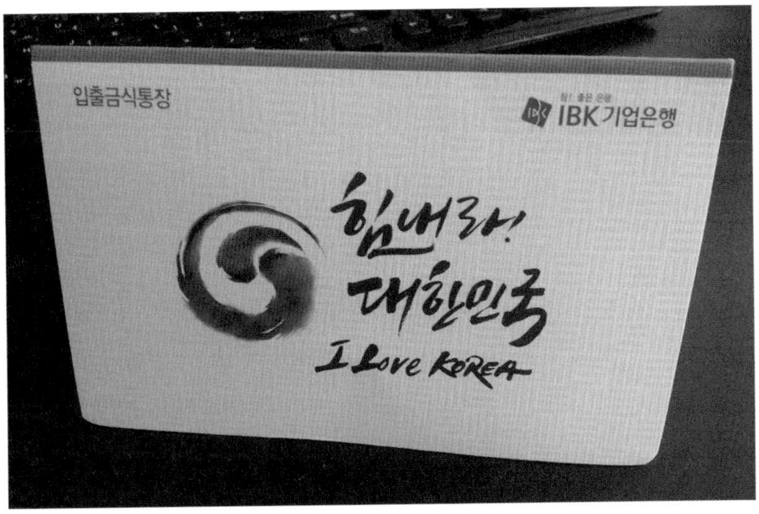

기업은행 통장

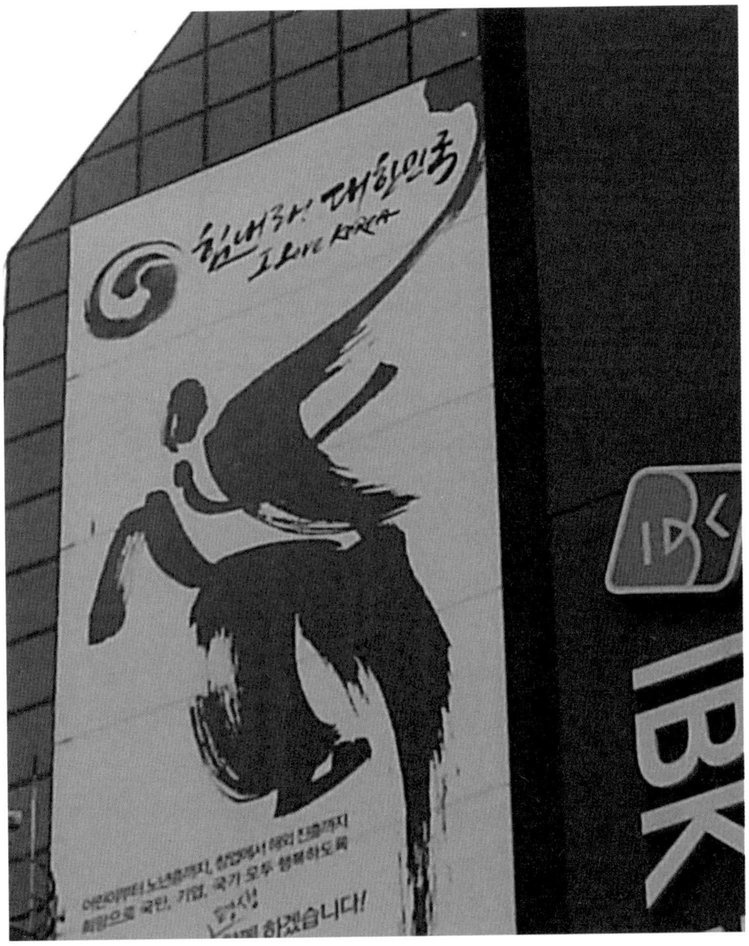

그림 : 이재열

BIOTHERM

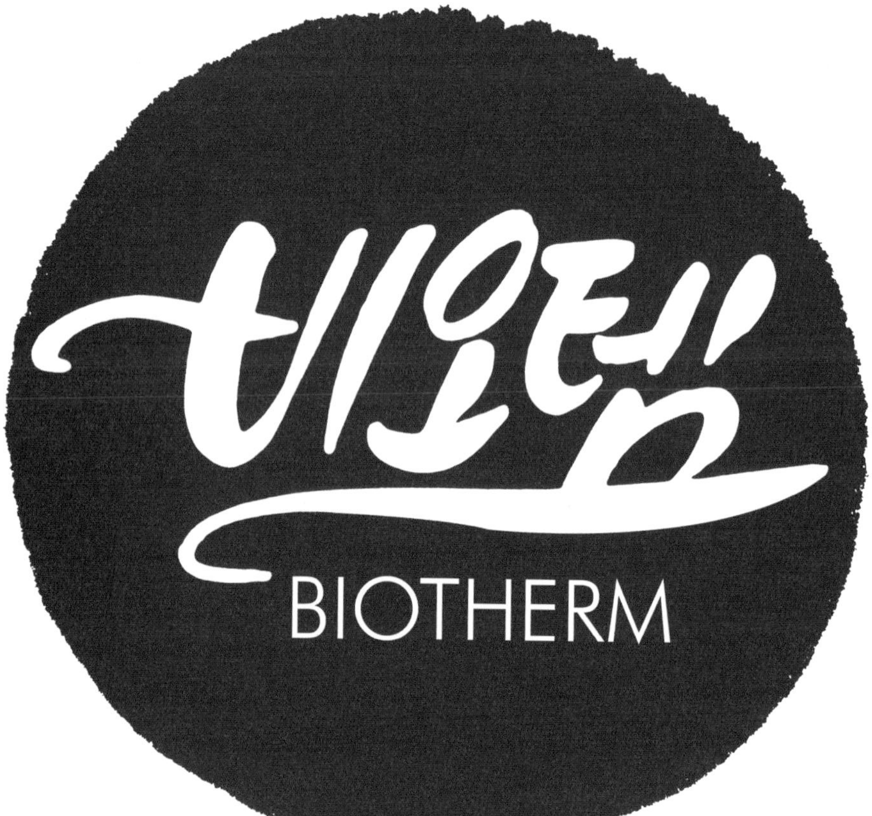

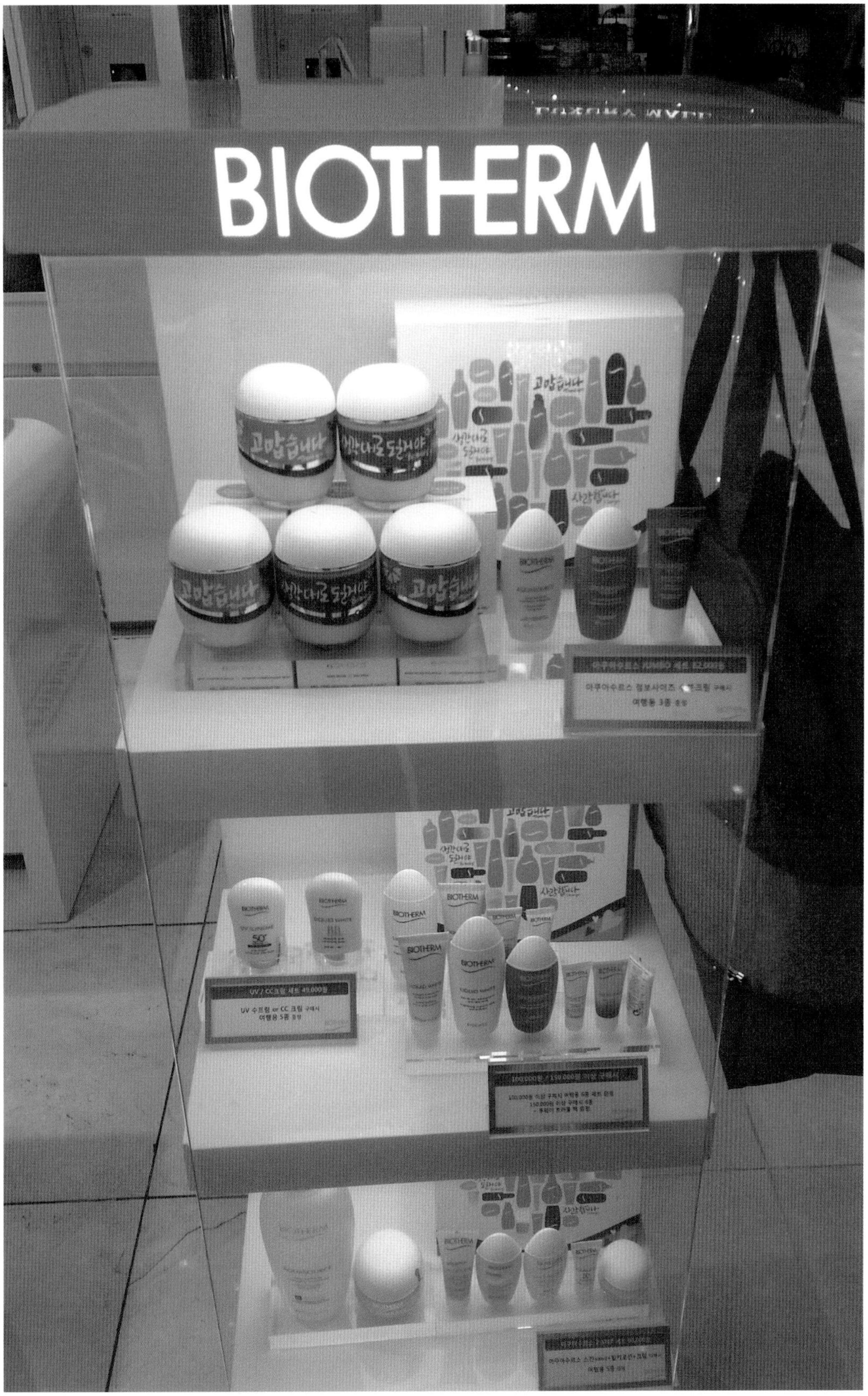
BIOTHERM
고맙습니다

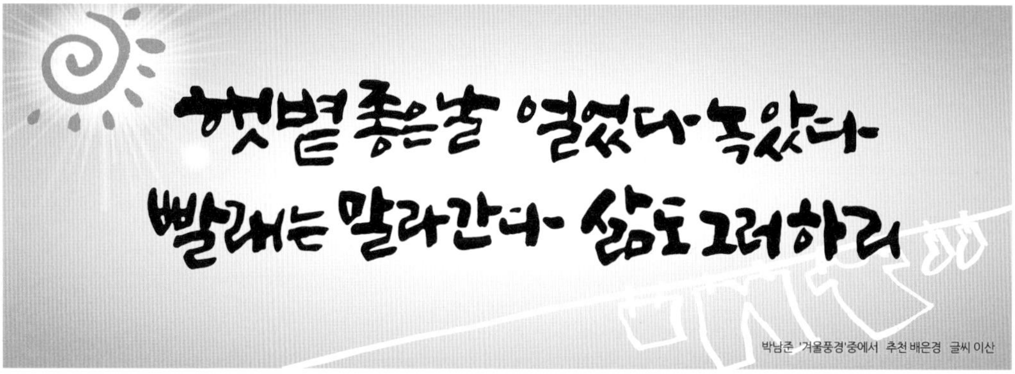
햇볕 좋은 날 열었다 쪽았다
빨래는 말라간다 삶도 그러하리
박남준 '겨울풍경'중에서 추천 배은경 글씨 이산

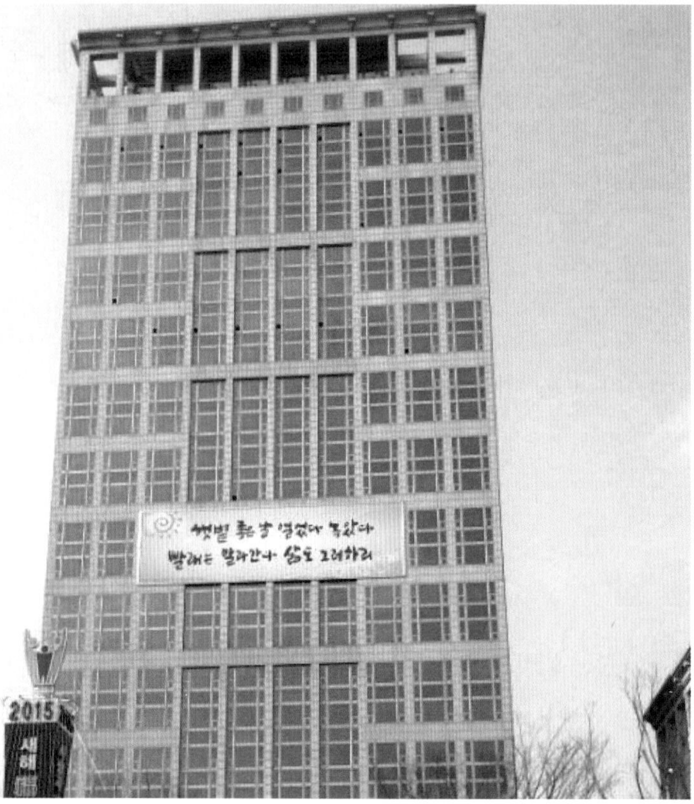
햇볕 좋은 날 열었다 쪽았다
빨래는 말라간다 삶도 그러하리
2015

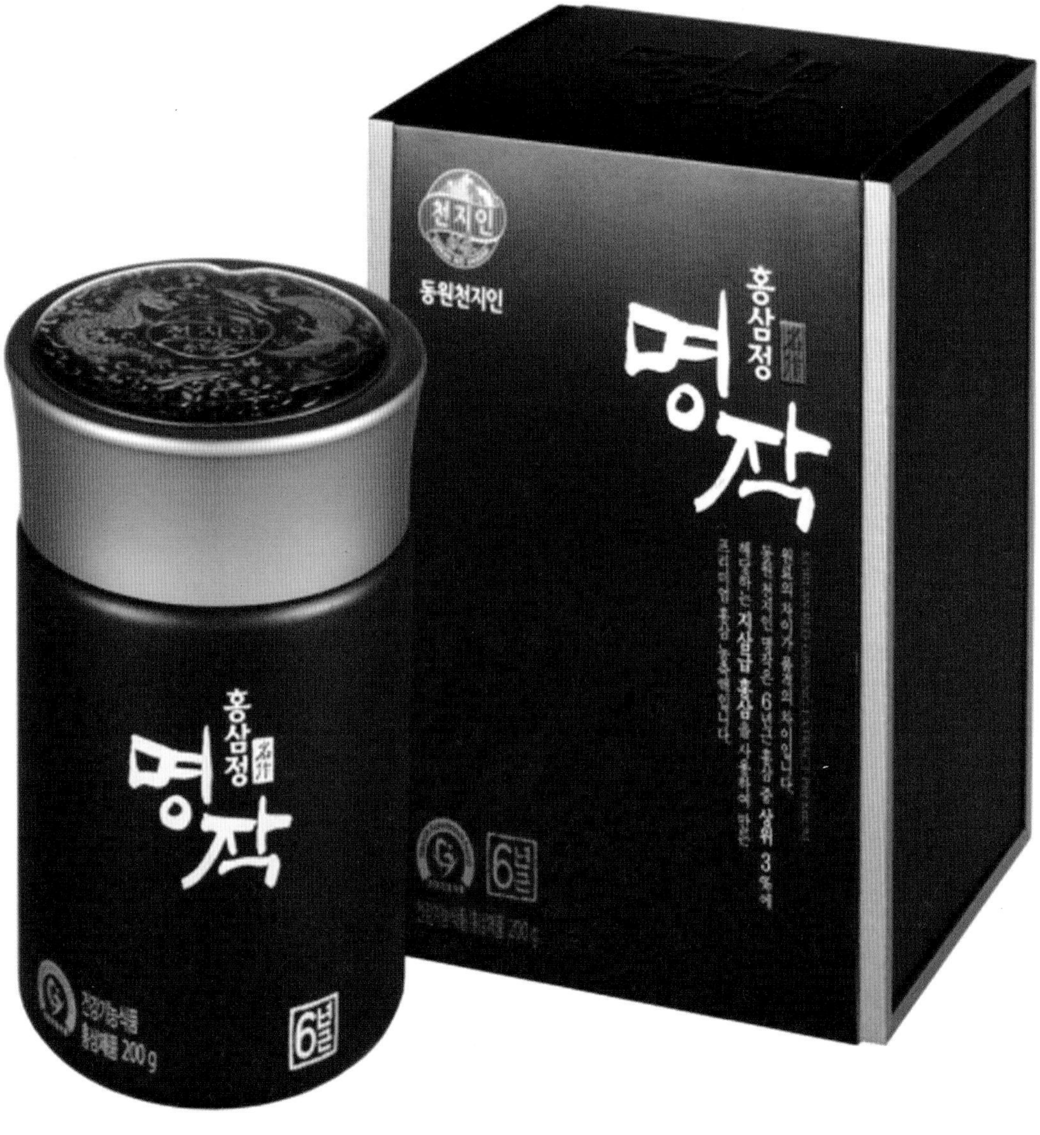
천지인
동원천지인
홍삼정
명작
홍삼정
명작

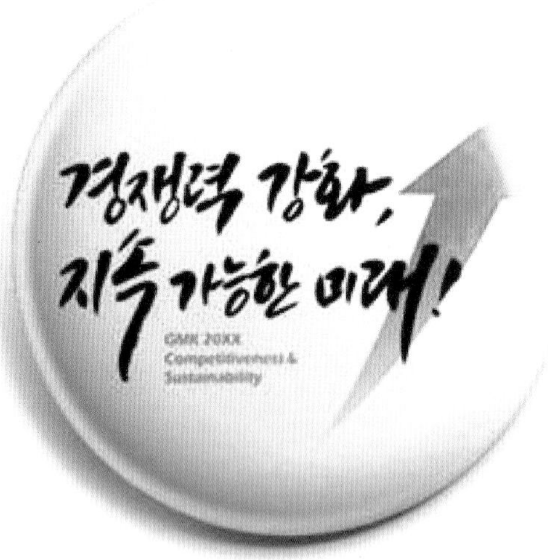
경쟁력 강화,
지속 가능한 미래!
GMK 20XX
Competitiveness &
Sustainability

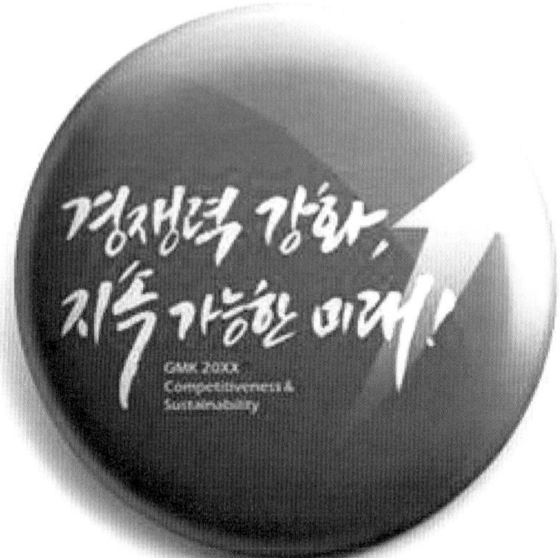
경쟁력 강화,
지속 가능한 미래!
GMK 20XX
Competitiveness &
Sustainability

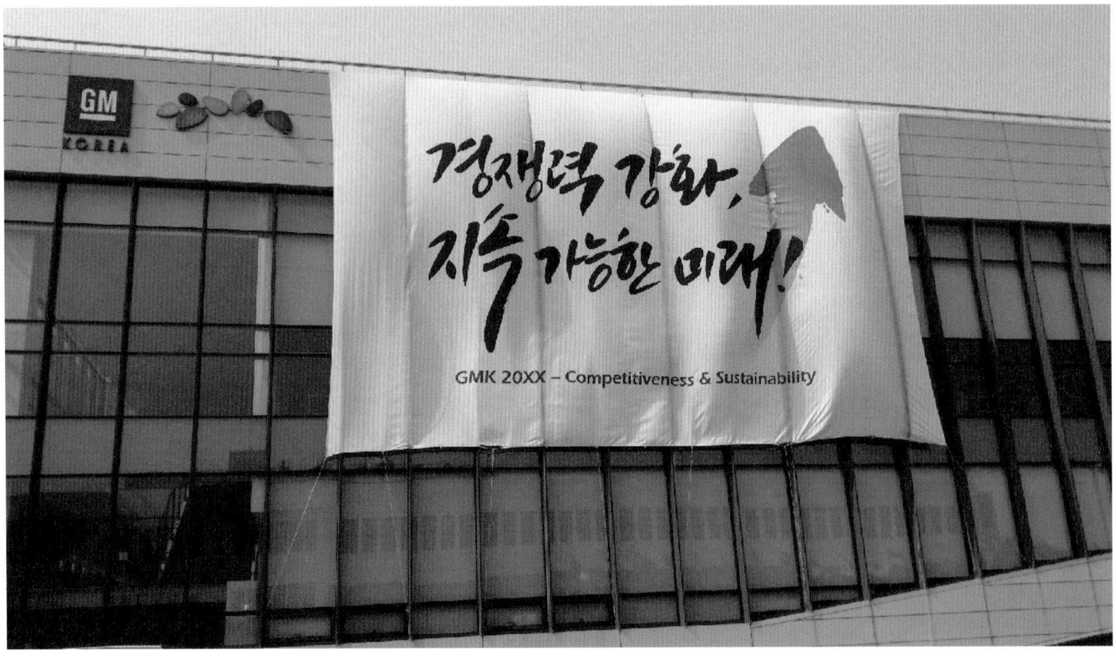
GM
KOREA
경쟁력 강화,
지속 가능한 미래!
GMK 20XX – Competitiveness & Sustainability

헤럴드 경제 _ 2014 대한민국 문화경영대상 제호 캘리그라피

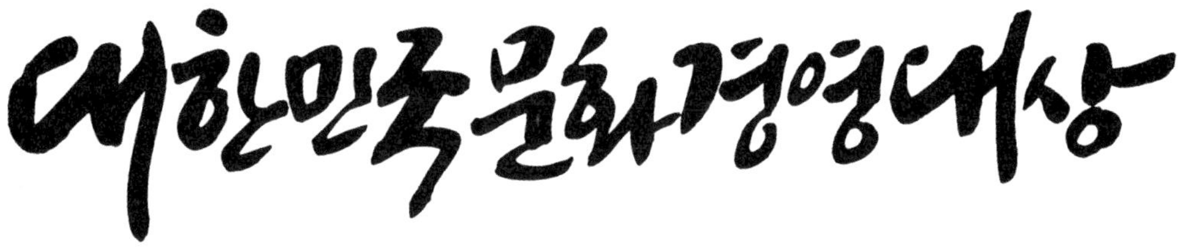

올레 기가 홈캠 _ 컴백홈캠 영상 제호 캘리그라피

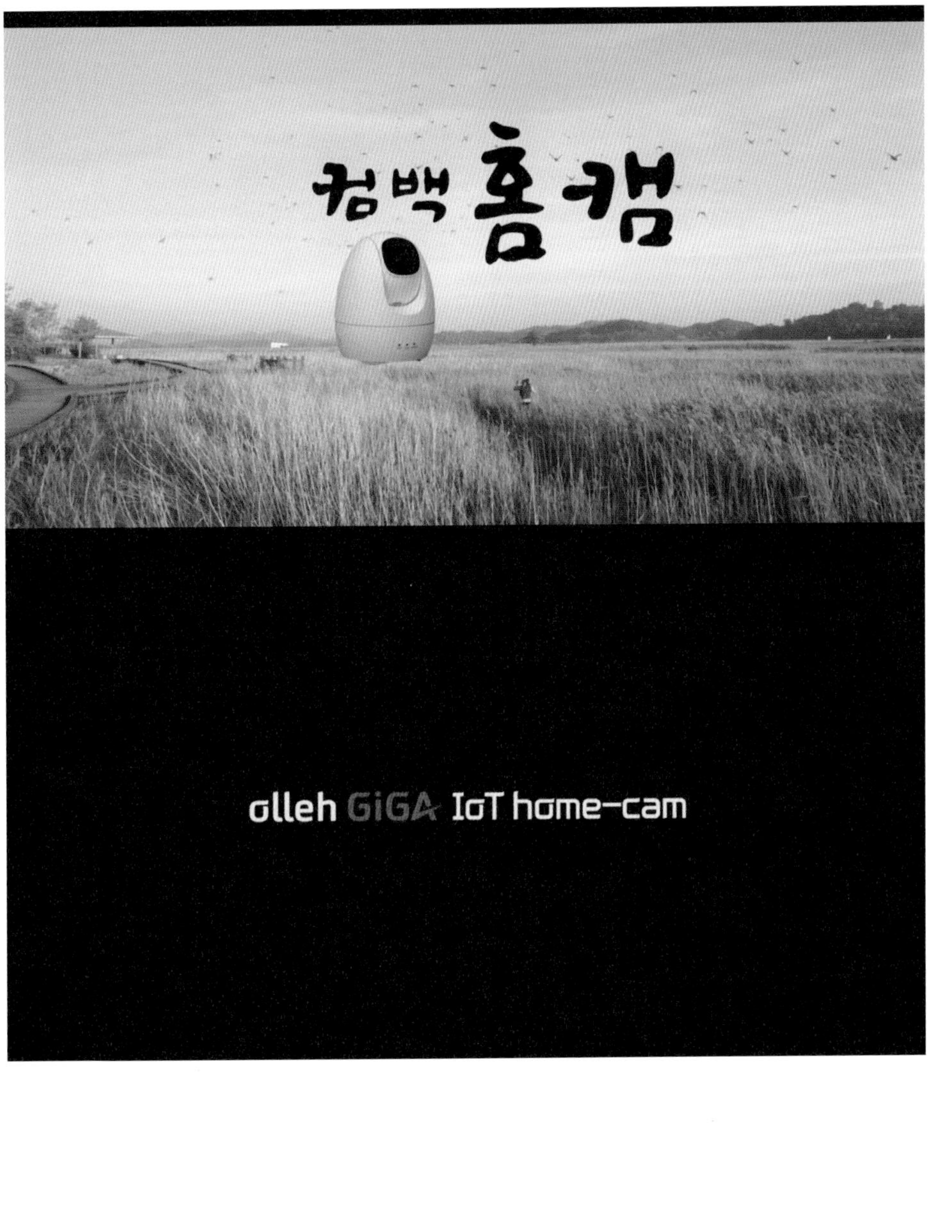

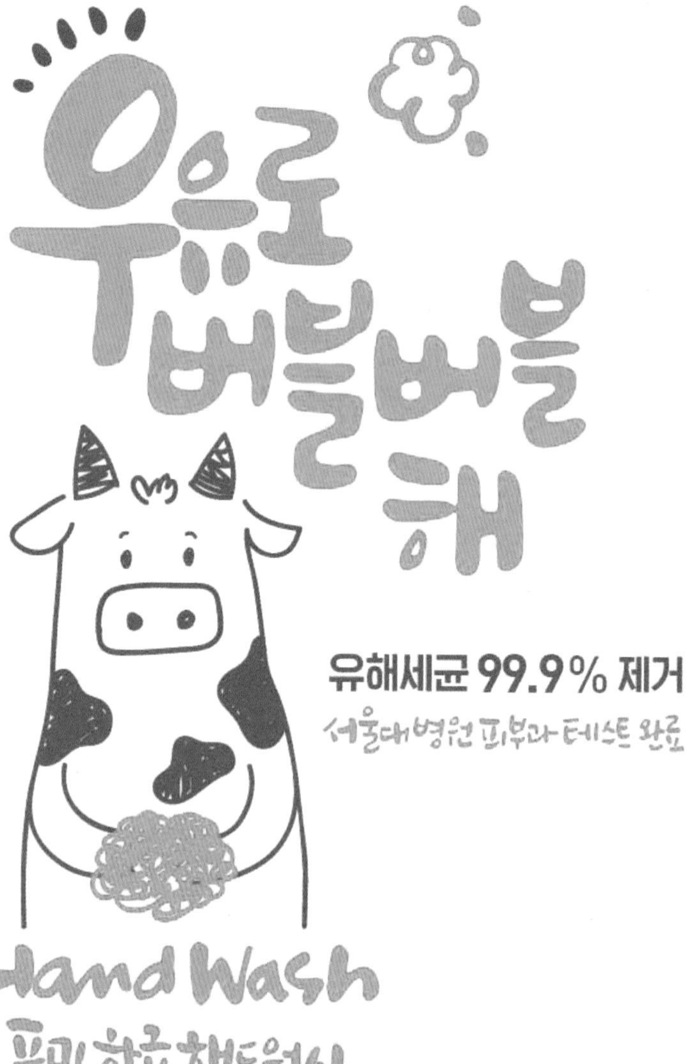

배스킨라빈스 _ 우유로 버블버블해 핸드워시 캘리그라피

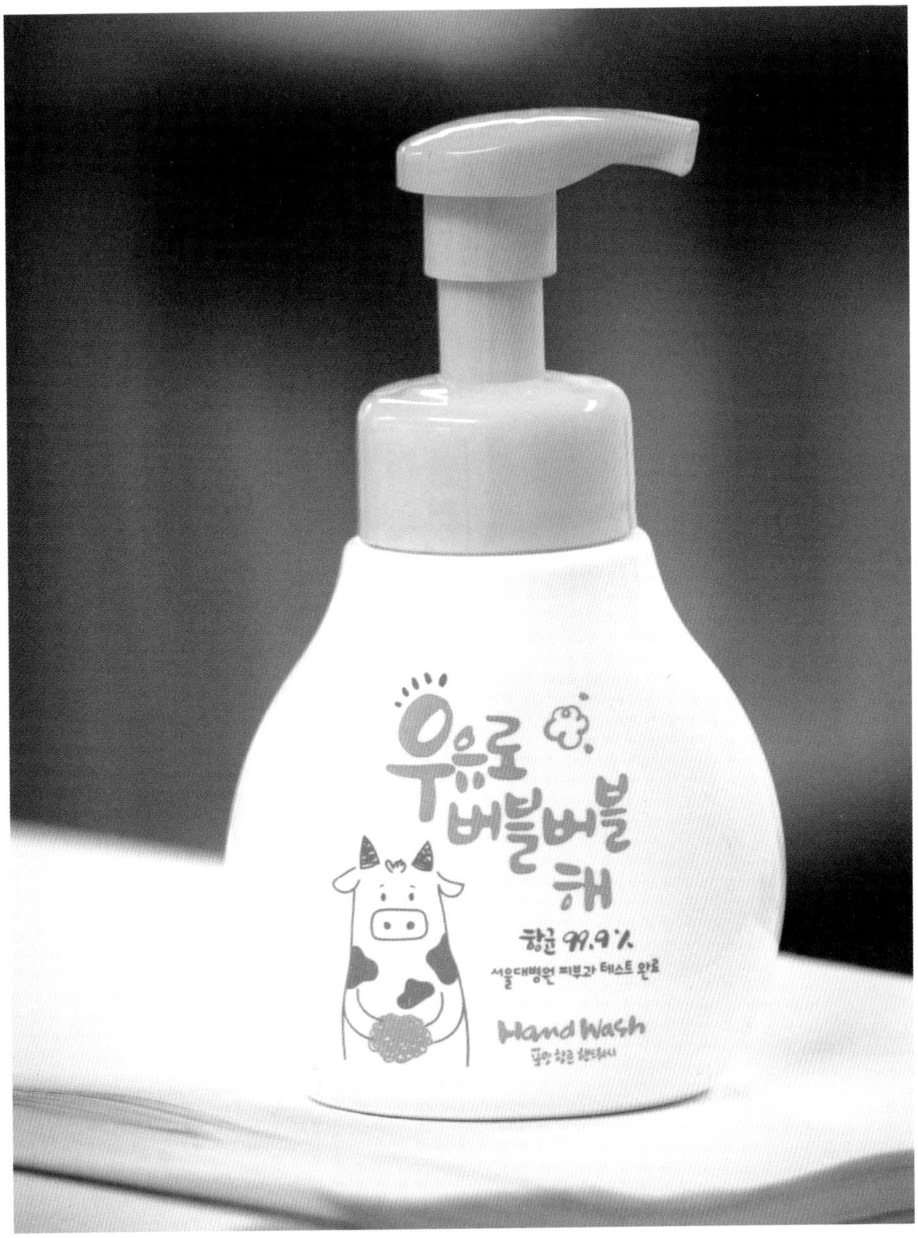
우유로
버블버블
해
항균 99.9%
서울대병원 피부과 테스트 완료
Hand Wash

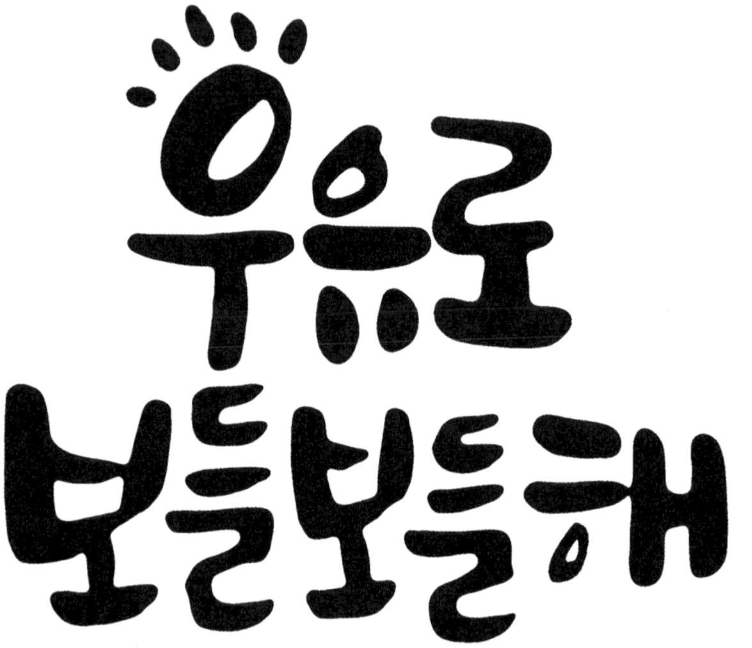

배스킨라빈스 _ 우유로 보들보들해 핸드크림 캘리그라피

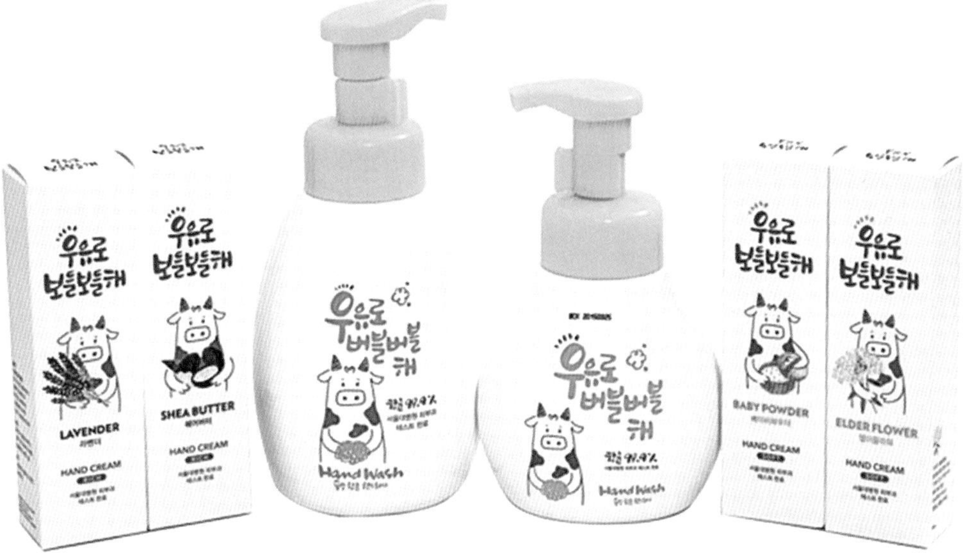
우유로 보들보들해
LAVENDER
SHEA BUTTER
HAND CREAM
우유로 버블버블 해
Hand Wash
BABY POWDER
ELDER FLOWER

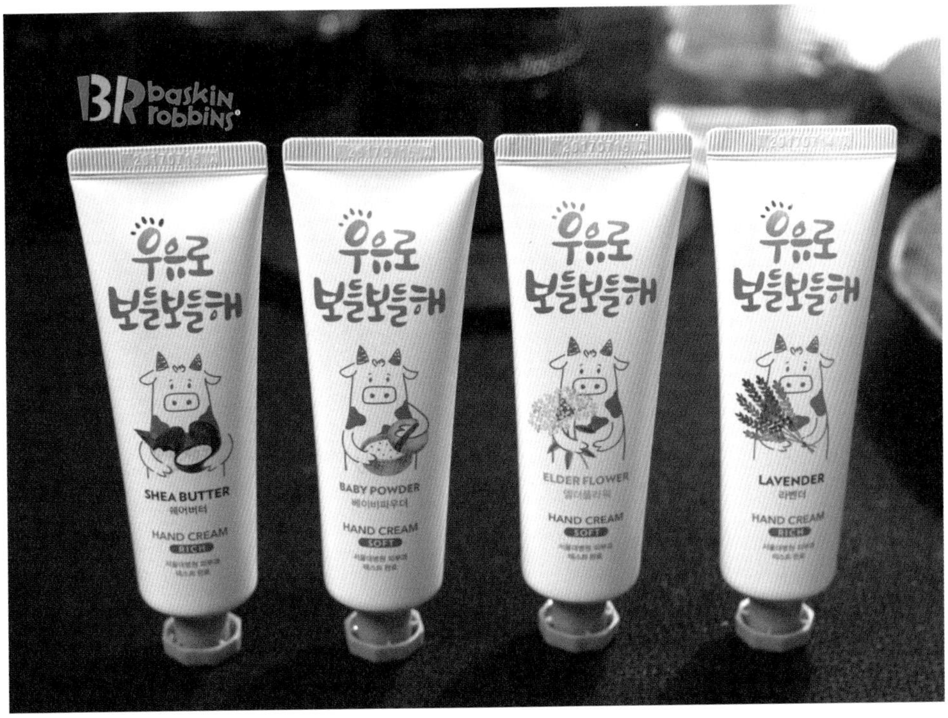
BR baskin robbins
우유로 보들보들해
SHEA BUTTER
쉐어버터
HAND CREAM
RICH
BABY POWDER
베이비파우더
HAND CREAM
SOFT
ELDER FLOWER
엘더플라워
HAND CREAM
SOFT
LAVENDER
라벤더
HAND CREAM
RICH

명동예술극장
MYEONGDONG THEATER

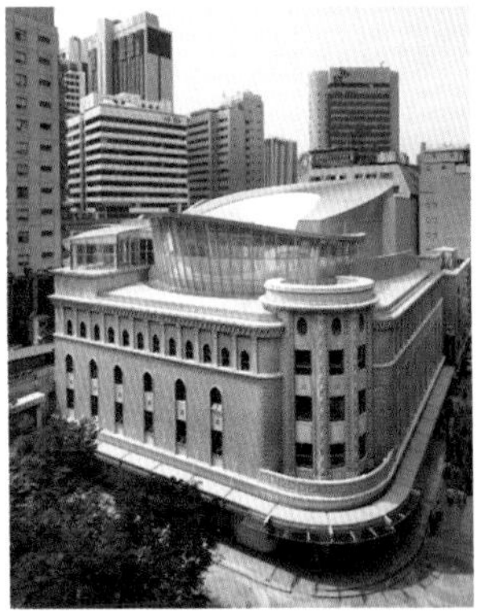

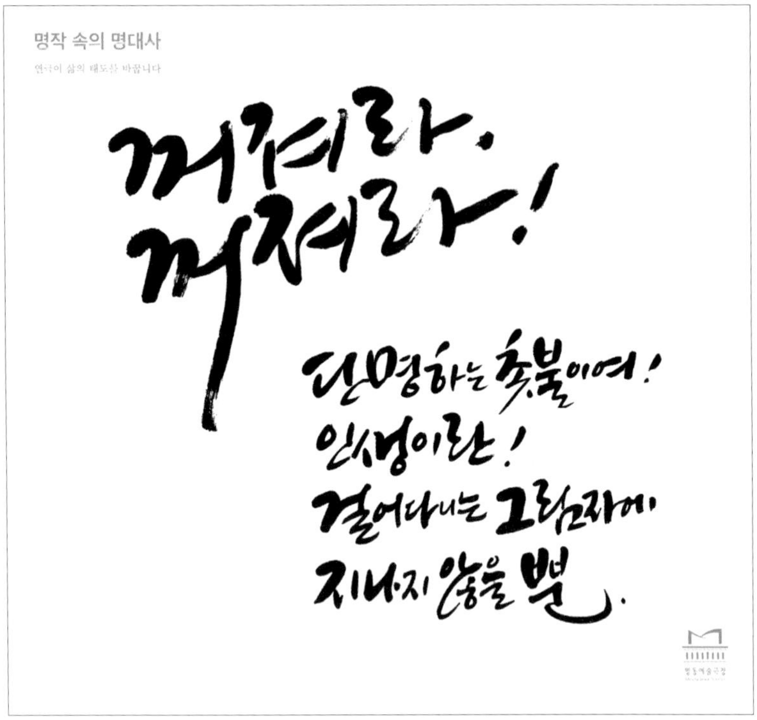

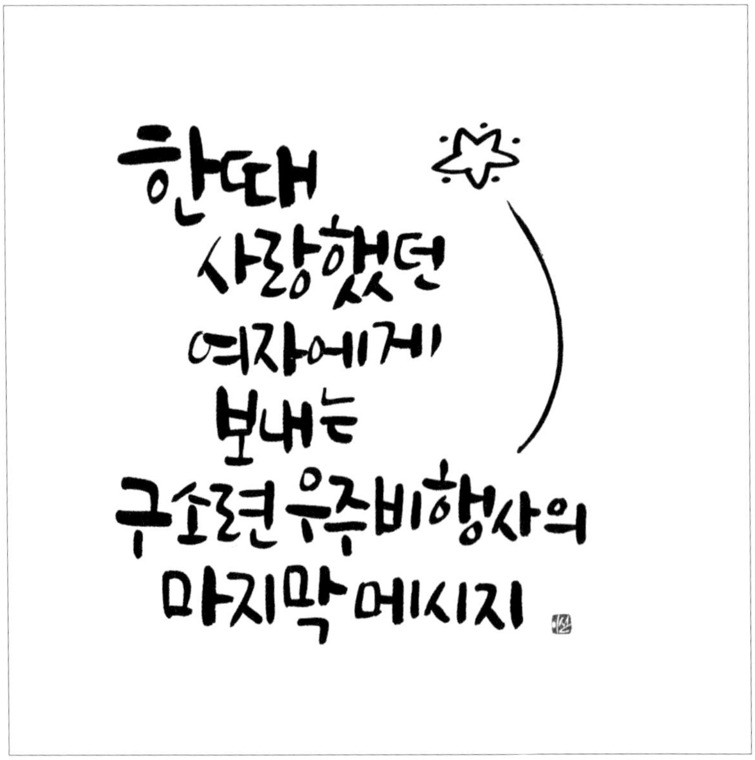

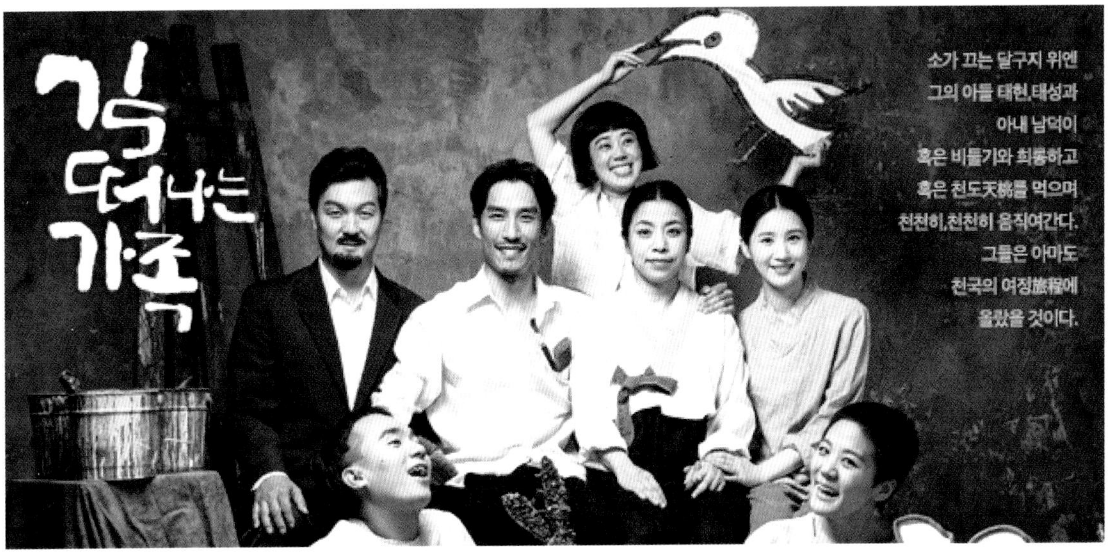

출처 : 명동예술극장 홈페이지

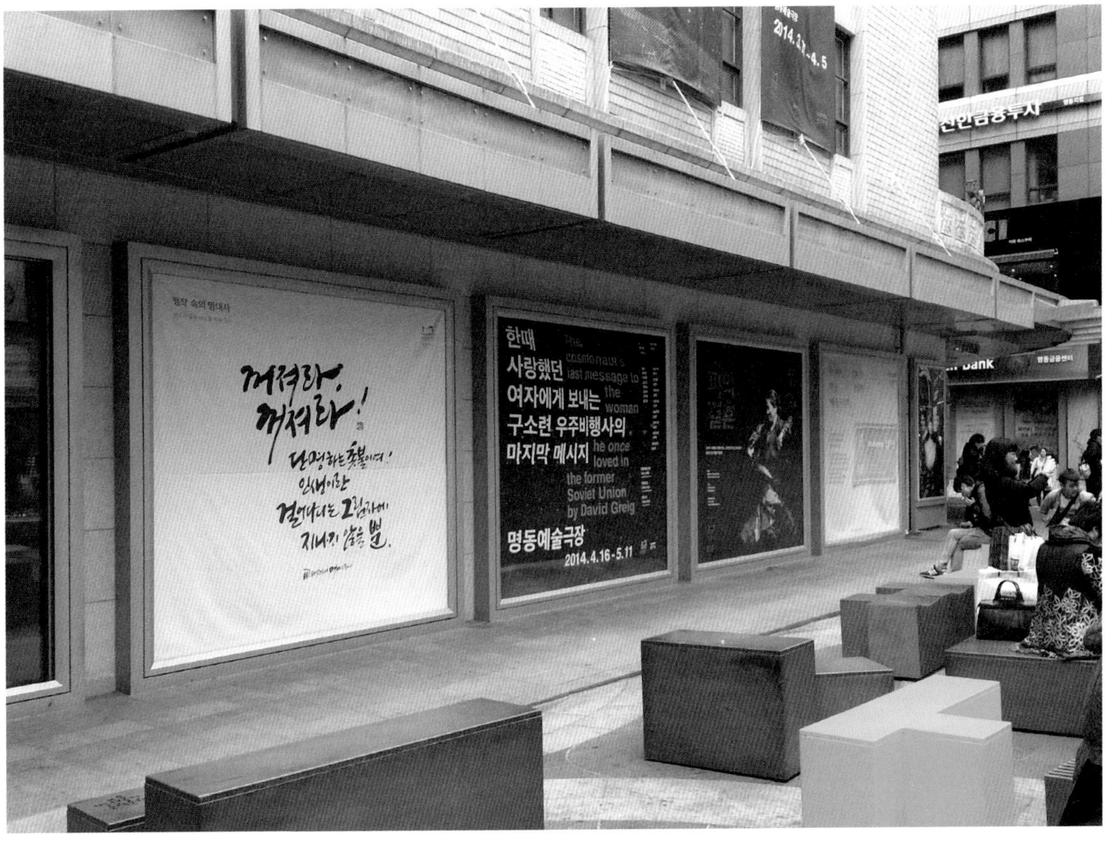

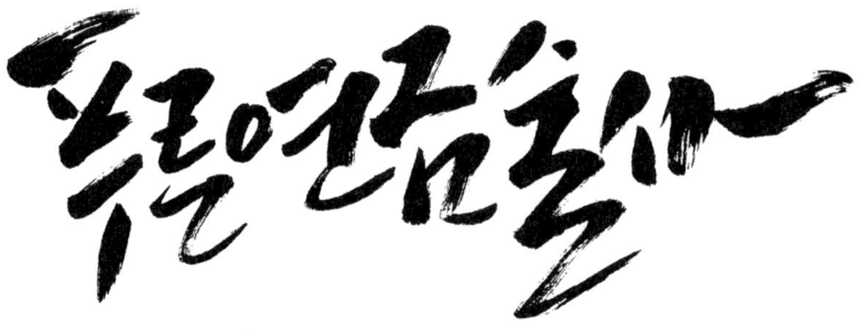
푸른연금술사

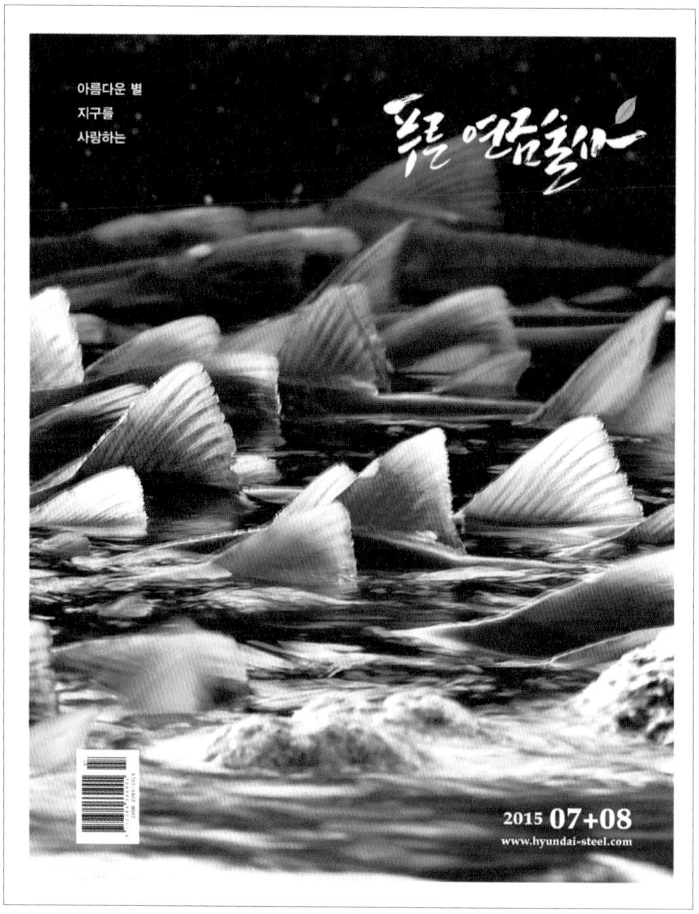
아름다운 별
지구를
사랑하는
푸른 연금술사
2015 07+08
www.hyundai-steel.com

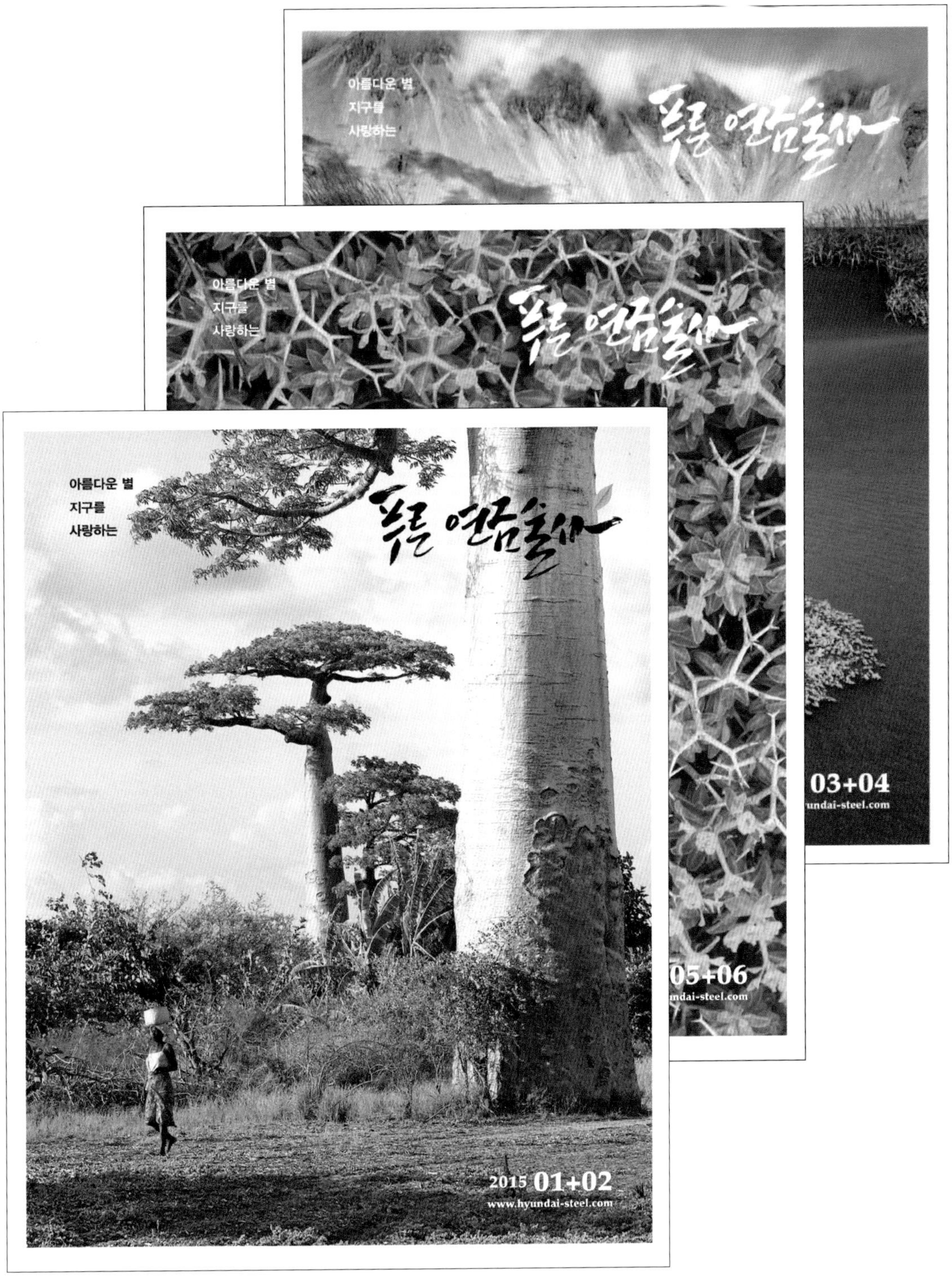
아름다운 별
지구를
사랑하는
푸른 연금술사
03+04
아름다운 별
지구를
사랑하는
푸른 연금술사
05+06
아름다운 별
지구를
사랑하는
푸른 연금술사
2015 01+02
www.hyundai-steel.com

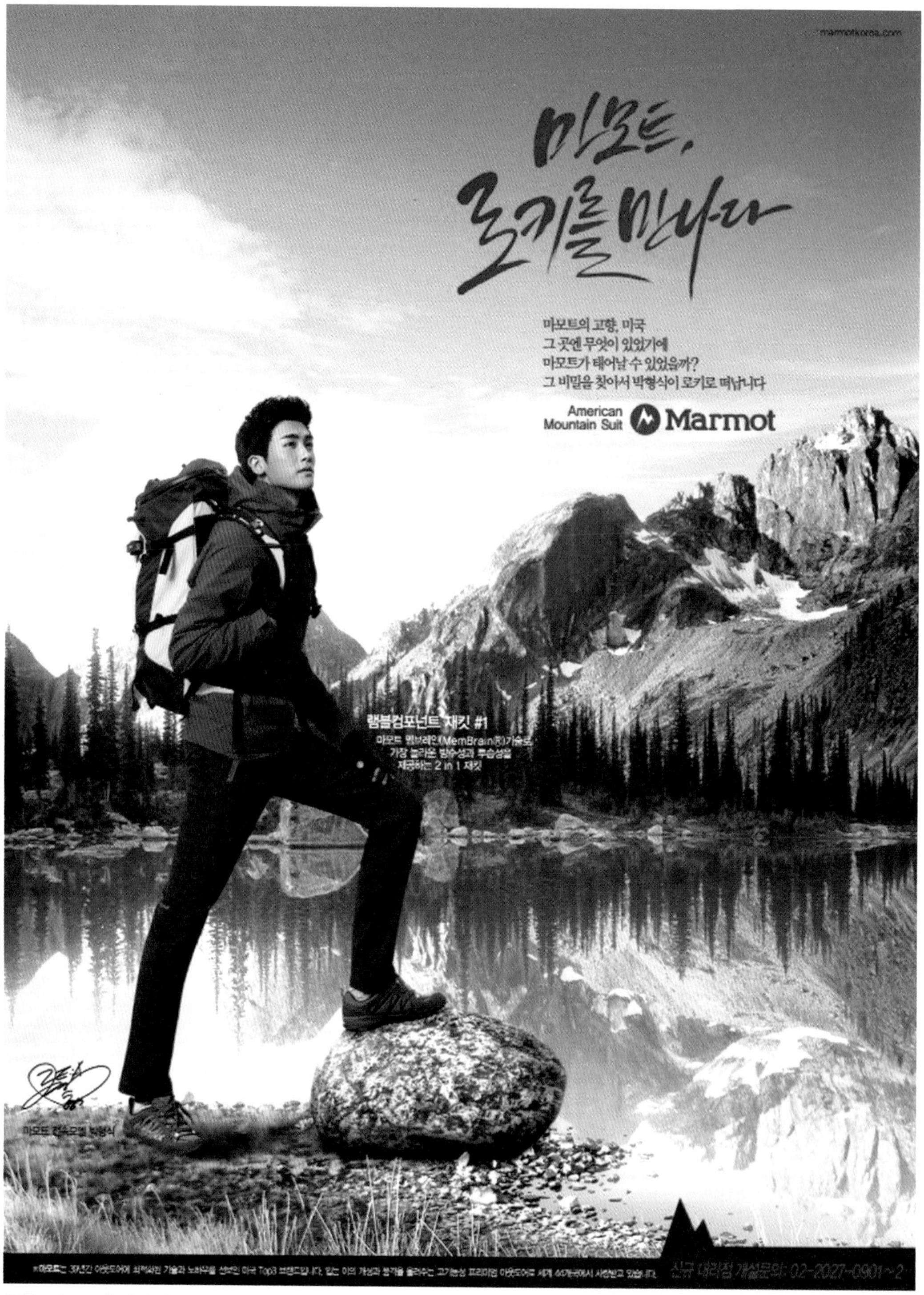
marmotkorea.com
마모트,
로키를 만나다
마모트의 고향, 미국
그 곳엔 무엇이 있었기에
마모트가 태어날 수 있었을까?
그 비밀을 찾아서 박형식이 로키로 떠납니다
American Mountain Suit Marmot
램블컴포넌트 재킷 #1
마모트 멤브레인(MemBrain®)기술로
가장 놀라운 방수성과 투습성을
제공하는 2 in 1 재킷
신규 대리점 개설문의: 02-2027-0901~2
출처 : 마모트 홈페이지

새해 첫 세일은

馬모트를 타고

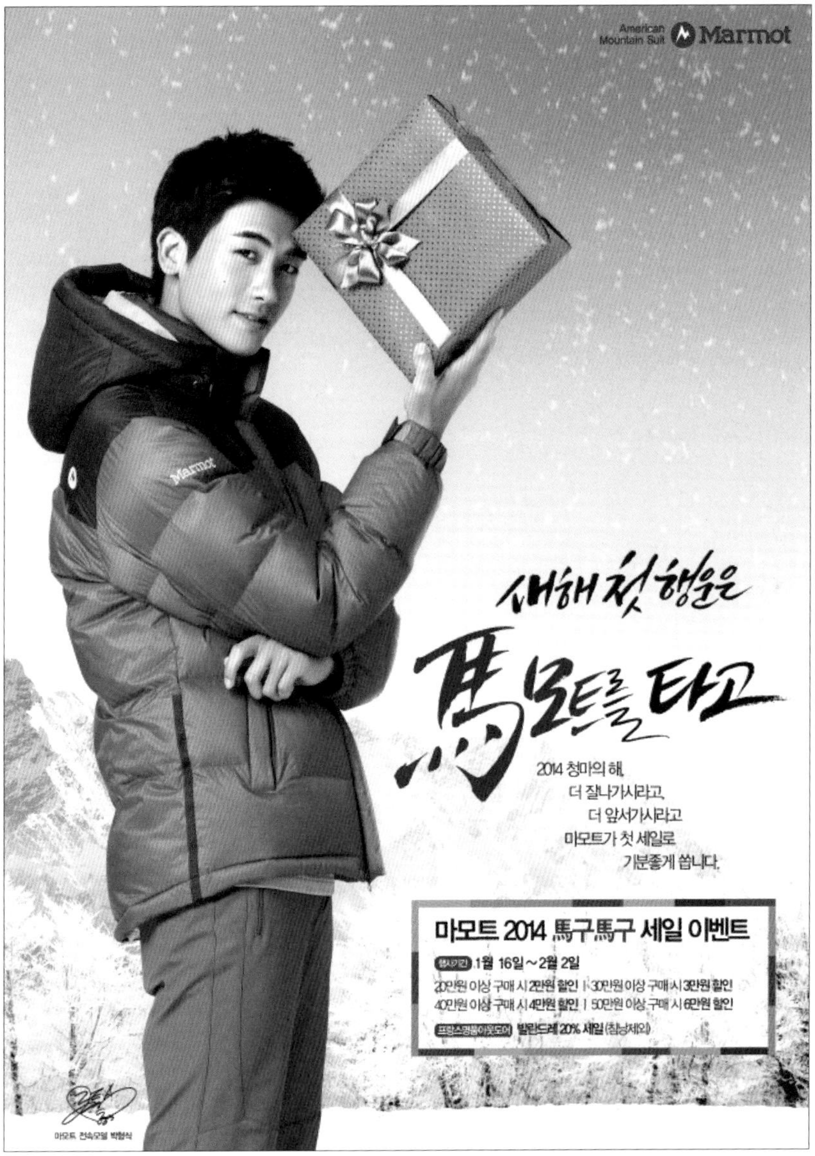

캘리그라피 매거진 [꼴] _ 4호 표지모델(필자)

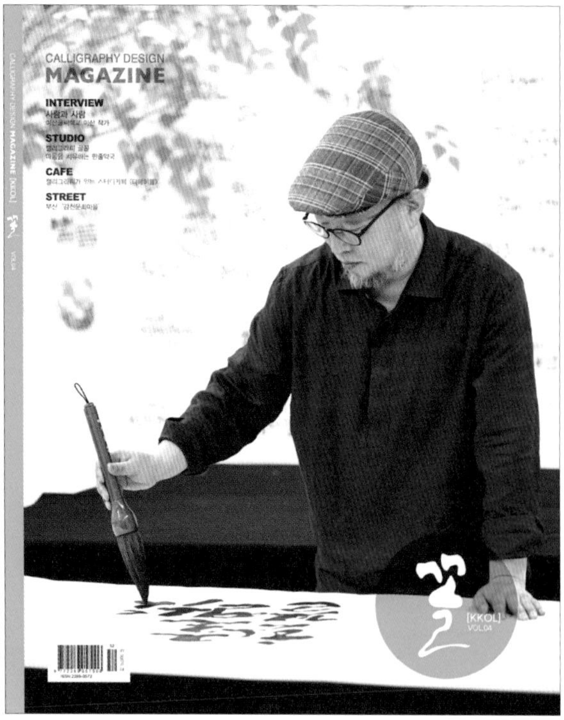

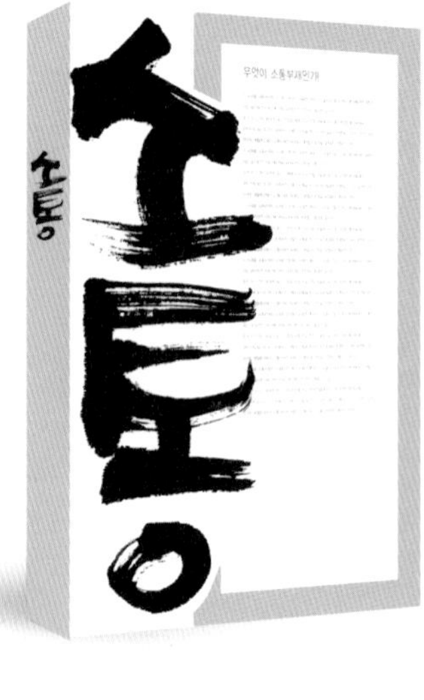

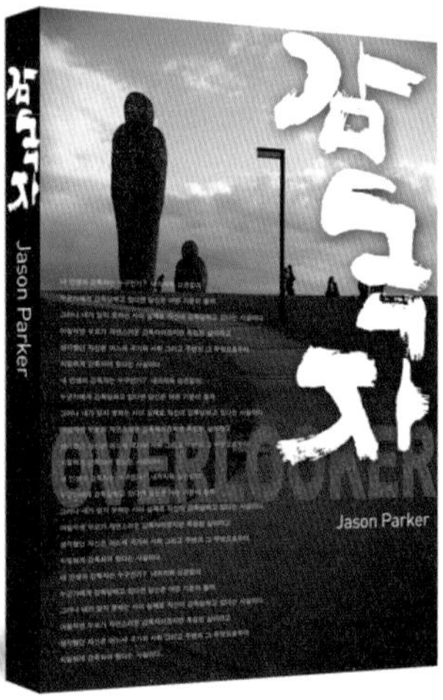

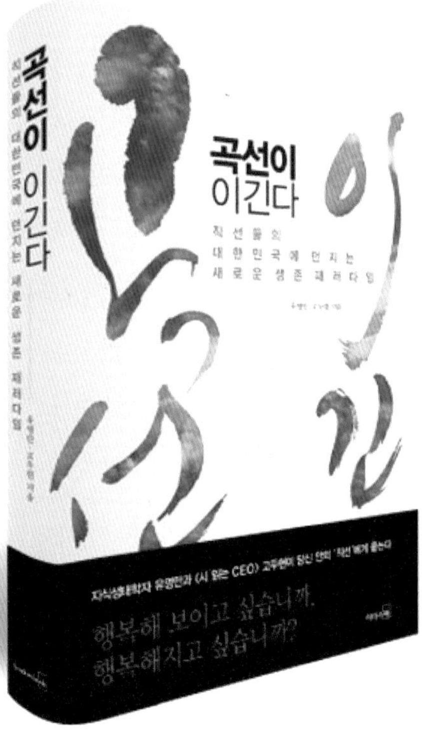

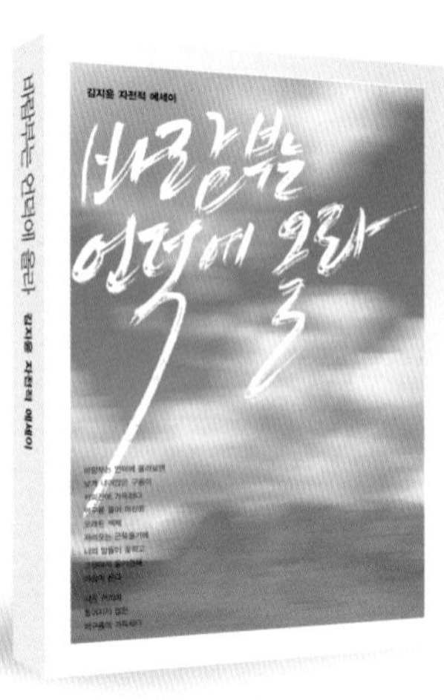

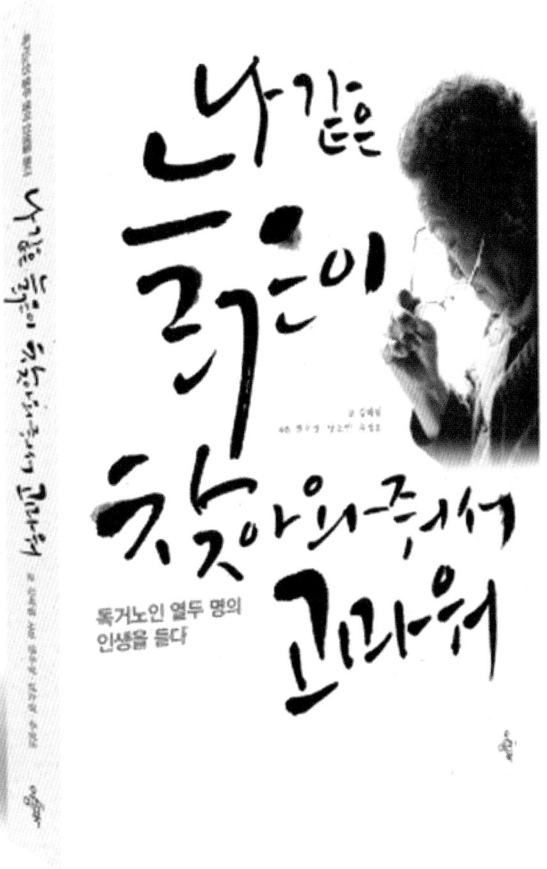

나 같은 늙은이 찾아와줘서 고마워
독거노인 열두 명의 인생을 듣다

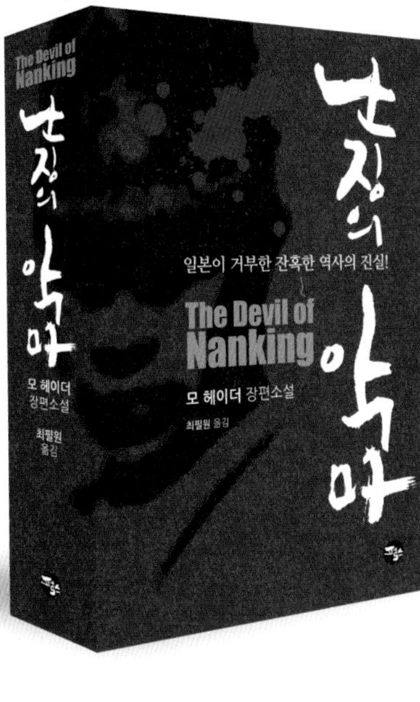

The Devil of Nanking
난징의 악마
모 헤이더 장편소설
최필원 옮김
일본이 거부한 잔혹한 역사의 진실!

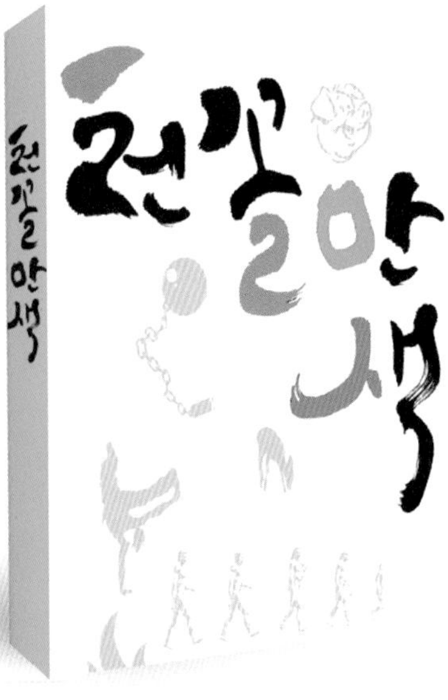

천갈만색